U0129300

雙溪瑣語

莊吉發 著

傳 記 叢 刊
文史哲出版社印行

國家圖書館出版品預行編目資料

雙溪瑣語 / 莊吉發著.-- 初版.-- 臺北市：
文史哲, 民 105.01
頁;　公分（傳記叢刊；18）
ISBN 978-986-314-285-0（平裝）

1. 莊吉發 2.自傳

783.3886　　104078651

傳記叢刊 18

雙溪瑣語

著　者：莊　吉　發
出版者：文　史　哲　出　版　社
http:// www.lapen.com.tw
e-mail：lapen@ms74.hinet.net
登記證字號：行政院新聞局版臺業字五三三七號
發行人：彭　正　雄
發行所：文　史　哲　出　版　社
印刷者：文　史　哲　出　版　社
臺北市羅斯福路一段七十二巷四號
郵政劃撥帳號：一六一八〇一七五
電話886-2-23511028 · 傳真886-2-23965656

實價新臺幣七〇〇元

二〇一六年（民一〇五）一月初版

ISBN 978-986-314-285-0　　78818

雙溪瑣語

目　次

湖廣總督奴才楊宗仁叩首恭

請

皇上聖安

朕安爾方到任所奏所行數事朕實嘉之真者行相符之好封疆大臣也爾今統率

文武

聖祖若不曾賜過你錁子賞幾錁子

雍正元年四月　初五　日奴才楊宗仁叩首叩首

湖廣總督楊宗仁請安摺

雍正元年四月初五日

臺北　國立故宮博物院藏

劉芳如女士繪作者小像

為人只要清晨出門時抬頭望天至晚歸寢時以手捫心自得為人之道矣

清雍正皇帝硃批諭旨

吉友兄囑書[illegible]戊辰光賓

張光賓先生書雍正硃批諭旨

國立故宮博物院善本室查閱檔案

赴英國倫敦出席國際檔案會議，一九八〇年九月

1990 年 11 月於那霸港與陳捷先教授合影

2011 年 11 月遊花蓮太魯閣與郭美蘭研究員合影

2013 年遊漠河與郭美蘭研究員合影

2013 年 7 月於出席北京人民大學滿文文獻學術研討會合影

2013 年 8 月於黑龍江同江縣赫哲老人接受作者訪談

2013 年 8 月遊哈爾濱與吳元豐、吳美鳳、作者、衣若蘭、郭美蘭、賀元秀等合影（右起）

河南巡撫奴才石文焯跪

請

皇上聖躬萬安

朕安

所奏何天培之事不必朕甚嘉之但何天培作人老成清正任他如何不諳練較之吳存禮貪庸之流必勝數倍汝但放心保舉是個好巡撫向後如有所聞仍書密奏無隱朕再作道理不可以未做文官恐不諳而廢之不用也

所奏參題之事查盤倉糧之事知道了

截漕一事已發部議

雍正元年肆月 初陸 日具

河南巡撫石文焯請安摺
雍正元年四月初六日
臺北 國立故宮博物院藏

導 讀

士林位於臺北盆地的東北部，基隆河東岸，劍潭山麓。士林，原名八芝蘭，出自平埔族語“Pattsiran”，意即溫泉。八芝蘭，簡稱芝蘭，因當地文人輩出，士子如林，改稱士林。士林雙溪河北納大屯山斜面各支流由東北向西南流，因二河相會而得名。雙溪河上游谷地狹窄，稱為內雙溪；中游，有猴洞溪來會，兩岸平坦，稱為外雙溪。從士林街沿雙溪河經蔣介石官邸、芝山岩名勝、望星橋，原名尾龍橋，可至陽明山南麓雙溪河臨溪里，環境清幽，流觴曲水，勝景宜人。國立故宮博物院坐落於外雙溪畔，民國五十四年（1965），國立故宮博物院新廈落成，建築典雅，美輪美奐，遷臺文物精華，遂盡萃於此。《晉書・束皙傳》記載，晉武帝太康二年（281），汲郡人不準盜冢，得竹書數十車，其中《瑣語》十一篇，為諸國卜夢妖怪相書，委巷瑣言，聚而編之。筆者於民國五十八年（1969）從國立臺灣大學歷史研究所畢業後即進入國立故宮博物院服務，瑣才瑣器，庸庸碌碌，並無貢獻，屆齡退休。書中所記，多屬片斷記憶，瑣細之言，平淡乏味，是以題為《雙溪瑣語》。

呱呱墜地的嬰兒，適應能力薄弱。筆者的命運乖舛，未滿周歲，父母雙亡，缺乏照顧。窮鄉僻壤，瘴氣盛行，飽嘗風霜，屢染時疫，曾患瘧疾，高燒昏迷，死而復生。母愛那麼重要，但它卻離我那麼遙遠，只能默念父母在天之靈，暗中庇佑，禍福相倚，神靈在冥冥之中主宰著，筆者幼年的不幸遭遇，或許可以嘗試通過民間信仰的途徑進行解釋。

臺灣地處亞熱帶，地形多山，樹林茂密，雜草叢生，氣候潮濕，是各種蛇類繁殖的適宜環境。在臺灣光復前，筆者家曾遷居苗栗通霄烏眉坑，人煙稀少，環境潮濕，老鼠多，蛇更多。筆者的臥室，是靠近山澗旁邊的一間簡陋柴房，屋頂用茅草層層堆壓，老鼠出沒無常。柴房四面用竹片交叉圍築敷土為壁，毒蛇出入容易，其中最多的就是雨傘節，蛇身黑白相間，毒性很強。每當夏秋夜晚，獨自一人睡在柴房裡，躺在稻草鋪墊的床上數著茅草屋頂上爬行的雨傘節，數著數著，就睡著了。幼年無知，與蛇為伍，很幸運的存活下來，今天回憶起來，仍然令人毛骨悚然。認識毒蛇，重視居住環境，倘遭毒蛇咬傷如何急救？都是不可忽視的問題。

臺灣光復前後，物資缺乏，民生困苦，鄉下農村子弟，多因家庭經濟窮苦，小學畢業後，就沒有升學的機會了。筆者從苗栗縣三灣國小畢業後很幸運的有機會升學，在校長和級任老師的極力說服下，筆者的監護人勉強同意，准許報考苗栗縣頭份私立大成中學初中部。由於校長賴順生先生要求嚴格，任課老師教學認真，學生用功讀書。筆者初中畢業後，因家庭因素，監護人只允許筆者報考師範學校。當時因師範學校享有公費補助，畢業後由政府分發小學教書，工作有保障，成績較優的農村弟子，多報考師範學校，競爭激烈。筆者來自鄉下農村，能夠考取省立臺北師範學校，確實應該感謝大成中學老師們的認真教導。筆者就讀省立臺北師範學校期間，專心念書，學科與術科，平衡發展。師範畢業後，分發陽明山管理局下國小任教。

為了加強英文，筆者利用晚上到臺北建國補習班選修鵝媽媽趙麗蓮教授的英文課。每天清晨還收聽趙麗蓮教授播講的空中英語。國小服務三年後保送國立臺灣師範大學史地學系進修。民國五十二年（1963），師大畢業後，應聘到士林初中任教。民國五十三年（1964），因仰慕中國文化大學創辦人張其昀先生辦學精神，所以報考該校史學門研究所，先後選修過島田正郎教授講授「遼史」、梁嘉彬教授講授「中國近代史」、黎東方教授講授「中國上古史」等課程，獲益良多。

士林古蹟芝山岩，視野遼闊，站在芝山岩遠眺劍潭山，可以看到最高領袖蔣介石士林官邸。在臺灣戒嚴時期，遣詞用字，偶一不慎，便有可能被羅織入罪。烏龜游向小島的卡通，就觸犯禁忌。詮釋「領袖」一詞，更是罪大惡極。民國五十四年（1965）初，筆者在士林初中課堂上提到「領袖」兩字，而遭學生檢舉，釀成了「領袖事件」。筆者擔任導師，班上許多業務，多由班代表協助。筆者曾經勉勵班代表，重視品學兼優，班代表是全班的領袖，領袖是衣服的領子，提綱挈領，衣服又挺又直；領子和袖子也是最容易髒的部分，當領袖更應潔身自愛。就因這番詮釋，被指責影射誣衊最高領袖。校長邵夢蘭還戴上帽子，譴責筆者散佈「反攻無望」的言論，思想有問題，而將筆者解聘。這筆「黑資料」，緊跟不捨，跟到臺大，跟到部隊，跟到故宮。同事背後說筆者「搞臺獨」，有「匪諜」嫌疑。戒嚴令解除後，白色恐怖的威脅，依舊如影隨形，令人慨嘆。

筆者就讀中國文化大學史學門研究所期間，雖然蒙創辦人張其昀先生的關懷，勉勵筆者攻讀博士。但因士林初中「領袖事件」，校方訓導安全人員監視跟蹤，對筆者造成重大威脅。

民國五十四年（1965），考取國立臺灣大學歷史研究所，筆者終於告別了風光明媚的華岡校區。

筆者就讀國立臺灣大學歷史研究所期間，半工半讀，日間選修研究所及大學部課程外，還要協助美國費正清教授蒐集中國近代史學術論文，撰寫摘要。也要協助楊慶堃教授蒐集中國近代群眾運動資料，製作電檢表。到了夜間，就趕往永和智光商職上課，教學生中英文打字，還兼行政工作。學生放學回家，已是夜晚十點半以後，每天與教官最後離校，騎單車回到天母，已是午夜時間了。研究所畢業時，原有機會到大學任教，但因筆者家住天母，距離國立故宮博物院較近，曾經參觀文物展覽，仔細閱讀硃批奏摺，雍正皇帝批諭詳盡，字蹟秀麗，頗受感動。因此，期盼有機會進入國立故宮博物院充當學徒，從做中學。筆者的求學歷程，走走停停，曲折不順。

民國五十八年（1969），筆者從國立臺灣大學歷史研究所畢業後進入國立故宮博物院服務，選擇了自己喜愛的工作，學以致用。筆者的業務，除了清宮滿漢文檔案的整理、編目及文物展覽外，主要就是參與編輯清代通鑑長編、《清史稿》校註及辦理文物展覽等業務。檔案資料的整理，可以帶動歷史學研究的向前發展。民國十四年（1925）十月，北平故宮博物院成立後，即開始將原存於宮中懋勤殿等處的檔案集中整理。其內容主要以康熙年間以來歷朝皇帝御批奏摺的數量較多。整理的方式，或用紀傳體，或用編年體，並不一致，又將奏摺與奏本混為一談。康熙年間開始採行的奏摺，是屬於政府體制外的一種通訊工具，是皇帝和相關臣工之間所建立的單線書面聯繫，奏摺多奉皇帝親手批諭，文書價值更高。民國六十二年（1973）六月起，開始出版《宮中檔光緒朝奏摺》，共出版二十六輯。

民國六十五年（1976）六月起，出版《宮中檔康熙朝奏摺》，共出版九輯。民國六十六年（1977）十一月起，出版《宮中檔雍正朝奏摺》，共出版三十二輯。民國七十一年（1982）五月起，出版《宮中檔乾隆朝奏摺》，共出版七十五輯，俱採編年體方式出版。由於院長異動，新任院長秦孝儀先生下令停止出版檔案，以致嘉慶、道光、咸豐等朝宮中檔奏摺雖已完成編目、影印製版工作，仍不准出版，確實是史學界的莫大損失。

院藏滿漢文檔案，史料價值頗高。蔣復璁先生在院長任內，本著史料公開、資源共享的原則，歡迎海內外學人利用檔案。秦孝儀先生繼任院長後，為清點文物，下令封館，停止讀者借閱史料，對學術界造成不便。各大學研究所博碩士班學生因突然不許查閱檔案，影響論文的撰寫。感謝中央研究院近代史研究所陸寶千教授寫信給秦孝儀院長，建議局部開放查閱檔案。國立故宮博物院整理清宮檔案的貢獻，確實受到海內外學人的肯定，但是，當時學術研究風氣較保守，缺乏資源共享的精神，檔案古籍並不輕易提供學人研究。早期的管理工作人員，對讀者的態度常常因人而異，不能一視同仁，對院藏檔案古籍的開放查閱，尚未建立良好的制度，壟斷國家資源，不是可取的態度，直到近年來，才得到改善，也是學術界的福音。

我國歷代以來，就是一個多民族的國家，各兄弟民族多有自己的民族語言和文字。國立故宮博物院現藏清朝檔案，就其文字而言，絕大部分是漢文檔案，其次是滿文檔案，此外還有藏文、蒙文、回文等檔案。宮中檔滿文諭旨，滿文奏摺、滿漢合璧奏摺，數量頗多，史料價值亦高。軍機處檔月摺包，也含有滿文史料。起居注冊、本紀、列傳、實錄等，多有滿文本。各科史書，滿漢兼書。詔書、國書、多滿漢兼書。清太祖、清太宗時期，滿洲記注政事的檔冊，主要是以無圈點老滿文及加圈點新滿文記載的老檔，稱為《滿文原檔》。滿洲入關後，《滿文原檔》由盛京移至北京，由內閣掌管。北平故宮博物院文獻館先後發現《滿文原檔》共四十冊。文物遷臺時，《滿文原檔》亦隨遷臺文物遷運來臺。國立故宮博物院現藏者，即此四十冊《滿文原檔》。《滿文原檔》是探討清初史事不可或缺的第一手史料，舉凡滿洲先世發祥、八旗制度、部落紛爭、戰績紀錄、社會生活及其與明朝、朝鮮、蒙古等關係的發展變化，記載翔實，可補官書實錄的疏漏。對滿文由舊變新的過程，也提供了珍貴的研究資料。謹慎保管《滿文原檔》的完整，是典藏單位不容疏失的責任，不料在《滿文原檔》寒字檔九十九葉中竟缺少了一葉，這葉是明朝公文紙，繪有驗屍圖的正面和背面，公文紙背面書寫無圈點老滿文。《滿文原檔》寒九十九葉，如何不見？是不慎遺失？或是監守自盜？民國六十年（1971），中央研究院歷史語言研究所李學智先生已經明確指責保管單位的疏失，為何不曾及早徹底追查？延宕至今，致成懸案，畢竟是莫大的遺憾。

民國十八年(1929)，北平故宮博物院一方面建議封存《清史稿》；一方面聘請專家編輯清代通鑑長編。民國十九年（1930），李宗侗先生建議仿宋代《資治通鑑長編》，以清實錄、起居注冊、內閣檔案、軍機處檔案、宮中硃批奏摺等文獻檔案纂修清代通鑑長編，即以此為根據修成清史，否則長編亦可獨成一書。民國五十九年（1970）夏初，國立故宮博物院院長蔣復璁先生鑑於清史亟待重修，於是計畫編輯清代通鑑長編，敦聘錢穆先生主持其事，先修清太祖、清太宗兩朝通鑑長編。筆者進入國立故宮博物院服務後，除檔案整理編目外，主要就是參與編輯清代通鑑長編工作，負責漢文史料的蒐集，滿文史料另由專人繙譯。歷經數年，清代通鑑長編的纂修，漢文部分雖已完成初稿，惟因滿文史料的譯漢工作，進度緩慢，清代通鑑長編工作，遂告中輟。纂輯清代通鑑長編，以備重修清史的願望，實非近期所能實現。

重修清史，既非計日可待，《清史稿》得失互見，長久以來，流傳極廣，中外學術界廣泛研究利用。因此，修正《清史稿》的紕謬，就成為整修清史刻不容緩的工作。民國六十七年（1978）十月，國立故宮博物院院長蔣復璁先生、錢穆先生等與國史館館長黃季陸先生在外雙溪東吳大學素書樓開會商議校註《清史稿》，由筆者負責記錄。採合作辦法，校註初步工作由國立故宮博物院負責，就院藏史館檔紀表志傳稿本校訂已刊關外本《清史稿》。校註體例，不改動原文，但予句讀，以稿校稿，以卷校卷，並作考異，所引資料，標明出處。《清史稿》校註總集成工作，由國史館負責。歷時六年，校註工作告竣，書名題為《清史稿校註》，全書共一千二百餘萬字，於民國八十年（1991）六月精裝出版十六冊。信史必須經過考信，《清史稿》經過校註，訂正其疏漏，長期以來對《清史稿》的批評指摘，亦可謂已告一段落。其後國史館又在筆者的從旁協助下，在《清史稿》校註本的基礎上，以清朝國史館紀表志傳黃綾本、進呈本為藍本，同時增補《清史稿》的新史料，進一步整修《新清史》。期待他日重修清史時，不可忽視《新清史》所保存的史料。

教學相長，筆者任職於國立故宮博物院期間，曾經先後在臺灣師範大學歷史學系、政治大學邊政所、民族學系、圖資所、淡江大學歷史學系、東吳大學歷史學系、臺北大學國學文獻研究所、國立臺灣大學中文學系等校系所兼課任教，講授「故宮檔案專題研究」、「清史專題研究」、「中國秘密社會史研究」、「中國邊疆史研究」、「滿洲語文」、「中國通史」、「中國近代史」等課程。因為白天要上班，所講授的課程，只能安排在夜間上課。此外，也利用休假上課。為協助研究生撰寫學位論文，筆者也儘量抽空指導學生利用故宮典藏檔案完成論文的撰寫。先後指導過博士生計十八人，碩士生計八十七人，合計一〇五人。包括臺灣師範大學、臺北大學、清華大學、中興大學、中央大學、文化大學、東吳大學、東海大學、淡江大學、逢甲大學等各大學系所。論文涉及政治、社會、文化、宗教、經濟、法律、藝術、語文等領域，所撰論文，不乏佳作。

孤兒的路坎坷不好走，在寄人籬下的環境裡，學校是避風港，給予安全感。師長們的訓誨，恩同父母的養育。筆者雖然好學苦讀，由於資質魯鈍，卻不見精進，專業訓練不足，平凡、平淡、平庸，是筆者的寫照。筆者才疏學淺，雖然腳踏實地，盡心、盡責、盡職，但是，庸庸碌碌，貢獻有限。惜福、感恩、發心，毋意、毋必、毋固、毋我，生住異滅，俯仰無愧。

成長過程
— 孤苦・坎坷・靈異

探討民間信仰，不能忽視靈魂學的研究理論與文獻。盛行於北亞的薩滿信仰，對探討靈魂提供了重要的參考價值。我對薩滿信仰的研究產生興趣，與我的成長過程有很大的關係。薩滿，滿語讀如“saman”，是阿爾泰語系通古斯語族中稱呼跳神巫人的音譯。在通古斯族的語言中，薩滿一詞是指能夠通靈的男女，他們在跳神作法的儀式中，受到自我暗示或刺激後，即產生習慣性的人格解離，薩滿人格自我眞空，將神靈引進自己的軀體，使神靈附體，而產生一種超自然的力量，於是具有一套和神靈溝通的法術。崇奉薩滿信仰的民族認爲人生的禍福，宇宙的各種現象，都有神靈在冥冥之中主宰著，人們與神靈之間，必須設法溝通。通過占卜、祭祀、祈禱等手段，可以預知、撫慰，乃至征服自然界中的某種神秘力量。薩滿就是在相信泛靈論的環境中，與神靈溝通的靈媒，是連繫人的世界與神靈世界的橋樑，在阿爾泰語系各民族中，具有超自然能力的這些人就是薩滿。

薩滿信仰有一個共同的思想基礎，相信萬物有靈，是由原始的巫覡信仰脫胎而來的多神的泛靈崇拜，以自然崇拜、圖騰崇拜、祖先崇拜及英雄聖者崇拜爲主要內容，對於自然界的一切事物，都相信有神靈主司，薩滿對於自然界的某種動植物及已故祖先、英雄等神靈所以具備特別的力量，就是因爲薩滿與這些靈異事物具有圖騰或同宗的血緣親密關係。薩滿的神服及法器，並不是單純的裝飾，它也有象徵神格的功能，就是巫術法力的象徵。祭祀不同的神靈時，穿戴不同的神服，可以表現神和神之間的性格差異，薩滿在不同的巫儀祭祀中更換神服，就是表示祭祀各個不同神靈的特徵。神服上的銅鏡及其他佩飾，都具備聲、光、色等三種要素的咒術及其象徵的意義，能賦予薩滿奇異的神力。薩滿跳神作法，念誦咒語，吟唱神歌，它最重要的作用，就是使用神祕的語言來溝通或支配自然界的力量，使平常的事物產生一種超自然的能力，並得到各種神靈的保護和輔助，而使薩滿能夠抵抗惡魔，驅除鬼祟。就這方面而言，薩滿就是熟悉使用反抗巫術的巫師。薩滿巫術本爲企圖借助於超自然的神秘力量對人、事、物施加影響或予以控制的一種方式和手段，他們相信通過一定的方式和手段，可以達到自己的目的。

北亞草原族群的逐鬼驅祟活動，在不同的地區，不同的時代，其儀式彼此並不一致，各有特徵。有的舞鳥於室；有的飛鏡驅祟；有的宰殺豬狗禳解；有的與惡魔鬥法；有的以銅鏡驅走惡魔；有的把鬼怪趕到俑像內或者活的替罪祭羊身上，並用這種羊的胛骨占卜，以禳除轉嫁疾病；有的以紙草爲替身，將附在病人身上的惡魔趕到替身的身上，然後用火焚燒，嫁禍於替身，薩滿治病的方法，不一而足，特別是幫助那些受到靈魂困擾的病人。薩滿除治病外，也跳鹿神，爲村鄰消災祈福；或爲不孕婦女禱求子嗣；或充當年節家祭的祭司；或爲喪家除服；或占卜解夢，幫助人們消除疑惑以及因疑惑所引起的憂慮不安。薩滿驅祟治病是以整個文化傳統與信仰體系爲後盾，而且也能很清楚地向病人解釋爲什麼是你而不是他生這種病，對於牽涉精神心理方面的病人，或慢性疾病的患者，無疑地產生了很大的作用，有助於人們調適自然以獲得生存的功效。但是在醫學上而言，薩滿的跳神治病，只能稱爲「社會文化治療」(Socio-Cultural therapy)，或者稱爲「民俗精神醫療」(Etheno-psychiatry)。崇奉薩滿信仰的民族認爲如果沒有薩滿的救助，要想治好病人、安葬死者、多獲獵物、家庭幸福等等，都是不可思議的。

薩滿信仰是一種特殊形式的巫術文化，鬼魂神靈觀念與巫術交織雜揉在一起，形成了一個詭異多變、光怪陸離的信仰世界。薩滿驅祟治病，占卜吉凶，送魂除殃等活動，都普遍運用巫術，除反抗巫術外，還有交感巫術、模擬巫術、配合巫術、昏迷巫術等等通神的方法，各種巫術在靈魂互滲的基礎上運用順勢和接觸的原理進行。所謂順勢巫術即根據同類相生的原則，通過模仿等手段來達到他的目的；接觸巫術是指通過被某人接觸過的物體，施加影響力，則某人亦將受到影響，薩滿跳神作法時，其巫術觀念、巫術原理，多貫穿於其中，巫術的因素，在北亞草原社會中的薩滿跳神活動中都有顯著的呈現。薩滿既然充分使用巫術，因此，薩滿信仰的觀念和活動，就是以巫術爲主體和主流發展起來的複雜文化現象，既是行爲狀態，又是信仰系統；既是社會現象，又是個人經驗。薩滿信仰含有原始宗教的成分，又包含大量非宗教的成分，使用「薩滿教」字樣，常使人產生誤解，使用「薩滿信仰」字樣，較符合實際。

昏迷巫術，習稱昏迷術，是薩滿跳神作法時的一種意識變化及精神現象。薩滿魂靈出竅後的過陰法術，就是一種昏迷術，也被稱爲脫魂型。薩滿的靈魂可以脫離自己的身體，而翱翔於天空，或下降地界冥府，與天空、冥府的神靈或亡魂等超自然性存在直接溝通。脫魂就是薩滿施行昏迷術達到最高潮階段的主要動作，也被稱爲飛魂。薩滿昏迷術中的脫魂或飛魂，就是薩滿信仰最顯著的特點，若捨棄昏迷術，就無從探討薩滿信仰的特質。

一個法力高強神通廣大的薩滿多善於控制自己的思維結構，熟悉自己進入神魂顛倒狀態的方法，以及保持和調整進行昏迷術時所需要的特殊狀態，同時又須顧及到進行巫術的目的。在神魂顛倒的精神狀態下，薩滿本人平日的人格暫時解離，或處於被抑制的狀態中，而被薩滿所領神祇的神格所取代。薩滿相信肉體軀殼，只是魂靈的載體，薩滿的昏迷術，就是能使自己的魂靈脫離軀體達到脫魂境界，使薩滿的人格自我眞空，讓薩滿所領的神祇進入自己的軀體內，所謂神靈附體，就是神靈進入眞空軀殼的特殊現象，薩滿已無本色，各因附體的神格而肖之，例如老虎神來附身時，薩滿就表現猙獰的形象；媽媽神來附身時，薩滿就發出噢咻的聲音；姑娘神來附身時，薩滿就表現靦覥的姿態。薩滿的舞姿，多彩多姿，時而如鷹擊長空，時而如猛虎撲食，時而輕歌曼舞，時而豪放粗獷，最後達到高潮，精神進入高度緊張狀態，聲嘶力竭，以至於昏迷。薩滿神靈附體後的狂舞，主要是模倣巫術的充分發揮。薩滿在神魂顛倒的狀態下，彷彿回到了朦朧的原始宇宙結構中，天地既無分野，自然、神與人都合而爲一。原始薩滿信仰保留了天穹觀念中天地相通及天人感應的思想痕迹，薩滿信仰的靈魂觀念是屬於較爲複雜和抽象含義的觀念，靈魂不僅能夠脫離實體而單獨存在，它能在各種事物中間轉來轉去，附著於其他物體，對人及物施加各種影響，而且甚至認爲靈魂不死，它以獨特方式，生活在另一個天地裡。薩滿相信宇宙三界的神靈及亡魂不僅在空間方面上中下三界可以相通，而且在時間方面過去、現在和未來三世也可以相通，天地互參、天人感應和人神合一的思想，就是東北亞或北亞文化圈各民族古代薩滿信仰的核心問題。

薩滿魂靈出竅後，他的魂靈不僅暫時脫離自己的軀殼，同時也走出個人存在的範圍，開始漫遊自己熟悉的另一個世界。由此可知薩滿的人格解離或魂靈出竅，並非薩滿個人的特殊經驗，其思想基礎是某種宇宙理論，不能從人的觀點來認識薩滿信仰，而應從他作爲思想基礎的本質的觀點來理解薩滿信仰，這種本質現象就是普遍而複雜的神魂顛倒，薩滿的過陰追魂，附體還陽，就是薩滿以魂靈出竅的意識變化與九天三界天穹觀，以及魂靈轉生的思想，互相結合的概念。

薩滿所領的各種神祇附體後，可以同薩滿的魂靈互相會合，由薩滿的魂靈帶領著一同漫遊天界或冥府。薩滿神魂顛倒的本質現象，在不同的歷史時期，在不同的文化類型中，常常改變它的內涵。原始薩滿信仰中亡魂所到的地方，與東北亞或北亞草原社會的生態環境很相似，在下界生活，並非地獄，而是越深處越溫暖，深處也有陽光，並無下界爲惡的觀念，亡魂所到的那個地方，是和人間相類似的另一個世界，這種觀念的產生，似與北亞或東北亞的先民長期穴居生活有關。薩滿信仰的天穹觀念，在形成、發展過程中，由於受到外來宗教和文化的影響，而發生了很大的變化。佛教、道教普及於東北亞或北亞草原社會後，薩滿信仰也雜揉了輪迴、酆都城、十殿閻羅等觀念。亡魂所到的下界冥府，是黑霧瀰漫的酆都城，亡魂還要接受嚴厲的審判和各種酷刑的懲罰，薩滿過陰後漫遊的地府景象，與原始薩滿信仰的天穹觀念，已經相去甚遠，草原族群的亡魂所到的下界，已不再是充滿陽光，可以馳騁的另一個像人間獵場那樣美好的奇異世界，亡魂的生前與死後，已具有濃厚因果報應的色彩，善惡分明。北方少數民族長期與中原漢族文化大規模接觸以後，薩滿積極吸收了有利於自己生存發展的佛、道思想，把它們納入自己的體系之中，使薩滿信仰的內容更加豐富，更具神秘性。由於佛、道思想的滲透，使薩滿信仰的內容及本質，產生了極大的變遷。

宗教信仰的保存及延續，需要以一系列因素爲條件，這些因素包括與客觀因素作用有關的原因，以及與主觀因素作用有關的原因。社會發展中的客觀因素，不僅是自然的存在，不僅是物質的關係，而且還有其他許多社會關係，其原因可能與主觀因素在自發性的活動中發生作用有關。薩滿信仰雖然在歷史上不同時期曾經反映了人們對自然、社會及個人自身的認識，但由於薩滿信仰的內在因素及外在環境的變遷，從清初以來，薩滿跳神治病的活動就遭受官方取締。布里亞特人相傳薩滿的祖師哈拉貴爾堅曾得到神力，天神想考驗他，就將一個富翁的女兒魂靈捉去，那個女兒就生病了。哈拉貴爾堅騎在太鼓上登天入地去尋找魂靈，最後在神桌上的小瓶子裡找到了，天神不讓魂靈飛出去，把右手的手指頭伸入瓶口裡，哈拉貴爾堅變成一隻蜘蛛，刺傷了天神的右頰，天神因爲疼痛，用右手壓著面頰，於是富翁女兒的魂靈就從瓶子裡逃了出來。天神震怒，便削弱了哈拉貴爾堅的神力，從此以後薩滿的法力就漸漸衰落了。這個故事雖然不足以解釋薩滿信仰衰落的眞正原因，但由於這個故事流傳很廣，可以反映薩滿信仰已經遭到壓抑。達呼爾族流傳的故事裡也說皇帝下了個旨意，傳尼桑薩滿到宮廷給國母治病，沒想到，她費了好大勁兒，還是沒治好國母的病。皇帝正好抓住這個藉口，以謠言惑眾，欺騙百姓爲名，把她逮捕起來，用很粗的鐵繩捆綁起來，然後扔進九泉之下。索倫族流傳的故事也很相似，故事中說尼桑成了更加有名的薩滿後，這個消息被清朝皇帝知道了，於是請她給親戚治病。尼桑薩滿卻沒治好。皇帝很生氣，就把她用很粗的繩捆起來扔到九丈深的井裡。海參崴滿文手稿本《尼山薩滿傳》的結尾有一段描寫提到尼山薩滿的婆婆後來聽到村人談論，這次薩滿去的路上，看見了自己的丈夫，請求把他救活。尼山薩滿以筋骨已爛，不能救活，彼此爭執，而把他拋到酆都城。婆婆很生氣，斥責媳婦二次殺了丈夫，便到京城去向御史告狀。太宗皇帝降旨，將薩滿神帽、腰鈴、手鼓等法器一併裝在一個皮箱裡，用鐵索拴牢，拋到井裡。書末記載說「因爲它是不入大道的邪教之書，後人不可效法，其深戒之。」薩滿信仰因被指爲異端邪教而遭受取締。

東北亞星祭儀式，各部族彼此不同，東海女眞，一歲兩舉，初雪祭星，以禳解災病，祈求冬圍豐收；正月祭星，以除祟祛瘟，禱祝康寧。明憲宗成化十九年（1483）十月，進入朝鮮的女眞人趙伊時哈等八人行辭別禮時，朝鮮國王命都承旨李世佐賜酒，李世佐詢問女眞人「有祭祀之禮乎？」趙伊時哈等答稱：「祭天則前後齋戒，殺牛以祭。又於月望祭七星，然此非常行之事，若有疾病祈禱則有之耳！」女眞星祭活動，就是薩滿禳解祈禱的儀式，崇德七年（1642）十月二十九日，初纂本《清太宗文皇帝實錄》有一段記載說：「多羅安平貝勒妻福金，以其夫之病，由氣鬱所致，令家臣石漢喚巫人金古大來家，剪紙人九對，付太監捧至北斗之下，焚一半，埋一半，及福金拘禁至三日，福金輒昏迷。」句中的「巫人」，即滿洲薩滿，安平貝勒杜度生病時，薩滿金古大使用交感巫術，剪紙人九對爲替身，在北斗星下焚燒掩埋，嫁禍於替身，以禳解災病。清太宗降旨將薩滿金古大處斬。清太宗認爲薩滿跳神治病，害人不淺，因此禁止薩滿跳神治病，並下令：「永不許與人家跳神拿邪，妄言禍福，蠱禍人心，若不遵者殺之。」順治十八年（1661），律例中明白規定「凡無名巫覡私自跳神者，杖一百，因而致人於死者，處死。」由於官方的取締，薩滿的活動，日趨式微。

隨著人類社會文化的進步及儒、釋、道思想的普及，薩滿信仰的存在及其整合組織的功能，也逐漸減退，薩滿所扮演的角色，亦漸漸失去其重要性。當草原族群接觸到文化較高的其他民族時，薩滿信仰遂日益退縮。《多桑蒙古史》有一段記載說：

> 畏吾兒人曾遣使至信仰偶像教之中國，延剌麻（noumis, lamas）至，與珊蠻辯論，欲擇其辯勝者而從之。諸剌麻誦其名曰「noum」之聖經，此其道德故事物語箴言之彙編也。中有勸人勿害他人，勿害動物，以德報怨等誡。剌麻分爲數派，各教派教義不同，其最流行者信仰輪迴之說。據云，其教流傳已數千年，善人之靈魂死後視其功之大小，投生爲國王以至平民。惡人之曾殺人虐其同類者，則變爲爬蟲猛獸之屬。諸信仰偶像者，在汗前誦聖經若干則，諸珊蠻默不能對。由是畏吾兒首先皈依偶像之教。」

維吾爾等族先後皈依其他宗教，薩滿信仰便從北亞各地開始，逐步地退縮。佛教哲理固然高於薩滿信仰，道教的知識，亦較薩滿信仰豐富。薩滿信仰本身由於理論上的缺乏系統，談不上高深的哲理。《樺川縣志》已指出「其言猶誕，其視老、佛、基、回卓然具有一種哲理者迴乎不同。」薩滿信仰既不能與儒、釋、道相提並論，或分庭抗禮，遂逐漸退縮而趨於衰落了。

薩滿信仰的內容，極其廣泛，學術界對薩滿信仰特質的分析，所持觀點，固然不同，態度亦異。廣義論者抹煞了不同歷史時期不同地域的自發宗教的區別，從而也模糊了薩滿信仰的特質；狹義論者對薩滿信仰的界定，不夠全面、準確和縝密。否定薩滿信仰的學者，認爲薩滿信仰是一種迷信，薩滿跳神治病，愚昧無知，害人不淺；肯定薩滿信仰的學者，則認爲薩滿是原始文化的創造者，在氏族中有其特殊的地位，薩滿信仰是一種綜合體，蘊含著豐富的原始醫學、文學、藝術、審美意識文化內容，因此，薩滿信仰的研究，涉及宗教學、語言學、民俗學、民族學、社會學、心理學、醫學、人類學、文學、歷史學以及音樂舞蹈等各種學科，由於學者的專業訓練不同，所持觀點，並不一致。然而中外學者對薩滿信仰核心問題的不同主張，與其說相互矛盾，不如說是相互補充，都有助於認識東北亞或北亞的文化特質。

後世流傳的薩滿故事，以海參崴本《尼山薩滿傳》滿文手稿記載較完整，是探討北亞薩滿信仰的重要文獻，尼山薩滿進入冥府過陰追魂的情節，描寫生動，節錄其重點如後。

在從前明朝的時候，有個羅洛村，村莊裡住著一位名叫巴勒杜・巴彥的員外，家計非常富裕，使喚的奴僕、馬騾等，數也數不完。到了中年時，生了一子，養到十五歲時，有一天，帶著家裡的奴僕們前往橫浪山去打圍，途中得病死了。從此，員外夫婦因無子嗣而焦急，只做善事，修造寺廟，拜佛求恩，向神祈禱，拿了芸香，到處燒香，又幫助窮人，扶助孤兒，救護寡婦。因行善彰著，所以上天憐憫，五十歲時，好不容易地養了個兒子，非常歡喜，就把名字命名爲五十歲時所生的色爾古岱・費揚古。愛如東珠，不讓他遠離視線地養著。這個孩子到了五歲時，看來聰明伶俐，言語明白，因此，就聘請了師傅，在家裡教書，又教習武藝，步射馬箭。

日月倏忽，疾如射箭，到十五歲時，忽然有一天，色爾古岱・費揚古見了他的父母，請求說:「我想出去打一次圍，試試看我所學的步射馬箭，不知父親的意思如何？」父親說:「在你的上面原來有一個哥哥，十五歲時到橫浪山去打圍身亡了，我想還是不去了吧！」色爾古岱・費揚古說:「人生在世,生爲男子漢,何處不可行走?能永遠守著家嗎?生死都逃不出各自帶來的命運。」員外沒法子,只得允諾了,囑咐說:「若是想要出去打圍,就帶著阿哈勒濟、巴哈勒濟等去吧,日子不要待久,謹愼而行,趕緊回來,你不要辜負我的牽掛之心。」

色爾古岱·費揚古帶領著眾奴僕們,吩咐阿哈勒濟、巴哈勒濟等人撒圍,想要沿山行圍,於是就撒了圍,射箭的射箭,還有槍扎的槍扎,拋鷹嗾犬,使之追逐,凡所射的每個鳥獸等沒有不獲得的。正在興致勃勃的行圍時,色爾古岱·費揚古突然渾身冰冷,忽然又發燒,頭昏不適,牙關緊閉,眼睛直瞪,氣息已絕了。

色爾古岱·費揚古的父親巴勒杜·巴彥經神仙指點,好不容易請來尼山薩滿過陰追魂,請求薩滿救活愛子。尼山薩滿問道:「你家裡有和這個孩子同日生的狗,還有三年的公鷄、醬等東西,大概會有吧!」巴勒杜·巴彥說:「確實是有的,看的正確啊!眞是靈異的神薩滿啊!如果可以的話,我現在就想搬動大的器具,把沉重的器物馱回去,只求救活我孩子的小命。」尼山薩滿笑著說:「區區無能的薩滿怎麼能辦得到呢?耗費銀財於枉然之事,用盡工錢於無益之處,去找別的有能力的薩滿們吧!我是剛剛學的薩滿,尚未得到要領,新學的薩滿,尚未得到火候,能知道什麼呢?」巴勒杜·巴彥跪在地上,叩頭慟哭地哀求說:「薩滿格格如果救活我孩子的命,就把金、銀、閃緞、蟒緞、騸馬、牛、羊等牧群,分給一半,以報答恩情。」這樣說了以後,尼山薩滿沒法子,說道:「巴彥老兄起來吧!我只是去看一趟,如果僥倖,也不要高興;若有差失,也不要抱怨，這些話聽明白了嗎？」巴勒杜・巴彥非常高興，翻身起來，接著裝煙致謝。然後出房門騎了馬回家，立即叫來阿哈勒濟、巴哈勒濟等說道：「趕緊預備轎、車、馬等去接薩滿吧！」立刻都預備齊全了。阿哈勒濟、巴哈勒濟等帶著眾人去迎接薩滿。行走不久，就到了尼西海河邊尼山薩滿的家裡，見了薩滿，請了安，將神櫃等分裝三車，薩滿坐在轎子上，八個少年抬著飛也似地行走，轉瞬之間來到了員外的家裡。巴勒杜・巴彥迎入屋內，將神櫃擺在大炕的中央，洗了臉眼，點了香，叩了三次頭之後，薩滿洗了臉，預備了飯，吃完後，用濕毛巾擦了臉，預備手鼓，對神喋喋地請著，擊打手鼓、大鼓時，在同一村裡的三、四個薩滿們隨著擊打手鼓，因爲都不合音調，所以尼山薩滿說道：「像這樣不齊，怎麼去追魂呢？」員外回答說：「在我們這一個莊屯裡，確實已無有能力的人了，若有向來跟隨薩滿格格的爲首札立，即請賜告，好派人去接來吧！」尼山薩滿說道：「在我們村裡住著一個父母七十歲時生的納哩費揚古，這人非常能夠合調，對手鼓、神歌等都很熟練。倘若這人來的話，實在不擔心順當了。」員外就叫阿哈勒濟騎了一匹馬，牽著一匹馬，趕緊去接納哩費揚古阿哥。不久，來到，下了馬，巴勒杜・巴彥迎入屋裡。尼山薩滿見了笑著說道：「給神祇効力的尊貴老兄來啦！有助神才德的阿哥，納哩費揚古老弟札立你自己聽著，給格格我好好地配合音調相助，已經是老搭檔了，打手鼓、大鼓，就全靠札立老弟了。要是不能的話，就用浸濕的騷鼠皮蒙蓋的皮鼓槌搥打你的大腿；要是神鼓不能配合喋喋神語時，就用濕的郁李木鼓槌搥打屁股。」說完後，納哩費揚古笑著說：「高強的薩滿，怪異的尼山，兄弟我知道了，不需多指教了。」說完，坐在炕上，預備茶飯完了就打鼓合著。於是尼山薩滿身上穿繫了怪異的衣服、腰鈴、女裙，頭上戴了九雀神帽，細長的腰身好像垂柳般地顫動著，音調宛如陽春曲般地吟唱著，大聲地搖動，高聲地叫喊，柔和的聲音擺動著，細細的聲音懇求著，喋喋地祈求說道：「火格亞格！從石窟火格亞格！離開來吧火格亞格！在死國裡火格亞格！去碰碰運氣火格亞格！在凶界裡火格亞格！去取回生命火格亞格！把失落的魂靈火格亞格！去拾起來火格亞格！可以信靠的札立火格亞格！請引導帶去吧火格亞格！實心努力火格亞格！解救回來時火格亞格！在鼻子的周圍火格亞格！二十擔火格亞格！潑水火格亞格！在臉頰周圍火格亞格！四十桶火格亞格！倒水火格亞格！」說完便困乏地昏倒了。札立納哩費揚古迎上去扶她躺下，收拾了腰鈴、女裙等，栓了鷄和狗，擺放了醬和紙等東西。他自己挨著薩滿坐下，唱著調遣引導神祇神詞的納哩費揚古拿了手鼓喋喋地開始唱起他的神歌說：「青格勒濟因格勒濟！把燈蠟青格勒濟因格勒濟！熄暗吧青格勒濟因格勒濟！在今天晚上青格勒濟因格勒濟！爲了巴雅喇氏的火格亞格！趕緊下來吧火格亞格！」念著時，薩滿降神了，神祇從背後進入緊緊地附體。突然咬著牙齒，喋喋地唱道：「火格亞格！在旁邊站立的火格亞格！爲首的札立火格亞格！挨著站立的火格亞格！大札立火格亞格！站在附近的火格亞格！柔軟的札立火格亞格！站在周圍的火格亞格！聰明的札立火格亞格！把薄薄的耳朵火格亞格！打開聽吧火格亞格！把厚厚的耳朵火格亞格！垂下來聽吧火格亞格！把公雞火格亞格！在頭的地方火格亞格！拴了預備著火格亞格！把虎斑狗火格亞格！在腳的跟前火格亞格！絆了預備著火格亞格！把一百塊的火格亞格！老醬火格亞格！放在旁邊吧火格亞格！將一百把的火格亞格！白樂紙火格亞格！捆了預備著火格亞格！到幽冥的地方火格亞格！去追拿魂靈青格勒濟因格勒濟！色爾古岱・費揚古的青格勒濟因格勒濟！為魂靈青格勒濟因格勒濟！俯伏在濕地上青格勒濟因格勒濟！在幽冥的地方青格勒濟因格勒濟！追趕魂靈青格勒濟因格勒濟！在凶界青格勒濟因格勒濟！去取回命青格勒濟因格勒濟！把失落的魂青格勒濟因格勒濟！去捧回來青格勒濟因格勒濟！對鬼有力青格勒濟因格勒濟！對妖魔在行青格勒濟因格勒濟！在天下青格勒濟因格勒濟！曾有名聲青格勒濟因格勒濟！在各國青格勒濟因格勒濟！曾有名氣青格勒濟因格勒濟！」唱完了，這時，尼山薩滿牽著鷄和狗，扛著醬、紙，各種神祇跟隨在周圍，往死國去找閻王爺。獸神跑著，鳥神飛著，蛇蟒蠕動著，像旋風似的行走，來到了一條河的岸邊，向周圍一看，並無渡口，而且又看不見渡河獨木舟，正在著急著東張西望的時候，對岸那邊有一個人撐著獨木舟走著，尼山薩滿看見了喊著說道：「火巴格野巴格！渡口撐船的火巴格野巴格！瘸腿阿哥火巴格野巴格！請聽取吧火巴格野巴格！把薄薄的耳朵火巴格野巴格！打開來聽吧火巴格野巴格！把厚厚的耳朵火巴格野巴格！垂下來聽吧火巴格野巴格！醜陋的賴希火巴格野巴格！牢記著聽吧火巴格野巴格！祭祀完好火巴格野巴格！高貴了火巴格野巴格！祭祀完好火巴格野巴格！向前了火巴格野巴格！做了主火巴格野巴格！有德行了火巴格野巴格！到父親的老家火巴格野巴格！去相會火巴格野巴格！到母親的娘家火巴格野巴格！一同去歇息火巴格野巴格！到外祖父家火巴格野巴格！去賣俏火巴格野巴格！到外祖母的地方火巴格野巴格！去跳舞火巴格野巴格！到姨母家火巴格野巴格！去逛蕩火巴格野巴格！到叔父家火巴格野巴格！去取回命火巴格野巴格！讓我渡河時火巴格野巴格！就給醬火巴格野巴格！若能快快撐渡火巴格野巴格！就給紙火巴格野巴格！不讓平白渡河火巴格野巴格！而是送給工錢火巴格野巴格！若眞讓渡河火巴格野巴格！就送給財物火巴格野巴格！若讓趕緊渡河火巴格野巴格！就把烈性燒酒火巴格野巴格！呈獻火巴格野巴格！到凶界火巴格野巴格！去贖回命火巴格野巴格！到幽冥地方火巴格野巴格！去追魂火巴格野巴格！」瘸腿賴希聽了，便用半片槳把半邊船划到了對岸。尼山薩滿一看，只見他眼睛眇一目，鼻歪、耳殘、頭禿頂、腳瘸、手蹩。他來到附近說道：「是薩滿格格嗎？要是別人，必定不讓他渡過。久聞大名，是熟人了，這次天理注定應該出賢名，沒法子，渡你過去吧！」尼山薩滿下了獨木舟，瘸腿賴希撐篙，用划子划著渡到對岸後，尼山薩滿道謝說：「這只是一點心意，這三塊醬、三把紙都請收下吧！」又問道：「這渡口是不是還有那個人渡過去了呢？」瘸腿賴希回答說：「並無別人渡過，只有閻王爺的親戚蒙古勒代舅舅帶著巴勒杜・巴彥的兒子色爾古岱・費揚古的魂靈渡過去了。」尼山薩滿道了謝，就啓程了。走了不久，又到了紅河岸，看看周圍，既無渡口渡船，而且連一個人影也看不見。因此，沒法子，只得求助於神祇，開始喋喋地唱道：「額伊庫哩也庫哩！圍繞天的額伊庫哩也庫哩！大鵰額伊庫哩也庫哩！圍繞海的額伊庫哩也庫哩！銀鶺鴒額伊庫哩也庫哩！圍繞河邊的額伊庫哩也庫哩！蛇額伊庫哩也庫哩！圍繞占河的額伊庫哩也庫哩！四丈蟒額伊庫哩也庫哩！小主人我自己額伊庫哩也庫哩！把這條河額伊庫哩也庫哩！要渡過額伊庫哩也庫哩！眾神祇額伊庫哩也庫哩！請扶助渡河額伊庫哩也庫哩！急速地額伊庫哩也庫哩！請施展本領吧額伊庫哩也庫哩！」唱完後，把手鼓拋到河面上，薩滿自己站在上面，就像旋風似地轉瞬間渡過了河。留給河主三塊醬、三把紙報酬後就啓程了。走得很急，一會兒來到了第一道關口，剛要過去時，把守關口的色勒圖、僧吉圖二鬼喝道：「什麼人膽敢想進入這道關口？我們奉了閻王爺的諭旨，看守這道關口，趕快告知緣由吧！」尼山薩滿說道：「我自己是生國的尼山薩滿，要到死國去找蒙古勒代舅舅。」二鬼怒喝道：「那麼就按照進入關口的規矩留下名字及工錢，方得進去。」尼山薩滿給了名簽、三塊醬、三把紙，才過去。走到第二道關口時，也照前留下了名字、工錢等過去。一直走到第三關蒙古勒代舅舅的門口，搖著腰鈴，和著神鈴，以清秀的聲音唱著說道：「火格亞格！蒙古勒代舅舅火格亞格！急速地火格亞格！請出來吧火格亞格！爲了什麼火格亞格！把好好地過日子火格亞格！壽限未到的人火格亞格！抓來了火格亞格！時限未到火格亞格！強行拿來火格亞格！若是給還時火格亞格！多謝了火格亞格！若是平白給了火格亞格！要道謝火格亞格！生命夭折火格亞格！妄行帶來火格亞格！拐騙捉來火格亞格！怎麼回答呢火格亞格！不會平白帶走火格亞格！要給工錢火格亞格！不會騙走火格亞格！留下價錢火格亞格！若給我時火格亞格！送給醬火格亞格！若送出來時火格亞格！送給贖金火格亞格！若先給時火格亞格！要行禮火格亞格！要是不給時火格亞格！沒有好處火格亞格！倚靠神力火格亞格！飛著去火格亞格！進入屋裡火格亞格！要帶走火格亞格！」尼山薩滿搖著腰鈴，抖著神帽，和著神鈴，鏗鏘作響。聲音甫落，蒙古勒代舅舅笑著出來說道:「尼山薩滿明白地聽吧！我把巴勒杜・巴彥的兒子色爾古岱・費揚古帶來是眞的，可是於你何干？我偷了你家的什麼東西而站在我的門口高聲地叫罵呢？」尼山薩滿說道:「雖然沒有偷走我的什麼東西，但是把人家好好過日子壽限未到的人，無辜的孩子帶了來可以嗎？」蒙古勒代舅舅說:「這是奉我們閻工爺的諭旨捉來的，把那個孩子捉來後，在高杆上懸掛了金錢，讓他試射錢孔，三箭都中了。後來又讓他試試與藍翎撩跤人摔跤，他把撩跤人撩倒了。又與獅子撩跤手摔跤，也不是他的對手。因此，我們閻王爺把他當作孩子慈養啊！豈有還給你的道理呢？」尼山薩滿聽了這一席話後，大爲生氣，對蒙古勒代舅舅說:「若是這樣，對你毫不相干吧！你原來是一個好人呢！以我的本領去找閻王爺，得到得不到色爾古岱・費揚古，首先在我的道行，道行大時，就能帶來，若道行不深，就作罷了，於你毫不相干。」說完就去找王城，不久，到了一看，護城門關閉了，尼山薩滿進不去，環視周圍，因爲城牆築得十分堅固，大爲生氣，開始喋喋地唱著說道:「克蘭尼古蘭尼！在東山上克蘭尼古蘭尼！棲息的克蘭尼古蘭尼！飛鳥克蘭尼古蘭尼！在長齡山上克蘭尼古蘭尼！檀木鬼祟克蘭尼古蘭尼！在山崗上克蘭尼古蘭尼！

棲息的克蘭尼古蘭尼！椽木鬼祟克蘭尼古蘭尼！九尋蛇克蘭尼古蘭尼！八尋蟒克蘭尼古蘭尼！在石窟克蘭尼古蘭尼！鐵關裡克蘭尼古蘭尼！棲息的克蘭尼古蘭尼！彪虎克蘭尼古蘭尼！脆牲熊克蘭尼古蘭尼！圍繞山的克蘭尼古蘭尼！金鶺鴒克蘭尼古蘭尼！圍繞盛京的克蘭尼古蘭尼！銀鶺鴒克蘭尼古蘭尼！飛鷹克蘭尼古蘭尼！爲首的鵰克蘭尼古蘭尼！花鵰克蘭尼古蘭尼！九個草囤子克蘭尼古蘭尼！十二排克蘭尼古蘭尼！眾醜鬼們克蘭尼古蘭尼！急速地克蘭尼古蘭尼！飛到城上克蘭尼古蘭尼！進去帶來吧克蘭尼古蘭尼！用爪子克蘭尼古蘭尼！攫取帶來吧克蘭尼古蘭尼！用爪子抓克蘭尼古蘭尼！抓住帶來吧克蘭尼古蘭尼！在金香爐裡克蘭尼古蘭尼！裝了扛來吧克蘭尼古蘭尼！在銀香爐裡克蘭尼古蘭尼！叩著帶來吧克蘭尼古蘭尼！用肩膀的力量克蘭尼古蘭尼！扛著帶來吧克蘭尼古蘭尼！」唱完後，眾神祇們飛騰起來，宛如雲霧似的，色爾古岱・費揚古正在同眾孩子們一齊拋擲金銀背式骨玩著，一隻大鳥立即俯衝下來抓住他飛高帶走了。別的孩子們看見了都害怕起來，跑進屋裡向皇父說道：「不好了！一隻鳥來把色爾古岱哥哥抓走了。」閻王爺聽了大爲生氣，差遣小鬼把蒙古勒代舅舅喚來，責備說：「你帶來的色爾古岱・費揚古被一隻大鳥抓走了，我想，這都是你的計策也說不定，你給我怎麼辦呢？」蒙古勒代從容一想，不是別人，是尼山薩滿吧！就說道：「主子不要生氣，我想不是別人，是生國裡出了頭，名揚大國的尼山薩滿來帶去的吧！我現在就去追趕，找他看看吧！這個薩滿和別的薩滿不同。」說完就去追趕。這時，尼山薩滿因爲得到了色爾古岱・費揚古，非常高興，牽了手往回走，沿著舊路行走時，蒙古勒代從後面追趕上來喊道:「薩滿格格稍等一下，我們講一講理吧！有悄悄地帶走的道理嗎？我自己這樣費力，好不容易得來的色爾古岱·費揚古，你倚仗眞實的薩滿，竟想平白地帶走嗎？我們的閻王爺生了氣，責怪我，現在我怎麼回答呢？薩滿格格慢慢地想想看，最起碼的工錢也沒有，平白地帶去，似乎更不合理了。」尼山薩滿說道:「蒙古勒代你若是這樣好言相求，還可留下一點工錢給你，你如果倚仗你們的王爺逞強行事，誰怕你呢？我們該當把一件大事說出本末吧！」說完，給了三塊醬、三把紙。蒙古勒代又央求說:「你給的工錢太少啊！請再多給一點兒吧！」尼山薩滿又加給了一倍後，又央求說:「把這一點工錢給我們的王爺，實在不成，這怎麼能開脫我的罪責呢？請求薩滿格格把你帶來的鷄、狗留給我，送給閻王爺，以開脫我的罪。他沒有打圍的狗，夜晚沒有啼曉的鷄。我們的王爺若是歡喜，一則薩滿格格的事可以成全，二則可以開脫我的罪責。」尼山薩滿說道:「那樣對兩方面也都有好處，但若是給色爾古岱增加壽限，就把這狗和鷄都留下而去。」蒙古勒代說:「薩滿格格你這樣，看你的面子，增加二十歲壽限。」薩滿說:「鼻涕還未乾，帶去無益。」「那麼增加三十歲壽限。」「心志還未定，帶去何益？」「那麼增加四十歲壽限。」「還未享受體面尊榮，帶去無益。」「那麼增加五十歲壽限。」「尚未成爲聰睿賢達，帶去何益？」「那麼增加六十歲壽限。」「弓箭尚未熟練，帶去無益。」「那麼增加七十歲壽限。」「還未學會細事，帶去何益？」「那麼增加八十歲壽限。」「世事未曉，帶去無益。」「那麼增加到九十歲壽限，若再增加就不成了。色爾古岱從此六十年無病，百年無禁忌，臀部周遭養九子，世動見八子，頭髮全白了，口牙黃了，腰彎了，眼睛生花散光了，腿打顫了，腳面上撒尿，腳跟上拉屎地過日子吧！」尼山薩滿道謝說：「蒙古勒代舅舅，你如此盡心封贈，把鷄和狗都給你了，呼叫鷄時喊「阿什」，呼叫狗時喊「綽」。蒙古勒代道了謝，非常高興，帶著鷄和狗等行走時，心想喊著試試看，把兩個都放了，「阿什」、「阿什」、「綽」、「綽」地喊叫著，鷄和狗都往回走，追趕尼山薩滿去了，蒙古勒代害怕了，拚命地跑去找，張口大喘地央求說：「薩滿格格爲什麼開玩笑呢？怎麼當我喊叫你的鷄和狗時一齊往回走了呢？請不要哄騙吧！若不把這兩樣東西帶去，實在不可以。王爺責怪我時，我如何受得了呢？」這樣再三懇求，尼山薩滿笑著說道：「開一點玩笑，以後好好地記住，我告訴你，呼叫鷄喊「咕咕！」呼叫狗喊「哦哩？哦哩！」蒙古勒代說道：「格格開了一點玩笑，我卻出了一身大汗。」按照薩滿告訴的話喊叫時，鷄和狗都圍繞著蒙古勒代的身邊，搖頭擺尾地跟著去了。後來尼山薩滿牽著色爾古岱的手往回走時，在路旁遇到了她的丈夫。一看，油鍋用高粱草燒火正滾著，樣子看來很生氣，一見妻子，嘎吱嘎吱地咬牙切齒，憤恨地說道：「輕佻的尼山，你都能把別人救活過來，何況自幼娶你的親熱丈夫呢？將我救活帶回去不好嗎？我特地在這裡燒滾油鍋等你，你到底是救活？還是不救活？趕快說吧！若是眞的不救活，就眞的不讓你走，這鍋子就是你的對頭了。」尼山薩滿央求說道：「親愛的夫君海蘭比舒倫比！趕快聽吧海蘭比舒倫比！親愛的男人海蘭比舒倫比！趕緊聽吧海蘭比舒倫比！把薄薄的耳朵海蘭比舒倫比！打開聽吧海蘭比舒倫比！把厚厚的耳朵海蘭比舒倫比！垂下聽吧海蘭比舒倫比！你的軀體海蘭比舒倫比！筋脈已斷海蘭比舒倫比！早已死了海蘭比舒倫比！乾朽了海蘭比舒倫比！骨肉海蘭比舒倫比！都糜爛了海蘭比舒倫比！怎麼救得活呢海蘭比舒倫比！親愛的夫君海蘭比舒倫比！如蒙憐愛海蘭比舒倫比！就放我們過去吧海蘭比舒倫比！在你的墳前海蘭比舒倫比！把紙錢海蘭比舒倫比！多多地焚燒海蘭比舒倫比！把飯菜海蘭比舒倫比！多多地上供海蘭比舒倫比！對你的母親海蘭比舒倫比！服侍奉養海蘭比舒倫比！若是念及這些海蘭比舒倫比！請饒命吧海蘭比舒倫比！對老母親海蘭比舒倫比！惻隱之心海蘭比舒倫比！嗤然一聲讓我通過吧海蘭比舒倫比！」這樣央求時，她的丈夫咬牙切齒憤恨地說：「輕佻無情的尼山薩滿妻子你聽著，我自己活著的時候，你嫌我窮而睇眼輕視之處很多啊！你自己心裡頭也明白的知道，現在你更是任性了。對老母親好不好，服侍不服侍，隨你的意罷了，又在你眼裡嗎？今天的，以前的，在此時將兩仇一次對你報復，或是你自己進入油鍋，或是我把你推進去，趕緊決定吧！」薩滿氣得滿臉通紅，嚷著說：「親愛的夫君你聽著德尼昆德尼昆！你死時德尼昆德尼昆！留下了什麼德尼昆德尼昆！貧窮的門戶德尼昆德尼昆！把你的老母親德尼昆德尼昆！留給了我德尼昆德尼昆！我恭敬地贍養著德尼昆德尼昆！盡力孝順德尼昆德尼昆！夫君你自己德尼昆德尼昆！想想看吧德尼昆德尼昆！我就是有恩情的德尼昆德尼昆！人啊德尼昆德尼昆！我把強硬的心德尼昆德尼昆！發洩出來德尼昆德尼昆！讓你稍微德尼昆德尼昆！嘗嘗看吧德尼昆德尼昆！把你的剛硬德尼昆德尼昆！消滅看看吧德尼昆德尼昆！到極點德尼昆德尼昆！打發啊德尼昆德尼昆！請求神祇德尼昆德尼昆！圍繞樹林的德尼昆德尼昆！大鶴德尼昆德尼昆！急速地德尼昆德尼昆！把我的丈夫德尼昆德尼昆！抓起來德尼昆德尼昆！到酆都城德尼昆德尼昆！拋下永久德尼昆德尼昆！萬世德尼昆德尼昆！人身德尼昆德尼昆！不讓他轉生德尼昆德尼昆！」正在呼喊時，大鶴飛去，就抓起來飛著拋到了酆都城。薩滿看見了，高聲唱著「德揚庫」說道：「德揚庫德揚庫！沒有了夫君德揚庫德揚庫！自營生活吧德揚庫德揚庫！沒有了男人德揚庫德揚庫！昂起頭來生活吧德揚庫德揚庫！在母親族人裡德揚庫德揚庫！嬉戲生活吧德揚庫德揚庫！趁著年輕德揚庫德揚庫！快樂地生活吧德揚庫德揚庫！沒有孩子德揚庫德揚庫！向前活下去吧德揚庫德揚庫！沒有族姓德揚庫德揚庫！親密地生活吧德揚庫德揚庫！趁著年輕德揚庫德揚庫！客氣地生活吧德揚庫德揚庫！」喋喋地唱完神歌，牽著色爾古岱・費揚古的手，像風似的戲玩行走，像旋風似的奔跑著而來，只見路旁有一座閣樓，建造得既莊嚴美觀，而且籠罩了五彩雲朵。尼山薩滿走近一看，只見門前有兩個穿了金盔甲的神，拿著鐵棍站著看守。尼山薩滿趨前問道：「老哥們，這裡是什麼地方？裡面有誰？請明白地告訴我吧！」那神告訴她說：「樓閣裡住的是能使葉子好好地發芽，根好好地滋生的子孫娘娘。」尼山薩滿央求道：「我想順道來向娘娘叩頭，不知是不是可以呢？」這樣問時，門神說「可以。」尼山薩滿給了三把紙、三塊醬道謝進去了。來到第二道門一看，也是兩個穿著盔甲的神看守。尼山薩滿正要進去，就被喝住說：「何人亂闖此門？快快返回，若再留連不去，就要責打。」尼山薩滿央求道：「大神不要生氣，我不是凶魂，生國的尼山薩滿就是我。想順路叩見有恩情的子孫娘娘。」二神說道：「若是如此誠心敬意，進去後快點出來吧！」尼山薩滿也照前例給了道謝的工錢後進去了。來到了第三道門，也有兩個神看守，也照前給了謝禮進去。只見樓閣閃耀著五彩瑞氣，房門周圍瀰漫著瑞氣。又有兩個女人穿著五彩花衣，看守房門，都高挽著頭髮，手上拿著金香爐，一個拿著銀碟子，一個笑著說道：「這個女人，我好像認識。你不是住在生國尼西海河邊的尼山薩滿嗎？」薩滿驚訝地說道：「你是什麼人？我怎麼忘了不認識呢？」那女人說道：「你怎麼不認識我呢？我前年出痘時，子孫娘娘看我潔淨善良而帶來身邊使喚。我們是一個村莊的人，鄰居納哩費揚古的妻子，娶我二日內出痘死了啊！」尼山薩滿這才認出來，非常歡喜。「怎麼忘了呢？」說著打開房門讓她進去。抬頭向上一看，只見亭殿中央坐著一位老太太，頭髮雪白，眼彎、口大、臉長、下頦尖突、牙齒微紅，很是難看。兩旁有十幾個女人站著，孩子們有背的，有抱的，有穿線的，有製做小孩子的，有推小孩子的，口袋裡裝的裝，扛的扛，帶的帶，都沒有空閒，由東邊房門出去。尼山薩滿見了很驚奇，跪在地上，三跪九叩。子孫娘娘問道：「你是什麼人？我怎麼不認識？胡亂進來這裡？」尼山薩滿跪下稟告說：「小人住在世間尼西海河邊，尼山薩滿就是小人。這一次是巧合來的，順路向娘娘神叩頭問好。」子孫娘娘說道：「怎麼忘了？派生你時，你竟然不去，我哄著你，戴了神帽，拴了腰鈴，拿了手鼓，像跳神遊戲似的去轉生了。你自己應當是出名的命數，來這裡一次，是我自己所定，要你看行善爲惡的一切刑罰，讓世上的人知曉，下次不可再來。起初立了薩滿、儒者、奴僕、老爺，或是成爲高貴體面，或是行惡作亂，以及貧富、盜賊、和尚、道士、乞丐、酗酒、開館、玩錢、貪淫婦女、善惡，都是這裡注定打發去的，這都是命中注定的啊！」說完，便告訴屬下人帶領薩滿去看一下刑罰法律。立刻來了一個女人，催促薩滿快走，說道：「同我一齊遊玩一下吧！」薩滿跟隨一齊去，只見一處樹林所發的芽既好看，而且肥壯，籠罩著五彩雲氣。薩滿問道：「這是什麼樹林呢？」回答說：「你們世間送痘神時潔淨不密，折斷牛馬沒有吃過的柳枝送來，所以發的芽好，孩子們的痘花也好。那處樹林發的芽既不茂盛，且有殘缺，是因你們生國送痘神時，用牛馬吃過的柳枝，所以不但孩子的痘花不好，而且宣判刑罪，這些都顯而易見的讓你觀看。」又走到東邊一個大屋內，有一個大輪盤在滾動著，裡面有一切牲畜、走獸、飛鳥、魚、蟲等生靈，一群一群不斷地跑著、飛著出來，薩滿看了這個便詢問。回答說：「這是一切生靈轉生的地方。」又走著，只見一個大鬼門關，不斷有鬼魂行走。向裡面一看，酆都城的黑霧瀰漫著，聽到裡面有很多的鬼哭聲。又有惡犬村，狗扯著吃周圍人的肉。被關在下層房內傳出傷慟哭喊的聲音，連地都震動。又在明鏡山、暗鏡峰等地，善惡刑罰，明白地分開。又看見一個衙門，在堂上坐了一個官員，審問眾鬼魂。在西廂房裡懸吊的是監禁竊搶等刑罰人犯。在東廂房裡監禁的是對父母不孝，夫妻之間無義而枷號的人們。又看到把打罵父母者以油鍋烹炸處刑；徒弟偷罵師傅者栓在柱上射箭處刑；妻子對丈夫粗暴者以碎割處刑；道士姦淫婦女及污穢經典者以三股叉扎刺處刑；拋撒漉出米麵者在小磨大磨上碾壓處刑；誣訟破壞結親者以燒紅鐵索燙灼處刑；居官行賄者以魚鈎鈎肉處刑；嫁二夫者以小鋸破開處刑；罵丈夫者以割舌處刑；摔房門者以釘子釘手處刑；竊聽人家說話者以耳朵釘在窗上處刑；做盜賊者以鐵棍責打處刑；婦女身體不潔淨在江河裡沐浴者及在初一、十五日洗濯污穢者令其飲濁水處刑；斜視老人們者以鈎眼處刑；貪淫寡婦處女者令其倚靠火柱燙灼處刑；大夫用藥不順吃死者將大夫以割開肚子處刑；女人嫁了丈夫偷行姦淫者以斧砍肉處刑。又看到在一個大池子裡架著金銀橋，在上面行走的都是行善有福分的人。在銅鐵橋上行走的都是行惡的人，鬼用叉子和槍把人扎落後給蛇蟒螫咬。在橋頭上有惡犬等著吃喝人的血肉，還一聲不響地怒目而視。在橋旁高高地坐著一個菩薩神，手上拿了經念給人聽，勸善書說道：「若是行惡，在死國被宣判罪刑；若是行善，不但不被判刑，而且第一等人做佛主，第二等人到宮中去出生，第三等人做國家駙馬、太師、官員等，第四等人做將軍、大臣，第五等人為富貴人，第六等人生為平民、乞丐，第七等生為驢騾馬牛等，第八等生為鳥獸，第九等轉生為魚鱉，第十等轉生為蛐蟺、蟲、螞蟻等。」高聲地念著勸告給人聽。尼山薩滿看完了各種刑罰後，回到樓閣，叩見子孫娘娘。娘娘告訴她說：「回到世間後，要曉諭眾人。」說完，就叩別了。尼山薩滿牽著色爾古岱，從原路來到了紅河岸時，給河主工錢，把手鼓拋到河裡，薩滿帶著色爾古岱站在上面，渡到了對岸。又再走不久，來到瘸子賴希渡口，因爲先前走過，所以認識，便說:「薩滿來了，實在可說是出眾的薩滿，能把巴勒杜・巴彥的兒子色爾古岱・費揚古帶回來，本事不小，從此更加出名啊！」他催促登上獨木舟。薩滿帶著色爾古岱坐上了獨木舟，瘸子賴希划著半片划子，一會兒渡到河岸，下了獨木舟，給工錢道了謝，沿著舊路走了不久，來到了巴勒杜・巴彥的家裡。爲首的札立納哩費揚古便把二十擔的水倒在鼻子周圍，把四十桶的水倒在臉頰周圍，拿了香，唱著祈求醒過來的神歌喋喋地說道:「可，可庫！可庫！今晚可庫！把燈蠟可庫！蓋熄了可庫！怎樣的聲名可庫！誰的聲名可庫！姓哈思呼哩可庫！果眞雅思呼哩可庫！巴雅哩氏可庫！葉子上發芽可庫！根上滋生可庫！色爾古岱・費揚古可庫！打圍去了可庫！病死了可庫！爲了這個緣故可庫！辨別了三個薩滿可庫！訪求了四個薩滿可庫！把這魂可庫！死國可庫！閻王爺可庫！帶去了可庫！爲了這個緣故可庫！尼西海河的可庫！住在河邊可庫！在各國裡可庫！出了頭可庫！在大國裡可庫！出了聲名可庫！把芸香可庫！拿著帶去可庫！越過山可庫！追趕而去可庫！獲得聲名時可庫！指點看了可庫！因爲近似可庫！請求帶來了可庫！今天晚上可庫！在昏暗的地方可庫！追趕了魂靈可庫！在凶界可庫！曾去取生命可庫！返回來了可庫！寬廣的柳樹可庫！在本幹上可庫！領頭的大鵰可庫！依附在枝上可庫！花鵰可庫！圍繞山的可庫！金鶺鴒可庫！圍繞盛京的可庫！銀鶺鴒可庫！彪虎可庫！脆牲熊可庫！八尋蟒可庫！九尋蛇可庫！檀木叢可庫！八對貂可庫！橡樹叢可庫！十對貂可庫！使他活過來吧可庫！救助帶來吧可庫！驚醒吧可庫！」唱完，尼山薩滿開始打顫，忽然站了起來，開始唱神歌，把所到之處及去取魂的經過喋喋地述說出來，唱道：「德揚庫德揚庫！眾人和札立聽著德揚庫德揚庫！巴勒杜·巴彥你自己德揚庫德揚庫！一件一件聽著德揚庫德揚庫！把你的孩子德揚庫德揚庫！在金香爐裡德揚庫德揚庫！裝著帶來了德揚庫德揚庫！用爪子抓著德揚庫德揚庫！帶來了啊德揚庫德揚庫！當成了寶貝德揚庫德揚庫！夾著帶來了德揚庫德揚庫！使死了的屍體德揚庫德揚庫！活過來了德揚庫德揚庫！把魂靈在空軀上德揚庫德揚庫！放入附體了德揚庫德揚庫！請求子孫娘娘克蘭尼克蘭尼！從此以後克蘭尼克蘭尼！小兒疾病克蘭尼克蘭尼！化為烏有克蘭尼克蘭尼！過日子吧克蘭尼克蘭尼！九十歲壽限克蘭尼克蘭尼！數著城石克蘭尼克蘭尼！養九子吧克蘭尼克蘭尼！給閻王爺帶去的克蘭尼克蘭尼！雞和狗克蘭尼克蘭尼！為恩情留下了克蘭尼克蘭尼！留下了工錢等物克蘭尼克蘭尼！向子孫娘娘克蘭尼克蘭尼！叩見了克蘭尼克蘭尼！為你的孩子克蘭尼克蘭尼！又求了子嗣克蘭尼克蘭尼！讓世人知曉克蘭尼克蘭尼！出痘時克蘭尼克蘭尼！恭敬潔淨克蘭尼克蘭尼！痘花好克蘭尼克蘭尼！惟行善事克蘭尼克蘭尼！若行惡時克蘭尼克蘭尼！一切刑罰昭著克蘭尼克蘭尼！都明白地看到了克蘭尼克蘭尼！我的夫君說把我克蘭尼克蘭尼！救活吧克蘭尼克蘭尼！這樣請求時克蘭尼克蘭尼！我說克蘭尼克蘭尼！筋肉腐爛了克蘭尼克蘭尼！難於救活過來克蘭尼克蘭尼！我的夫君生氣了克蘭尼克蘭尼！在油鍋裡克蘭尼克蘭尼！要烹殺我克蘭尼克蘭尼！為此緣故克蘭尼克蘭尼！

我的神祇抓了克蘭尼克蘭尼！到酆都城克蘭尼克蘭尼！拋了永久克蘭尼克蘭尼！不讓轉生人身克蘭尼克蘭尼！又眾鬼德揚庫德揚庫！魂們德揚庫德揚庫！救活吧德揚庫德揚庫！相繼請求著德揚庫德揚庫！攔著路德揚庫德揚庫！所求者可憐德揚庫德揚庫！太多啊德揚庫德揚庫！留下了許多工錢德揚庫德揚庫！眾鬼魂騰起了德揚庫德揚庫！才脫身而來了德揚庫德揚庫！」說完就仰面倒下了。爲首札立又用香爐繞著鼻子燻了，方才醒過來。後來，薩滿自己把魂放入色爾古岱·費揚古的軀殼裡，一會兒活過來了，用生硬含糊的聲音說道:「請給我一碗水吧！」拿來給了。喝完後說道:「睡了一大覺，做了好一會兒的夢。」說完就翻身坐了起來。家人們都非常高興，才把緣由告訴色爾古岱，方知是死了，向尼山薩滿格格叩頭道謝，巴勒杜·巴彥拍掌笑了，也行禮說道:「實在是神薩滿，蒙格格恩典，我的孩子復活了，不然的話就斷根了。」說著拿了自己的衣服給薩滿穿上，在水晶玉杯裡斟滿了酒，跪著遞上，尼山薩滿接過酒杯喝乾了，回禮說道:「這也是托員外的福，才辦理得圓滿，這對兩方大家一齊都有福啊！」員外又在大玻璃杯裡斟滿了酒，也遞給札立，說道:「太辛苦了，喉嚨嗓音嘶啞了，請喝杯酒稍微潤一潤吧！」納哩費揚古接過酒，邊喝邊說道:「有什麼辛苦？沒離開座位，說不上辛苦。若說辛苦，薩滿格格辛苦多了。既然到死國裡走了一遭回來，太疲倦了吧！」薩滿笑著說道:「費揚古老弟札立你聽著，常言道：三分薩滿，七分札立。若無好札立就不成啊！」眾人聽了都大笑起來。

民國二十五年（1936）五月二十四日，我出生於苗栗縣南庄鄉虎山，父親莊合昌，母親邱元妹。南庄山明水秀，民風純樸。頭份鎮珊湖里人練錫齡先生，他精通堪輿學。民國八十八年(1999)六月，臺灣省文獻委員會編印《苗栗縣鄉土史料》，書中刊載〈練錫齡先生談中港溪流域地理龍脈〉一文指出，中港溪流域的大地理可以分為兩部分：其分界點是在三灣鄉銅鑼圈，以內的三灣鄉、南庄鄉同屬一支脈，以外的頭份鎮、竹南鎮又另屬一支脈，而兩者的主龍脈是從新竹縣五指山的第二指山峰延伸而來。其龍脈在北埔鄉砂河分為兩條支脈，往南的支脈在峨眉鄉獅尾再分為往南庄和三灣兩支脈。南庄的支脈經獅頭山、橫屏背山至南庄永昌宮的位置結穴，往東的方向延伸至東河村的小溪石河為止。風水地理的形成是以山和水為主體，山脈的走向是以溪河切割的地方為盡頭，所以分脈、結穴的位置都是大自然賜給人類適於居住的地方。南庄在地理八卦的宮位，屬於「桃花水源流」，延伸至田美烏蛇嘴邊的右邊有一「砂手」環抱，此地會出美人。以前南庄礦業發達的時候有一則名言：「南庄桃花水，賺錢不過烏蛇嘴。」獅頭山是臺灣八景之一的名勝地面，對面隔溪相望的是象山，兩座山的龍脈在龍門口中港溪切口處交會。但是在龍門口隧道開通，田美大橋架設完成之後，本地的地理就被破壞了。有句地理諺語說：「獅象顛倒調，山中出草霸。」日據時期日軍久攻不下的「日阿拐」抗日事件，為這裡的地理作了註腳。練錫齡先生對南庄一帶地理龍脈的分析，十分高明。在南庄龍門口等地的居民相傳日軍接近烏蛇嘴時，黑色的巨蛇吐出濃烟後，日軍都被巨蛇吞食了。

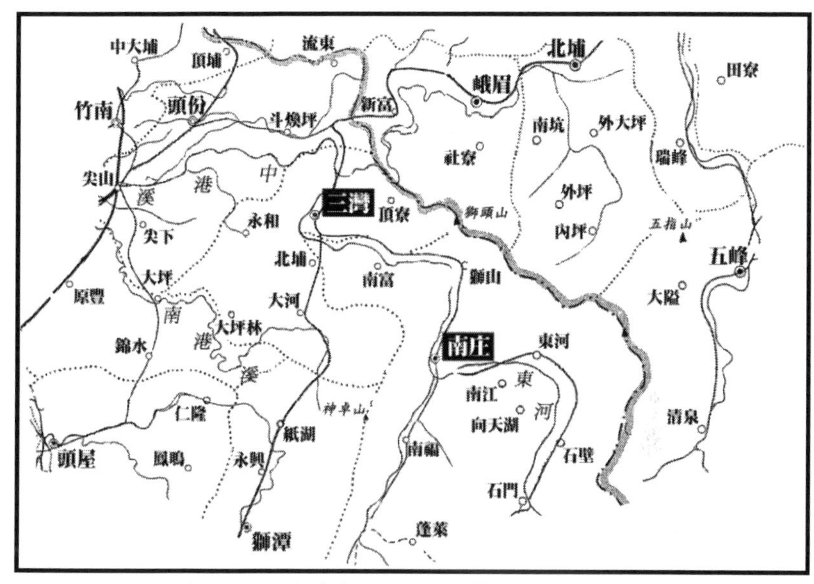

圖一：苗栗縣南庄鄉、三灣鄉位置示意圖

我出生後不久，我們家就從虎山遷居龍門口。龍門口的地理，民間相傳是龍穴，田美大橋架設在象山的象鼻上，龍門口開通了隧道，當地的龍脈就被破壞了。但是當地居民傳說看見有巨人跨坐在龍門口的山上。我的祖父莊阿梅略通堪輿學，也曾在地方上為人擇日，看相算命。他在龍門出口附近購買道路兩旁的平地，一邊靠山，一邊靠水，同時蓋造住屋，相信其中一邊就是龍穴。並選定在三煞日的正午十二點同時上棟樑，鄰居有年邁耆老以為不祥。不幸而言中，房屋蓋成後一年之內，我家有三人意外往生。首先是我祖父的長子從樹上摔下死亡，接著是我的母親邱元妹一病不起，據說是出麻疹病故的。當時我生下不到半年，乏人照顧。鄉下客家人，刻苦勤勞，我們家尤其勤奮，夜晚宰猪，清晨售完猪肉後，即入山墾荒。民間禁忌，屍骨未寒，不可續弦。因我在襁褓中，我的父親在南庄鄉南江村黃姓人家訂了親，我有了後母照顧。傳說我的父親和我的後母訂婚時，當我父親的腳剛跨進我後母家時，客廳懸掛的大燈籠竟然無緣無故地掉落地面，親友都竊竊私語，以為不祥。我父親再娶不到半年就因不明原因猝死，也許是觸犯了禁忌。我後母懷孕產下同父異母的妹妹，後母帶著小女嬰改嫁了。我後母談到照顧我的經過，在談話中提到一件不可解釋的靈異事件，有一天，她從山上工作結束返家打開房門一看，平日躺在床上的嬰兒不見了，只看見床上有一隻小烏龜，她不敢讓別人知道，關上房門一會兒後，再次開門時，我還是靜靜躺在床上，後母曾經將保守很久的秘密告訴了我同父異母的妹妹。後母改嫁後還回來看我，我纏著她，不讓她離開。她哄誘我睡著後才離開，醒來一看，後母不見了，我急忙追到龍門隧道口，擡頭一看，一個巨人沒穿上衣，只穿一條黑褲跨坐在龍門口山頭上。經過後母一番撫慰後，我才依依不捨地返家。後母改嫁，追求她的幸福，是人情之常，無可厚非，後母不顧幼兒乏人照顧，棄我而去。後母改嫁後，或許受到良心的譴責，生了怪病，即使在酷熱的夏天，也是全身冰冷，醫生束手無策，常常夢見我父親責罵她，不該遺棄爬行中的嬰兒，所以常到廟裡由道士舉行和解儀式，由道士招魂，請求我父親寬恕她，泣訴苦衷。後來每次遇到後母時，後母即告訴我，以為我無法存活，倘若知道我能存活，絕不改嫁。鄰居也曾告知我小時候，三餐都是白飯泡醬油，營養不良。我開始會走路以後，常到小溪裡捉蝦果腹。寄人籬下，飢寒交迫的滋味，很難用筆墨形容。每天開始用餐時，我的伯母陳氏就開始破口責罵，不停地罵。鄰居老太太曾告訴我，吃飯被罵，是不吉利的，越罵越吃，要比平常多吃一碗飯，才能改運。我記憶中，印象最深刻的是，有幾次或因感冒早晨較遲起牀，餐桌上已無剩菜，飯鍋剩飯裡也倒滿了餵豬的餿水，味酸難以下嚥，忍不住掉下孤兒淚。

我們家族人口眾多，勞動力大，刻苦耐勞，披荊斬棘，墾殖荒陬，成了地主。祖父莊阿梅娶了四個妻子，伯父莊秋榮和我父親同是大祖母徐氏所生，伯父是我的監護人。後來我們家遷到頭份居住，因祖父決定分配土地，捻紙為籤，我抽到了南庄小南埔屯營的土地，有田也有山，我外公邱炳一家就住在這裡。後來據外婆、舅舅們告知我的土地被我伯父賣給黃姓人家。當我們住在頭份期間，我的第四個祖母黃氏，她的幼子莊權基不知得了什麼病猝死。有一天黃昏，黃姓祖母在窗口焚香告天，祈禱鬼神降災於我，作替死鬼，以便換回她幼子的小命。隔牆有耳，鄰居阿姨，聽得很清楚，等我黃姓祖母離開後，鄰居阿姨抱我到窗口拔下焚燒的香倒插，口中念誦這炷香還給黃姓祖母，童稚無知的我全然不知發生了什麼？黃姓祖母不理性的舉動，使鄰居看不下去，令人遺憾。

我們在頭份短暫的住了半年後就遷居通霄烏眉坑。這裡地處荒僻，蚊蟲孳生，瘴氣盛行，幼小的我，因水土不服，染患瘧疾，高燒不退，進入休克昏迷狀態，伯父將我棄置地上。地面是泥土，涼爽地氣，有退燒作用。當我昏迷後，魂靈脫離軀體，到處漫遊，經過幾座村落，遇見許多陌生人，他們穿著藍色上衣，黑色長褲，在鄉間小路三五成群地來來往往，有說有笑，我聽起來感覺他們說話的聲音非常遙遠。我站在路邊讓路，他們對我視若無覩，沒人理睬我。我走累了就沿著原路回到了家，當我睜開眼睛時，所看到的人，感覺到他們都在很遙遠的地方，後來才知道自己在地上已經躺了幾天幾夜，死而復活，高燒也全退了。我深信在冥冥之中，確實有主宰，很難用科學來解釋。

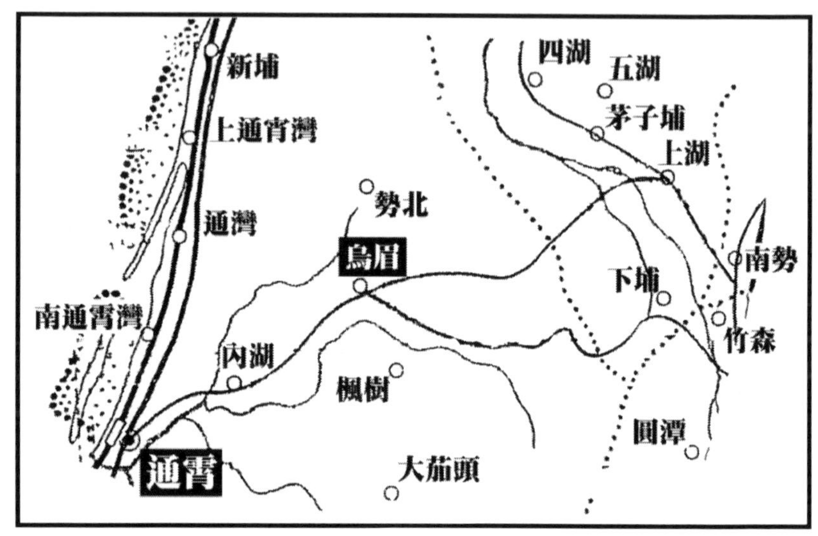

圖二：苗栗縣通霄、烏眉位置示意圖

伯父莊秋榮的長子莊吉田是家裡的長孫，祖父莊阿梅為長孫命名時，正逢開墾田地，家運興旺。因此，以「田」字命名。但算命先生認為「田」字不是吉祥字。從拆字方法來看，「田」字的結構是「兩日不分明，四口暗相爭」。兄弟因分田不均，彼此相爭，家運開始由盛而衰，被算命先生不幸而言中。我的同胞哥哥莊吉炎，比我年長一歲多。在一個夏天的夜晚，伯父的大女兒到鄰村幫傭未回，伯母要我們兩個小兄弟送油燈等用品給大姊。當時，伯母的長子莊吉田已經成年，為什麼不讓他前往，令人不解。說也奇怪，大姊有了油燈，却令我們小兄弟摸黑先行回家。荒野村莊，河邊小徑，在昏暗中行走，便是步步驚險，一不小心，就可能跌落山澗深谷。就在進退維谷之際，回頭一看，後面有一盞燈跟隨而來，相距不到二丈遠，但是，燈光若即若離。我因赤腳行走，深怕踩到毒蛇，心中恐懼，忍不住痛哭起來。忽然在山坡上有人高聲安慰說：「你們到了我的所在，就不用懼怕！」重複說了幾遍，說也奇怪，當我鎮定下來，慢步行走時，突然一片空白，不多久，當我清醒時，我已經快到家門口了。後來才知道山坡上熟悉的聲音，就是大姊的準未婚夫，被日本徵調到海南島當兵陣亡了。傳說她的魂靈返回家鄉，當了山神。每當深夜，回想起山坡上的叮嚀，好似言猶在耳。照顧我的是第三位祖母葉氏，她往生後，常出現在我身邊。我的印象是她從來不開口說話。夜晚以後，我的伯母常看到在我的身後有兩個人影，就拿著掃把掃除人影，在牆壁上不停地掃著。

臺灣光復後，我們家從烏眉坑遷居到三灣。〈練錫齡先生談中港溪流域地理龍脈〉一文指出，三灣的支脈經崁頂寮、瓦窯崗至三灣鄉公所後方結穴，地理上稱之為三臺落脈。中港溪在三灣地區形成半圓形包圍三灣，稱之為「金城水」，在地理風水上是最吉利的水，所以在本地區依山傍水居住的人，雖非大富翁，也是生活富裕之輩。三灣耆老饒進財談到三灣的歷史故事時指出，清朝時候，有官員坐轎子巡視地方，看到三灣的地形狀貌「螃蟹」，很擔心會出草莽英雄危及清朝，但因對面有光禿禿的火燄山，可以剋制草莽英雄的出現。住在三灣老街的年輕人，時常流鼻血，有許多人因流鼻血而死亡，民間相信，跟吃螃蟹有關，可是很奇怪，五穀廟翻修整建以後，就很少聽說有人因流鼻血死亡了。

我的智力發展非常遲緩，幼稚期較長，語言遲鈍，不辨冷暖，不覺飢寒，傻到極點。想起小時候，伯父長子莊吉田在山上砍樹，鋸斷一棵樹，即將壓壞茶樹，我竟然以肉身保護茶樹，雙手撐著樹幹。吉田兄並未叫我躲開，只笑著說：「天底下怎麼會有這樣傻的孩子？」我想當時的「山神」，或土地婆一定掉下了淚水。還有一次，我和吉田兄用木棍共抬一桶重物，因我幼小，下坡時，繩頭滑下，重量靠近我的後背，舉步維艱，我強忍著沉痛，繼續往前走著，滿臉發紫，呼吸困難，吉田兄不肯停下休息，不把桶子移到中間，我因喘不過氣來，雙眼模糊，痛苦難耐。後來，我聽到吉田兄跟第四位祖母黃婆的兒子莊光祥說，這個傻孩子很厲害，滿臉發紫，還能走路。像這樣以大欺小，缺乏同情心，更談不上照顧幼小的堂弟了。三灣山明水秀，但被光禿禿的火燄山破壞了風水，居民每天看到的是一大片光禿禿的峭壁，對心理造成負面的影響。邪不勝正，定居中港溪流域的客家居民，重視教育，可以彌補生存條件的不足。遺憾的是，伯父對我採取「愚民政策」，不允許我上學堂讀書，他對鄰居朋友說過，倘若讓我讀書識字，恐怕日後追查祖產持分真相。民國三十七年（1948），我們原籍廣東陸豐縣本家莊敬堂逃難來臺，寄居我們家，他曾在三灣五穀廟開設私塾授課，我未能繳送束脩，只能在廟口外面旁聽，這是我的啟蒙教育，頗多啟發。後來五穀廟整修時，我也熱心捐了款。五穀廟坐落於三灣國小側門，我很喜歡讀書，伯父不讓我上學，有一天，胡校長親自到我家，進行家庭訪問，告知接受教育是國民的義務，誠懇勸伯父讓我上學，我插班就讀三年級第二學期，正式接受義務教育，這是我人生的轉捩點，學校成了生命的避風港。我認真學習，學業進步很快。因我的右耳患中耳炎，十分嚴重，耳朵頭部脹痛影響視力，伯父視而不見，並不求醫治療。有一天，放學返家，路經三灣鄉公所時，路旁有一位慈祥的老婆婆等著我，她靠近我，檢查右耳後，教我拔下幾棵鬼針草，又叫咸豐草，閩南語叫做恰查某，大埔客家話叫做蝦公腳，四縣話叫做蝦公夾，把它放石板上捶打，然後擠壓汁液滴入右耳，搖動幾次，清洗耳朵，然後第二次捶打擠壓鬼針草，再將汁液滴入耳中。隨後老婆婆告知可以回家，可望痊癒，果然我的病情在一週內已經康復。說也奇怪，這位老婆婆不再出現，我常打聽老婆婆的住家，卻沒有任何人認識這位老婆婆，我寧可相信這是神明的顯靈。鬼針草，屬菊科植物，葉形為三出複葉，花蕊黃色，花瓣白色，扇形黑色小針，倒鉤狀，能附在人類或動物的身體上，到處繁殖。鬼針草是一種清涼降火的野生植物，可以清肝、利尿、解毒，有治病的功效。又有神明的加持，一劑見效，神仙婆婆治好我的中耳炎，確實是神力治療，藉助鬼針草，加上超自然的力量，就可以藥到病除，這對研究三灣地區石哀信仰提供了珍貴的資料。鬼針草有治療中耳炎的功效，可供中醫研究參考。我從三灣國小畢業後，伯父不讓我報考初中，經班導師相勸，伯父堅持只能報考一次。當時各校自行招生，還沒有聯考的名目。因頭份私立大成中學校長賴順生辦學認真，要求嚴格，學生升學率很高，經班導師安排報考大成中學初中部，幸運考取。因為只有一套校服，換洗後不得不穿著濕冷的校服就寢。一覺天亮，校服乾了，很像用熨斗燙過似的，經過三年的努力學習，期盼報考高中，但是，我又面臨伯父的阻攔，不允許我升學，幾經爭執，最後通融我報考師範學校，也祇允許報考一次。我和同班四位同學北上報考省立臺北師範學校，五位同學都同時考取，大成中學師長的認真教學，令我們銘心刻骨。我考上省立臺北師範學校後，我的人生開始有了一線希望。

鬼針草葉狀

鬼針草花瓣

致命毒蛇

── 蛇圖騰・雨傘節・龜殼花

[illegible]是蛇字的原形，出自象形字，經衍化而為[illegible]（它）。後來因屬蟲類，乃成[illegible]（蛇）。蛇雖然是一種爬蟲類動物，但在民間信仰中，蛇被當作靈物而受到崇拜。在古代社會的動物神中，蛇神佔有特殊的地位。古印度神話中的水神那伽（nāga），意思是龍，而其形象卻是一種多頭蛇。古人認為蛇是屬於龍的一類，龍無角的叫做蛇。多頭蛇受到佛陀的感化，而成為人類的祝福者。

圖一：《山海經》中的相柳氏

圖二：《山海經》裡的神蛇

江蘇蘇州古代民俗，以農曆四月十二日為蛇王生日，這一天，蘇州人成群結隊到蛇王廟去進香，焚香求符，他們相信將靈符貼在門戶之上，就能避免毒蛇的傷害。古代山西忻州人視蛇為財神，蒸煮棗饃祭祀蛇神，在棗饃上用麵捏成一圈小蛇，取招財進寶之義，民間相信蛇年可以致富。《遼史·國語解》記載宗室神速姑能知蛇語。遼太祖從兄鐸骨札因帳下蛇鳴，命神速姑轉譯。原來靈蛇告知穴旁樹中有黃金，前往挖取，果然得到黃金。四川酆都縣一帶民間相傳有一種錢蛇，祂熱心濟弱扶貧。成語「蛇雀之報」的蛇，據《淮南子》記載，「**隋侯之珠，和氏之璧。**」高誘注云：「**隋侯行見大蛇傷，以藥傅之。**」不久，蛇銜珠報恩，習稱隋侯珠，又名靈蛇珠。據《搜神記》記載，蛇珠盈徑寸，純白色，夜有光明，如月之照，可以燭室，又稱明月珠。隋侯歎稱：「傷蛇猶解知恩重報，在人反不知恩乎？」

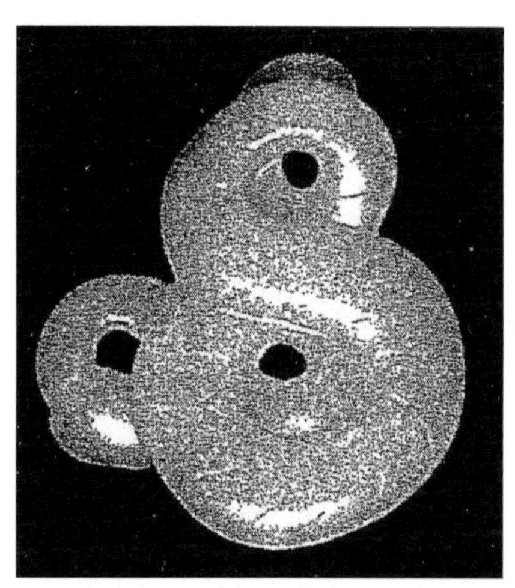

圖三：明•半透明白玉蛇

圖四：玉蛇

歷代典籍中以蛇為主題的記載，多具有社會文化意義。古聖先賢多相信天象示警的徵兆，人君必須反躬自省，修德禳災。劉向撰《新序》記載晉文公出獵，遇大蛇阻道，或謂不祥。晉文公說：「**寡人有過，天以戒寡人。**」於是還車，檢討施政得失，下令關市無征，赦免罪人，以感召天和，消弭災異。《古今圖書集成》

記載，唐貞觀八年（634），大蛇屢見，唐太宗憂心忡忡。領秘書監虞世南（558~638）以蛇不在草野，而入市，恐有冤獄枉繫，奏請恤刑，省錄累囚，人心悅服。明朝永樂年間（1403~1424），尚書夏原吉治水東南。松江華亭人葉宗人以諸生奏請疏濬范家港，引浦水入海。永樂皇帝令葉宗人赴夏原吉工次効力。工竣，夏原吉薦舉葉宗人補授錢塘知縣。葉宗人在知縣任內，潔己愛民。一日，有蛇升階入署，若有所訴。葉宗人問曰：「爾有冤乎?吾為爾理。」衙役隨蛇走入餅鋪，在爐下掘出屍骸，查出兇嫌是餅鋪老闆。靈蛇協助循吏查辦命案，縣民以為神，也是一起洗冤別錄。

在遠古的時候，人們相信人和蛇，可以共生，蛇與人有情誼。東漢桓帝延熹年間（158~166），平陵人竇武以女立為桓帝后封槐里侯。桓帝駕崩，竇武迎立靈帝，拜大將軍，封聞喜侯。《搜神記》記載竇武之母分娩時，有小蛇同出，竇母將小蛇送往林中。後來竇母身故未葬時，有大蛇到竇母靈柩前落淚，大蛇以竇武的手足情誼返家奔喪，大蛇原來就是竇氏的家庭成員之一。《晉書》記載李雄之母羅氏曾夢大蛇繞其身，遂有身孕，十四月而生李雄，識者知李雄命貴。後來李雄累遷大都督、益州牧，自立成都王，盡除晉法，與民約法七章。《遼史》記載，奚王楚不寧後裔蕭蒲奴幼年孤貧，受僱於醫家牧牛。醫師曾見蕭蒲奴熟睡時，有蛇繞身，十分驚異，於是教他讀書。不到數年，涉獵經史，學習騎射。宋真宗祥符五年（1012），遼聖宗改元開泰。開泰年間，蕭蒲奴選充護衛，累遷奚六部大王，宵旰勤政，治績良好。據《南史》記載，南朝宋文帝元嘉年間（424~453），會稽餘姚人虞愿，在晉平太守任內，為官清廉。晉平郡內產髯蛇，其膽可以製藥，是一種名貴的藥蛇，有人將髯蛇贈送給虞愿，虞愿不忍殺蛇，放二十里外山中。一夜，髯蛇返回虞愿床下。虞愿又將髯蛇送往四十里山林裡，隔了一夜，髯蛇又回到虞愿床下。論者以為仁心所致，髯蛇相信虞愿不會傷害牠。

《唐書》記載，宋州人程袁師之母病十旬，他衣不解帶，藥不嘗不進。後來代替其弟戍守洛州，因聞母病故，而日走二百里，負土築墳，有黃蛇柔順地陪伴在墓側。《宋史・孝義傳》記載，資陽人支漸，年七十歲，母喪安葬，負土成墳，在墓側築廬，蓬首垢面，三時號泣。有白蛇馴順地陪伴他守墓，五色雀萬餘隻飛翔悲鳴助哀。人與蛇共生，情同手足。程袁師、支漸的孝行，感動了靈蛇，人與蛇一同守陵。

圖騰（Totem）的原意是「他的親族」。初民社會的圖騰崇拜是將圖騰當作親族來看待，人們與圖騰有血緣關係。《山海經》中的眾神，多為蛇首或是蛇身。漢代畫像中的女媧，人首蛇身，人蛇同體的形象，就是帶有濃厚圖騰色彩的人類始祖神話。

古代的部落圖騰，是部族成員共同崇拜的圖騰，一個部落通常只有一個圖騰。許慎《說文解字》以南蠻為蛇種，說明蛇是南蠻的部落圖騰。除了部落圖騰外，還有氏族圖騰或家族圖騰，蛇圖騰崇拜的氏族或家族，就是以蛇為其標誌或符號。南安人姚萇，羌族，是蛇氏後裔，蛇圖騰就是姚萇家族的標誌。雁門人建武將軍蛇元，也是以蛇為姓，都是以蛇為圖騰，其始祖與蛇有血緣關係。

昭烏達蒙古人流傳的白銀蛇是牧民的保護神，祂那銀白色潔淨的身軀，化成了清澈的河流，潺潺地流出山間，流向草原，滋潤了大地，牧草茂盛，可以逐水草而居。雲貴地區的彝族認為蛇是威力、智慧、吉祥的象徵，具有鎮惡驅邪的神力，視蛇為神的使者。以蛇為圖騰的族人相傳他們的祖先是蛇的後裔。涼山老彝文經典《勒俄特衣》記載，雪族子孫十二支：無血的植物六支；有血的動物六支。其中蛙為有血動物的第一支，蛇為第二支。蛇的長子住在峭巖陡壁下，蛇化為龍，成為龍土司。貴州老彝文經典《人類歷史・帝王世紀》記載，貴州水西彝族安氏之祖希母遮下傳二十九代至武老撮，他有十二子，其中十一子分別化成虎、猴、熊、蛇、蛙、蝦、雞、犬等動物，他們各立門戶，自成一支。其中蛇族一支，就是以蛇為家族圖騰。雲南納西族崇拜的水中靈物，叫做呂姆，就是蛇神，祂和納西族最早的祖先崇仁利恩是同父異母，有血緣關係。

遠古時代，人們相信人蛇可以互變，人蛇能夠通婚，繁衍後代，蛇也是人類的祖先。《古今圖書集成》引〈梁四公記〉云：「**杰公嘗與諸儒語及方域云：有女國，以蛇為夫，男則為蛇，不噬人而穴處；女為臣妾官長而居宮室。**」在女兒國社會裡，普遍流傳著人蛇結婚的故事。彝族人蛇結婚的傳說，亦與圖騰傳承有關。白族《氏族來歷傳說》敘述勒墨人的四個氏族始祖的故事，阿布帖和阿約帖是大洪水後殘存的兄妹，兩人結婚成為人類始祖，他們所生的五個女兒分別和熊、虎、蛇、鼠、毛蟲結婚。他們的婚姻，屬族外婚，也敘述了氏族始祖圖騰的由來，其中三姑娘的丈夫是蛇郎。

漢語「大媽」，苦聰語讀如「賓擺」。在苦聰族的社會裡相傳有位老賓擺生了兩個女兒。二女兒嫁給了蟒蛇，牠是蛇王。蟒蛇將新娘帶進了深山老林的一個山洞裡，隨著一片亮光，一座金壁輝煌的宮殿出現在她的眼前，新娘轉身一看，身旁那條猙獰可怕的蟒蛇消失了，陪伴她的是一位英俊的青年，他們婚後過著美滿幸福的生活。在彝族流傳的民間故事裡，描述住在雲南磨盤山的青年，叫做小蘭光，他是蛇精。居住在山腳下的一戶人家有兩個女兒，小蘭光挑選二姑娘為新娘，為了考驗新娘，小蘭光故意露出自己的蛇形，並告訴新娘，他是蛇精，但新娘卻毫不介意，他們婚後過著快樂幸福的生活。珞巴族的婚俗，有祭祀蛇神的儀式。成婚當天，在男方家門前，將竹製小蛇模型放置門框一側，在門框中央吊著一隻活雞，地上放兩碗米粥，新郎和新娘各吃一碗米粥，取下活雞宰殺，將雞血滴在小蛇模型上，祈求蛇神看守門戶，不讓惡靈進入，保護新婚夫婦家庭成員平安。

古代漢族和邊疆少數民族的十二獸曆法和十二生肖屬相，主要是起源於初民社會的動物圖騰崇拜。漢族的十二獸，依次是鼠、牛、虎、兔、龍、蛇、馬、羊、猴、雞、狗、豬。彝族的十二獸，因地而異，四川、雲南、貴州彝族的十二獸，與漢族相同。桂西彝族十二獸，依次為龍、鳳、馬、蟻、人、雞、狗、豬、雀、牛、虎、蛇。哀牢山彝族的十二獸，依次為虎、兔、穿山甲、蛇、馬、羊、猴、雞、狗、豬、鼠、牛。傣族的十二獸，依次為象、牛、虎、鼠、龍、蛇、馬、蟻、猿、雞、狗、豬。十二獸中的蛇，就是初民社會崇拜的蛇圖騰。

古代術數家以十二獸配十二地支，即：子鼠、丑牛、寅虎、卯兔、辰龍、巳蛇、午馬、未羊、申猴、酉雞、戌狗、亥豬，借以紀年。明代學者陸以深著《春風堂隨筆》記載，「**北狄中，每以十二生肖配年為號。**」以出生年分而肖十二獸，稱為十二生肖，又稱十二屬相。其中在巳年出生的，就是肖蛇，屬蛇。《周書》記載，晉蕩公宇文護的母親閻姬及其戚屬留在齊國，俱被幽縶。宇文護當上宰相以後，他的母親從齊國寄信給宇文護，信中有一段話說：「**昔在武川鎮生汝兄弟，大者屬鼠，次者屬兔，汝身屬蛇。**」閻姬生子三人：「大者即長子什肥，生於北魏永平元年（508），歲次戊子，屬鼠；次子名導，生於永平四年（511），歲次辛卯，屬兔；三子宇文護，生於延昌二年（513），歲次癸巳，屬蛇。由此可知歷代正史中的生肖屬相，主要是用來紀年的。生肖屬蛇，就是生於蛇年，以生肖屬相紀年。宇文護生於癸巳年，干支「癸巳」，滿文作「[illegible]」，讀如「sahahūn meihe」，意即淡黑色的蛇，癸巳吉祥，宇文護生於癸巳年，後來身居宰相之職，位高權重。

唐德宗建中三年（782），節度使朱滔等起兵反唐，叛亂擴大，興元元年（784），節度使李懷光響應叛亂。民間相傳的詩句中有「青牛逐朱虎，方號太平年。」貞元元年（785），歲次乙丑，即青牛，貞元二年（786），歲次丙寅，即朱虎。乙丑年，朱滔死，李懷光自殺，反唐失敗。青牛逐朱虎，暗指過了乙丑年，到了丙寅年，方進入太平年。唐懿宗咸通十四年（873），成都童謠說：「**咸通癸巳，出無所之，蛇去馬來，道路稍開。**」咸通十四年（873），歲次癸巳，歲陰在巳，屬相是蛇。唐僖宗乾符元年（874），歲次甲午，歲陰在午，屬相是馬。童謠中「蛇去馬來」，就是過了蛇年，明年就是馬年，馬年到來，道路才開通。史書中的牛年、虎年、蛇年、馬年等等，都是用生肖屬相來紀年的。

古代雲貴等地區的少數民族，多用十二屬相紀年紀日，不用干支。只說去年是龍年，今年是蛇年。你屬龍，我屬蛇。他們計算日子，不說昨天初一日，今天初二日。也不用干支紀日，只說昨天龍日，今天蛇日。圖騰地域化後，除了形成部落氏族組織標誌外，也常常形成地名。雲南地區的農村集市，多稱為街，逢蛇日舉行的集市，稱為蛇街。貴州地區的農村集市，多稱為場，逢蛇日舉行的集市，稱為蛇場。都是日中為市，日夕而罷。後來由於集市的日期和地點逐漸固定下來，久而久之，蛇街、蛇場就成了地名，就是蛇圖騰地域化後形成的地名，亦即蛇圖騰崇拜的遺跡。

貴州省荔波縣的場市分佈很廣，其中蒙石場在城東門外，方村里河埧場距方村里治北三里，永寧州新鋪場在城西二十五里，東瓜嶺場在城西南三十里，打幫場在城南一百二十里，邕懷場在城南二百里，木工場在城南九十里，都在蛇日、豬日趕集，就是蛇日的集市。《貴陽府志》記載，「黔民謂墟為場，市集之所者，以日支子、午至巳、亥為期。貴陽之地，則以六日為期，故多以十屬名場。」子鼠至午馬，中間相隔六日；巳蛇至亥豬，中間亦相隔六日，就是以六日為期。雲南《阿迷州志》記載，「市肆，以十二支所屬分為各處街期。在城中者，值寅未二日，曰虎街、羊街；在大莊者，值亥巳二日，曰豬街、蛇街。」阿迷州的蛇街是蛇日在大莊的集市。《宜良縣志》記載，雲南宜良縣街市的分佈，「雞街、兔街在城北三十里；蛇街、狗街在城南三十里。」蛇街最早是指集市的日期，久而久之，蛇街成為集市的地點。

在雲南巍山彝族、回族自治縣之西，黑惠江支流歪角河東岸有蛇街，每月逢蛇日趕集，所以叫做蛇街。當地經濟以農業為主，產稻、玉米、蕎麥、油菜籽、煙草、大麻、核桃、板栗等，尤以麻布著稱，是縣西重要副產品集散地。大理府大理縣東為祥雲縣，祥雲縣南為彌渡縣，在蒙化廳治之西有蛇街。環繞蛇街的集市，包括龍街、鼠街、牛街、狗街等集市。雲南曲靖、平彝等縣鄰近貴州，在平彝縣之南有蛇場河，流經師宗等縣。附近蛇場河東岸分佈馬街、牛街等集市，都是屬相圖騰地域化的地名。

蛇圖騰崇拜蘊涵著深厚的社會文化意義。在民間信仰中，視蛇為守護神，也是財神，而受到崇拜。遠古時代，人首蛇身、人蛇同體、人蛇婚配的神話，都是初民社會重視人蛇共生維護生態的具體表現。蛇圖騰崇拜的原始意義，是將蛇當作親族來看待，人們與蛇有血緣關係。蛇是南蠻的部落圖騰，南安人姚萇是蛇氏後裔，雁門人蛇元以蛇為姓，都是以蛇為圖騰，其始祖與蛇有血緣關係。雲南納西族崇拜的蛇神，與納西族最早的祖先崇仁利恩是同父異母。東漢竇武之母分娩時，與小蛇同出，同父同母，都有血緣關係，蛇與人有情誼。正史孝義傳中的靈蛇柔順地陪伴孝子一同守陵。古代的十二獸曆法和十二生肖屬相，起源於初民社會的動物圖騰崇拜。正史中的生肖屬相，主要是用來紀年的，蛇年是吉祥的象徵，癸巳致富。蛇街、蛇場，都是蛇圖騰地域化後形成的地名，也是蛇圖騰崇拜的遺跡。蛇在人們的日常生活中起了廣泛的作用及深遠的影響。從蛇圖騰的起源，蛇圖騰崇拜的活動，蛇圖騰的地域化，確實可以說明蛇圖騰崇拜蘊涵了深厚的社會文化意義。

圖五：離騷圖的女媧，清順治二年刊本

日本明治三十九年(1906)九月十三日發行《臺灣慣習記事》，原書譯本於民國八十一年（1992）十二月由臺灣省文獻委員會出版，其中第六卷，第九號，由李榮南譯成漢文。該號《彙報》中刊出〈在臺灣的毒蛇〉一文指出，在臺灣本島的毒蛇，對於其棲息的區域，雖尚未完成確實的調查，但過去除在澎湖叢島內，未見有被害之外，其他各地方年年均有被害，尤其青竹絲及龜殼花二種類，遍及全島，呈現最多毒害，其中因受龜殼花類被害，不幸遭不歸路者可見最多。在明治三十八年（1905）一年中，有關被毒蛇咬傷的被害，自四、五月之交起，其次數遞增，七、八月間最多，雖入冬期稍有減少，但幾乎終年不寧靜，其被害總數為二百六十九人，其中死亡十二人，此與三十七年中的被害總數三百〇六人，死亡二十四人來對比，在總數減三十七人，死亡人數亦減十二人，即總數與死亡約百分比為四、五%。原文依據八月八日府報列舉毒蛇種類、被咬傷人數、痊癒人數、死亡人數、未治人數。其中百步蛇，無人被咬傷。青竹絲，被咬傷者共一二四人，痊癒者一二二人，未治者二人。龜殼花，被咬傷者共九二人，痊癒者共八一人，死亡共八人，未治者三人。赤傘仔節，無人被咬傷。雨傘仔節，被咬傷者共十一人，痊癒十一人。飯匙倩，被咬傷者共十九人，痊癒者十四人，死亡二人，未治者三人。不明蛇類，被咬傷者共三十一人，痊癒者二十人，死亡二人，未治者九人。原文又將被害者按各廳別統計，其中臺北共九人，宜蘭共十六人，基隆共二十人，深坑共二十八人，桃園共七人，新竹共十七人，苗栗共八人，彰化共二人，南投共九人，斗六共十四人，嘉義共十八人，鹽水港共十四人，臺南共八人，鳳山共三人，蕃薯寮共十八人，阿猴共二十一人，恒春共四十六人，臺東共十一人。由此可以了解臺灣本島各種毒蛇的猖獗，被害人數眾多。

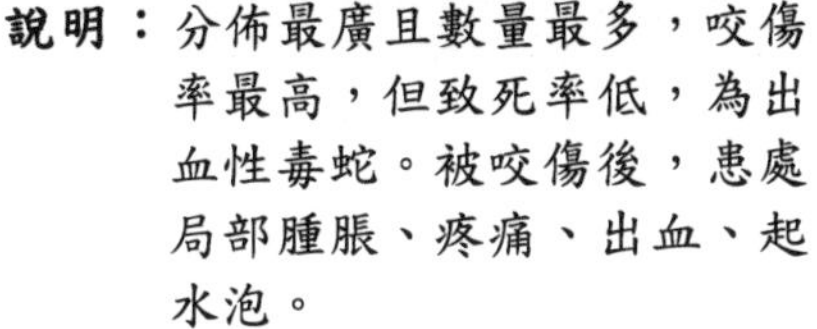

說明：分佈最廣且數量最多，咬傷率最高，但致死率低，為出血性毒蛇。被咬傷後，患處局部腫脹、疼痛、出血、起水泡。

特徵：整條蛇背面呈深綠色，腹部為淡黃綠色，尾端為磚紅色。

圖六：赤尾鮐（竹仔蛇、赤尾青竹絲）

說明：為神經性毒蛇，被咬傷後局部疼痛、腫脹、潰爛，並且造成全身性肌肉痲痺。

特徵：遇到敵人時頸部擴展，背面呈具黑點之白色帶狀斑紋有如眼鏡，且會有噴氣聲。

圖七：飯匙倩（眼鏡蛇）

民國八十七年（1998）五月二十八日，《聯合報》刊載記者張弘昌撰〈鹿谷報導〉指出，南投縣鹿谷鄉秀峰村民柯獻堂一再被毒蛇咬傷。是年五月二十七日傍晚五時許，南投縣警察局消防隊鹿谷小隊救護車，據報趕往柯獻堂家，發現他倒地昏迷，右手手掌有遭毒蛇咬傷的傷口，趕緊把他送往醫院急救。醫護人員發現柯獻堂二年內遭毒蛇咬傷八次，尤其是今年五月內竟連遭毒蛇咬傷，左鄰右舍都覺得不可思議。柯獻堂的父親柯豐振指出，柯獻堂是在房間內遭雨傘節咬傷。柯豐振表示，「柯獻堂曾是玄天上帝指派的乩童，他還是秀峰村玄天上帝廟武聖廟法師，玄天上帝雙腳踩龜、蛇二物，龜蛇是玄天上帝法力來源的『差役』，他們父子又是『帝爺之差』，祇能驅趕，不能殺害蛇類。」柯獻堂曾經是乩童，因在一個月內被雨傘節咬傷，而扯出了神話。省立鳳凰谷鳥園義務解說員卓平常曾到柯獻堂家勘查，他指出，柯獻堂住家環境潮溼，適合雨傘節棲息。

《苗栗縣志》引《淡水廳志》云，蛇種類不一，有草蛇、錦蛇、山辣、草花仔、四足蛇，不傷人。龜殼花、飯匙倩、青竹絲、松柏根、赤尾鮐、簸箕甲、雨傘節數種，嚙人最毒。《臺海采風圖》記載，簸箕甲蛇之最毒者，大者數尺，徧身有橫紋，黑白相間，俗名手巾花。青竹絲，一名青竹鏢，長尺餘，深綠色，纏樹杪，與葉無別，有絲如蛛網，人誤觸之則飛嚙，其疾如鏢，遭其嚙者，行至百步即僵，又名百步創。

說明：臺灣地區常見毒蛇中體型最大，為出血性毒蛇。被咬傷後，患處極為疼痛，快速腫脹、瘀血、出血、且產生水泡、血泡，甚至產生其他器官出血。

特徵：體二側有列倒三角形具黑邊的深棕色斑。

圖八：百步蛇（五步蛇）

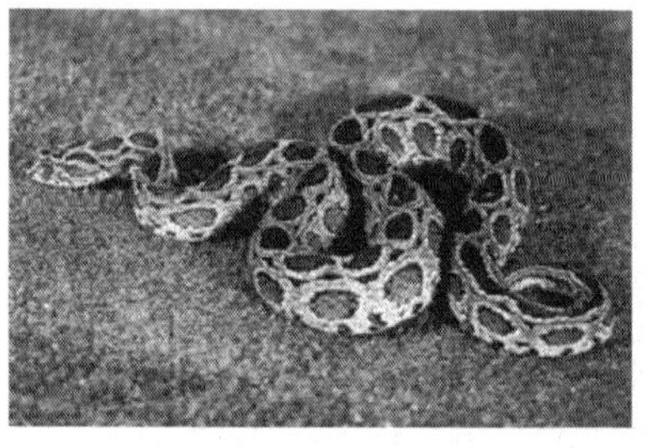

說明：相當少見，分佈於本島東南山區，為一合併出血性與神經性毒蛇。臨床上則常出現出血症狀，毒性不亞於百步蛇。被咬傷後，局部有腫脹、出血、皮下瘀血、溶血，並容易造成全身性出血與急性腎衰竭。

特徵：體背部有三縱列具白邊的黑棕色橢圓型斑紋，彼此相間成鍊狀。受干擾時會發出嘶嘶聲。

圖九：鎖鍊蛇（鎖蛇、七步紅）

臺北榮民總醫院護理部〈網路護理指導〉文中歸納臺灣地區的毒蛇種類共三類：第一類為出血性毒蛇，其中青竹絲咬傷率最高，龜殼花、百步蛇，因毒液量較多，致死率最高。第二類為神經性毒蛇，其中眼鏡蛇、雨傘節，都是致死率高的毒蛇。第三類為混合性毒蛇，包括鎖蛇，又稱鏈蛇，以及海蛇等，都是出血性和神經性的毒蛇。各類毒蛇咬傷人後常見的症狀，不容忽視。其中被出血性毒蛇咬傷後，一般於三十分鐘至一小時內，即產生局部腫脹、瘀血、疼痛、血小板降低與各器官出血，甚至血壓下降、昏迷等嚴重狀況。被神經性毒蛇咬傷後，主要症狀常是複視、眼瞼下垂，在數十分鐘至一、二小時內產生吞嚥困難、肌肉無力、瞳孔擴大，呼吸衰竭等嚴重症狀。被混合性毒蛇咬傷後，會產生出血性及神經性的中毒症狀。治療毒蛇咬傷最有效的方法，就是正確的使用抗蛇毒血清，即使病人沒有中毒徵候，也應儘速送醫，因為症狀可能會延遲發作。抗蛇毒血清在咬傷後四小時內使用最有效果。目前國內共有四種治療毒蛇咬傷所用的抗蛇毒血清包括對抗青竹絲、龜殼花咬傷的綜合抗出血性蛇毒血清、對抗眼鏡蛇、雨傘節咬傷的綜合抗神經性蛇毒血清，以及抗百步蛇蛇毒血清、抗鎖（鏈）蛇蛇毒血清。辨認毒蛇種類，有助於診斷。

在臺灣光復前，我們家曾經從頭份搬到苗栗通霄烏眉坑，躲避空襲。這裡後有烏眉坑山，前有烏眉坑溪，人煙稀少，地方偏僻，環境潮濕，每當夏、秋季節的夜晚，雨傘節出沒無常，咬傷人畜，時有所聞。住家簡陋，屋頂是用茅草搭蓋的。我的臥室是一間柴房，旁有竹林，陰暗潮濕，黃昏以後，雨傘節潛入屋內，司空見慣，童稚無知的我，不知恐懼，躺在床上，常常目覩茅草屋頂爬來爬去的雨傘節，數著數著，就睡著了。最驚險的一次，是在夏季的一個夜晚，當我開門進屋時，一條巨大的雨傘節，從我腳板上爬過，也許是我被嚇呆了，也許是求生的念頭提醒我必須冷靜，停止走動，讓雨傘節優先進屋。童年的我，對臥室的恐懼，對臥榻的缺乏安全感，回憶起來，仍然令人毛骨悚然。我們家人口眾多，只有我一人睡在毒蛇出沒的柴房，這是我伯父的安排。

說明：為神經性毒蛇，毒性甚強，致死率最高。被咬傷後會昏昏欲睡，傷口不痛，但很快就會呼吸衰竭，其他器官的肌肉也會麻痺。

特徵：黑白相間之橫帶，黑寬白窄。

圖十：雨傘節（百節蛇）

臺灣光復前，物資缺乏，三餐飢餓，只能採收地瓜、樹薯、花生、玉米果腹，想吃米飯，是一種奢求。白天飢餓時，我常常爬樹吞食鳥蛋。烏眉坑山區，斑鳩較多，有一次發現在高高的一棵樹上好像一隻斑鳩孵著蛋，童年的我，擅長爬樹，慢慢地輕輕地爬到斑鳩窩巢下，猛然伸出小手想抓住斑鳩連鳥蛋一起捕獲，令人意料之外，小手蓋下去的不是斑鳩，乃是冷冰冰的雨傘節，牠吃完鳥蛋後睡著了，但牠把我嚇得手腳發麻，從樹上滑落地面，驚險萬分。捕蛇充飢，也是常見的謀生技能。有一回，目覩一條巨大的雨傘節鑽進石縫裡，我立刻抓住蛇尾巴，想要把蛇拉出來宰殺，始料不及，用盡全身蠻力，仍然未能讓牠就範，擡頭一看，吐著舌頭的雨傘節就在我頭頂上，我不能鬆手，人蛇交戰，緊張萬分，此時最盼望的是有路人替我解圍，苦撐一會兒後，我只好趁隙棄牠而去。

臺灣地處亞熱帶，地形多山，樹林茂密，雜草叢生，氣候潮濕，是各種蛇類繁殖的適宜環境。根據調查，臺灣毒蛇共有二十三種，包括陸地上的毒蛇十四種，海蛇九種。其中對人類生命危害較大，較常咬傷人們的毒蛇，主要是百步蛇、赤尾青竹絲、龜殼花、鎖鏈蛇、飯匙倩、雨傘節等六種陸上毒蛇。我在童年居住的苗栗通霄烏眉坑，最常見的毒蛇，就是雨傘節。

洪東榮主編《毒蛇咬傷處置要點快速查詢手冊》，於民國八十八年六月，由毒物防治發展基金會出版。其中對雨傘節的說明，頗為詳盡。雨傘節（Bungarus multicinctus），俗名：雨傘蛇、簸箕甲、白節蛇、百節蛇。辨認特徵：全身有黑寬白窄相間的斑紋，頭圓而小，不呈三角形，口內有一對大溝牙、二對小溝牙。毒性甚強，為神經性毒蛇，致死率最高。雨傘節的毒素為α-、β-bungarotoxin，作用於神經肌肉接合處，阻斷神經傳導，使得橫紋肌不收縮，最後導致呼吸麻痺。被咬時，最初只覺得昏昏欲睡，傷口不痛，且不見腫脹瘀血，但會發生致命的呼吸衰竭。局部傷口會麻痺，靠近心端擴散，而有全身肌肉麻痺症狀、複視、視力模糊、眼瞼下垂、說話不清楚、流涎、呼吸淺而快，乃至呼吸衰竭，嚴重時像深度昏迷一樣，對刺激沒反應。特別注意：須隨時監控病人的呼吸狀況，必要時儘早插氣管內管，協助維護呼吸道的暢通。慶幸的是，我在雨傘節出沒頻繁的環境中與蛇為伍而倖免遭受牠的毒害。

民國一〇三年（2014）十月八日，中華民國雙十國慶前夕的早晨，天氣略帶寒意，我在外雙溪菜園裡披荊斬棘的除草時，想起童年每當夏秋之間，吃過晚飯後不願上床的往事，因為我的臥室座落於竹林山窪的山澗邊，是一間用茅草層層堆積的屋頂，四面是用竹片交叉圍起來的簡陋柴房，老鼠多，蛇也多，其中最多的就是雨傘節，蛇身黑白相間，毒性很強。幼年時，醫院罕見，每天夜晚，獨自一人睡在柴房裡，躺在稻草鋪的床上數著屋頂上爬行的雨傘節，不知恐懼，萬一掉落一條咬傷我，其後果是一條不歸路。想著想著，我的鋤草剪刀剪傷草叢裡的一條龜殼花。這種毒蛇的特徵及毒性，臺中榮民總醫院洪東榮主任編《臺灣常見毒蛇咬傷之緊急處理》手冊中對龜殼花毒蛇作了說明。龜殼花（Trimeresurus mucrosquamatus），俗名牛角蛇。辨認特徵：背部中央有一行較大且具黑邊的暗茶色斑塊，前後連續並向左右彎曲而呈波浪狀。頭大成三角形、頸部細小、口內有一對大管牙、背脊為棕色，體部兩側各有一列對應的較小斑塊。蛇毒甚強，咬傷率不亞於赤尾青竹絲，為出血性毒蛇。被咬傷後局部產生灼痛感，亦會瘀血、出血，腫脹部分有少量水泡或血泡；少部分會有全身性出血傾向，血小板計數少、PT、ATT 延長。受傷的龜殼花張開大口咬傷我的右手食指和中指，鮮血湧出，經過十分鐘的沖洗，簡單的包紮後，照常上故宮博物院圖書館，因為手指仍然流血，所以請同事代為簽名，領取置物櫃與研究室鑰匙後，進入圖書館，同事鄒興勝立即打電話請護士焦國慶小姐從陳列室過來包紮，同事段利敏小姐告知速至臺北榮總急診，呂玉女小姐迅速陪同下樓呼叫計程車，恰逢器物處退休鄧淑蘋處長開車下山，在故宮路口，關心地看著我們改乘出租車後，鄧處長才放心開車離去。我的傷口開始劇痛，手背又腫又痛。呂小姐護送我到榮總急診室，辦妥手續，進行檢查，注射兩劑龜殼花血清、抗生素、抗過敏、止痛消炎等針，服用止痛藥，抽血檢驗，檢查血小板是否下降。注射服藥後，兩手、胸部、頭部腦後脖項陸續長滿蕁麻疹，風疹塊先後突起。手指、手背腫脹劇痛，右肩腫痛，腋下淋巴疼痛，皮下出血淤積發紫。不久之後，鼻子因黏膜腫脹，呼吸困難，需靠嘴巴呼吸，並用氧氣器。隨後頭昏現象，逐漸嚴重。主治毒物醫師強烈建議安排住院。這時，我的在臺子女等家屬先後到院照顧。

同仁呂玉女小姐方才放心地返回故宮圖書館上班。在故宮圖書館查閱資料的同學呂柏樑、同事葉淑惠等等先後打電話關心。

說明：咬傷率不亞於赤尾青竹絲，為出血性毒蛇。被咬傷後局部有灼痛感、腫脹、出血及起水泡。

特徵：體背中央有一行具黑邊的深色斑紋，上下相連且向左右彎曲呈波浪狀斑紋。

圖十一：龜殼花

中午辦妥住院手續，地點是在該院思源樓六樓 B068 室 43 床，注射服藥後，頭昏現象漸漸消失，右手腫脹逐漸消退，傷口劇痛雖然減輕，但是中指傷口仍舊出血，龜殼花咬傷後的出血症狀，不可輕忽。龜殼花咬傷其他動物後，會讓受傷的動物血流不止而死。人們被牠咬傷後，唯一的急救方法，不可採用偏方，我一直以為立即擠出血液，讓毒液流出，是可行的民間療法。其實，龜殼花利牙咬破皮膚後，毒液已進入體內，不可能藉鮮血帶出蛇毒。下午，作了心電圖檢查、也照了 X 光，檢查肺部是否有積水或積血。據稱一切正常。在多次檢查中，體溫約 36℃ 左右，很正常。血壓方面，可能與毒蛇咬傷及注射服藥有關，我平常血壓正常，但在急診室初次量竟至 200/91mmHg 以上，到下午六點仍高至 150/81mmHg 以上。一直到九日上午七時，測量始降至 148/71mmHg，仍偏高。護士提供住院注射服藥清單，不失為重要醫療文獻，附錄於後。

```
**        **           臺北榮民總醫院住院病人用藥說明單       2014-10-08 14:35
------------------------------------------------------------------------------
    思源０６８   - 43 莊〇〇      939***-2  M NHI  078 CT
   0002   扼煞西林  注射劑  ５００毫克（扼塞青黴素）
        Oxacillin sodium * inj 500 mg "Union" (Oxacillin)
         靜脈添加                        使用頻次及劑量由護理師告知
------------------------------------------------------------------------------
         抗細菌（抗生素／青黴素類）
         先作皮膚敏感試驗。應完成療程以確保療效。

         可能副作用及發生率：（副作用是否發生因人而異）
         腹瀉、過敏（皮疹等）等。（藥典未載發生率）
         ＊本單未載全部資訊，若仍有用藥疑問，請諮詢醫療人員＊


         ＊用藥資料為藥劑部編撰，未經同意不得以任何形式轉載＊
------------------------------------------------------------------------------
      被指導人：                 指導人員：                 指導時間：
```

```
**        **           臺北榮民總醫院住院病人用藥說明單       2014-10-08 14:35
------------------------------------------------------------------------------
    思源０６８   - 43 莊〇〇      939***-2  M NHI  078 CT
   0003   舒敏  注射液  １００毫克／２毫升（特拉碼竇）
        Tramal #^ inj 100 mg/2 ml (Tramadol)
         肌肉注射                        使用頻次及劑量由護理師告知
------------------------------------------------------------------------------
         止痛
         可能引起嗜睡，應避免開車、操作機械及需要警覺性的工作。使用本
         藥１４天前起就應停用單胺氧化酵素抑制劑類藥物（如
         ｓｅｌｅｇｉｌｉｎｅ、ｍｏｃｌｏｂｅｍｉｄｅ）。勿飲酒。


         可能副作用及發生率：（副作用是否發生因人而異）
         ＞１０％：便秘（１０－４６％）、噁心（１５－４０％）、頭暈（
                 １６－３３％）、頭痛（１２－３２％）、嗜睡（７－
                 ２５％）等。
         ＊本單未載全部資訊，若仍有用藥疑問，請諮詢醫療人員＊
         ＊用藥資料為藥劑部編撰，未經同意不得以任何形式轉載＊
------------------------------------------------------------------------------
      被指導人：                 指導人員：                 指導時間：
```

```
**        **           臺北榮民總醫院住院病人用藥說明單       2014-10-08 14:35
------------------------------------------------------------------------------
    思源０６８   - 43 莊〇〇      939***-2  M NHI  078 CT
   0004   及通安  錠（複方）
        Ultracet #^ tab (Tramadol 37.5 mg+ Acetaminophen 325 mg)
         口服                            使用頻次及劑量由護理師告知
------------------------------------------------------------------------------
         止痛
         可能引起嗜睡，應避免開車、操作機械及需要警覺性的工作。使用本
         藥１４天前起就應停用單胺氧化酵素抑制劑類藥物（如ｓｅｌｅｇｉ
         ｌｉｎｅ、ｍｏｃｌｏｂｅｍｉｄｅ）。勿飲酒。
         可能副作用及發生率：（副作用是否發生因人而異）
         ＞１０％：便秘（１０－４６％）、噁心（１５－４０％）、頭暈（
                 １６－３３％）、頭痛（１２－３２％）、嗜睡（７－
                 ２５％）等。
         ＜１０％：過敏（皮疹等）、肝指數異常等。
         ＊本單未載全部資訊，若仍有用藥疑問，請諮詢醫療人員＊
         ＊用藥資料為藥劑部編撰，未經同意不得以任何形式轉載＊
------------------------------------------------------------------------------
      被指導人：                 指導人員：                 指導時間：
```

```
**        **              臺北榮民總醫院住院病人用藥說明單      2014-10-08 14:35
--------------------------------------------------------------------------------
    思源０６８   - 43 莊○○      939***-2  M NHI  078 CT
  0005   希樂葆  膠囊  ２００毫克
         Celebrex * cap 200 mg (Celecoxib)
         口服                                 使用頻次及劑量由護理師告知
--------------------------------------------------------------------------------
         止痛消炎 (含磺胺)
         對磺胺類過敏者應小心使用本藥。

         可能副作用及發生率：(副作用是否發生因人而異)
         ＞１０％  ：高血壓等。
         ２－１０％：腹痛、腹瀉、水腫、過敏 (皮疹等) 等。
         ＜２％    ：肝指數異常，腎功能異常，心血管栓塞風險等。
         ＊本單未載全部資訊，若仍有用藥疑問，請諮詢醫療人員＊

         ＊用藥資料為藥劑部編撰，未經同意不得以任何形式轉載＊
--------------------------------------------------------------------------------
      被指導人：                   指導人員：                   指導時間：
```

```
**        **              臺北榮民總醫院住院病人用藥說明單      2014-10-08 14:35
--------------------------------------------------------------------------------
    思源０６８   - 43 莊○○      939***-2  M NHI  078 CT
  0006   得百利寧  錠  ５００毫克 (乙醯胺酚)
         Depyretin tab 500 mg VPP (Acetaminophen, Scanol)
         口服                                 使用頻次及劑量由護理師告知
--------------------------------------------------------------------------------
         止痛、退燒
         勿飲酒。

         可能副作用及發生率：(副作用是否發生因人而異)
         過敏 (皮疹等) 、肝指數異常等。(藥典未載發生率)
         ＊本單未載全部資訊，若仍有用藥疑問，請諮詢醫療人員＊

         ＊用藥資料為藥劑部編撰，未經同意不得以任何形式轉載＊
--------------------------------------------------------------------------------
      被指導人：                   指導人員：                   指導時間：
```

住宿醫院的醫護人員，包括主治醫師葛謹先生，住院醫師王則堯先生，護理師日班李幸蓉小姐，小夜班劉佳怡小姐，大夜班黃鴻宇小姐，以上醫護人員，熱心服務，細心謹慎，關心病患，可以稱得上是國際高品質的專業醫療人員，令人敬佩。住院醫師王則堯先生親臨說明病情分析毒傷細節，提示注意項目。還親自擦洗傷口，細心換藥，並告知優碘僅用以消毒乾淨，並無治療效果，治療傷口，仍須使用其他藥物。他一再提醒注意傷口感染問題，右手向上抬高，要高於胸部，關懷備至。經過醫護人員細心治療後，病情改善，蕁麻疹逐漸消退，頭昏現象，已經消失，腫脹停止向上發展。雖然腋下仍然疼痛，還好已經可以執筆寫字，開始撰寫被龜殼花咬傷後到榮總治療的經過，夜間十點半就寢。十月九日，清晨三點半起床繼續撰寫治療經過，感謝護理師提供珍貴資料。上午八點鐘，主治醫師葛謹先生指示王則堯先生開藥，包括：抗生素、止痛劑，並排定十月十二日下午回診。退房出院前，住院醫師王則堯先生多次前來提醒小心，注意變化，傷口不可感染，倘若手指頭有腫痛麻等現象，立即到院急診，不可疏忽。再次感謝王則堯醫師關心。此次住院一日、一夜，費用共計新臺幣一二四〇元整。出院後即驅車到故宮圖書館，向同仁們致謝後，繼續作研究。

我被毒蛇咬傷的消息，很快傳開，先由彭偉皓同學在臉書上發佈，隨即接到吳美鳳小姐、葉高樹先生、魏秀梅教授、曾雨萍小姐、戈思明先生、簡意娟小姐的電話。李典蓉小姐、吳元豐先生、郭美蘭女士也從北京打電話來關心。林加豐先生、侯皓之先生、陳殷宜小姐、彭偉鎧先生親自到故宮探望。臺北師範的同學張銅桂先生和黃寬諒先生一起到故宮來看我。黃寬諒先生是我在士東國小教過的學生，很優秀，後來與張銅桂先生一起在明倫國中教書，現在都退休了。鹿智鈞先生親自到臺大中文系教室探望我。彭悅柔小姐特地贈送餅乾慰問。吳美鳳小姐知道我愛吃德國豬腳，特地送給我壓驚。後來知道是由故宮圖書館呂玉女小姐護送我到臺北榮總急救，她又另外買了一份德國豬腳送給呂小姐，表示謝意。鄭仲烜先生也帶著補品到故宮圖書館來看我，都使我非常感動。感謝各位同事、好友、同學們的關懷。吳美鳳小姐到北京出席學術研討會期間，曾告知北京故宮出版社王志偉先生，特將王先生的回信，以及同學們的臉書訊息附錄於後，謹致謝忱。

附件：相關通訊軟體訊息（1）

冰月
23:44 (12 小時前)

吴先生：　您好！惊悉庄教授受伤！志伟惦念异常，是否有危险？现在先生身体怎么样？志辉没有多说，他比较忙我也没有追问。台北的医治蛇伤医院可以很好地医治先生吗？？很多惦记的问题要问您，对不起！如果需要大陆这边的医疗支持，志伟认识一些有名望的中医，可以随时帮忙！
庄先生的书正在赶做，我安排了专门的编辑催问这套丛书的进度，会更加珍惜时间，我们全力出版好！还是很惦念庄先生，如果可以电联就好了。临近午夜，收到坏消息，匆忙发信，不顾格式，抱歉，抱歉！切盼回信！

冰月
11:49 (6 分鐘前)

吴老师：

　　您好！

　　收到来信，还是很担心的感觉，真希望庄先生能够早日康复，早日在北京见到先生矍铄的身影。如在大陆有任何需要，不妨来电来函，我一定尽力提供帮助。务必转告先生。

　　清朝奏折制度的两个版本，精装和平装，我办公室会在年内寄出，昨天已经催问进度，请先生放心。9 月会面提到的《故宫藏影》已经出版，会一并寄出。我们也是在全力赶时间，早日见书。

　　如有需要，请务必来电来函，大陆医疗也有长处，切盼康复！

　　志伟 20141116

附件：相關通訊軟體訊息（2）

彭偉皓

10月9日

剛才得知莊老師昨天後山種菜時被龜殼花咬傷,右手前端腫脹緊急送醫, 幸好急救得當,目前無大礙,因爲他又不聽醫生的話,堅持出院,還跑來故宮讀書,國寶級的意志太強大,但身體還是要顧,學生我真的有嚇到一 覺得嚇一跳。

Wind Tseng ……(曾雨萍)
10月9日 12:54

楊福興 莊大平安就好!
10月9日 13:59

Hui-ju Huang 學長，老師還好嗎？(東海學妹黃慧珠)
10月9日 15:00 · 讚

彭偉皓 Hui-ju Huang 學妹 老師沒事 還能到故宮用功
10月9日 15:34 · 讚 · 2

Hui-ju Huang 謝天謝地!!也謝謝學長回覆~
10月9日 15:40 · 讚

廖伯豪 平安就好，莊老師堪稱「毅勇巴圖魯」惹一大誤!
10月9日 17:24

ChanChu Chien 分享了彭偉皓的貼文。

10月9日 ·

ㄜ…
我現在就去看老大。

黃申如 幫問候一下!

10月9日 13:38

Ashley Tseng 那條蛇以後就不怕冷，不需要冬眠

10月9日 13:42

ChanChu Chien 那條蛇冬天穿短袖

10月9日 19:54・

彭偉皓

10月15日 · 新竹市 ·

今早跟莊老師請安時,老師似乎開心很多,他說昨天複診,醫生說他被龜殼花咬傷的傷口毒性已退,不過他老人家似乎體驗了大自然的恐怖之處,直說人很脆弱,一條 小小的蛇就能讓人面臨生死交關,被咬是因為在除草時,剪刀無意中碰觸到隱在草後的蛇,而被惡狠狠的咬,凡是毒所到之處都會疼痛 腫脹和大量內出血,不幸中的大幸是毒到手臂就停止,否則一但直達肺部或心臟就很難逆料,老師他本來不怕蛇的,因為他兒時故鄉苗栗南庄住的茅草屋,一下雨就 很多蛇會鑽進屋中,看久就不會怕,還會數蛇有幾條,倒也相安無事,沒想到這一回真的有嚇到,不過勤做研究似乎讓他忘了疼痛,醫生也熬不過老師在醫院待不 住,只好多開藥,叮囑要按時吃藥,所有學生也都希望莊老師能夠多靜養,無奈他意志力太強,還從天母騎腳踏車到故宮,只好順他的意,謝謝上天保佑平安!

Hui-ju Huang 希望老師早日康復@@

10月15日 23:52・

彭偉皓 已經沒事了! 真的~
10月15日 23:52・

Littledeer Lu 真是太好了！聽到這個消息快嚇死了！(鹿智鈞)
10月16日 0:13

彭偉皓 大家都嚇到，老師算是最鎮定的
10月16日 0:16

彭偉皓 要謝謝呂玉女小姐協助送醫院，不過老師隔天就辦理出院跑來故宮，被呂小姐念了一頓
10月16日 0:21

Wind Tseng 我也唸了老人家 XD
10月16日 10:09

彭偉皓 莊老大他正在開心跟友人講古中
10月16日 10:25

Alomar Shen 天啊，老師何時被咬到了啊！
10月16日 10:48

彭偉皓 上禮拜四一大早去故宮後山菜園
10月16日 10:51

Alomar Shen 這樣我們該說故宮後山生態保持的不錯囉，還有龜殼花，我的媽啊！
10月16日 19:55

雨傘節

求學歷程

— 北師・師大・臺大

臺灣在光復前後，物資缺乏，民生困苦，有不少百姓過著三餐不繼的苦日子。我幼年印象最深刻的是三餐或吃番薯，或吃玉米，或吃花生，都是大鍋煮熟。有時候還吃樹薯，吃多了就頭暈。米飯只給祖父母老人家吃。我記得有一次，我撈到的番薯上黏著七粒米飯，這是我最高興的一餐。一年中只有農曆除夕可以吃到一塊雞肉。農村沒有電燈，夜晚雖有煤油燈，但是我家不允許我點煤油燈讀書寫作業，所以我每天清晨天還沒亮就起牀到戶外等著陽光出現開始背書寫字。鄉下農村子弟生活更艱苦，多數家庭因經濟窮困，小學畢業就沒有升學的機會了，我很幸運的有機會考取苗栗頭份私立大成中學初中部。初中三年期間，我不僅重視學科的努力學習，同時也重視術科的學習，我喜歡美術，學習水彩畫，全省美展，每年都有佳作入選。我也是運動選手，田徑表現尚佳，短跑、跳高、跳遠、鉛球比賽，都有好成績。因為家境欠佳，只能報考師範學校，因有公費補助，成績較優的鄉村子弟，多報考師範學校，所以當時競爭激烈很難考取師範學校。師範學校畢業後，分發小學教書，工作有保障，家長都希望自己的子弟報考師範學校。我來自苗栗農村，民國四十二年（1953），初中畢業，考取省立臺北師範學校普通科，可說相當幸運。在校三年期間，努力讀書，不僅重視學科，也加強術科，平衡發展。因為在初中期間已經奠定良好的基礎，所以我的美術、工藝、體育、音樂等科成績，都名列前茅。音樂科要考彈奏風琴，老師指定彈奏四重奏國歌，我也順利通過，這對一個非音樂科系的學生而言，確實不容易。師範學校的教育課程很重，無論是教材與教法、教育行政、教育心理學等等，都是厚重的教科書，每天清晨三、四點就起牀到大餐廳開始看書。畢業考期間，有的同學每天早上二點就起牀溫習功課，教育心理學這一科的畢業考，我考了一百零五分，確實不容易。在考試的時候，幾位客家同學常常坐在附近座位，在核對是非題時，都用客語念出，「著」、「不著」等答案，靠近我們座位的外省籍同學聽作「錯」、「不錯」。發表成績時，幾位客家同學的答案全對，而外省籍同學的是非題答案全錯。後來外省籍同學問我「這是什麼道理？」我才知道是語言不同造成的。客語「著」與國語「錯」，讀音相近，詞義卻相反。「著」，意思是「對」，「不著」意思是「不對」，方言傳遞的訊息，被外省籍同學誤解，十分抱歉。在就讀臺北師範學校期間，因伙食費不多，正在發育成長的男女生，三餐都不曾吃飽，每餐第一碗飯，不夾菜，先吃完飯，趕緊搶盛第二碗飯，慢慢吃，男生飯鍋早已空無一粒米飯，等著女同學吃過離開餐桌時，男生幸運的可以到女同學的餐桌盛到第三碗飯。因為蔬菜油少，只靠米飯，營養不良。家境較佳的同學還可以購買麵包充飢。我記憶最深刻的是，倘若能嚐到一個菠蘿麵包，那將是人生最幸福的事。因為我身無半文，也曾因註冊時需繳雜費新臺幣七十元，向一位親叔叔借用，但被拒絕了，不得不向同學暫借。在親友中資助我最多的是家住三灣的表妹吳和妹小姐，他是家母妹妹邱陸妹姨媽的女兒，我非常感恩。我還有一位外婆家小舅邱貴華生的表妹邱瑞清，他一直非常照顧我。我結婚後，有一次責罵孩子不喝牛奶，又不吃麵包，我告訴孩子，我讀北師時想吃菠蘿麵包，垂涎欲滴的往事，我的內人魏梅子在背後聽得清楚轉身出門買了一個菠蘿麵包回來，使我感動得滴下了淚水。

民國四十四年（1955），上學期，我分發到陽明山管理局士東國小實習一個學期，我認真教學，校長潘阿鹿先生非常照顧我。民國四十五年（1956），臺北師範學校畢業，士林國小要我進去教書，宿舍已安排好，棉被用品也已經搬入宿舍，正式住宿，哪知分發通知下來，竟然「發配」北投國小，校長把我當實習生，分發四年級唯一沒有教室的班級任教，每天在走廊下上課，風吹雨打。我打開學籍卡一看，我班上的學生是全校四年級各班學業成績排名較後的學生，可說是能力分班成績最差的一班。最不便的是沒有宿舍，校長莫不關心，每天下課後，我不得不騎腳踏車到臺北新公園過夜，睡在石板上，遊客坐的木板椅子，到了深夜，常有臭蟲出來咬傷手腳，奇癢無比，疼痛難受。當時在新公園過夜的，主要是三輪車伕，他們到了深夜提著枕頭找石板睡覺。後來，家住士林的同班吳姓同學畢業分發陽明山管理局平等國小教書。平等，原名坪頂，風景極佳，可說是世外桃源，但因人煙稀少，沒有道路，交通不便。從士林到平等國小，只能爬山。當時兩條小山路：一條是搭公車上陽明山，在陽明國小下車，步行約一小時可到平等國小；一條是從士林往外雙溪，過望星橋，步行進入內雙溪，登山到坪頂，也需將近一個小時。分發到平等國小的師範畢業生，都裹足不前。吳姓同學不願意在平等國小服務，他知道我需要宿舍，所以找我商量對調，他到北投國小教書，我到平等國小教書。師範畢業生大多希望報考大學，所以在國小下課後到城區補習班加強英文、數學等課程，在平等國小教書，晚上步行下山然後轉車到臺北城區補習班上課，絕不方便。因此，我在平等國小服務一年後就申請改調士東國小，感謝校長潘阿鹿先生接納我，我在國校教了三年書，除了教國語、算術等學科外，我還教音樂、美術、體育、唱遊等術科。我專心教學，下課後還輔導成績較差同學加強功課，升學率提高，士東國小第一位考進北一女的，就是出現在我執教的班裡，我的服務成績也得到了甲等。

成績優良的師範畢業生，在國校服務三年後有機會保送師範大學進修，實行多年，成效頗佳。在民國四十七年（1958）以前的保送辦法是將在師範學校的學業成績和國小服務成績相加後除以二，亦即學業成績和服務成績各佔一半。這種辦法極不公平，據統計返回鄉下教書的服務成績都偏高，學業成績較高而分發市內規模較大的國小服務者，其服務成績普遍偏低。經檢討改進後，修改保送辦法，在國小服務成績甲等，以師範學業成績分數高低為準，辦法較公平，我就是在民國四十八年（1959）由省立臺北師範學校以第一名成績保送國立臺灣師範大學史地學系進修。我進入師大後，教大一國音的那宗訓教授，就是省立臺北師範學校教國語的老師，因此，我免修國音課。但因省立臺北師範學校停開英文課，為了加強英文，我利用晚上到建國補習班選修趙麗蓮教授的英文課，我的內人魏梅子特地買了質料較佳的收音機收聽趙麗蓮教授播講的空中英語。大一英文課，認真預習，查明單字，用心背誦。從天母騎腳踏車到師大，把英文單字簿放置在腳踏車前籃內，利用紅綠燈等候時間多背幾個單字。西洋史指定的原文書，都認真閱讀。王德昭教授講授的西洋近世史，都認真閱讀相關原文書，並補充筆記的疏漏。王教授所著《文藝復興史》，我也對照過原文。張貴永教授指定的原文書《十九、二十世紀之歐洲》，我從第一頁到最後一頁的英文單字，都查明詞義。張貴永教授編譯的《西洋通史》，我逐句對照原文，查明譯文漏譯的文句，後來在臺大研究所選修陶晉生教授講授「西洋中古史」時，還特地請教過陶教授。曾祥和教授講授的「西洋史名著選讀」，每篇原文都認真譯出漢文，曾教授也都仔細修改。我認真加強英文，對後來報考國立臺灣大學歷史研究所很有幫助。我在師大四年級下學期時，士林初中校長邵夢蘭女士發給草聘，到士林初中兼任歷史、地理課程。民國五十二年（1963），師大畢業後，正式任教於士林初中，並兼任教學組長。民國五十三年（1964），因仰慕中國文化大學創辦人張其昀先生辦學精神，他敦聘著名教授開課講學，於是報考史學門研究所。張創辦人的規劃，學校原來名稱叫做「遠東大學」，我親手翻看棄置山後的校名招牌。張創辦人先辦研究所，然後再辦大學部，先招博士生、碩士生，後來才招學士生。研究所開學典禮在陽明山中山樓舉行，創辦人張其昀先生致詞時，曾三次引用我的自傳內容。開學後，張創辦人曾二次召見我，勉勵我繼續攻讀博士班。師大史地系郭廷以教授講授的「近代中國史」，是必修課。郭教授在《臺灣史事概說》一書中認為《隋書》中的琉球就是今日臺灣，強調臺灣與大陸的關係，自隋代以來已極密切。十九歲時就撰寫名著《廣東十三行考》的梁嘉彬教授以洋流、季風對帆船的影響指出《隋書》中的琉球就是今日琉球，郭教授說他「別有用心」。但郭教授卻肯定《廣東十三行考》的學術價值，是一本好書。我考取中國文化大學史學門研究所後即選修梁嘉彬教授講授的「中國近代史」。上課期間，梁教授把《廣東十三行考》初版交給選課同學們傳閱，在原書最後一頁是蔣廷黻先生手書稱讚該書的題字，確實難得。研究清史，不能忽略北亞漁獵民族的社會文化。我在師大史地系曾選修趙鐵寒教授講授的「遼金元史」及李符桐教授講授的「元史」，我對宋遼金元史有些基礎，也有心得。我在中國文化大學史學門研究所也選修日本學者島田正郎講授的「遼史」課程。島田教授是著名蒙古法制史研究專家，著作豐富。開始上課時，島田教授首先介紹他的父親對契丹歷史文化的研究及東北考古調查已有四十年的成就，他一方面繼承父親四十年的功力，加上自己四十年的研究成果，所以他對遼金元史的研究，有八十年的功力，真是令人佩服。寫文章，講求簡潔流暢，使用語體文撰寫學術著作，是一種普遍的要求，避免文白摻雜，細說體是簡潔的一種語體文。黎東方教授所著《細說民國》、《細說清朝》等等，生動流暢，可讀性很高。我在中國文化大學史學門選修了黎東方教授的「中國上古史」課程，黎東方教授講話幽默風趣，兼帶啟發性。他能背誦不少古籍，上課期間，他曾經秀了一段《左傳》，雖老不忘。他說了一段考取中山獎學金到法國讀書的故事，他到法國後，用法文念「黎東方」三字，美麗響亮，他很得意。他自信法語能力不差，開學第一天，他選的座位是在中央第一排，面對教授，但教授講課不能理解，法語聽講吃力，只好坐在最後一排打瞌睡；後來生病住院，法國女護士年輕貌美，黎東方教授住院期間，日夜與法國女護士閒聊嘻笑，無形中提升了法語聽講能力，出院後回到教室又勇敢的坐在第一排，教授很好奇，黎東方教授竟然有問必答，對答如流，教授當面稱讚黎東方教授說：「士別三日，刮目相看。」後來黎東方教授用文言文寫了一篇文章面呈胡適先生指正。胡先生當場說了一句「我看不懂文言文」，退回了他的文章。他把文言文的文章送給了提倡語體文的大師，確實是玩笑開大了，從此以後他決心使用細說體寫書。他撰寫《細說民國》的地點是在香港，他告訴同學們，蔣經國先生特地飛到香港，要他下限只寫到民國十七年（1928），以後的民國史不要寫。有一次上課時，黎東方教授逐一詢問同學讀過哪些原文書？我將就讀師大期間讀過的原文書，據實報告。他當面問我，張貴永教授指定的《十九、二十世紀之歐洲》一書的封面顏色，我也答對了。他說這本原文書不容易念，我回答已經從頭到尾，都查過單字，仔細閱讀了，他不相信，他從來沒見過有人從頭到尾查過單字。我立即到宿舍拿了原文書呈給他，他翻了原書後說了一句「我以你為傲」。從此以後，黎東方教授對我非常照顧。我就讀史學門研究所一年期間所選修的課程，獲益良多，還有英文課，進步很多。我在士林初中改調夜間部，往返於士林與華岡，後來因士林初中「領袖事件」，中國文化大學黨性堅強，訓導人員常特別訪查，對我造成很大威脅。民國五十四年（1965），我考取了國立臺灣大學歷史研究所，我在文大只讀了一年，終於告別了風光明媚的華岡。

我考取了國立臺灣大學歷史研究所後，曾向所長許倬雲教授請教治學方法，許所長指出，治學幅度要大，加強輔助學科，除中國、西洋斷代史外，還要加強社會學、政治學、經濟學、考古學等輔助科學的理論分析，不能只知背誦筆記。我得到了很大的啟示，更加勤修精進，多閱讀理論性的書籍。我也選修李濟教授、李宗侗教授等人合開的中國上古史、許倬雲教授講授的中國上古史專題研究等課程，同時多聽專家學者的演講，頗有心得。我在師大史地系選修過郭廷以教授講授的「近代中國史」，我對中國近代史有興趣，我選修李守孔教授講授的「中國近代史」課程，李教授與人事室孔服農先生都關心我的安全問題，約我見面，查詢士林初中「領袖事件」的真相，就我所知，向孔服農先生作了報告。李守孔教授就是我的指導教授，處處幫助我，我非常感激。我就讀臺大期間，因為被士林初中解聘，沒有收入，必須半工半讀，白天選修課程，李守孔教授安排為費正清教授蒐集中國近代史學術論文，撰寫摘要，每月二篇。許倬雲教授安排到銅山街中美會充當美國匹茲堡大學楊慶堃教授助理。我應徵時，楊教授拿起一本社會學原文書，隨意翻開幾頁，要我在十分鐘內念完，說明內容大意，我順利通過測試。楊教授的計劃是進行中國近代群眾運動，查閱中央研究院、內政部等典藏方志有關民變史料，製作電檢表，項目主要包括天然災害，會黨及民間宗教起事、地方民變等活動時間、地點、性質等項，填入電檢表，主要在探討社會動亂的原因，動亂過程，以及動亂如何結束？可用量化統計加以分析。在工作中吸取經驗，對後來我研究秘密社會史，有很大的啟發。在白天除了上課外，我也利用時間到中央研究院看書查檔案，認識了史語所、近史所許多前輩。我也選修陳捷先教授的「清史文獻資料」課程，上課認真，後來經由陳捷先教授的推薦，我才進入國立故宮博物院工作，十分感恩。民國五十四年（1965），佛教界集資在永和創辦智光商職，經同學陳欽銘先生介紹認識了副校長陳秀平先生，我是師範正規學校畢業的合格教員，陳副校長信任我、倚賴我，我把士林初中認真教學的精神和制度移植到智光商職，所以順利開學，招生滿額，很快上軌道，我主要教中英文打字，培養了不少青年人材。我原先兼教學組長，後來又兼夜間部主任。我被士林初中解聘後，在走投無路的時候，智光商職接納了我，我很感恩，或許是一種緣分。當時我在中國文化大學尚未辦退學，臺大尚未註冊開學，我思考究竟留在中國文化大學，或到臺大接受挑戰？我必須作出抉擇，有一天我到中和圓通寺求神問卜，虔誠默禱，連抽三籤，都是同一支籤，要我到臺大進修。冥冥之中，似乎主宰著我的前程。民國五十八年（1969）二月，我決定論文題目：「京師大學堂」，上了報告，由校方出公文，經教育部長同意，我從天母騎腳踏車到木柵教育部檔案室查閱學部官報，翻閱檔案。也到近史所看縮微片及大陸出版教育史料。同年六月間，完成論文初稿，我用中文打字機打成口試本，整齊漂亮。七月初，舉行論文口試時，口試委員指出全本論文沒有一個錯別字，僅僅錯了一個標點符號，一致以高分通過，並決定出版，後來又獲得美國張鑫保獎助金。指導教授李守孔教授主動向師大歷史系主任戴玄之教授推薦兼任講師，李老師、戴老師的照顧，永誌不忘。畢業前，臺大教授也推薦我到大學任教，因離家較遠，不能照顧家庭，我沒接受。我曾經參觀故宮展覽，仔細閱讀雍正硃批奏摺，臣工奏報內容詳盡，雍正皇帝的硃批，字蹟秀麗，勗勉臣工做好官，為國効力，頗有人情味，與歷史教學批判雍正皇帝、醜化滿族的言論，頗有出入，我就決定畢業後想進入故宮學習，充當學徒，協助整理檔案，從做中學。後來證實我當時的決定是正確的。我要感謝的就是推薦我進入故宮服務的陳捷先教授，同時也要感謝院長蔣復璁先生，讓我有機會選擇自己喜愛的工作，學以致用。後來，蔣院長告訴我，他讓我進入故宮服務的主要原因，是我的畢業論文《京師大學堂》寫得很好，利用檔案，保存史料，寫作認真。臺師大歷史系管佩文同學在系友訪談時，對我求學過程的訪談，也有頗多訊息，可將電子報訪談內容附錄於後。

<<歷史系電子報目錄
<<第 29 期
第 30 期>>
系友訊息
到最上

系友莊吉發老師訪談

訪談者／紀錄者：管珮文同學/歷史系碩士班

早年求學歷程與志向之立定

莊吉發老師，一九三六年生於苗栗，早失怙恃，成長過程艱辛，飽嘗人情冷暖，認識到努力讀書做學問，才有向上晉陞的機會。然因無力負擔學費，決意報考公費的師範學校。一九五六年，省立臺北師範學校（今國立臺北教育大學）畢業，至天母士東國小任教，三年後又以第一名的成績保送國立臺灣師範大學史地系（今歷史系與地理系之前身）進修。在當時，莊老師優異的成績可以保送任何科系，和許多選讀歷史系的同學們一樣，莊老師因為在初中與北師求學期間，受到歷史老師啟發，決定主修歷史。進入師大以後，最大的挑戰就是必修的大一英文。由於北師沒有英文課，莊老師勤奮苦讀，把英文單字卡放在自行車前方的車籃，利用每日騎車前往師大的時間反覆背誦。除此之外，遍閱圖書館內中文和英文的歷史書籍，發現張致遠教授編譯《西洋通史》內容精彩，文字優美，遂與英文原著逐句參照，加強英文能力。張教授本名張貴永（1908-1965），當時在師大開設「西洋現代史」，課堂指定閱讀《十九、二十世紀之歐洲》(Europe in the Nineteenth and Twentieth Centuries）的原文書。這本書並不好懂，但是莊老師很認真地查完第一頁到最後一頁所有的單字，熟讀全書，就連黎東方教授（1907-1998）翻閱過老師的用書之後，也說：「我以你為傲」。後來莊老師又發現王德昭（1914-1982）教授《文藝復興史》所參考的英文本，相互對照閱讀，如此勤奮用功，奠定深厚的英文能力。後來選修曾祥和教授（1920-2013）「西洋史名著選讀」，每篇英文閱讀材料翻譯都能兼顧信、雅、達，深得曾教授讚譽，日、夜間部的同學都來借筆記參考。

師大史地系畢業之後，莊老師發現自己對學術研究的興趣有增無減，決定繼續考研究所，「去看看怎麼樣做學問」。一九六五年考取國立臺灣大學歷史研究所，莊老師向當時的所長許倬雲教授請教讀書方法，許教授提醒：「師大的學生很用功，很少缺課，但是只知道讀斷代史、背筆記和考試，忽略輔助科學與理論分析的重要性，除了社會學以外，政治學、經濟學、考古學等輔助科學也不應偏廢」。於是莊老師在除了選修研究所的專題研究課之外，也到大學部選課，從臺大與師大不同的教學風格中，兼取其長，奠定自己做學問的基礎。

就讀研究所期間，莊老師曾經到國立故宮博物院參觀「雍正皇帝硃批諭旨特展」，以往在課堂中所認識的雍正皇帝（1678-1735，1723-1735 在位），是一位尖酸刻薄的君主，但是從硃批諭旨內容看來，雍正皇帝的字跡秀麗，於政事指授方略頗為詳盡，對官員的要求雖然嚴格，亦是合情合理，足見他是一位負責任的皇帝。因此，莊老師決定未來畢業之後，寧可不到大學去教書，也要到故宮當學徒，幫忙整理檔案，「從做中學，進入真正史學研究的領域」。如此由基礎做起，為的是能夠根據檔案，重新詮釋所學過的清代歷史。

苦學滿文有成與廣祿夢中授筆

取得碩士學位後，莊老師如願進入故宮服務，參與清代文獻檔案整理與出版。時值故宮為了彌補《舊滿洲檔》在出版過程中出現的失真問題，重新整理，題為《滿文原檔》出版。莊老師在整理檔案的過程中，開始對滿文產生興趣，後來又陸續接觸到滿文書寫的檔案典籍，體會到「要讀懂檔案、研究清史，一定要懂滿文」。臺灣的滿文教學始於一九五六年廣祿教授（1900-1973）在臺大歷史系開設滿文課，但是莊老師是從臺大畢業、進入故宮整理清代檔案以後，才認識到滿文的重要性，立志學習，遂申請回到臺大旁聽滿文課。

學習滿文期間，莊老師自行車前的英文單字卡換成了羽田亨《滿和辭典》，利用每日騎車上班的時間，逐字背誦。平時與胡格金台（1900-1986）教授練習滿語對話，請胡教授修改自己所翻譯的文稿。莊老師勤學不怠，奠定深厚的語文基礎，於一九七六年出版第一部滿文研究成果《清語老乞大》。該書為清代朝鮮人至中國東北經商時的滿文學習教本，莊老師在一份巴黎刊物上看見這本書，認識到《清語老乞大》的歷史和語言價值，便手抄全書六百餘句滿文，加註羅馬拼音，譯為漢文，作為今日中文使用者學習滿文的基本教材。爾後陸續完成《尼山薩蠻傳》（1977）、《清代準噶爾史料初編》（1977）、《孫文成奏摺》（1978）、《滿漢異域錄校注》（1983）、《雍正朝滿漢合璧奏摺校注》（1984）、《謝遂〈職貢圖〉滿文圖說校注》（1989）、《滿語故事譯粹》（1993）、《御門聽政：滿語對話選粹》（1999）、《滿語童話故事》（2004）、《滿語歷史故事》（2005）等書之譯注與編彙，並持續於繁重的研究工作中撥出時間推動臺灣的滿語教育，乃與一則故事相關：廣祿老師往生不久，莊老師夢見廣祿老師將平時用來寫滿文的毛筆，親手交到自己的手中。夢醒之後，莊老師認為這象徵學術傳承與業師期許，深感責任重大，數十年來以此自勉，也經常在滿文課上提到這個夢境，鼓勵學生把滿文學好。

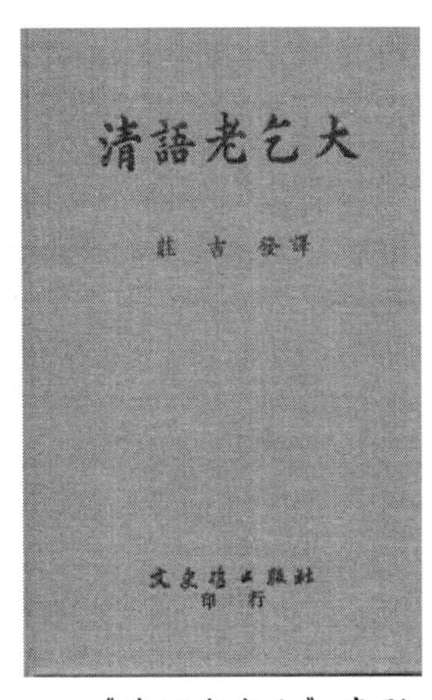

《清語老乞大》書影
（臺北：文史哲出版社，1976）

莊老師深厚的滿文學養，也曾幫助一對失散的兄弟團聚。這則故事是這樣的：廣祿教授往生之後，長子孔九善得訊，遂寫了一封滿文信，委託一位日本教授尋找在臺灣的弟弟孔十善。日本教授到臺灣時，向莊老師提到這封信，老師思索著這位弟弟的線索：「他不姓廣，姓孔。孔姓是在大陸使用的姓氏，十善是排行」，但是在臺灣沒有人知道有姓孔的滿人，轉而一想，「廣祿教授的兒子名叫定遠，一定跟西北有關」，遂打電話向廣定遠詢問孔十善的線索，廣定遠表示，「那是他小時候的名字」。謎團至此破解，廣定遠到故宮拿到兄長的信件，設法返鄉相見。

由此足見，學滿文不僅可用於學術研究，還能在意想不到之處，發揮作用。

給歷史系學生的建議

莊老師認為歷史系的學生，不論將來想從事學術研究或是擔任歷史編劇，都應該注意三件事：掌握檔案、學好語文、研究清史。

故宮典藏超過四十萬件的清代檔案文獻，題材包羅萬象，老師建議學生應該選修檔案課，因為如果不懂得使用檔案，將錯失許多珍貴的材料。故宮所典藏的檔案，有不少是以滿文書寫，如果不懂滿文，只看漢文，就不容易解讀，亦無從與其他史料互證。舉例來說，康熙三十六年（1697）四月初九日，撫遠大將軍費揚古（1645-1701）以滿文奏報準噶爾部首領噶爾丹（1644-1697）「在三月十三日早晨生病，晚上就死了，是什麼病不知道」。但與《聖祖仁皇帝實錄》一對照，遂發現噶爾丹的死亡日期從三月十三日被竄改為閏三月十三日，死因由病死改為飲藥自盡，係配合康熙皇帝（1654-1722，1662-1722 在位）御駕親征的時間，暗示噶爾丹乃因懾於皇帝天威而自盡。除了閱讀官方檔案之外，也有助於釐清明清章回小說的涵義，例如《紅樓夢》人物說「咱們」或「我們」時，從漢文看來是兩個相似的詞彙，對照滿文譯本則明顯不同。「咱們」在滿語稱「muse」，代表說話者及其他第三者；「我們」稱「be」，具有排他性，只包含對話的兩個人，相較於漢文，有更細緻的語意區別。

其次，莊老師建議歷史系一定要加強語文訓練，首先是英文，其次就是歷史上的語言文字，例如滿文、蒙文、藏文，若想要做清代邊疆史研究，邊疆語文能力不可或缺。

此外，研究東亞史、清史就屬日文最重要，所以一定得學日文。如果從事西洋史研究，也得學會其他歐洲語文。因為把語文學好，除了可用於學術研究，亦可加強自身的競爭力。例如前面提到，莊老師為了加強英文所下的苦心，後來到楊慶堃教授（1911-1999）位於中美會的辦公室應徵計畫研究助理，楊教授隨手從書架拿出一本英文原文書，指定即席閱讀並說明內容，莊老師憑藉當年為準備大一英文所累積的英文能力，成功獲得了這份

義美「嘉慶沙其瑪」

工作，也使老師體認到語文之於工作競爭力的重要性，故而又選修日文課，充實做清史研究的條件。當時日文係由英紹唐教授以全日文授課，奠定莊老師的日文基礎，現在到日本開學術研討會還可以流暢地使用日文發表。此外，前文再三提過滿文應用的重要性，還有一個與甜點沙其瑪有關的小故事：義美沙其瑪的包裝設計，實源自於莊老師，因《滿和辭典》中，指「sacima」為「糖纏」，係由芝麻和砂糖為原料所做成的點心，蓋由動詞型「sacimbi」演變而來，原指「切、砍」，與臺灣的「爆米香」相似，遂以名之，並取其滿文書寫，作為廣告設計。

再者，清史作為當今顯學之一，充實清史，不論於學術研究或是劇本寫作，都有裨益。一九九二年，臺灣八點檔《一代皇后大玉兒》以滿洲入關前後的權力更迭與太后下嫁等稗官野史作為題材，改編成莊妃（1613-1688）與睿親王多爾袞（1612-1650）的愛情故事，在當時蔚為風行。有鑑於社會大眾的歷史知識，深受戲劇影響，莊老師遂爬梳檔案，寫成〈一代皇后布木布泰〉一文，匡正劇中的史實之誤。蓋大玉兒之名，係出於編劇杜撰，根據《滿文原檔》記載，莊妃本名布木布泰（bumbutai），於崇德元年（1636）冊封為次西宮莊妃，居永福宮。清代宮禁森嚴，劇中多爾袞頻繁出入後宮，與莊妃私通款曲，甚至珠胎暗結，直指多爾袞乃順治皇帝福臨（1638-1661，1644-1661 在位）生父，於史無徵，「給觀眾帶來了誤導作用，也給滿蒙先人帶來了傷害」。莊老師提醒：以歷史為題材改編戲劇時，固然要營造戲劇效果，也需兼顧歷史考證，避免誤導觀眾。

二〇〇一年，莊老師自故宮屆齡退休，十多年來，猶每日至故宮看檔案，寫作不輟，並在繁重的研究工作之餘，持續推動臺灣的滿文教學，培養清代滿文史料的研究人才。而莊老師學思之勤，數十年來如一日，著作等身，顯示凡事沒有捷徑，惟有立定志向，勤學不怠，方得有成。

回電子報第 30 期主頁面

●臺師大歷史系電子報　第 30 期
●發行人：臺師大歷史系主任　陳秀鳳　　發行單位：臺師大歷史系圖書室　　編輯：楊鎮魁、歐詠芝
●E-mail：ntnuhisepaper@gmail.com　　電話：(02) 77341507　　傳真：(02) 23633032
※本報歡迎所有臺師大歷史人的投稿，您可以透過上述聯絡方式與編輯討論您的任何創意發想。

資料來源：http://mail.his.ntnu.edu.tw/E-Paper/030/030-f1.htm

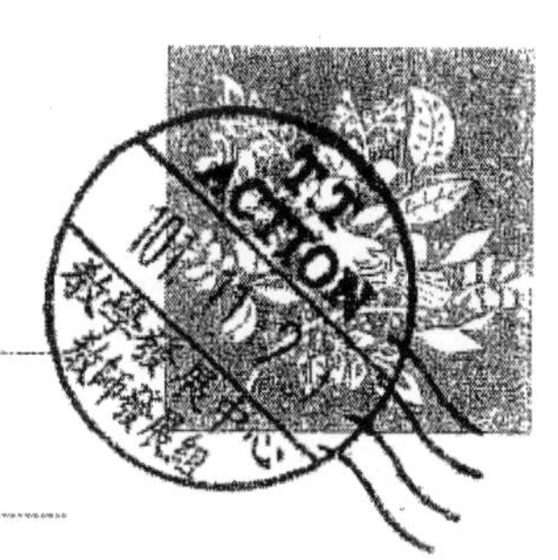

To 系所：中文系

教師：莊吉發老師

親愛的老師，很感謝您一直以來的教導，您對滿文的溫情厚愛相當令人動容，希望未來您能一直如此精神奕奕地研究、授業，一如今日！祝福您：

From 系級：歷史二

姓名：李亞臻

6

學校教育

成功的楷模——莊吉發老師專訪

採訪 高瑞玲 薛秋微 李中平 林仕偉 孫震秋
整理 高瑞玲 李中平

壹、傳奇

據說沖到三煞日會有三個人命喪黃泉，不巧祖父執意新屋上樑的時日，正是三煞日．那一年之內，家裏相繼死了三個人，除堂哥外，母親留下剛出生的莊老師辭世，父親爲照顧嗷嗷待哺的兩小兒，續了絃，但不數月，父親竟也撒手人間，接著後母改嫁，只好由祖母照顧，此時的莊老師，不過幾歲年紀，就已遭到父母雙亡，寄人籬下的坎坷生活。

稍長，因逢亂世，隨家人避居通霄深山，也沒機會上學，只有放養鵝鴨，閒暇時唸唸百家姓、千字文。因山裏衛生條件奇差、醫藥又不發達，曾感染瘧疾，病情非常嚴重，甚至已經置於地下任由自生自滅，幸好七天後不藥而癒，從此也少有病纏身，也許是大難不死必有後福。還有一次，家人傍晚叫莊老師兄弟外出辦事，回家時夜已深，危險的山路崎嶇不平，又沒有手電筒，走得跌跌撞撞，幸賴身後有一盞燈跟隨照明，可是到家之後，回頭一看並未見有人提燈照路，詫異之下問大人，大人問出是紅色的燈鬆了一口氣，原來是神助孩子，要是青燈，就是俗稱不吉利的鬼燈。

小時候莊老師喜愛游泳，不慎得中耳炎，但也沒加以治療，潰爛得幾近失聰，有一天放學回家，路上不相識的老婆婆攔住他，用草藥灌耳，竟因此治好耳疾，可是事後如何探聽詢問，都沒有人識得這位老婆婆，也許是貴人相助也說不定，由於家裏反對讀書，莊老師也曾被送往學習算命當徒弟，算命先生卻說這孩子有天賦，不必倚靠相命爲生，老師才開始了求學的過程。

貳、奮發

臺灣光復後，回到平地，老師年齡已長，只好插班從小學三年級讀起，剛開始難免跟不上，後來也適應了，國小畢業，進入大成中學初中部，老師特別叮嚀採訪人員要記下大成中學校長賴順生先生，由於他治學的嚴謹成功，初中成爲老師求學過程中的關鍵時刻。中學畢業後，無力升學，只好報考師範，三年後以優異成績保送師大史地系。在這期間由於家庭的缺乏溫暖，老師平常很少回家，依靠獎金過日子，最後以第一名成績畢業分發到士林國中教書，但因爲缺乏人事背景，受到不公平的待遇，老師不氣餒仍樂觀自在，繼續求知也爲爭氣，考上臺大歷史研究所。在這樣困阨的環境下，很多人可能早就退縮，老師並沒有自暴自棄，反而勇敢面對挑戰。雖然老師結婚甚早，除研究所功課外，還兼任高職夜間部主任，和在其他學校當老師，維持家計開銷。加上師母也能幹賢慧，讓老師縱使天天在外，也無後顧之憂，爲追求更高的學問而努力。

老師不但資賦聰穎外，也比別人付出更多用功時間，考上研究所後，發現臺大和師大在研究態度方法不同，請益師長，師長認爲讀書的幅度要寬，凡是與歷史相關的科目都要稍微了解，如念斷代史，要有經濟學、政治學、統計學等作基礎，加強輔助科學，才能夠觸類旁通。老師經常到中央研究院讀書、找資料，並到大學部選課，等於重新再讀了一次大學，像這樣的努力精神，很少人做得到，曾有人在老師念臺大的時候，就想聘他到大學教授中國通史，因爲老師修過每一個斷代史，成績又優良。後來錢穆先生在故宮主持清史長編的工作，老師也就被網羅進入了故宮。

滿文字体

參、有成

念研究所時，老師曾幫匹茲堡大學社會學教授楊慶堃先生作電檢表，將歷史資料輸入電腦統計。依老師遍遊國外的經驗，深深體會到「歷史不能閉門造車」

這句話，以國外藏書英國、日本等，都和資訊緊密結合，查閱容易。而故宮也有將資料作成目錄或件數碼，登錄電腦，使查閱方便，並有加以整理出版，照相製版存眞等，因此歷史和資訊若能互相配合，就能獲得很大的便利。

老師在臺大主修中國近代史和清史，並會滿文，引起我們很大的興趣，想要知道如何學會滿文的，以及邊疆史怎麼學的問題。首先是老師進故宮之後，發現有很多滿文資料檔案，覺得自己所學不足，於是回到臺大旁聽錫伯族廣祿先生和李學智先生的滿文課，後來認識胡格金台先生，就經常請他爲老師的滿文譯作修改，以此來練習翻譯。乾隆年間有許多滿漢對照本的三國演義、西廂記、聊齋誌異等書，他藉讀這些書，增加滿文能力。老師的「清語老乞大譯註」一書，就是朝鮮人學滿文的會話本。

另外對邊疆史的研究，老師建議先對中國要有整體的認識，起碼清史要懂，然後再就個人興趣對某一地專精，重要的是對當地的歷史、地理要熟悉，不僅僅注意到時空問題，還有典章制度，傳統文化，以及必備的語文訓練，最好是用田野調查的方式居住在那兒，了解民情風俗。若以目前國內環境來說，也有許多地方可利用，像故宮就有許多邊疆史檔案、史語的內閣大庫、政大邊政研究所的學報、論文、半月刊的禹貢雜誌等，都是學習的途徑。

另外提到歷史小說、如武俠小說等，老師認爲作歷史研究者也應該看一看，因爲歷史和小說很難有絕對的分野，有人認爲小說重在情節變化、不講究時間、地點和人物，但值得歷史人注意的，就是可以看看小說家如何運用歷史材料，發現創造想像力，然後和事實比較出入地方。歷史學可以重建信史恢復本來面目，歷史小說也可以成爲研究歷史很好的參考。歷史小說若要和歷史教學相輔相成，就要多利用檔案資料，細節可以附會，大事件不要改變太多，這樣的歷史小說，才不會有「如有雷同，純屬虛構」的不負責任態度。

最後提到歷史人的新方向，歷史與現實結合開創前途，不論是檔案收藏機構用人，從事文化事業或出版業，只要學有所長，歷史人的方向是無限的寬廣。

後　序

此篇專訪，用意並不是爲莊老師立傳，而是莊老師小時候的傳奇，使老師對命相頗有通曉，以及父母雙亡的困境，仍奮鬥不懈，至今有成。莊老師著作豐富，所著的「清高宗十全武功研究」，獲頒民國七十一年中山學術著作獎的成就，應該歸功於學校教育的成功，而老師苦學的精神也值得同學們學習。

＊

資料來源：《淡江歷史系通訊》

乾隆皇帝的家庭生活與內心世界

陳葆真 著
國立臺灣大學藝術史研究所教授

致謝

在本書即將付印的此時，個人特別要在這裡向以下的幾位學者、助理人員、和學術單位，致上誠摯的謝意。首先，本人要感謝的是清史專家莊吉發教授。清代藝術和歷史，對個人而言，原本是個陌生的領域；因此，個人在2005年剛開始從事有關乾隆皇帝的研究時，便利用課餘之暇到國立臺灣師範大學，去旁聽莊吉發教授所開的清史專題討論課，以補充自己對清史知識的不足。在兩學期的課程中，個人得到許多啟發，謹此向他致謝。雖然莊教授一再強調：研究清史不能只限於使用漢文資料，必須兼顧滿文，甚至蒙古、西藏、和朝鮮的相關文獻。可惜的是，個人因限於時間和精力，無法達到這個要求；因此，本書中所用到的，仍只限於漢文的圖史資料。希望年輕後輩能及早充實上述各項語文上的能力，以求達到更全面的研究效果。

其次，個人要致謝的是行政院國家科學委員會多年來對本人所從事的清代圖像研究的工作，在經費上的補助。由於那些補助，使得個人可以順利聘用助理人員，進行資料蒐集、田野考察、和撰寫論文等事項。再次，個人要謝謝多年來本所的一些研究生助理，包括：林毓盛、易穎梅、周穎菁、和祝暄惠等同學。他們曾在不同的時段中協助個人，將本書中所收的五篇論文手稿，建成電子檔；工作繁瑣，而他們都耐心以對，完成任務。

此外，個人還要感謝的是國立臺灣大學、國立故宮博物院、和普林斯頓大學（Princeton University）。四十多年前，本人從臺大歷史系的初學者開始，摸索到國立故宮博物院，探尋清宮珍藏的奧秘；其後再到普林斯頓大學，打開更廣大的視野，研究藝術史；然後再回到臺大藝術史研究所任教。在這些歷程中，個人蒙受以上各機構中一些師長和前輩的教導，和圖書收藏方面的支援，使得專業知識得以累積。為此，個人十分感謝，無時或忘。（以下略）

國立臺灣師範大學，1963 年

領袖事件
— 芝山岩・士林官邸・士林初中

我的教書生涯，並不順遂。民國四十五年（1956），我從省立臺北師範學校畢業後，分發陽明山管理局北投國小執教，擔任四年級導師，從開學第一天起，因無教室，每天都在走廊上課，雖逢刮風下雨，依舊在風吹雨打中度日如年。因校方未能安排宿舍，每天放學後，不得不騎單車到臺北新公園過夜。過了將近一個月，家住士林的同班同學吳美川，因分發平等國小任教，交通不便，我們請求互調，所以我在平等國小教了一年書，然後改調士東國民小學任教，承蒙校長潘阿鹿先生安排，分配宿舍，解決了住宿問題，可以專心教學。在教學之餘，我還擔任陽明山管理局所屬地區鄉土教材的編輯工作。經由潘校長陪同前往芝山岩惠濟宮查閱相關資料，撰寫〈士林芝山岩側記〉等文，照錄原文如後。

士林芝山岩側記

甲午之役，清廷割讓臺灣後，臺胞抗日壯舉，接踵而起，其中最爲日本政府重視而神化之者，蓋士林芝山岩事件。

日軍領臺後，在芝山岩的惠濟宮設置日語傳習所，推展日化教育。各地義民群起反抗，在芝山岩襲擊日本學務部官員，爆發「芝山岩事件」，震驚中外；義民的忠烈精神，永垂青史。

▶ 晚清時期臺灣官兵手持刺槍的模樣。當日軍依馬關條約登臺後，臺灣無論官兵士庶，粵籍、閩籍、原住民等，皆團結一致，誓不接受日人統治，並準備抗爭到底。

芝山岩地名由來

士林，舊名八芝蘭，又作「八芝蓮」，間亦作「八前籃」，或「八前林」，俱係同音異譯，語出厤少翁社方言，意即「溫泉」，爲北部臺灣之通稱，嗣又簡稱「芝蘭」。而芝山岩則爲一圓形丘陵，獨峙平疇，俗名「圓山仔」，奇岩攢湊，林木蓊鬱，蘭花叢生，景緻幽雅，尋以芝蘭街之名，復稱芝蘭山，其後所建山堡，即名芝蘭堡。

相傳有漳州人黃澄清將其攜來之香火掛於山上樹梢而去，行人祈求，無不靈驗，乃由黃姓地主奉獻土地，以備建廟。乾隆十六年（西元一七五一年），公推紳耆吳慶三爲董事，籌建惠濟宮，奉祀開漳聖王。翌年十二月興工，二十九年四月竣工，砌以石道，直達山門，《臺北縣志》誤繫於乾隆五十三年。廟既成，乃取漳州紫芝山之名，而易芝蘭山爲芝山。乙酉年，於芝蘭堡隘門題曰「芝山岩」，「芝山獨峙」遂爲芝蘭八景之一。縣志謂圓山仔狀若漳州芝山，故名芝山岩，似屬臆斷之詞。

▶ 芝山岩西隘門。芝山岩隘門建於清道光五年，為福建漳州籍住民所修築的防禦性堡壘，純用石材，堅固壯觀，原有東西南北四座，今僅留西隘門，為三級古蹟。

惠濟宮成為學務部

道光五年（西元一八二五年），惠濟宮爲風雨所蝕，由首事何宗泮倡議整修。道光二十年，紳耆潘定民於宮後擴建文昌祠，設館課塾，教授漢文，詞人雅士，亦時會於此。同治十年，紳耆潘永清以惠濟宮日久傾頹，籌款翻建層樓。

傳說入夜之後，自層樓遠望艋舺市街，萬家燈火如在眼中，而每當朔望，惠濟宮點燃琉璃燈時，則艋舺必遭失火之厄。光緒十四年，惠濟宮燬於火。十六年，由紳耆魏炳文、林有仁、潘盛清等募款籌建，於原址稍西處興工重建，分前後兩殿，前殿祀開漳聖王，後殿祀觀音佛祖，後殿層樓爲文昌閣，祀文昌帝君，香火頗盛。

光緒二十一年四月，煙台換約後，日本以樺山資紀爲首任臺灣總督，二十七日，於民政局內設學務部，以伊澤修二爲代理學務部長。六月初一日，學務部遷至惠濟宮，並籌辦日語傳習所，以楫取道明、安積五郎、三宅恆德、關口長太郎掌庶務，井原順之助、中島長吉、桂金太郎任教務，平井數馬充舍監，招生入學。

截至八月初二日，共計招收二十一名學生，依入所先後，別爲三組：甲組爲柯秋潔、潘光儲、陳兆鸞、潘光明、潘迺文、潘光楷六名；乙組爲朱俊英、葉壽松、邱龍圖、張經、張栢堂、郭廷獻、吳明德、劉銘臣八名；丙組爲林隆壽、施錫文、易錫爲、柯秋金、柯秋江、吳文明、施錫輝七名；並以井原順之助、中島長吉、桂金太郎分授各組課程，積極展開日化教育，企圖消滅臺灣人的民族意識。

▶ 芝山岩的惠濟宮。該廟始建於乾隆十七年，主祀開漳聖王，前後歷經多次翻修，目前外貌十分嶄新，為三級古蹟。

同年九月初二日，第一期日語傳習生甲組柯秋潔等六名，乙組朱俊英一名，合計七名結業。是時，伊澤修二亦因事返日。

義民進攻芝山岩

日軍領臺後，各地義民群起抗日，誓與寶島共存亡。光緒二十一年（西元一八九五年）十一月十六日，大屯山、觀音山舉火為號，進攻臺北、滬尾的日軍，深坑義民首領陳秋菊、平鎮義民首領胡阿錦，各率部衆數百人抵達臺北南門外，宜蘭、枋橋（今板橋）、錫口（今松山）、金包里（今金山）、芝蘭等地義民同時響應。

十一月十七日，即日本明治二十九年元旦，清晨七時，楫取道明等六

▲《點石齋畫報》所繪劉永福率黑旗軍抗日的情形。當日軍登陸臺灣後，巡撫唐景崧即自組「臺灣民主國」，劉永福亦渡海來協助，並被封為「大將軍」，各地義民見狀，遂紛紛響應。

人，同赴總督府賀年，行至基隆河渡船場，始知事態嚴重，乃遄返芝山岩。是日將近正午時刻，舊街、洲尾、滴雅、牛卓坑等地義民，以賴昌為首，撲向芝山岩，斬楫取道明、關口長太郎、中島長吉、桂金太郎於山前，並棄屍田中。井原順之助、平井數馬沿雙溪河逃至舊街河旁，經頑強抵抗後伏誅，棄屍溝中，校工小林清吉則奔至日後的士林公學校前被殺。

日軍十七人自臺北來援，義民迎擊，殲滅十六人於基隆河畔，僅逸其一。學務部設備，包括圖書儀器等，俱經搗毀，日語傳習所暫時關閉。

碑石：歷史的見證

事後，日軍報復甚慘，因搜賴昌不獲，而焚其居。二月初四日，捕殺陳苗，又遷怒士林保良分局主理潘光松，酷刑逼供，因無所獲，於二月十一日被處決。日人的日化政策，推行僅數月，即被徹底摧毀，朝野震驚。

日本政府為紀念死事日人，於惠濟宮左後方樹立碑石（該碑今位於雨農圖書館前方），碑文由日本內閣總理大臣伊藤博文撰書，題為「學務官僚遭難之碑」，碑高一丈三尺，寬二尺，厚一尺六寸；復建神社，規定每年二月一日為祭祀日，日本總督以下文武各官及教職員學生，相率膜拜，目為聖地。

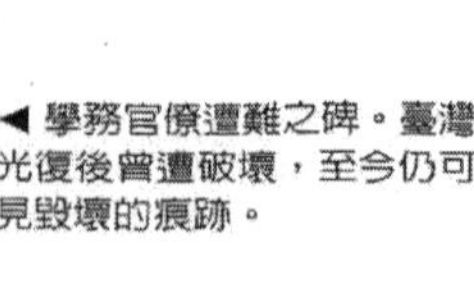

◀學務官僚遭難之碑。臺灣光復後曾遭破壞，至今仍可見毀壞的痕跡。

惟臺灣同胞源出中原，來自閩粵，凜於春秋之義，不甘被日化，終日治五十年間，揭櫫義旗，武裝抗日，此仆彼起，民族氣節，益見踔厲。

民國三十四年臺灣光復後，即拆除該地神社，闢為芝山公園，整修洞天岩、古城門、蛇蛙石（原名蛤仔石）、觀稼崗、大象石、石頭公（原名五鬼石）、蝙蝠洞、石馬等八景，並建雨農圖書館，以紀念戴笠將軍，全山煥然一新，遍地綠茵，處處亭台短凳，以供遊人憩息。

第一屆國民大會第二次會議，決議褒揚抗日義士，並誌其事蹟，在民國四十七年另樹新碑於雨農圖書館前方（該碑今位於雨農圖書館後方），碑文為楊卻俗先生所撰，抗日始末則多得自昔年日語傳習所學生潘光楷、吳文明兩位耆宿口述。恭讀碑文，往事歷歷，如在目前。舊修縣志，語焉不詳，記載紕繆，先民一頁抗日史實，遂爾湮沒不彰。眺望遠景，緬懷忠烈，仰止彌深。

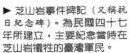

▶芝山岩事件碑記（又稱抗日紀念碑）。為民國四十七年所建立，主要紀念當時在芝山岩犧牲的臺灣軍民。

同治年間（1862-1874），芝山岩視野廣闊，不受空氣汙染，從惠濟宮仍可清晰地遠眺艋舺市街。古人相傳，每當惠濟宮點燈時，艋舺即遭失火損失。久而久之，艋舺居民籌款興建龍山寺，以剋制惠濟宮。自從龍山寺興建完成後，香火日盛，惠濟宮點燈時，艋舺地區也不失火了。其實，民間傳說反映的是清朝領有臺灣後福建泉州、漳州先民移墾臺北地區因利害衝突而產生械鬥的痕跡。艋舺地區的居民以泉州籍移民為主體，多從事商業買賣；芝山岩一帶的居民以漳州籍移民為主體，多從事墾荒種地。在漳、泉分類械鬥期間，各寺廟形成了祭祀圈，起了守望相助的功能。龍山寺建造完成後，形成了祭祀圈，彼此守望相助，每當惠濟宮點燈為號時，漳州人已無從進入艋舺街市縱火了。所謂風水之說，也只是古人的假神道設教。

站在芝山岩山頂觀看士林蔣介石官邸，可謂近在眼前。芝山岩與官邸僅僅隔著一條清澈的雙溪河，官邸坐落在劍潭山脈的山坳，官邸正前方有一座圓形小山丘，彷彿烏龜的頭，周邊是水田，視野廣大。民間傳說，官邸是烏龜穴，風水極佳。長期以來，民間信仰相傳玄天上帝足踏龜蛇，龜和蛇是玄天上帝的神將，因爭寵而彼此不和，毛澤東是蛇神投胎轉世，蔣介石則是龜神投胎轉世，蔣介石的頭形似龜，以士林烏龜穴為官邸，與民間傳說不謀而合。曾有電視兒童節目漫畫中一隻烏龜游向小島，因觸犯禁忌而遭停播，節目主持人也因此失去工作。由官邸經過泰北中學可至雙溪公園，小而美，公園興建竣工後，在入口處門匾是以大理石鐫刻「溪口公園」字樣，想把士林當奉化，門匾掛上不久，就被取下，換上「雙溪公園」匾額。

民國四十八年（1959），我幸運地保送國立臺灣師範大學史地學系，順利完成學業。民國五十二年（1963），經士東國民小學校長潘阿鹿先生推薦，進入士林初中執教。因求好心切，教學認真，要求較嚴格。民國五十三年（1964），考取華岡文化大學史學門，改調夜間部教學。民國五十四年（1965）一、二月間，連續夢見總統蔣公召見。民間相傳，睡夢中夢到帝王召見，是犯官符的徵兆，是觸犯政治言論的警告。開學之初，在升旗典禮校長邵夢蘭訓話中間，我的南庄同鄉邱成炎老師走過來低聲透露校方暗中調查我的思想問題，要謹言慎行。後來據說在學校國民黨小組會議中指摘我的忠貞問題，會中有梁銳光老師替我辯護。原來因為我在課堂上提到「領袖」兩字，而遭學生檢舉。民國八十五年（1996）五月，臺北前衛出版社出版曹永洋著《都市叢林醫生—郭維租的生涯心路》一書中〈宣布戒嚴〉一節中談到「領袖事件」，其內容如下：

> 一九四九年五月十九日起進入「臨時戒嚴」時代，直到一九八七年七月十五日零時才宣布解嚴，創下長達三十八年之久的世界「戒嚴」記錄，使臺灣在戰後籠罩在白色恐怖時代獨裁統治的陰影下。筆者服務的中學，有一位教歷史的莊老師，因為在課堂上對「領袖」二字做了較詳細的詮釋，激發了學生不必要的想像力並向當時服務於陽明山管理局的父親告了一狀，後來莊老師以「思想有問題」的罪名辭職離校。假如我的記憶沒有錯，莊老師當年在課堂的講話內容如下：『領袖』是我們衣服的領子，所謂提綱挈領就是抓好領子，衣服就能又稱又直，不過領袖也是最容易骯髒的地方……。這番解釋引起學生的「猜想」，認為這位老師弦外之音，似在影射誣衊最高領袖，天啊，如果這樣也能羅織入罪，想要給人戴帽子坐牢，何難之有？

引文中所稱作者服務的中學，就是士林初中。校長邵夢蘭曾經說過士林初中是公立學校，當時升學競爭激烈，國民小學畢業要想考進公立初中，並不容易，創辦士林初中，就是讓官邸子女有公立學校可讀。因此，士林初中在創辦之初，官邸人員子女佔了較大的比重。我對「領袖」的解讀，有一段背景。我就讀省立臺北師範學校期間，每學期被推為班代表，同班中邢棟民同學與我的感情很要好，他曾經勉勵我，班長是班上的領袖，「領袖」是領子和袖子，就是一件衣服最重要的部分，也是最容易髒的部分。邢同學的勉勵，給我很大的啟示，我銘記不忘。我在士林初中夜間部擔任導師，因班長改選，希望選出品學兼優的學生來當班長，班長就是全班的領袖，所以對「領袖」二字作了解釋，不料因此惹禍上身。學校當局確實以「思想問題」解聘了我。校長邵夢蘭召見我，指摘我不該對最高領袖蔣公不敬，還給我戴帽子，譴責我不該散佈「反攻無望」的言論。我當場辯駁，無中生有，否認這項罪名。白色恐怖，羅織罪名，令人毛骨悚然。事發之後，我家附近常有便衣站崗，下雨天時，便衣穿著黑色雨衣，與眾不同。我到華岡文化大學上課時，是從蘭雅住家騎腳踏車經三玉里到天母半山腰後，將腳踏車寄放在學生家裡，然後爬山從後山進入文化大學，在學校附近草叢裡還可看到文化大學創校之初，曾經取名「遠東大學」的招牌。因為從蘭雅到天母，都是斜坡，便衣騎車跟隨不上，體力不支而折返，向警總報告稱我能騎腳踏車上陽明山。

我被士林初中解聘後，夜間部主任曾推薦我到泰北中學任教。民國五十四年（1965）七月，我考上國立臺灣大學歷史研究所，在文化大學史學門讀了一年。曾經選修過梁嘉彬、黎東方、島田正郎等教授開設的課程。第一學期開始之初，創辦人張其昀先生在中山樓對研究生講話時曾經三次提到我的「自傳」內容。

張其昀先生曾經召見我，期盼我攻讀博士班。因訓導處人員暗中調查我的思想問題，我決定離開文化大學，到國立臺灣大學就讀研究所。因為佛教界華嚴蓮社南亭法師、善導寺悟一法師等在永和中正路創辦智光商職，需要人手，我也在智光商職兼任教學組長，並擔任中文打字等課程。副校長陳秀平先生很信任我，非常支持我，原來他也曾經遭受白色恐怖的威脅。星雲大師著《星雲文集》中有一篇〈重見天日〉短文，簡單敘述了副校長陳秀平先生「匪諜嫌疑」的經過，為了存真，將原文照錄於下。

・重見天日

曾在日月潭電力公司服務的陳秀平先生，因為身上帶有一張匪諜嫌疑犯的名片，被臨檢的警員搜到，從此以後就身負匪諜嫌疑。

他剛到宜蘭的時候，無論走到哪裡，都受到警察嚴密的監視，行動極不自由，連到宜蘭念佛會都會被干涉，縱然有幸能來參加念佛，也免不了警察的跟蹤盯哨。

當時國民政府播遷來臺不久，由於局勢不安，所以到處都是風聲鶴唳，草木皆兵。我雖然自身難保，但是身為師父，看著皈依弟子有了苦難，內心真是不平與不安，於是自告奮勇，挺身而出，向刑警隊長說：「我要帶陳秀平外出弘揚佛法。」

「不行阿！他有匪諜嫌疑，怎麼可以呢？」刑警隊長大驚。

「匪諜做壞事，破壞國家社會安寧，於法不容，現在我帶他外出弘揚佛法，利益大眾，難到也不可以嗎？到底要怎麼樣才可以呢？不能勸善作好事，那還是讓他去做壞事好了。」我理直氣壯地說。

「那你要負責了。」

「當然負責。」

承擔了一切的責任，我每次外出弘法時，必定帶著陳秀平先生一起前去，如此過了好幾年。當智光商工學校成立時，我推薦他擔任副校長。

教數學的陳存綱老師是我在省立臺北師範學校讀書時教我們測驗統計的老師，高考及格，教學認真。他也是白色恐怖的受害者，他曾因鼓勵學生專心讀書，不必急著入黨，而被教官舉發解聘。陳存綱老師被解聘後，曾到修理冰箱的公司工作，收入微薄，我曾親眼目睹他在和平東路騎著腳踏車只買了一塊豆腐和幾根蔥一天只吃一餐的困苦。他告訴我說因官方通知冰箱公司不准用他，所以他失業了。他到智光商職教數學是我安排的，我提醒他上課時不談政治問題，但是教育局仍多次告知校方不許聘他，是我極力擔保的。陳存綱老師為人誠懇，治學嚴謹，常指導我撰寫論文。我後來在智光商職擔任夜間部主任，責任更重。白天一大早還要從蘭雅騎著腳踏車經大直、內湖到中央研究院近代史研究所、傅斯年圖書館查閱資料，撰寫學期報告，下午回到國立臺灣大學上課，下課後也是騎車到智光商職上班、教書。從大直、內湖到南港，便衣兩人一組，仍然緊跟不捨，有幾次還加速接近想逼我跌落基隆河製造意外。其實，我從初中開始，就是全校運動會選手，經過長期訓練，便衣很難下手。我在國立臺灣大學研究所的指導教授是李守孔老師，很關心我。人事室孔服農先生曾經找我談話，我承認只講過「領袖」問題，他們對我都很放心。畢業後在一次謝師宴中，我同班同學張教授當眾說出警總派人跟蹤我，以及同班某同學負責監視我的真相。其實，某同學並未對我不利。我在省立臺北師範學校念書時，有一位楊同學，後來他也進國立臺灣師範大學就讀，畢業後到日本留學，我們感情很好。他相信我無意中詮釋「領袖」意涵，並無思想問題，他在各種場合中都在暗中保護我，我由衷感謝他。民國五十八年（1969）八月，我從國立臺灣大學畢業後，承蒙陳捷先教授推薦，進入國立故宮博物院圖書文獻處服務。院長蔣復璁先生召見我時曾讚賞我的碩士論文《京師大學堂》，他表示錄用我的原因，是我的論文撰寫認真。我進入國立故宮博物院後，開始整理清宮檔案，編纂清代通鑑長編，校註《清史稿》，編印檔案，工作愉快。但是，院方對我的監視，從未鬆動。《國史館學術集刊》，第十二期，刊載侯坤宏撰〈戰後臺灣白色恐怖論析〉一文，節錄一段內容如下：

> 臺大歷史系教授逯耀東初到臺灣，因案入獄先在嘉義，後遞解臺北。釋放後，常被一種無形的恐懼緊裹著，有時在教室上課，走廊上有陌生人走過，就會有一陣心悸。走在路上也會突然回頭，看看後面是否有人跟監。在軍中服役與初到社會工作，長官或上司曾用他的「黑資料」威脅他，想吸收他，成為他們的爪牙，但遭他斷然回絕。1965（民國 54）年，莊吉發任教於士林初中，在課堂上，他用人要潔身自愛，不要有太多的領導慾望，詮釋「領袖」二字，被學生密告說他公然批評蔣介石，而遭解聘，以後還有便衣跟蹤了好幾年。這些不利於他的人事資料，也一直跟著他到故宮，有同事一直把他當成「匪諜」看。

誠然，我的「黑資料」，跟著我進入故宮，只是跟監便衣，改為辦公室裡的線民，圖書文獻處就有好幾位線民，每個月兩次送交有關我的言行資料。據稱，圖書文獻處處長昌彼得亟於蒐集不利於我的資料，他曾告知文化大學史學門所長宋晞教授，指稱我是「匪諜」。國立故宮博物院院長秦孝儀先生退休後，曾在圖書館院史室召見我談話。談話中間，我曾向秦院長報告有某些同事把我當「匪諜」看待的內容。之前，我的指導教授李守孔恩師告知警備總部已燒燬有關我的「匪情資料」。戒嚴令雖然已經解除，但是白色恐怖的威脅，依舊如影隨形。重遊芝山岩，眺望士林官邸，往事歷歷，如在目前。

士林芝山岩隘門匾額

清宮奏摺
— 整理・編目・出版

史學研究並非單純史料的堆砌，也不僅是史事的排比。史學研究者和檔案工作者，都應當儘可能重視理論研究，但不能以論代史，無視原始檔案資料的存在，不尊重客觀的歷史事實。治古史之難，難於在會通，主要原因在於文獻不足；治清史之難，難於在審辨，主要原因在於史料氾濫。有清一代，史料浩瀚，私家收藏，固不待論，即官府歷史檔案，亦可謂汗牛充棟，民國十四年（1925），北平故宮博物院成立之初，即以典藏文物為職志，其後時局動盪，遷徙靡常，惟其移運來臺者，為數仍極可觀。民國三十八年（1949），遷臺文物，存放於臺中北溝後，雖曾獲中國東亞學術研究計劃委員會補助，著手整理宮中檔硃批奏摺，可供中外人士參考，但因地處鄉間，經費有限，人手不足，無法進一步從事出版的工作。

檔案資料的整理與出版，可以帶動歷史學的研究。民國五十四年（1965），國立故宮博物院在臺北市郊士林外雙溪的新廈落成後，文物北遷，院長蔣復璁先生為宣揚我國文化特質，流傳珍貴史料，開始積極整理院藏清宮檔案，敦聘國立臺灣大學歷史學系講授清史文獻資料等課程的陳捷先教授，為國立故宮博物院顧問，規劃院藏文獻檔案的整理和出版。

國立故宮博物院典藏清代檔案，從文字上來看，絕大部分是漢文檔案，其次是滿文檔案，此外還有藏文、蒙文、回文等檔案；從時間上看，則包括滿洲入關前明神宗萬曆三十五年（1607）至清末宣統三年（1911）的各種檔案，品類繁多，其中清太祖、太宗時期記注滿洲政事的檔冊，即始自萬曆三十五年，是以無圈點老滿文及加圈點新滿文記載的滿文原檔，共計四十大本。院長蔣復璁先生、顧問陳捷先教授本著資源共享的精神，決定將院藏珍貴的滿文原檔全部影印出版，公諸世界。這是出版界的大事，也是研究清史和滿洲語文學者的大喜信息。民國五十八年（1969），《舊滿洲檔》十巨冊，正式問世，由陳捷先教授撰寫〈《舊滿洲檔》述略〉專文，文中將陳捷先教授在國立故宮博物院工作經年的心得，《舊滿洲檔》的命名由來，滿文原檔的史料價值，作了詳盡的介紹和分析。陳捷先教授在專文中指出，「公開史料，不僅代表我們觀念的進步，更足以促進我們學術界水準的提高，而這些都還是今天國內最需要的。」在當時風氣保守的環境裡，陳捷先教授大公無私的精神，可以說是國際清史學術界的一大福音。

《舊滿洲檔》的出版，受到國際學者的重視。清史學界也很重視宮中檔案御批奏摺原件的史料價值，期盼臺北國立故宮博物院的整理出版。當時對清朝奏摺制度，不甚了解，同仁都將奏摺與奏本混為一談，其實奏摺制度創始於清聖祖康熙年間（1662-1722），最早只能追溯到康熙朝前期，明代沒有奏摺。國立故宮博物院典藏宮中檔案中含有康熙十六年（1677）十一月初十日浙江府於潛縣天目山獅子禪寺住持和尚行嵿上書叩謝御書賜命一件，此件文書是遵照禮部所頒格式而進呈的奏本，末幅書名「自為字起至至字止，計貳百肆拾叁字，紙貳張。」原件所書寫的字體為奏本細字體，不是奏摺。從康熙朝起居注冊的記載，可以知道在康熙二十年（1681）前後已有奏摺的記載。

奏摺雖然是由奏本因革損益而來，但是，奏摺與奏本是不同的兩種文書，不可混為一談。奏摺的名稱，並不是因其文書形式的摺疊而得名，奏摺的「摺」，原本是指摺子（jedz），意即清單，譬如引見摺子，就是引見官員姓名官銜清單。康熙年間，習稱奏摺為摺子。例如康熙二十三年（1684）八月二十九日，《起居注冊》記載是日辰刻，康熙皇帝御門聽政，吏部題補戶部侍郎李仙根等，並所察貴州巡撫楊雍建降級摺子，因楊雍建有効力之處，奉旨將所降五級復還。所議降級摺子，並非清單，而是奏摺。康熙年間採行的奏摺，是屬於政府體制外的一種通訊工具。奏摺制度，在性質上是屬於密奏制度，是皇帝和相關文武大臣之間所建立的單線書面聯繫。奏摺無論在格式、傳遞過程、政治功能等方面，都與明初以來通行的奏本不同。由於密奏制度的擴大採行，乾隆十三年（1748），明令廢止奏本，奏摺正式取代了奏本。光緒二十七年（1901），改題為奏，奏摺又取代了題本。

民國十四年（1925）十月，北平故宮博物院成立，隨後即開始積極整理清宮檔案，將原存於宮中懋勤殿、景陽宮、批本處、內奏事處等地的檔案集中起來，共約三百八十多箱。宮中檔案的內容，以康熙年間以來歷朝皇帝御批奏摺的數量較多。整理的方式，或用紀傳體，或用編年體，並不一致。其中康熙朝奏摺，採紀傳體，依照人名分類。雍正朝奏摺，對照已刊《雍正硃批諭旨》，先行分為已錄、未錄、不錄三類，然後再依照人名分別整理。乾隆、嘉慶、道光、咸豐等朝奏摺，採編年體，依照年月先後排列整理。同治、光緒、宣統等朝奏摺，採紀傳體，依照人名分類。曾先後選件刊印《文獻叢編》、《掌故叢編》、《史料旬刊》等書，俱係鉛印本。其後因時局動盪，清宮檔案輾轉遷徙，檔案整理工作，暫告中斷。

國立故宮博物院典藏宮中檔案滿漢文奏摺，共三十一箱，計約十五萬八千餘件。民國五十一年至五十四年（1962-1965），國立故宮博物院在臺中聯合管理處時期，曾獲東亞學術研究計劃委員會補助，著手宮中檔案歷朝奏摺的編目工作，將歷朝奏摺按年月先後編排，在原摺末幅背面逐件鈐蓋登錄號碼，然後編目，先填草卡，記錄件數號碼、包號、箱號、具奏人姓名、職稱、具奏年月日、事由。草卡經核閱後，再繕正卡。民國五十四年（1965），國立故宮博物院在臺北士林外雙溪新廈落成後，文物北遷，繼續歷朝奏摺編目工作，並編製具奏人姓名及分類索引。

國立故宮博物院典藏宮中檔的內容，主要是清代各朝皇帝親手御批的滿漢文奏摺，都是史料價值極高的第一手原始資料，但因數量龐大，出版經費有限，一時無法全部刊行。民國五十八年（1969）冬天，在廣文書局的支持下，國立故宮博物院創辦了《故宮文獻》季刊，聘請陳捷先教授擔任主編，有計畫的選印漢文奏摺原件、滿文奏摺譯漢，並以季刊部分篇幅發表有關清代專題論文，作為學術研究的提倡，同年十二月，正式出版第一卷第一期。由於《故宮文獻》季刊的問世，對院藏清宮檔案的典藏及整理概況，產生了宣揚的作用，嗣後，美國、日本等國學者相繼來院從事研究。

國立故宮博物院典藏歷代經、史、子、集善本古籍，頗為豐富，為宣揚文化及選印善本，民國五十九年（1970）七月，國立故宮博物院繼續與廣文書局合作，創辦《圖書季刊》，陳捷先教授受聘為編輯委員。第一卷第一期選印《清太祖武皇帝實錄》初纂本，共四卷。為保存史料原來眞貌，俱按原書影印出版。這一年《故宮文獻》季刊發行經年，國內外學術界對這份刊物相當重視，在各方鼓勵之下，院長蔣復璁先生決定在季刊創刊週年之際編印袁世凱的全部奏摺，列為增刊專號的第一集，由陳捷先教授策劃出版事宜，指定編輯莊吉發負責編目出版。為了保存史料眞貌，專輯不用排字印刷，而以袁世凱奏摺的原件影印出版，硃批部分，則套印紅色。民國五十九年（1970）十月，《袁世凱奏摺》專輯，正式問世，共計八冊，以答謝各界對《故宮文獻》季刊的支持和愛護。

在雍正年間，川陝總督年羹堯是一位爭議性很高的人物，他與雍正皇帝之間戲劇性的變化，亦非年羹堯本人始料所及。但年羹堯與清朝邊疆的開拓，種族的融和，都有直接的貢獻，向為治史者所重視。民國六十年（1971），《故宮文獻》季刊發行進入第二週年，且欣逢建國周甲之慶，在陳捷先教授的策劃下特將院藏年羹堯滿漢文奏摺彙集成編，硃批部分套印紅色，繼《袁世凱奏摺》專輯之後，續印《年羹堯奏摺》專輯，於民國六十年（1971）十二月正式出版，共計上中下三冊，作為《故宮文獻》特刊的第二集，使治清史者可資考定。

國立故宮博物院在士林外雙溪恢復建置後，為了服務學界，提供中外學人利用檔案資料，一方面積極整理檔案，一方面有計畫地出版檔案，在幾年之間，已經出版了數千件的宮中檔硃批奏摺，但那只是浩瀚中的幾點水滴，實在微乎其微。因此，設法大量出版檔案，一直是學術界的期待。陳捷先教授每次出席國際學術會議的時候，總利用機會向世界學術界呼籲出版故宮檔案的重要性。民國六十一年（1972）冬天，美國學術團體聯合會（ACLS）的代表劉廣京教授來臺期間，和陳捷先教授為出版宮中檔事宜，曾數度當面討論出版內容和出版方式，並參觀國立故宮博物院檔案庫房，實地了解，有了初步的結果，國立故宮博物院隨即正式向美國學術團體聯合會申請出版補助。民國六十二年（1973）春天，美國學術團體聯合會無條件的慨贈一筆可觀的出版基金，宮中檔的大量公開，至此成了定案。陳捷先教授促成出版補助計畫的實現，貢獻良多。國立故宮博物院利用這筆贈款作為出版基金，迴環運用，進行有計畫的長期出版，民國六十二年（1973）四月，此項計畫商妥後，由陳捷先教授著手籌劃光緒朝宮中檔滿漢文奏摺的編印事宜，文獻處同仁從事編目影印工作，每月出書一冊，每冊約千頁，作為《故宮文獻》季刊的特刊。同年六月，《宮中檔光緒朝奏摺》第一輯正式出版，先後出版二十六輯。院長蔣復璁先生在第一輯序文中指出，「本院典藏清代史料甚豐，多屬原檔，其價值，非通行之或經塗飾刪改之官方文書所可比。昔在北平時代，本院曾先後整理刊印若干種專檔，及《掌故叢編》、《文獻叢刊》、《史料旬刊》等出版。今移運來臺者，雖僅及舊藏之一、二，然論其量，猶近四十萬件。宮中檔、軍機處檔，及起居注、實錄、本紀、聖訓等各類略備。尤以宮中檔乃臣工奏陳及皇帝硃批原件，史料價值尤高。此等資料對清史之研究不惟可作增補，且亦足為發明之用。本院為繼續前修未竟之務，除於五十八年杪發行《故宮文獻》季刊，以發表清史研究論文，並分期選印宮中檔奏摺原件外，並先後印佈袁世凱、年羹堯二氏奏摺專輯。惟季刊每期所能印佈者，不過數十百件；專輯之出版，限於財力，難以賡續。去年冬，美國學術團體聯合會顧問劉廣京教授代表該會來臺，辱承過訪，洽詢攝製本院所藏文獻顯微影片事。余以攝製微片雖能保存文獻，然發行不廣，且不便於閱讀，難饜學林之望。當告以刊佈文獻乃本院自成立以來之一貫計劃，惟限於經費，無法作大量之出版耳，因建議移攝製顯微影片之費，用作出版之基金，迴環運用，作有計劃之長期印佈，而便利研究大眾。經劉教授與該會函電磋商，獲得同意，使此項出版宮中檔之計劃得以順利進行。」

資料來源：《宮中檔光緒朝奏摺》
（臺北，國立故宮博物院，1973 年 6 月），第一輯，目錄，頁 1。

宮中檔的大量公開，劉廣京教授的貢獻實在很大。可將《宮中檔光緒朝奏摺》，第一輯光緒元年正月至同年三月簡目影印如前。

一種刊物的誕生，宛如文化生命的誕生，有其生存的價值與意義。《故宮文獻》季刊自發行以來，承各界的關懷，踴躍訂閱，各期按時出版。後因紙張缺貨，自四卷三期起，改用印書紙印刷，並自五卷一期起改為平裝，取消精裝。遺憾地是《故宮文獻》季刊自民國六十二年（1973）二月出版五卷一期後就停刊了。當時故宮博物院管理委員會主任委員王雲五先生不同意《故宮文獻》季刊由廣文書局贊助出版，所以就停刊了。

民國六十五年（1976）六月起，出版《宮中檔康熙朝奏摺》第一輯，共出版九輯。民國六十六年（1977）十一月起，出版《宮中檔雍正朝奏摺》第一輯，共出版三十二輯。民國七十一年（1982）五月起，出版《宮中檔乾隆朝奏摺》第一輯。同年十月，出版第六輯，由於院長異動，新任院長秦孝儀先生不同意出版檔案，下令停止出版《宮中檔乾隆朝奏摺》。因國外客戶已將預訂書款匯到入帳，無從退還客戶。又與印刷廠訂有契約，不可毀約。秦院長指示，俟乾隆朝奏摺七十五輯出齊後，即行停止出版。其餘嘉慶朝奏摺、道光朝奏摺、咸豐朝奏摺，經文獻股同仁辛勤編目、影印，俱已完成照相製版及分輯工作，廠商亦印刷毛裝完成，只保留數套，其餘俱奉命銷毀。相較蔣復璁院長，秦孝儀院長對院藏檔案的整理出版，並無貢獻。秦孝儀先生在院長任內進行文物清點，下令封館，停止讀者借閱檔案古籍，造成不便，尤其是博碩士生，突然不許借閱史料，無從撰寫論文，影響前途。《中國時報》刊登評論指出，故宮封館，臺灣漢學研究，即將斷層。該報同時指出秦孝儀先生在故宮的表現，遠遠不及蔣復璁院長。中南部的研究生，只好利用我的書房撰寫論文。我親自拜託近史所陸寶千教授寫信給秦院長，不宜全面封館，後來決定星期二、星期四開放借閱檔案古籍。

國立故宮博物院多年以來有系統的出版清代歷朝奏摺，影印奏摺，照相製版、保存奏摺的格式，可以窺見傳統文書的眞貌，故宮經驗是可以肯定的。在體例上，不依人名或專題分類，而採編年體，按奏摺具奏年月日先後編輯，滿文及滿漢合璧奏摺，亦分輯出版，以期資源共享。為便於查閱利用，文獻處又按奏摺的內容進行分類，並分別建立分類卡和人名索引卡。所分類別如下：

請安類、請旨類、祝賀類、陛見類、雨雪類、收成類、旗務類、封蔭類、祥瑞類、進貢類、捐納類、官箴類、察政類、薦舉類、調補類、到任類、卸任類、劾官類、律例類、火耗類、賦稅類、漕運類、糧務類、鹽務類、墾務類、礦務類、邊務類、苗務類、關務類、學政類、錢幣類、軍情類、軍需類、勦匪類、謀叛類、田制類、地政類、河工類、織造類、海防類、洋務類、邪教類、僧道類、結社類、災害類、民情風俗類。

國立故宮博物院出版歷朝奏摺，採用編年體，並輔以分類，建立索引卡，按年月先後，詳錄奏摺件數號碼，便於按年月及專題分類檢索，省時省力，取長補短。《宮中檔康熙朝奏摺》第七輯附錄康熙朝奏摺具奏人人名索引。《宮中檔光緒朝奏摺》第二十六輯附錄光緒朝奏摺具奏人人名索引，頗便於查閱。專題分類的缺點是掛一漏萬。除前引分類外，例如婚姻類、文教類、科舉類、馬政類、驛站類、海關類等等都是重要的分類項目，前引專題分類索引，頗多疏漏。

現存宮中檔案中含有頗多滿文奏摺及滿漢合璧奏摺，都具有高度的史料價值，為提供學者利用，國立故宮博物院出版清代歷朝奏摺時，亦將滿文奏摺及滿漢合璧奏摺整理出版。因文體不同，滿文奏摺另冊編印，滿漢合璧奏摺的滿文部分移置書末，由左而右影印照相出版。《宮中檔康熙朝奏摺》第九輯，是《滿文諭摺》的第二輯，其中含有康熙三十六年（1697）四月初九日撫遠大將軍費揚古（fiyanggū）奏報準噶爾噶爾丹死亡丹濟拉投降滿文奏摺，原摺內錄有厄魯特丹濟拉使臣齊奇爾寨桑（cikir jaisang）等人供詞云：「g'aldan ilan biyai juwan ilan i erde nimehe, yamji uthai bucehe, ai nimeku be sarkū.」意即「噶爾丹於三月十三日晨得病，至晚即死，不知何病？」《清聖祖仁皇帝實錄》據費揚古滿文奏摺摘譯潤飾後改為「閏三月十三日，噶爾丹至阿察阿穆塔台地方，飲藥自盡。」實錄竄改史料，與原奏不符，不足採信。

滿漢合璧奏摺的內容，是據漢文或滿文互相對譯的，彼此出入不大，但據滿文部分的文字，有助於了解漢文的詞義。例如康熙六十一年（1722）十二月十七日，刑部尚書托賴等〈為郎中額森自縊案請旨〉一摺，原摺是滿漢合璧奏摺。原摺述及正白旗滿洲都統那親佐領下吏部郎中額森於是年十一月十七日在石匣城西門外張姓店內自縊身亡，刑部即牌行密雲縣會同石匣副將詳驗屍身，並查明其情由。原摺漢文部分有一段內容云：「據密雲縣知縣薛天培申稱，遵部文，卑職即帶領仵作，會同石匣副將，跟同店主、地方、額森親隨家人驗看額森身屍，脖頸有帶痕一道，八字不交，委係自縊身死。」句中「地方」，滿文作"falgai da"，意即「族長」或「黨長」；「八字不交」，滿文作"juwe ujan acanahakūbi"，意即「兩端不交」，繩索的兩頭勒痕未接合，委係自縊，不是他殺。通過滿文的繙譯或描述有助於準確地理解漢文的詞義。因此滿漢合璧奏摺、滿文奏摺都有史料價值，整理出版確實有它的重要性。

清代歷朝奏摺採取影印製版的方法，目的在存眞，但因影印時墨色濃淡不一，又由於將原摺縮版字跡模糊，以致工作同仁求好心切，妄自修版。楊啓樵著《雍正帝及其密摺制度研究》一書已指出：

> 自一九七七年十一月起，臺北故宮博物院開始印行《宮中檔雍正朝奏摺》。從此稀世瑰寶，公諸世間，嘉惠良多。然而兩載來問世者僅數册，今後如仍照此速度進行，則估計全書印成，當在十餘年後，故拙作中往往併用未刊原件。又該書最大缺點為印刷模糊不清及妄自竄改原文，使利用者迷惘，如第二輯頁 93，載鄂爾泰雍正元年十一月二十六

日摺墨錄御批，有此數句：「前各案虧空捐補之項，當與督撫商酌，應令在歷米前任督撫司道賠補，豈可累及現任無辜之員也，稅在爾等若肯任怨實心任事，……」“應令在歷米”、“稅在爾等”句不通。幸而筆者有過去於故宮博物院手錄原文，方知本為“應令在歷來”及“總在爾等”。墨錄時改為“應令歷任”；而“在”“來前”“總在”等字上貼黃紙遮蓋，此等處遂有空白，但意仍連貫。（詳十一章一節）博物院於影印後，忽於空白處添上文字，卒至不可讀。故拙作有時寧用手錄原文，其因在此。

竄改史料是治史者的禁忌，印刷模糊不清，失去公佈檔案的意義，都是始料未及的遺憾。將修改之處影印如下頁：

此奏甚明甚晰甚為可嘉前各案虧空捐補之項
當與督撫商酌應令在歷米前任督撫司道賠補
豈可累及現任無辜之員也稅在爾等若肯任怨
實心任事那有不辦之理少有瞻顧因循則諸凡
掣肘難行也如山西通省虧空諸務廢弛今諾敏
到任方半年料理清楚錢糧分釐皆有著落實可
謂　天下撫臣中之第一者也他省督撫當愧而
法之　爾等如何効力處朕自然知道不能惑
朕耳目何天培居官何如與諭不一爾可據實具奏

鄂爾泰奏摺硃批修正稿
《宮中檔雍正朝奏摺》，第二輯，頁93。

整理出版檔案的基本要求就是全部影印出版。然而由於決策者或主政者的主觀意識，往往影響檔案的出版工作。國立故宮博物院出版《宮中檔康熙朝奏摺》第一輯〈例言〉指出，「本院所藏康熙朝宮中檔奏摺，其中頗有請安之摺，僅書跪請皇上聖安或主子萬安字樣，無涉史料，凡遇此等未曾奏事之請安摺，概刪略不錄，推〔惟〕其中御批較長者則為錄入。」探討清朝君臣互動關係，請安摺是主要的原始史料，為研究請安制度提供珍貴的第一手史料，倘若因請安未奏事，或御批字數長短而概為刪略不錄，不是客觀的態度。國立故宮博物院整理宮中檔案是採分朝處理，先行出版光緒朝奏摺，然後出版康熙、雍正、乾隆等朝奏摺，一朝一朝的按滿漢文體分別由專人負責整理出版，方不致混亂。然而由於工作人員的疏忽，或協調溝通不良，往往導致遺珠之憾。例如福建浙江總督覺羅滿保滿文奏摺中含有漢字進貢清單，紅底墨書，所貢物件包括：番茉莉、牙蕉、刺竹、番檨秧、番薯秧、番稻穗、暹羅鋪地直紋席、五色鸚鵡、白斑鳩、綠斑鳩、番雞、番鴨、臺猴、臺狗等。清聖祖康熙皇帝在進單「番稻穗」下以硃筆批諭「現京中、熱河都種了，出的好。」覺羅滿保在「五色鸚鵡」下附注「會唱番歌」，「臺狗」下附注「試過，能拿鹿。」但康熙皇帝認為臺狗「不及京裡好狗」。原進單因為是滿文奏摺的附件，整理出版漢字奏摺者因未見到滿文奏摺中的漢字進單，而未出版。整理滿文奏摺出版工作同仁，因其為漢字清單，文體不同，故未收錄。將進單影印如下：

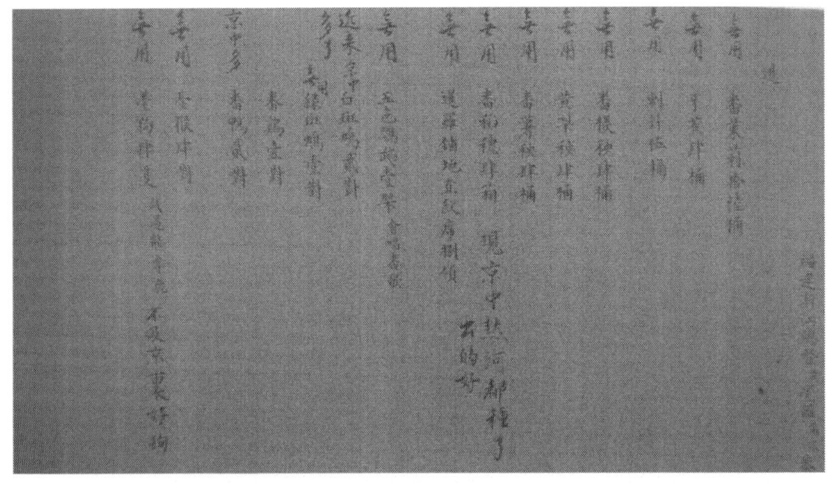

進單（康熙年間，覺羅滿保進呈）

康熙年間，奏摺奉御批發還原奏人後，尚無繳回宮中之例，雍正皇帝即位後，始命內外臣工將御批奏摺敬謹查收呈繳。據《清世宗憲皇帝實錄》的記載，康熙六十一年（1722）十一月二十七日，「命內外文武大臣官員從前領奉大行皇帝硃批諭旨，悉封固繳進，無得留匿焚棄。」國立故宮博物院現藏宮中檔案中含有雍正元年（1723）二月二十五日福建陸路提督總兵官吳陞恭繳聖祖仁皇帝硃批奏摺，原摺較實錄的記載更加詳細。原摺指出是年十一月二十七日，雍正皇帝諭總理事務王大臣云：「軍前將軍、各省督撫將軍提鎮，所有皇父硃批旨意，俱著敬謹查收進呈。若抄寫、存留、隱匿、焚棄，日後敗露，斷不宥恕，定行從重治罪。京師除在內阿哥、舅舅隆科多、大學士馬齊外，滿漢大臣官員，凡一切事件，有皇父硃批旨意，亦俱著敬謹查收進呈，此旨。目今若不查收，日後倘有不肖之徒，指稱皇父之旨，揑造行事，竝無證據，於皇父盛治，大有關係。嗣後朕親批密旨，下次具奏事件內，務須進呈，亦不可抄寫存留，欽此。」此道諭旨是由總理事務王大臣交下乾清門頭等侍衛兼副都統委放領侍衛大臣宗室勒錫亨、乾清門頭等侍衛兼副都統拉錫轉傳。雍正元年（1723）正月十二日，兵部箚行各省將軍提鎮轉行各屬一體欽遵，從前提鎮革職休致凡有奏摺職分官員，查有奉過硃批奏摺，亦令遵旨進呈，嗣後繳批遂成了定例。吳陞奏摺的具奏日期是雍正元年（1723）二月二十五日，在整理過程中誤置康熙朝內，其登錄總號為：77 箱，93 包，2642 號。因原摺誤置，以致出版《宮中檔雍正朝奏摺》時未收錄出版。將「國立故宮博物院康熙朝檔案卡片」中吳陞奏摺摘由卡及吳陞奏摺第一、二幅影印於後。

類別 繳批　　編號 07008

國立故宮博物院康熙朝檔案卡片

登錄總號	2642	包號	93	箱號	77
攝影號	microfilm 2642	時間	雍正元年二月二五日		
具奏人 姓名	吳陞				
具奏人 官職	提督福建陸路等處地方總兵官左都督帶餘功一次降一級留任				

事由：
恭繳聖祖仁皇帝硃批五件

硃批：

附件情形			
原有記錄		出版	
附註	未錄		

福建陸路提督總兵官吳陞奏摺（局部）
雍正元年二月二十五日《宮中檔》（臺北，國立故宮博物院）

政治歸政治，學術歸學術。其實，有些政治因素，或意識形態，對出版清朝檔案的影響，迄今仍不可忽視。宮中檔案中光緒、宣統兩朝奏摺對研究辛亥革命提供頗多珍貴的史料。例如光緒二十六年（1900）九月十四日兼署兩廣總督廣東巡撫德壽奏陳廣東惠州革命黨起事一摺，內容頗為詳盡。德壽原摺指出光緒二十六年（1900）閏八月初間，德壽「訪聞歸善縣屬三洲田地方有孫康逆黨勾結土匪起事。」「莫善積喜勇於閏八月初十日馳抵歸善，維時匪黨未齊，猝聞兵到，遂定於十三日豎旗起事，先以數百人猛撲新安沙灣墟，欲擾租界。」「逆首孫汶伏處香港，暗施詭計，而三洲田匪巢，則以鄭士良、劉運滐等充僞軍師，蔡景福、陳亞怡等充僞先鋒，何崇飄、黃盲幅、黃耀廷等充僞元帥，黃揚充僞副元帥。旗幟僞書大秦國及日月等悖逆字樣。各匪頭纏紅巾，身穿白布鑲紅號褂，甫於閏八月初八、九日聚集。」德壽奏摺是一種重要革命文獻，只因德壽奏摺中稱「孫康逆黨」，孫文被稱為「逆首孫汶」，對孫中山不敬。院長蔣復璁先生為求謹慎，將院藏涉及孫中山反滿運動的革命史料交由黨史會主任委員秦孝儀先生裁決可否出版？秦孝儀先生認為歷史研究，不在力求客觀，應該重視政治考量，要歌頌革命黨，否則革命烈士的血就白流了。因此，凡是對孫中山不敬，或負面的文字，俱不應出版。院藏「毛公鼎」是西周宣王時期的青銅器，因作者為毛公厝，故習稱「毛公鼎」。清朝道光末年在陝西岐山出土，完好無損，銘文三十二行，連重文共四百九十七字，為傳世青銅器最長的銘文，堪稱「國之重寶」，因意識形態作祟，為政治考量，「毛公」二字，有歌頌對岸領導人之嫌，秦孝儀接任故宮院長後曾下令改名為「厝公鼎」。幸好經同仁力爭，才保住了「毛公鼎」。國立故宮博物院為政治考量，而將德壽奏摺列為禁止出版文獻，以致出版《宮中檔光緒朝奏摺》時並未將德壽奏摺影印出版。期盼日後能全面清查，將未出版奏摺編輯出版，茲將德壽奏摺局部影印於後。

洛令鄧萬林添募一營名曰立捷軍又派北海
鎮總兵劉邦盛另募一營名曰靜字營均由府
城直攻淇澳莫善積惠勇於閏八月初十日馳
抵歸善縣時匪黨本擬俟潤兵到進定於十三
日發難起事先以數百人猛撲新安沙灣據欲
援但界辛何長清續勇已抵深圳乃回攻橫岡
進踞龍岡淡水各勇連次接戰互有傷負兇潑
益張眾報日至等以總兵黃金福所統信勇已
撥兩營分往東西兩路因令再帶一營由府城
進剿並令記名總兵陳維能帶信勇兩營繼進
以壯聲援此等添調營勇分投防剿之情形也
逆首孫汶伏處香港賄施詭計而三洲田匪巢
則以鄭士良劉運滎等充偽軍師蔡景福陳亞
怡等充偽先鋒何崇飄黃育楅黃耀廷等充偽
元帥黃揚充偽副元帥旗幟偽書大秦國及日

月等悖逆字樣各匪頭纏紅巾身穿白布鑲紅
號褂前於閏八月初八九日聚集既踞龍岡四
出焚搶附省日眾總兵劉邦盛新募靜勇成軍
惠州府知府沈傳義募土勇二百名委歸善縣
縣丞杜鳳梧管帶二十二日會同喜哲各軍奔
赴前敵行至距城十餘里之平潭地方賊隊屬
至莫善積奮勇當先陣斬偽先鋒蔡亞生陳亞
福等暨匪數十名正期得手詎附近匪鄉糾約
千餘人各帶快搶牌刀齊來助匪分路包抄我
軍被困殊亡勇丁數十人縣丞杜鳳梧被擄府
縣兩城聞警戒嚴亦是日都司吳祥達帶哲字
左營由海豐來鄧萬林所招立捷新軍亦同時
抵惠橫瀝森楠洞閑練適又誘獲偽副元帥黃
揚訊明正法兵氣稍振逆目匪突附城之梁化

兼署兩廣總督廣東巡撫德壽奏摺（局部）
光緒二十六年九月十四日，國立故宮博物院。

一九五一年五月，北京故宮文獻館改稱檔案館，成為專門的檔案機構。一九五五年十二月，改稱第一歷史檔案館。一九五八年六月，第一歷史檔案館改名為明清檔案館。一九五九年十月，明清檔案館改為明清檔案部，成為中央檔案館內部機構。一九六九年年底，明清檔案部從中央檔案館分出，交故宮博物院領導，仍稱明清檔案部。一九八〇年四月，明清檔案部又由國家檔案局接收，改為中國第一歷史檔案館。從一九五八年起，明清檔案館為了便於利用檔案，開始制定了統一的整理方法，第一步是分期，將各朝的文件分開整理。第二步是分類，第三步是摘由組卷。一九八五年六月，北京中國第一歷史檔案館出版《中國第一歷史檔案館館藏檔案概述》一書，原書對《宮中各處檔案》有一段說明如下：

> 宮中各處並不是一個機構的名。宮中各處檔案是指存於宮中的各類檔案，其中有官員繳存的「朱批奏折」及諭旨，也有奏事處的檔案。一九二五年，故宮文獻部在清理這些檔案時，認為這些檔案系統離異，地點均在內廷，故名宮中各處檔案，以後一直按宮中各處檔案這個全宗名稱，簡稱宮中檔案。

宮中檔案又可稱為宮中檔，其中官員繳存的「硃批奏摺」，數量相當可觀，史料價值尤高。清朝制度，凡內閣票擬的題奏本章，不能為皇帝同意被退回需另擬票簽時，即折角發下，稱為折本，仍由內閣逐日收存，積至十件以上，可在御門聽政時，內閣大學士、學士等捧進折本請旨。奏摺，習稱摺子，將摺子書寫成「折子」，或將硃批奏摺書寫成「朱批奏折」都容易與「折本」混淆。

一九五八年以來，中國第一歷史檔案館已將全部「朱批奏折」按問題分為十八大類，進行不同程度的整理。這十八類包括：內政、外交、軍務、財政、農業、水利、工業、商業貿易、交通運輸、工程、文教、法律、民族事務、宗教事務、天文地理、鎮壓革命運動、帝國主義侵略等。在各分類內，又按內容分項，例如內政類又分為官制、職官、保警、禮儀、賑濟、戊戌政變、籌備立憲、洋務運動、文書檔案等項。熟悉檔案的類、項，使用檔案時，省時省力。一九八四年起，中國第一歷史檔案館先後影印出版《康熙朝漢文硃批奏摺匯編》，計八冊，《雍正朝漢文硃批奏摺彙編》，計四十冊，俱按編年體編輯出版，並非按內容分類出版。

《雍正朝漢文硃批奏摺彙編》第一冊「編輯說明」，以正體字排印，「朱批奏折」，以正體字改為「硃批奏摺」，文書名稱或檔案術語，使用正體字，可以存真，是忠於史料的態度。「編輯說明」指出，雍正朝的奏摺原件，分存於北京中國第一歷史檔案館和臺北故宮博物院，中國第一歷史檔案館將該館所藏及臺北故宮博物院影印出版的《宮中檔雍正朝奏摺》中之漢文奏摺，彙集一起，套色影印出版，以便廣大讀者得見雍正一朝比較系統、完整的珍貴原始文獻。中國第一歷史檔案館出版《康熙朝漢文硃批奏摺匯編》、《雍正朝漢文硃批奏摺彙編》，俱將臺北故宮博物院已刊奏摺彙集編輯出版，價格便宜，影響臺北故宮博物院出版銷路。我親自當面向中國第一歷史檔案館館長徐藝圃先生建議，兩岸可考慮同步出版，以促進學術發展，才不致影響臺北故宮博物院的出版工作。徐館長欣然接受我的意見。《雍正朝漢文硃批奏摺彙編》的出版是採用編年體例，按各件之具文時間順序編列。中國第一歷史檔案館典藏雍正年間五千餘件硃筆引見單和履歷單，具體地記錄了被引見官員的履歷和皇帝的硃批評語，是研究雍正皇帝用人行政和這些歷史人物的新鮮、生動而又翔實的重要史料。因此，《雍正朝漢文硃批奏摺彙編》亦酌予輯錄，附於卷末，從第三十四冊至四十冊，收錄了頗多引見單和履歷單，一律按被引見官員的姓氏筆畫順序編列，其一人有兩件以上履歷摺單的，則以各摺單時間先後為序。宮中檔案中含有引見履歷清單，《雍正朝漢文硃批奏摺彙編》收錄出版，是此書的一大特色。影印王柔履歷單一件如下：

王柔山東登州府福山縣人年肆拾歲由附生
捐貢於康熙伍拾伍年伍月內考職州同伍拾
[illegible]
陸年拾壹月內在井齋捐應陞通判即用伍拾
[illegible]
柒年正月內在湖灘河所運米例捐同知伍拾
[illegible]
捌年陸月內選授湖南永州府同知雍正貳年
[illegible]
拾壹月內因借欠原任山東巡撫李樹德帑項
[illegible]
報內案內[illegible]伍叁年叁月內全完開復拾貳月
內吏部進
旨[illegible]選引
見奉
旨令往湖南補用肆年伍月內湖南巡撫布蘭泰
題補辰州府沅州同知陸年正月初拾日奉
旨特授湖南衡永郴道今巡撫王國棟給咨送請
覲[illegible]赴京貳拾柒日吏部帶領引
見貳拾玖日又奉
旨特調辰沅靖道

硃批王柔履歷單
《雍正朝漢文硃批奏摺彙編》，第三十四冊，
頁 109，中國第一歷史檔案館。

王柔是山東登州府福山縣人，由附生捐貢，雍正六年（1728）正月二十七日，由吏部帶領引見後奉旨特調湖南辰沅靖道。引見單和履歷單都是重要的傳記資料。除漢文外，還有滿文引見單和履歷單。滿文引見單封面多書名“tuwabume wesimbure jedz”字樣，意即「引見奏摺」，或「引見摺子」。影印滿文引見摺子一件，轉寫羅馬拚音，並譯出漢文如後。

滿文引見單
《宮中檔案雍正朝奏摺》，第三十二輯，頁 772，臺北，國立故宮博物院。

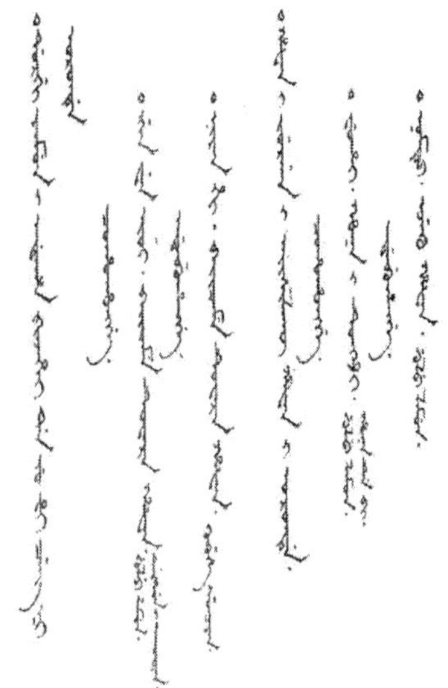

羅馬拚音：

dorgi yamun i adaha bithei da ju jy ceng ni oronde, cohohongge, g'an wen ioi, baicame tuwara hafan, gulu lamun, dabsun i takūran. adabuhangge, niyan hi, baicame tuwara hafan, kubuhe suwayan. hafan i jurgan i aisilakū hafan i oronde, cohohongge, fuhai, honan i tungjy,gulu lamun, honan de bi. adabuhangge, nomtu, ejeku hafan gulu lamun.

漢文繙譯：

內閣侍讀學士朱之成遺缺：擬正，甘文玉、監察御史，正藍、鹽差；擬陪，年熙，監察御史，鑲黃。吏部員外郎遺缺：擬正，佛海，河南同知，正藍，現在河南；擬陪，諾穆圖，主事，正藍。

滿文奏摺、滿文引見單和履歷單，期盼日後能整理出版。《雍正朝漢文硃批奏摺彙編》收錄臺北故宮博物院出版《宮中檔雍正朝奏摺》的漢文奏摺，並酌予更正和調整，應予肯定。例如雍正元年（1723）十月初三日雲南驛鹽道李衛奏摺所附上諭一件，《雍正朝漢文硃批奏摺彙編》移置雍正六年（1728）七月初六日浙江總督李衛奏報江南吏治摺之後。臺北故宮博物院出版《宮中檔雍正朝奏摺》第二輯，九十三頁硃批修正稿所「竄改」文字，《雍正朝漢文硃批奏摺彙編》影印後附注按語：「本書編者按：此修訂硃批稿內，第二行『歷米』應為『歷來』，第三行『稅在』應為『總在』，乃《宮中檔雍正朝奏摺》之編者描改致誤。」將按語影印如後。

硃批
此奏甚明甚晰甚為可嘉前各案虧空捐補之項
當與督撫商酌應令在歷米前任督撫司道賠補
且可累及現任無辜之員也親在爾等若肯任忠
實心任事那有不辦之理少有瞻顧因循則諸凡
掣肘難行也如山西通省虧空諸務廢弛今諾敏
到任方半年料理清楚錢糧分釐皆有著落實可
謂天下撫臣中之第一者也他省督撫當愧而
法之　爾等如何効力處朕自然知道不能惑
朕耳目何天培何如輿論不一爾可據實奏

（本書編者按：此修訂硃批稿內，第二行「歷未」應為「歷來」，第三行「親在」應為「總在」，乃《宮中檔雍正朝奏摺》之編者描改致誤。）

硃批修訂稿按語

《雍正朝漢文硃批奏摺彙編》，第二冊，頁 307。

臺北故宮博物院出版《宮中檔雍正朝奏摺》第一輯序文中指出，「滿文奏摺，以非合璧，為便不識滿文之學者利用，亦命著手翻譯，將另行陸續刊印。」遺憾的是迄今三十年以來，臺北故宮博物院並未出版漢譯本。一九九六年七月，中國第一歷史檔案館編印《康熙朝滿文朱批奏摺全譯》一巨冊。一九九八年十二月，繼續出版《雍正朝滿文朱批奏摺全譯》二巨冊，工程浩大，應予肯定。全譯本局部疏漏，再版時應予修正，例如康熙五十二年（1713）十一月初六日，福建巡撫覺羅滿保滿文進單內“wen dan”意即「文旦」，全譯本作“文丹”；康熙五十六年（1717）七月十八日，閩浙總督覺羅滿保文奏摺中“ju lo hiyan”，意即「諸羅縣」，全譯本作“竹羅縣”；康熙五十八年（1719）三月二十八日，覺羅滿保奏進臺灣土產滿文奏摺中“fan suwan”，意即「番檨」，就是芒果，全譯本作“蕃酸”；“ya jiyoo”，意即「牙蕉」，全譯本作“亞蕉”等等，似可先作勘誤表。

御批、硃批、墨批、藍批，雖然都是對皇帝批語的稱謂，但其含義不盡相同。在各種文書中，凡是皇帝所批之語，統稱御批，是一種通稱。皇帝崩殂，嗣皇帝持服期間，奏摺批諭用墨批。同治皇帝、光緒皇帝沖齡即位，臣工奏摺，軍機大臣奉旨以墨筆代批。光緒皇帝崩殂後，臣工奏摺改用藍批。楊繼波撰〈隨手檔中御批與朱批用法之區別〉一文指出，「從概念上看，御批含朱批和墨批，這是毫無疑問的了。然而，在某種特定的情況下，御批專指墨批，而不含朱批，這就是御批的一種特殊用法了。《隨手》為區分朱批與墨批，就以御批專指墨批。」《隨手登記檔》是軍機處一種收發簿，持服期間，沒有硃批，只有墨批或藍批，所以通稱御批，御批不限於墨批。例如雍正二年（1724）閏四月初一日，漕運總督張大有奏聞督催糧船過閘一摺內稱，「又御批摺子陸件，一併恭繳。」張大有繳回宮中的六件「御批摺子」，就是硃批奏摺。臺北故宮博物院整理奏摺時考慮過雖然大部分奉硃批，但其中有墨批、又有藍批，此外還有未批或不批奏摺，因此，整理出版時統一名稱，分朝出版，譬如《宮中檔康熙朝奏摺》、《宮中檔雍正朝奏摺》等等，北京中國第一歷史檔案館編印各朝奏摺時統一稱硃批奏摺，而在書中「符號說明」部分又標明「◎」表示硃批，「▲」表示墨批，「★」表示藍批。既有墨批、藍批，又有未奉御批者，書名定為《雍正朝漢文硃批奏摺彙編》、《光緒朝硃批奏摺》等等，與書中內容不盡相同，似有待商榷。

臺北故宮博物院整理出版歷朝奏摺，因人力有限，計畫每月出版一冊，譬如從民國六十六年（1977）十一月開始出版《宮中檔雍正朝奏摺》第一輯，先後歷經二年八個月，至民國六十九年（1980）六月，共出版三十二輯。北京中國第一歷史檔案館從一九九五年二月起至一九九六年十二月，出版《光緒朝硃批奏摺》，共一二〇輯，平均每個月編印五輯強，出版量頗大，其內容極具史料價值。原書凡例指出，「本書所收奏摺依照中國第一歷史檔案館現行原檔管理體系，共分十八大類一百三十餘項，以類項編年體編排。十八大類為內政類、軍務類、財政類、農業類、水利類、工業類、商業貿易類、交通運輸類、工程類、文教類、法律類、外交類、民族事務類、宗教事務類、天文地理類、反清鬥爭類、列強侵華類、綜合類，文件的排列，均按具摺時間先後為序。」先以類項再按編年體整理出版。原書前言中亦指出，「我館從一九八四年起，先後影印出版了《康熙朝漢文硃批奏摺匯編》八冊、《雍正朝漢文硃批奏摺彙編》四十冊。現又將光緒朝硃批奏摺全部影印出版。這種編輯方法，一是便於按研究的問題，查用檔案。二是比較省時省力。當然編年體史料，便於按時間線索檢索檔案研究歷史發展。但根據目前的實際情況，整理的難度較大。二者各有優點，也各有不足。今後凡編年體的史料，輔以分類目錄，取長補短。再配合編製人名索引和地區索引，這樣可從各種角度，採用不同的方法檢索利用檔案，方便使用。」問題分類與編年體各有優點，也各有不足，分類是否恰當，陶瓷史料，應歸入藝術類，或工業類？光緒年間，財政問題更加複雜，財政類各項目是否足以反映歷史事實，都有待商榷。同時硃批奏摺，康、雍二朝採編年體，而光緒朝則採問題分類體，並不一致。就檔案整理出版或檔案使用者而言，編年體的優點，確實不失為較省時省力的方法。

清史長編

— 清代通鑑長編與清史重修

民國十八年（1929）十二月十六日，故宮博物院院長易培基呈行政院文中，將審查《清史稿》結果，列舉反革命、藐視先烈、不奉民國正朔、例書偽諡、稱揚諸遺老鼓勵復辟、反對漢族、爲滿清諱、體例不合、體例不一致、人名先後不一致、一人兩傳、目錄與書不合、紀志表傳互相不合、有日無月、人名錯誤、事蹟年月不詳載、泥古不化、淺陋、忽略等十九項缺失，建議將《清史稿》一書永遠封存，禁其發行。並說明故宮博物院已聘請專家就所藏各種清代史料，分年別月，編輯清代通鑑長編，一俟編成，再行呈請國民政府就其稿本，再開史館，重修清史，如此即可「一舉而數善備矣」。同年十二月十七日，行政院會議決議，接納故宮博物院院長易培基的建議，准由該院聘請專家，就所藏史料，編成清代通鑑長編，以備重修清史之用。十二月二十日，行政院呈蔣主席文中亦稱，故宮博物院編纂清代通鑑長編，應准其完成，以備將來重修清史之用，並據易兼院長報告：所有北平所藏《清史稿》，擬先將其重複者運京，餘暫留平，俾作編輯長編之參考。俟編竣，仍全數運京等語。故宮博物院呈行政院文及行政院呈文內容附錄於後。

民國十九年，北平研究院與故宮博物院合作，擬修清史長編，在懷仁堂開會。會中，李宗侗建議，初步以清實錄、起居注冊、內閣、軍機處檔案、硃批奏摺，按年月排比，再以私家著作校對其同異，異者作爲考異，成爲長編。若能修清史，即以此爲根據，否則長編亦可獨成一書。李宗侗認爲這一部清代通鑑長編，若不能修成新清史，它也不妨單獨刊印成書，仿宋代《資治通鑑長編》，以保存有清一代的史料。

長編是一種編年史體裁，在性質上則屬於一種史料。作編年史者，首先摘鈔各種資料，按次排列，這種史料彙編，在體例上而言，就是一種長編。宋代司馬光修《資治通鑑》，先採摭各種記載，按年月日作叢目，叢目既成，乃纂長編，復加刪節，始成通鑑。因此，事無闕漏，而文不繁，實爲古代史家的遺法。其後，李燾記載北宋九朝史事，亦踵通鑑體例，編年述事，成《續資治通鑑長編》，李燾謙稱長編，未稱續通鑑，即表示其書僅爲史料彙編，以備纂修通鑑者的採擇，所以長編寧失於繁，而不可失於略。

長編的纂修，雖至清代，仍未間斷。清代國史館曾設有長編處，咨取內閣、軍機處等處的上諭、廷寄、議覆、剿捕、月摺、外紀、絲綸等檔案，分別摘敘事件，然後彙鈔成長編。在現存史館檔《辦理道光朝長編總檔凡例》內對於長編史料的來源，敘述頗詳。原文略謂：

> 一移取內閣書三種鈔錄存館，首上諭檔，凡臣工除授、罷斥、褒功、論罪應入傳者，照原文恭錄，其餘關係地方百姓交各督撫辦理者，恭節數語，雙行註明，內中有人名者，必須敘出；次外紀檔，可以存館，不必全錄各疏，將特旨允行及王大臣覆准交外省督撫查議者，俱節錄案由，仍帶敘人名，交部議者歸入絲

綸簿，覆奏日期不必摘敘；次絲綸簿，吏兵二部題補文武官員，内而九卿翰詹科道，外自府道以上，旗員參領佐領以上，各省武員遊擊以上，恭照硃批原文錄入，凡部覆關係地方利弊建置沿革者，俱照簿内事由錄入，註明吏户等科，每月之末，標是月某科清字本若干件。

一移取軍機處檔案三種鈔錄存館，首上諭檔，除已見内閣檔外，凡特諭王大臣及廷寄外省事件，發謄錄繕寫，仍節數語，帶敘人名；次議覆檔，凡覆准事件，鈔錄記載與外紀相同；次奏摺，按日檢查，該部議奏者不必抄錄，其應入傳者總括事由人名入檔，原文全錄另存，每月之末，標是月鈔軍機若干件。

一各書内關涉宗室王公外藩蒙古事及文武大臣自陳履歷祭葬，檢查紅本史書，俱按年月各編一冊，以便檢查。

以上内閣書分三項，軍機亦爲三項，標硃印於上方，應鈔存查本者，標硃印於下方，將内中人名另彙一冊，以總檔爲經，人名爲緯，按日可稽，不致遺漏，先難後易，於編纂列傳有益，謹請裁定。

長編總檔摘敘官書檔案，各有先後，按年月日排列，另彙人名總冊，以總檔爲經，人名爲緯，按日可稽，對於編纂列傳，確實有益。

清史館開館之初，曾議史例，欲倣《明史》，先修長編，惟因時局動盪，國家多故，修長編之議，並未進行。民國十八年（1929），行政院雖然同意故宮博物院編輯清代通鑑長編，但當《清史稿》及全部史料運京後，清代通鑑長編工作，亦因故停頓。

《清史稿》固然紕謬百出，但是一味禁止發行，亦非明智之舉。民國十九年（1930），政府下令禁止發行《清史稿》後，各方即紛紛要求重修清史定本。惟修史必得其人，史才、史識、史德、史學四者不可闕一。官書檔案，浩如煙海，私家修史，固不可能，官方重修，亦非易舉。民國二十三年（1934），行政院聘請吳宗慈負責檢校《清史稿》，撰有檢正表、補表及改正意見等稿。民國二十四年（1935）十一月二十九日，教育部呈行政院文轉陳中央研究院對《清史稿》的書面意見，文中提出三種辦法：第一種辦法爲「重修清史」；第二種辦法爲「據清史稿爲底本重修之」；第三種辦法爲「將清史稿之偽南明、偽太平、偽民國及下視革命黨人之處，盡改正之，此外一切仍舊。」傅斯年指出第一種辦法，「此自是國家應作之事。然此時國家力量恐不能顧及，且十年來史料之大批發現，史學之長足進步，皆使重修一事，更感困難。非以長久之時期，大量之消費，適當之人選，恐不能濟事耳！」重修清史，不失爲完善辦法，但需要長久時間，大批人才，大量資料，在當時國家力量已不能顧及，時至今日，就史料、史才兩方面而言，重修清史一事，較傅斯年當年情形，顯然已是困難更多了。第三種辦法，雖然簡便速成，節省人力和物力，但是過於簡陋，不合乎要求。第二種辦法，是根據《清史稿》而改正其謬誤，補其缺漏，可行度較高，但因世局變化，國步艱難，修訂清史之議遂寢。

民國五十九年（1970）夏初，國立故宮博物院院長蔣復璁先生鑑於清史亟待整修，於是計畫編輯清代通鑑長編，敦聘錢穆先生主持其事，遴派院內專人負責編輯工作，先修清太祖、清太宗兩朝通鑑長編，所據史料，包含現藏明朝、清朝及朝鮮滿漢文檔案、官書及私家著述等資料，先抄卡片，年經月緯，按日排比，列舉綱目，附錄史料原文，並注明出處。

我進入國立故宮博物院服務後除檔案編目外，主要就是參與編輯清代通鑑長編工作。民國六十三年（1974）夏初，國內滿漢文史料，搜集將竣，因清朝入關前，滿洲與朝鮮和戰頻繁，朝鮮使臣返自建州或瀋陽後，多遺有日記、文集或雜著稿本，皆非圖書館所得見者，日本各大圖書館收藏明清史料亦夥，為利清代通鑑長編工作的進行，於同年七月二日奉命赴韓、日搜集史料，呈請行政院核示，同月十二日，奉行政院「臺六十三教五三〇三號函」准予照辦。八月二十六日下午，搭乘韓航班機飛赴韓國漢城（首爾）市，為節省經費及工作便利，我借住同學辛勝夏先生家。八月二十七日，由辛勝夏先生等陪同前往漢城大學奎章閣，經李東鄉先生介紹認識漢城大學附屬圖書館閱覽課長朴在澤先生，參觀奎章閣藏書。奎章閣典藏韓國舊抄本及刻本漢文古籍計四十餘萬冊，除經部、子部外，其史部正史、別史、紀事、日記、日錄及集部之別集、雜著等，涉及明末清初史事者甚夥。奎章閣歷史悠久，據《朝鮮正祖大王實錄》卷十一，頁一七記載：「奎章閣始建於丙申初元，而規橅草創，閱歲未備。及國榮屏黜，朝著清明，上益勵為治，百度畢張，申命諸閣臣，酌古參今，次第修舉，閣規始煥然大備。教曰，內閣之名，始於光廟丙子，而中廢矣。奎章閣之號，始於肅廟甲戌，而御書扁額，至今在宗正寺，予小子嗣服後，追述建閣，誠非偶然，仍命宗正寺所奉閣扁，移揭內閣。」同書，卷十三，頁三四，正祖六年（1782）五月二十九日條又載：「設置內閣之意，不但遠倣唐、宋已例，試以我朝言之，昔在光廟，肇置奎章閣，設大提學、提學、直提學、直閣待教等官，選當時才學之臣，賁一代文明之治，而自是以後，遂廢不復。逮於肅廟朝，嘗有意於復設古制，歲在甲戌，以御筆大書奎章閣三字額，奉安於宗正寺之煥章閣，而至意未遂，此事竟寢。及予小子，乃於嗣服之初，敢效追述之誠，始置內閣於禁中，將欲移安御額於內閣而奉揭。今此建閣，卽不過承光廟已行之制，追肅廟未遑之典而已。」所引二文，雖詳略不同，惟俱稱奎章閣之名，始見於李朝肅宗二十年甲戌，相當於清聖祖康熙三十三年（1694）。朝鮮第二十二代王正祖（1776-1800），雅尚經籍，自在春邸，購求遺編，拓尊賢閣之旁而儲之，取孔子繫易之詞，名其堂曰「貞賾」，御極之初，即追述建閣，規模益備。

八月二十七日，於奎章閣借閱《丙子錄》等八種，計十六冊，複印一二三張。二十八日，續借閱《敬亭紫巖文草》等十二種，計五十一冊，複印一九三頁。二十九日上午續借閱《朝野輯要》等十四種，計九十冊，複印一三五張。是日下午，由漢城大學滿文教授成百仁先生等陪同前往漢城中央圖書館參觀，因該館即將遷往南山新館，書籍捆包裝箱，暫停開放閱覽，蒙該館事務局長池三煥先生特許借閱滿文文書，內含清太宗崇德二年（1637）詔諭、清朝頒賞朝鮮王妃彩緞等清單、康熙十四年（1675）冊封皇太子胤礽及上后妃徽號冊表等件。三十日上午，參觀國立中央博物館，查詢寄藏該館的釋迦塔舍利函經文。是日下午，赴昌慶苑藏書閣。該閣也是朝鮮王朝圖書館，藏書亦頗豐富，其中韓國版共四萬餘冊，中國版二萬六千餘冊，日本版一萬二千餘冊，洋裝書六千餘冊。由藏書閣事務所長金基洙先生介紹收藏情形，並借閱《野乘》、《龍門答問》、滿文本《御製盛京賦》等十二種，計八十一冊，複印二〇八張。三十一日（星期六）上午，赴奎章閣借閱《春坡堂日月錄》等十五冊，複印二二六張，下午因週末圖書館停止閱覽，不對外開放，所以改赴百濟古都扶餘。九月一日參觀扶餘博物館。九月二日上午，赴奎章閣查核複印資料。下午，赴藏書閣查核複印資料，填補漏印及複印欠明部分。

奎章閣、藏書閣所藏清太祖、太宗兩朝史料，多為手抄稿本，或為朝鮮使臣還自建州與瀋陽所記述，或滿洲南征，朝鮮文武官員記其聞見者，史料價值頗高。譬如《敬亭紫巖文草》，為朝鮮使臣李民寏等所著，是書卷五為《柵中日錄》，卷六為《建州聞見錄》，記述建州地理、八旗制度、農耕種植及社會習俗等甚詳。《丙子錄》一書，為朝鮮人羅萬甲所著，係手抄本，是書詳載丙子年（1636）兵禍，惟其記事始自萬曆十七年（1589）至崇德七年（1642）。此書首述兵禍之由，次詳目見之實，至其傳聞者，則旁搜廣詢，博採群言，鉅細靡遺。尤可貴者，此書於春秋信使崔鳴吉、羅德憲、洪瑞鳳、李廓、金藎國、李景稷等返自瀋陽啟報之文及滿洲與朝鮮兩國往來文書，記載甚詳，可補清朝官書之不足。《野乘》，計三十冊，是書第十二冊，亦載羅萬甲等著《丙子白登錄》，其內容與《丙子錄》一書無甚差異，惟所繫年月不同，例如明廷加「奴兒哈赤龍虎將軍」，《丙子錄》誤繫於萬曆七十年。《丙子白登錄》改書萬曆十七年。萬曆十四年壬子冬，《丙子錄》載：「奴兒哈赤殺其弟速兒哈赤，併其兵，侵兀刺諸酋。」《丙子白登錄》將「速兒哈赤」改書「速兒赤」,「兀剌」作「瓦剌」。又奴兒哈赤陷撫順，執游擊李永芳,《丙子錄》將其事繫於萬曆四十五年丁巳,《丙子白登錄》改書萬曆四十六年戊午。按萬曆四十五年歲次為丁巳,戊午年相當萬曆四十六年。《丙子錄》萬曆四十六年戊午條記載:「是年五月，奴兒哈赤僭號後金國汗，建元天命，指中國為南朝，黃衣稱朕。」《丙子白登錄》改繫於萬曆四十七年己未五月。《龍門問答》一書，內含《丙子事略》一篇，其記事較《丙子錄》簡略。《朝野輯要》一書，其卷五《丙子虜難》，取材於《丙子錄》、《雜錄》、《南漢日記》、《遲川行狀》、《亂離日記》等書，敘述較詳。《春坡堂日月錄》一書，為朝鮮人李星齡所編，計十五冊，是書卷十二、十三，記清太祖、太宗虜馬南牧，朝鮮播越史事甚詳，朝鮮使臣鄭文翼、朴蘭英、李瀁、吳信男等奉使於瀋陽、交涉和議經過，敘述甚詳。《荷潭破寂錄》二卷，為朝鮮人金時讓所著，於辛酉年(1621)、丁卯年(1627)、丙子年(1636)、丁丑年（1637）兵禍，記載較詳，書中亦述及袁崇煥、毛文龍、劉海、劉興治諸人事蹟。例如《明史・袁崇煥傳》載袁崇煥既誅毛文龍，「我大清設間， 謂崇煥密有成約，令所獲宦官知之，陰縱使去。其人奔告於帝，帝信之不疑。十二月朔再召對，遂縛下詔獄。」此即世傳清太宗反間計。《荷潭破寂錄》，卷一，頁五二則云:「袁崇煥既誅毛文龍，虜使滿月介等到義州，辟左右，密語府尹李時英曰：欲殺文龍，密結於袁崇煥，費盡心機，今日使得殺之，幸也。我親公，故言之，願勿泄於人，聞者皆笑。其冬，虜至，大舉兵入寇，陷密雲，殺總兵趙率教等，進圍燕京累月，袁崇煥領祖大壽等入援，文龍之黨譖崇煥受虜旨殺文龍，帝命誅崇煥。」足見當時反間計已盛傳於滿洲、朝鮮君臣之間，袁崇煥冤死，可得一佐證。此外，所複印諸書中如《聞見箚記》、《南漢日記》、《東史撮要》、《大東彙纂》、《朝野記聞》、《朝鮮輯要》、《南漢解圍錄》、《大東遺事》、《紫巖集》、《遲川集》、《北關紀事》等，俱為研究滿洲入關前史事的重要參考古籍。

九月三日，搭乘韓航班機，轉往日本。九月四日，赴東洋文庫，由岡田英弘、松村潤教授等陪同參觀書庫，因礙於規定，所需資料，未能複印。九月五日，赴國會圖書館參觀。九月六日，乘新幹線轉往京都。九月七日上午，赴京都大學人文學科研究所參觀。是日下午，是週末，赴京都附近參觀古蹟。九月八日，週日，赴奈良參觀東大寺、興福寺、法隆寺等名勝古蹟。九月九日，赴天理大學圖書館參觀，由河內良弘教授講解介紹，由留日同學楊合義先生繙譯，申請複印《滿漢西廂記》等十一種滿文書籍。並由河內良弘教授、楊合義先生陪同拜訪滿學專家今西春秋教授，請教《滿文老檔》等問題，其中關於三仙女傳說，臺北國立故宮博物院典藏《滿文原檔》所載內容的史料價值，今西教授未進一步解釋。九月十一日，結束參訪，返回臺北。

歷經數年，清代通鑑長編的纂修，漢文部分雖已完成清太祖、太宗兩朝初稿，惟因《滿文原檔》譯漢部分，進度緩慢，清代通鑑長編工作，遂告中輟。時至今日，再開史館，重修清史，實非計日可待。纂輯清代通鑑長編，以備重修清史的願望，亦非近期內所能實現。

行政院本日呈請蔣主席禁止發行清史稿。呈文如下：

「為密呈事。據故宮博物院院長易培基呈稱：竊查清史稿一書，自民元設館以來（文略）理合呈請鑒核，不勝待命之至。等情。據此，經提出本院第四十九次會議討論。僉以清史稿立詞悖謬，『反對黨國』，自應永禁發行。故宮博物院編纂清代通鑑長編，應准其完成，以備將來重修清史之用，並據易兼院長報告：所有北平所藏清史稿，擬請先將其重複者運京，餘暫留平，俾作編輯長編之參考。俟編竣，仍全數運京等語。當經決議：清史稿永禁發行，長編准其完成，所請將重複書籍先行運京一節，仍請政府核示。理合具文呈請鈞府鑒核示遵。謹呈」（註七）

附錄：一、故宮博物院呈行政院文

為呈請事。竊查清史稿一書，自民元設館以來遲遲久未成書。而承袁世凱及北洋軍閥之餘蔭，修史者悉用亡清遺老主持其事，已開修史之特例。且以遺老中最為不學無術之趙爾巽為館長，彼輩自詡忠於前朝，乃以誹謗民國為能事，並不顧其既食周粟之嫌，遂至乖謬百出，開千古未有之奇。且於前年北伐挺進之時，該趙爾巽等因吳佩孚、張宗昌等捐款，刪繁就簡，倉卒成書，趙撰序文盛稱纂飾之功，可謂明證。故其體例文字錯謬百出，尤屬指不勝屈。此書若任其發行，實為民國之奇恥大辱。自由本院接收以來，迭經面商國府同人，僉認此事之重大，當經由院集合院內諸君及一時史學專家，加以審查。茲舉審查結果之犖犖大者，計反革命、反民國、藐視先烈、體例不合、簡陋錯誤等共十有九項。列舉左方：

一曰反革命也。辛亥雙十，武漢革命，實中華民國建國之始。而清史稿本紀二十五竟書曰：宣統三年八月甲寅，革命黨謀亂於武昌。又瑞澂傳亦書曰：越月武漢變起。先是黨人謀亂於武昌，瑞澂初聞報，驚慌失措，漫不為備。又恆齡傳，恆齡抵宜昌，鄂亂作。夫趙爾巽等受民國政府之令而修清史，竟謂建國為作亂，其反革命之意，莫此為甚。

國民革命軍北伐進展之速，凡係國民皆深慶幸。而王國維傳，書曰：丁卯春夏間，時局益危，國維悲不自制，自沉於頤和園。於我軍進至兩湖之時，而曰時局益危，誠何居心。

二曰藐視先烈也。革命之成，先烈之功居多。凡係民國人民，宜何等欽仰。而張曾敭傳于徐烈士錫麟則書其刺恩銘，而不標其革命之歷史。意謂其非革命。于秋瑾烈士則書曰陰謀亂。而尤奇者，彭烈士家珍之殺良弼也，路人皆知，而良弼傳竟書曰：一日良弼歸，及門，有人遽擲炸彈，三日而卒。曰有人而不指明彭烈士者，蓋取春秋稱人賤之也之意。其藐視先烈抑何其深？

三曰不奉民國正朔也。史稿所記諸事，自入民國以後，只用干支，不用民國某年字樣。如世續傳：世續辛酉年卒。伊克坦傳：癸亥年卒。沈曾植傳：壬戌多卒。或用越若干年字樣。如周馥傳：移督兩廣，三十三年請告歸，越十四年卒。馮煦傳：聞國變痛哭失聲，越十有五年卒。夫清史爲民國所修，而避用民國正朔，是修史諸人反對民國之一證。

四曰列書僞謚也。溥儀退位以後，安能再頒謚典，溥儀行之，是反民國。諸人修史，大書之，亦是反民國。如陸潤庠傳：贈太傅，謚文端。世續傳：贈太師，謚文端。伊克坦傳：謚文直。梁鼎芬傳：謚文忠。周馥傳：謚慤慎。錫良傳：謚文誠、王國維謚忠慤。贈也，謚也，莫不大書特書。

五曰稱揚諸遺老鼓勵復辟也。滿清既亡，以前諸臣競以遺老自居。殊不知在清爲遺老，在民國則爲叛徒。政府不事追求，已屬寬大，安能再示獎勵，是勸人復辟也。而列傳二百五十九論曰：陸潤庠、世續諸人非濟變才，而鞠躬盡瘁，惓惓不忘故君，靖共爾位，始終如一，亦爲人所難者也。嗚呼僅矣。列傳二百六十亦有論曰：離晉僑居海濱，而平居故國之思，無時敢或忘者，卒至憔悴憂傷，賫志以歿。悲夫！句末賫志二字，望復辟之殷，情見乎辭。

六曰反對漢族也。太平天國立國十餘年，實漢族之光榮，修史者當然不宜歧視。乃曾國藩傳則曰：粵寇破江寧，據爲僞都，分黨北犯。洪秀全傳則曰：僭號太平天國。又曰粵匪、曰賊、曰陷某地、曰僞某王、曰犯我軍，皆否認我民族之反滿清也。

七曰爲滿清諱也。本紀中，於文字獄之慘酷，甚鮮記載，於漢族之革命則不表揚，於清故之暴虐則不詳載。何足以宣昭百世也。

八曰體例不合也。斷代成書，以前諸史，莫不盡然。滿清舊臣卒於民國者，例不得入清史。乃盛宣懷、瑞澂、陸潤庠、世續、伊克坦、梁鼎芬、徐坊、勞乃宣、沈曾植、周馥、張曾敭、馮煦、錫良、林紓、嚴復、辜湯生、王闓運、王先謙、梁濟、簡純澤、王國維等，皆卒於入民國以後。清史稿皆爲立傳。若謂彼等心懷滿清，則黃宗羲、顧炎武、孫夏峯、王夫之、王餘佑、王源等，又誰非明代遺民，又何列之入清史。至於梁濟死於民七，簡純澤死於民六，王國維死於民十六，而列入清史忠義傳，尤有反對民國之意矣。又后妃傳，內有宣統后妃。溥儀結婚在入民國後，其人皆尙未死，爲之立傳，尤乖體例。

九曰體例不一致也。尙侍以上大員任免，例具書於本紀內。清史稿則不然，有書者，有不書者。如雍正本紀，元年九月，書以張廷玉爲戶部尙書，張伯行爲禮部尙書，而不書以田從典爲吏部尙書。

十日人名先後不一致也。一查克丹也，本紀作查克丹。（本紀十，乾隆二年十二月甲申朔，漕運總督補熙免，以查克丹代。）而部院大臣年表四上，作查克旦。（乾隆二年工部尚書查克旦）部院大臣年表四下又作查克丹。（乾隆四年左都御史查克丹。）一噶爾丹策零也，本紀十乾隆元年二月甲戌，遣準噶爾來使歸條作噶爾丹策零。而同月乙卯賜詔書條作噶爾策凌。二條相連，名字竟作兩種寫法。

十一曰一人兩傳也。烈女傳一，既爲王照圓立傳矣，而儒林三之郝懿行傳，又附入其妻王照圓，非豈一人兩傳乎。

十二曰目錄與書不合也。如儒林傳二目錄，朱駿聲獨立，而附其子。孔彰試檢其書，則儒林傳卷二末，朱駿聲附入錢大昭傳。

十三曰紀、表、傳、志互相不合也。紀表傳志，互有詳略則可，若有衝突則不可。一李永紹也，本紀作雍正二年六月以爲工部尚書，而部院大臣年表三上，作七月。其他如此者尚多，不堪列舉。

十四曰有日無月也。本紀十，乾隆二年五月乙卯，除湖南永州等處額外稅，免安徽宿州水災額賦，免浙江仁和等四州縣水災額賦，賑陝西商南等縣雹災。甲戌以御門聽政，澍雨優渥，賜執筆諸臣紗疋有差。按乙卯乃五月二十八日，甲戌係六月十七日，何以甲戌上不冠六月字樣，致成有日無月。

十五曰人名錯誤也。本紀卷十，乾隆三年二月壬子，以高其倬爲工部尚書，張照爲湖南巡撫。按張照應作張渠。至於張照，是時方在南書房，並未外任也。本紀二十二，同治十三年十二月甲戌，李經羲病免，以劉坤一爲兩江總督。按李經羲係李宗羲之誤。至於李經羲，此時不過十餘歲，安有任總督之理。

十六曰事蹟之年月不詳載也。考史之最要，在其事蹟之年月。在滿清所設之國史館諸侍內，對於其人升遷降補之年月，大都詳載不遺。而清史稿內，反大半刪去之。使後之讀史者，每不能因事考世，得其會通。試一比較清史稿及滿漢名臣傳，其詳略即可見也。

十七曰泥古不化也。前代得書不易，故作史者，每附記與有間接關係之表册。今則不然，而時憲志十至十六竟皆係八線表。以現在高級中學生皆曉之書，納入其中，至五六卷之多。使章幅冗長，實無足取。

十八曰簡陋也。清史稿不爲郎世寧、艾啓蒙立傳，僅於藝術傳內附見。並謂不知爲何國人。殊不知郎世寧義大利人，艾啓蒙法人，欽天監檔案具在也。又如英人戈登，爲焚燬圓明園之禍首，其傳中亦無記載，而反誇其平洪秀全之功。凡此諸端，皆足證作史者之簡陋。

十九日忽略也。稿中忽略之處甚多，載不勝載。如諸帝紀，皆於死後接書其年歲，而道光本紀，通篇不曾述及其死時年歲，尤屬忽略之甚者。總之，此書除反革命文字以外，其中無非錯誤、忽略，及體例不合等項。卽如此文章體例之官書，已難頒行全國，傳之後人。況以民國之史官，而有反革命、反民國，藐視先烈諸罪狀。若在前代，其身受大辟，其書當然焚燬。現今我國民政府不罪其人，已屬寬仁之至。則其書之決不宜再流行海內，貽笑後人，爲吾民國政府之玷，而大反先總理之遺意，又豈待言。爲今之計，宜將背逆之清史稿一書，永遠封存，禁其發行。且現在職院已聘請專家，就所藏各種清代史料，分年別月，編輯清代通鑑長編。一俟編成，再行呈請國民政府，就其稿本再開史館，重修清史。一舉而數善備矣。所有查禁清史稿各理由，理合呈請鑒核，不勝待命之至。謹呈國民政府行政院院長譚。

長編總冊 光緒十年夏季目錄

光緒十年正月長編總檔目錄

初三日

張樹聲

彭玉麟

倪文蔚

初四日

徐桐

曾國荃

長編總檔

長編總檔 光緒十年四月

光緒十年正月長編總檔

初三日

張樹聲奏陳遵辦廣東海防情形

覽奏均悉著該督隨時會商彭玉麟倪文蔚督飭各

軍力守虎門並將此外各口扼要嚴防毋稍疏懈

初四日

徐桐見在出差禮部尚書著曾國荃署理

薛允升見在出差刑部左侍郎孫毓汶兼署其所署

長編總檔

以稿校稿
— 清史・校註・整修

我國近世以來，憂患頻仍，國家多故，清史館開館後，經費拮据，時啓時閉。民國十六年，《清史稿》付梓，因未遑審訂，紕繆之處，到處可見。綜合學術界的評論，可謂得失互見。例如斷限參差不一，敘事方法不明，違反詳近略遠原則，紀志表傳自相矛盾，列傳煩冗浮濫，事件人物漏略，書法乖謬，記載失實，義例欠當，一人兩傳，體例不一致，事蹟年月不詳載，人名地名同音異譯等等，都是《清史稿》犖犖大端的缺點。《清史稿》也有它的優點，清史館修史人員，雖然多屬前清遺老，但對於金人入貢於明廷諸事，清太祖本紀中直書不諱，尙存直筆。諸撰稿人因多出身舊式科舉，嫻於國故，優於辭章，其合於史法、書法之善者，頗有可觀。史稿中獨傳、合傳等，多合史例，紀傳論贊，亦頗扼要。史稿積十餘年的歲月，經數十學者的用心，又有當時的官書、檔案為依據，史料採摭頗為豐富，故以內容充實見勝。「雖以違悖潮流，致遭禁抑；而網羅一代事蹟，要為一部大著作，未嘗不可以作史料觀。」

重修清史，既非計日可待，《清史稿》也是得失互見，長久以來，流傳極廣，國內、國外先後重印，以致出現多種版本。最早印成先在瀋陽流通的是所謂關外本，在北京修正發行的是所謂關內本，當關外本、關內本禁止發行後，金梁修正關外本，在東北影印發售的稱為東三省第一次改正本。後來又增翁方綱、朱筠諸人傳，是為東三省第二次增修本。日本廣島據第二次增修本改為精印本，是所謂廣島本。抗日戰爭期間，南京又就東三省第二次增修本割裂影印，成二大巨冊，是所謂南京本。民國三十一年（1942），上海聯合書局影印出版洋裝本，稱為上海本。民國四十九年（1960）十月，香港文學研究社據東三省金梁修正關外本影印出版洋裝二冊出版，是為香港本。民國六十六年（1977）四月，香港益漢書樓又據關外本影印出版洋裝三冊，書名改為《清代史料彙編》。《清史稿》由於版本多種，流傳於海內外，久為中外學術界廣泛研究利用，已經成為治清史或研究近代中國史不可或闕的重要參考資料。因此，修正《清史稿》的紕繆，就成為整修清史刻不容緩的工作。

民國六十七年（1978）十月，錢穆先生與國立故宮博物院院長蔣復璁、國史館館長黃季陸商議校註《清史稿》。國立故宮博物院圖書文獻處列席聆聽者為處長昌彼得、文獻股股長索予明、編輯莊吉發。會中討論校註體例。不改動原文，但予句逗，以稿校稿，就院藏史館檔紀志表傳稿本校正現刊關外本《清史稿》，以改正刊刻脫漏或舛訛。同時以卷校卷，就史稿紀志表傳各卷，前後互校，其同音異譯，逐條列舉。凡有歧誤者，分別註出，並取實錄、史館檔傳包傳稿、黃綾本本紀、皇朝志書年表、《國朝耆獻類徵》、《清史列傳》、《滿漢名臣傳》、《碑傳集》及各種檔案資料等等，予以考訂。所引資料，標明出處，以備查閱史稿者參考。

《清史稿》校註計畫是採合作辦法，由國史館、國立故宮博物院共同訂正《清史稿》。經雙方協商，並簽訂「執行清史稿校註纂修計畫合約」。《清史稿》校註初步工作由國立故宮博物院負責，並商定校註凡例，列舉如下：

清史稿校註凡例

一、「清史稿」校註，對原文不予更動，僅就其有問題之處，加以查證校正簽註。

一、「清史稿」原文，未加句讀。茲特依照文意，悉加標點；並就其紀、志、表、傳，分別編定體例，或空行，或提行，以利閱讀。

一、凡遇原文有謬訛、失當或脫漏，及重出衍詞之處，均用「以稿校稿」、「以卷校卷」方式，加以校簽。

一、凡遇立場或史法、史筆有欠公正允當之處，悉加簽釋，以正觀感。

一、凡遇原文有印刷錯誤，或原文稿件抄錄謬訛之處，則逕予校簽；其有有關書籍可資查考者，則仍引述書名，加以說明。

一、凡遇人物傳、記、表、志中名、字、誕生、出身、經歷、除、署、陞、轉、降、黜、刑、賞、憂、卒、予諡、賜祭等項，敍述有歧異，或可疑之處，則依有關史料校正簽註之。

一、凡遇戰、亂、征、勦、賑恤、蠲免、交涉、聘問等事實經過，及時日、地點敍述有歧異或可疑之處，照前條辦理之。

一、凡遇國內地名敍述誤謬者，則依據地理志及省縣志書校正之。

一、凡遇確有脫漏、誤謬，或意義不明之詞句而無法查明原文者，則加用「疑作……」等字樣，以示存疑。

可以本紀部分為例說明校註經過。國立故宮博物院現存清史本紀，主要為二大類：一類為國史館歷朝本紀，封面飾以黃綾，成書於清代；一類為清史館各朝本紀，成於民國初年，分別由柯劭忞、金兆蕃、鄧邦述、吳廷燮、袁勵準、王慶祺、陳寶琛、奭良、瑞洵、李哲明等纂輯校訂，內含初輯本、初繕本、覆勘本、重繕本及排印本等，現刊《清史稿》關外本本紀，共十二朝，計二十五卷，多據排印本付梓出版。就大體而言，史稿本紀頗能承襲傳統正史的體例，言簡意賅，尤以總論部分，論斷堪稱得當。

本紀是志傳的綱目，年經月緯，繫日載事，其體例與志傳不同，日期必須正確，以便稽考。現刊《清史稿》本紀疏漏之處，主要是日期的錯誤，繫日不正確，有日無月，未繫日序干支，體例前後不一致。其次是滿洲、蒙古等邊疆人名、地名的同音異譯，此外就是一些衍文錯字，校刻不精。《清史稿》本紀之失，不當一概而論，清史館各種本紀稿本，並非出自同一人之手，各人取材不同，其可信度遂彼此不同，《清史稿》選刊的排印本，並非都是佳作，清史館現存本紀稿本中仍不乏佳作，竟未被採用，而有遺珠之憾。例如《清史稿》選刊的《太祖本紀》，主要是取材於《東華錄》，國史館黃綾本《太祖本紀》，似未採用，以致頗多疏漏。《太宗本紀》、《世祖本紀》的初輯本，出自金兆蕃之手，取材於實錄，可信度較高。其覆勘本則出自柯劭忞之手，柯氏取黃綾本的本紀加以校勘，凡初輯本原稿與黃綾本本紀互相出入之處，柯氏俱按黃綾本改正，往往抄襲黃綾本本紀的原文。在《世祖本紀》初輯本內附有清史館校註本一冊，校閱細心。體例嚴謹，現刊《清史稿》太宗、世祖兩朝本紀，堪稱佳作，其中紕繆較少。現存清史館《聖祖本紀》初輯本是由鄧邦述、金兆蕃同編，可信度較高。其覆勘本則出自奭良之手，擅加改動，謬誤極多，現刊《清史稿》的《聖祖本紀》就是採用奭良覆刊本排印的，以致紕繆之處，比比皆是。

清史館本紀稿本，既不限於一種，其可信度遂彼此不同，正是所謂良莠不齊。校註現刊《清史稿》本紀時，即先取排印本逐字核對，然後取可信度較高的其他稿本互校，凡遇歧異之處，即據實錄、黃綾本本紀等官書進行考證，並逐條作註，標明出處。例如現刊《清史稿》〈太祖本紀〉天命四年(1619)正月記載：「杜松軍由東路渡運河，出撫順、薩爾滸。」對照排印本原稿，其文字並無出入，另取清史館金兆蕃等輯《太祖本紀稿》原稿互校，發現引文中「運河」字樣，當作「渾河」，彼此既有出入，隨即查閱史館檔《清太祖武皇帝實錄》卷三及《明史》卷二五九〈楊鎬列傳〉等官書，俱作「渾河」，即於刊本「運河」下加注號次，不改動原文，並於當頁註明引用資料出處。

除了以稿校稿外，同時又以卷校卷，就現刊《清史稿》紀志表各卷互相對校，凡是同音異譯，或日期事蹟，其有出入之處，即取證於實錄等官書，於當頁作註，標明資料出處，其原文亦不改動。例如現刊《太祖本紀》記載「景祖有子五：長禮敦，次額爾袞，次界堪，次塔克世，是為顯祖宣皇帝，次塔察篇古。」句中「界堪」，現刊《清史稿》列傳二諸王傳作「齋堪」，〈皇子世表一〉亦作「齋堪」，本紀作「界堪」，係同音異譯。現刊《太祖本紀》癸巳年九月條記載「太祖令額亦都以百人挑戰，葉赫貝勒布齊策馬拒戰」云云。檢查現刊《清史稿》列傳十楊吉砮傳作「布寨」，列傳十二額亦都傳作「布賽」，《清太祖高皇帝實錄》卷二亦作「布寨」，由此可知已刊《清史稿》本紀中「布齊」之「齊」，當作「齋」，「齋」與「寨」係同音異譯。又如現刊《太祖本紀》天命十年（1625）秋八月條記載「遣土穆布城耀州，明師來攻，擊走之，獲馬七百。」句中「土穆布」，清史館金兆蕃輯《太祖本紀稿》原稿作「土穆布祿」，《清太祖高皇帝實錄》卷九，亦作「土穆布祿」，由此可知刊本史稿《太祖本紀》所載「土穆布」脫落「祿」字。除了本紀外，志表傳亦分別校註。以稿校稿、以卷校卷，並作考異，雖未敢以為至當，但校註《清史稿》，畫一譯音，訂正謬誤，實為最基本的工作。信史必須經過考信，《清史稿》經過校註，訂正其疏漏，始足以徵信於世，《清史稿》的纂修工作，始能告一段落，對《清史稿》的批評指摘，亦可謂已告一段落。

《清史稿》校註總集成工作，由國史館負責。自民國六十七年（1978）十月，迄七十三年（1984）十月，計用時六年，校註工作告竣，由國史館再聘請陳捷先教授等為審查委員。書名題為《清史稿校註》。全書一千二百餘萬字，於民國七十四年（1985）十月報奉總統府核備，採「精註、精編、精印」原則，以十六開本，活字排印一千部，每部精裝十五巨冊，附錄一冊，至民國八十年（1991）六月，全部出齊。附錄內容依次為：〈清史稿校註總目錄〉、〈清史稿校註參考書目〉、〈清史稿校註人名地名索引〉、〈清史稿校註勘誤表〉、〈清史稿校註編纂小組人員名錄〉。為便於了解校註方式，附錄《清史稿·聖祖本紀一》順治十八年至康熙十一年校註內容於後。

聖祖本紀
聖祖（合天弘運文武睿哲恭儉寬裕孝敬誠信中和功德大成）仁皇帝諱　世祖第三子也母孝康章皇后
佟氏順治十一年三月戊申日加巳誕上於景仁宮
上天表奇偉隆準岳立耳大聲洪方六齡偕世祖皇
二子福全皇五子常寧問安世祖命言志常寧甫三
齡未對福全對願為賢王上言待長而效法皇父異
勉盡力世祖遂屬意焉十八年正月丙辰世祖疾大
漸定上名命立為皇太子以索尼蘇克薩哈遏必隆

清史館

鰲拜輔政翼日丁巳世祖崩輔政大臣奉遺詔誓於
天於大行皇帝已未皇太子即皇帝位以明年為康
熙元年赦甲子諸王大臣誓於天於大行皇帝庚午
諭諸臣勤慎修職發奸剔弊二月壬午奉移大行皇
帝殯於景山壽皇殿癸未上諭服壬辰追封大行皇
帝妃董鄂氏為貞妃以其殉大行皇帝也乙未以誅
內官吳良輔罷十三衙門宣諭中外丙申以簡親王
濟度子德塞襲封三月戊午平西王吳三桂疏報平馬

清史館〈聖祖本紀〉稿（局部）

清史稿校註卷六

本紀六

聖祖一

聖祖合天弘運文武睿哲恭儉寬裕孝敬誠信功德大成仁皇帝，①諱玄燁，世祖第三子也。母孝康章皇后佟佳氏，②順治十一年三月戊申，誕上於景仁宮。天表英俊，岳立聲洪。六齡，偕兄弟問安，世祖問所欲，皇二子福全言：「願爲賢王。」帝言：「願效法父皇。」世祖異焉。順治十八年正月丙辰，世祖崩，③帝即位，④年八歲，改元康熙。⑤遺詔索尼、蘇克薩哈、遏必隆、鰲拜四大臣輔政。

二月癸未，上釋服。乙未，誅有罪內監吳良輔，罷內官。丙申，以嗣簡親王濟度子德塞襲爵。

三月丙寅，詔曰：「國家法度，代有不同。太祖、太宗創制定法，垂裕後昆。今或滿、漢參差，或前後更易。其詳考成憲，勒爲典章，集議以聞。」

---

① 案此爲雍正元年所上尊諡。另據清史稿本紀十高宗一乾隆元年三月乙巳條，補「中和」二字於「誠信」之下。

② 佟佳氏　案清史稿世祖本紀二作「佟氏」，列傳一后妃傳作「佟佳氏」。

③ 案清史稿本紀五世祖二、清史館鄧邦述等纂聖祖本紀稿，是月初六日丙辰世祖疾大漸，初七日丁巳崩，清國史聖祖本紀、聖祖實錄同。此謂初六日丙辰崩，誤。

④ 案清史館鄧邦述等纂聖祖本紀稿，皇太子即帝位在初九日己未，清國史聖祖本紀、聖祖實錄同。

⑤ 案聖祖實錄，「以明年爲康熙元年」，其改元不在是年。

四月，予殉葬侍衛傅達理祭葬。⑥甲申，命湖廣總督駐荊州。乙酉，命將軍綫國安統定南部軍鎮廣西。丙戌，以拉哈達⑦爲工部尚書。癸卯，安南國王黎維祺遣使入貢。⑧丙午，大學士洪承疇乞休，允之，予三等輕車都尉世職。戊申，賜馬世俊等三百八十三人進士及第、出身有差。

五月，罷各省巡按官。⑨己巳，以高景爲工部尚書，劉良佐爲江安提督。乙亥，安南叛臣莫敬耀來歸，封歸化將軍。

六月己卯，江蘇巡撫⑩朱國治疏言蘇省逋賦紳衿一萬三千五百十七人。下部床黜有差。辛巳，黑龍江飛牙喀⑪部十屯來歸。庚寅，以嗣信郡王鐸尼子鄂扎⑫襲爵。癸巳，大學士傅以漸乞休，允之。丁酉，罷內閣，復內三院。戊戌，吳三桂進馴象五。卻之。詔停直省進獻。

閏七月庚辰，以車克爲吏部尚書，阿思哈爲戶部尚書。甲午，以傅維鱗⑬爲工部尚書。壬寅，予蘇松提督梁化鳳男爵。

⑥ 案清史館鄧邦述等纂聖祖本紀稿，傅達理殉葬予祭葬在初三日壬午，聖祖實錄同。此未繫干支，與本紀體例不合。

⑦ 拉哈達　案清史稿列傳四十一有「拉哈達」傳；部院大臣年表二上作「喇哈達」、十三年六月條同。此俱爲同音異譯。

⑧ 案聖祖實錄，是年無安南入貢事。清國史聖祖本紀則載賜黎維祺使者璽書、銀幣。

⑨ 五月，罷各省巡按官　案清史館鄧邦述等纂聖祖本紀稿，罷各省巡按官在初四日壬子，聖祖實錄同。此未繫干支，與本紀體例不合。

⑩ 江蘇巡撫　案清史稿疆臣年表五作「江寧巡撫」。又案清史館鄧邦述等纂聖祖本紀稿，朱國治疏言紳衿抗糧在初三日庚辰，聖祖實錄同。

⑪ 飛牙喀　案清史稿本紀五世祖二順治十六年七月丁丑條作「費牙喀」。此爲同音異譯。

⑫ 鐸尼子鄂扎　案清史稿皇子世表二，「鐸尼」作「多尼」，「鄂扎」作「鄂札」。此俱爲同音異譯。

⑬ 傅維鱗　案清史稿部院大臣年表一上或作「傅維麟」，或作「傅維鱗」，清國史聖祖本紀、聖祖實錄皆作「傅維鱗」。此「鱗」字當作「麟」。

八月甲寅，達賴喇麻⑭請通市，許之。

九月丁未，以卞三元爲雲南總督，李棲鳳爲廣東總督，⑮郎廷佐爲江南總督，梁化鳳爲江南提督。⑯

十月己酉，以林起龍爲漕運總督。誅降將鄭芝龍及其子世恩、世廕。⑰辛酉，裁順天巡撫。山東民于七作亂，逮問巡撫許文秀、總兵李永盛、范承宗，命靖東將軍濟世哈討平之。⑱

十一月丙子朔，上親祀天於圜丘。己亥，世祖章皇帝升祔太廟。甲辰，湖南巡按御史仵劭昕坐贓，棄市。

十二月丙午，⑲平西王吳三柱、⑳定西將軍愛星阿會報大軍入緬，緬人執明永歷帝朱由榔以獻。㉑明將白文選降。班師。丁卯，宗人府進玉牒。

是歲，免直隸、江南、河南、浙江、湖廣、陝西各州縣被災額賦有差。朝鮮遣使進香入貢。

---

⑭ 達賴喇麻　案清史稿本紀五世祖二作「達賴喇嘛」。此爲同音異譯。

⑮ 案清史稿疆臣年表一，卞三元爲雲南總督，李棲鳳爲廣東總督在十一日丁亥，清國史聖祖本紀、聖祖實錄同。是月無丁未，「丁未」當作「丁亥」。

⑯ 案聖祖實錄，梁化鳳爲江南提督在十六日壬辰。

⑰ 世廕　案清國史聖祖本紀作「世蔭」，聖祖實錄同。

⑱ 案聖祖實錄，逮問許文秀等在十八日甲子，命濟世哈征勦于七月二十五日辛未。又案「濟世哈」，清史稿列傳二十九有「濟席哈」傳，本紀五世祖二順治十年三月丙戌條、部院大臣年表二上同；列傳十七、三十、三十三作「濟什哈」。此俱爲同音異譯。

⑲ 十二月丙午　案曆法，是月丙午朔。此脫「朔」字，與史例不合。

⑳ 吳三柱　案此「柱」字當作「桂」。

㉑ 緬人執明永歷帝朱由榔以獻　案國防研究院本清史作「緬人執明永曆帝以獻，三桂殺之，明亡」。又案聖祖實錄，清軍入緬在十二月丙午朔，凱旋在初十日乙卯；清史補編永曆皇帝本紀，緬酋執獻永曆帝在初三日戊申。又聖祖實錄「永歷」作「永曆」，此避清高宗御名弘曆諱。

康熙元年壬寅春正月乙亥朔。㉒乙酉，享太廟。庚寅，錄大學士范文程等佐命功，官其子承謨等俱內院學士。

二月壬子，太皇太后萬壽節，上率羣臣朝賀。

三月，以滇南平，告廟祭陵，赦天下。㉓辛卯，萬壽節。己亥，遣官安輯浙江、福建、廣東新附官民。

夏四月丙辰，上太祖、太宗尊諡。

五月戊寅，夏至，上親祭地於方澤。

六月丁未，命禮部考定貴賤等威。

秋七月壬申朔，以車克爲大學士，寧古禮爲戶部尚書，張杰爲浙江提督，施琅爲福建提督。㉔

八月辛丑朔，大學士金之俊罷。

九月，裁延綏巡撫。㉕

冬十月壬寅，以成克鞏爲大學士。㉖癸卯，尊皇太后爲太皇太后，尊皇后爲仁憲皇太后，母后爲慈和皇太后。

十一月辛巳，冬至，祀天於圜丘，免朝賀。㉗

十二月辛酉，命吳三桂總管雲南、貴州兩省。

是歲，天下戶丁一千九百一十三萬七千六百五十二，徵銀二千五百七十二萬四千一百二十四兩零。鹽課銀二

㉒ 康熙元年壬寅春正月乙亥朔　案清史稿聖祖本紀自康熙元年至六十一年皆以甲子名歲，元年正月乙亥朔不記事而置朔，俱與本紀體例不合。

㉓ 案清國史聖祖本紀，告廟祭陵在三月十二日乙酉，聖祖實錄同。此未繫干支，與本紀體例不合。

㉔ 案清史稿部院大臣年表二上，寧古禮爲戶部尚書在二十七日戊戌；又案聖祖實錄，張杰爲浙江水師提督，施琅爲福建水師提督亦皆在二十七日戊戌。

㉕ 案清史稿疆臣年表五，裁延綏巡撫缺在九月十二日壬午，聖祖實錄同。此未繫干支，與本紀體例不合。

㉖ 案清史稿大學士年表一，成克鞏以內國史院大學士遷內祕書院大學士，聖祖實錄同。

㉗ 免朝賀　案聖祖實錄，是日詔免次日朝賀，非免是日朝賀。

百七十二萬一千二百一十二兩零。㉘鑄錢二萬九千萬有奇。免直隸、江南各州縣災賦有差。朝鮮入貢。

二年癸卯春正月己亥，廣東總督盧崇峻請封民船濟師，斥之。

二月庚戌，慈和皇太后佟佳氏崩。

三月，荷蘭國遣使入貢，請助師討臺灣，優賚之。㉙

五月丙子，㉚以孫廷銓爲大學士。乙酉，雲南開局鑄錢。丙戌，詔天下錢糧統歸戶部，部寺應用，俱向戶部關領，著爲令。㉛戊子，以魏裔介爲吏部尚書。甲午，恭上大行慈和皇太后尊謚曰孝康慈和莊懿恭惠崇天育聖皇后。

六月，葬世祖章皇帝於孝陵，孝康皇后、端敬皇后祔焉。㉜戊申，以龔鼎孳爲左都御史。乙卯，故明將李定國子嗣興來降。㉝乙丑，以哈爾庫爲浙江提督。

八月癸卯，詔鄉、會試停制義，改用策論，㉞復八旗繙譯鄉試。㉟甲寅，命穆里瑪爲靖西將軍，圖海爲定西

㉘案聖祖實錄，是歲人丁戶口一千九百二十萬三千二百三十三，徵銀二千五百七十六萬九千三百八十七兩有奇，鹽課銀二百七十三萬三千五百七十八兩六錢。此沿康熙朝東華錄（土），與實錄異。

㉙案清史館鄧邦述等纂聖祖本紀稿，荷蘭遣兵在三月二十四日壬辰，聖祖實錄同。此未繫干支，與本紀體例不合。又案「討」者，伐也，聲罪致討之意。斯時永曆帝雖殉國，鄭經猶繼父成功之志，奉永曆年號，以臺灣爲基地，冀復明室，此處書以「討」字，史筆殊欠妥當。應改書爲「攻」字。

㉚五月丙子　案史例，「五月」上當書「夏」字。

㉛案聖祖實錄，詔自康熙三年爲始，天下錢糧統歸戶部，非始自康熙二年。

㉜案清國史聖祖本紀，葬世祖章皇帝於孝陵在六月初六日壬寅，聖祖實錄同。此未繫干支，與本紀體例不合。

㉝案聖祖實錄，是月十九日乙卯，兵部據吳三桂疏報李嗣興投誠，議覆照例議敍，奉旨授都統品級。此爲頒旨日期。

㉞改用策論　案聖祖實錄作「改用策論表判」。此脫「表判」二字。

㉟案清史館鄧邦述等纂聖祖本紀稿，復行八旗繙譯鄉試在初十日乙巳，聖祖實錄同。此爲鄉會試停制義日期。

將軍，率禁旅會四川、湖廣、陝西總督討鄖陽逋賊李來亨、郝搖旗等。

冬十月壬寅，耿繼茂、施琅會荷蘭師船勦海寇，㊱克廈門，取浯嶼、金門二島。㊲鄭錦㊳遁於臺灣。

十一月，詔免諸國貢使土物稅。㊴乙酉，冬至，祀天於圜丘。

十二月壬戌，祫祭太廟。

是歲，免直隸、江南、江西、河南、陝西、浙江、湖廣、四川、雲南、貴州等省二百七十餘州縣災賦。朝鮮入貢進香。

三年甲辰春正月，賜朝正外藩銀幣、鞍馬。㊵

二月壬寅，巡鹽御史張吉午請增長蘆鹽引，斥之。

三月丙子，耿繼茂等拔銅山。丙戌，賜嚴我斯等一百九十九人進士及第、出身有差。

夏四月己亥，輔臣等誣奏內大臣飛揚古子侍衞倭赫擅騎御馬，飛揚古怨望，並棄市，籍其家，鼇拜以予其弟穆里瑪。遣尚書喀蘭圖赴科爾沁四十七旗莅盟。戊申，裁鄖陽撫治。

五月甲子，詔州縣私派累民，上官容隱者併罪之。

六月庚申，詔免順治十五年以前逋賦。

閏六月乙酉，以王弘祚㊶為刑部尚書。丙戌，以漢軍京官歸入漢缺升轉，

㊱ 海寇　案斯時鄭經繼父志，奉永曆年號，冀匡復明室，此處書為「海寇」，史筆欠妥。應直書為「鄭經」。以下同。

㊲ 案清國史聖祖本紀，耿繼茂等克廈門，施琅等取浯嶼、金門在二十一日乙卯，聖祖實錄同。

㊳ 鄭錦　案清史館繆荃孫纂明遺臣鄭成功傳作「鄭經」。此「錦」字當作「經」。以下同。

㊴ 案清史館鄧邦述等纂聖祖本紀稿，免貢使土物稅在十一月乙丑朔，聖祖實錄同。此未繫干支，與本紀體例不合。

㊵ 案清國史聖祖本紀，賜外藩銀幣等物在初九日壬申，聖祖實錄同。此未繫干支，與本紀體例不合。

㊶ 王弘祚　案清史稿部院大臣年表二上作「王宏祚」。以下同。

秋七月丁未，以施琅爲靖海將軍，征臺灣。㊷

八月甲戌，浙江總督趙廷臣疏報擒獲明臣張煌言。㊸己卯，穆里瑪、圖海疏報進勦鄖陽茅麓山李來亨、郝搖旗，俱自焚，賊平。㊹

九月癸丑，發倉粟賑給八旗莊田。乙卯，以查克旦爲領侍衛內大臣。

十一月壬辰，冬至，祀天於圜丘。丁未，以魏裔介爲大學士，杜立德爲吏部尚書，王弘祚爲戶部尚書，龔鼎孳爲刑部尚書。㊺

十二月戊午朔，日有食之。丙戌，祫祭太廟。是月，彗星見張宿、井宿、胃宿、奎宿，金星見。給事中楊雍建請修省。㊻

是歲，免直隸、江南、江西、山東、陝西、浙江、福建、湖廣、貴州等省一百二十一州縣被災額賦有差。朝鮮入貢。

四年乙巳春正月壬辰，以郝惟訥爲左都御史。己亥，停榷關溢額獎敘。辛丑，封承澤親王碩色子博翁果諾爲惠郡王。致仕大學士洪承疇卒，予祭葬，謚文襄。㊼

㊷ 征臺灣　案「征」者，討也。斯時鄭經繼父志，冀匡復明室，此處書以「征」字，史筆欠妥。應改書爲「攻」字。

㊸ 案清史館明遺臣傳，故校孫惟法設計執張煌言在七月十七日丙午；聖祖實錄，徐元等扮僧民擒張煌言在七月二十日己酉。此爲疏報到京，奉旨交部議敘日期。

㊹ 案清史館鄧邦述等纂聖祖本紀稿，張長庚疏報郝搖旗先已授首，八月初五日甲子，李來亨兵敗自焚死，聖祖實錄同。此以穆里瑪、圖海疏報，又謂郝搖旗同李來亨自焚死，俱誤。

㊺ 案清史稿部院大臣年表二上，龔鼎孳爲刑部尚書在十一月二十六日癸丑，聖祖實錄同。

㊻ 案聖祖實錄，彗星見張宿在十一月初十日丁酉，見井宿在十三日庚子，見胃宿在十九日丙午，見奎宿在十二月初五日壬戌，金星見在十七日甲戌。

㊼ 案清史稿列傳二十四洪承疇傳，洪承疇卒在二月，清史館鄧邦述等纂聖祖本紀稿、清史列傳貳臣傳同。又案聖祖實錄，予祭葬，謚文襄，在三月二十五日辛亥。

二月乙丑，太皇太后聖壽，免朝賀。己巳，吳三桂疏報勦平水西烏撒土司，㊽擒其酋安坤、安書聖。㊾丙戌，以星變，詔臣工上言闕失。御史董文驥疏言：「大臣更易先皇帝制度非是，宜一切復舊。」

三月戊子，京師地震有聲。辛卯，金星晝見。以星變、地震，肆赦，免逋賦。山西旱，有司不以聞，下吏部議罪，免其積逋及本年額賦。壬辰，詔禁州縣預徵隔年稅糧。丙申，詔曰：「郡縣災荒，有司奏請蠲賦，而小民先期已完，是澤不下逮也。自今被災者，預緩徵額賦十之三。」甲辰，萬壽節，免朝賀。丙午，修歷代帝王廟。太常寺少卿錢綖請簡老成耆德、博通經史者數人，出入侍從，以備顧問。

夏四月丙寅，詔凡災傷免賦者，並免丁徭。戊辰，詔卿貳督撫員缺，仍廷推。

五月丁未，置直隸總督，兼轄山東、河南。㊿裁貴州總督歸雲南，廣西總督歸廣東，江西總督歸江南，山西總督歸陝西，鳳陽、寧夏、南贛巡撫悉裁之。

六月乙丑，詔父子兄弟同役，給復一年。

秋七月己酉，吏部以山西徵糧如額，請議敍，詔曰：「曩以太原諸處旱災饑饉，督撫不以聞，議罪，會赦得原，豈可仍以催科報最。惟未被災之地方官，仍予紀錄。」

八月庚午，詔贓官遇赦免罪者，不許復職。

九月辛卯，冊赫舍里氏為皇后，輔臣索尼之孫女也。上太皇太后、皇太后尊號，加恩中外。(51)

冬十月癸亥，上幸南苑校射行圍。甲戌，還宮。

十一月丁酉，祀天於圜丘。

㊽ 案清國史聖祖本紀，吳三桂疏報克烏撒在十五日壬申，聖祖實錄同。

㊾ 安書聖　案清史稿列傳二六一吳三桂傳作「安重聖」，聖祖實錄同。此「書」字當作「重」。

㊿ 案聖祖實錄，直隸、山東、河南設一總督。此獨標直隸，又曰兼轄，誤。

(51) 案清國史聖祖本紀，加上尊號在二十五日戊申，聖祖實錄同。

十二月庚辰，祫祭太廟。

是歲，免直隸、江南、江西、山東、河南、浙江、湖廣、貴州等省一百二十一州縣衞災賦有差。朝鮮、琉球、暹羅入貢，索倫、飛牙喀人來歸。

五年丙午春正月庚寅，以廣東旱，發倉穀七萬石[52]賑之。以承澤親王碩色子恩克布嗣爵。[53]

二月壬子朔，置平遠、大定、黔西三府。丁巳，以十二月中氣不應，詔求明歷法[54]者。乙丑，詔自今漢軍官丁憂，准解任，持三年喪。

三月，以胡拜爲直隸總督。[55]

五月丙午，以孫延齡爲廣西將軍，接統定南部軍，駐桂林。

六月庚戌朔，日有食之。癸酉，傅維鱗病免，以郝惟訥爲工部尚書。[56]辛未，詔崇文門凡貨物出京者，弛其稅。

秋七月庚辰朔，以朱之弼爲左都御史。辛巳，琉球來貢，並補進漂失前貢。上嘉其恭順，命還之，自今非其國產勿以貢。

八月己酉，給事中張維赤疏請親政。

---

[52] 七萬石　案聖祖實錄作「六萬八千二百餘石」。

[53] 案聖祖實錄，恩克布爲三等輔國將軍在十三日甲午。又案清史稿列傳六有「碩塞」傳，皇子世表三同。「碩色」，「碩塞」，皆爲同音異譯。

[54] 歷法　案「歷」字當作「曆」。此避清高宗弘曆御名諱。

[55] 案聖祖實錄，胡拜爲直隸提督在三月十二日壬辰。此作「直隸總督」，誤；又未繫干支，與本紀體例不合。

[56] 案聖祖實錄，傅維鱗病免在十五日甲子，郝惟訥爲工部尚書在二十四日癸酉。又按曆法，「癸酉」條當繫於「辛未」條之後。

九月丁亥，上行圍南苑。(57)癸卯，還宮。禮部尚書沙澄免；(58)以梁清標爲禮部尚書，(59)龔鼎孳爲兵部尚書，(60)郝惟訥爲刑部尚書，(61)朱之弼爲工部尚書。(62)

冬十月，詔起范承謨爲祕書院學士。(63)

十一月丙申，輔臣鰲拜以改撥圈地，誣奏大學士管戶部尚書蘇納海、直隸總督朱昌祚、巡撫王登聯等罪，逮下獄。四大臣之輔政也，皆以勳舊。索尼年老，遏必隆闇弱，蘇哈薩克(64)望淺，心非鰲拜所爲而不能爭。鰲拜橫暴，又宿將多戰功，敍名在末，而遇事專橫，屢興大獄，雖同列亦側目焉。

十二月丙寅，鰲拜矯旨殺蘇納海、朱昌祚、王登聯。甲戌，祫祭太廟。

是歲，免直隸、江南、江西、河南、陝西、浙江、湖廣等省八十六州縣災賦有差。朝鮮、琉球入貢。

六年丁未春正月己丑，封世祖第二子福全爲裕親王。丁酉，上幸南苑行圍。以明安達禮爲禮部尚書。(65)

二月癸亥，晉封故親王尼堪子貝勒蘭布爲郡王。丁卯，以宗室公班布爾善爲大學士。起圖海復爲大學士。錫故總督李率泰一等男爵。(66)

---

(57) 案清史館鄧邦述等纂聖祖本紀稿，幸南苑行圍在十六日癸巳，聖祖實錄同。

(58) 案清史稿部院大臣年表二上，沙澄憂免在八月二十六日甲戌，聖祖實錄同。

(59) 案聖祖實錄，梁清標爲禮部尚書在初十日丁亥，康熙朝東華錄（王）同。

(60) 案清史稿部院大臣年表二上，龔鼎孳爲兵部尚書在十九日丙申，清國史聖祖本紀、聖祖實錄同。

(61) 案清國史聖祖本紀，郝惟訥爲刑部尚書在二十九日丙午，聖祖實錄同。

(62) 案清史稿部院大臣年表二上，朱之弼爲工部尚書在十月初五日壬子，聖祖實錄同。

(63) 案清國史聖祖本紀，范承謨爲內祕書院學士在九月初十日丁亥，聖祖實錄同。

(64) 蘇哈薩克　案此當作「蘇克薩哈」。

(65) 案清史館鄧邦述等纂聖祖本紀稿，明安達禮爲吏部尚書在三十日乙巳，聖祖實錄同。又「禮部」當作「吏部」。

(66) 案聖祖實錄，授李率泰爲一等男在四月初十日甲寅。此爲以班布爾善等爲大學士日期。

三月己亥，賜繆彤等一百五十人(67)進士及第、出身有差。

夏四月甲戌，(68)加索尼一等公。甲子，江南民人沈天甫撰逆詩誣告人，誅之。誣者皆不論。(69)御史田六善言：「奸民告訐，於南人不曰『通海』，則曰『逆書』，北人不曰『于七黨』，則曰『逃人』，請鞫誣反坐。」(70)從之。

五月辛酉，吳三桂疏辭總理雲南、貴州兩省事，從之。

六月己亥，禁採辦楠木官役生事累民。

秋七月己酉，上親政，御太和殿受賀，加恩中外，罪非殊死，咸赦除之。是日，始御乾清門聽政。甲寅，命武職官一體引見。己未，輔臣鼇拜擅殺輔臣蘇克薩哈及其子姓。(71)癸亥，賜輔臣遏必隆、鼇拜加一等公。

九月丙午，命修世祖實錄。

冬十月己卯，盛京地震有聲。

十一月丁未，冬至，祀天於圜丘。奉世祖章皇帝配饗。丁巳，加上太皇太后、皇太后徽號。

十二月丙戌，以塞白理爲廣東水師提督。戊子，以馬爾賽(72)爲戶部增設尚書。戊戌，祫祭太廟。

是歲，免直隸、江南、江西、山東、山西、陝西、甘肅、浙江、福建、湖廣等省一百六十州縣災賦有差。朝鮮、荷蘭入貢。

---

(67) 一百五十人　案清國史聖祖本紀作「一百五十五人」，聖祖實錄同。此當據改。

(68) 甲戌　案曆法，甲戌在月杪。此置於甲子之前，與史例不合。

(69) 誣者皆不論　案聖祖實錄作「其被誣者悉置不問」。此脫「被」字。

(70) 案清史館鄧邦述等纂聖祖本紀稿，田六善疏請鞫誣反坐在二十六日庚午，聖祖實錄同。

(71) 子姓　案聖祖實錄作「子姪」。此「姓」字當作「姪」。

(72) 馬爾賽　案清史稿部院大臣年表二上作「馬邇賽」，聖祖實錄同。此爲同音異譯。

七年戊申春正月戊申，以莫洛爲山西陝西總督，劉兆麒爲四川總督。戊午，加鰲拜、遏必隆太師。

二月辛卯，上幸南苑。

三月丁未，詔部院官才能卓越，升轉毋拘常調。

夏四月庚辰，浙江嘉善民郁之章有罪遣戍，其子褒、廣叩闇請代，(73)上並宥之。

五月壬子，以星變、地震，下詔修省，諭戒臣工。

六月癸酉，金星晝見。丁亥，平南王尚可喜遣子之信入侍。(74)

秋七月戊午，前漕運總督吳維華請徵市鎭間架錢，洲田招民出錢佃種，上惡其言利，下刑部議罪。庚申，以夸岱(75)爲滿洲都統。

秋八月壬申，(76)戶部尚書王宏祚坐失察書吏僞印盜帑，免。

九月庚子，以吳瑪護爲奉天將軍，額楚爲江寧將軍，瓦爾喀爲西安將軍。壬寅，上將巡邊，侍讀學士熊賜履、給事中趙之符疏諫。上爲止行，仍令遇事直陳。(77)

冬十月，定八旗武職人員居喪百日，釋縞任事，仍持服三年。(78)庚午，上幸南苑。

十一月癸丑，冬至，祀天於圜丘。

---

(73) 叩闇請代　案此「闇」字當作「閽」。

(74) 案聖祖實錄，尚可喜疏請遣子入侍在二十一日戊子；康熙朝東華錄（王）繫於二十日丁亥，此沿之。

(75) 夸岱　案聖祖實錄以鑲藍旗蒙古都統誇岱爲滿洲都統，此未言所領旗分。又「夸岱」，「誇岱」，爲同音異譯。

(76) 秋八月壬申　案七月已書「秋」字，此「秋」字當删。

(77) 案清史館鄧邦述等纂聖祖本紀稿，熊賜履等疏諫停止巡邊在十六日壬子，聖祖實錄同。此「壬寅」當作「壬子」。

(78) 案聖祖實錄，定八旗武職居喪在冬十月初二日丁卯。此未繫干支，與本紀體例不合。

十二月癸酉，以麻勒吉為江南總督，(79)甘文焜為雲南貴州總督，(80)范承謨為浙江巡撫。(81)癸巳，祫祭太廟。是歲，免奉天、直隸、江南、山東、河南、浙江、陝西、甘肅等省二百十六州縣災賦有差。朝鮮、安南、暹羅入貢。

八年己酉春正月戊申，修乾清宮，上移御武英殿。(82)

二月庚午，命行南懷仁推算歷法。(83)庚午，上巡近畿。(84)

三月辛丑，以直隸廢藩田地予民。

夏四月癸酉，衛周祚免，(85)以杜立德為大學士。丁丑，上幸太學，釋奠先師孔子，講周易、尚書。丁巳，給事中劉如漢請舉行經筵，上嘉納之。(86)

五月乙未，以黃機為吏部尚書，(87)郝惟訥為戶部尚書，(88)龔鼎孳為禮部尚書，起王宏祚為兵部尚書。(89)戊申

(79) 江南總督　案清史稿職官志三：「順治十八年，江南、江西分置總督⋯⋯。康熙四年，復併為一。十三年復分置。二十一年，仍合，尋定名兩江總督。」

(80) 案清史稿疆臣年表一，甘文焜為雲貴總督在十五日己卯，聖祖實錄同。

(81) 案清史稿疆臣年表五，范承謨為浙江巡撫在十六日庚辰，清國史聖祖本紀、聖祖實錄同。

(82) 案清國史聖祖本紀，移居武英殿在二十二日丙辰，聖祖實錄同。

(83) 案聖祖實錄，是日詔自康熙九年始，行南懷仁推算曆法，非自康熙八年始。又案「歷」當作「曆」。此避清高宗弘曆御名諱。

(84) 案清史館聖祖本紀初輯本，巡近畿在二十七日庚寅，聖祖實錄同。此「庚午」當作「庚寅」。

(85) 案清史稿大學士年表一，衛周祚病免在初四日丙寅，聖祖實錄同。

(86) 案清國史聖祖本紀，劉如漢請舉行經筵在十九日辛巳，聖祖實錄同。是月無丁巳，「丁巳」當作「辛巳」。

(87) 案聖祖實錄，黃機為吏部尚書在四月十八日庚辰；清史稿部院大臣年表二上作四月十七日己卯，康熙朝東華錄（王）同。

(88) 案清國史聖祖本紀，郝惟訥為戶部尚書在四月二十七日己丑，聖祖實錄同；清史稿部院大臣年表二上作四月十七日己卯，康熙朝東華錄（王）同。

(89) 案清史稿部院大臣年表二上，王宏祚為兵部尚書在初十日壬寅。

，詔逮輔臣鰲拜，交廷鞫。上久悉鰲拜專橫亂政，特慮其多力難制，乃選侍衞、拜唐阿年少有力者為撲擊之戲。是日，鰲拜入見，卽令侍衞等掊而縶之。於是有善撲營之制，以近臣領之。庚申，王大臣議鰲拜獄上，列陳大罪三十，請族誅。詔曰：「鰲拜愚悖無知，誠合夷族。特念效力年久，迭立戰功，貸其死，籍沒拘禁。」其弟瑪里穆、(90)塞本得，從子訥莫，(91)其黨大學士班布爾善，尚書阿思哈、噶褚哈、濟世，侍郎泰璧圖，學士吳格塞皆誅死，餘坐譴黜。其弟巴哈宿衞淳謹，卓布泰(92)有軍功，免從坐。嗣敬謹親王蘭布降鎭國公，褫遏必隆太師、一等公。

六月丁卯，詔曰：「朕夙夜求治，念切民依。邇年水旱頻仍，盜賊未息，兼以貪吏朘削，民力益殫，朕甚閔焉。部院科道諸臣，其以民間疾苦，作何裨益，各抒所見以聞。」戊辰，敕改造觀象臺儀器。壬申，詔復輔臣蘇克薩哈官及世職，其從子白爾圖(93)立功邊徼，被枉尤酷，復其世職，均令其子承襲。戊寅，詔滿兵有規占民間房地者，永行禁止，仍還諸民。以米思翰為戶部尚書。(94)戊子，詔宗人有罪，遽絕屬籍，心有不忍。自順治十八年以來，宗人削籍者，宗人府詳察以聞。

秋七月壬辰朔，裁直隸山東河南總督。壬寅，詔復大學士蘇納海、總督朱昌祚、巡撫王登聯原官，並予謚。

八月甲申，以索額圖為大學士，明珠為左都御史。(95)

---

(90) 瑪里穆　案清史館鄧邦述等纂聖祖本紀稿作「穆里瑪」，聖祖實錄同。

(91) 其弟…塞本得，從子訥莫　案聖祖實錄，「塞本得」為鰲拜之姪，非其弟；又「從子訥莫」作「姪訥莫」。

(92) 其弟…卓布泰　案聖祖實錄，「卓布泰」作「趙布太」，係鰲拜之兄，非其弟。

(93) 白爾圖　案清史稿列傳三十六蘇克薩哈傳附有「白爾赫圖」傳，為蘇克薩哈族弟；聖祖實錄作「白爾黑圖」。此脫「赫」或「黑」字。

(94) 案清史稿部院大臣年表二上，米思翰為戶部尚書在十一日壬申，聖祖實錄同。

(95) 案清史稿部院大臣年表二下，明珠為左都御史在九月二十四日甲寅，聖祖實錄同。

九月甲午，京師地震有聲。丁未，以勒貝為滿洲都統，(96)塞白理為浙江提督，(97)畢力克圖為蒙古都統。(98)

冬十月甲子，上幸南苑。詔行在勿得借用民物，盧溝橋成，上為文勒之石。(99)

十一月己亥，先是，山西陝西總督莫洛、陝西巡撫白清額均坐鰲拜黨罷。至是，西安百姓叩閽稱其清廉，乞還任，詔特許之。壬子，太和殿、乾清宮成，上御太和殿受賀，入居乾清宮。(100)

十二月己卯，顯親王福壽薨。丁亥，祫祭太廟。

是歲，免直隸、江南、河南、山西、陝西、湖廣等省四十五州縣災賦有差。朝鮮、琉球入貢。

九年庚戌春正月丙申，予宋儒程顥、程頤後裔五經博士。丁酉，饗太廟。辛丑，祈穀於上帝，奉太祖高皇帝、太宗文皇帝、世祖章皇帝配饗。起遏必隆公爵，宿衛內廷。(101)己酉，詔明藩田賦視民田輸納。壬子，上幸南苑。

二月癸酉，以金光祖為廣東廣西總督，馬雄鎮為廣西巡撫。(102)癸未，詔尚陽堡、寧古塔流徙人犯，值十月至正月俱停發。

三月辛酉，賜蔡啓僔等二百九十二人進士及第，出身有差。

---

(96) 以勒貝為滿洲都統　案清國史聖祖本紀，是日改勒貝為正藍旗滿洲都統，聖祖實錄同。此未詳其所領旗分。

(97) 案清國史聖祖本紀，塞白理為浙江提督在二十日庚戌，聖祖實錄同。

(98) 畢力克圖為蒙古都統　案清國史聖祖本紀，「畢力克圖」作「畢理克圖」，其為正藍旗蒙古都統在二十九日己未，聖祖實錄同。此繫於十七日丁未，誤，且未詳其所領旗分。

(99) 案清國史聖祖本紀，為文勒石在初九日己巳，聖祖實錄同。

(100) 案聖祖實錄，御太和殿受賀，入居乾清宮俱在二十四日癸丑。此為太和殿、乾清宮告成日期。

(101) 案清史館鄧邦述等纂聖祖本紀稿，遏必隆以公爵宿衛內廷在十九日丁未，聖祖實錄同。

(102) 案清國史聖祖本紀，馬雄鎮為廣西巡撫在十七日乙亥。

夏四月己丑，以蔡毓榮爲四川湖廣總督。己亥，上幸南苑。

五月丙辰朔，加上孝康章皇后尊謚，升祔太廟，頒發恩詔，訪隱逸，賜高年，赦殊死以下。丙子，纂修會典。

六月丙戌朔，以席卜臣爲蒙古都統。[103]丁酉，以故顯親王福壽子丹臻襲爵。己酉，命大學士會刑部錄囚。

秋七月丁巳，以王輔臣爲陝西提督。丁巳，[104]奉祀孝康章皇后於奉先殿。

八月戊子，祭社稷壇。詔都察院糾察陪祀王大臣班行不肅者。乙未，復內閣，復翰林院。丁酉，上奉太皇太后、皇太后有事於孝陵。壬子，車駕還宮。

九月庚申，以簡親王濟度子喇布襲爵。[105]

多十月庚巳，[106]頒聖諭十六條。甲午，改內三院，復中和殿、保和殿、文華殿大學士。丁酉，諭禮部舉經筵。

十一月癸酉，以艾元徵爲左都御史。壬午，以中和殿大學士魏裔介兼禮部尚書。[107]

十二月癸卯，以莫洛爲刑部尚書。辛亥，祫祭太廟。

是歲，免河南、湖廣、江南、福建、廣東、雲南等省二百五十三州縣衞災賦有差。朝鮮入貢。

十年辛亥春正月丁卯，蒙古蘇尼特部、四子部大雪饑寒，遣官賑之。癸酉，封世祖第五子常寧爲恭親王。庚

---

[103] 席卜臣爲蒙古都統　案聖祖實錄，是日陞席卜臣爲鑲白旗蒙古都統。此未詳其所領旗分。

[104] 丁巳　案清國史聖祖本紀作「丁卯」，聖祖實錄同。此「丁巳」當作「丁卯」。

[105] 案聖祖實錄，是日和碩簡慧親王德塞無嗣，以其弟喇布襲爵。

[106] 庚巳　案清史館聖祖本紀覆勘本作「癸巳」，聖祖實錄同。此「庚巳」當作「癸巳」。

[107] 以中和殿大學士魏裔介兼禮部尚書　案聖祖實錄，是日改內祕書院大學士魏裔介爲保和殿大學士兼禮部尚書。此「中和殿」當作「保和殿」。

辰，大學士魏裔介罷。以曹申吉爲貴州巡撫。

二月丁酉，以馮溥爲大學士，以梁清標爲刑部尚書。[108]乙巳，召宗人覺羅年七十以上趙班等四人入見，賜朝服、銀幣。戊申，命編纂孝經衍義。庚戌，以尼雅翰爲滿洲都統。[109]

三月壬子朔，誥誡年幼諸王讀書、習騎射，勿恃貴縱恣。癸丑，置日講官。庚午，以無雨風霾，下詔修省。

夏四月乙酉，命纂修太祖、太宗聖訓。詔宗人閒散及幼孤者，量予養贍，著爲令。丙戌，詔清理庶獄，減矜疑一等。辛卯，始開日講。壬辰，上詣天壇禱雨。甲午，雨。

五月庚申，理藩院尚書喀蘭圖乞休，加太子太保，以內大臣奉朝請。[110]癸酉，上幸南苑。

六月丁亥，以靳輔爲安徽巡撫。甲午，金星晝見。是月，靖南王耿繼茂卒，子精忠襲封，仍鎮福建。[111]

八月己卯朔，日有食之。丁未，上御經筵。戊申，以王之鼎爲江南提督。

九月庚戌，上以寰宇一統，告成於二陵。辛亥，上奉太皇太后、皇太后啓鑾。蒙古科爾沁、喀喇沁、土默特、敖漢諸部王、貝勒、公朝行在。[112]丁卯，謁福陵、昭陵。戊辰，祭福陵，行告成禮。庚午，祭昭陵，行告成禮。辛未，上幸盛京，御清寧宮，賜百官宴，八十以上召前賜酒。大賚奉天、寧古塔甲士，及於傷殘老病者白金，民間高年亦如之。曲赦死罪減一等，軍流以下釋之。山海關外蹕路所經，勿出今年、明年租賦。遣官祭諸王、諸大臣墓。壬申，上自盛京東巡。

冬十月辛巳，駐蹕愛新。召寧古塔將軍巴海，諭以新附瓦爾喀、虎爾哈，宜善撫之。己丑，上迴蹕盛京，再

---

[108] 案清史稿部院大臣年表二上，梁清標爲刑部尚書在十六日戊戌，清國史聖祖本紀、聖祖實錄同。

[109] 以尼雅翰爲滿洲都統　案聖祖實錄，是日以尼雅翰爲鑲白旗滿洲都統。此未詳其所領旗分。

[110] 案聖祖實錄，喀蘭圖乞休在十一日辛酉；康熙朝東華錄（王）繫於初十日庚申，此沿之。

[111] 案聖祖實錄，耿精忠襲爵在是月二十八日丁未。此未繫干支，與本紀體例不合。

[112] 案聖祖實錄，科爾沁鎮國公朝行在在初五日癸丑，喀喇沁郡王朝行在在十一日己未，土默特貝子朝行在在十二日庚申，敖漢來朝在十四日壬戌，俱不在初三日辛亥。辛亥爲啓鑾日期。

賜老人金。辛卯，謁福陵、昭陵。命文武官較射，命來朝外藩較射。(113)壬辰，上奉太皇太后、皇太后迴鑾。

十一月庚戌，還京。壬申，以明珠爲兵部尚書。

十二月丙午，祫祭太廟。

是歲，免直隸、江南、江西、浙江、山東、河南、陝西、湖廣等省三百二州縣衞災賦逋賦有差。朝鮮、琉球入貢。

十一年壬子春正月辛未，上奉太皇太后幸赤城湯泉，過八達嶺，親扶慈輦，步行下山。(114)

二月戊寅，奉太皇太后至湯泉。(115)辛卯，上迴京。丙申，親耕耤田。丁酉，朝日於東郊。戊戌，上詣赤城。

三月戊辰，上奉太皇太后還宮。

夏四月乙巳，命侍衞吳丹、學士郭廷祚巡視河工。

五月乙丑，世祖實錄成。丙寅，上出德勝門觀麥。

六月庚寅，命更定賦役全書。(116)

秋七月己酉，論征緬甸、雲南、貴州功，予何建忠等一百二十七人世職。(117)丙辰，上觀禾。御史孟雄飛(118)疏言：「孫可望窮蹙來歸，濫膺王封，及伊身死，已襲二次。今孫徵淳死，宜令降襲。」(119)詔降襲慕義公。(120)

(113) 案清國史聖祖本紀，命來朝外藩較射在十四日壬辰，聖祖實錄同。

(114) 案清國史聖祖本紀，過八達嶺在二十六日癸酉，聖祖實錄同。

(115) 案聖祖實錄，太皇太后至湯泉宮在初三日己卯。

(116) 案清國史聖祖本紀，命更定賦役全書在十四日戊子，聖祖實錄同。

(117) 何建忠等一百二十七人　案聖祖實錄作「何進忠等一百三十八人」。

(118) 孟雄飛　案聖祖實錄作「孟熊飛」，康熙朝東華錄（王）同。此「雄」字當作「熊」。

(119) 案聖祖實錄，議政王大臣議覆孟熊飛疏請降襲孫可望王爵在八月初五日丁未。

(120) 案清史稿諸臣封爵世表一，詔降襲慕義公在八月；聖祖實錄，詔降襲慕義公在八月十三日乙卯。

閏七月，復封尚善爲貝勒。[121]丁亥，詔治獄勿用嚴刑輕斃人命，違者罪之。

八月壬子，上幸南苑行圍。癸丑，詔曰：「帝王致治，在維持風化，辨別等威。比來官員服用奢僭，競相效尤，其議禁之。」庚申，上御經筵。壬戌，上奉太皇太后幸遵化湯泉。甲子，閱薊州官兵較射。丁卯，上謁孝陵。

九月丁丑，閱遵化兵、三屯營兵。[122]

冬十月甲辰，上奉太皇太后還宮。壬子，命范承謨爲福建總督。

十一月辛丑，上幸南苑，建行宮。[123]

十二月丁未，裕親王福全、莊親王博果鐸、惠郡王博翁果諾、溫郡王孟峨疏辭議政，[124]允之。戊午，上召講官諭曰：「有人請令言官風聞言事。朕思切中事理之言，患其不多。若借端生事，傾陷擾亂，深足害政。與民休息，道在不擾。虛耗元氣，則民生蹙矣。」己未，康親王傑書、安親王岳樂疏辭議政，不許。庚午，祫祭太廟。

是歲，免直隸、江南、浙江、山東、山西、河南、湖廣等省一百四十一州縣衛災賦有差。朝鮮入貢。

十二年癸丑春正月庚寅，上幸南苑，大閱。[125]

二月辛亥，以吳正治爲左都御史。壬子，上御經筵，命講官日直。[126]戊辰，賜八旗官學繙譯大學衍義。[127]

---

[121] 案清國史聖祖本紀，復封尚書爲多羅貝勒在閏七月初二日乙亥，聖祖實錄同。此未繫干支，與本紀體例不合。

[122] 案聖祖實錄，閱三屯營兵在初七日己卯，康熙朝東華錄（王）同。

[123] 案清國史聖祖本紀，幸南苑，親太皇太后行宮，聖祖實錄同。此言「建行宮」，誤。

[124] 案清國史聖祖本紀，福全辭議政在初四日乙巳，博果鐸、博翁果諾、孟峨辭議政在十一日壬子，聖祖實錄同，俱不在初六日丁未。

[125] 案清史館鄧邦述等纂聖祖本紀稿，大閱在二十日辛卯，聖祖實錄同。

[126] 案清國史聖祖本紀，命講官日直在初七日丁未，聖祖實錄同。

[127] 案聖祖實錄，頒賜大學衍義在三十日庚午，康熙朝東華錄（王）同。

康熙二十九年（1690）四月，設國史館於東華門內，額設總纂、纂修、協修、提調、滿漢文總校及謄錄、校對官等人員，成為國家常設修史機構，其纂修人員多為學問超卓，文章優長的詞臣。國史館因襲傳統制度，所修史書，亦分為紀、志、表、傳等類，所不同的是除漢文本外，另增滿文本。

乾隆元年（1736）十月，國史館總裁大學士鄂爾泰等進呈《清太祖高皇帝本紀》，其他四朝本紀仍在編纂中。嘉慶初年，《清太祖高皇帝本紀》、《清太宗文皇帝本紀》、《清世祖章皇帝本紀》、《清聖祖仁皇帝本紀》、《清世宗憲皇帝本紀》，以上五朝本紀雖已修成，但尚未裝潢成帙。嘉慶八年（1803），清仁宗命國史館將五朝本紀原本分函裝修儲藏，並另繕一份進呈御覽。同年，敕修《清高宗純皇帝本紀》。道光二年（1822），敕修《清仁宗睿皇帝本紀》。咸豐二年（1852），敕修《清宣宗成皇帝本紀》。同治三年（1864），敕修《清文宗顯皇帝本紀》。光緒三年（1877），敕修《清穆宗毅皇帝本紀》。以上各朝本紀，其封面均飾以黃綾，俱各繕二套，分函裝貯，即所謂黃綾本本紀。國立故宮博物院現藏清代國史館黃綾本本紀，自清太祖迄清穆宗共十朝，包含滿漢文本，滿文本雖有部分短缺，但漢文本俱各二套，完整無缺，且保存良好。

清代國史館因襲傳統史書本紀體例，纂修歷朝本紀，各朝本紀卷首皆載凡例。符合歷代正史體例，從清初以來，陸續修成，體例一致，不同於倉促成書。當時資料完整，人才濟濟，物力充足，黃綾本本紀的內容，可信度較高。其中《清太祖高皇帝本紀》雖然主要是取材於實錄，但於明季政事，及所用邊疆大吏，實錄所未詳載者，黃綾本本紀多分別補入，其目的就是欲令後世得知「興亡成敗，兩兩相形，則得失之故瞭然矣。」清太祖未即位以前，事屬創興，本紀多未書寫日期，即位以後多書日期，其一切制度及大事，俱舉大綱，體裁至簡，頗符合本紀體例。清太宗在位期間，規模已定，其建官賜爵，定制立法，僅書其大綱。凡詔誥敕諭，因實錄記載甚詳，本紀不能備載，只節書其切要者，俱從本紀體例。清世祖即位初期，攝政王多爾衮所頒諭旨，本紀但撮其切要者附書。《清聖祖仁皇帝本紀》，詔令但書其大者，小者不書。清世宗勵精圖治，凡訓飭臣工，剖析事理，以及一切興建釐剔，賞罰黜陟等項大政，皆頒上諭，洋洋灑灑，多則數千言，少亦數百言，若據實錄盡行登載，則卷帙浩繁，有失本紀體例。因此，黃綾本《清世宗憲皇帝本紀》僅記動而不記言，凡諸大政，皆用序事體，以數語概括敘述。至於世宗訓飭臣工，剖析事理之旨，則擇其與時政相關涉者記載，其餘一概不載。清高宗在位六十年，其一切大政，按年逐次登載，只書大綱，以期事無掛漏，但較歷朝本紀，已是卷帙倍多。清仁宗以降，國史館纂修本紀，仍遵史書舊例。大體而言，清代國史館纂修歷朝本紀，體例謹嚴，頗能把握住「辭不敢繁，事不敢略」的原則。

據溥儀的內務府大臣耆齡撰《賜硯齋日記》記載，「丙辰十月初九日，德宗景皇帝本紀告成。」「辛酉十二月初十日，德宗景皇帝實錄告成，恭進首函禮成。」丙辰為民國五年（1916），辛酉為民國十年（1921），由此可知《清德宗景皇帝本紀》成書是在實錄之前。所謂成書，當指寫定正本並於封面飾以黃綾而言。易言之，其正本當指黃綾本而言。國立故宮博物院僅存《清德宗景皇帝本紀》漢文本的稿本，自光緒元年（1875）至三十四年（1908），每年春夏秋冬四季各一冊，全年四冊，共計一三六冊，其纂修人員頗多，包括史寶安、錢駿祥、程棫林、袁勵準、王大鈞、吳懷倩、熊方燧、金兆豐、張書雲、朱汝珍、歐家廉、何國澧、藍鈺、黎湛枝等人，其纂輯當始自宣統年間。稿本是一種紅格本，半葉八行，多粘簽刪改，從簽條批註，可以瞭解《清德宗景皇帝本紀》的纂修過程，也可以知道本紀的纂修，何者當書？何者當刪？

《清代史料彙編》卷首詳列清史館歷朝本紀稿本卷數、撰稿人員及修正人員姓名。現藏國史館前十朝本紀，俱為黃綾本，未標明纂修人員姓名。《清德宗景皇帝本紀》稿本，共一三六冊，較黃綾本為小，是一種紅格本，半葉八行。為了便於比較說明，特將清史館及國史館漢文本紀列出簡表如下。

清代歷朝本紀對照表

名　　稱	卷數	撰稿人	修正人	名　　稱	卷數
清太祖本紀稿	一	金兆蕃、鄧邦述	奭良	清太祖高皇帝本紀	二
清太宗本紀稿	二	金兆蕃、鄧邦述		清太宗文皇帝本紀	四
清世祖本紀稿	二	金兆蕃、鄧邦述		清世祖章皇帝本紀	八
清聖祖本紀稿	三	金兆蕃、鄧邦述	奭良	清聖祖仁皇帝本紀	二四
清世宗本紀稿	一	金兆蕃、鄧邦述	奭良	清世宗憲皇帝本紀	八
清高宗本紀稿	六	吳廷燮		清高宗純皇帝本紀	六二
清仁宗本紀稿	一	吳廷燮	奭良	清仁宗睿皇帝本紀	二五
清宣宗本紀稿	三	吳廷燮		清宣宗成皇帝本紀	三一
清文宗本紀稿	一	吳廷燮	奭良	清文宗顯皇帝本紀	二三
清穆宗本紀稿	二	吳廷燮	李哲明	清穆宗毅皇帝本紀	五四
清德宗本紀稿	二	瑞洵	李哲明	清德宗景皇帝本紀	一三六
清宣統本紀稿	一	瑞洵	奭良		
合　　計	二五				三七七

由前列簡表可知清史館歷朝本紀稿共二十五卷，國史館前十朝黃綾本本紀共二四一卷，其卷數雖然多寡不同，但其

名目則彼此相合。學者曾主張仿《魏書》序紀、《金史》世紀之例，另撰開國前紀，詳著建州始末，置於《太祖本紀》之前，或將滿洲發祥至世祖以前，皆入序紀。對照前表以後可知清史館纂修歷朝本紀的體例，是以國史館黃綾本歷朝本紀為藍本的，並未將太祖、太宗兩朝事蹟另列序紀，其建州始末，亦未另撰開國前紀。吳士鑑撰〈纂修體例〉一文已指出：

> 本紀當以史館歷朝本紀為根據，復以聖訓、實錄、方略互證之（萬一有所異同，則以東華錄參考），刪繁就要，準諸前史體例，何者當書，何者不當書，其有事關創舉，為前史所未有者，則宜書（除授官吏，宜從省削，以其與表可互證也，餘當別定條例）。清室建國改元，始於遼瀋，天命、天聰兩朝，已成混一區夏之基，宜仿北魏聖武、平文之例，冠以太祖、太宗本紀，至於四祖事蹟，皆當敘於太祖本紀之中（前史有此例），悉本官修開國方略及實錄等書。凡夫私家著述，語涉疑似者，不宜旁及，以昭謹信。

引文中所謂「史館歷朝本紀」，即指清史館存放的黃綾本歷朝本紀而言，清史館纂修本紀，當以國史館黃綾本歷朝本紀為根據。清史館金兆蕃、鄧邦述等人纂修本紀稿本，是以實錄為主，並與黃綾本本紀等書互校，可信度頗高。奭良覆勘時，諸多改動，與原稿大相逕庭，已失本來面貌。奭良覆勘本常見的缺失，主要為：日期錯誤，年月未詳考，簡略疏漏，敘事不合史實，有日無月，未繫干支，書法欠當，同音異譯，前後歧異，脫字衍文，不合本紀體例。為便於瞭解《清史稿》的得失，特將奭良覆勘本《聖祖本紀》與《清聖祖仁皇帝實錄》、黃綾本《清聖祖仁皇帝本紀》列表如下。

《清史稿》聖祖本紀與實錄、黃綾本聖祖本紀比較表

（清世祖順治十八年正月初二日壬子至二十三日癸酉）

日期	清史稿聖祖本紀	清聖祖仁皇帝實錄	清聖祖仁皇帝本紀
初二日壬子		世祖章皇帝不豫。	世祖皇帝不豫。
初六日丙辰	世祖崩，帝即位，年八歲，改元康熙，遺詔索尼、蘇克薩哈、遏必隆、鰲拜四大臣輔政。	遂大漸，召原任學士麻勒吉、學士王熙，至養心殿，降旨一一自責，定皇上御名，命立為皇太子，並諭以輔政大臣索尼、蘇克薩哈、遏必隆、鰲拜姓名，令草遺詔。麻勒吉、王熙遵旨於乾清門撰擬，付侍衛賈卜嘉進奏。諭曰：詔書著麻勒吉懷收，俟朕更衣畢，麻勒吉、賈卜嘉爾二人捧詔，奏知皇太后，宣示王、貝勒、大臣。至是，麻勒吉、賈卜嘉捧遺詔，奏知皇太后，即宣示諸王、貝勒、貝子、公、大臣、侍衛等，宣訖，諸王、貝勒、貝子、公、大臣、侍衛等，皆痛哭失聲，索尼等跪告諸王、貝勒等曰：今主上遺詔，命我四人輔佐沖主，從來國家政務，惟宗室協理，索尼等皆異姓臣子，何能綜理，今宜與諸王、貝勒等共任之。諸王、貝勒等曰：大行皇帝深知汝四大臣之心，故委以國家重務，詔旨甚明，誰敢干預，四大臣其勿讓。索尼等奏知皇太后，乃誓告於皇天上帝大皇帝靈位前，然後受事。其詞曰：茲者先皇帝不以索尼、蘇克薩哈、遏必隆、鰲拜等為庸劣，遺詔寄託，保翊沖主，索尼等誓協忠誠，共生死，輔佐政務，不私親戚，不計怨讎，不聽旁人，及兄弟子姪教唆之言，不求無義之富貴，不私往來諸王貝勒等府，受其餽贈，不結黨羽，不受賄賂，惟以忠心，仰報先皇帝大恩，若復各為身謀，有違斯誓，上天殛罰，奪算凶誅，大行皇帝神位前誓詞與此同，是日，鹵簿大駕全設，王以下文武各官，俱成服，齊集舉哀。	大漸，召原任學士麻勒吉、學士王熙，至養心殿，降旨定上御名，立為皇太子，命索尼、蘇克薩哈、遏必隆、鰲拜輔政。
初七日丁巳		夜子刻，世祖章皇帝賓天。	世祖章皇帝崩。
初八日戊午		宣讀遺詔，遣官頒行天下。孟春，享太廟，遣輔國公賴護行禮。遣官祭太歲之神。	

初九日己未		上即皇帝位，是日黎明，遣輔國公都統穆𡍼，祭告昊天上帝。祝文曰：順治十八年辛丑正月辛亥朔，初九日己未，皇太子臣玄燁昭告於昊天上帝之前曰：皇考大行皇帝上賓，臣恪遵遺詔，俯徇輿情，於正月初九日即皇帝位，伏祈昭鑒，謹奏。遣都統濟世哈告地祇，都統穆里瑪告太廟，理藩院尚書明安達禮告社稷，文與告天同。上具孝服，詣大行皇帝几筵前祗告，行三跪九叩禮，受命畢，具禮服，詣皇太后宮行禮畢，御太和殿，陞寶座，鳴鐘鼓，中和樂設而不作，王以下文武各官朝服序立，贊禮官贊上表慶賀，上命免宣賀表。各官行禮畢，頒詔大赦。詔曰：惟我國家，受天眷命，祖功宗德，肇造丕基，我皇考大行皇帝，盛德至仁，英資大度，纘承曆數，統一寰區，恩澤洽於多方，政教臻於上理，方期邦國，永底雍熙，不幸奄棄臣民，遽升龍馭，顧以大寶，屬於眇躬。朕煢煢在疚，本不忍聞，而諸王、貝勒、大臣、文武官員人等，僉謂神器既已攸歸，天位不宜久曠，堅請再三，朕是以俯徇輿志，勉抑哀衷，於是月初九日祗告天地、宗廟、社稷，即皇帝位，仰惟上天眷佑之篤，祖宗付託之隆，涼德沖齡，膺茲重寄，敬圖覲光揚烈，用紹無疆之休，其以明年為康熙元年，與天下更始，式衍舊恩，聿弘新化，於戲，孝思維則，永深繼述之懷，忠悃載攄，實賴勗勷之佐，凡爾親賢文武，其尚輔翼菲躬，共矢嘉謨，以成至治，布告天下，咸使聞知。詔內恩赦，凡十四條。諭禮部，朕惟自古聖賢之君，必有顯號徽稱，用昭功德之隆，垂於萬世，此國家不易之鉅典也。仰惟我皇考大行皇帝，纘紹鴻緒，統一寰區，十有八年，敬天尊祖，勤政愛民，奉侍慈闈，克諧孝道，敦睦宗族，攸敘彝倫，典學日新，修身思永，制禮作樂，振武崇文，敕法明刑，立綱陳紀，盛德之事，不一而足，朕方與天下臣民，均切怙戴，不幸龍馭上賓，顧予沖人，嗣膺大統，仰承佑啓之恩，敢後顯揚之禮，謹考彝章，宜升尊謚，爾部詳察典禮具奏。	上即位於太和殿，以明年為康熙元年。加恩中外，罪常非所不原者，咸赦除之。
初十日庚申		王、貝勒、貝子、公等，公主、王妃等，各歸齋宿，部院官員於各衙門齋宿，仍照常供事，閒散官員，於午門外齋宿。	

十一日 辛酉		遣官頒登極詔於天下。	
十三日 癸亥		皇太后諭諸王、貝勒、貝子、公、內大臣、侍衛、大學士、都統、尙書及文武官員等，爾等思報朕子皇帝之恩，偕四大臣同心協力，以輔幼主， 則名垂萬世矣。上諭禮部及議政王、貝勒、大臣等禁中設立上帝壇及奉先殿祭典，著查歷代有無舊例，定議具奏。尋議，歷代舊制，祇有冬至祀天於南郊，宮中上帝壇，應請罷祭。至奉先殿，應照洪武三年例，朝夕焚香，朔望瞻拜，時節獻新，生忌致祭，用常饌，行家人禮，從之。禮部等衙門請上節哀親政。得旨，朕哀痛方深，未忍遽理政務，但國事重大，不可久曠，各衙門章疏，著於二十一日進奏。免直隸各省總督、鎮、巡三司，差官進香。	
十四日 甲子		王以下及大臣官員齊集大光明殿，設誓。親王岳樂、傑書率貝勒、貝子、公、內大臣、侍衛、大學士、都統、尙書及在廷文武諸臣誓告於皇天上帝曰：沖主踐阼，臣等若不竭忠効力，萌起逆心，妄作非為，互相結黨，及亂政之人，知而不舉，私自隱匿，挾讐誣陷，徇庇親族者，皇天明鑒，奪算加誅，大行皇帝神位前，誓詞與此同。	
十五日 乙丑		議政王、貝勒、大臣等，遵旨詳議祀典，議得圜丘、方澤、祈穀壇、太廟、時享、祫祭、朝日壇、夕月壇、社稷壇、三皇廟、先農壇、歷代帝王廟、文廟、太歲壇、關帝廟、城隍廟、紅衣礮等祀，應照舊致祭外，其大享合祀，太廟階下合祭之禮，相應罷祭。又金朝諸陵，應照前致祭，明朝諸陵，亦應照前供獻。從之。	
十九日 己巳		上詣梓宮前，行常祭禮。上每日三次尙食，哀慟不已。皇太后揮淚撫慰，左右無不感動。	
二十日 庚午		諭宗人府、吏部等大小各衙門：朕以沖齡踐阼，初理萬幾，所賴爾小大臣工，同心協力，矢效贊襄，爾等職掌，各有攸司，國計民生，關係甚重，必精白乃心，公廉正直，力圖振作，謹愼勤敏，始可仰報先帝厚恩，匡輔朕躬不逮。嗣後務須敬修職業，凡事之得失，言之是非，果有眞知確見，即當商酌力行，期於上裨國事，下濟民生，其一切處分問罪，尤當虛公	

		平恕，使情法允孚，無縱無枉，乃不負朕委任爾等之意，如或視為虛文，必罪不宥。諭吏部、都察院，國家設立言官，職司耳目，凡發姦剔弊，須據實指陳，乃可澄肅官方，振揚法紀，嗣後指陳利弊，必切實可行，糾彈官吏，必確有證據，如參款虛誣，必不寬貸，爾部院即通行嚴飭。	
二十一日辛未		改會試期於三月初九日。封多羅豫郡王多鐸子董額為多羅貝勒。兵部尚書管左都御史事阿思哈等遵旨嚴議巡方事宜十款：一禁地方官諂媚巡方，私派供應，以溺職論。二察州縣官於額外私派，果有私派，即行糾參，如巡按不糾，以溺職論。三巡按於屬官內，清廉賢能者，不舉而反劾，貪酷闒茸者，不劾而反舉，被臣衙門及科道訪察糾參，革職，從重處分。四糾參大貪，應首嚴於藩臬道府。今後若但以庸冗老病塞責者，將該御史從重治罪。五巡按於地方利弊，要必實心詳察，差滿後曾興何利，除何弊，冊報臣衙門詳核，真實者，以優等論敘，草率虛誑者，題參懲處。六訪拏衙蠹，必先本院衙門姦惡，其次督撫司道府廳州縣分司衙門，及地方棍豪，實係大姦大惡之人，務須嚴拏，毋致巧脫漏網，其該管官隱匿，即行參處，如已揭報，而御史故為寬縱，指稱訪拏名色，捉拏無罪之人，詐取財物，隨復縱放者，該撫即行糾參。七巡按入境，及出巡地方，鋪陳等物，應自攜帶，蔬薪發銀買辦，如地方官獻媚取榮，及巡按攜帶主文書役家人廚役前站之類，以致擾驛累民，督撫訪確，即行題參。八巡按入境後，屬員不得越境參謁，其隨巡該道刑官，辦理公事之後，即令速回，其督撫按互相饋遺結納，照舊禁革。九互糾之法，原欲彼此覺察，然從未有督撫指參一巡方者，今後御史倘有不法，而督撫明知不糾者一并議處。十考核御史，立為上中下三等，其在地方清慎端嚴，恪遵上諭，潔己愛民，獎廉去貪，興利除害，聽斷明恪，鋤蠹捍患，軫恤民瘼，察核錢糧，招撫流移，墾荒興學等事，無不修舉，又能大破情面，糾察地方惡宦劣衿者，臣等照例酌量分別加級紀錄，回道管事，其次謹慎奉法，察吏安民者，准其回道管事，其行事碌碌，	

		無實政及民者，參送吏部降調外用。至於有徇情貪賄等弊，臣等訪確，即據實糾參，革職治罪。得旨，這所議各款，務須恪遵力行，不得視為虛文，著通行嚴飭。安徽操江巡撫宜永貴以病請代，慰留之。	
二十二日壬申		免湖廣蘄州廣濟縣順治十七年分蝗災額賦有差。兵部議覆，江南總督郎廷佐疏言，隨征右路總兵官劉芳名標下官民，奉有發回本鎮之旨，但寧夏健卒，方到江寧，一旦撤回，慮省會單虛、且往返滋擾，應准暫住江寧，以資防禦，從之。廣西道御史張志日條通三款：一州縣久任宜恤。二盜案參罰宜清。三序俸則例宜平。下部議。	
二十三日癸酉		戶部議覆，福建道御史胡文學疏言，江南、浙江、江西三省漕糧，改折收銀，恐有雜派，乞嚴飭撫按，痛陳積弊，止許照價徵收，不得仍借兌漕為名，恣意科索，以致輸納稽遲，有誤兵餉，應如所請，從之。巡按蘇松六府御史張鳳起疏言，蘇松常鎮四府，差繁賦重，漕米折價，請仍照原議，每石折銀一兩，下部知之。陝西巡撫張瑃，疏請除宜君縣荒地錢糧，從之（以下略）。	除宜君縣荒地稅。
是月			是月，免蘄州廣濟縣蝗災賦

清史館金兆蕃、鄧邦述纂修《聖祖本紀》稿本中有關順治十八年（1661）正月分的記載云：「正月丙辰，世祖疾大漸，定上名，命立為皇太子，以索尼、蘇克薩哈、遏必隆、鰲拜輔政。翼日丁巳，世祖崩，輔政大臣奉遺詔誓於天、於大行皇帝。己未，皇太子即皇帝位，以明年為康熙元年，赦。甲子，諸王大臣誓於天、於大行皇帝。庚午，諭諸臣勤慎修職，發奸剔弊。」引文中的日期及內容，大體上與《清聖祖仁皇帝實錄》的記載，彼此是相合的。清史館奭良覆勘本改為：「正月丙辰，世祖崩，帝即位，年八歲，改元康熙，遺詔索尼、蘇克薩哈、遏必隆、鰲拜四大臣輔政。」前列表中《清史稿》

聖祖本紀的文字，與奭良覆勘原稿完全相同，《清史稿》聖祖本紀就是以奭良覆勘本排印的。對照實錄後，發現覆勘本錯誤連篇，按照實錄的記載，世祖崩，是在正月初七日丁巳；皇太子即帝位，是在初九日己未：以明年為康熙元年，並非將順治十八年改元康熙。《清史稿》聖祖本紀正月分歷史事件，俱繫於正月丙辰之下，固然不合史實，亦有乖本紀體例。清代國史館黃綾本《清聖祖仁皇帝本紀》卷一記載云：「正月壬子，世祖皇帝不豫。丙辰，大漸。召原任學士麻勒吉、學士王熙，至養心殿，降旨定上御名，立為皇太子。命索尼、蘇克薩哈、遏必隆、鰲拜輔政。丁巳，世祖章皇帝崩。己未，上即位於太和殿，以明年為康熙元年，加恩中外，罪非常所不原者，咸赦除之。癸酉，除宜君縣荒地稅。是月，免蘄州廣濟縣蝗災賦。」引文中的日期及內容，都與實錄相一致，言簡意賅，符合本紀體例，整修清史本紀，當以清代國史館纂修的黃綾本歷朝本紀為藍本，刪繁就簡，則可事半功倍。

《清史稿》歷朝本紀，未載凡例。國史館黃綾本歷朝本紀，其卷首皆詳載凡例，由各朝本紀凡例，可以瞭解本紀的體例。整修清史本紀，首先須將黃綾本歷朝本紀卷首凡例，刪繁就簡，合併為總凡例，根據新定凡例，以進行黃綾本歷朝本紀內容的刪略工作。本紀只書事，即記歷史事件，不載空言。對於國家治亂，政治得失，民生休戚，以及帝王賢否等歷史事件，皆當詳書，使讀本紀，如讀通鑑，以見一代興衰關鍵。至於空言細事，皆不當書。所謂空言，多係具文，舉凡誡諭、泛論、言官條陳、各抒所見、請旨不允、詔禁奢靡、禁止餽遺、未見事實、非終事、無下文、未見實行、制度未定、隨置隨罷等事件，均不當書。所謂細事，如知縣同知土知州等微員改要缺，編修府尹革職，末弁裁革，侍衛進香行圍，參將建祠，紳民附祀，漕米改徵，查勘工程，巡撫丁憂等事件，按正史體例，皆非本紀所應書，其事太細，皆可不書於本紀。清史館金兆蕃等纂修《聖祖本紀》稿本雖較奭良覆勘本為優，但因未定凡例，不合體例，文筆亦不及黃綾本《清聖祖仁皇帝本紀》，仍非佳作。「諭諸臣勤慎修職，發奸剔弊」，皆屬空言，例不當書。本紀體例，不同於實錄，黃綾本《清聖祖仁皇帝本紀》將壬申條免蘄州廣濟縣蝗災額賦繫於正月末，符合本紀體例，整修清史本紀，黃綾本歷朝本紀就是最好的藍本。因《清史稿》含有部分新史料，校註本《清史稿》已查對過官書，史料既經甄別考訂，整修清史本紀時，仍須參閱校註本《清史稿》，兼顧增補工作，即以黃綾本歷朝本紀為藍本，同時增補《清史稿》的新史料，似乎是整修清史本紀較具體可行的途徑。德宗本紀稿本既完整無缺，可以現存清代國史館所修《清德宗景皇帝本紀》稿本為藍本。至於宣統本紀，仍須以《宣統政紀》為主要材料，進行增補《清史稿》《宣統皇帝本紀》的工作。總之，重修清史既不可行，似可在《清史稿》校註本的基礎上，以清代國史館黃綾本歷朝本紀及《清德宗景皇帝本紀》稿為藍本進一步整修清史本紀。

兆蕃等編輯各紀自　太宗紀以下皆用長編體務求詳備以待刪定今覆勘簽識所指不宜書不必書各條皆甚允當他日刪定當以此為則且各紀皆當如是惟兆蕃等編輯時以實錄為主而參本紀聖訓方略諸書互校未敢一語旁采私家著述今覆勘簽以東華錄為主錄所未具以為出自私家著述此兆蕃等不敢承者一也原稿據事直書總不敢掊存軒輕今覆勘處之求以褒貶致田頌揚哉曰不足兆蕃等謹矢下筆時弟之無此意此兆蕃等不敢承者二也謹附記於此願定稿時留意焉

金兆蕃等纂修本紀體例附記

臺灣史料

— 番檨・番薯・番歌

臺灣土膏衍沃，四時多暄少寒，物產豐富。其土產有番薯、花生、糖、魚、鹽、米、豆、麥、蔬菜、菁蔴等等。例如康熙四十六年（1707）十一月二十一日，閩浙總督梁鼐奏報臺灣夏秋雨澤愆期，八、九月間米價昂貴，每石至一兩八、九錢，所幸民間的番薯、雜糧盛產，至十一月間，米價漸減，每石僅賣一兩一錢。臺灣出產甘蔗、蔗糖量產頗多，內地各省商船前往臺灣購買黑糖、白糖，由廈門掛號，按船抽稅，各納銀十六兩餘。除農作物外，其餘硫磺、磺油、樟腦、茶葉、煤炭等資源，亦頗豐富。福建督撫常以臺灣特產進貢朝廷，包括：番茉莉、牙蕉、刺竹、番檨、番檨秧、黃梨秧、番薯秧、番稻穗、五色鸚鵡、白斑鳩、綠斑鳩、番雞、番鴨、臺猴、臺狗等等，雖然是曝背獻芹，但也說明地方大吏對臺灣特產的重視。閩浙總督覺羅滿保進貢的番稻穗，康熙皇帝曾經在北京、熱河試種成功，出的好。臺狗牙齒長，覺羅滿保試過，能捕捉梅花鹿。但是，康熙皇帝認為臺狗不及京裡好狗。覺羅滿保進貢臺灣番檨時，還繕寫滿文奏摺，對番檨作了簡單介紹。可將滿文奏摺影印於下，並轉寫羅馬拼音，譯出漢文。

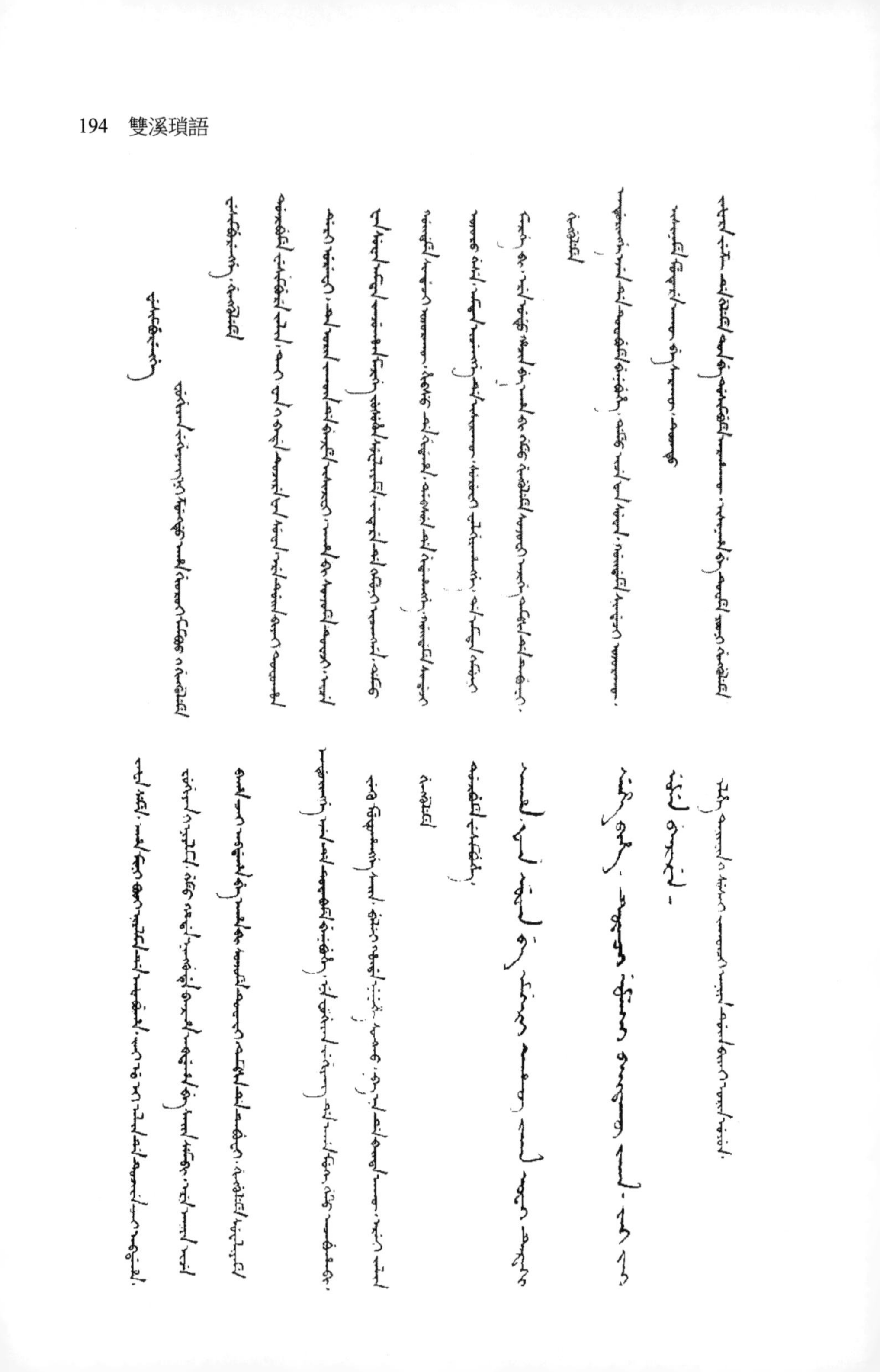

wesimburengge
奏

fugiyan jegiyang ni dzungdu aha gioroi mamboo i gingguleme wesimburengge,
福建 浙江 的 總督 奴才 覺羅的 滿保 的 敬謹 所奏的

gingguleme donjibume wesimbure jalin, tai wan i bade tucire fan suwan, ere
敬謹 使聞 奏的 爲 臺灣 的 於地 出的 番 樣 此

duin biyai tofohon deri urefi, te orin jakūn de benjime isinjifi, aha bi
四 月的 十五 由 熟了 今 二十 八 於 送來 到來了 奴才 我

songjome tuwaci, ice fan suwan amtan jancuhūn majige jušuhun suwaliyame,
揀選 看時 新 番 樣 味 甜 略 酸 混

jetere de kemuni icangga, damu goidame sindaci ojorakū, hibsu de gidaha,
吃的 於 還是 美味 但 久 若放 不可 蜂蜜 於 醃了

dabsun de gidahangge, goidame sindaci ojoro gese, amtan icangge de isirakū,
鹽 於 醃的 久 若放 可 似 味 新的 於 不及

šurufi walgiyahangge, da amtan kemuni majige bi, ere udu hacin be aha bi,
削皮 曬了的 原 味 尚 略 有 此 數 項 把 奴才 我

gemu gingguleme sonjofi ajige tampin de tebufi, gingguleme enduringge ejen
俱 敬謹 揀選了 小 壺 於 裝了 敬謹 聖 主

de tuwabume benebuhe, damu ice fan suwan goidame sindaci ojorakū, isiname
於 使看 使送了 但 新 番 樣 久 若放 不可 到去

mutere akū be sarakū, tuttu jafara jedz de geleme ton be dosimbume
能 不 把 不知 故 進的 摺子 於 怕 數 把 使入

arahakū, isinaha be tuwame yooni gingguleme jafa seme, aha mini booi
未寫 到去了 把 看 全 敬謹 進 說 奴才 我的 家的

niyalma de afabuha, jai u i alin de tucire cai abdaha, fugiyan i
人 於 交付了 再 武 彝 山 於 出的 茶 葉 福建 的

niyalma, gemu hada ninggude banjiha abdaha be sain seme ere aniya ice baha
人 俱 峰 於上 生了 葉 把 好 說 今 年 新 得了

cai abdaha be aha bi sonjome tuwafi, tampin de tebufi, gingguleme suwaliyame
茶 葉 把 奴才 我 揀選 看了 壺 於 裝了 敬謹 一併

enduringge ejen de tuwabume benebuhe, ne fugiyan jegiyang de aga muke gemu
聖 主 於 使看 使送了 現 福建 浙江 於 雨 水 俱

acabuhabi, jeku mutuhangge sain, belei hūda nenehe songko, ba na de baita
調合了 穀 生長的 好 米 價 先的 照樣 地 方 於 事

akū, erei jalin gingguleme donjibume wesimbuhe. [fulgiyan fi] saha, fan
無 此的 爲 敬謹 聞 奏了 硃 筆 知道了 番

suwan be emgeri sahakū jaka ofi, tuwaki sehe bihe, tuwaci umesi baitakū
樣 把 既已 未知 物 因 欲看 說了 來著 看時 很 無用

jaka, jai jai ume benjire, elhe taifin i susai jakūci aniya duin biyai orin
物 再 再 勿 送來 康 熙 的 五十 第八 年 四 月的 二十

uyun.
九

奏

福建浙江總督奴才覺羅滿保謹奏，為奏聞事。臺灣地方所產番樣，由今年四月十五日起成熟，於今二十八日齎到。奴才親自檢視，新鮮番樣味甜，微帶酸，吃時還算美味，但不可久放。蜜浸與鹽浸者，俟可久放，滋味不及新鮮者。削皮曬乾者，尚微存原味。奴才將此數種俱敬謹檢視裝貯小瓶，敬呈聖主御覽。但新鮮番樣不可久放，不知能否齎達，故於進摺內未敢填寫數目，視齎達之數交家人敬謹

> 呈獻。再武彝山所產茶葉，福建人俱謂巖頂新芽為佳，奴才將今年新獲茶葉檢視裝貯小瓶，一同敬呈御覽。現今福建、浙江兩水俱調匀，稻穀生長甚好，米價與先前相同，地方無事，謹此奏聞。〔硃批〕知道了，因番檨從來未見之物，故要看看，看來很是無用之物，再不必送來。康熙五十八年四月二十九日。

引文中的番檨，是臺灣特產。《大清一統志》謂檨為果實，紅毛從日本移來之種，實如豬腰，五、六月成熟，有香檨、木檨、肉檨三種。《臺灣通誌》漆樹科「檬果」條謂檬果別稱檨子，常綠喬木，葉長橢圓狀披針形，長一五至四〇公分，質厚而平滑，花小，雜居，雄蕊四至五枝，其中一枝完整，核果橢圓形，熟呈黃色。原產印度，果肉黃色，味美汁甜，可以生食。檬果，今作「芒果」，臺灣特產番檨，讀如"fan suwan"，又稱檨仔。新鮮番檨，雖然味美汁甜，但不能久放。番檨從臺灣飄洋過海，長途跋涉，進呈御覽時，已經成為無用之物了。

為慶祝七十年院慶，由我籌劃編輯院藏清宮臺灣史料，於民國八十四年（1995）十月正式出版，題為《故宮臺灣史料概述》，仿《故宮文獻》體例，由文獻科辦公室同仁分別選定題目，撰文簡介院藏臺灣史料，包括院藏臺灣地圖、閩浙總督喀爾吉善、福建巡撫定長等人奏摺、福建巡撫陳弘謀等人奏摺錄副、諸羅縣簫壠等社原住民圖像、沈葆楨畫像、臺灣府學、縣學圖、沈葆楨列傳稿本、丁日昌畫像、中法閩臺戰圖、閩浙總督覺羅滿保滿文奏摺等，有助於了解院藏清宮臺灣史料的特色。可將是書的序、目次照錄於後。在目次中標明由我撰寫的短文，共四篇，其餘篇名，則由辦公室同仁撰寫，重點在介紹檔案，附錄相關文書，文獻足徵，研究清代臺灣史，清宮檔案確實不可或缺。附錄〈金城湯池—臺灣築城史料舉隅〉一文於後。

序

滿清之治理臺灣，凡二百一十有二年，其始也先民篳路藍縷，以啟山林；繼且敷設電報、鋪築鐵路，已發中國近代化建設之嚆矢。唯甲午役後，創鉅痛深，日人據臺，先滅其史，以故清代府、縣、廳各級機關檔案已蕩然，今倖存者惟劉銘傳撫臺檔案、淡新檔案等而已。所幸當年奏報州縣政情，猶存於今日清宮檔案之中，如乾隆時期，臺灣戶數口數，宮中檔及軍機處月摺包，尚載有先後歷時一十六年之數目。而宮中檔乾隆二十九年十一月十二日福建巡撫定長之奏摺，更確陳當時臺灣府屬為六十六萬六千餘口。

本院清宮舊檔，如宮中檔硃批奏摺，如軍機處奏摺錄副及檔冊，如內閣部院檔冊，如史館紀、志、表、傳等稿本，其關涉臺灣史料者，廣及吏治、官制、軍事、軍制、收成、雨水、糧價、地方情形、起事、原住民事務、風俗、移民、開墾、鹽務、倉儲、法律案件、教育、貿易、戶口、賦稅、對外交涉，以及開辦鐵路、輪船、礦務、防務等等，無不信而有徵。孝儀爰發念與圖書文獻處同仁盡出檔藏，輯印「

清代臺灣文獻叢編」，計且將印行三十大册—目前已出版「清宮月摺檔臺灣史料」八册—以此作為慶祝本院七十週年洎臺灣光復五十週年之獻禮。茲復出版「故宮臺灣史料概述」一册，以相印可。茲編所載論文凡十有一篇，引用資料，悉以院藏檔案為主，其於認識臺灣史料可謂於光復故物頗具導引作用。至若所載臺灣地圖三種暨原住民職貢圖，信希世之物，圖像並呈，更有左圖右史之美，而滿文檔更為出版方面前此之所得未嘗有。沈葆楨、丁日昌、劉銘傳皆清季致力臺灣自強運動之功臣，志業口碑，家絃户誦；此編專文評介，亦足知先賢先哲廣為世人景慕之所從來。

易經復卦象云：「復，其見天地之心乎？」歷史研究為還原復真，檔案實即第一手之史料，乃讀史治史者之所憑藉。研究臺灣歷史，清宮檔案之不可或缺，自不待言，尤有進者，哲學家將據以求善，文學藝術家，將據以求美，斯春秋求善、詩經求美、而皆史也之義，是則此編不啻化「臺灣經驗」之真之善之美以見其天地之心。書成為綴一言於編首云。

中華民國八十四年十月十日衡山秦孝儀謹序。

故宮臺灣史料概述　目次

金城湯池

——臺灣築城史料舉隅

莊吉發

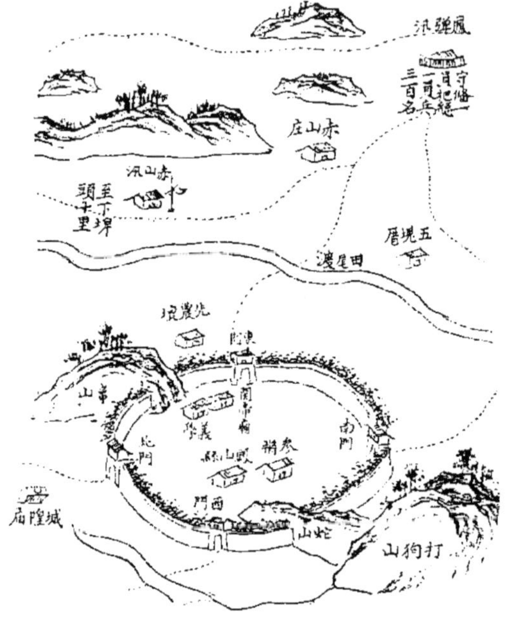

乾隆年間鳳山縣城圖

興建城垣是開拓經營過程中的一個重要措施，具有時代的意義，國立故宮博物院現藏檔案中含有頗多清代臺灣築城資料。自從康熙年間以來，臺灣府廳各縣俱未建立城垣，僅以莿竹木栅編插。朱一貴起事後，全臺俱陷，但在五十日之內，又爲清軍收復，未嘗不是得力於莿竹容易攻克。覺羅滿保在福建浙江總督任內曾奏請建築臺灣府城，後因吳福生起事，清世宗曾頒無須改建磚石城垣的諭旨。臺灣郡治，背山面海，一望曠遙，缺乏藩籬之蔽，爲加強防衛，亟需條築工事。雍正三年（一七二五）三月，巡視臺灣監察御史禪濟布與監察御史丁士一、福建臺灣鎮總兵官林亮、臺廈道吳昌祚公同商議，建築木栅，週圍環蔽，以別內外，院藏《宮中檔》禪濟布奏摺略謂：

其基三面環山，周經壹千捌百丈，每丈木植釘鐵灰土人工料估用銀肆兩，木長壹丈陸尺，下載肆尺，用石灰沙泥填築，以收水氣，以杜蟻侵。木杪上頂釘以鈎釘，用木板上中下橫連叁道，大鐵釘釘固，每隔肆拾丈蓋小望樓壹座，上安砲壹位，撥兵支守，於要衝之處開闢四門，各築高大門樓壹座，安設砲位。木栅之西兩頭俱抵海邊，各設砲位，千把總輪值，以司啟閉，以固屏障（註一）。

郡治東南北三面環山，西面臨海，是屬水道，以通舟楫，不設木栅，僅於南北兩頭木栅盡處安設大砲，撥兵防守。木栅每枝長一丈六尺，入土四尺，埋木坑內，用石灰和沙土塡築，以防水濕蟻侵（註二）。木栅全長一千八百丈，建築木栅的工程是從雍正三年（一七二五）三月十七日起施工。其經費的來源是由禪濟布、丁士一、林亮、吳昌祚、臺灣縣知縣周鍾瑄等文武弁員公捐，全郡紳衿士庶亦發動捐輸。清世宗據奏後以硃筆批諭云：「兩年來臺灣文武官弁與禪濟布等皆實心任事，即此建築木栅一事，籌畫甚屬妥當，深爲可嘉，著將摺內有名官弁該部議敘具奏。」

缺乏城垣，雖難於防守，但失之易，復之亦易，因此，臺灣久未建城。林爽文起事後攻陷彰化縣治，屢復屢陷，就是因爲莿竹不易防守。清高宗認爲與其失之復取，既煩征討，又駭衆聽聞，不如有城可守，有備無虞，而且國帑充盈，郡治廳縣五處城垣，動用銀兩不過百萬，何惜而不爲？乾隆五十三年（一七八八）正月，清高宗命德成馳赴臺灣會同福建巡撫徐嗣曾等估勘郡城工程。同年四月，福康安、德成、徐嗣曾率同隨帶司員及道府等踏勘，並會銜具奏。據稱郡城舊址周圍共長二千六百七十餘丈，大小八門，城臺八座，舊式矮小，城身通用木栅，內外排插，高一丈一、二尺至七、八尺不等，不足以捍禦，自應改建城垣。德成等指出府治東南北三面均可依照舊址興修，惟西面臨海，舊排木栅已多朽腐，又當潮汐往來，日受沖刷之區，若就原址施工，必甚費力，即使向內移進二、三十丈修建，卻因其間又有港汊數道，為商民船隻避藏颶風之所，不便施工。經德成等勘得小西門至小北門，有南北横街一道，遠距海岸，計一百五十八丈餘尺，形勢曲折，於此興修，則較舊址可收減一百五十二丈餘尺，足稱完固。但郡城地方土性浮鬆，若用磚石修砌，必須下釘樁木，再立根腳，需費頗多，而且石料產自內山，距城甚遠，拉運艱難，河道淺狹，舟行不易。至於磚塊一項，原可設窯燒造，但因沙土燒磚，有欠堅實，況柴價昂貴，殊費經營。因此，德成等指出一切物料，應按臺灣則例，俱在內地購辦，按例核算，用磚成砌，約需銀三十八萬六千餘兩，帑費繁多，若用石成砌，更為浩大。經德成等妥議後，奏請修築土城，城身通高一丈八尺為率，頂寬一丈五尺，底寬二丈，舊有各城臺七座，上截一律加高八、九尺不等，新添西門券臺一座，並添建城樓八座，卡房十六座，看守房八座，共計照例辦買土方工匠等價約需銀十二萬四千餘兩，費省而功倍（註三）。德成等會銜具奏的奏摺錄副存於《軍機處檔．月摺包》內，是探討臺灣府築城的重要資料。

嘉義縣城，較府城為小，計長七百四十四丈餘尺，原係土城，距山約二里，形勢扼要，悉照舊規加高培厚，添建城樓券臺等項，共約需銀四萬三千餘兩。彰化縣城在八卦山上添設石卡一座，以捍衛莿竹栽插的縣城。鳳山縣治周圍也是用莿竹栽插繞城，加浚深壕，其地逼近龜山山麓，地勢低窪，氣象局促，林爽文、莊大田之役以後，其城圍、衙署、民房已被焚燬殆盡，居民遷回者甚少，故於城東十五里埤頭街移建新城，插竹為城。

據報載民國七十四年七月被拆除部分城牆的左營舊城，建於清康熙六十一年（一七二二），屬於鳳山縣治所在，乾隆五十一年（一七八六）林爽文之亂後遷治鳳山，此處即改稱「鳳山舊城」，它是臺灣第一座石造的城牆，極具歷史價值（註四）。報紙的說法是值得商榷的，現藏《軍機處檔．月摺包》內含有福建巡撫韓克均奏摺錄副，奏報鳳山縣城垣建造情形頗詳。據韓克均指出鳳山縣城垣原來是建設於興隆里地方，乾隆五十一年（一七八六）林爽文起事之後，移駐埤頭，插竹爲城，以資守衛。嘉慶十一年（一八〇六），海盜蔡牽竄擾臺灣，鳳山縣城遭到破壞，經福州將軍賽沖阿察看興隆里舊城，有龜、蛇二山，左右夾輔，迤南爲打鼓港即打狗港海口，控制水陸，是天然險要，與其修復新城，不如移回舊城，具摺奏報，奉旨准行，但因經費浩繁，未經移回舊城。道光四年（一八二四），福建巡撫孫爾準巡閱臺澎營伍，親詣鳳山查勘，看見舊城雖已殘廢，尚有基址，其地界居龜、蛇兩山之間，龜山近臨雉堞，俯瞰城中，難於守禦，將城稍向東北遷移，相去蛇山較遠，而將龜山圍入城中，居高臨下，甚稱形勝。隨即派員測量，計週圍一千餘丈，較舊城基址八百餘丈增加二百丈。其後臺灣府知府方傳穟、鳳山縣知縣杜紹祁先後詳報查勘興隆里地方重修城垣，所有知縣、典史、城守、參將、千把總及外委兵丁俱應移駐舊城，其埤頭地方即以興隆里巡檢及舊城把總一員、兵丁一百一十六名移駐彈壓。隨後由地方選舉紳士吳春祿、劉伊仲等就舊城基地移向東北，將龜山圍入城中，重新插界測丈，截彎取直，週圍實計八百六十四丈，所有城垣、城樓、砲臺各工，估計共需番銀九萬二千一百零二元，折算紋銀六萬五千七百九十兩。道光五年（一八二五）七月十五日，興工修築，道光六年（一八二六）八月十五日，完竣。由臺灣道孔昭虔督同鳳山縣知縣杜紹祁親自前往查勘新城，石牆除去彎曲，實計八百六十四丈，城樓四座，砲臺四座，一切規模體制高寬丈尺，俱符合規定。福建巡撫韓克均將鳳山縣修建城垣官民捐輸各姓名、銀數開列清單呈覽，其官捐項下包括臺灣道、臺灣府、淡水廳、臺防廳、鹿港廳、澎湖廳、噶瑪蘭廳、臺灣縣、鳳山縣、嘉義縣、彰化縣，共捐番銀四萬元，浙江提督王得祿捐番銀二千元。民捐項下，包括：候選員外郎吳尚新捐番銀四千元，職員葉顯章捐番銀四千元，職員林平侯捐番銀二千元，例貢陳秀捐番銀二千元，例貢劉天錫捐番銀二千元，童生郭祥波捐番銀二千元，童生楊捷瓊捐番銀一千五百元，民人陳加禮捐番銀一千三百五十元，前海澄縣訓導黃化鯉捐番銀一千三百元，例貢蘇德純捐番銀一千三百元，例貢韓必昌捐番銀一千三百元，歲貢杜嵩捐番銀一千元，監生林紹賢捐番銀一千元，武舉張簡騰捐番銀一千元，例貢藍文藻捐番銀一千元，武生孫新魁捐番銀一千元，民人林元美捐番銀一千元，民人蘇萬利捐番銀一千元，民人金永順捐番銀一千元，民人李勝興捐番銀一千元，生員楊登輔捐番銀八百元，捐職同知吳春祿捐番銀七百元，監生蕭瑞鳳捐番銀七百元，捐納布經歷張國柱捐番銀六百元，民人王九栳捐番銀六百元，捐納千總職銜鄭克剛捐番銀五百元，監生林春桂捐番銀五百元，軍功七碧頂戴武生方耀滿捐番銀五百元，貢生莊文治捐番銀五百元，童生藍烏歡、藍光興合捐番銀一千元，民人林光亮捐番銀五百元，以上共捐番銀三萬九千六百五十元，每番銀一元折紋銀七錢，核算俱在三百兩以上，生員劉伊仲首先勸捐番銀五萬餘元（註五）。道光五年（一八二五）移建的鳳山城垣，就是現在的左營舊城古蹟，目前北門的構造尚稱完好，表門額書「拱辰門」字樣，內門額書「北門」，上款題「大清道光五年」，下款題為「督建總理吳春藏、黃化鯉，督造總理黃耀漢、吳廷藏。」其中「吳春藏」當即「吳春祿」，「黃耀漢」即方耀漢（註六）。

院藏《月摺檔》內也含有奏報鳳山縣城的築城資料，兼署閩浙總督福建巡撫徐繼畬於「為查明鳳山縣治移駐埤頭毋庸改建石城興隆舊城亦無須另行分防」一摺略謂：

竊查臺灣鳳山縣城原建於興隆里地方，乾隆五十一年奏請移駐埤頭，插竹為城。嗣因埤頭距海較遠，又於嘉慶十一年奏請移回興隆舊治，旋復奏明查照舊城基址，移向東北，建築石城。迨道光二十七年，前督臣劉韻珂渡臺閱伍，因該縣紳耆士庶聯名呈叩，各以興隆里舊城地勢如釜，居民咸苦卑濕，懇以埤頭作為縣治，當查埤頭居民多至八千餘戶，興隆居民不過五百餘家，具興隆僻處海隅，規模狹隘，埤頭地當中道，氣局寬宏，而鳳山文武員弁又向在埤頭駐箚，體察輿情，扼據形勢，均當以埤頭為鳳山縣治，遂會同臣奏懇仍援前欽差大學士公福康安奏請移駐之案，即將鳳山縣城移駐埤頭，俾免遷移而資控扼，經軍機大臣會同兵部照例核覆，並令將埤頭地方應否改建石城，與隆舊城應否另行分防，詳慎妥議，次第奏辦等因，於道光二十七年十一月十二日具奏，奉旨依議，欽此，欽遵轉行到閩，當經劉韻珂檄行臺灣鎮道妥議籌辦去後，茲據臺灣鎮呂恆安、臺灣道徐宗幹督同臺灣府裕鐸查明埤頭種竹爲城，歷時已久，根本既極堅茂，枝葉亦甚蕃衍，其城身之鞏固，實不下於石城，若復改建磚石城垣，則所需工費，計甚不貲。若將興隆原有石城移建埤頭，則多年料物一經拆卸，又未必全行合用，似不若於竹城之內再行加築土垣，藉資捍衛，其所需土垣經費，即由該官紳等自行捐辦，無庸動項。至興隆地方原有巡檢一員，把總一弁，駐劄分防，亦無須另行添設等情，移由福建布政使慶端、兼署按察使事督糧道尚阿本覆核無異，會詳請奏前

來。臣查興隆地方，原係鳳山舊治，此時縣城雖已移駐埤頭，而該處切近海濱，防禦之工本，不便輕議裁撤。況興隆與埤頭相距止十五里，原建石城，既可爲本地之保障，且足爲埤頭之外衛。現在埤頭地方，既據該鎮道等查明舊有竹城極爲鞏固，祇須加築土垣，即可藉以捍衛，自無須改建石城，亦不必將興隆舊城移建埤頭，仍責成該縣隨時補種新竹，以期日益周密（註七）。

因興隆舊城卑濕，僻處海隅，規模狹隘，居民稀少，埤頭地當適中，氣局寬宏，所以將鳳山縣政府遷回埤頭，興隆舊城從此以後就逐漸傾圮了。

鳳山縣所轄瑯璚，地勢險要，雍正初年，福建臺灣鎮總兵官林亮即議開瑯璚之禁，移巡檢於崑麓，並設汛兵（註八）。同治末年，因琉球事件，日人窺伺臺灣。同治十三年（一八七四）四月，清廷命沈葆楨巡視臺灣，兼辦各國通商事務。沈葆楨爲鎮撫民番而消除窺伺，決定在瑯璚築城設官。同治十三年十二月十三日，沈葆楨帶

同臺灣府知府周懋琦等由臺灣府城起程，前往履勘瑯𤩝形勢，次日，抵鳳山。十五日，宿東港。十六日，宿枋藔。十七日，宿風港。十八日，抵瑯𤩝，宿車城，接見夏獻綸、劉璈，得知已勘定車城南十五里的猴洞可以作爲縣治。沈葆楨具摺指出：

臣葆楨親往履勘，所見相同，蓋自枋藔南至瑯𤩝，民居俱背山面海，外無屏障，至猴洞忽山勢迴環，其主山由左迤趨海岸而右，中廓平埔，周可二十餘里，似爲全臺收局。從海上望之，一山橫隔，雖有巨砲，力無所施，建城無踰於此。劉璈素習堪輿家言，經兼審詳，現令專辦築城建邑諸事（註九）。

沈葆楨所擬定的縣名叫做「恆春」，先設知縣一員，審理詞訟，並撥給親勇一旅，以資號召。

臺北在開闢之初，因係新墾之地，土著既少，流寓亦稀，經百餘年的休養生息，荒壤日闢，口岸四通，同治末年統計臺北戶口已達四十二萬之多，沈葆楨鑒於外防內治政令難周，於光緒元年（一八七五）七月奏請建立臺北府治，統轄一所三縣，略謂：

伏查艋舺當雞籠龜崙，而大山前之間，沃壤平原，兩溪環抱，村落衢市，蔚成大觀，西至海口三十里，直達八里坌、滬尾兩口，並有觀音山、大屯山以爲屏障，且與省城五虎門遙對，非特淡、蘭扼要之區，實全臺北門之管（籥），擬於該處創建府治，名之曰臺北府，自彰化以北，直達後山，胥歸控制，仍隸於臺灣兵備道，其附府一縣，南劃中櫪以上至頭重溪爲界，計五十里而遙，北劃遠望坑爲界，計一百二十五里而近，東西相距五、六十里不等，方圍折算百里有餘，擬名之曰淡水縣，自頭重溪以南至彰化界之（大）甲溪止，南北相距百五十里，其間之竹塹，即淡水廳舊治也，擬裁淡水同知，改設一縣，名之曰新竹縣，自遠望坑迤北而東，仍噶瑪蘭廳之舊治疆城（域），擬設一縣，名之曰宜蘭縣（註一〇）。

沈葆楨曾議及設立臺北府後，改噶瑪蘭通判爲臺北府分防通判，移駐雞籠。臺灣建省後，其省會建置經過，《軍機處檔・月摺包》內奏摺錄副言之頗詳，據福建臺灣巡撫邵友濂奏稱：

查臺灣分治之初，經前撫臣劉銘傳會同前督臣楊昌濬奏請以彰化縣橋孜圖地方建立省城，添設臺灣府臺灣縣，以原有之臺灣府改爲臺南府，臺灣縣改爲安平縣。建議之始，原爲橋孜圖當全臺適中之區，足以控制南北，且地距海口較遠，立省於此，可杜窺伺，意識深遠。惟該處本係一小村落，自設縣後，民居仍不見增，良由環境皆山，瘴癘甚重，仕宦商賈託足爲難，氣象荒僻，概可想見。況由南北兩郡前往該處，均非四、五日不可，其中溪水重疊，夏秋輒發，設舟造橋，頗窮於力，文報常阻，轉運尤艱。臺中海道淤淺，風汛靡常，輪船難於駛進，不獨南北有事接濟遲滯，即平日造辦運料，亦增勞費，揆諸形勢，殊不相宜。且省會地方，壇廟衙署局所在所必需，用款浩繁，經費又無從籌措，是以分治多年，迄未移駐，該處自今以往，亦恐舉辦無期。臣等督同臺灣司道詳加審度，亟宜籌定久遠之計，似未便拘泥前奏，再事遷延。查臺北府爲全臺上游，巡撫、藩司久駐於此，衙署庫局次第麤成，舟車多便，商民輻輳。且鐵路已造至新竹，俟經費稍裕，即可分儲糧械，爲省城後路，應請即以臺北府爲臺灣省會（註一一）。

探討臺灣築城、建省，院藏檔案，就是第一手的直接史料，都具有高度的史料價值。

註 釋

註一：《宮中檔雍正朝奏摺》，第四輯（臺北，國立故宮博物院，民國六十七年二月），頁五五，雍正三年三月十六日，巡視臺灣監察御史禪濟布奏摺。

註二：《宮中檔雍正朝奏摺》，第四輯，頁二九六，雍正三年五月初八日，福建臺灣鎮總兵官林亮奏摺。

註三：《軍機處檔・月摺包》，第二七七八箱，一六一包，三八八三七號，乾隆五十三年四月十一日，德成等奏摺錄副。

註四：《中國時報》，民國七十四年七月二十五日，第三版。

註五：《軍機處檔・月摺包》，第二七四七箱，九包，五五二一二號，道光七年二月二十九日，福建巡撫韓克均奏摺錄副。知縣杜紹祁，連橫著〔臺灣通史〕作「杜紹箕」。

註六：《中國時報》，民國七十四年七月二十五日，第三版。

註七：《月摺檔》（臺北，國立故宮博物院），咸豐元年二月十一日，兼署閩浙總督福建巡撫徐繼畬奏摺抄件。

註八：《宮中檔雍正朝奏摺》，第五輯（民國六十七年三月），頁八三二，雍正四年四月二十一日，福建巡撫毛文銓奏摺。

註九：《月摺檔》，光緒元年正月十二日，沈葆楨等奏摺抄件。

註一〇：《月摺檔》，光緒元年七月十四日，沈葆禎等奏摺抄件。

註一一：《軍機處檔・月摺包》，第二七二九箱，四二包，一三〇八八八號，光緒二十年正月二十五日，邵友

濂奏摺錄副。

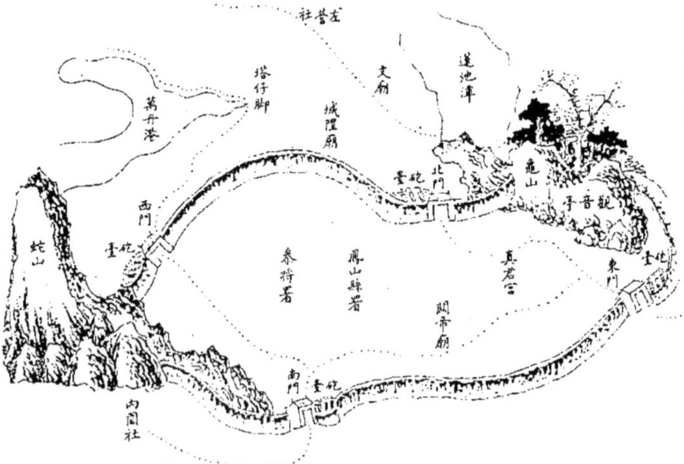

雍正年間鳳山縣城圖

故宮臺灣史料概述

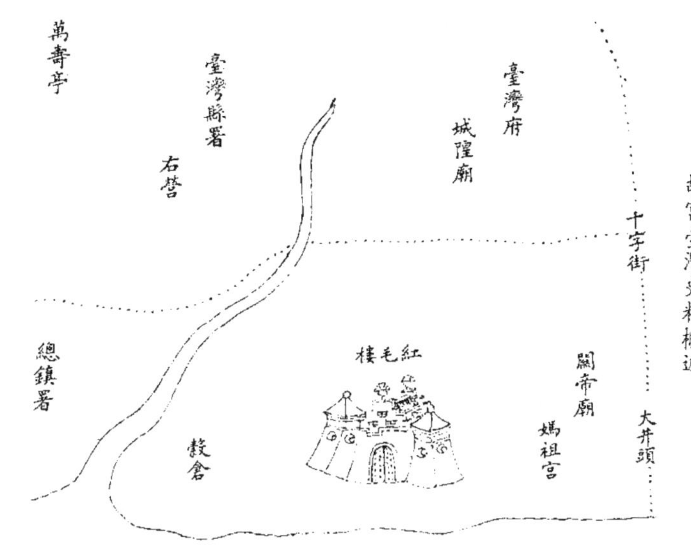

雍正年間紅毛樓位置圖

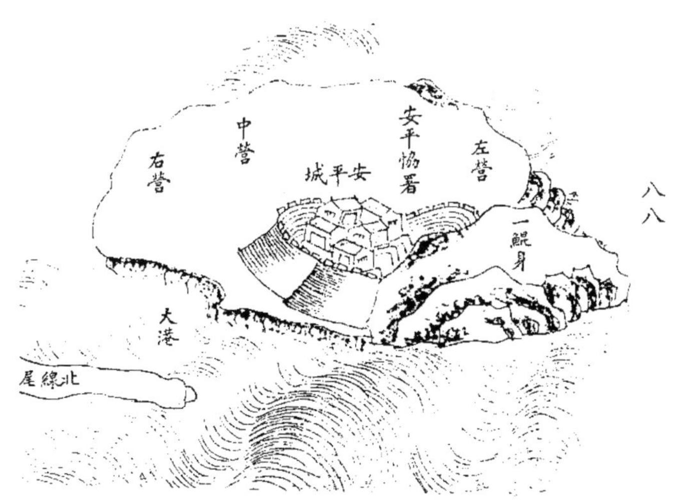

雍正年間安平城位置圖

八八

乾隆年間紅毛城位置圖

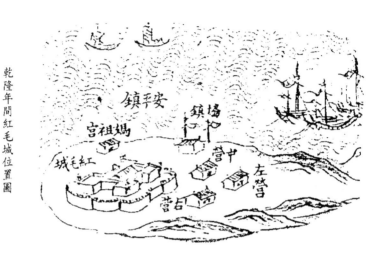

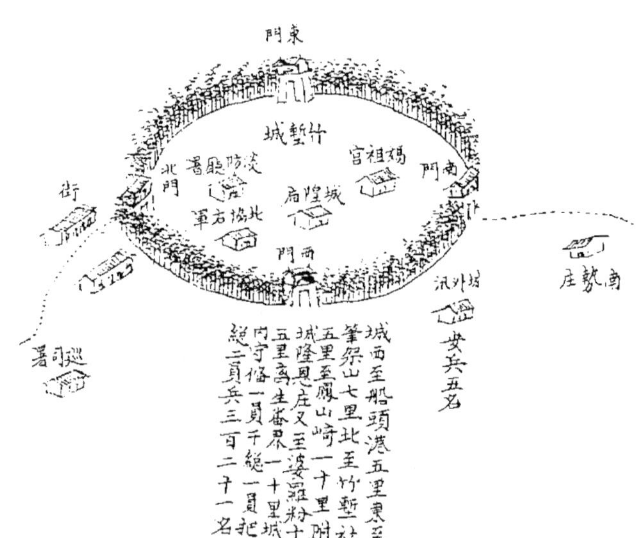

乾隆年間竹塹城位置圖

奏

巡視臺灣監察御史臣禪濟布謹

奏爲

奏

聞事竊臣一介書愚蒙

皇上天恩

特命巡視臺灣海疆要地時切冰兢惟思勉竭駑鈍

仰報

皇恩於萬一茲臣查閱郡治自荷

國恩休養至今生聚日繁閭閻稠密而背山面海

一望曠遠既爲四方雜遝之區乃無一尺藩籬

之衛奸良來往不易稽防倉庫監獄更關重大

去年四月思維乃與理任監察御史臣丁士一鎮

臣林亮臺廈道臣吳昌祚公同確商建城則工

料浩繁壘土又沙浮易陷臣等籌酌樹以木柵

共基三面環山周經壹千捌百丈每丈木植釘

鐵灰土人工料估用銀肆兩木長壹丈陸尺下

栽肆尺用石灰沙泥填築以收水氣以杜蟻侵

木杪上頂釘以鉤釘用木板上中下橫連叁道

大鐵釘釘固每隔肆拾丈蓋小望樓壹座上安

砲臺位撥兵支守於要衝之處開闢四門各築

高大門樓壹座安設砲位木柵之西兩頭俱抵

海邊各設砲位千把總輪值以司啓閉以固屏

障臣與理任御史臣丁士一鎮臣林亮臺廈道

臣吳昌祚暨各文武弁員皆協力公捐復據闔

郡紳衿士庶人等感謂臣等籌畫實爲地方郡

有垣籬民更安業相率環番籲請捐輸又據臺

灣縣知縣周鍾瑄詳同前由亦民皆懽忻踊躍

自壹貳文起以至壹貳丈不等並無抑派樂願

捐備今據臺廈道吳昌祚擬擇本月貳拾柒日

興工仍經報明督撫尋委臺灣縣知縣周鍾瑄

親董其事經理收支召匠購料工完造册報銷
外所有建築木柵情由理合繕摺
奏
聞謹
奏

兩年來臺灣文武官弁與禪濟布等皆實心任
事即此建築木柵一事籌畫甚屬妥當深
屬可嘉著將摺內有名官弁該部議敘具
奏

雍正叁年叁月 [illegible] 日監察御史臣禪濟布

巡視臺灣監察御史禪濟布奏摺（宮中檔）

已四十年
伊靈阿
請修紅毛城垣

奏

五月初四日

陝西道監察御史奴才伊靈阿謹
奏為敬陳管見仰祈
睿鑒事奴才查臺灣一郡為海東之咽喉而安平一
鎮為全臺之保障該鎮設立副將管轄三營統
領官兵戰艦彈壓巡防用資捍衛誠重之也該
處有紅毛城一座由來久遠內貯火藥軍器以
及倉廒穀石無不備具守禦兵丁多棲處其中
城雖彈丸實為安平一鎮之鎖鑰所關甚巨惟
是該城基址綿亘三百餘丈四面環海沙土虛浮
難受狂濤衝刷近年以來城基日薄勢甚危險

且附城居民甚眾若水勢衝刷入城不特城垣
難免傾圮而廬舍亦屬可虞奴才於巡視時每
飭地方文武官民時加幫築即該督撫亦常飭
行修理以資保固然皆不過暫為目前補苴之
計若不加以大石壘築定以寬闊基址及時動
帑興修以期永固恐日浸日甚一旦傾頹而一
鎮不可支矣奴才親歷其地目擊情形常與漢
巡察及所屬員弁籌畫至再思為一勞永逸之
圖該奴才雖滿任不敢以事關實務隱默不言
伏乞
皇上勅部妥議并
勅該督撫委員估計興修則城垣鞏固而全臺之保
障無虞矣是否可採伏惟
睿鑒謹
奏
乾隆十五年五月　初八　日

陝西道監察御史伊靈阿奏摺（軍機處檔・月摺包）

九二

福康安等為籌改建城垣

奏

五月初六日

抄

臣福康安臣德成臣徐嗣曾跪
奏為遵
旨酌籌改建城垣仰祈
聖鑒事前奉
諭旨朕意臺灣郡城為根本之地自應改建
磚石城垣以資捍禦至嘉義一縣朕因該處
民人竭力守城錫以新名用示旌獎該處城
垣亦應一律改建或磚或石務令堅固此外如
彰化鳳山等處不妨仍用莿桐竹木莖栽插惟
聞得該處舊有城圍依傍山麓未能環抱形

勢往城便請工程假比於相度形勢非其所能
著福康安詳細履勘或移建高阜或因舊基
跨山圍築即舊城難以移動亦須擇附近山
險形勝之處設立磚石卡座添設弁兵以資
控制等因欽此臣等查臺灣地方一廳四縣向無
磚石城垣惟嘉義係屬土城餘俱用莿竹圍
插賊匪起事之初即因無險可守得以猝而
佔據終於失陷後賊匪見竹城難以為固竟無
到即行棄城逃遁收復之易亦即由於此
地方有意外之事惟在豫備得宜足資守
禦即如府城本係莿竹圍插與他邑無異
經官兵義民竭力保守並無疏失即此可為
明證臣等恭奉籌議自應欽遵
聖諭毋庸另議建立城垣更將舊有臣等伏讀
諭旨以臺灣遠隔重洋民風刁悍難保其百
年無事應於臺灣郡城及嘉義縣城改
建城垣或磚或石務令堅固仰見我
皇上聖慮周詳為海疆保障地方一勞永逸之計臣
等實深欽服伏查臺灣地方寬廣甚少民

間有用磚瓦皆自內地運來臣等往城詳核工
價比較因造城燒磚建設窯座所費浩繁若
改用石料較磚城工費更為不貲且海濱沙
性疏浮石堅質重易於壅陷轉恐不能堅固
臣等體察情形惟有建築土城實為因地
制宜之策查嘉義縣土城藉以守禦
賊匪攻擾半載尚能保固無虞今府城及
嘉義兩處城垣建築一新更足以壯觀瞻
而資捍衛其於建城地方形勢臣福康安
於渡臺時南北兩路俱曾親歷臺灣府城為
全郡根本之地向係圍植莿竹其西面迫近
海濱潮汐往來衝刷僅以木柵排列難於
經久今改建城垣勢難空缺一面之理殊
請將南北東三面城圍仍照舊址修建惟迫近
海西面一帶收進一百五十餘丈一律興修俾障
更資嚴密其收進基址之處有礙工程者
舖戶民房約有千餘間俱係小本居多積年在
不過十之一二城內之東北隅僻處地如學
恩允照例給予價值俾得安定遷移小民不致失所

故宮臺灣史料概述

況建城原所以衛民當年賊匪蕩平之後
民情莫不歡慶日俟翹首舉仰體
皇仁無不安插得所咸知感戴鴻慈誠為
義安原係土城距山稍有二里並由通近山麓
形勢尚為扼要應即將舊城改築稍為高加
厚以資捍禦此外如彰化鳳山淡水等處城
圍並
令仍用莿竹栽插繞城加濬深壕足資保護
查彰化城內被賊人焚燬一空近日漸稍
復淡水地方距賊未久並未遭其蹂躪該二
處地勢適中毋庸另行移設其彰化縣西
八卦山為形勝扼要之地請於山上添設卡
一座捍衛縣城惟鳳山縣逼近龜山之麓地
勢低窪氣象亦甚局促城垣及衙署民房
悉被賊匪焚燬現在居民搬回者亦少據
文與福康安稱應請於城東十五里埤
頭地方相度高阜移建新城仍用莿竹圍
護其舊城基址地處海濱亦關緊要應在
附近之龜山設立汛卡一座酌派兵丁駐守

九四

以資捍衛所建卡房石料即飭近於該處
山上開採辦理所有土城工程俟日後等全回
明仍隨即勘估另請會奏其石卡兩座工費
無多日後翻另即飭近辦理所有遵
旨籌議緣由謹恭摺具
奏伏乞
皇上睿鑒訓示謹
奏
乾隆五十三年五月初六日奉
硃批該部速議具奏欽此
四月十一日

福康安等奏摺錄副（軍機處檔・月摺包）

福康安德成徐嗣曾 估計臺灣城垣
奏
又○
五月初十日抄
福康安、德成、徐嗣曾謹
奏為估計臺灣城垣仰祈
聖鑒事。竊臣德成抵臺後，臣福康安接奉到正月二十五日
上諭：令臣德成、臣徐嗣曾會同閱看等點。讀之下，仰見我
皇上思深慮遠、保障海疆之至意。臣福康安、臣德成、臣徐嗣
曾率同隨帶司員及道府等，跟看府郡城舊址，周圍
共長二千六百七十餘丈，大小八門，城臺八座，舊式矮小，城身
俱用木柵，內外排樁，高一丈二至七八尺不等，實不足以資捍
衛。自宜改建城垣，方為永遠鞏固。查府城東南北三面均
可照依舊址興修，惟西面臨海，舊排木柵已多朽壞，當潮
汐往來日受沖刷之區，若就此施工，誠恐費多難收；道二三
十丈修建，其間又有從從數處商民船隻避颱颶風之
所，必須開留水門，方為通便，兼小船不能容舟大則無處

動輒數十萬兩，似尤不必靡費。臣等公同商酌，再四思維，如
將小西門至小北門，有南北樓街一道，遠距海岸計一百五十八
丈餘尺，因其形勢曲折興修，較舊址可收減一百五六十丈
餘丈。至於究須但查該處土性浮鬆，若用磚石成砌，必
須下釘椿木，再立根腳，且免運費。況石料產自內山，距城
寫遠，挂運維艱。再行文浙閩諸省採辦，均不能運載至臺。磚塊
一項，原無難設窯燒造，但以內地土燒磚究屬易於酥墮，且禁
價昂貴。臣等覆加籌畫，一切物料自應照臺灣則例，無在內
地購辦。今核例核算，用磚成砌約需銀二十六萬六千五百
餘兩，已屬
帑費繁多，若同石成砌更為浩大。臣等再四籌之見，莫若竟
築土城。城身通高一丈八尺，為牢頂寬一丈五尺，底寬二丈
座，有城臺七座，上樹一律，加高八九尺不等。新添西門臺
臺一座，添砌排堞牆垛、鋪墁海墁，並添建城樓八座，卡房
十六座，看守兵房八座，以壯觀瞻而嚴防守。共計照例
加買土方工匠等價，約需銀十二萬四千六百餘兩。臣等竊思
事易而功倍，且土築之城日久不無殘缺，該地方官仍若粘
修之責，自當隨時整理。久之地氣與土脈融合，草木根
株互相盤結，亦足以資捍禦。如不敷丈者，換補再查基數

郡城與郡垣較小，計通長六百四十四丈餘，且自西至東舊
規加高培厚，俾建城樓砲台等項，約需銀四萬三千八百
餘兩，宜俟□□□□□估□修□何造冊報部外，所
有約需工料銀兩細數另繕清單恭呈
御覽。臣等謹將勘建土城情形合詞繕摺具
奏，伏乞
皇上睿鑒。□□德成□□摺後起程回京□□
恩命，謹
奏。
乾隆五十三年五月初三日奉
硃批：如所議行。欽此。
四月十一日

福康安等奏摺錄副（軍機處檔・月摺包）

韓克均
修建鳳山縣城垣工捐獎
紳士等請敘酬由
奏
旨陸〇單一件交軍機處
旨　初四日

福建巡撫革職留任臣韓克均跪
奏為官民捐建城垣工竣，恭摺奏
聞，仰祈
聖鑒事。竊照臺灣府屬鳳山縣城垣，前係
建設興隆里地方。乾隆五十一年逆匪林爽文滋事
之後，移駐埤頭，種竹為城，以資守禦。嘉慶十一年
蔡牽竄臺，該城被殘毀。經前任福州將軍
賽沖阿察看興隆里舊城，有龜蛇二山左右夾
輔，近面即打鼓港海口，控制水陸，實係自然
要隘，奏請修復，移城歸回舊城，奏准。
奏奉
諭旨准行。因經費浩繁，未經興辦。嗣臣孫爾準前
在巡撫任內，于道光四年巡閱臺灣，當經親詣查

勘得舊城卷已殘廢，僅存基址，其地界居龜
蛇兩山之間，龜山逼臨，雉堞俯瞰城中，難于守禦
移城稍向東北，則去蛇山較遠，將龜山圍入城中
居高臨下，實據形勝也。今度以弓丈，計周圍一
千餘丈，較舊城基址多餘丈壇二百丈，惟工
程較鉅
國家經費有常，未便歷請，應條另行籌捐興
辦，等因奏蒙
聖鑒在案。前據前署臺灣府知府方傳穟並鳳
山縣知縣杜紹祁先後詳報，查勘興隆里地方
建復城垣，所有知縣典史並城守參將千把
總同外委等俱應移駐舊城，其埤頭地方即以
興隆里巡檢及舊城把總一員，兵丁一百十六名應移
駐彈壓，惟埤頭衙署倉廒應行建蓋已久，木
植朽壞，難以拆移，必須另建，核計各項工程約
十餘萬金，不能辦理，當即商同臺灣道先由
通臺道府廳縣公捐番銀四萬元，旋據鳳山
縣各業戶捐番銀四萬餘元，並據郡城各紳
士以鳳邑封疆相聯，城垣即係保障郡垣，亦

金城湯池——臺灣築城史料舉隅

共捐番銀二萬五千餘元，又鳳山縣各紳士捐番
銀四萬四千餘元，該紳民共捐番銀一十五萬
餘元。一面遴委紳士吳春祿、劉伊仲等，就舊
城基地移向東北，將龜山圍入城中，插界度丈
灣曲取直，週圍實計八百六十四丈，所有城垣城樓
礮臺各工核實估計，共需番銀九萬二千一百元
零，折紋銀六萬五千七百九十兩零，于道光五年七
月十五日興工，六年八月十五日完竣，呈請委驗收工
等由，當經批司移道親詣查勘驗收去後，茲據
福建布政使吳榮光呈詳，准臺灣道孔昭虔
移稱，轉同鳳山縣知縣杜紹祁親詣逐一查勘
新城石牆，除去灣曲實八百六十四丈，城樓四座，礮
臺四座，一切規模倣制高寬丈尺俱屬如式，並
無草率偷減，出具印結移送到司，覆查屬
十二年四月准工部咨，各省捐修城垣，例准量加
獎勵，其士民捐資自行修理之工，應令委勘請
核將分別獎議之處專摺奏明辦理，一面飭造
工段清冊送部，查工料冊籍有不符者，令部例之
處，自應遵照文法，毋庸報銷[illegible]駁，查士民等歡

九七

天恩並祈鼓舞于公事較為有益至地方官亦不經手
錢糧究係職司督率應仍令照例保固以歸核實
等因今鳳山縣城垣既經官民捐建完竣由該
管道員親詣驗收俱屬堅固合將官民捐
輸銀數及認真督工勸捐出力之人先行詳請具
奏前來查臣孫爾準由臺內渡與臣去歲鳳
山城工出自官民捐修內民捐之數較多且其工
有限一年旋即報竣其在工董事人實屬出力現在
淡水地方又復議建城垣海外保障攸關自應將
鳳山修城出力之人先行
奏請議敘以示鼓勵而昭激勸臣查定例捐修城垣士
民捐資十兩至五千兩以上者分別賞給花紅匾額遞加
獎勵三四百兩者奏請給以八品頂戴一二千兩及三
四千兩者題請從優議敘等語今臺屬官民捐
建鳳山縣城垣工程所有捐輸番銀一千五百餘元
內城垣一座用番銀六萬二千餘元其餘番銀留備
建倉署等項之用除臺灣道府廳縣共捐番銀
四萬元係本年校任樂捐又前任浙江提督王得祿捐
番銀二千元陞前曾任提督大員受

恩深重俱不敢仰邀議敘其民捐銀數在三百兩以下者
應令臺灣道府督飭地方官照例分別賞給花紅
匾額遞加獎勵外所有捐數最多之紳士吳
尚新葉殷豪林平侯陳秀莉天錫鄭祥瑞楊
捷璜俱在一千兩以上又前任海澄縣訓導黃化鯉
捐番銀一千三百元捐職同知吳春祿捐番銀七
百元俱二員督建全城認真出力相應仰懇
聖恩敕部一併從優議敘其紳民陳加禮等捐銀俱在
三四百兩以上請
旨敕部分別議敘又生員劉伊仲首先勸捐番銀五
萬餘元俾要工得以集事且在工經理始終不懈
較眾尤為奮勉可否
賞給副榜以示鼓勵之處出自
聖主鴻慈除飭令該道府轉飭地方官照例保固
並將應建文武衙署倉庫監獄等項一律趕建
完竣彙同已建城垣分造工料冊結並捐戶履歷名
冊由司另行詳送外所有鳳山縣捐修城垣工竣緣
由謹循例開列清單恭摺具

奏伏祈

皇上聖鑒謹

奏

道光七年四月初四日奉

硃批另有旨欽此

月廿六日

福建巡撫韓克均奏摺錄副

（軍機處檔・月摺包）

謹將鳳山縣建修城垣官民捐輸各姓名銀數

開列清單恭呈

御覽

謹開

官捐項下

臺灣道捐番銀三千元

臺灣府捐番銀一萬二千元

淡水廳捐番銀三千元

臺防廳捐番銀二千五百元

鹿港廳捐番銀一千五百元

澎湖廳捐番銀一千五百元

噶瑪蘭廳捐番銀一千五百元

臺灣縣捐番銀三千元

鳳山縣捐番銀六千元

嘉義縣捐番銀三千元

彰化縣捐番銀三千元

以上共捐番銀四萬元係分作五年按照

在任月日攤捐應請毋庸開列員名議敘

前任浙江提督王得祿捐番銀二千元

查該員係提督大員應請毋庸議叙

民捐項下

候選員外郎吳尚新捐番銀四千元

職員葉顯章捐番銀四千元

職員林平侯捐番銀二千元

例貢陳秀捐番銀二千元

例貢劉天錫捐番銀二千元

童生鄭祥浚捐番銀二千元

童生楊捷璞捐番銀一千五百元

民人陳加禮捐番銀一千三百五十元

前海澄縣訓導黄化鯉捐番銀一千三百元

例貢蘇德純捐番銀一千三百元

例貢韓必昌捐番銀一千三百元

歲貢杜嵩捐番銀一千元

監生林紹賢捐番銀一千元

武舉張簡騰捐番銀一千元

例貢藍文藻捐番銀一千元

武生孫新魁捐番銀一千元

民人謝其隱捐番銀一千元

民人林元美捐番銀一千元

民人蘇萬利捐番銀一千元

民人金永順捐番銀一千元

民人李勝興捐番銀一千元

生員楊登輔捐番銀八百元

捐職同知吳春祿捐番銀七百元

監生蕭瑞鳳捐番銀七百元

捐納布經歷張國柱捐番銀六百元
民人王九栳捐番銀六百元
捐納衛千總職銜鄭克剛捐番銀五百元
監生林春桂捐番銀五百元
軍功七品頂戴武生方耀漢捐番銀五百元
貢生莊文治捐番銀五百元
童生藍烏獄藍光興合捐番銀一千元
民人林光亮捐番銀五百元
以上共捐番銀三萬九千六百五十元每
番銀一元折紋銀七錢零核算俱在三百
兩以上

覽

鳳山縣修城捐輸清單（軍機處檔・月摺包）

兼署閩浙總督福建巡撫臣徐繼畬跪
奏為查明鳳山縣治移駐埤頭毋庸改建石城興隆舊城亦
無須另行分防恭摺覆
奏仰祈
聖鑒事竊查台灣鳳山縣城原建於興隆里地方乾隆五
十一年奏請移駐埤頭插竹為城嗣因埤頭距海較
遠又於嘉慶十一年奏請移回興隆舊治旋復奏明
查照舊城基址移向東北建築石城迨道光二十七
年前督臣劉韻珂渡台閱伍因該縣紳耆士庶聯名
呈叩各以興隆里舊城地勢如釜居民咸苦卑濕懇以埤
頭作為縣治當查埤頭居民八千餘戶興隆居民不過
五百餘家且興隆僻處海隅規模狹隘埤頭地當中
道氣局寬宏而鳳山文武員弁又向在埤頭駐劄体
察輿情扼擭形勢均當以埤頭為鳳山縣治遂會同
臣奏懇仍援前
欽差大學士公福康安奏請移駐之案即將鳳山縣城移駐埤
頭俾免遷移而資控扼經軍機大臣會同兵部照例核
覆並令將埤頭地方應否改建石城興隆舊城應否另
行分防詳慎妥議次第奏辦等因於道光二十七年

十一月十二日具奏奉
旨依議欽此欽遵轉行到閩當經劄飭珂撤行台灣鎮道妥議
籌辦去後茲據台灣鎮呂恒安台灣道徐宗幹督同台
灣府裕鐸查明埤頭種竹為城歷時已久根本既極堅
茂枝葉亦甚蕃衍其城身之鞏固寔不下於石城若復
改建磚石城垣則所需工費計甚不貲若將興隆原有
石城移建埤頭則多年料物一經拆卸又未必全行合
用似不若於竹城之內再行加築土垣藉資捍衛其所
需土垣經費即由該官紳等自行捐辦無庸動項至興
隆地方原有巡檢一員把總一弁駐劄分防亦無須另
行添設等情移由福建布政使慶端兼署按察使事督
糧道尚阿本核無異會詳請
奏前來臣查興隆地方原係鳳山舊治此時縣城雖已移駐
埤頭而該處切近海濱防禦之工本不便輕議裁撤況興
隆與埤頭相距止十五里原建石城既可為本地之保障
且足為埤頭之外衛現在埤頭地方既據該鎮道等查
明舊有竹城極為鞏固祇須加築土垣即可藉以捍衛
自無須改建石城亦不必將興隆舊城移建埤頭仍責
成該縣隨時補種新竹以期日益周密至興隆地方烟
戶本屬無多既有巡檢把總在彼駐劄足資彈壓巡防
自可仍循其舊無庸另議紛更惟據稱加築土垣經費
由該官紳等自行捐辦應即責成該鎮道府督同該縣
妥為勸捐趕緊興築不准稍有抑勒亦不得稍任草率
仍於工竣後由該鎮道府核寔驗收具報除咨吏兵二部
外所有查明鳳山縣新舊二城無庸改建分防各緣由理
合恭摺覆
奏伏乞
皇上聖鑒訓示再福建巡撫係臣本任無庸會銜合併陳明謹
奏
咸豐元年二月十一日奉
硃批知道了欽此

福建巡撫徐繼畬奏摺（月摺檔）

民國八十四年（1995）十月，為慶祝故宮博物院七十年院慶，本院各單位舉辦一系列的特展，我負責籌辦的是《清宮臺灣史料》特展，《歷史月刊》，第八十七期，一九九五年四月號，刊登〈故宮博物院典藏清宮臺灣史料特展導覽〉一文。同年十月十日，《聯合報》第三十四版，刊登黃靖雅小姐採訪我的內容，標題是〈故宮獻寶—清宮臺灣史料走出庫房〉，民國八十五年（1996）六月，國立故宮博物院出版《從七十到七千年—國立故宮博物院七十週年紀盛》，收入〈故宮博物院典藏清宮臺灣史料特展導覽〉、〈故宮獻寶—清宮臺灣史料走出庫房〉二文，依次照錄於後。

歷史月刊1995年4月號　84◉

【史料特展】

故宮博物院典藏
清宮臺灣史料特展導覽

◉莊吉發

國立故宮博物院現藏檔案，都是清宮舊藏。依其來源，大致可以分爲宮中檔、軍機處檔、內閣部院檔、史館檔等四大類。

宮中檔內容，主要爲清代歷朝君主硃批奏摺，原藏清宮懋勤殿等處。軍機處檔主要爲硃批奏摺錄副存查的抄件及分類彙抄的各種檔冊，原藏隆宗門外方略館。內閣部院檔主要爲內閣承宣文書及例行公事的各類檔冊，原藏內閣大庫、票籤處、起居注館等處。史館檔主要爲紀、志、表、傳等各種稿本及傳記資料，原藏東華門內國史館暨清史館。各類檔案，品類繁多，具有高度史料價值。

宮中檔閩粵督撫提鎮奏摺原件、軍機處奏摺錄副、軍機處上諭檔、軍機大臣奏稿、月摺檔奏摺抄件、內閣票籤處外紀簿等含有豐富的臺灣史料，舉凡雨水收成、米糧價值、移殖拓墾、人口變遷、進貢土宜、對外開港、修築城垣、興建鐵路、整頓吏治以及民情風俗等等，地方大吏，凡有聞見，均須繕摺具奏，爲研究臺灣歷史提供第一手史料。

民俗畫像　職貢有圖

我國歷代以來，就是一個多民族的國家，各民族的社會、經濟及文化方面，存在著多樣性及差異性的特徵。明清以來，朝廷積極推行各項措施，以增進邊疆與中原的關係，加強少數民族對中央的向心力，朝廷也尊重各少數民族的語言文字及風俗習慣，族群之間，日益融和，各少數民族都成爲中華民族的成員，終於奠定我國版圖遼闊多民族統一國家的基礎，而具備近代世界各國公認的關於領土主權所包含的基本內容。國立故宮博物院典藏《職貢圖》畫卷，就是一套民族瑰麗畫像，含有豐富的文化藝術內容，爲研究少數民族的特殊文化傳統提供了珍貴的民俗史料。

《職貢圖》畫卷爲謝遂所繪，紙本彩繪，共四卷，其繪製及增補，以地相次。第一卷，縱三三．九公分，橫一四八一．四公分，共七十圖，爲西洋、外藩及朝貢屬邦圖像；第二卷，縱三三．八公分，橫一四一〇．四公分，共六十一圖，爲東北、福建、湖南、廣東、廣西等省少數民族圖像；第三卷，縱三三．九公分，橫一八三

◉85 【史料特展】

六・一公分，共九十二圖，爲甘肅、四川等省少數民族；第四卷，縱三三・八公分，橫一七〇七公分，七十八圖，爲雲南、貴州等省少數民族圖像，合計共三〇一圖，除乾隆皇帝的題識外，還有滿、漢文二體兼書的圖說。

乾隆十五年（一七五〇年），清廷已頒降〈寄信上諭〉，令沿邊各省督撫繪呈各少數民族圖像，翌年閏五月以前，已有多處進呈圖像，清廷又將「現有圖式」發交近邊督撫，由此可以推斷《職貢圖》畫卷開始繪製時間的上限，當在乾隆十六年上半年或乾隆十五年的下半年。

謝遂《職貢圖》畫卷中的諸羅縣蕭壠社原住民。

乾隆年間，廓爾喀因商務及界務糾紛，曾兩次入侵西藏：第一次在乾隆五十三年（一七八八年）；第二次在乾隆五十六年（一七九一年）。畫卷第一卷第四十四圖滿漢文圖說中有乾隆五十四年廓爾喀頭人入覲字樣，但未提及第二次入侵歸降經過，由此可以推斷國立故宮博物院現藏謝遂《職貢圖》畫卷繪製完成時間的下限當在乾隆五十五年。

各省督撫奉到繪製圖像的諭旨後，即飭布政使及各道府繪畫圖像，其中福建各道府陸續將圖像交由署理福建巡撫新柱彙繪底本。陳弘謀接任福建巡撫後，參照《明史》等書，將圖像底本詳加考訂，然後進呈御覽，並於乾隆十七年七月具奏。原摺有一段記載說：

謝遂《職貢圖》畫卷中的諸羅縣諸羅社原住民。

> 閩省界在東南，襟江帶海，外夷番眾，環拱星羅，其大者謹修職貢，列在藩封，其餘諸夷番眾，納糧辦賦，莫不輸誠歸化，頂戴皇恩。各種番夷，不獨衣飾形貌各有不同。其風土嗜好，道里遠近，亦皆不一，繪圖之外，必爲附載貼說，方得明晰。隨諭布政司再加採訪，增添貼說去後，今據布政使顧濟美遵照繪圖貼說，申送到臣。通計畬民二種，

生熟社番十四種，琉球等國外夷十三種，種各有圖，圖各有說。凡衣飾形貌，風土嗜好，道里遠近，就所見聞，略爲記載。

福建巡撫陳弘謀進呈的臺灣生熟各社原住民圖樣共十四種。現藏《職貢圖》畫卷第二卷只採用十三種，包括：臺灣縣大傑巔、鳳山縣放綵、諸羅縣諸羅、諸羅縣簫壠、彰化縣大肚、彰化縣西螺、淡水廳德化、淡水廳竹塹、鳳山縣山豬毛、諸羅縣阿里山、彰化縣水沙連、彰化縣內山等社原住民。

畫卷各圖像，二人一組，俱男左女右，並附滿、漢文圖說。各社原住民，或以漁獵爲業，或勤稼穡，男獵女耕，服飾艷麗。例如水沙連等社婦女善織罽，能染五色狗毛雜樹皮，陸離如錦。簫壠等社原住民能截竹爲簫，長二、三尺，以鼻吹簫，與郁永河著《裨海紀遊》一書所載「吹鼻簫，彈口琴」等語相合。山豬毛等社原住民，親朋見面時，以鼻相親爲敬，婚姻則歌唱相和而成。放綵等社原住民稱結婚嫁娶爲牽手，女子成年，構屋獨居，男童以口琴相挑，喜則相就。哆囉嘓等社男女成婚，都要拔掉上面兩顆牙齒，送給對方謹慎保存，以示終身不改之意。眞是所謂「千里不同風，百里不同俗」了。我國各少數民族都保持著自己獨特的風俗習慣，各具特色，《職貢圖》確實是珍貴的民俗畫卷。

錦繡河山　臺灣輿圖

荷蘭占據臺灣以後，即以精密技術在各地實測繪圖，嗣後遂有更精確的臺灣輿圖出現了。永曆年間，浙江鄞縣人沈光文著有《臺灣輿圖考》，何廷斌完成目測手繪臺灣簡圖。康熙二十三年（一六八四年），清廷領有臺灣，康熙五十三年（一七一四年）二月，耶穌會士雷孝思、德瑪諾、馮秉正等人奉命赴澎湖群島及臺灣測繪地圖。國立故宮博物院珍藏巨幅臺灣輿圖，包括：〈臺灣略圖〉滿、漢文箋注各一幅，〈臺灣附澎湖群島〉及〈臺灣地圖〉各一幅。此外，還有〈嘉義縣境村莊簡明圖〉等。

〈臺灣略圖〉爲紙本墨繪，縱一二七公分，橫一二三公分。圖中所繪，限於鹿耳門港航道及赤崁城、承天府一帶地形，與永曆年間何廷斌所繪臺灣簡圖頗爲相似。鄭經於康熙十九年（一六八〇年）還臺灣，翌年卒。原圖安平鎮粘簽標明「此城有三層，礮堅固，臺灣改名安平鎮，賊世子鄭經在內」等字樣，據此可以推知〈臺灣略圖〉繪製時間的下限當在康熙二十年以前。原圖滿、漢文箋注頗詳，有助於了解當時城堡建築及鄭氏軍事部署情形。例如圖中鹿耳門港標明「入鹿耳門由此港進，此港原只有柒尺深，至僞藩過臺灣之時，其港底之沙流開，則有壹丈柒尺深，所以大船得由此而進，今港底之沙復填塞，依舊柒尺深。」圖中繪有赤崁城，粘簽說明，「此赤崁城改名僞承天府，其城極小，原乃巴禮厝，僞藩初過臺灣之日，就在此內安住，後打臺灣，則搬入臺灣城。」又一簽標明「僞承天府乃總地號，無城郭，駕船到此登岸，即大街市通衢，僞官員俱住在兩邊街上，其兵俱屯在荒山上，此地皆沙，並無山石樹林。」

〈臺灣附澎湖群島圖〉一幅，縱六三公分，橫七七二公分，圖像式紙本彩繪，圖例方位爲前西，後東，左北，右南，凡山川、港灣、河流、島嶼、縣城、衙署、廟宇、礮臺、番社等俱逐一標明。雍正元年（一七二三年），增設彰化縣，設縣治於半線。雍正十二年（一七三四年），知縣秦士望於彰化縣城環植刺竹。原圖書明彰化縣地名，但未築城，亦未環植刺竹，由此可以推知原圖的繪製時間，當在雍正元年以後，雍正十二年以前，大約在雍正

◉87 【史料特展】

中葉。

〈臺灣地圖〉一幅，縱四六公分，橫六六七公分，也是巨幅圖像式紙本彩繪，自北至南詳繪大雞籠城、哈仔蘭、竹塹城、彰化縣城、諸羅縣城、臺灣府城、鳳山縣城及番社、山川、地名。雍正十二年，彰化縣城環植刺竹。原圖城牆繪明環植刺竹，可知原圖繪製年代，當在雍正十二年以後。乾隆五十二年十一月初二日，諸羅縣改名嘉義縣，取嘉獎義民之義。原圖中諸羅縣地名尚未改名，可以確定原圖繪製時間的下限當在乾隆五十一年林爽文起事以前，大約在乾隆中葉。

現藏臺灣輿圖保留了許多古地名，例如基隆，原圖作「雞籠」，又作「圭籠」，有大雞籠城，也有小圭籠。宜蘭，原圖作「哈仔蘭」，內有原住民三十六社。漢人貿易時，由社船乘南風而入，北風起時，則返回平地。嘉慶十五年（一八一〇年），哈仔蘭設噶瑪蘭通判。淡水，原圖作「滬尾」。雍正年間的「干豆門」，「八芝蓮」，乾隆年間改稱「關渡門」、「八芝蘭」。蘆洲，原圖作「和尚洲」。三重，原圖作「葫蘆洲」。新竹，原圖作「竹塹」，竹塹城內有淡防廳署。苗栗，原圖作「貓裡」。通霄，原圖作「香霄」。大度溪，原圖作「大肚溪」。彰化，原圖作「半線」。北港，原圖作「笨港」，有笨港前街、笨港後街，過笨港溪就是笨港北街。民雄，原圖作「打貓」。美濃，原圖作「彌濃」。屏東，原圖作「阿猴」。高雄港，原圖作「打狗港」。鳳山在下埤頭街，原圖作「鳳彈」，清代置鳳彈汛。對照不同年代的各種輿圖，可以了解臺灣古今地名的沿革。

列事作傳　功在寶島

康熙二十九年四月，在東華門內設立

《職貢圖》畫卷滿文圖說。

國史館，成爲常設修史機構，按照歷代正史的體例，以纂修紀、志、表、傳。民國三年三月，在清代國史館的原址設立清史館，以修清代史。國立故宮博物院珍藏紀、志、表、傳各種稿本及傳記資料。

鄭成功、李定國、張煌言，爲南明三忠。鄭氏奉唐王之命，縱橫海上，進取江寧，出征海嶠，驅逐荷人。李氏雖出身海盜，翻然反正，席捲湘桂，西南半壁，倚爲長城。張氏起自儒生，崎嶇山海，以伸大義於寰宇。三忠志節，俱可薄日月而泣鬼神。清史館纂修繆荃孫採鄭氏外紀、神道碑、年譜、采訪冊等典籍，以《明史》爲法，撰成三忠列傳，題爲《明遺臣傳》，年經月緯，彙集成編，近似年譜長編，頗具史料價值。現刊《清史稿》雖載鄭成功、張煌言、李定國諸人列傳，但其內容簡略。

在反清復明歷次戰役中，鎭江一役是決定性的一次戰役。順治十五年即永曆十二年（一六五八年），鄭成功南連粵西，北結江浙義士，厲兵秣馬，嚴申紀律，準備北伐。明桂王命周金湯航海至鄭成功軍營，進封鄭成功爲延平郡王。因聞清軍攻滇，鄭成功率師大舉進擊，從行甲士凡十七萬，以五萬爲水戰，五萬騎射，五萬步騎，另以萬人爲鐵人，以萬人往來策應。其鐵人披鐵甲，繪朱碧彪紋，聳立陣前，斫敵馬足。是役，以侍郎張煌言爲監軍，抵浙境，陷樂清、寧海等邑。翌年五月，鄭成功復出崇明，抵京口，奪瓜州，圍鎭江，與清軍交鋒。《明遺臣傳》有一段記載說：

> 海師步隊，清師馬隊。海師先籐牌，清師攻以礮，則臥牌伏地而待之，礮過牌舉。清師發箭，箭不能洞牌，衝以馬隊。海師焂分兩翼，其中空，從後兜圍之，馬阻於牌，牌端設鏡，馬疑鏡中人，驚返走。海師三人互背，三面施刃，專斫馬足，人馬俱倒，遂大敗，效忠負創走，知府遂以城降，屬邑皆下。

鄭成功訓練鐵人，號稱鐵面軍，是由全身披著鐵鎧的士卒組成，僅留雙目，手持砍馬足大刀，陣前聳立，矢銃不能傷，銳不可當。其籐牌兵，也是訓練有素，弓矢固不能洞穿籐牌，兼可避礮彈。牌端置鏡，以亂清軍戰馬，不戰自潰。鄭成功鎭江大捷，戰況激烈，戰術新穎，實爲清軍南征諸役中所罕見。時人曾賦詩說：「縞素臨江誓滅胡，雄師十萬氣吞吳；試看天塹投鞭渡，不信中原不姓朱。」鎭江之役，戰果輝煌，不言可喻。但《清史稿》僅謂鄭氏取瓜州，攻鎭江，「提督管效忠師赴援，戰未合，成功將周全斌以所部陷陣，大雨，騎陷淖。成功兵徒跣擊刺，往來剽疾，效忠師敗績，成功入鎭江。」記載簡略，事蹟不詳。

國立故宮博物院典藏清代國史館傳包，數量可觀，除傳稿外，還含有事實冊、出身冊、事蹟冊、履歷片、咨文、行述等傳記資料，具有高度史料價值。例如《清史稿．劉銘傳列傳》記載說光緒十一年（一八八五年）法蘭西兵擾粵閩，詔起劉銘傳，加巡撫銜，督臺灣軍務。法兵三犯滬尾，又犯月眉山，皆擊退，殲敵千餘。《清史列傳》記載劉銘傳於光緒十年五月行抵臺北。但對照傳包內《劉壯肅公事實》以後可知法兵犯海疆，非始於光緒十一年，是年中法和議成，法兵已退，歷史事件年月有誤。光緒十年閏五月初二日，劉銘傳陛見，閏五月二十四日行抵基隆，查看礮臺形勢，閏五月二十八日，行駐臺北。六月初，法人犯基隆，至次年二月，先後八閱月，孤島危懸，苦戰苦守。十二月初九日，法人添兵犯月眉山一帶，我軍與法兵相持五日，惡戰三日，法兵穿著雨衣，更番接戰。我軍力薄，無可更換，將士忍飢冒雨，目不交睫，遍身霑濕，堅苦守禦，月眉山賴以力保。《清史

◉89　【史料特展】

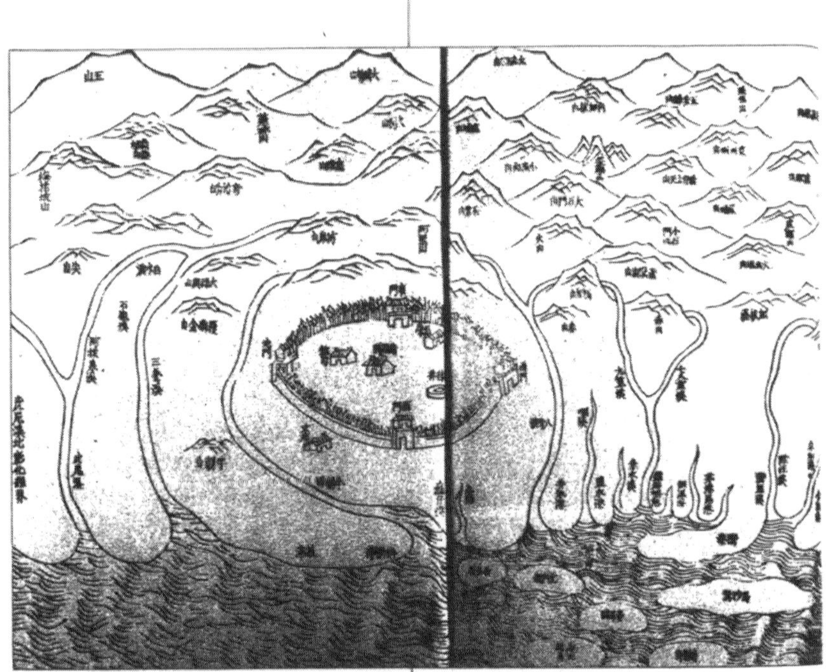

〈台灣地圖〉局部。

稿》所稱藏敵千餘，誇大其辭；《清史列傳》所載內容，亦有疏漏。

曝背獻芹　禮尚往來

臺灣土膏衍沃，多暄少寒，霜雪罕見，物產豐富，舉凡稻米、番薯、花生、果蔬、豆、麥、菁麻、蔗糖等，都是重要作物。此外，硫磺、磺油、樟腦、煤炭、茶葉等，則為重要經濟資源，俱引起朝廷的重視。

漢唐以來，職貢有圖，方物有錄，曝背獻芹，所以通上下之情，洽君臣之誼。有清一代，福建督撫常以臺灣土產進貢君主。康熙年間，閩浙總督覺羅滿保呈遞貢單如下：

> 牙蕉肆桶，刺竹伍桶，番様秧肆桶，黃梨秧肆桶，番薯秧肆桶，番稻穗肆箱，暹羅舖地直紋席捌領，五色鸚鵡壹架，會唱番歌，白斑鳩貳對，綠斑鳩壹對，番雞壹對，番鴨貳對，臺猴肆對，臺狗肆隻，試過，能拿鹿。

進貢清單奉墨筆御批，由康熙皇帝批諭中可知臺灣水稻已在京中、熱河試種，出的好。臺狗能拿鹿，康熙皇帝認爲不及京裡好狗；但是也許因爲臺狗飄洋過海，長途跋涉，水土不服，所以不及北京獵犬了。康熙五十八年四月二十九日，覺羅滿保繕寫滿文奏摺進貢番様，原摺譯出漢文如下：

> 臺灣地方所產番様，由今年四月十五日起成熟，於今二十八日齎至。奴才親自檢看，新鮮番様味甜，微帶酸，吃時還算美味，但不可久放。蜜浸與鹽浸者，似可久放，滋味不及新鮮者。剝皮曬乾者，尚微存原味。奴才將此數種俱敬謹檢看，裝貯小瓶，謹呈聖主御覽。惟新鮮番様不可久放，不知能否齎達，故於進獻摺子內未敢塡寫數目，視齎達之數，盡皆敬謹呈獻。

番様即芒果，讀作「fan suwan」。因番様不能久放，從臺灣運到北京，已經超過一個多月。因此，康熙皇帝以硃筆批諭說：「知道了，因番様係從來未見之物，故要看看，看來很是無用之物，再不必送來。」

清初在臺灣試種西瓜，其瓜種是由內廷頒發的。從康熙五十二年起，福建督撫衙門按例將內廷所發瓜種遣人齎往臺灣種植，每年成熟後挑選數個裝運進貢。例如康熙五十五年正月初九日，閩浙總督覺羅滿保繕寫滿文奏摺進貢西瓜，滿文原摺譯出漢文一段如下：

> 奴才於六月派人將五十四年聖主所賜西瓜種子齎往臺灣，於八月種植。正成長良好開花時，於九月十五日遭遇大風，嫩軟瓜蔓被折斷，花亦凋謝，損傷大半。奴才據報後，甚爲惶恐！急速加派人員，共同查看整理培植，較大者僅得四十餘個，續生者俱小，並未長大。今奴才查看齎至者，不勝惶恐，此皆奴才之罪，愈覺膽顫，敬謹查看挑選，齎呈聖主御覽，祈求聖鑒寬貸。又臺灣當地所產西瓜，雖因風稍微損傷，然因民人所種者甚多，仍獲有較大者，故查看挑選佳者一併敬謹齎呈聖主御覽。竊看臺灣地方，因盡是沙地，土質適宜種植西瓜，若無大風，西瓜原有很好收成，伏祈聖主施恩，將內廷現有西瓜種子再行賞給，奴才即派人敬謹種植。

由奏摺內容可知地方大吏對臺灣種植西瓜的重視及審慎。原摺奉滿文硃批：「知道了，西瓜事小，有何關係？」

地方大吏喜歡以臺灣特產進貢皇帝，清朝皇帝也常以珍品賞賜臺灣原住民。例如乾隆五十三年十二月，屋鰲總社首領華篤哇唷、阿里山總社首領阿吧哩、大武壟總社首領樂吧紅、傀儡山總社首領加六賽等入京覲見，乾隆皇帝除了分別賞給六品、七品頂帶、金頂外，還分別賞賜騷鼠帽、緞面灰鼠皮補褂、羊皮蟒袍、紬襖、布襪、絲線帶手巾、磁器、紅布、宮紬、大小荷包、玻璃器、火鏈、茶葉、螺鈿匣、回民花布、鼻煙壺、鼻煙等等，俱爲原住民所喜愛。《上諭檔》將各社首領、通事、社丁名字及賞賜物品件數逐一記錄下來，留名後世，足資鈎考史事。

金城湯池 修築城垣

興建城垣是開拓經營過程中的一個重要措施，具有時代的意義。國立故宮博物院典藏臺灣築城史料，爲數頗多，具有高度史料價值。臺灣府治，背山面海，一望曠遙，缺乏藩籬之蔽，爲加強防衛，亟需修築工事。雍正三年三月，巡視台灣監察

◉91 【史料特展】

御史禪濟布與監察御史丁士一、福建臺灣鎮總兵林亮等共同商議，建築木柵，以別內外。是月十六日，禪濟布繕摺具奏。摘錄《宮中檔》原摺一段於下：

> 其基三面環山，周經壹千捌百丈，每丈木植鐵灰土人工，料估用銀肆兩，木長壹丈陸尺，下截肆尺，用石灰沙泥填築，以收水氣，以杜蟻侵。木杪上頂釘以鈎釘，用木板上中下橫連叁道，大鐵釘釘固。每隔肆拾丈蓋小望樓壹座，上安礮壹位，撥兵支守。於要衝之處開闢四門，各築高大門樓壹座，安設礮位。木柵之西南頭俱抵海邊，各設礮位，千把總輪值，以司啓閉，以固屏障。

鄭成功海戰圖。

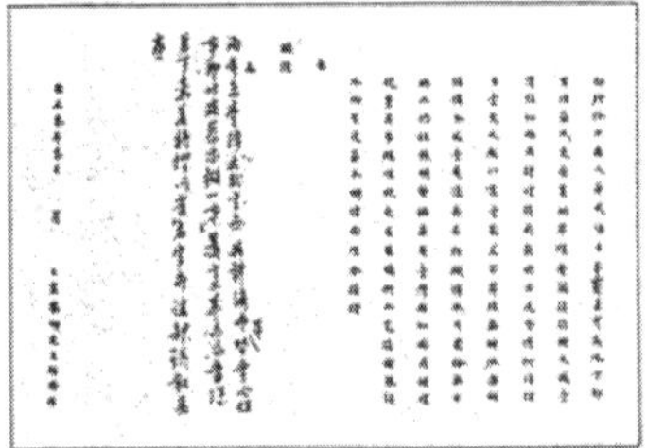

故宮宮中檔的禪濟布奏摺硃批影本。

《欽定四庫全書》中〈皇清職貢圖〉描繪原住民婦女手拿收成農作物的情形。

郡治木柵工程，是從雍正三年三月十七日起施工。其經費來源是由禪濟布、丁士一、林亮、臺廈道吳昌祚、臺灣縣知縣周鍾瑄等文武員弁公捐，全府紳耆士庶也發動捐輸。雍正皇帝據奏後以硃筆批諭說：「兩年來臺灣文武官弁與禪濟布等皆實心任事，即此建築木柵一事，籌畫甚屬妥當，深爲可嘉，著將摺內有名官弁該部議叙具奏。」

乾隆末年，府城西面臨海木柵，已多朽腐，不足以捍禦。乾隆五十三年正月，欽差大臣德成等奉命馳赴臺灣，估勘郡城工程。同年四月十一日，德成繕摺奏請修築土城，城身通高一丈八尺爲率，頂寬一丈五尺，底寬二丈，舊有各城台七座，上截一律加高八、九尺不等，新添西門券台一座，並添建城樓八座，卡房十六座，看守兵房八座，共計照例辦買土方工匠等價約需銀十二萬四千餘兩，費用較省。德成指出，若用磚砌成，約需銀三十八萬六千餘兩，帑費繁多。若用石砌成，需費更爲浩大。因此，議定修築土城。德成等奏摺錄副，保存於軍機處月摺包內，是探討臺灣府築城的重要資料。

清軍平定林爽文的起事，義民有不世之功，諸羅縣義民堅守城池，被圍困數月之久，仍能保護無虞，主要是由於縣民急公嚮義，衆志成城。因此，乾隆皇帝下令更改縣名，以旌斯邑。國立故宮博物院典藏軍機處《上諭檔》記載乾隆五十二年十一月初二日，軍機大臣遵旨更定諸羅縣名，擬寫嘉忠、懷義、靖海、安順四名呈覽，並奏請硃筆圈出，以便寫入諭旨。乾隆皇帝就嘉忠的「嘉」與懷義的「義」，各取一字，而定名爲「嘉義」，取嘉獎義民的意思。次日，正式頒諭公布，將諸羅縣改爲嘉義縣。

嘉義縣城較府城爲小，計長七百四十四丈餘，原爲土城，距山約二里，形勢扼要，林爽文之役以後，照土城舊規加高培厚，添建城樓券台等項，共約銀四萬三千餘兩。彰化縣城環植刺竹，平定林爽文以後，在八卦山上添設石卡一座，以捍衛縣城。嘉慶十五年（一八一〇年）五月，改建土城。道光四年（一八二四年）五月，改用磚石。國立故宮博物院現藏軍機處月摺包內含有彰化縣城建築捐輸姓名銀數清單。

鳳山縣城垣原來是坐落於興隆里龜山山麓，也是用刺竹栽插繞城，莊大田起事以後，城圍衙署民房已被焚燬殆盡，而於城東十五里埤頭街移建新城，插竹爲城。嘉慶十一年，海盜蔡牽竄擾埤頭，新城殘破。道光四年，福建巡撫孫爾準親詣鳳山查勘，見舊城雖已殘廢，但在龜山、蛇山之間，尚有基址，龜山近臨雉堞，俯瞰城中，難於守禦，議定將城址稍向東北遷移，將龜山圍入城中，居高臨下，堪稱形勝。截灣取直，計周圍八百六十四丈。道光五年七月十五日，興工修築，翌年八月十五日，竣工。其經費來源分爲官捐與民捐兩項，官捐番銀四萬元，其中提督王得祿捐出番銀二千元，民捐番銀共三萬九千六百五十元，合計番銀七萬九千六百五十元。每番銀一元，相當於紋銀七錢，折算紋銀共五萬五千七百五十五元。國立故宮博物院現藏軍機處月摺包內含有官民捐輸姓名銀數清單。

求富圖強　興建鐵路

十九世紀中葉以來，列強在中國爭奪利權，外患日亟。清廷爲救亡圖存，曾先後舉辦多項新政，其中火車鐵路，可速徵調，並通利源，實爲裕國便民的交通運輸事業。光緒十三年三月，福建臺灣巡撫劉銘傳奏准修築臺灣鐵路，擬定商辦鐵路章程，先由基隆造至彰化。光緒十七年十月，基隆至臺北一段的鐵路通車。

邵友濂繼任福建臺灣巡撫後，以鐵路工程浩大，奏准造至新竹。光緒十九年十一月，竣工通車。計自基隆廳道頭起至新竹縣南門外止，鐵路長一百八十五哩，相當一〇六·七公里，路廣十一、二尺，軌條闊三尺六寸。沿途共設十六站，站房爲土造，稱爲火車房。鐵路所過，大小橋樑共七十四座。鐵路工程師，多用粵人，枕木都用臺產，平穩堅實，輿情稱便。

光緒二十年（一八九四）正月，善後局司道將臺灣鐵路借墊支給銀數開列清單，國立故宮博物院現藏軍機處月摺包內含有清單原件。其中購買民間田園土地銀二萬三千四百餘兩；購買外洋鋼條車輛鐵橋器具保險等項共銀三十八萬六千八百餘兩；僱船盤運物料船租等項共銀九千七百餘兩；找運物料等項共銀五千八百餘兩，以上各款共銀四十二萬五千八百餘兩，由兵部照數核銷。此外創修路工碼頭票房橋欄等項共銀八十六萬九千九百餘兩，由工部照數核銷。

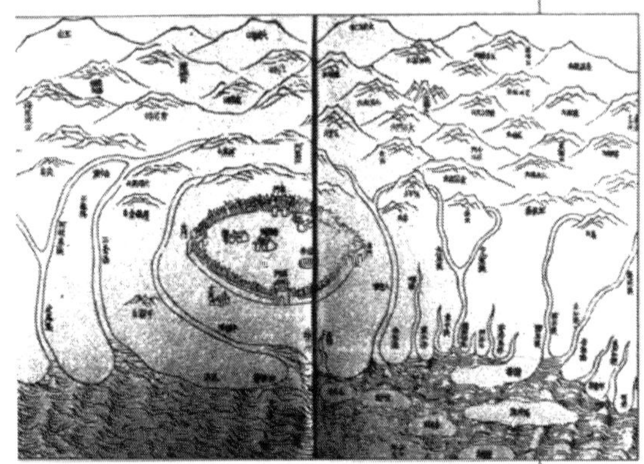
清代的諸羅縣城圖。

臺灣開辦鐵路，諸事草創，經營七年之久，始告竣工。據邵友濂具摺指出，臺灣地土鬆浮，田園漫衍，培築不密，立形坍陷，坡陀參差，礧壓倚伏，曲直無定，高下靡常，溪澗縱橫，水流湍急，其路工橋工艱難情形，已可概見。劉銘傳、邵友濂傳包傳稿及奏摺錄副等件，俱為建設臺灣重要史料。

清末劉銘傳所建的台北火車站。

臺灣與閩粵內地，一衣帶水，先民絡繹渡臺，篳路藍縷，墾殖荒陬。歷任文武，正經界，籌軍防，興文教，不遺餘力，社會漸趨整合，地域觀念，亦日益淡化。且因臺灣自然環境特殊，宛如海上孤舟，較易產生同舟共濟的共識。建省以後，開山撫社，析疆增吏，綱舉目張，百事俱興，臺灣氣象於是一新。緬懷先民慘澹經營的遺跡，益見現藏清宮臺灣史料之彌足珍貴。（作者現任師範大學歷史系教授，故宮博物院研究員）

民國八十四年十月十日聯合報34版

故宮獻寶

清宮臺灣史料走出庫房

■黃靖雅

故宮寶藏近四十萬件清宮檔案，其中有不少是研究臺灣史的第一手資料，為慶祝故宮七十院慶及臺灣光復五十年，正逐步整理出版面世。

來，閉上眼睛想像一下，如果我們做一趟時光旅行，跳上光陰列車往回走，回到一百多年前，我們所置身的臺灣，在清朝統治時代，會是什麼面目？遙遠的北京紫禁城裡，清宮皇帝眼裡的臺灣，又是個什麼樣的世界？

順應本土研究熱

在甲午戰敗、清廷割台一百零一年後，「中國．臺灣」情結跟隨橫梗在兩岸人民心中的今天；在本土風潮大興，「臺灣學」成為顯學的今天，這些問題格外引人好奇。

這些問題，是有答案的。答案的線索，就在故宮典藏的近四十萬件清宮檔案裡。

這些研究臺灣史的珍貴史料，在故宮為慶祝台灣光復五十周年而出版的《清代臺灣文獻叢編》系列中，將走出百年靜默的清宮檔案匣，在現代照相印刷術顯影下，逐步出版面世，將來在更多圖書館的書架上、學者的書桌上，都可以方便的翻閱這分清宮檔案，提供更多學者研究，甚或比對，訂正其他史料的謬誤。

這系列對研究臺灣史頗具價值的原始文獻，預計將出版三十冊，其中《清宮月摺檔台灣史料》八冊，已在去年光復節前夕先出版三冊，今年光復節前可出版其餘五冊。另外，故宮研究人員莊吉發等人，針對這些館藏清宮台灣史料所進行的研究，也將初步結集成《故宮臺灣史料概述》論文集，近日亦已出版，作為故宮慶祝七十院慶，也紀念臺灣光復五十周年，獻給「臺灣」的禮物之一。

在一般人印象中，形象持重保守的故宮，除了近一兩年幾檔包括莫內及目前正在展出的「羅浮宮畫展」外，多以我國古代文物展覽為主，整體而言，予人的古典印象較深，而與本土研究或本土文化界的互動，則較乏人注目。

不過，當今的本土風潮瀰漫全臺之餘，究竟也直撲故宮而來了。在故宮任職近三十年的歷史學者莊吉發發現，近十餘年來，來故宮查閱有關臺灣文獻史料的中外學者，越來越多，尤其最近幾年，開始有研究者建議，將故宮館藏豐富的清宮台灣史料整理出片段，以方便研究；故宮也有感於「臺灣學」日盛、研究者日眾，學術界也的確有如此需要，去年開始有了系列整理臺灣文獻的行動。

這些在較激進的本土論者眼中，可能有點遲來的「擁抱本土」動作，畢竟還是在恰逢清廷割臺百年紀念的去年開始展開，除了在去年光復節首度公開展出「院藏清宮臺灣史料特展」，故宮研究人員也開始著手整理出版那些深藏庫房多年的寶貝，讓百年前清廷第一手的台灣文獻，褪落歷史塵埃，回到百年後的台灣人視野裡。

直接史料價值大

目前故宮所藏的清宮檔案，並非當年清廷全部檔案。民國三十七年，由於國共戰事吃緊，北平故宮博物院決定甄選精品，分批遷運臺灣，共有兩百零四箱、約四十萬件，不到九一八事件後首次南遷至川黔等後方的十分之一，但數量已不少，其中更有豐富的臺灣史料散置其間。

這些清宮臺灣史料，都是清朝統治臺灣的兩百一十二年期間，經管臺灣的地方官報給清廷中央的資料，舉凡雨水收成、米糧價值、人口變遷、進貢土宜、民情風俗等，都有詳細的紀錄；也包括了割讓前清朝歷朝皇帝寫的硃批，所呈現的統治者對臺灣的觀點。

至於這些清宮舊檔案有何價值，故宮文獻科的研究人員莊吉發表示，史料與史學關係密切，沒有史料就沒有史學，而史料又可分直接史料和間接史料，檔案就是直接史料，對歷史研究極具價值，檔案的發掘和整理，可帶動歷史研究；這批清宮臺灣史料的整理出版，可提供豐富實在的第一手資料，對目前愈趨熱絡的臺灣學研究，當然大有裨益。

此外，在糾正官書或史書謬誤方面，這些原始史料也是極有價值的。莊吉發教授舉例說，像朱一貴起事的時間，《清聖祖實錄》康熙六十年六月初三日記載：「五月初六日，臺灣姦民朱一貴等，聚眾倡亂……」但在清宮原始檔案中，覺羅滿保五月初八日具奏、由驛馳遞走了近一個月才到北京的滿文奏摺，卻記載：「今年四月二十日，南路鳳山縣地方，出現賊徒……」其他還有《清史稿．劉銘傳列傳》記載劉銘傳抵達臺北及擊退法軍的時間，也有類似的錯誤，也都可據檔案史料予以訂正。

若只是時間等資料性的錯誤，影響還不致太大，如果因史事背景交代不清，致有正邪異位之謬，就差之千里了。這方面，莊吉發再舉《清史稿．沈葆楨列

不少，其中更有豐富的臺灣史料散置其間。

這些清宮臺灣史料，都是清朝統治臺灣的兩百一十二年期間，經管臺灣的地方官報給清廷中央的資料，舉凡雨水收成、米糧價值、人口變遷、進貢土宜、民情風俗等，都有詳細的紀錄；也包括了割讓前清朝歷朝皇帝寫的硃批，所呈現的統治者對臺灣的觀點。

至於這些清宮舊檔案有何價值，故宮文獻科的研究人員莊吉發表示，史料與史學關係密切，沒有史料就沒有史學，而史料又可分直接史料和間接史料，檔案就是直接史料，對歷史研究極具價值，檔案的發掘和整理，可帶動歷史研究；這批清宮臺灣史料的整理出版，可提供豐富實在的第一手資料，對目前愈趨熱絡的臺灣學研究，當然大有裨益。

此外，在糾正官書或史書謬誤方面，這些原始史料也是極有價值的。莊吉發教授舉例說，像朱一貴起事的時間，《清聖祖實錄》康熙六十年六月初三日記載：「五月初六日，臺灣姦民朱一貴等，聚眾倡亂……」但在清宮原始檔案中，覺羅滿保五月初八日具奏、由驛馳遞走了近一個月才到北京的滿文奏摺，卻記載：「今年四月二十日，南路鳳山縣地方，出現賊徒……」其他還有《清史稿．劉銘傳列傳》記載劉銘傳抵達臺北及擊退法軍的時間，也有類似的錯誤，也都可據檔案史料予以訂正。

若只是時間等資料性的錯誤，影響還不致太大，如果因史事背景交代不清，致有正邪異位之謬，就差之千里了。這方面，莊吉發再舉《清史稿．沈葆楨列

傳》中記載，同治十三年「日本因商船避風泊臺灣，又為生番所戕，藉詞調兵，覬覦番社地。」以上措辭看來似乎視日軍侵臺為「保民義舉」；實際上卻是當時為清廷屬邦的琉球船隻，遇風漂至臺灣南部瀉海，五十四人為山胞所殺，其餘十二人由地方官保護回琉球，算是中國內部民事糾紛，與日本無關，只是被日軍強借為侵略託詞。像這種史書謬誤到為侵略者製造藉口，更是該引原始史料予以訂正，還給歷史一個真相。

還原歷史的原貌

在一片「本土熱」中，像故宮這樣一個國家寶藏文獻的重地，整理出版了清宮臺灣史料，並將初步的研究成果也集結成論文集發表，無疑將引起廣泛的矚目。對這一點，莊吉發表示，雖然「與有榮焉」，但其實心情上是非常誠惶誠恐的，由於現在研究臺灣相關命題的人實在很多，稍一不慎，立刻會為人發覺，甚而指責，因此從事整理研究的工作人員無不力求謹慎，心理壓力不可謂不大。

也許光芒太強的地方，和黯淡無光的地方，都不容易看清真相，特別需要冷靜的眼光——從長久抑鬱中走來，到成為時代光環中心的本土文化或「臺灣學」，也是如此吧。

從清廷割讓臺灣以來，百餘年歲月裡，政權來去、史事更迭，臺灣人民對中土一直或明或暗蘊著愛恨交織的情緒，無論在歷史滄桑裡，激化的是遙遠的戀慕或孤絕的背離，在千絲萬縷的史料線索中，盡量還原歷史的原貌，才能平心靜氣發現真相。

↓閩浙總督覺羅滿保進貢清單中臺猴、臺狗都上榜，只不過被批上「無用」兩字。故宮博物院／提供

福建浙江總督臣覺羅滿保恭

進

無用 番茉莉拾陸桶

無用 弓蕉肆桶

無用 剌竹伍桶

無用 番樣秧肆桶

無用 黃梨秧肆桶

無用 番薯秧肆桶

無用 番稻穗肆箱 現京中熱河都種了 出的好

無用 選蘇鋪地五紋席捌領

無用 五色鸚鵡壹架 會唱番歌

進來京中多了 白斑鳩貳對

無用 綠斑鳩壹對

番鷄壹對

京中多 番鴨貳對

無用 臺猴肆對

無用 臺狗肆隻 此過就拿去 不及京裏好狗

臺灣歷史 文獻足徵

・院藏清宮臺灣史料特展 /莊吉發

本院檔案，皆爲清宮舊藏，依其來源，大致可以分爲宮中檔、軍機處檔、內閣部院檔、史館檔等四大類。

宮中檔內容，主要爲有清歷朝君主硃批奏摺，原藏懋勤殿等處。

軍機處檔主要爲硃批奏摺錄副存查之鈔件及分類彙鈔之各種檔册，原藏隆宗門內軍機處。

內閣部院檔主要爲內閣承宣文書及例行公事檔册，原藏內閣大庫、票簽處、起居注館等處。

史館檔主要爲紀、志、表、傳等各種稿本及傳記資料，原藏東華門內國史館、清史館。

各類檔案，品類繁多，皆具有高度史料價值。

宮中檔閩粵督撫提鎮奏摺原件、軍機處奏摺錄副、軍機大臣議覆奏稿，月摺檔奏摺鈔件、內閣票簽處外紀簿等含有頗多臺灣史料，舉凡雨水收成、米糧價值、移殖拓墾、人口變遷、進貢土宜、對外開港、開發後山、修築城垣、興建鐵路、整頓吏治，以及民情風俗等等，地方大吏，凡有聞見，均須繕摺具奏，爲研究臺灣歷史提供第一手史料。

謝遂職貢圖卷
阿里山社原住民圖像

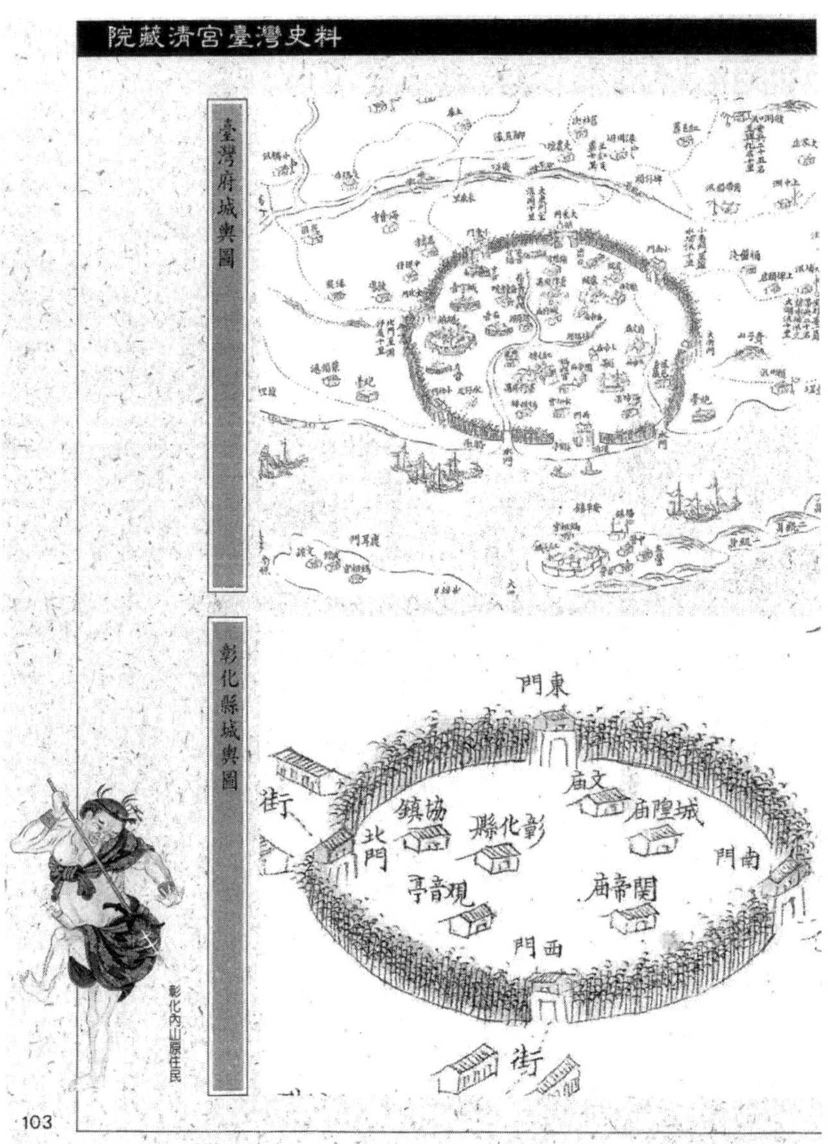
院藏清宮臺灣史料
臺灣府城輿圖
彰化縣城輿圖
東門
文廟
城隍廟
彰化縣
協鎮
北門
南門
觀音亭
關帝廟
西門
街
街
彰化內山原住民
103

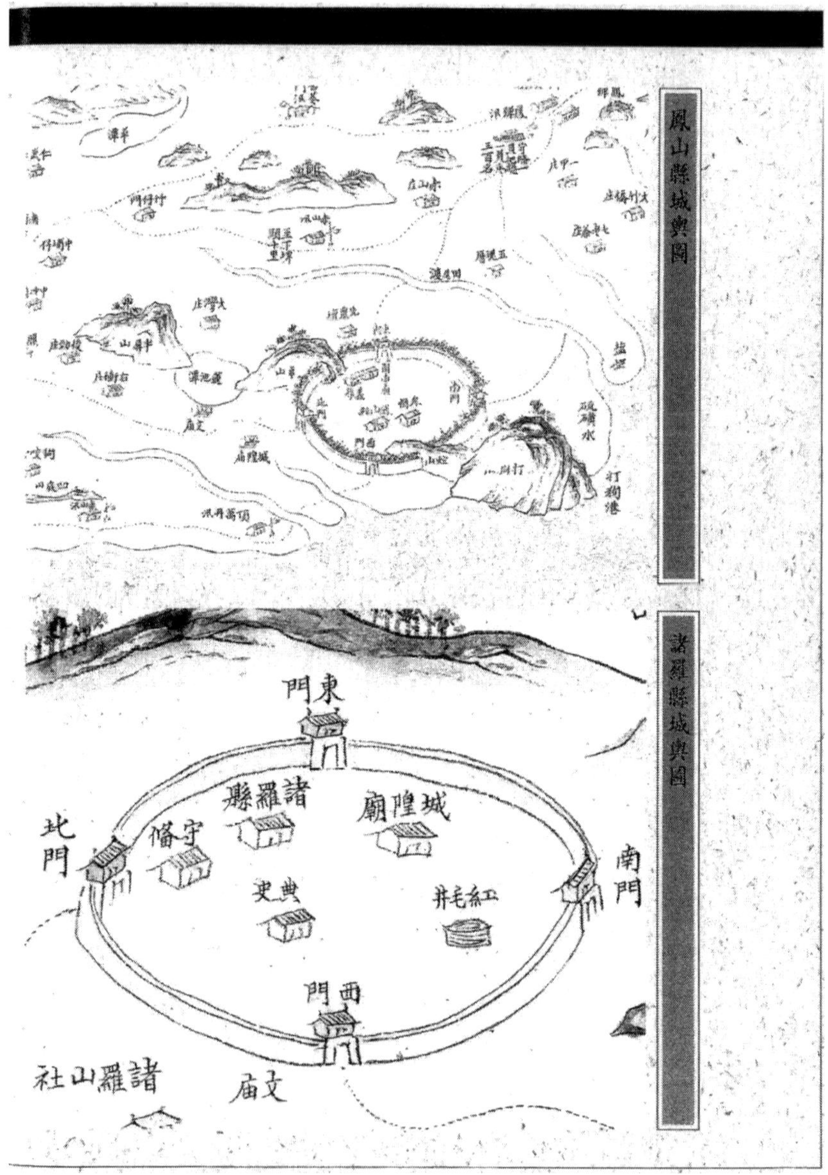
鳳山縣城輿圖
諸羅縣城輿圖
東門
西門
北門
南門
諸羅縣
城隍廟
守備
典史
紅毛井
諸羅山社
文廟

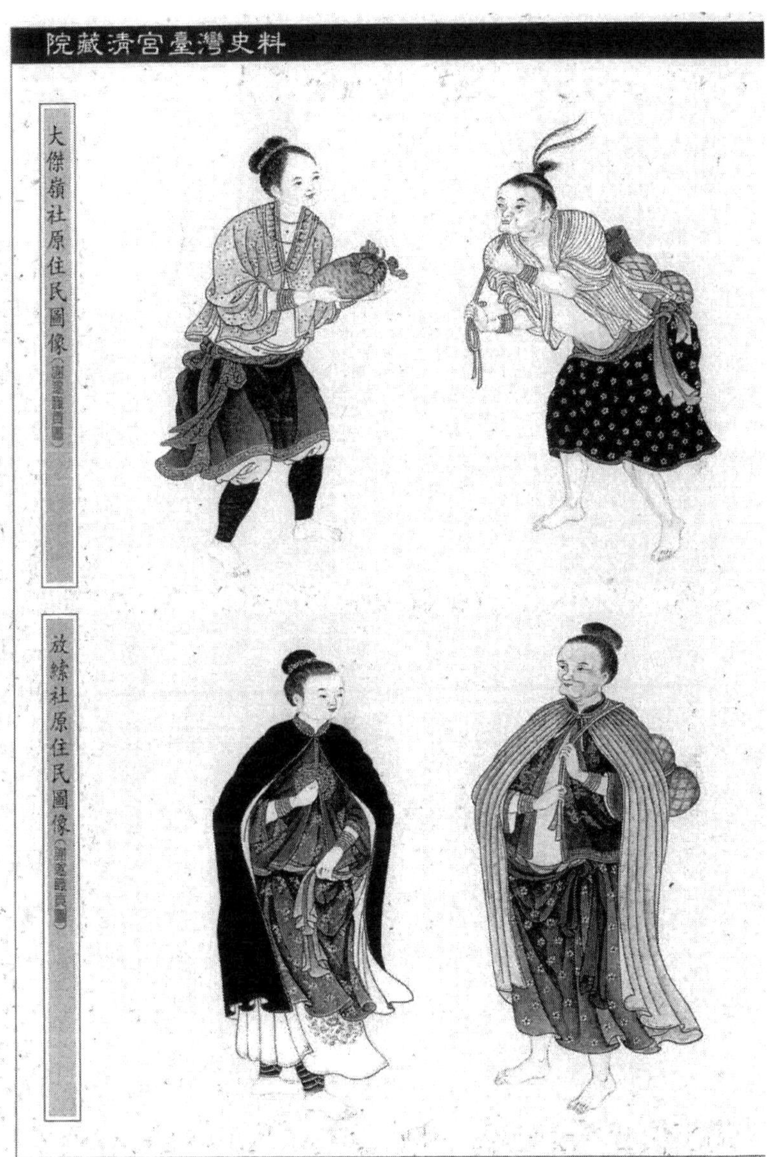
院藏清宮臺灣史料
大傑嶺社原住民圖像
放縤社原住民圖像
105

諸羅社原住民圖像
大肚社原住民圖像

院藏清宮臺灣史料
西螺社原住民圖像
德化社原住民圖像
107

水沙連社原住民圖像（謝遂職貢圖）

蕭壠社原住民圖像（謝遂職貢圖）

院藏清宮臺灣史料

鄭成功像

此次展出院藏康熙、雍正、乾隆、道光、光緒等朝硃批奏摺、奏摺錄副，軍機處檔冊，史館傳稿等，均有助於了解先民開發臺灣之經緯。

院藏謝遂彩繪職貢圖畫卷含有諸羅等社原住民瑰麗圖像，頗具藝術價值。

輿圖亦為重要史料，此次展出臺灣輿圖包括：院藏滿、漢文箋注臺灣略圖各一幅，為清初紙本墨繪；臺灣圖附澎湖群島一卷，為雍正、乾隆年間紙本彩繪；臺灣地圖一卷，為乾隆中葉紙本彩繪，俱屬罕見之臺灣輿圖。

臺灣與閩粵內地，一衣帶水，內地先民絡繹渡臺，篳路藍縷，墾殖荒陬，歷任文武官員，正經界，籌軍防，興文教，不遺餘力，社會漸趨整合，地域觀念，日益淡化。且因臺灣自然環境較為特殊，孤懸外海，宛如孤舟，較易產生同舟共濟之共識，省籍意識，逐漸消弭，臺灣遂成為內地黎庶落地生根之海外樂土。建省之後，開山撫社，析疆增吏，綱舉目張，百事俱作，氣象一新。緬懷先民慘澹經營之遺跡，益見本院典藏清宮臺灣史料之彌足珍貴。

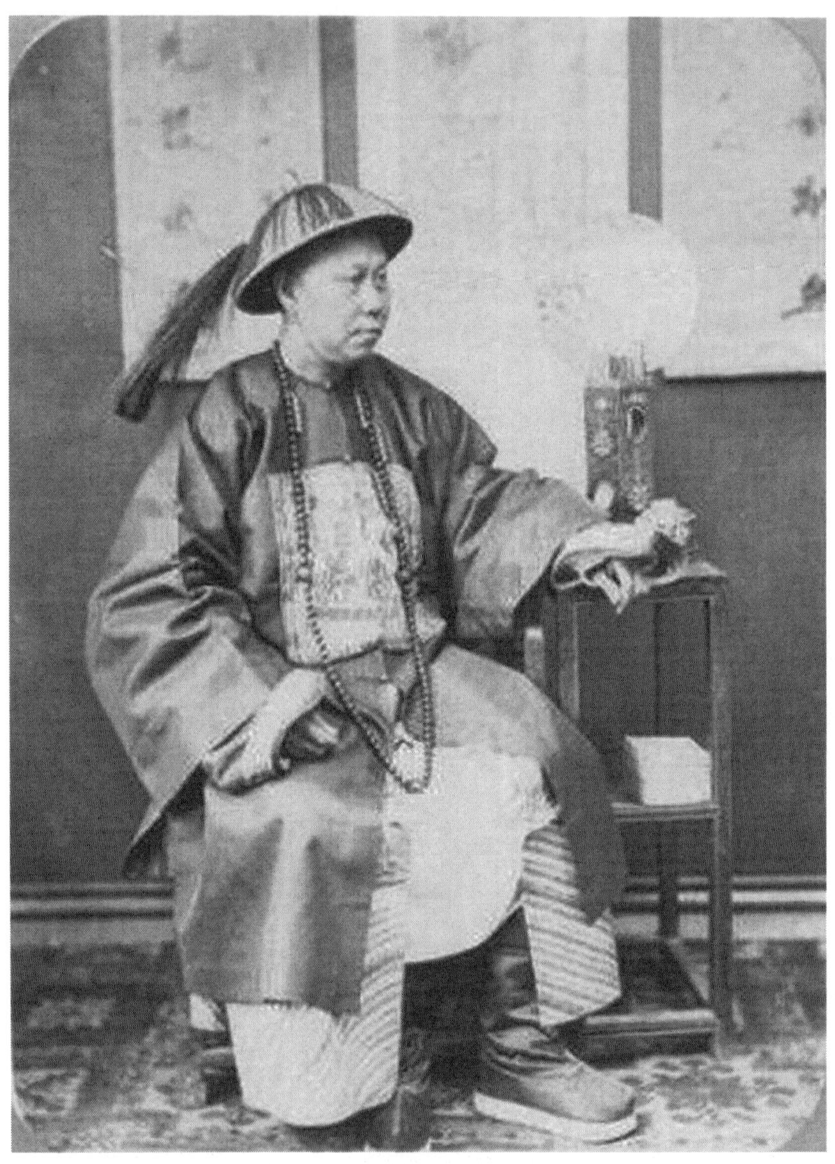

沈葆楨畫像

會議與參訪

— 大英博物館．大英圖書館．公共文書館

一、前　言

國際檔案大會（International Council on Archives Congress），於民國三十九年（1950）在法國巴黎正式成立，共三十五國表代出席，嗣後每四年舉行一次大會。第九屆大會，在英國倫敦海德公園（Hyde Park）希爾頓大飯店（Hilton Hotel）舉行。民國六十九年（1980），共計八十國代表九百五十餘人出席，盛況空前。自民國六十九年（1980）九月十五日至十九日共計五天會期內，宣讀論文共十六篇，除了報導國際檔案大會的歷史及其成就外，並進一步討論檔案在學術理論與實用上的價值。所謂歷史檔案是指全體人類活動的紀錄，舉凡政治、社會、經濟、農業、工業、商業各方面固與檔案密切不可分，即各項工程例如城市建築、紀念碑的建造等，其地圖、設計圖及有關資料，俱為重要的檔案。一個國家檔案資料中心，不僅保管過去的政府文書，更不能忽略當代各項活動的紀錄，各項資料，應分門別類，充分運用科學管理，並向社會大眾開放使用，俾於造福人類有所裨益。筆者奉派前赴倫敦出席第九屆檔案大會，並於大會前後，分別前往各檔案中心查閱資料，本文僅就所見清代史料，舉其犖犖大者，分別簡介，以窺其梗概。

二、大英博物館東方古物部現藏清代史料

十三世紀，馬哥波羅（Marco Polo）雖然寫有東方見聞錄，十六、七世紀，耶穌會士（Jesuits）對中國也有頗多的描述，但歐洲人對中國仍感陌生。遲至十九世紀，基督教傳教士、商人及軍人等來華者，與日俱增，中外交涉日漸頻繁，歐洲人對中國的文物益感興趣，開始收購珍藏中國書畫器物。經過幾次對華戰爭，英國人所獲中國文物，為數極為可觀。其中倫敦大英博物館（British Museum）、劍橋費茲威廉博物館（Fitzwilliam Museum）等處，收藏中國文物，俱極豐富，不僅是西方文明的縮影，而且也是中國文物的海外寶藏。就大英博物館展出部分而言，已是品類繁多，不勝枚舉。例如西元前五千年新石器時代河南仰韶文化石斧，半坡村出土的紅陶器（Red earthenware），甘肅廣河地巴坪出土的西元前三千年的彩陶器，山東濰坊出土的西元前三千年龍山文化的白陶三足鬶，西元前二千五百年至二千年的黑陶，以及商周時代的甲骨文、玉器、青銅器，漢簡，宋元明清時代的瓷器書畫等，多屬中國文物的精品。此外如宋元善本，明永樂大典、清高宗御筆「知過論」及《御製五體清文鑑》等，俱極珍貴。

在大英博物館東方古物部（The Department of Antiquities），除收藏中國書畫器物外，另藏有清末木刻圖畫多件，例如宣宗第七子醇親王奕譞巡閱北洋海軍艦隊圖，原圖標明「七王爺閱兵圖」字樣，縱五八・三公分，横一一〇公分。原圖上方有「七王爺下旅順口驗大塢」字樣，左下側有「天津招商局火輪船」字樣，船艙居中有「定遠」字號，旅順海口右岸為黃金山。據《清史稿》醇賢親王奕譞傳云：

光緒二年，上在毓慶宮入學，命王照料。五年，賜食親王

> 雙俸。十年，恭親王奕訢罷軍機大臣，以禮親王世鐸代之。太后命遇有重要事件，與王商辦。時法蘭西侵越南，方定約罷兵，王議建海軍。十一年九月，設海軍衙門，命王總理節制沿海水師，以慶郡王奕劻、大學士總督李鴻章、都統善慶、侍郎曾紀澤為佐。定議練海軍，自北洋始，責鴻章專司事。十二年三月，賜王與福晉杏黃轎，王疏辭，不許。鴻章經畫海防，於旅順開船塢，築砲臺，為海軍收泊地。北洋有大小戰艦凡五，輔以蚊船艇，復購艦英德，漸次成軍。五月，太后命王巡閱北洋，善慶從焉。會鴻章自大沽出海至旅順，歷威海、煙臺，集戰艦合操，徧視礮臺船塢及新設水師學堂，十餘日畢事。王還京奏獎諸將吏及所聘客將，請太后御書，牓懸大沽海神廟。

對照前引記載，可知「七王爺閱兵圖」即繪醇親王等巡閱北洋艦隊的圖片，惟查閱清德宗實錄，其奉命校閱旅順艦隊當在光緒十二年四月間。探討清廷經營輪船及成立海軍艦隊，此圖片不失為珍貴的資料。

光緒二十九年（1903），戶部奏准設置官銀行，發行紙幣。銀行內附設儲蓄銀行，畫一幣制。在大英博物館東方古物部內亦收藏有清季儲蓄銀行發行的紙幣，縱一八・九公分，橫九・九公分。票面居中有「憑票發當拾銅圓壹佰枚」字樣，票面外緣右側有「農工商部註冊」字樣，左側有「度支部立案」字樣，內緣右側為票面編號，左側為「光緒三十四年八月吉日」。票面居中上方有「信義儲蓄銀行」字樣，票面下方有「遵照部章市面通用」字樣。清季創辦銀行，該館所藏者即當時發行的紙幣之一。

明清之際，西洋耶穌會士紛紛來華，傳播福音，西學亦源源輸入。惟國人對西洋宗教誤解甚深，乾嘉以降，白蓮教滋事案件，層見疊出，國人多將基督教視同異端邪教，中西教案，遂成為嚴重交涉。大英博物館東方古物部現藏清代仇教排外的圖片，為數頗多。例如第七圖為「小兒去勢圖」，縱三九・三公分，横二四・二公分。原圖上方標明「小兒失腎」字樣，圖中繪老婦手抱嬰兒，一家男女十三人圍觀，左右兩側各一行對聯，右聯云「一刀割斷子孫根，不傳四海齊心，怕害中華人絕種。」左聯云「雙袖溼沾夫婦淚，空悔一家大意，聽憑邪叫鬼登門。」「邪叫」即邪教，因家人誤入邪教，以致小兒被閹割。在仇教言論中，謠傳教堂迷拐幼孩，挖眼剖心，充作藥材，積疑生憤，終於激成教案，當時對基督教深惡痛絕，不言可喻。第八圖為「謹防鬼計圖」，縱三〇・四公分，横二三・八公分。警惕國人慎防「洋鬼子」設計誘人入教。原圖右聯云「豬精暗地伏黃巾，勸官紳士庶齊心，預備一刀横枕畔。」左聯云「鬼黨滿船裝綠帽，告城市鄉村協力，快將十字鑿階前。」所謂邪教，必有教名，異端邪說，師徒輾轉傳習，違悖五倫，歛錢聚眾，男女雜處。男女共同聚會，國人遂諷以綠帽。第十一圖為「族規治鬼圖」，縱二九・八公分，横二三・三公分。原圖繪族長命人拷打教士狀，右聯云「一家私拜豬精，一族公當亡八旦。」左聯云「四海合除鬼黨，四民各免臭千秋。」「豬精」即隱喻耶穌。第十四圖為「鐵斧劈邪圖」，縱三〇・六公分，横二三・三公分，右聯云「聽何妖鐵角鐵爪鐵牙難當鐵斧。」左聯云「看這漢眞義眞忠眞勇果助眞仙。」圖中繪勇士騎虎，手持鐵斧，背負寶劍及三角旗，旗上書一「周」字，以追逐人身豬首的「耶穌」及人身羊首的「叫司」即教士。第十八圖為「廚斬豬羊圖」，縱三〇・四公分，横二四・六公分。原圖右聯云「龜鶴慶遐齡，預囑廚丁，膾奉雙親須切細。」左聯云「豬羊來異域，別無海錯，筵供眾客莫嫌臊。」以豬隱喻耶穌，以羊隱喻教士。第二十一圖為「舟扇齊心圖」，縱三〇・三公分，橫二三・八公分，原圖右聯云「舟從天上飛來，水賊紛紛遭火死。」左聯云「扇自隆中搖出，東風陣陣向西燒。」中西海道大通以後，西洋傳教士絡繹渡海東來，以傳播福音，下層社會引諸葛孔明借東風的故事，欲以火攻傳教士，其愚可憫。第二十三圖為「守笋滅豬圖」，縱二九・九公分，橫二四・二公分，原圖右聯云「種竹成林，四處野豬潛盜笋。」左聯云「護籬擊柝，宵獵犬淨除根。」圖中繪獵犬追咬大小豬狀，大豬一隻，背上有「耶穌」字樣，小豬三隻，背上分書「叫司」、「叫徒」字樣。第二十五圖為「寢皮嘗膽圖」，縱三〇・四公分，橫二四公分。原圖右聯云「夏則資皮，肉食誰長文種略。」左聯云「居常咽膽，心堅終復越王仇。」圖中繪兩人，一臥「耶穌」皮，一坐「叫司」皮，嘗膽食肉。第二十七圖為「雷殛豬羊圖」，縱三〇・四公分，橫二十四公分。原圖聯云「一聲怒氣發天庭，二月蟄驚，三春運轉。」左聯云「群醜遊魂收獄，兩時命盡，四海妖除。」兩時指未亥，圖中繪鹿一隻，背上有「大西」字樣，大豬背上有「耶穌」字樣，小豬背上有「叫徒」字樣，手持巨斧，腳踏火輪的鷹嘴雷神從後追擊豬鹿。第二十八圖為「壺籃滅怪圖」，縱三〇・五公分，橫二四・二公分。原圖右聯云「甲仗肅天兵，虎豹張牙誰敢犯。」左聯云「壺籃轟楚寶，豬羊碎骨永無聲。」圖中繪聖帝持劍站立，眾餓鬼啃咬豬腿。第二十九圖為「鐵筆掃邪圖」，縱三〇・五公分，橫二四公分。原圖右聯云「道人眞有神通，請看雲端，輕灑筆尖硃一點。」左聯云「漢字獨除鬼怪，遍傳天下，大開筵宴肉千盤。」圖中繪道士手持毛筆，站立雲端，筆尖硃點撒落空中，豬羊俱作跪伏匐匍狀。第三十圖為「獅殛豬羊圖」，縱三〇・五公分，橫二三・五公分。原圖右聯云「師旅奮神威，斯道昌明，斯民樂利。」左聯云「車書歸大統，諸羊滅絕，諸怪逃藏。」圖中繪雄獅怒吼，豬羊聞聲逃竄狀，以豬羊隱喻諸洋，即西洋列強。第三十二圖為「豬羊歸化圖」，縱三〇・二公分，橫二三・八公分。原圖右聯云「明王愼德，四夷咸賓。」左聯云「庶尹允諧，百獸率舞。」圖中繪麒麟站立中央，豬羊環拱跪伏歸化。以上各圖片對於探討清代下層社會的仇教排外運動，俱不失為珍貴的教案史料。柯保安（Paul A.Cohen）著《中國與基督教》一書指出十九世紀清朝仇教排外的主要原因為：傳統儒家的正邪觀念與闢異端的精神，是士大夫仇教的思想背景；傳教士進入內地後，威脅縉紳以維護傳統文化為己任的尊嚴及其在社會上的特殊地位與權益；地方督撫在紳民反教情緒及朝廷飭令執行條約義務雙重壓力下深感行政的困難與處理教案的棘手；傳教士倚恃不平等條約深入內地傳教，干涉地方行政，其傳教事業遂摻入侵略性質；清季中央政權日趨式微，不克有效地履行條約承諾，傳教士乃自尋途徑，以堅船利礮為後盾，以達到其傳教目的，中外教案遂層出疊見。西洋傳教士不乏聰明特達之士，富於宗教熱忱與殉道精神，冒險犯難，遠渡重洋，以傳播福音。呂實強教授著《中國官紳反教的原因》一書分析儒家思想與基督教的教義，並無太多衝突的地方。由清季傳教事業的侵略特質所衍生的各種具體問題給予國人的困擾與反感的深重，以及中國社會禮俗與西方的差異等，都是構成國人反教的重要原因。

光緒二十六年（1900），八國聯軍之役期間，天津等地義和團與聯軍作戰情形，當時亦曾繪畫圖片，刷印散發。大英博物館東方古物部現藏此類圖片頗多，其中第一圖為「各國水軍大會天津唐沽圖」，縱二九公分，橫五〇・八公分。原圖居中上方刻有細字說明云「六月二十二日，各國兵船佔踞大沽口砲台之後，又欲發砲攻擊西砲台，幸經董福祥軍門督率眾軍還砲應擊，互有損傷，未分勝負。」圖中右側上方繪有德國兵船，下方為法國兵船，居中上方為日本兵船，下方為英國兵船，左下側為俄國兵船，並標明「俄羅斯水軍極快兵船」字樣。第二圖為「英法陸軍與團民鏖戰圖」，縱二九公分，橫五〇・八公分。原圖細字說明云「我國聶軍門標下統帶從中夾攻，鏖戰多時，未分勝負云。」圖中右側繪英法各國聯軍，左側繪義和團童子軍，雙方交鋒，董福祥軍從中夾攻，後隊為清軍砲兵。此外如「天津北倉義和團民大破洋兵圖」，縱二九公分，橫四八公分。圖中繪義和團民豎立三角旗，或書「守望相助」，或書「義和團民」字樣。「董軍門北倉得勝圖」，縱三一・五公分，橫五二・三公分。原圖細字說明云「七月初六日，各國聯軍進向北倉偵探軍情，被董馬兩軍四下夾攻，大敗而歸。是役，聯軍傷亡惟俄為最眾云。」「中倭大戰牛莊圖」，縱三三・九公分，橫五八・五公分。原圖細字說明云「天津來電云，倭俄二軍偷擊牛莊，宋李二帥假退五十里，用引虎入牢之計，埋伏地雷火砲。七月十二日，轟死倭兵二千。」「董軍門楊村設計敵西兵圖」，縱三三・七公分，橫五八・七公分。原圖細字說明云「七月十四日，各西兵至楊村，西官命兵士搭橋過河攻營，被董軍門李鑑帥暗設地雷，分兵殺出，西兵大敗，十死其半。」原圖有「嵩山道人塗」字樣。「楊村大戰圖」，縱三四公分，橫五九公分。原圖細字說明云「宋董李三軍鎮守楊村，令五千拳民為前隊，西兵將倭軍作先行，相見之下，兩軍混亂，各有損傷，拳民捉得西弁進見，請功行賞。」「李鑑帥勤王路遇西兵圖」，縱三四公分，橫六一・七公分。原圖細字說明云「前月十五、十六兩日，日本兵官帶領倭卒四千餘人前來攻我營壘，我兵奮勇爭先殺死倭卒不計其數，並獲首千餘級，目下我軍之在北京，勇氣百倍云。」「董大帥水陸埋伏轟西兵圖」，縱三四公分，橫五七・四公分。原圖細字說明云「本月初十來電，各國西兵攻犯天津，大帥早卜水陸埋伏，命華軍假裝魚民，沿海作奸民，引倭進口登岸，號砲一聲，埋伏齊起，炸藥同時轟發，將各國倭兵中計，轟毀兵船十艘，倭兵全軍盡沒。」庚子之役，董福祥的甘軍，連同數萬拳民，手持引魂旛、混天大旗、雷火扇、陰陽瓶、九連環、如意鈎、火牌、飛劍、及其他法寶，僅僅殺了一個德國公使，竟不能攻破東交民巷的公使館，而聯軍陷大沽，陷天津，進逼北京，清軍及義和團全無抵抗能力。前舉各圖所稱「倭兵全軍盡沒」、「十死其半」、「獲首千餘級」云云，俱係誇大之詞，惟圖中所載聯軍進兵唐沽、天津北倉、楊村的時間，多與史實相合，仍不失為探討庚子之役的重要參考資料。要讓史書有生氣，圖畫是一種有力的幫助。從前舉各圖片，可以了解當時中國的武器，群眾心理，以及國人對外的知識等等，正不必以其愚昧為可恥。

三、倫敦現存清代滿文史料

倫敦現存清代滿文史料，分別藏放於大英博物館東方寫本版本部（Department of Antiquities Manuscripts And Printed Books）、倫敦大學東方及非洲研究學院（School of Oriental And African Studies）、公共文書館（Public Record Office）、印度署圖書文獻館（India Office Library And Records）、大英及外國聖經學會（The British And Foreign Bible Society）、皇家亞洲學會（The Royal Asiatic Society）、皇家地理學會（The Royal Geographical Society）等處。民國六十六年（1977），倫敦大學中文名譽教授西蒙（W. Simon, Professor Emeritus of Chinese in the University of London）與大英圖書館東方寫本版本部司書納爾孫先生（Mr. Howard G.H Nelson），合編出版《倫敦滿文書籍聯合目錄》（Manchu Books In

London: A Union Catalogue），全書分三編：第一編（Part Ⅰ）為寫本（Manuscripts）；第二編（Part Ⅱ）為刻本；第三篇（Part Ⅲ）為影印本。在寫本內除《清文鑑》、《御製五體清文鑑》、《伊犁類編》、《欽定西域同文志》、《滿蒙漢合璧總綱》、《六部成語》、《滿洲拉丁辭典》、《四本簡要》等辭書及《清語舊約》、《清語新約》（Musei ejen isus heristos i tutabuha ice hese dai yuan）外，尚存有頗多滿文寫本的清代史籍，例如《親征平定朔漠方略》（beye dailame wargi amargi babe necihiyeme toktobuha bodogon i bithe）、《回疆通志》（ili be necihiyeme toktobufi dahanjihangge be alime gaihangge）、《欽定大清會典事例》（hesei toktobuha daicing gurun i uheri kooli i baita hacin bithe ）、《欽定國史大臣列傳》（hesei i toktobuha gurun i suduri i ambasai faidangga ulabun）、《欽定國史忠義傳》（hesei toktobuha gurun i suduri i tondo jurgangga i faidangga ulabun）及《元史》、《第六世祖》（dai yuwan i kooli ningguci šizu）等。其中《欽定國史大臣列傳》、《欽定國史忠義傳》俱為黃綾滿文寫本，縱三八・九公分，橫二三・五公分【圖版一】，存放於大英博物館東方寫本版本部。欽定國史大臣列傳計一函四卷，內含文澂（Wenceng）等九人列傳，茲將〈文澂列傳〉原文譯出羅馬拼音如下：

> wenceng ni faidangga ulabun, wenceng fuime hala, kubuhe fulgiyan i manju gūsai niyalma, yooningga dasan i jai aniyai dosikasi, bithei yamun i geren giltusi halaha, duici aniya de, kuren ci facabufi kimcime baicakū sindaha, sunjaci aniya ninggun biyade, dergi gurung ni baita be aliha yamun i hashū ergi tuwancihiyara yamun i hashū ergi giyan be jorikū wesike, nadan biyade, nomun be kadalara yamun i julergi yarhūdan

wesimbuhe, jorgon biyade, šu tunggu asari i kimcime ejere hafan obuha, ningguci aniya de gungge amban i ulabun icihiyara kuren i baita be kadalara hafan obuha, jakūci aniya de bodogon i bithei kuren i acabume arara hafan obuha, uyuci aniya ninggun biyade, bithei yamun i adaha giyangnara bithei da wesimbuhe, anagan i juwan biyade, inenggidari giyangnara ilire tere be ejere hafan obuha. juwanci aniya jakūn biyade, hiyan an gung ni uheri tuwara hafan obuha, juwan biyade, adaha hūlara bithei da forgošoho, juwan emuci aniya nadan biyade, gungge amban i ulabun icihiyara kuren i tondo be iletulehe faidangga ulabun bithe erileme šanggaha turgunde, hese wesici acara oronde, juleri faidame arabuha, jakūn biyade, guwangsi i ehe hūlha be gisabume necihiyehe bodogon i bithe weileme šanggaha turgunde, hese ilaci jergi gemun i tanggin i hafan i oron tucike be tuwame juleri faidame arabufi, neneme jingse be halabuha, juwan juweci aniya sunja biyade, dergi gurung ni baita be aliha yamun i ilhi hafan wesike, badarangga doro i jai aniya ilan biyade, dergi gurung ni baita be aliha yamun i aliha hafan wesimbuhe, sunja biyade, dasan be hafumbure yamun i alifi hafumbure hafan wesike, ninggun biyade, dergi ergi duin gūsai gioroi tacikū be kimcime baicabuha, dahanduhai giyangsi i golotome simnere alifi simnere hafan obuha, jorgon biyade, uheri be baicara yamun i hashū ergi ashan i baicara amban sindaha. ilaci aniya de, seremšeme tebunere ubaliyambure tukiyesi i dahūme simnere bukdarun be tuwara amban obuha.

duici aniya de, ambarame giyangnara hafan obuha, dahanduhai weilere jurgan i hashū ergi ashan i amban wesike, sunjaci aniya juwe biyade, kubuhe suwayan i ujen coohai gūsai meiren i janggin kamicbuha. anagan i ilan biyade, cohotoi urebure amban obuha, sunja biyade, ulan yohoron birai jugūn be kadalara amban obuha, dahanduhai fugiyan i golotome simnere alifi simnere hafan obuha. ninggun biyade, beidere jurgan i ici ergi ashan i amban forgošoho, omšon biyade, nimekulehe turgunde, oron tucibuki seme baime wesimbuhede, yabubuha, ningguci aniya de akū oho, ini jui minkun hafan i jurgan i oron be aliyara ejeku hafan.

文澂列傳，文澂，費莫氏，滿洲鑲紅旗人。同治二年進士，改翰林院庶吉士。四年，散館，授檢討。五年六月，擢詹事府左春坊左中允，七月，遷司經局洗馬，十二月，充文淵閣校理。六年，充功臣館提調官。八年，充方略館纂修官。九年六月，擢翰林院侍講學士，閏十月，充日講起居注官。十年八月，充咸安宮總裁，十月，轉侍讀學士。十一年七月，以功臣館昭忠列傳書成，奉旨遇有應升之缺開列在前，八月，以剿平粵匪方略書成，奉旨遇有三品京堂缺出開列在前，先換頂帶。十二年五月，升詹事府少詹事。光緒二年三月，遷詹事府詹事，五月，擢通政使司通政使，六月，稽查東四旗覺羅學，尋充江西鄉試正考官，十二月，授都察院左副都御史。三年，充駐防繙譯舉人覆試閱卷大臣。四年，充經筵講官，旋擢工部左侍郎。五年二月，兼鑲黃漢軍旗副都統，閏三月，充專操大臣，五月，充管理溝渠河道大臣，尋充福建鄉試正考官，六月，調刑部右侍郎，十一月，因病奏請開缺，允之。六年，卒，其子銘錕，吏部候補主事。

前引〈文澂列傳〉，現刊《清史列傳》、《清史稿》、《國朝耆獻類徵》等俱未立傳，因此，文澂滿文列傳實可補前舉各書的闕漏。

除黃綾本滿文列傳外，尚有其他重要文書，例如嘉慶二十一年七月二十日，清仁宗於英使阿美士德（Lord Amherst）來華被拒覲見後敕諭英王，原敕諭為黃榜紙，外緣飾以龍紋，縱八九．二公分，橫一五五．四公分。其開端書明「奉天承運皇帝敕諭暎咭唎國王知悉」（abkai hesei forgon be aliha hūwangdi i hese, inggiri gurun i wang de sakini seme tacibume wasimbuha）原敕諭為滿文、漢文與拉丁文合書。此外尚有光緒五年德宗敕諭浙江巡撫兼管兩浙鹽課譚鍾麟等文書。康熙年間以降，清廷所頒臣工封誥頗多，其中如湖北布政使司王定國、宣武將軍仇連會、三等護衛德冷厄（derengge）、承德郎德生（dešeng）、候選員外郎李立德、李銓、熱河佐領海昇（haišeng）、昭武都尉穆精阿（mujingga）、兵部郎中銜加三級張維楨等父母封誥。此外尚有其他文書，如咸豐十年八月初七日鎮守黑龍江等處地方衙門咨文（unggire bithe），俱以滿文書寫，每幅五行，計六幅，幅面縱二二．二公分，橫一〇．八公分。咸豐十年八月二十一日，字寄僧格林沁上諭，書明「寄山海關行欽差大臣親王僧大營馬上飛遞」字樣，紙幅全長一一六公分，縱二五．八公分。關於旗務方面，有佐領兵丁清冊，例如《左營鑲紅旗滿洲龍福佐領下兵丁等四柱清冊》（hashū ergi kuwaran i kubuhe fulgiyan i manju gūsai lungfu nirui cooha ursei duin hacin i getuken cese ），內開列領催委署前鋒校色森額等兵數及年歲，計兵數九十三名，水手兵三名，養育兵七名，弓匠一名，箭匠一名，鐵匠一名，食餉閑散二名，此清冊以滿漢文分別書寫，並書明「道光二十二年二月」字樣，另有《左營鑲藍旗滿洲穆精額佐領下兵丁花名數目清冊》等，俱為探討八旗制度的重要史料。

在《倫敦滿文書籍聯合目錄》第二編為刻本滿文書籍及史料，例如《大清全書》，《同文廣彙全書》、《滿漢類書全集》、《音漢清文鑑》、《清文彙書》、《御製增訂清文鑑》、《御製滿蒙文鑑》、《御製滿珠蒙古漢字三合切音清文鑑》、《御製四體清文鑑》、《四體合璧文鑑》等辭書，此外存有頗多清代史料，例如《欽定滿洲祭天典禮》（hesei toktobuha manjusai wecere metere kooli bithe）、《太宗皇帝大破明師於松山之戰書事文》（taizung hūwangdi ming gurun i cooha be sung šan de ambarame efuleme afaha baita be ejeme araha bithe ）、《宗室王公功績表傳》（uksun i wang gung sai gungge faššan be iletulere ulabun）。《宗室王公功績表傳》，一函五卷，黃綾封面，縱二三・六公分，橫一六・八公分，乾隆三十年，允祕奉敕編纂。〈康熙十年二月十五日丁酉夜望月蝕圖〉（elhe taifin i juwanci aniya juwe biyai tofohon de fulhūn coko inenggi dobori biya be jetere nirugan），原圖滿漢兼書，經南懷仁（Father Ferdinand Verbiest）推算月蝕在二月十五日【圖版二】。《御製曆象考成》，推算得雍正十年五月十六日壬申望月食分秒時刻並起復方位。此外尚有上諭，內含雍正二年十一月十五日、雍正三年四月十六日、同年五月二十二日等日清世宗所頒滿文諭旨。《上諭八旗》（dergi hese jakūn gūsa de wasimbuhangge），為清世宗在位期間頒發關於旗務的諭旨。《諭行旗務奏議》（hesei yabubuha hacilame wesimbuhe gūsai baita），內含雍正元年至十三年的八旗奏摺。此外尚有詔書，例如嘉慶二十五年遺詔，內含滿漢文二紙，滿文部分縱一〇九公分，橫二七二公分，漢文部分縱一〇四・四公分，橫二〇〇公分，漢文部分書有「兩廣總督阮元擬」字樣。光緒十五年二月初三日，德宗詔書。光緒二十年八月十六日，慈禧太后六旬大壽，德宗上徽號詔書。大英博物館東方寫本版本部現存〈上慈禧太后徽號滿文詔書〉，縱九九・五公分，橫二六五公分，以黃紙刷印，其外緣飾以龍紋圖案，原詔開端云：

> abkai hesei forgon be aliha hūwangdi i hese bi gūnici cnduringge niyalma hiyoošun i abkai fejergi be dasara de wesihulere uilere be ujelehe han ohongge tumen irgen ci nendere de iletuleme algibume ten be ilibuha julge be kimcici dorgi hūwa de šunggiya akdafi jeo gurun i tondo jiramin i doro be neibuhe šumin gurung de saikan tukiyejefi be hecen i onco gosin i dasan be badarambuha ede nenehe algin be colgorofi fengšen imiyabuha be dahame urgunjeme sebjeleme wesihun kooli yabuburengge giyan gingguleme gūnici jilan hūturi tab karmanagga nelhe uingga genggiyen sulfangga tob unggginggi jalafungga gungnecuke kobton wengkin hūwang taiheo erdemu……

前引文譯漢如下：

> 奉天承運皇帝詔曰，朕惟聖人以孝治天下，尊養兼隆，王者身先萬民，顯揚立極，在昔雅歌京室，肇成周忠厚之基，頌美有娀，啓亳邑寬仁之治，矧邁前徽而介祉，宜頒曠典以臚歡，欽惟慈禧端佑康頤昭豫莊誠壽恭欽獻皇太后（下略）。

在《倫敦滿文書籍聯合目錄》第三編內主要為影印出版品，例如本院出版的《舊滿洲檔》、日本東洋文庫《滿文老檔》、東方學紀要附錄《清太祖武皇帝實錄》、〈崇德四年大清皇帝功德碑〉、

《盛京內務府順治年間檔冊》、《使事紀略》、《康熙十五年和碩裕親王福全等密奏俄羅斯使臣尼古賴來華文書》、《中俄尼布楚條約》、《雍正朝鑲紅旗檔》、《西藏檔》、《異域錄》(Lakcaha jecen de takūraha babe ejehe bithe)、〈平定準噶爾勒銘伊犁碑〉、〈平定青海勒銘太學碑〉、〈靖逆將軍吏部尚書富寧阿等奏為進剿準噶爾請旨摺〉。除書籍及史料外，尚有〈皇輿斜格全圖〉、〈皇輿方格全圖〉等地圖，例如皇家地理學會所藏十八世紀初葉的滿文地圖，縱一四八公分，橫五九五公分，全圖四至，西至巴爾喀什湖及伊犁河，東至日本海，北至黑龍江流域南部松花江與烏蘇里江合流處，南至山海關，即包括北緯四十度至四十九度，東經七十二度至一四〇度的地區，全圖除長城附近間書漢字外，其餘皆以滿字書寫。

四、大英博物館東方寫本版本部現藏清代史料

大英博物館東方寫本版本部除藏有滿文史料外，其所藏漢字檔案尤夥，包括各類文書，其中同治三年正月初七日江蘇巡撫李鴻章殺降緣由告示，封套縱三七・二公分，橫一九・五公分。正面書明「欽命署理浙江提督軍門統領馬步官兵蘇博通額巴圖魯鮑，內封緊要公文仰沿途專丁毋分雨夜星飛遞至溧陽會帶常勝軍統領戈行營告投，毋許舛錯稽遲擦損致干重究不貸，臨投不去外封。」背面書明「提字不列號，自東垻大營寺發，內一件，同治三年二月初九日辰時行限速日到」字樣。原告示是以黃榜紙書寫，縱一二〇公分，橫一五九公分。其全文如下：

> 玆惟太子少保兵部侍郎江蘇巡撫部院李，為曉諭事。照得常勝軍自戈總兵接帶以來，協力助剿，所向有功，迭經本部院奏奉諭旨嘉獎，迨於偽納王部逆等就誅，機變在臨時，頃刻之間，戈總兵因不在當場，未及得悉其中緣故，頗疑

此事辦理與前議不合。茲恐中外人等猶執傳聞之說，未深悉本部院與戈總兵之用心，實有不同而同之處，必須曉諭一番而後共得明白。蓋當蘇州攻剿得手時，郜逆等窮蹙乞降，本與南匯常昭等縣投誠於官軍未到之先者大有分別，戈總兵商請本部院允受其降，以免於破城時多所殺戮，是為保全城內數十萬生命起見，非專為曲全郜逆等數人之性命起見也，尤非謂一經定議，不可更變，遂任其於投降之後，挾制要求，復萌叛逆，而亦必曲宥之也，此理甚明。無論中國法律與外國辦法，總是一樣，無可疑者。其先立議投降，殺慕逆獻婁門定期來營面見，層層皆是戈總兵所知也，及其到營進見時，偽納王並不薙髮，叛跡顯然，又不肯散其所帶之眾，硬請開立數十營，又硬請為保總兵副將官職帶眾仍守蘇州，不但毫無悔罪之意，實有預為復叛地步之心，其情詞既閃爍無定，其神色尤兇悍異常，均在已經投降之後，以致本部院不得不立刻防變以自救，種種皆戈總兵所未知也。論其先則本部院既與戈總兵議定受降，實無預料其臨時反覆之心，論其後則事機變動在俄頃之間，若必告知戈總兵而後舉發，既遲緩不及，而亦無消弭兩全之術。假令本部院稍涉拘泥，致此數賊脫去復叛而受其禍者將數十萬人，亦非初時受降之本心。幸當機立斷，不過數賊就誅，餘黨悉就遣散，而受其福者，不啻數十萬人，正是曲求保全之本意，始終辦理此事，衹為蘇城得手時，免於多所殺戮，故曰本部院與戈總兵之用心不同而實同也。惟十月二十六日偽納王等來營之時，戈總兵先謂事已停妥，未曾同來，遂回崑山，當場之情景，既未親見，事後之傳說，更多恍惚，總以為既允投誠，旋加誅戮，未免不守初議，殊不知此中有極緊極險關繫，迫不及待，是以本部院立行軍法也。除本部院業經詳細函陳總理衙門轉達公使外，為此示仰中外人等一體知悉，如有造作游談煽惑生事，一定嚴行查禁毋違，特示。右諭通知。同治三年正月初七日。

太平軍慕王為守蘇州將領，納王刺慕王降清，李鴻章背約殺降，戈登氣憤填膺。《湘軍記》云「戈登日持手槍，造營門覓鴻章，欲擊之，鴻章避不見，遂率其軍與學啓絕交而去。」前引文告可以了解李鴻章殺降始末及其處理善後的經過。

清文宗咸豐十年（1860）七月，太平天國忠王李秀成進攻上海時，英法美各國商人，為了保護其利益，乃組織義勇軍，由美人華爾（Frederick Townsend Ward）統率，因所用為洋槍，每戰獲捷，故稱常勝軍。同治元年（1862），華爾奉調入浙，戰死於慈谿。李鴻章以美人白齊文（H.A. Burgevine）代領常勝軍。其後白齊文至上海攫取餉銀，不受節制，李鴻章遂解其兵柄，勒令歸國。同治二年（1863）三月，常勝軍改由英人戈登（Charles George Gordon）統領。但白齊文仍欲統率常勝軍，故向總理衙門申辯，為免戈登疑慮，清廷飭令李鴻章發文慰諭，原文幅面縱二四·五公分，橫一一·五公分，共七幅，每幅五行，每行二十三字，封面居中上方書寫「移文」二字，並鈐關防，其原文如下：

欽加總鎮銜會帶常勝軍協鎮都督府署江南提中營參鎮兼前營事功加一等李為移知事，准督帶常勝軍正任上海道吳函開撫憲昨接總理衙門來文，據白齊文捏訴在松立功，並非不遵調遣等情，解交撫憲酌量錄用等因。查常勝軍現經戈兵官整頓，極有起色，斷不可更易生手，況白齊文跋扈狂悖，萬不可用。英美兩提督亦云英公使來函詫為奇談，若撫憲果將常勝軍交白齊文，則此松滬軍務，伊等便不相幫。撫憲答以總理衙門來文雖有寬貸通融之意，並未約定白齊文仍帶常勝軍。況戈兵官現已奏明權授中國總兵職任，斷無無故更換之理，英美兩提督均甚欣悅，允即詳復公使，撫憲亦即復致總理衙門，一面奏明斷不令白齊文帶兵，大局均已議定，毫無游移。今撫憲與英美兩提督協力同心，斷不為其所惑，囑即告知專心料理出隊事宜，無須疑慮，並請撫憲發文慰諭，並飭拏白齊文原帶停撤兵頭以免煽惑可也等因，准此合行移知，為此合移貴會帶請煩查照專心料理出隊一切事宜，並望諭知各兵頭，各自安心，切勿輕聽浮言，致生疑慮為要，須至移會者。右移

會帶常勝軍戈

同治二年三月初七日。

在太平天國史料中含有各類文書，其中函札等為數頗多，例如同治二年十一月十五日札，共六幅，幅面縱二四．五公分，橫一〇．五公分，其內容如下：

太子少保兵部侍郎江蘇巡撫部院為恭錄札飭事，為照本部院於同治二年十月二十六日由驛具奏督軍攻剿蘇州城垣，賊勢窮蹙內應，官軍入城截殺，克復省城一摺，茲於十一月十四日兵部火票遞回原摺，內開議政王軍機大臣奉旨另有旨欽此，同日並奉十一月初四日內閣奉上諭，李奏督軍攻剿蘇州，克復省城一摺，覽奏實深欣慰，權授江蘇省總兵，戈登帶隊助剿，洞悉機謀，尤為出力，著賞給頭等功牌，並賞銀一萬兩，以示嘉獎等因欽此。又奉十一月初四日寄諭，此次攻克蘇城，戈登甚為奮勇出力，著李傳旨嘉獎，本日已明降諭旨賞給戈登頭等功牌，並賞銀一萬兩，

以示嘉獎，所有銀兩，著李籌款賞給。外國本有寶星名目，所有賞給頭等功牌即可做〔倣〕照辦理等因欽此，除將頭等功牌另飭會防局仿辦札發外，茲本部院遵旨速籌銀一萬兩，派記名道潘紳齎往轉交，合行恭錄札發，札到該總兵即欽遵將發去銀一萬兩查收具報，此札。同治二年十一月十五日。

清廷除賞給戈登銀兩外，另又賞給章服等物。大英博物館現藏清單共兩份：一份以黃綾繕寫，縱二八・五公分，寬一二・五公分，計八幅，封面居中書明「傳旨嘉獎」字樣，首幅第一行書寫「賞權授江南提督戈登提督章服四襲隨同各件清單」字樣。另一份以素紙繕寫，縱二二公分，橫九公分，計十二幅，其所開章服物件如下：

朝服一襲：繡緞夾朝衣一件、天青緞夾補掛一件、月色縐綢夾襖一件、月色緞領一條、海龍朝帽一頂、頭品紫寶石朝頂一個、翡翠翎管一支、花翎一支、羅胎朝帽一頂、頭品紫晶朝頂一個、白玉翎管一支、金珀朝珠一盤、朝帶一分、朝衣飄白荷包一分、緞靴一雙。綵服一襲：縴絲夾蟒袍一件、天青江綢裌補掛一件、米色春綢裌襖一件、月色紗領一條、絨帽一頂、頭品珊瑚頂珠一個、白玉翎管一支、花翎一支、桃核朝珠一盤、石青絲線帶一條、飄白荷包一分、緞靴一雙。常服一襲：銀灰江綢單袍一件、天青江綢單褂一件、湖水春紗大衫一件、緯帽一頂、頭品珊瑚料頂珠一個、皮色翎管一支、花翎一支、白玉帶鈎一個、石青絲線帶一條、小刀一把、套紅煙壺一個、褡褳一個、綠魚骨搬指一個、搬指盒一個、表套一個、扇套一個、荷包大小二個、緞靴一雙。行衣一襲：寶藍江綢裌缺襟袍一件、黃江綢夾馬褂一件、湖水春綢大衫一件、醬色毡裌戰裙一條、得勝帽一頂、頭品磁頂珠一個、鶴頂紅翎管一枝、花翎一枝、雙叉貂尾一副、石青絲線帶一條、腰刀一把、行衣飄白荷包一分、緞靴一雙、綢裏包袱四個、帽盒五個、帶盒二個。

前引章服清單，不僅是探討戈登與李鴻章關係的史料，也是研究清代冠服制度的珍貴資料。除清單外，並附有同治三年八月信函一封，封面居中書明「戈大人勛啓」字樣，內含信件四紙，其全文如下：

敬啓者昨奉撫憲札飭准總理衙門咨前奉諭旨賞給戈登章服四襲各件，七月二十六日統交赫總稅務司由輪船寄至上海交貴大臣轉交祇領等因，准此合行抄單札道遵照一俟赫總稅務司將前項章服寄到即代查收轉交祇領，並傳朝廷嘉悅有功，宏頒懋賞，迥非尋常錫賚可比，總理衙門又以各項章服由外置辦，恐有草率，因即自行購備，尤彰榮顯，茲由本道派委賈太守將前項章服敬謹齎送，應請貴提督祇領見覆，以便轉稟撫憲咨覆總理衙門查照是荷，專此布賀，順頌　時祉　　　　　　　　　　名另肅　八月二十日

太平天國定都南京後，往來文書及所頒諭旨頗多，例如太平天國庚申十年（咸豐十年，西曆一八六〇）二月致外國軍官照會，黃綾墨書，縱五三・五公分，橫九〇公分，其全文如下：

欽命殿左右中參中隊李鴻昭等暨鎮國公陳顯良等仝致書於大法國统領廣東省陸路各營水師船隻軍務達、大英欽命督理香港等處各營駐札陸路軍務提督軍門斯、大英駐札廣東代理水師提督軍門墨列兄台麾下：聞之撫我則后，虐我則仇，古今共此人情，中外同其心性。慨自清末以來，國祚

之氣運將終，主德之昏庸尤甚。在位者盡是貪殘，在野者常形憔悴，而且賄賂公行，良歹莫辨，此所以官逼于上，民變于下，有由來也。茲蒙天父天兄耶穌大開天恩，命我天王定鼎南京，掃除貪官酷吏之所為，行伐暴救民之善政，不許妄拜邪神，務期共歸正道，遵崇禮拜，仍然七日為期，敬奉耶穌，總為萬民贖罪，亦猶貴國之設立天父堂禮拜亭，時時講明天情道理，處處化醒世俗愚蒙，惟敬上帝，不拜邪神，同此意也。可見中外雖別，而心性本同矣。現弟等恭奉天王之命，統領雄師百萬，戰將千員，剿撫兼施，恩威並濟。溯自湖南進取江右，趨謁天京，按臨福建，無不體上天好生之大德，與及我眞主愛民之至意，未嘗行一不義，殺一無辜，即過村庄市鎮，不犯秋毫，凡為士農工商，咸安樂利，而況東粵為父母之邦，既罪妖官之兇害，又何忍加之荼毒乎？惟有等人不能認天識主，不曉納款輸誠，未有簞食壺漿以迎，又見團練鄉兵相拒，弟等用是提兵剿洗，以儆效尤。茲弟等已抵連州、中宿、英德、四會等處，久聞麾下已破仙城，革除吏弊，施行仁政，大得民心，弟等曷勝欣幸，意欲刻即統兵前來，大齊斟酌，共展鴻圖，使助紂而為虐者，無地自容，斯民之倒懸，指日可解，將見同享無窮之福，永立不朽之功。但恐突然而來，未免邦人大恐，為此飛文照知，伏望麾下不必過為疑慮，不可聽信謠言，並祈麾下將此意轉諭闔省軍民人等週知，毋庸遷避，不必驚惶，但要多辦軍糧，切勿團練鄉勇，則我軍自無滋擾之虞，而鄉民便享太平之福。至弟等之兵士俱是束髮留鬚，弟等之號旗著寫太平天國，務宜飭令親信人員密為查確，庶不悞事，免中奸謀，望為先容，統祈鈞鑒，竚候玉音，順詢勛安不一，並請通事、掌書列先生近好，恕不另札。太平天國庚申拾年貳月日照會。

咸豐十一年（1861），太平天國詔諭，以黃綾書寫，邊緣飾以龍鳳紋，縱一〇七公分，橫一一五公分，墨書「贊嗣君暨二、五天將奏為洋官雅齡欲請朝覲聖顏，虔肅本章代為請旨遵行事」字樣，奉天王硃諭云：

雅齡欲覲果有心，普天爺哥朕照臨，傳朕旨意安慰他，同世一家久福音，爺哥下凡太平日，萬方信實福彌深，一體恩和萬萬載，齊脱惡根繼自今，天同日貴如金，欽此。

在天王諭詔末刻有「天父天兄天王太平天國辛酉十一年參月二十二日」字樣。除詔諭外尚有各種書信，例如忠王李秀成致潮王書信，其原文如下：

真忠軍師忠王李書致潮王黃弟菁覽，前日李尚書回來言及一切，當已復文與弟，今不見弟回復，心中甚念。京都昨日來報，得悉高橋門上方橋一帶退守，京都十分緊急，兄焦急萬分。今又令尚書李生香前來面言一切，望弟依兄早顧大局，庶可穩顧京都，有京都而我等方有性命也，望弟依兄，勿再游疑，則了事矣，此致，即頌戎祺。天父天兄天王太平天國癸開十三年九月廿九日。

太平天國癸開十三年，相當清穆宗同治二年（1863），天京已岌岌不保，忠王告急書信可見一斑。此外尚有箚文、稟文、奏書、路憑、告示等文書及粵匪起事根由、太平天國典章制度等各種抄本刻本書刊。

除太平天國史料外，尚存有許多中外關係的檔案，其中密稟一件，共四幅，每幅七行，幅面縱二四・四公分，橫一三・二公分，其原文略謂：

敬稟者，竊△△△於七月十四五等日，風聞外間謠傳澳門新立有招人出洋公司，張貼街招，稱中國已與巴西國所派大臣立定章程，准允招華人出洋等云，△△△聽聞之下，殊甚駭異。如果實有定章，准招出洋之事，何未奉有明文，或係傳聞之悞亦未可定，先後密派老成可靠之人分投前赴澳門嚴密查訪，據鈔所貼街招前來，果係私行招人出洋屬實，並查得已在澳門最為僻靜之水手街開設工所二間，詭名曰華利棧、萬生棧，兩相對面，日集月增，現已招集四百餘名之多，大半皆新安縣屬客名，洋差防守甚嚴，路人稍立腳觀看，輒加呵斥，甚或拘禁。刻因該船赴暹羅運米，一俟該船回澳門外我國界內雞頸洋面，便將招聚之人裝載出洋。該船名地打杜士，係德國之船，代理人名卑孥威地士（下略）。

由前引密稟可知清季私招華工出洋之盛，不失為探討華人移殖外洋的重要史料。關於商務方面的史料亦甚豐富，例如「虎門報單」，縱二二・九公分，橫九・九公分，內書「今有英吉利國船一隻來廣貿易，船內載蘇木等貨，船主名士孫，船名哎要士，咸豐六年四月二十三日報單」字樣。外國船隻經驗畢放行時則發給紅單，其中虎門紅單一紙，縱六二・七公分，橫二九・六公分，內書「大清廣州虎門屯防軍民府巡查虎門商船出入口事務袁為查驗放行事，照得外國大小商船來廣貿易，經過虎門出口入口必須驗單放行，已與各國領事官議定章程，如無中國本軍民府紅單，不准開艙卸貨。嗣後凡一切商船出入虎門要口，須遵照章程，將船名商名報知本軍民府給單放行，須至紅單者。咸豐陸年四月廿三日，右給英國船主哎要士，此照。」在年月上鈐蓋巡查虎門洋面委員鈐記。紅單是一種通行執照，與船牌性質相近，惟持有船牌者可免官方重徵納稅，例如「粵海關外洋船牌」，縱六七·五公分，橫四九·二公分，內書云：

> 欽命署奉宸苑卿督理粵海關稅務加五級隨帶加十級紀錄五次恆為會題請旨事，照得西洋船隻既經丈抽納餉，或因風水不順，飄至他省，原非湍往貿易，查有丈抽印票，即便放行，不得重徵，先經會同定議具題在案。今據洋船商奚度爐士裝載貨物前往英吉利貿易，所有丈抽稅餉已經照例定納，合行給牌照驗，為此牌給本船收執，如遇關津要隘沿海處所，驗即放行，不得重徵稅餉，留難阻滯。若帶防船火礮器械，按照舊例填註牌內，毋許多帶，並夾帶違禁貨物取究未便，須牌。番稍〇〇，劍刀〇〇，大砲〇〇，彈子〇〇，右牌給英商奚度爐士收執。咸豐六年五月十九日，粵海關部恆。

此外存有各種章程，例如各省辦鹽章程、中國界內火車轉運華洋各貨徵稅章程、鐵路章程、粵海關來往香港澳門列號江船試辦專章、郵政局章程等。除章程外尚有奏稿、傳單、照會、函稿、清單、申文、呈文、節略、咨文、劄文、租約、中日馬關條約、殿試策、釐廠則例等，品類繁多，不勝枚舉。

五、公共文書館所藏清代史料

英國公共文書館（Public Record Office），舊館在倫敦 Chancery Lane，新館在倫敦西郊 Kew。清代中外關係史料主要存放於新館。Kew Garden 就是世界著名的植物園所在地，環境清幽，景緻宜人。一九七七年，新館落成，耗資百萬英磅，佔地九英畝，除檔案庫及辦公室外，其二樓閱覽室座位可容三百餘人。讀者查閱檔案，手續簡便，首先辦理閱覽證，然後至閱覽室按所分配座位領取附有座位號碼的電報追蹤器（Teletracer）。讀者申請借閱檔案前，先於參考室查閱檔案編號，將閱覽證號碼、座位號碼、分類代字（Group Letter）、分類號碼（Class Number）、件數號碼（Piece Number）、輸入電子計算機（Computer），即可靜候電報追蹤器通知至櫃臺領取所申請的檔案。

公共文書館收藏各國交涉檔案，其目錄亦分國編號，關於中外關係部分的代字是以 FO（Foreign Office）為最多，其餘散見於 CAB（Cabinet Papers）、WO（War Office）、ADM（Admiralty）、T（Treasury Papers）、BT（Board of Trade）等，內含中英文檔案。其中各領事的報告及往返文書尤夥，領事定例須按季報告，其項目包含政治（Political Summary）、商務（Commercial Summary）、軍事（Army and Navy）、與中國官員的關係（Relations With Chinese Officials）四項。在領事書信中間亦附有中文檔案，例如同治八年麻木阿賽執照是中英文兼書執照，其中文部分云「大英欽命駐箚臺灣管理英國事務領事官固為給發執照事，案據天津定約第九款內載英國民人准聽持照前往內地各處游歷等因，現有英屬國麻木阿賽素稱練妥稟欲前赴臺灣四縣各處，本領事官惟禁不許前往逆匪所佔城鎮，自當遵行，應給執照，定以一年為限，合請大清文武弁見此執照，務准許麻木阿賽按照前條聽候游歷，不得留難攔阻，如遇事故，妥望隨時保護幫助可也，須至執照者，右行執照，一千八百六十九年十二月十六日，同治八年十一月十四日，第十五號執照給與英屬國麻木阿賽前往臺灣四縣各處。大清同治捌年拾壹月拾陸日加印照行。此係遊歷執照不能影射販賣，現在淡水廳截留阿獅走私樟栳充公，想阿獅即阿賽，此照不准持往該廳索回樟栳，合併登明。」原執照背面附錄中英條約第九款條文【圖版三】。英國駐箚臺灣領事所呈報的文書，其人名地名多為閩南語音譯，如 Hong-ya-kang（王爺港）、Po-te sui（布袋嘴）、Oliao（蚵寮）、Go-Chay（梧棲）、Lo kang（鹿港）、Tai kah（大甲）、Lai Po（內埔）、Lak-te-liao（六塊寮）、Tiek-Cham（竹塹）、Peh Tsuykhe（白水溪）、Kagee（嘉義）、Ou lun（後壠）、Bowtan（牡丹）、Pang Liao（枋寮）、Hiap tai（協台）、Gaw Dhi ko（吳志高）、Tan-ban-eng（陳萬榮）等俱係閩南語音譯。

英國駐湖北宜昌領事的例行季報文書，附有重要圖說，將其觀察民情風俗所得繪製圖說，例如附圖一為煤礦工人所用的銅燈（插圖一），將銅燈各部構造，繪圖說明：a 為編織燈芯的玉蜀黍穗軸（Corncob），b 為燈芯的挑籤（Pick），c 為連接挑籤的鏈子（Chain），d 為竹柄（Bamboo handle），e 為燈芯（Wick）。附圖二為背負茶葉的簍筐，用枝條編織，並以橡樹葉為襯裏（插圖二）。附圖三為雲南茶筐，以 Bambusa Lotifolia 葉子製作（插圖三）。附圖四 A 為行駛於漢水及其支流的獨木舟（Canoe），繪圖說明舟身各部結構，a 為舟孔，帶鈎的竹桿從舟孔插入地下，不用拋錨。b 為曳舟繩。前槳及後槳長各四十英呎。舟身內部隔間：a 為舟夫烹煮及睡臥小個別室（Compartment），b 為旅客小個別室，c 為旅客僕從烹煮及睡臥小個別室（插圖四 B）。附圖五為扛挑木炭的簍筐（插圖五）。附圖六為扛挑農產品的普通籃筐（插圖六）。附圖七為扛負柴綑的條板背架（插圖七）。附圖八為宜昌至漢口漂浮水面的燈芯（插圖八）。附圖九為宜昌的一般漁船（插圖九）。附圖十為宜昌漁舟，狀如鞋（插圖十），俗語稱為「金銀鉤兒」，原圖標明價值英幣七先令。附圖十一為背負茶筐，茶裝在帆布袋內（插圖十一）。附圖十二為背子（插圖十二），是背後背負幼兒等所用的籃筐，並攜有小板凳可供休息。

清廷經過中英鴉片之役與英法聯軍之役的強烈震撼後，被迫開始改變對外態度，以適應新的形勢。文宗咸豐八年（1858）五月十六日，中英天津條約簽字，計五十六條，其中第二款議定中英雙方互派使節，分駐兩國京城。咸豐十年（1861）十二月初三日，恭親王奕訢等統籌全局，擬定善後章程六條，調整政治結構，於京師設立總理各國事務衙門，作為辦理外交的中央機關，也是清季講求洋務的總樞紐。穆宗同治初年，列強紛紛遣使來華，設使館於京師，恭親王等深慨自各國換約以來，洋人往來中國，於各省一切情形，日臻熟悉，而外國情形，中國未能周知，對辦理交涉事件，終虞隔膜。因此，久擬派員前往各國，探其利弊，以期稍識端倪。但因遣使出國，諸費周章，而禮節一層，尤難置議，遂未正式奏請。同治五年（1866），海關總稅務司英人赫德（Sir Robert Hart）請假回國，勸恭親王派員出國遊歷。是年正月初六日，恭親王具摺奏請派遣前任山西襄陵縣知縣斌椿，其子筆帖式廣英及京師同文館學生鳳儀、德明、彥慧五人隨同赫德前往英國，一覽其風土人情，以增廣見聞。斌椿等在英國停留一個月，當其離英轉往荷蘭之前曾致函英國當局以表謝意（插圖十三），其原函為紅底信箋，以漢字書寫，全文如下：

> 敬啓者住居貴境，將及一月，諸承貴大臣垂情照應，格外周到，感激難宣，現擬前往荷蘭瑞峨各國，不日即當起程，惟思小住兼旬，承貴衙門各官處處盡心照應，令人心感無已，肅泐奉謝，敬候鈞祉不備。名另泐。

除漢字謝函外，尚有英文信件，標明西曆日期為一八六六年六月二十三日。英國駐華公使與總理衙門之間，文書往返密切，倫敦公共文書館現藏漢文本來文簿與去文簿數量甚夥，文書種類亦多。此類簿冊，縱約四十公分，橫約二十公分，每冊約二百葉，內含文書百餘號（插圖十四）。其中照會較多，例如光緒二十五年

（1899）五月初九日英國駐華公使致總理門第四十九號照會云：

照復事，本年五月初七日，接准來文，以奏派同文館學生柏鋭、恩厚、國棟、六保四名前赴英國肄習語言文字，希轉達政府於該學生到境後，優加照料各等因，本署大臣准此業將來文之意，咨行本國外政大臣查照矣，相應備文奉復，即希貴王大臣查照可也，須至照會者。一千八百九十九年六月十六日，己亥年五月初九日。

中英兩國往來照會範圍甚廣，舉凡內政、外交、商務、教案等交涉，皆彼此行文照會，例如光緒三十三年（1907）第五十號照會云：

照會事，准五月初七日復函內稱接據港督復電，允將逆犯鄧子瑜驅逐出境等因，具見貴國顧全睦誼，共保治安之意。五月初十日，准粵督電稱昨港督已將孫黨大頭目鄧子瑜押上輪船，送往新嘉坡。至孫汶實未在港，港官言如上岸亦必驅逐。聞孫逆現在河內，近探得越南有孫黨私入兩廣邊界，前日攻那彭時已獲一名正法等語。本月十五日又准滇督電探得孫汶帶十餘人，前月二十一到河內，住西人烏巔飯館，四日旋往海防，三月即往新嘉坡。據人告以孫黨甚眾，有人保護，往來無阻，聞係叛黨函現奪距三城，速設法接應，並遣黨目蘇林往廣東，關仁輔往河陽，孫往新嘉坡檳榔嶼，大概亦邀約舉事各等因。查該首逆孫汶暨逆黨鄧子瑜等來去無常，出沒不測，此處驅逐，潛逃他處，其熟徑總不外南洋一帶，如香港、新嘉坡、檳榔嶼、越南河內等處，皆其經年往來之地，我國有此敗類，致令友邦屬境常為逆黨潛蹤謀亂之區，當亦貴國所同深疾惡者也。該逆等遣黨煽動，擾害地方各情已詳於五月初二日函內，茲

> 特將新嘉坡總領事送來孫逆在吉隆坡所售債票票式一張，附照封覽，此實為該逆擾害地方之確據，應請貴大臣轉報貴國政府，通飭南洋各屬地如遇該首逆及逆黨等逃至該處，務飭一體嚴拏，交與中國地方官自行處治，以除隱患而保公安，實紉睦誼，除照會法國駐京大臣轉電越粵飭屬嚴拏外，相應照會貴大臣查照，並希見復可也，須至照會者。光绪三十三年五月十九日，英六月二十九日。

同盟會的成立是國民革命新紀元的開始，但國父孫中山先生的行動卻受到日本政府的限制，不准居留，國父乃於光緒三十三年春前往河內，親自策劃各地的軍事行動。當國父居留河內期間，為清吏所派偵探察知，向法國交涉，而被迫離開越南，轉往新加坡，清廷又照會英國禁止國父居留新加坡等地，前引照會原文不失為探討國民革命的重要文獻。除照會外，尚有節略、供詞、稟文、章程、告示、清單、清摺、信函、申呈、說帖、電文、傳諭、札文等文書。例如光緒二十六年二月十五日總理衙門致英國駐華公使第二十一號照會，將嚴禁義和拳會經過，分別照會各國公使，並鈔送署理山東巡撫所編「勸諭百姓各安本分勿立邪會歌」，其歌詞如下：

> 朝廷愛百姓，百姓尊朝廷，上下相維繫，地義與天經，山左禮義邦，鄒魯古風存，庠校崇正學，民俗歸樸醇，紳耆資董率，邪說詎掀騰，陸程接江皖，瀛海通析津，遊匪日充斥，異術遂爭鳴，昔傳白蓮教，並有義和門，蔓延各州郡，黨羽日縱橫，縱橫釀巨禍，芟夷斷葛藤，相去數十年，舊事重翻新，義和名未改，拳會禍更深，神拳與紅拳，名目亦相仍，惟有大刀會，門戶顯區分，其實皆邪術，妖妄不足憑，傳貼聚徒眾，飛符召鬼神，言能避槍炮，又可禦

刀兵，血肉薄金石，析理殊未眞，大抵奸黠輩，立會歛錢銀，外匪乘機入，久輒滋亂萌，前鑒尚云遠，近事已堪徵，二十二年夏，刀會潨然興，兖沂連淮泗，處處叢荊榛，匪首劉士端，妖術冠等倫，更有曹得禮，會中迭主盟，黨徒咸敬服，奉之如神明，一朝被弋獲，延頸就官刑，迨後拳會起，頭目更紛紛，一名于清水，一名朱紅燈，勾同楊照順，妖僧即心誠，分股糾黨羽，千百竟成群，先只搶洋教，後並搶民人，先只拒團練，後並拒官軍，焚殺連市村，擄掠到雞豚，星星火不滅，燎原勢將成，三犯次第獲，梟首懸茌平，格斃徐大香，槍子透胸襟，並斃諸悍匪，屍骸棄郊坰，既云有符咒，何以失厥靈，既能避槍炮，何以損厥身，可見騰邪說，衹是惑愚氓，愚氓被蠱惑，欲罷竟不能，本院初蒞此，聞之憫於心，未肯用刀兵，玉石恐俱焚，緝捕歸州縣，保衛責防營，再三申禁令，剴諭各莊村，刀會須止絕，拳會須封停，脅從須解散，首要須殲擒，莊長具切結，容隱坐知情，未及三閱月，獲犯數十名，派員細推鞫，得情猶哀矜，罪案分輕重，大戒而小懲，但期眞改悔，何忍過苛繩，朝廷愛百姓，聖訓仍諄諄，恐爾蹈故轍，導爾出迷津，慮爾傷身命，戒爾睦鄉鄰，詔書眞寬大，讀之當涕零，執迷終不悟，何以答帝閽，我朝恩澤厚，為爾敬敷陳，地畝不增賦，人口不加丁，差徭不添派，工役不繁增，黃河趨東海，大工重水衡，籌撥修防費，何止億萬金，偏災偶入告，丁糧輒緩征，截漕資賑濟，發帑救湮淪，天恩厚若此，圖報當感恩，本院撫此土，敬願廣皇仁，嫉惡如所仇，好善如所親，但論曲與直，不分教與民，民教皆赤子，無不親拊循，爾輩同鄉里，還須免忿爭，忿爭何所利，雠怨苦相尋，傳教載條約，保護有明文，彼此無偏倚，諭旨當敬遵，遵旨剴切諭，俾爾咸知聞，爾亦有父母，爾亦有弟昆，工商爾可作，田園爾可耕，各人安本分，里社豐樂亨，何苦信邪說，受累到而今，出示已多次，昏迷應早醒，再加墮昏迷，法網爾自攖，首領懼不保，家業將盡傾，父母老淚枯，兄弟哭失聲，作孽自己受，全家共艱辛，捫心清夜思，夢魂驚不驚，從此早回頭，還可出火坑，倘能獲匪首，捉拏解公庭，並可領賞犒，趁此立功勛，聖朝明賞罰，雨露即雷霆，本院恤民隱，勸諭亦殷殷，殷殷再三告，爾等其敬聽，都是好百姓，當知尊朝廷。

從前引歌詞可以了解義和團的起源、性質及中外教案交涉的由來，是研究清季國人排外運動的重要史料。除中英往來文移外，公共文書館尚藏有京報，為彙鈔諭摺的檔冊，例如咸豐元年京報，縱三六公分，橫二五公分，計四十六葉，半葉十五行，每行三十八字內含摺諭八十號，其具奏人包括護署西寧辦事大臣西寧總兵官薩炳阿、倉場侍郎宗室慶祺、朱嶟、直隸總督訥爾經額、兩江總督陸建瀛、江南河道總督楊以增、山東巡撫陳慶偕、陝甘總督琦善、掌福建道監察御史富興安、漕運總督楊殿邦、兩廣總督徐廣縉、巡視東城掌山西道監察御史肇麟、閩浙總督劉韻珂、稽查萬安倉禮科給事中黃兆麟、廣西巡撫鄭祖琛、掌江西道監察御史吳若準、浙江道監察御史姚福增、禮部尚書管理太常寺事務惠豐、署理江西巡撫陸元烺、大理寺小卿田雨公、貴州學政翁同書、掌四川道監察御史嵩齡、莊浪城守尉懷成、兵科給事中蘇廷魁、欽差大臣李星沅、廣西巡撫周天爵、廣西提督向榮、馬蘭鎮總兵兼管內務府大臣慶錫、江蘇學政青麐、護理浙江巡撫布政使汪本銓、閩浙總督裕泰、浙江巡撫常大淳，此外尚含有戶部、總管內務府、兵部、禮部及未書官銜的杜受田、柏葰、勞崇光、袁甲三、賽尚阿、慧成、奕興、恆毓、吳文鎔等，除各省外任官員外，含有部分廷臣的摺件，俱為重要的史料。

六、英國大學圖書館所藏清代文獻

英國各大學除總圖書館外，各學院都有單獨的圖書館。各大學圖書館所藏東方的圖書和資料，數量頗多，範圍亦廣。王聿均教授撰「英國珍藏的漢學資料」一文曾作詳細的介紹。其中倫敦大學的總圖書館所藏東方書籍已轉交東方及非洲研究學院圖書館，內含有關中國問題的英、法文書籍約四千冊，例如同治年間購買兵輪案的主角阿思本（Osborn Sherard）所著《中英關係的過去與將來》（The Past And Future of British Relations in China），蒲蘭德（Bland）所著《英國在華政策》（British Policy in China）等書籍實為探討中英外交關係的重要參考資料。

劍橋大學總圖書館的規模，僅次於大英博物館。其中有關東方的圖書文獻，分存於遠東蒐藏室（Far Eastern Collection's Room）與安德森室（Anderson Room）。前者除善本書、地方志外，尚藏有清朝大吏耆英、葉名琛、僧格林沁、盧坤等人的奏疏，太平天國東王、西王、干王、英王等人的布告，英國與太平天國往返的照會等珍貴檔案；後者則存有全部怡和洋行檔案，內含帳目、通訊、市價與市場報告等資料，數量頗為可觀，俱為探討東方各國與英國外交關係的重要參考資料。

牛津大學總圖書館藏有傳教士理雅各（Legge）的全部文獻，內含信函、報告、札記及清末民初的華文報紙如順天時報、進化報、北京日報、京話時報、經濟選報、邇報等罕見資料。

七、結　語

明清之際，東來的傳教士，為傳教工作的便利，以學術為傳教的媒介，一方面將西學輸入中國，一方面亦將中國學術介紹於西方，四書五經等古籍，俱有西文譯本。其他如中國繪畫、瓷器、綢緞、家庭用具等亦先後由傳教士帶回歐洲，由於東方文物的西傳，遂引起西人的興趣。由於海道大通，西人來華者，與日俱增。西方傳教士、旅行家、商人等對中國文物的收購，多由於個人的愛好。十九世紀，英國國勢鼎盛，與東方各國接觸頻繁，不僅執東方貿易的牛耳，同時在政治、軍事方面的活動更為積極，其駐華公使及各商埠領事等對中國文物的蒐集則多出於官方的授意。又由於戰爭的緣故，英國軍人從中國獲得了不少的文物，運回英國，其中不乏價值極高的清代檔案。英國倫敦及其近郊各大學圖書館現藏清代文獻，不僅數量極其可觀，就質方面而言，亦堪稱獨步。其文書多為原件，品類繁多，舉凡照會、節略、告示、電文、奏摺、說帖、章程、申呈、供詞、清單、稟文、函札、詔書、滿文列傳、船牌、報單、紅單、執照、劄文、移會、書啓、報銷冊、清冊、帳簿、日記、諭旨、咨文、封誥、路憑、傳單、申文、條約、傳諭、試卷、地圖、圖書等，不勝枚舉，除外交文書外，尚涉及中國內政、民情風俗、社會經濟、商務貿易等各方面，範圍廣泛，俱為探討清代歷史不可或缺的珍貴資料。

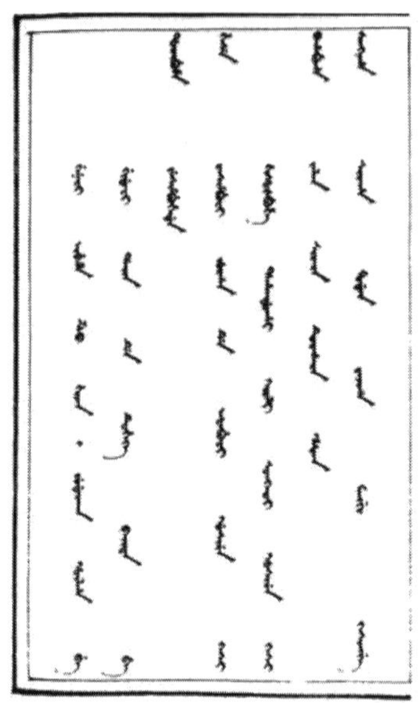

圖版一：《欽定國史忠義傳·能登列傳》之一頁。

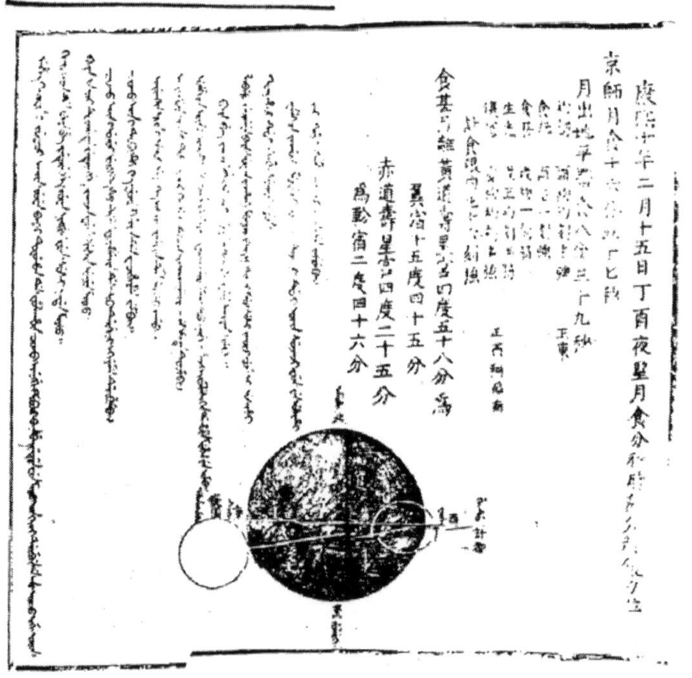

圖版二：康熙十年（1671）南懷仁推算月蝕圖

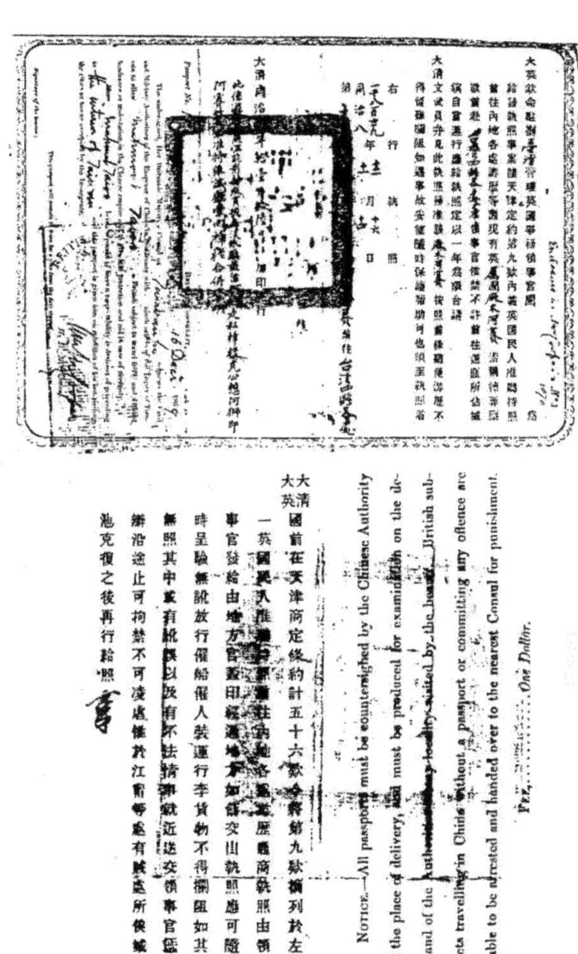

大清
大英國前在天津商定條約計五十六款今將第九款摘列於左

一英國民人准聽持照前往內地各處遊歷通商執照由領事官發給由地方官蓋印經過地方如飭交出執照應可隨時呈驗無訛放行僱船僱人裝運行李貨物不得攔阻如其無照其中或有訛誤以及有不法情事就近送交領事官懲辦沿途止可拘禁不可凌虐惟於江甯等處有賊處所俟城池克復之後再行給照

NOTICE.—All passports must be countersigned by the Chinese Authority at the place of delivery, and must be produced for examination on the demand of the Authorities of any locality visited by the bearer. British subjects travelling in China without a passport or committing any offence are liable to be arrested and handed over to the nearest Consul for punishment.

Fee, ... *One Dollar.*

圖版三：護照

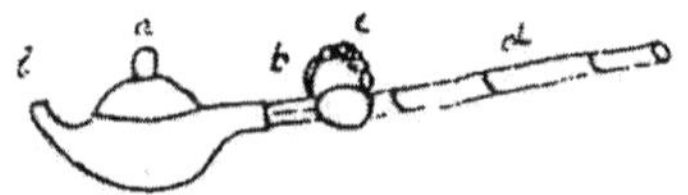

Brass lamp used by men in coal mines
Ichang Consular District
a. corncob serving as wick
b. Pick for wick
c. Chain attaching pick
d. Bamboo handle
e. Wick.

插圖一：礦工銅燈

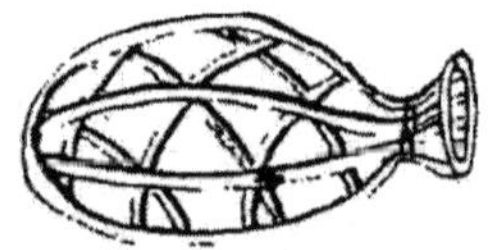

Crate lined with oak leaves used for carrying tea.

插圖二：茶簍

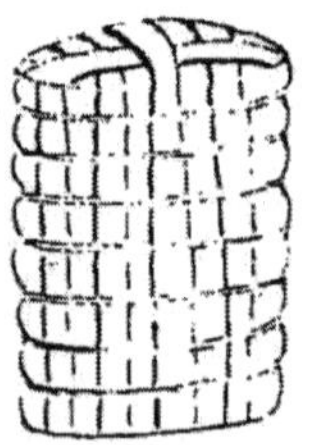

Basket Yunnan Tea made of leaves of Bambusa latifolia

插圖三：茶筐

a. hole through which bamboo with hook to run into ground. No anchor used.

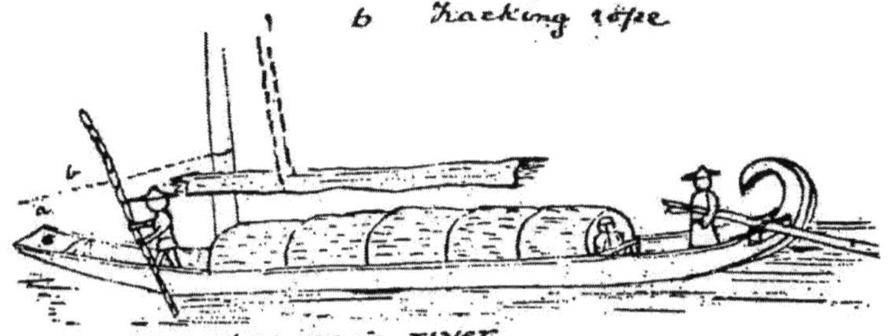

Canoe of Han yang river.

Bow sweep.
40 feet long

Stern Oar
40 feet long

插圖四 A：漢水獨木舟

Interior of Canoe: Han yang - River
a. Compartment in which Canoe men cook & sleep
b Compartment for traveller
c Compartment for travellers servants to cook & sleep in

插圖四 B：漢水獨木舟。

Baskets for carrying charcoal:
Ichang Consular district

插圖五：木炭挑具。

Ordinary Baskets for carrying farm produce Ichang Consular district.

插圖六：農作物挑具

Crate & Basket for farm produce near Nanto
Crate for carrying faggots & Hatchet Nanto
Faggot cutters Nanto

插圖七：農作物挑具

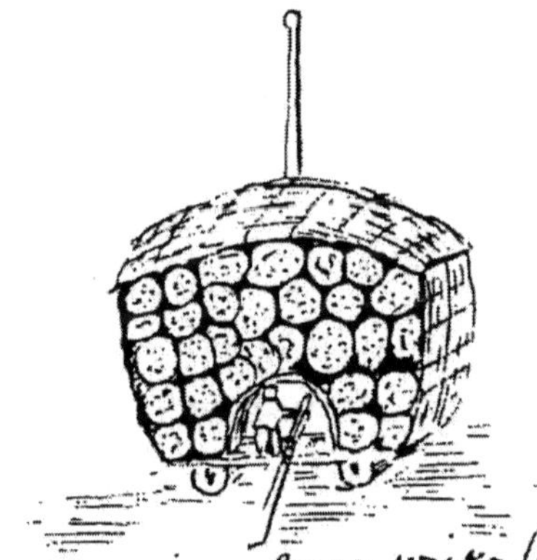
mode of floating lamp wicks (pith of Scirpus
Scapularis) from Ichang to Hankow

插圖八：燈芯

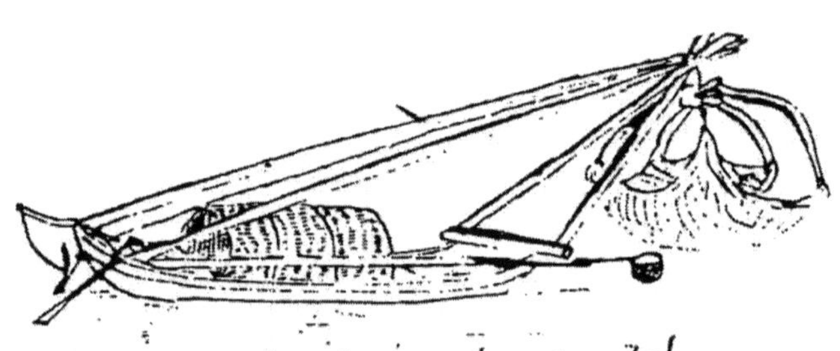
ordinary fishing boat Ichang.

插圖九：漁船

Fishing Canoe, Ichang. Called "Chin yin ko urh"
(gold & silver shoes. price seven shillings.

插圖十：漁舟

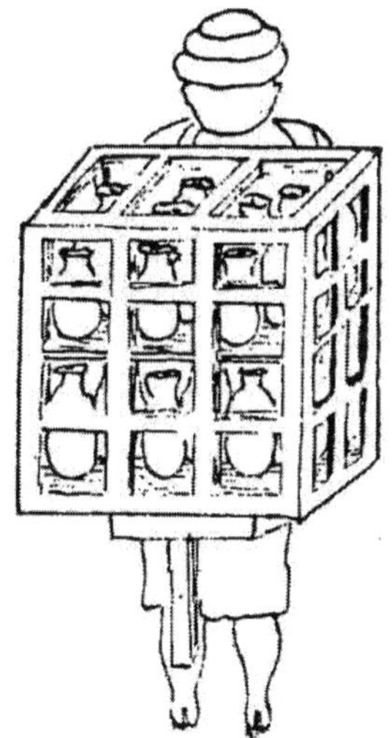

Tea packed in Canvas bags and carried
in crates

插圖十一：茶筐

"Pei tzu" a basket carried on the back: Ichang District, with stool to rest Porter and burden.

插圖十二：背子

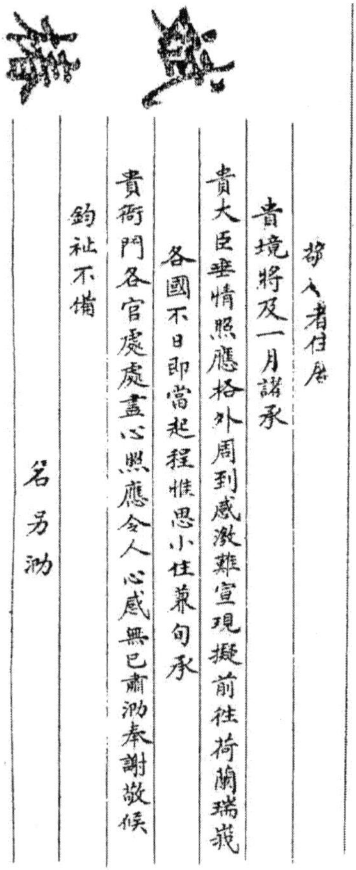

啓者住居
貴境將及一月諸承
貴大臣垂情照應格外周到感激難宣現擬前往荷蘭瑞典
各國不日即當起程惟恩小住兼旬承
貴衙門各官處處盡心照應令人心感無已肅泐奉謝敬候
鈞祉不備
名另泐

插圖十三：斌椿謝函

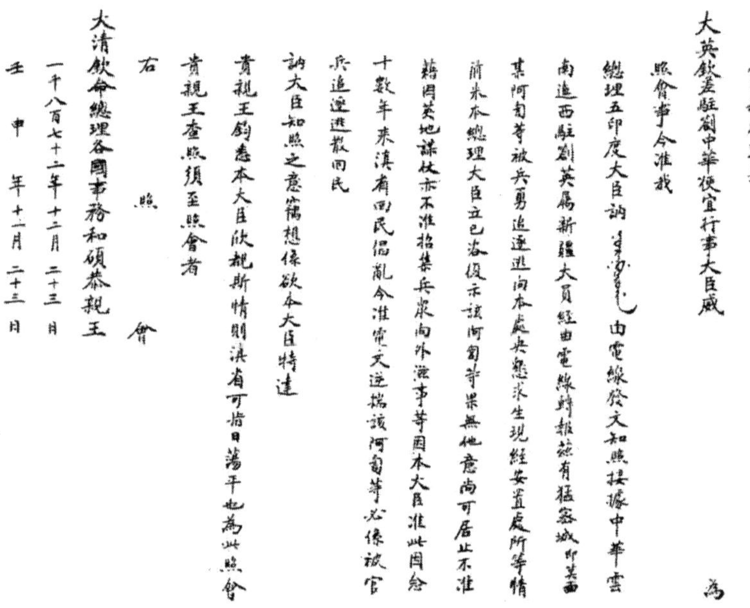

第肆拾玖號

大英欽差駐劄中華便宜行事大臣威　　為

照會事今准我

總理五印度大臣訥　由電線發文知照據中華雲

南進西駐劄英屬新疆大員經由電線轉報該有猛密城即英西

某阿訇等被兵勇追逐逃向本處央懇求生現經安置處所等情

前來本總理大臣立已咨復示該阿訇等果無他意尚可居止不准

藉图英地謀攻亦不准招集兵衆向外滋事等因本大臣准此因念

十數年來滇省回民倡亂今准電文遞據該阿訇等必係被官

兵追逐進散回民

訥大臣知照之意竊想係欲本大臣特達

貴親王鈞鑒本大臣欣覩斯情則滇省可指日蕩平也為此照會

貴親王查照須至照會者

右　　照　　會

大清欽命總理各國事務和碩恭親王

一千八百七十二年十二月　二十三　日

壬　申　年十一月　二十三　日

插圖十四：照會

資源共享
— 典藏・查閱・研究

史料與史學的關係十分密切。史料有直接史料與間接史料的區別，檔案是一種直接史料。歷史學家充分運用檔案，作為有系統的排比，敘述與分析，使歷史的記載與客觀的事實，彼此符合，始可稱為信史。有清一代，檔案浩瀚，近數十年來，由於檔案的不斷發現與積極整理，使清史的研究，走上新的途徑。由於時局的動盪，遷徙靡常，惟其移運來臺者，為數仍極可觀，國立故宮博物院現藏清代檔案，猶近四十萬件，舉凡宮中檔御批奏摺、軍機處月摺包與檔冊、內閣簿冊、起居注冊、滿文原檔、清國史館暨清史館檔等等，品類繁多，史料價值尤高。

《滿文原檔》是清朝入關前記注政事及抄錄往來文書的檔冊，以無圈點老滿文、加圈點新滿文及新舊過渡時期滿文書寫。長白山三仙女的傳說，是滿族社會裡膾炙人口的開國神話。清太宗天聰八年（1634）十二月，皇太極命梅勒章京霸奇蘭（bakiran）等率兵征討虎爾哈部。國立故宮博物院典藏《滿文原檔》天聰九年（1635）五月初六日記載黑龍江虎爾哈部降將穆克什克（muksike）向皇太極等人述說了三仙女的傳說，可將滿文影印於下，並轉寫羅馬拼音，譯出漢文於後。

《滿文原檔》，天聰九年五月初六日

（1）羅馬拼音：

ice ninggun de. sahaliyan ulai ergi hūrga gurun de cooha genehe ambasa ceni dahabufi gajiha ambasa. sain niyalma be kan de acabure doroi. emu tanggū jakūn honin, juwan juwe ihan wafi sarin sarilara de kan amba yamun de tucifi uyun muduri noho aisin i isede tehe manggi. cooha genehe ambasa niyakūrame hengkileme acara de. kan ambasa coohalame suilaha ujulaha juwe amban bakiran, samsika be tebeliyeme acaki seme hendufi kan i hesei bakiran, samsika jergici tucifi kan de niyakūrame hengkileme tebeliyeme acara de kan inu ishun tebeliyehe. acame wajiha manggi. amba beile de kan i songkoi acaha. terei sirame hošoi degelei beile, ajige taiji, hošoi erhe cohur beile de tebeliyeme acaha. cooha genehe ambasa gemu hengkileme acame wajiha manggi. dahabufi gajiha juwe minggan niyalma niyakūrame hengkileme acaha. terei sirame sekei alban benjime hengkileme jihe solon gurun i baldaci sei jergi ambasa acaha. acame wajiha manggi. ice dahabufi gajiha coohai niyalma be gemu gabtabufi. amba sarin sarilara de kan bakiran, samsika juwe amban be hūlafi kan i galai aisin i hūntahan i arki omibuha. terei sirame emu gūsa de emte ejen arafi unggihe ambasa de omibuha. terei sirame fejergi geren ambasa. dahabufi gajiha ujulaha ambasa de omibuha sarin wajiha manggi. kan gung de dosika, tere mudan i cooha de dahabufi gajiha muksike gebungge niyalma alame. mini mafa ama jalan halame bukuri alin i dade bulhori omode banjiha. meni bade bithe dangse akū. julgei banjiha be ulan ulan i gisureme jihengge tere bulhori omode abkai ilan sargan jui enggulen, jenggulen, fekulen ebišeme jifi enduri saksaha benjihe fulgiyan tubihe be fiyanggū sargan jui fekulen bahafi anggade ašufi bilgade dosifi beye de ofi bokori yongšon be banjiha. terei hūncihin manju gurun inu. tere bokori omo šurdeme tanggū ba, helung giyang ci emu tanggū orin gūsin ba bi. minde juwe jui banjiha manggi. tere bulhori omoci gurime genefi sahaliyan ula narhūn gebungge bade tehe bihe seme alaha.

（2）滿文漢譯：

初六日，領兵往征黑龍江虎爾哈部諸臣，以其所招降諸臣、良民行朝見汗之禮，宰殺羊一百八隻、牛十二頭，設酒宴。汗御大殿，坐九龍金椅。出征諸臣拜見時，汗念出兵勞苦，命主將二大臣霸奇蘭、薩穆什喀欲行抱見禮。霸奇蘭、薩穆什喀遵旨出班，向汗跪叩行抱見禮，汗亦相互抱見，朝見畢，照朝見汗之禮向大貝勒行抱見禮。其次向和碩德格類貝勒、阿濟格台吉、和碩厄爾克出虎爾貝勒行抱見禮。出兵諸臣俱行拜見禮畢，次招降二千人叩見。次齎送貢貂來朝索倫部巴爾達齊等諸臣叩見，叩見畢，命招降兵丁俱射箭。在大宴上，汗呼霸奇蘭、薩穆什喀二大臣，汗親手以金盃酌酒賜飲。次賜各旗出征署旗務大臣酒各一盃，次賜以下各大臣，並招降頭目酒各一盃，宴畢，汗回宮。此次為兵丁招降名叫穆克什克之人告訴說：我父祖世代在布庫里山下布爾瑚里湖過日子。我處無書籍檔子，古時生活，代代相傳，傳說此布爾瑚里湖有三位天女恩古倫、正古倫、佛庫倫來沐浴。神鵲啣來朱果，么女佛庫倫獲得後含於口中，吞進喉裡，遂有身孕，生布庫里雍順，其同族即滿洲國。此布爾瑚里湖周圍百里，離黑龍江一百二、三十里，我生下二子後，即由此布爾瑚里湖遷往黑龍江納爾渾地方居住矣。

虎爾哈部分佈於瑷琿以南的黑龍江岸地方。《滿文原檔》忠實地記錄了虎爾哈部降將穆克什克所述三仙女的故事。其內容與清朝實錄等官書所載滿洲先世發祥傳說，情節相合。《清太宗文皇帝實錄》雖然記載出征虎爾哈部諸臣等朝見皇太極經過，但刪略三仙女故事的內容。《清太宗文皇帝實錄》初纂本所載內容云：

初六日，領兵往征查哈量兀喇虎兒哈部諸臣，以所招降諸臣朝見。上御殿，出征諸臣拜見時，上念其出兵勞苦，命霸奇蘭、沙木什哈二將進前抱見。二臣出班叩頭抱見畢，次新附二千人叩見，次瑣倫國入貢大臣巴兒打戚等叩見畢，命新附兵丁射箭。宰牛十二頭、羊一百零八隻，設大宴。上呼霸奇蘭、沙木什哈以金盃酌酒，親賜之。又賜每固山大臣酒各一盃，復賜以下眾大臣及新附頭目酒各一盃。宴畢，上回宮。

《清太宗文皇帝實錄》重修本，「沙木什哈」作「薩穆什喀」；「巴兒打戚」作「巴爾達齊」，俱係同音異譯。實錄初纂本、重修本所載黑龍江虎爾哈部諸臣及所招降頭目人等朝見皇太極的內容，情節相近，但三仙女的傳說，俱刪略不載。虎爾哈部降將穆克什克所講的三仙女故事是黑龍江地區的古來傳說，表明神話最早起源於黑龍江流域，黑龍江兩岸才是建州女真的真正故鄉。天聰九年（1635）八月，畫工張儉、張應魁奉命合繪清太祖實錄戰圖。崇德元年（1636）十一月，內國史院大學士希福、剛林等奉命以滿蒙漢三體文字改編清太祖實錄纂輯告成，凡四卷，即所稱《清太祖武皇帝實錄》，是清太祖實錄的初纂本。三仙女的神話，黑龍江虎爾哈部流傳的是古來傳說，長白山流傳的滿洲先世發祥神話是晚出的，是女真人由北而南逐漸遷徙的結果，把原在黑龍江地區女真人流傳的三仙女神話，作為起源於長白山一帶的歷史。

清初纂修清太祖、清太宗實錄，主要取材於《滿文原檔》的記載，但因實錄的纂修，受到體例或篇幅的限制，原檔記載，多經刪略。天聰九年（1635）八月二十六日，《滿文原檔》記載出兵征討察哈爾的和碩墨爾根戴青多爾袞等獲得傳國玉璽經過甚詳。《清入關前內國史院滿文檔案》有關獲得傳國玉璽一節，原檔殘缺。《內閣藏本滿文老檔》，缺天聰九年檔。《清太宗文皇帝實錄》重修本不載傳國玉璽失傳及發現經過。《滿文原檔》記載「制誥之寶」失傳及發現經過頗詳，是探討崇德改元不可忽視的原始史料，可將《滿文原檔》影印於下，並轉寫羅馬拼音，譯出漢文。

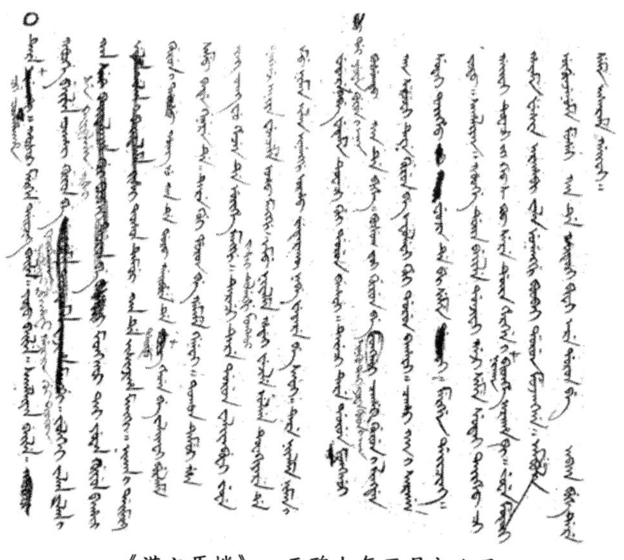

《滿文原檔》，天聰九年五月初六日

（1）羅馬拼音：

tere ci coohalaha. hošoi mergen daicing beile. yoto beile. sahaliyan beile. hooge beile cahar gurun be dailafi bahafi gajire gui doron. julgei jalan jalan i han se baitalame jihei be monggoi dai yuwan gurun bahafi tohon temur han de isinjiha manggi. nikan i daiming gurun i hūng u han de doro gaibure de daidu hecen be waliyafi burlame samu bade genere de. tere gui doron be gamame genefi. tohon temur han ing cang fu hecen de urihe manggi. tereci tere doron waliyabufi juwe tanggū aniya funceme oho manggi. jasei tulergi monggoi emu niyalma hadai fejile ulga tuwakiyara de emu niman ilan inenggi orho jeterakū nabe fetere be safi. tere niyalma niman i fetere babe feteme tuwaci gui doron bahafi. tereci tere doron monggoi inu dai yuwan gurun i enen bošoktu han de bihe. bošoktui gurun be ineku dai yuwan gurun i enen cahar gurun i lingdan han sucufi tere gurun be efulefi gui doron bahafi. cahar han i sargan sutai taiheo fujin de bi seme. mergen daicing. yoto. sahaliyan. hooge duin beile donjifi gaji seme sutai taiheo ci gaifi tuwaci jy g'ao dz boo sere duin hergen i nikan bithe araha bi. juwe muduri hayame fesin arahabi yala unenggi boobai doron mujangga. ambula urgunjenume musei han de hūturi bifi ere doron be abka buhe dere seme asarame gaifi.

（2）滿文漢譯：

是日，出兵和碩墨爾根戴青貝勒、岳托貝勒、薩哈廉貝勒、豪格貝勒，往征察哈爾國齎來所獲玉璽，原係從前歷代帝王使用相傳下來之寶，為蒙古大元國所得，至妥懽貼睦爾汗時，被漢人大明國洪武皇帝奪取政權，棄大都城，逃走沙漠時，攜去此玉璽。妥懽貼睦爾汗崩於應昌府城後，其玉璽遂失，二百餘年後，口外蒙古有一人於山崗下牧放牲口時，見一山羊，三日不食草而掘地，其人於山羊掘地之處掘得玉璽。

> 其後玉璽亦歸於蒙古大元國後裔博碩克圖汗。博碩克圖之國後被同為大元國後裔察哈爾國林丹汗所侵，國破，獲玉璽。墨爾根戴青、岳托、薩哈廉、豪格四貝勒聞此玉璽在察哈爾汗之妻淑泰太后福金處，索之，遂從淑泰太后處取來。視其文，乃漢篆「制誥之寶」四字，紐用雙龍盤繞，果係至寶，喜甚曰：「吾汗有福，故天賜此寶」，遂收藏之。

《清太宗文皇帝實錄》初纂本所載出征察哈爾諸將領獲得傳國玉璽的經過，即取材於《滿文原檔》，“tohon temur han”，實錄初纂本作「大元順帝」;「見一山羊，三日不食草而掘地」，實錄初纂本作「見一山羊，三日不食，每以蹄踏地。」原檔中指出皇太極有福，所以天賜制誥之寶。因有德者始能得到歷代傳國玉璽，所以建國號大清，改元崇德。

國立故宮博物院現藏宮中檔的來源，除部分廷臣的滿漢文奏摺外，主要是來自直省外任官員，對地方事務奏報頗詳，而且奏摺因有皇帝的親手御批，更增加其史料價值。研究清史各種官書，都是重要的參考資料，但一方面由於體例的限制，一方面由於隱諱潤飾的傳統，原始史料多經竄改。例如康熙年間撫遠大將軍費揚古奏聞準噶爾軍情，據《清聖祖仁皇帝實錄》記載云:「撫遠大將軍伯費揚古疏報，康熙三十六年四月初九日，臣等至薩奇爾巴爾哈遜地方，厄魯特丹濟拉等，遣齊奇爾寨桑等九人來告曰，閏三月十三日，噶爾丹至阿察阿穆塔台地方，飲藥自盡，丹濟拉、諾顏格隆、丹濟拉之壻拉思綸，攜噶爾丹尸骸，及噶爾丹之女鐘齊海，共率三百戶來歸。丹濟拉因馬疲瘠，又無糧糗，是以住於巴雅恩都爾地方候旨。其吳爾占扎卜、色棱、阿巴、塔爾、阿喇爾拜、額爾德尼吳爾扎忒喇嘛等，帶二百戶投策妄阿喇布坦而去。額爾德尼寨桑、吳思塔台吉、博羅齊寨桑和碩齊車林奔寨桑等，帶二百戶、投丹津鄂木布而去。除將齊奇爾寨桑等九人，馳送行在外，臣等於十三日，統領大軍，前往丹濟拉所住巴雅恩都爾地方，即押丹濟拉等前來，如其心懷反覆，即行剿滅。」國立故宮博物院現藏宮中檔內含有費揚古滿文奏摺，為了便於對照，可將滿文奏摺影印後轉寫羅馬拼音，並譯出漢文於後。

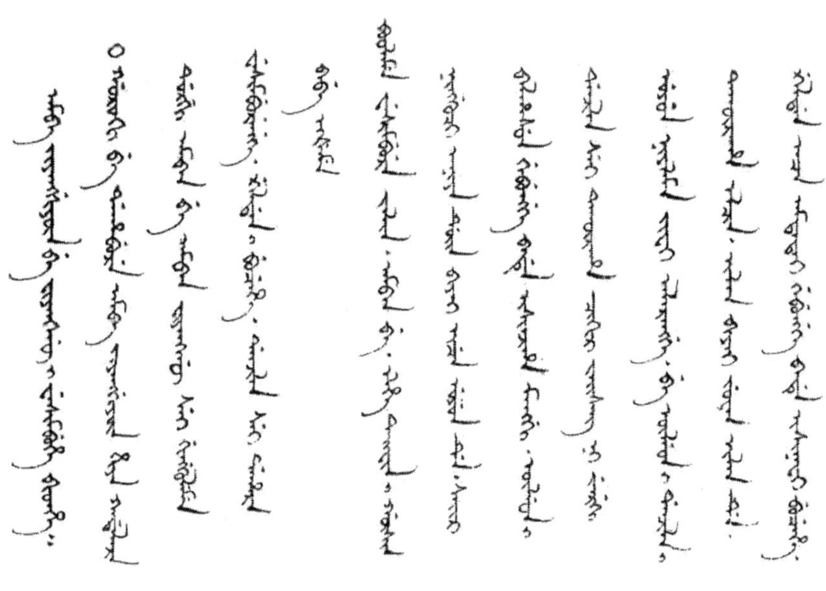

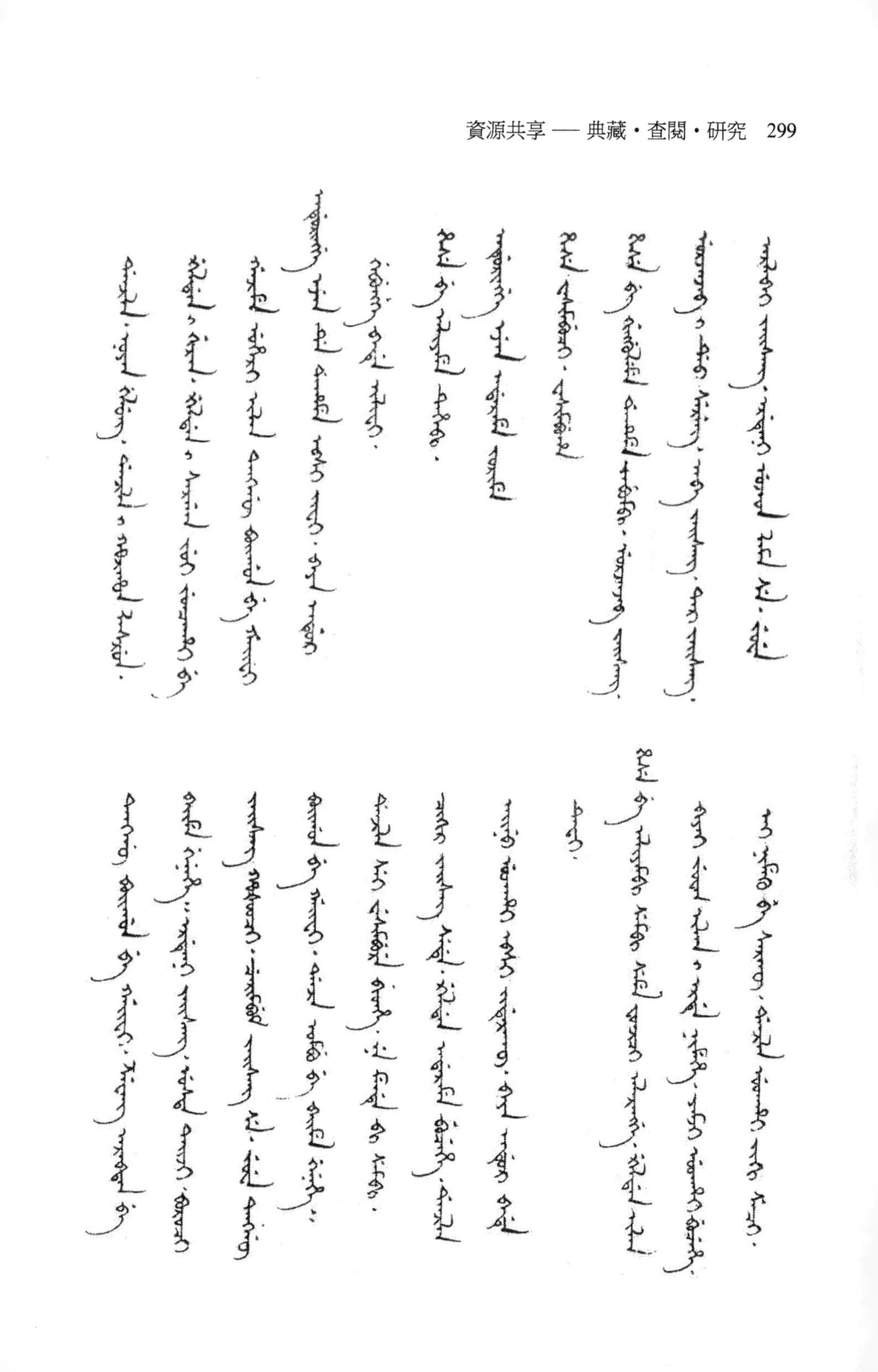

[illegible]

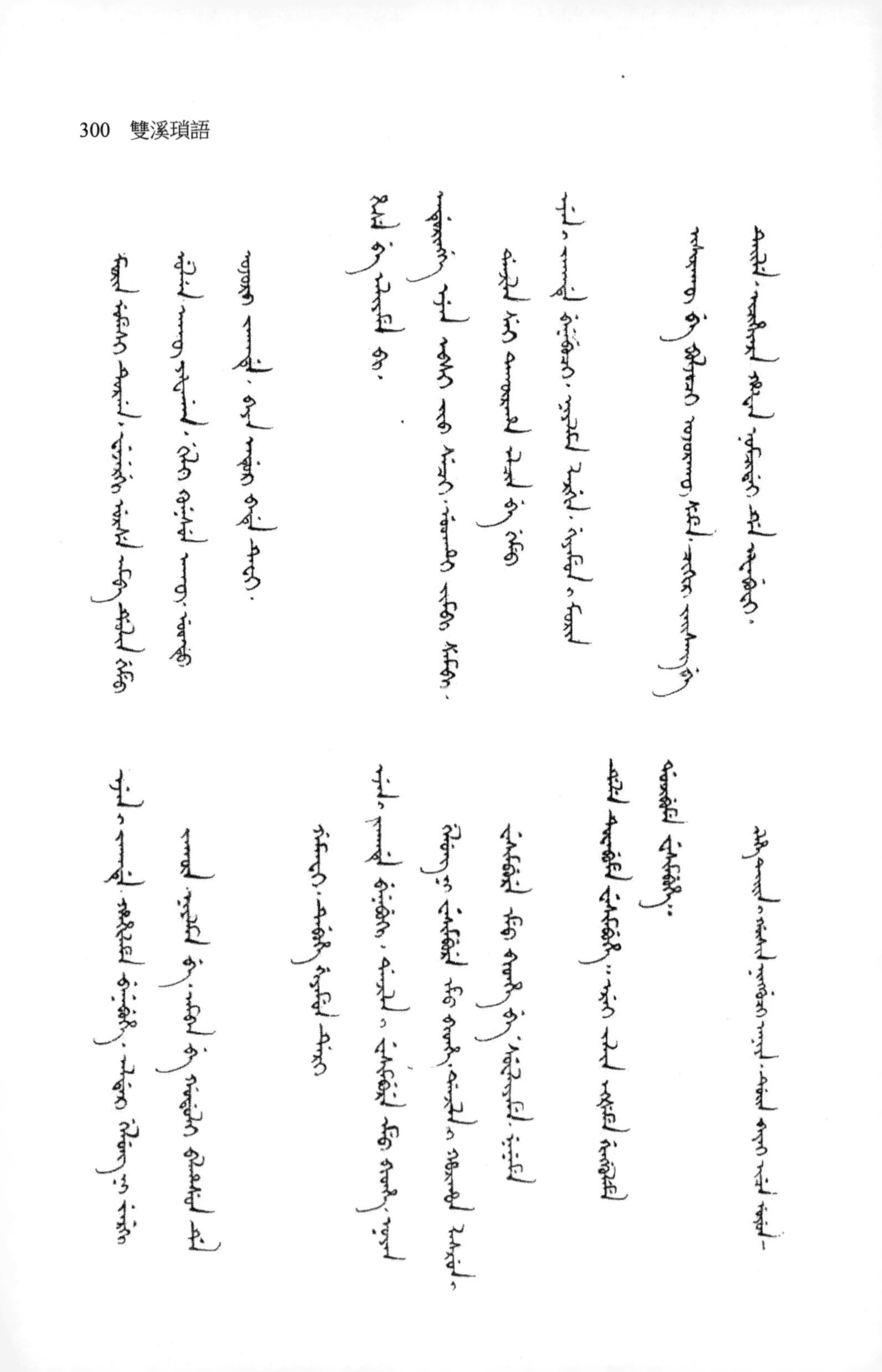

amba jiyanggiyūn be fiyanggū i wesimbuhe bithe. goroki be dahabure amba
大 將軍 伯 費揚古 的 奏 的 書 遠 把 招降 大
jiyanggiyūn hiya kadalara dorgi amban be amban fiyanggū sei gingguleme
將 軍 侍衞 管 的 內 大臣 伯 臣 費揚古 們的 謹
wesimburengge, g'aldan i bucehe, danjila sei dahara babe ekšeme boolame
所 奏 者 噶爾丹 的 死 了 丹濟拉 們的 降的 把處 急 忙 報
wesimbure jalin, amban be, elhe taifin i gūsin ningguci aniya duin
奏 爲 臣 我們 康 熙 的 三十 第 六 年 四
biyai ice uyun de, sair balhasun gebungge bade isinjiha manggi ūlet
月的 初 九 於 賽爾 巴爾哈孫 名 叫 於地 到來了 後 厄魯特
i danjila sei takūraha cikir jaisang ni jergi uyun niyalma jifi alarangge,
的 丹濟拉 們的 遣 的 齊奇爾 寨桑 的 等 九 人 來了 告訴的
be ūlet i danjila i takūraha elcin, ilan biyai juwan ilan de g'aldan
我們 厄魯特 的 丹濟拉 的 遣 的 使臣 三 月的 十 三 於 噶爾丹
aca amtatai gebungge bade isinafi bucehe, danjila, noyan gelung, danjila
阿察 阿穆塔台 名 叫 於地 到去了 死了 丹濟拉 諾顏 格隆 丹濟拉
i hojihon lasrun, g'aldan i giran, g'aldan i sargan jui juncahai be gajime
的 婿 拉思綸 噶爾丹 的 屍 骸 噶爾丹 的 女 兒 鍾察海 把 帶 來
uheri ilan tanggū boigon be gaifi enduringge ejen de dahame ebsi jifi, baya
共 三 百 戶 把 領了 聖 主 於 降 往此 來了 巴雅
endur gebungge bade ilifi, hese be aliyame tehebi, enduringge ejen adarame
恩都爾 名 叫 於地 止了 旨 把 等 候 住 了 聖 主 如 何
jorime hese wasimbuci, wasimbuha hese be gingguleme dahame yabumbi, urjanjab
指示 旨 若 降 降 的 旨 把 謹 隨 行 吳爾占扎布
jaisang, urjanjab i deo sereng, aba jaisang, tar jaisang, aralbai jaisang, erdeni
寨 桑 吳爾占扎布的 弟 色稜 阿巴 寨桑 塔爾 寨 桑 阿喇爾拜 寨 桑 額爾德尼
ujat lama se, juwe tanggū boigon be gaifi, dzewang arabtan be baime genehe.
吳扎特 喇嘛 們 二 百 戶 把 領了 策 妄 阿喇布坦 把 求 去 了
erdeni jaisang, usta taiji, boroci jaisang hošooci, cerimbum jaisang se, juwe
額爾德尼 寨 桑 吳思塔 台吉 博羅齊 寨 桑 和碩齊 車淩布木 寨 桑 們 二
tanggū boigon be gaifi, danjin ombu be baime genehe. danjila sei wesimbure
百 戶 把 領了 丹津 鄂木布 把 求 去 了 丹濟拉 們的 奏 的
bithe, ne mende bi sembi, cikir jaisang sede, g'aldan adarame bucehe, danjila
書 現今 於我們 在 云 齊奇爾 寨 桑 於們 噶爾丹 如 何 死了 丹濟拉
ainu uthai ebsi jiderakū, baya endur bade tefi, hese be aliyambi sembi seme
爲何 卽 往此 不 來 巴雅 恩都爾 於地 住了 旨 把 等 候 云 云
fonjici alarangge, g'aldan ilan biyai juwan ilan i erde nimehe, yamji uthai bucehe,
問時 告訴的 噶爾丹 三 月的 十 三 的 晨 病了 晚 卽 死 了
ai nimeku be sarkū, danjila uthai jiki seci, morin umesi turga, fejergi urse amba
何 病 把 不 知 丹濟拉 卽 欲來 說時 馬 甚 瘦 屬 下 衆人 大
dulin gemu ulga akū yafagan, geli kunesun akū, uttu ojoro jakade, baya endur
半 皆 牲口 無 步 行 又 行 糧 無 此 因爲 之 故 巴雅 恩都爾

bade tefi, hese be aliyame bi, enduringge ejen ebsi jio seci, uthai jimbi sembi,
於地 住了 旨 把 等候 在 聖 主 往此 令來 云時 即 來 云
danjila sei takūraha elcin be gemu ejen i jakade benebuci, niyalma largin,
丹濟拉 們的 遣 的 使臣 把 皆 主 的 跟前 若令送 人 繁
giyamun i morin isirakū be boljoci ojorakū seme, cikir jaisang be teile, icihiyara
驛 的 馬 不足 把 若料 不 可 云 齊奇爾 寨桑 把 僅 辦理的
hafan nomcidai de afabufi, ejen i jakade hahilame benebuhe, aldar gelung
官 諾木齊代 於 交了 主 的 跟前 上緊 令送了 阿爾達爾 格隆
ni jergi jakūn niyalma be, amban be godoli balhasun de gamafi, tebuhe giyamun
的 等 八 人 把 臣 我們 郭多里 巴爾哈孫 於 帶了 令駐的 驛
deri ejen i jakade benebuki, danjila i wesimbure emu bithe, noyan gelung ni
由 主 的 跟前 欲令送 丹濟拉 的 奏 的 一 書 諾顏 格隆 的
wesimbure emu bithe, danjila i hojihon lasrun i wesimbure emu bithe be
奏 的 一 書 丹濟拉 的 婿 拉思綸 的 奏的 一 書 把
suwaliyame neneme dele tuwabume wesimbuhe. erei jalin ekšeme gingguleme
一併 先 上 使看 奏呈了 此 爲 急忙 謹
donjibume wesimbuhe. elhe taifin i gūsin ningguci aniya duin biyai ice uyun.
使聞 奏了 康 熙 的 三十 第六 年 四 月的 初 九

大將軍伯費揚古奏章

撫遠大將軍領侍衛內大臣伯費揚古等謹奏，為火急奏報噶爾丹之死，丹濟拉等來降事。康熙三十六年四月初九日，臣等來至賽爾巴爾哈孫地方時，有厄魯特丹濟拉等所遣齊奇爾寨桑等九人前來告稱：我等係厄魯特丹濟拉所遣之使者，三月十三日，噶爾丹至名叫阿察阿穆塔台地方時死亡。丹濟拉、諾顏格隆、丹濟拉之婿拉思綸攜噶爾丹屍骸及噶爾丹之女鍾察海，共三百戶來投聖主，駐於名叫巴雅恩都爾地方候旨，聽從聖主如何降旨指示，即欽遵所領諭旨而行。吳爾占扎布寨桑、吳爾占扎布之弟色稜、阿巴寨桑、塔爾寨桑、阿爾喇拜寨桑、額爾德尼吳扎特喇嘛等帶領二百戶往投策妄阿喇布坦；額爾德尼寨桑、吳思塔台吉、博羅齊寨桑和碩齊、車凌布木寨桑等帶領二百戶往投丹津鄂木布。丹濟拉等之奏章，現今在我等之處云云。問齊奇爾寨桑等：噶爾丹如何死亡？丹濟拉何以不即前來而留駐巴雅恩都爾地方候旨？據告稱：噶爾丹於三月十三日晨得病，至晚即死，不知何病？丹濟拉欲即前來，因馬甚瘦，屬眾大半皆無牲口而徒步，復無行糧，故暫駐巴雅恩都爾地方候旨，聖主若許其前來，即遵旨前來等語。若將丹濟拉

> 等所遣使者俱解送聖主處，則恐因人混雜，驛馬不敷，故僅將齊奇爾寨桑交由郎中諾木齊代作速解送皇上跟前，阿爾達爾格隆等八人，則由臣等攜往郭多里巴爾哈孫地方，由駐防驛站解送皇上跟前。丹濟拉奏章一件，諾顏格隆奏章一件，丹濟拉之婿拉思綸奏章一件，俱一併先行奏呈御覽，為此火急敬謹奏聞。康熙三十六年四月初九日。

撫遠大將軍費揚古滿文奏摺指出噶爾丹於康熙三十六年（1697）三月十三日晨罹病，當晚病故。《清聖祖仁皇帝實錄》為配合康熙皇帝御駕親征行程，並神化皇帝，而將噶爾丹病故改書「飲藥自盡」，並將噶爾丹死亡日期改繫於是年閏三月十三日，都與滿文原奏不符。

在農業社會裡，蝗蝻是水旱以外的另一種重大天災。飛蝗入境，五穀霎時化為烏有。史書記載貞觀二年（628）四月，畿輔等地發生蝗災，唐太宗從玄武門到禁苑中，捉了幾隻蝗蟲，非常痛心地對著蝗蟲說：「百姓靠五穀為生，你們竟然吃了五穀，還不如吃了我的肺腸吧！」舉手就要吃蝗蟲，左右大臣以吃蟲易得疾病的理由加以諫阻。唐太宗說：「朕為百姓受災，怎麼怕生病呢？」說罷，竟一口活吞了幾隻蝗蟲。這一年，果然蝗不為災。唐太宗吞食蝗蟲，代民受患的故事，傳述千年。康熙五十一年（1712），因直隸、山東蝗蝻成災。康熙皇帝指授方略說：「蝗蝻往南飛，前頭飛了，後頭都跟著飛，再不散的。他要死都在一塊兒，恐地方官跟著後頭打，就趕不上了。看他往那裡飛，在前頭迎著打，打得急些，東西北都是這樣。」地方官率領兵役、農夫遵奉迎頭撲打的方略，果然大有斬獲，寶坻、豐潤兩縣捕得蝗蝻八百餘石，霸州、文安兩縣捕得一百餘石，通州捕得一百四十餘石，灤州捕得三百餘石。

民間相傳劉猛是江南猛將，專主螟螣，所以立廟虔祀，以祈神佑，八蜡廟祭祀的蜡神，就是蝗神。督撫亦率同所屬官員虔祭蜡神，祈求速滅蝗蝻。陳世倌在山東巡撫任內曾使用火燒、湯泡諸法，以竭力撲捕蝗蝻。在山坡使用火焚，在窪地則用掘壕湯泡。雍正二年（1724）八月初七日，山東巡撫陳世倌在〈為報明事〉一摺云：「訪得今春三月中，蝗蝻盛發，勢難撲滅。二十七、八、九等日，忽生一蟲，形類螟蛉，其色純黑，其口甚銳。蝗之大者，輒嚙其項，隨即中分；其小者，則銜其頂，負入土內，分置三穴，次第旋繞，向穴飛鳴，聲如蚊蚋，而第一穴之蝻，倏忽亦變此蟲，以次及二穴、三穴，亦皆如此。所變之蟲，頃刻飛躍，相與驅逐，嚙噬掘穴，銜負蝗蝻，立時盡絕，此蟲亦不知所在，土人名之為氣不忿。寧陽縣南義社橫嶺口有之，眾耳眾目，驚異稱神。」氣不忿，又叫做土蜂，質黑腰細，嚙噬蝗蝻，分置各穴，餵養幼蜂，幼蜂成長後，頃刻飛躍，相與驅逐，爭啄蝗蝻，立時盡絕，而田禾竟然無損，確實是農業史上的奇蹟。

山東農村裡流傳「七月七，烏鵲稀」的諺語。其實七、八月間，鴉鵲依然非常活躍，到處可見。雍正二年（1724）八月二十四日，巡撫陳世倌奏報山東蝗蝻生發時，有群鳥從山中飛下，農人呼為山鵲，比常見的喜鵲稍小，青紋白質，成群結隊的捕食蝗蝻。同時又有從海上飛來的群鳥，農人呼為海鵲，又叫做山鴉，比山鵲更大，頸部和腹部都是白色，外形類似烏鴉，千百成群，晝間飛啄蝗蝻，夜晚棲宿八蜡廟。山東巡撫陳世倌相信氣不忿、山鵲、山鴉啄食蝗蝻，是天心默佑，所以飭令各府州縣建廟虔祀劉猛將軍。

山東氣不忿圖

廣西、貴州邊境的苗族最擅長用毒，其中仲家的弩箭，毒性尤強。他們所用的毒藥，主要分為兩種：一種是草藥；一種是蛇藥。草藥雖然很毒，但是熬出兩三個月以後就出氣不靈了，蛇藥熬成以後，可用好幾年，藥性仍然很強。不過，單用蛇汁，他的毒性只能使皮膚潰爛而已，尚有治療的藥可以醫治。另外有一種蠻藥，苗族稱它為撒藥，配入蛇汁敷箭，毒性發作以後，全身週流，毒性發作，已是回生乏術了。

國立故宮博物院現藏宮中檔內含有解毒的奏摺，對主流醫學毒物科研究，提供了重要的參考史料。據廣西、貴州巡撫等員的訪查，苗族所用的撒藥是將毒樹的汁液滴在石上凝結而成的，顏色淡紅。這種毒樹的產地主要是在廣西泗城土府等處深山之中，樹少難覓，價值如金。雍正皇帝據地方官員奏報後，即諭令廣西巡撫李紱等繼續訪查，如果發現那種毒樹，必須盡行砍伐，不留遺跡，同時密訪解毒的藥方。李紱遵奉諭旨發出雙羽密檄行令思恩府等員即刻查明毒樹的產地和解毒的秘方。

雍正三年（1725）四月十七日，據廣西泗城府同知林兆惠稟稱，訪聞仲家苗人弩箭用藥，彼此不同，苗人多用百草尖熬製而成，仲家則用藥母配入蛇汁，藥母是用毒樹汁曬成。樹汁，土人叫做撒，有汁的樹也稱為撒，毒撒樹高約八丈，圍一丈四、五尺，相當高大。製造弩箭的毒藥，仲家叫做「礦」，漢語稱為「藥母」，其色帶紫，產地在左江萬承土州、太平、南寧府隆安縣。解毒的藥方有：九馬藥、殿納葉、殿細葉、蛇膽葉、治蛇藥五種。其中解治蛇弩的秘方是用膽金消喇歪黃等草藥三十一種，都是草根樹皮和藤葉之類，酒煎服下，並擦傷口，即可治好。同知林兆惠找到蛇藥箭二枝，用動物試驗，先將藥箭射傷雞身，雞嘴出血，不久就死了，其毒可想而知。同知林兆惠又用藥箭刺傷猪身，再用解藥煎酒灌入，藥末敷傷口，猪隻無恙，靈驗有效，這些解毒藥方都列入了宮中秘方。

國立故宮博物院現藏軍機處檔案的內容，主要為月摺包和檔冊。直省臣工奏摺奉硃批後，除請安等奏摺不抄錄副本存查外，其他奏摺例須錄副存查，稱為奏摺錄副。在京各部院衙門大臣奏摺，雖未奉硃批，亦將原摺歸入月摺包內儲存。乾隆十四年（1749）

八月間，建威將軍補熙突然患病。同年八月二十日，太醫院御醫何徵圖奉旨看病。九月初六日，何徵圖抵達綏遠城，立即診視補熙病情。據稱補熙的六脈，弦遲無力，是類中風病狀，以致左半身不遂，口眼歪斜，言語蹇澁，步履艱難。何徵圖隨即刺灸肩髃、曲池、列缺、風市、足三里、三陰交等穴。服用桂枝附子湯。補熙經刺灸服藥之後，口眼已正，言語清楚，左半身手足俱能運動。九月十二日，御醫何徵圖本人忽患左半身麻木不仁，舉動維艱之症，何徵圖即服用桂枝附子湯二劑，到了第二天就漸能運動，繼續調治補熙病症，痊癒七、八成。原摺附呈藥方。其中「桂枝附子湯」，包括：川桂枝四錢、白芍藥三錢，甘草一錢，製川附子五錢、當歸三錢、續斷二錢、木瓜二錢、牛膝三錢、杜仲二錢，不加引。「益氣養榮丸方」，包括：人參一兩、黃耆一兩、白朮二兩、茯神一兩五錢，熟地二兩、當歸一兩、川芎五錢、白芍藥一兩、肉桂一兩、附子二兩、鹿茸一對、虎脛骨一對、牛膝一兩五錢、甘草五錢、為末蜜丸服。御醫何徵圖進呈乾隆皇帝的奏摺及藥方，都是原摺，不是奏摺錄副，原摺亦未奉硃批，俱歸入月摺包內儲存，對研究主流醫學治療中風或類中風病症，提供了珍貴的參考史料。

清穆宗同治十一年（1872）三月，浙江杭州府餘杭縣人葛品連娶畢氏為妻。畢氏冠夫姓，稱葛畢氏，就是民間口耳相傳的「小白菜」。餘杭縣人楊乃武（1837-1873），是同治十二年（1873）癸酉科舉人，平日讀書授徒糊口。楊乃武與小白菜的愛情故事，街談巷議，喧騰一時。同治十一年（1872）四月間，葛品連夫妻租賃楊乃武房屋隔壁居住。葛品連在豆腐店傭工幫夥，時宿店中，其母葛喻氏因夫亡故，改嫁沈體芢，又稱沈喻氏。同年七、八月間，葛品連因屢見其妻葛畢氏與楊乃武同坐共食，疑有姦私，曾在門外簷下竊聽數夜，僅聞楊乃武教葛畢氏經卷，未曾撞獲姦情。沈喻氏至葛品連家時，亦曾見媳婦葛畢氏與楊乃武同坐共食，疑有姦情，每向外人談論緋聞，於是傳遍大街小巷。後因葛品連與楊乃武產生嫌隙，楊乃武以增加房租，逼令葛品連遷居。同治十二年（1873）閏六月間，楊乃武投保押令移徙。葛品連搬到喻敬添表弟王心培隔壁居住。同年十月初九日，葛品連猝死。十月十一日，其母沈喻氏以葛品連口中流血，恐有謀毒情事，叩請餘杭縣知縣驗訊。知縣拘拏葛畢氏到案審訊。葛畢氏供稱，葛畢氏因姦聽從楊乃武謀害。知縣即傳楊乃武到案，楊乃武將葛畢氏挾嫌誣陷逐一面訴。知縣以楊乃武狡猾，又出言頂撞，以致十分震怒。衙役阮德因到楊乃武之妻楊詹氏家中訛索銀錢不遂，所以本官譖愬。知縣即據葛畢氏所供通詳，將葛畢氏、楊乃武由縣解省審訊，遭到刑逼。知縣由省城返回餘杭縣途中經過東鄉倉前鎮，於愛仁堂藥鋪內囑咐店夥錢寶生到縣城，錢寶生進入縣署，知縣在花廳接見。次早，錢寶生供認楊乃武向他購買砒末。知縣將錢寶生供結送杭州府，府署問官即以錢寶生供結為憑，屢將楊乃武杖責、夾棍、踏槓、跪鍊、天平架等，施以酷刑。問官即照葛畢氏等供寫造供詞，逼令楊乃武承認。楊詹氏曾向杭州知府、浙江按察使、浙江巡撫呈訴冤情。楊乃武胞妹葉楊氏遣抱都察院控訴，經都察院咨回浙江省巡撫批示杭州府覆審。因原問官意存迴護，以致葛品連命案，眞相不明。葛品連之死，究竟是被毒死？還是病死？出現不同的版本。

姚士法是浙江杭州府餘杭縣人，是楊乃武的表弟。同治十三年（1874），姚士法年二十八歲，在餘杭縣屬仇祺地方居住，種田度日。同年九月，楊乃武之妻楊詹氏以葛畢氏毒斃本夫葛品連誣陷其夫楊乃武因姦謀害等詞遣抱姚士法入京控訴。同年九月二十六日，步軍統領廣壽等將受理控詞情形，繕摺具奏，並抄錄原呈進呈御覽。現存涉及葛品連命案相關檔案，包括：《軍機處檔・月摺包》、《月摺檔》、《上諭檔》等多件。其中《軍機處檔・月摺包》含有步軍統領廣壽等奏摺及步軍統領衙門所抄錄楊詹氏的原呈。廣壽等奏摺是原摺，未奉硃批，而於封面注記「步軍統領衙門摺，浙江抱告姚士法控案由，隨旨交，九月二十六日」字樣，並以原摺歸入《軍機處檔・月摺包》。原摺指出，此案是「遵照奏定章程取具該抱告姚士法結稱曾在巡撫前控告，並未親提，合併聲明。」原摺附呈步軍統領衙門所抄錄的楊詹氏原呈全文，原呈列舉不可解的疑點八款，其要點如下：

一、查縣主通詳原文據葛喻氏呈報，十月初九日，伊子葛品連身死內稱，查訊葛畢氏語言支吾，未肯吐實。但伊子口中流血，恐有謀毒情事，叩請縣訊。又查府憲定案所據葛畢氏供稱毒死葛品連後，葛喻氏當向葛畢氏盤出聽從氏夫謀害情由，投保報驗各等語。伏思葛畢氏所供如果確實，是葛喻氏呈報之先業已盤出氏夫因姦謀害情節，正應指控氏夫，以冀報讎，豈有於呈報之時，僅稱葛畢氏言語支吾，恐有謀毒情事，反肯隱匿不言之理？從前題結所敘縣主詳據葛喻氏呈報之詞是否如此，氏無從知悉，而葛喻氏報縣驗訊，祇有一呈，葛畢氏之供，與葛喻氏之呈，矛盾如此，當時問官並不究訊，不可解者一也。

二、查縣主通詳原文於驗屍後帶葛畢氏回署，據供同治十一年九月間有同居楊乃武與伊通姦。次年六月間遷居別處，楊乃武不復往來。十月初五日，復至伊家敍舊，給與藥末一包，囑將伊夫毒斃等語。伏思氏夫果與葛畢氏通姦，方以隔壁居住為便，豈有押令遷居之理？且自六月遷居後直至十月初五日始行見面而毒斃葛品連之謀，氏夫與葛畢氏未見之先謀何由生？且葛畢氏是否允謀？亦尚未可知，豈有先已攜帶藥末前往之理？又葛畢氏果與氏夫戀姦情熱，甘心謀害本夫，自必與氏夫親暱逾恒，豈有甫經到案，尚未受刑，即肯攀害氏夫之理？從前題結所敘縣主於驗屍後帶葛畢氏回署，所據之供是否如此，氏亦無以知悉，當時縣主不加駁究，不可解者二也。

三、查府憲定案時所據葛畢氏供稱八月二十四日氏夫與伊頑笑，被葛品連撞見責打，禁絕往來。九月二十日，氏夫往探前情，起意謀害等語。伏思氏夫於八月間在省鄉試，八月底回家，烏得有八月二十四日之事？訪得八月二十四日，葛品連回家時，撞見里書何春芳與葛畢氏頑笑，將葛畢氏責打，葛畢氏忿激剪髮，誓欲為尼。是日，葛家門前有盂蘭盆會，因此，鄰里共見共聞，是八月二十四日之事，實非氏夫確鑿可查。氏夫既無八月二十四日之事，更何有九月二十日之事？又錢寶生送縣供詞內稱，十月初三日，氏夫向伊買砒。葛畢氏供稱，十月初五日，給與砒末各情等語。伏思氏夫於九月十五日中式後措貲上省，料理參謁領宴事宜。因氏母家南鄉詹宅有十月初四除靈釋服，初五日公議立繼之事，氏夫於十月初二日傍晚由省雇船，初三日早抵家，即乘輿往南鄉詹宅，初六日事畢回至家中，是初三日氏夫身在南鄉詹宅，何從在東鄉倉前鎮買砒？初五日氏夫尚在詹宅，又何從給與葛畢氏砒末？當時同在詹宅，親友聞氏夫受誣，曾遞公呈，氏夫堂弟恭治亦將誣陷各情呈訴縣署，縣主既不查察，又不稟詳，不可解者三也。

四、葛喻氏係為子報讎之人，現在覆審，氏當堂聽得伊供稱楊乃武謀害情事，婦人並不曉得等語。是伊自報縣以至覆審，始終不知何人謀害，未肯誣指氏夫，則葛畢氏所供葛喻氏當向盤出之語，確係捏稱，顯而易見，葛畢氏於其姑尚且捏稱，何況於氏夫，乃縣主及問官皆偏聽葛畢氏一面之詞，並不將葛喻氏現在覆審所供切實追問，亦不提出葛畢氏當堂質對，不可解四也。

五、王心培係葛畢氏鄰證，現在覆審，氏當堂聽得伊供稱，初不見楊乃武往葛家，亦不曉得葛品連撞見楊乃武，並責打葛畢氏之事，從前題結所敘王心培之供是否與現在親口所供符合，氏亦無從知悉。惟現在既有此供，何以問官又不提葛畢氏確究，不可解者五也。

六、何春芳係住城中澄清巷内，現在到案，氏當堂聽得伊供稱，並不認得葛品連夫婦等語。伏思葛品連夫婦前與氏家隔壁居住時常見何春芳到葛畢氏處，至葛家遷居澄清巷，何春芳尤係近鄰，萬無素不相識之理，乃問官聞伊此語，即不復再問，不可解者六也。

七、錢寶生係賣砒要證，理應當堂審問，何以縣主在花廳接見，且應將錢寶生解省，與氏夫質對，方無疑竇，何以放令回家，僅取供結，由縣送府，府署問官何以不提錢寶生到省，但憑縣主所送供結，即為買砒實據，刑逼氏夫定案。現在覆審，甫經府憲親提，縣主方令到案。豈知錢寶生不肯到案，據云從前縣主要我承認，我因並無其事，不肯承認。縣主先加恐嚇，又復再三許我如肯承認，即放回家，保我無事，並指天立誓，今日何又傳我到案等情。聞者莫不詫異，又不知如何哄騙錢寶生始允上省。既經到案，何以問官仍不令氏夫與錢寶生對質？不可解者七也。

八、氏夫身有暗記，如果氏夫與葛畢氏通姦，葛畢氏定必曉得，一經訊問，虛實不難立見。氏因呈明本省各憲在案，乃問官翻問氏云，爾夫暗記在何處？豈要氏當堂說出，俾眾耳共聞，可傳遞消息於葛畢氏耶？竟不肯提出葛畢氏一問，不可解者八也。

由前引楊詹氏呈詞所列舉八不可解內容，可知葛品連猝死後，其妻葛畢氏赴縣控告楊乃武因姦謀害葛品連，餘杭縣知縣傳楊乃武到縣署審理，並由餘杭縣解到杭州省城審訊，刑逼招認。楊詹氏曾在浙江巡撫、按察使及知府前呈訴冤情。楊乃武胞姊葉楊氏遣抱赴京師都察院呈控，都察院咨回浙江省覆審，浙江巡撫批示知府審訊。因原問官意存迴護，仍復含糊訊結，楊乃武含冤待斃，楊詹氏不得不再行呈訴，於是遣抱姚士法入京赴都察院呈控。楊詹氏呈詞已指出覆審時，原問官並未親提葛畢氏、錢寶生等人與楊乃武當堂對質，疑點頗多，於是引起朝廷的重視，亟應詳切根究，以成信讞。楊詹氏遣抱姚士法入京呈控，可以說是探討清代京控案件的一個重要例子。

光緒元年（1875）十月三十日，內閣奉上諭已指出浙江學政胡瑞瀾具奏覆訊葛畢氏因姦毒斃本夫葛品連分別定擬一摺，奉旨交刑部速議具奏。刑部以原題情結，與覆訊供詞，歧異甚多，奏請再行研訊。給事中邊寶泉也以案情未協，奏請提交刑部辦理。奉旨命浙江學政胡瑞瀾按照刑部所指各節提集犯證逐一研究明確，不得稍涉含糊。光緒二年（1876）十二月十六日，內閣奉上諭指出，浙江餘杭縣葛品連身死一案，原驗葛品連屍身係屬服毒殞命，刑部覆驗後確係無毒因病身死，相驗不實的餘杭縣知縣劉錫彤即行革職，刑部即提集案證，訊明有無故勘情弊，葛品連何病致死，葛畢氏等因何誣陷各節，俱著按律定擬具奏。御史王昕具摺指出疆吏承審要案，任意瞻徇，原審巡撫楊昌濬，覆審學政胡瑞瀾揑造供詞，奏請嚴懲。同年十二月二十七日，命刑部徹底根究。刑部遵旨遴派司員提集全案犯證，悉心研讞。

國立故宮博物院典藏清代光緒朝《月摺檔》中含有刑部尚書皁保等奏摺抄件，內容詳盡，有助於了解清朝重視人命重案的情形。原奏指出，同治十二年（1873）八月二十四日，葛品連因醃菜遲誤，將葛畢氏責打。葛畢氏情急，自將頭髮剪落，欲為尼僧。喻王氏及沈喻氏聞鬧踵至，與王心培等詢悉情由，沈喻氏斥罵其子葛品連，葛品連被罵，始有為楊乃武藉此出氣之語。同年十月初七日，葛品連身發寒熱，膝上紅腫。葛品連素有流火瘋疾，其妻葛畢氏勸其央人替工，葛品連不聽。十月初九日早晨，葛品連由店回家，沈體芢在大橋茶店見其行走遲慢，有發冷情形，地保王林在點心店前見其買食粉團，即時嘔吐，面色發青。葛品連到家時，王心培之妻在門首站立，見其兩手抱肩，畏寒發抖。葛品連走進家門，上樓即睡，時欲嘔吐，令葛畢氏蓋被兩床。葛品連以連日身軟發冷，兩腿無力，疾發氣弱，囑葛畢氏攜錢一千文託喻敬添代買東洋參、桂圓，煎湯服食。因葛品連喉中痰響，口吐白沫，不能言語，葛畢氏情急喊嚷，央求王心培將沈喻氏、喻王氏等喚來，見葛品連咽喉起痰，不能開口，即延醫診視，料是痧症，用萬年青、蘿蔔子灌救不效，申時身死，沈喻氏為之易衣，查看屍身，毫無他故，亦稱是痧脹致死，並無疑意。

原奏指出，葛品連年少體肥，死時雖屆孟冬，但因南方氣暖，至初十日夜間，屍身漸次發變，口鼻內有淡血水流出。葛品連義母馮許氏揚言速死可疑，沈喻氏又見葛品連面色發青，恐係中毒，盤詰葛畢氏，葛畢氏堅稱並無他故。沈喻氏以其子身死不明，懇求地保王林赴縣喊告，代書呈詞。十月十一日黎明，投遞餘杭縣劉錫彤接收。因生員陳湖即陳竹山到縣署醫病，提及葛畢氏曾與楊乃武同居，不避嫌疑，外人頗多談論，葛品連暴亡，皆說被葛畢氏謀毒。劉錫彤訪查得所聞無異。當天午刻帶領門丁、仵作親詣屍場相驗，見屍身胖脹，上身作淡青黑色，肚腹腋胑起有浮皮疹皰數個，按之即破，肉色紅紫。仵作沈詳辦驗不眞，因口鼻內有血水流入眼耳，認作七竅流血；十指十趾甲灰黯色，認作青黑色；用銀針探入咽喉作淡青黑色，致將發變顏色，誤作服毒；因屍身軟而不僵，稱似煙毒。知縣劉錫彤當場訊問屍親鄰右等人均不知毒從何來？即將葛畢氏帶回縣署審問。葛畢氏供稱不知情，加以刑訊，葛畢氏受刑不過，遂誣認從前與楊乃武同住通姦，移居後，楊乃武於十月初五日授與砒毒謀斃本夫。隨傳到楊乃武質對，楊乃武不承認。十月十六日，楊乃武堂弟增生楊恭治、妻弟詹善政等各以楊乃武十月初五日正在南鄉詹家，何由交給砒毒，赴縣署稟訴，葛畢氏畏刑誣認通姦謀害，楊乃武仍不承認，知縣劉錫彤將人犯於十月二十日解往省城，經杭州府知府陳魯刑訊。楊乃武畏刑誣服，將葛畢氏、楊乃武擬以凌遲斬決。十一月初六日，知府陳魯詳經按察使蒯賀蓀審解巡撫楊昌濬。楊昌濬按照知府陳魯等原擬罪名勘題，草率定案。同治十三年（1874）九月，楊詹氏遣抱姚士法入京赴步軍統領衙門呈控，同年十二月，浙江紳士汪樹屏等以覆審疑獄，跡涉迴護，遣抱聯名赴都察院呈控，刑部秉公審訊。《月摺檔》抄錄刑部尚書皁保等提到犯證所供情節作出結論，節錄原奏一段內容如下：

> 葛畢氏供因縣官刑求與何人來往謀毒本夫，一時想不出人，遂將從前同住之楊乃武供出，委非挾嫌陷害，亦非官役教令誣扳，並據劉錫彤供稱，賣砒之錢寶生係憑楊乃武所供傳訊，如果是伊串囑，斷無名字不符之理，現經錢寶生之母錢姚氏供稱，伊子名喚錢坦，向無寶生名字。鋪夥楊小橋供亦相同，可為楊乃武畏刑妄供之證。至原題據陳魯、劉錫彤會詳，有沈喻氏向葛畢氏盤出聽從楊乃武謀毒情由報驗一節，檢查沈喻氏控縣初呈並無是語，復恐問官有改造口供情弊，嚴鞫劉錫彤供稱，因沈喻氏在杭州府供有是語，率謂該氏原報不實，遂憑現供情節敘入詳稿，致與原呈不合，委無捏造供詞情事。提質沈喻氏供認，府讞時，曾妄供有盤出謀毒報驗之語，與劉錫彤所供尚屬相符，反覆推究，矢口不移。是此案劉錫彤因誤認屍毒而刑逼葛畢氏，因葛畢氏妄供而拘拏楊乃武，因楊乃武妄供而傳訊錢寶生，因錢寶生被誘捏結而枉坐葛畢氏、楊乃武死罪，以致陳魯草率審詳，楊昌濬照依題結，胡瑞瀾遷就覆奏。歷次審辦不實，皆由輕信劉錫彤驗報服毒釀成冤獄，情節顯然。

由於問官刑逼，葛畢氏等人妄供，錢寶生被誘捏結，而枉坐葛畢氏、楊乃武死罪。歷次審辦不實，則因輕信知縣劉錫彤驗報服毒，以致釀成冤獄。冤獄既已昭雪，葛品連病死一案，至此擬結，相關失職人員，俱受嚴懲。刑部援引律例如下：

一、例載州縣承審逆倫罪關凌遲重案如有失入業經定罪招解者按律定擬。

二、律載檢驗屍傷不實，罪有增減者，以失入人罪論，又斷罪失於入者，減三等，並以吏典為首，首領官減吏典一等，囚未決聽減一等。

三、例載承審官草率定案，證據無憑，枉坐人罪者革職。

四、律載誣告人死罪未決杖一百，流三千里，加徒役三年。

五、例載地方官長隨倚官滋事，恣令妄為累及本官罪至流者與同罪。

六、律載制書有違者杖一百，不應為而為之者笞四十，事理重者杖八十。

仵作沈詳率將病死發變屍身誤報服毒，致入凌遲重罪，殊非尋常疏忽可比，合依檢驗不實失入死罪未決照律遞減四等，擬杖八十，徒二年。已革餘杭縣知縣劉錫彤雖訊無挾讎索賄情事，惟始則聽任仵作草率相驗，繼復捏報擦洗銀針，塗改屍狀，及刑逼葛畢氏等誣服，並囑令訓導章濬函致錢寶生誘勒具結，羅織成獄，僅依失入死罪未決本律擬徒，殊覺輕縱，從重發往黑龍江効力贖罪，年逾七十不准收贖。杭州府知府陳魯於所屬州縣相驗錯誤，毫無察覺，及解府督率憑刑訊混供具詳定案，復不親提錢寶生究明砒毒來歷，實屬草菅人命，寧波府知府邊葆誠等俱依承審官草率定案證據無憑枉坐人罪例各擬以革職。浙江巡撫楊昌濬據詳具題，不能查出冤情，京控覆審，不能據實平反，意涉瞻徇。學政胡瑞瀾以特旨交審要案，所訊情節，既有與原題不符之處，未能究詰致死根由詳加覆驗，草率奏結，幾致二命慘罹重辟。惟楊昌濬、胡瑞瀾均係大員，所有應得處分，奏請欽定，其他涉案人員俱依律例審擬定罪。葛畢氏揑供楊乃武商令謀毒本夫葛品連，訊因畏刑所致。惟與楊乃武同居時不避嫌疑，致招物議，雖無姦私實據，究屬不守婦道，應依律擬杖八十。楊乃武訊無與葛畢氏通姦確據，但就同食教經而論，亦屬不知遠嫌，又復誣指何春芳在葛家頑笑，獄囚誣指平人，有違定制，應杖一百。業已革去舉人，免其再議。光緒三年（1877）二月十六日，奉諭旨，巡撫楊昌濬、學政胡瑞瀾均著即行革職，其餘俱照刑部所擬完結。諭旨中指出，嗣後各直省督撫等於審辦案件，務當悉心研究，期於情眞罪當，用副朝廷明慎用刑至意。同年二月二十五日，因給事中郭從矩具奏京控發審案件請飭明定章程一摺，奉諭旨云：

> 嗣後各省督撫，於京控發回案件呈內牽連之人，務須詳慎，分別提訊，不得濫及無辜，致滋拖累。其在京各衙門收呈後照例解回者，應如何將原告抱告年貌供招查訊確實之處，著該部明定章程，以杜弊端。至京控發交各省案件，該督撫等往往仍交原問官審訊，該員意存迴護，輒照原審擬結，致多冤抑。嗣後該督撫等於京控各案，不得仍交原問官覆審。倘承審之員有意瞻徇，即行從嚴參辦，以重刑讞。

引文內容，反映了清朝中央政府明愼用刑的政策，楊乃武、葛畢氏等藉由京控途徑，終於眞相大白，葛品連以病死結案，楊乃武、葛畢氏冤獄得以平反。

檔冊是分類記載各種文書的簿冊，國立故宮博物院現藏軍機處檔冊，依其性質，大致可以分為目錄、諭旨、專案、奏事、記事、電報等類。其中專案檔是以事為綱，逐日抄繕成冊，其每一種檔冊，僅關一類之事，並不雜載。乾隆年間，林爽文領導臺灣天地會起事。天地會是由異姓結拜團體發展而來的一種會黨，林爽文是福建漳州府平和縣人，乾隆三十八年（1773），隨其父林勸等渡海過臺，徙居彰化大里杙庄，曾經趕車度日，在彰化縣衙門充當捕役。他素喜交友，為人直爽，慷慨不吝錢文。因彰、泉分類械鬥，為了患難相救，林爽文便於乾隆四十九年（1784）加入了天地會。莊大田也是彰州府平和縣人，他徙居鳳山篤家港後，種田度日，是南路天地會重要首領。乾隆五十一年（1786），官府以大里杙窩藏添弟會、小刀會等逸犯，地方官處理過激，官逼民反，林爽文即邀約莊大田同時起事。天地會起事以後，原住民巫師及漢人社會裡的江湖術士，都在天地會陣營裡扮演了重要角色。在南路天地會的陣營裡，仙姑金娘、仙媽罔子，都會念咒請神。金娘曾拜原住民婦人賓那為師，學習畫符治病，她曾經治癒莊大田兒子的疾病，莊大田封金娘為軍師，金娘傳習請神治病的經文。莊大田在打狗港祭神時，由金娘充當祭司。天地會的成員打仗負傷或生病時，由金娘畫符醫治。莊大田進攻臺灣府時，金娘站在山頭上仗劍打鼓，請神保佑鎗礮不過火。董喜是林爽文的軍師，他會算命，眾人稱他為董仙，陳梅也會算命起課，連清水會測字起課。莊大田起事以後，連清水曾奉命起課，他測了一個「田」字。據連清水供稱，「那日王周載叫我測字，我隨手拿著『田』字。那『田』字的歌訣是：『兩日不分明，四口暗相爭；半憂又半喜，不行又不行。』本不是好話，我要得他的錢，就哄他說是好的，他給了我五百錢。」

清軍平定臺灣天地會的起事，義民有不世之功。諸羅縣義民堅守城池，被會黨圍困數月之久，仍能保護無虞。乾隆皇帝認為「該處民人，急公嚮義，眾志成城，應錫嘉名，以旌斯邑。」乾隆五十二年（1787）十一月初二日，軍機大臣遵旨更定諸羅縣名，擬寫「嘉忠、懷義、靖海、安順」四名呈覽，並奏請硃筆點出，以便寫入諭旨。乾隆皇帝就「嘉忠」的「嘉」與「懷義」的「義」，各取一字，結合定名為「嘉義」，取嘉獎義民之義，探討嘉義名稱的由來，不能忽視專案檔及諭旨檔的記錄。

在傳統漢族社會裡，借屍還魂或亡魂附身的傳說，可謂耳熟能詳。《西遊記》第十二回記載均州人李翠蓮的亡魂借唐太宗御妹玉英公主的屍體還魂死而復生的故事。但是，因亡魂附身而洗冤的案件，卻是法制史上較罕見的個案。清代嘉慶年間，江蘇山陽縣因水災冒賑毒害查賑委員李毓昌的命案，經由亡魂附身而查明真相，可以作為清代洗冤錄的補充奇案，對研究清代民間信仰及法制史，都提供珍貴的參考價值。

李泰運、李泰清、李泰寧兄弟三人，籍隸山東即墨縣。李泰清於乾隆四十四年（1779），入即墨縣武學。李泰運之子李毓昌，就是李泰清的姪子。嘉慶十三年（1808），李毓昌中式進士，嘉慶皇帝於引見時，以知縣分發江蘇即用。經江蘇上司委赴山陽縣查勘水災，竟因查賑自縊身故。《上諭檔》抄錄李泰清供詞頗詳，節錄一段內容如下：

> 我于乾隆四十四年入本縣武學，兄弟三人，我行二，這李毓昌是我大哥李泰運的兒子，他並無兄弟子嗣，現有一女，我與三兄弟李泰寧及姪媳林氏俱係同居度日。我兄弟李泰寧生有兩子，我現有四子，次子生有一孫，名叫齡雙，現年七歲。上年十月十七日，我自本籍起身，十一月初九日到江寧，姪子李毓昌已往山陽查賑去了，我隨前往看望。次日，到山陽找到善緣菴，見逢李祥們腰繫白布帶，即向查問。李祥說我姪子已自縊死了，我當時痛哭，問他們因何吊死？李祥們說姪子到山陽後精神恍惚，語言顛倒，倒像瘋迷的樣子，因病吊死，府縣一同相驗裝殮的。我信以為實，所以沒有將屍棺開看。李祥們說姪子死後，一切衣衾棺木，俱係王知縣料理，知府曾來祭吊，叫我都去謝過的。我面見王知縣時，他說與我姪子相好，我搬柩回籍盤費，他都預備，後來送過元絲銀一百五十兩，我于十二月初六日起身，本年正月十六日到即墨，值姪子五七燒紙，

我與姪媳林氏商量，要將他平素穿的蟒袍燒給他，打開衣箱，取出蟒袍，隨查看別的衣服，見他皮袍前面有血跡一道，自胸前直至下衿，兩袖口外面，亦有血跡，似反手在嘴上揩擦的，馬褂面衿也有一大塊血。我與姪媳心裡惑怕不是吊死的，要開棺看視，就拔釘揭開棺蓋，見姪子臉有石灰，將石灰擦去，臉上青黑色，解開衣服，渾身青黑。照著《洗冤錄》用銀針探視，果然是黑的，用皂角水洗之不去，纔知道是受毒死的，所以來京告狀是實。

由引文內容可知李毓昌遇害後，李泰清扶柩返回山東即墨縣原籍，於嘉慶十四年（1809）正月十六日抵達即墨縣後開棺發現李毓昌是被毒害的，所以入京告狀。山東巡撫吉綸遵旨派委多員開棺檢驗李毓昌屍身，上下骨節，多係青黯黑色，實屬受毒後縊死。山東所派人員曾訪聞李毓昌亡魂附身的傳說，《上諭檔》有一段記載說：

訪聞有李毓昌故友荊崇發於本年正月二十二日陡發狂言，昏迷倒地。自稱我係李毓昌自山陽回來，我死得好苦，哭泣不止。荊崇發旋即氣絕等語。

引文中的荊崇發是李毓昌的故友，因已故李毓昌的亡魂附身，所以荊崇發自稱是「李毓昌」，從江蘇山陽縣回家，哭喊「死得好苦」，身死不明，朝廷震怒，下令嚴辦。《上諭檔》也抄錄李毓昌之叔李泰清供述已故李毓昌亡魂附身的傳聞。節錄其供詞如下：

本年二月，不記日子，有與姪子向日同窗的荊仲法，在本縣豆腐店地方騎著驢走，見有人夫轎馬從對面西大路來了，是一個官長，隨即下驢，那官長下了轎，他認得是我侄子，向我侄子說，他做了棲霞縣城隍去上任的。荊仲法當時害怕走回，向他女人告知，並說他頭痛得利害，叫他

> 女人扶上炕去躺下後，就要茶喫。拿得茶來，就大哭說：是我見了茶想起我從前喫茶時服毒後死得好苦。荊仲法的女人聽得不像他男人聲音，問他是誰？他說我是李毓昌，我到棲霞上任，遇著同窓荊仲法，請他去幫我辦事的，荊仲法旋即死了。這話是荊仲法女人說出來的是實。

引文中的荊仲法，當即荊崇發，同音異寫，是李毓昌的同窓故友，亡魂附身的情節雷同。惟供詞中的角色錯亂，語焉不詳。供詞的情節，重新整理後，其大意是說嘉慶十四年（1809）二月，荊仲法在即墨縣豆腐店地方騎著驢走，見有人夫轎馬從對面西大路過來，是一個官長，荊仲法隨即下驢，那官長下了轎。荊仲法認得那官長是李泰清的侄子李毓昌的亡魂，侄子李毓昌的亡魂向荊仲法說他做了棲霞城隍去上任的。荊仲法當時害怕走回家，向他女人告知，並說他頭痛得利害，李毓昌的亡魂開始附身，見了茶就想起在山陽縣喫茶是被毒死而大哭。因為附身的是李毓昌的亡魂，所以不像荊仲法的聲音。李毓昌的亡魂要到棲霞當城隍，請同窓故友荊仲法幫他辦事，荊仲法不久就突然死了，荊仲法的亡魂也到棲霞城隍廟幫李毓昌辦事去了。山東即墨等地亡魂附身的傳說，不脛而走。姑且不論亡魂附身的真實性究竟如何？但是，李毓昌命案受到嘉慶皇帝的重視，卻是事實。

《寄信上諭檔》中已指出，此案江蘇省於初驗時，若先無情弊，該府縣何以將該故員服毒一節，全行隱匿不報，而該上司亦即據詳率題，若該故員自行服毒縊死，棺殮時又何以有黃紙、符籙，並小鏡等件，且用石灰塗抹屍面，種種情節，弊竇顯然。嘉慶十四年（1809）六月二十一日，辦理軍機處遵旨寄信兩江總督鐵保，密委精細誠實之員，確加體訪，究竟李毓昌如何被毒，係屬何人起意同謀，務得實情，詳悉具奏。嘉慶皇帝同時諭令將一干要證解京審訊，交軍機大臣會同刑部將拏到犯證嚴切訊究，不能絲毫掩飾。

馬連升，又作馬連陞，是李毓昌的家人。嘉慶十四年（1809）六月二十三日，軍機大臣會同親提馬連陞詳加訊問。《上諭檔》抄錄馬連陞供詞云：

> 我於上年九月跟隨故主李毓昌前往山陽縣各鄉查賑，於十月二十八日回至淮安城。初六日，山陽縣王太爺請我主人吃酒。我主人行至縣署大門前，王太爺適有公事出門，未得親陪，有王太爺之弟同幕友李姓並同派查賑之委員林姓、龔姓一同吃酒，至二更席散，王太爺方纔回署，令伊家人重與在座各客徧行換茶。我主人吃茶後，即覺言語有些顛倒，問我的鋪蓋曾否取來。縣署眾人俱覺其言恍惚。我主人隨即回至所住善緣菴寓處，並向我們說縣裡可曾來抄我家，怕要將我解到蘇州去的話。我同李祥解勸了幾句，顧祥將預先泡下壺茶斟了一盃，放在桌上，我主人吃了坐了一會，即上床要睡，並吩咐我們說明日早起到淮安府稟辭收拾，雇船回省銷差，隨令我們拏出燈去帶掩房門，自行脫衣睡下。我們三人亦即至南房東間，各自睡了。次早，李祥先起，到主人房內，忽然聲喊說主人上了吊了。大家進房瞧看，已經氣絕，隨赴山陽縣報明。少刻淮安府同山陽縣同來相驗，仵作將主人屍身解下驗畢，喝報係屬自縊身死。我在旁觀看，只將胸前衣服解開，並脫去襪子一隻看視，其餘別處，並未細驗，當即脫換衣服殯殮，脫下馬褂時，我見前面有幾點血跡，口角上亦有血痕，仵作等當將血痕拭去。次日盛殮，陰陽生用紙符、小鏡放在胸上，這是我親見的。至我主人因何自尋短見？我實不知道。惟

十一月初三、四日間，聽得李祥說主人赴縣署與王太爺講起查賑事務，因報冊數目，彼此爭論，意見不合。主人原派查四鄉，查過二鄉，餘下二鄉，王太爺要叫典史代查，算我主人查的，我主人不肯。又曾向書吏要戶口總冊，書吏不肯付與。至初五日方纔送來，主人曾說他欺我初任，將我當小孩子看待，我實氣不過的話。又初六日赴席時，我見王太爺回署時，有林姓委員同伊在院內密語，聽得林委員有你上緊辦，我一、二日就回去之語，王太爺說我曉得了，亦不知所說何事？或此內有可疑情節，此外我實不能指出等語。

引文中的王太爺即山陽縣知縣王伸漢。李毓昌與王伸漢因查賑事務，意見不合，雖然是事實，但是，軍機大臣認為馬連陞言辭狡猾，所供之語，多似預先捏就，藉以搪塞，未足憑信。馬連陞又供出，嘉慶十三年（1808）十一月初七日，淮安府、山陽縣同來菴內相驗李毓昌，淮安府知府走後，山陽縣知縣王伸漢將李毓昌家信撕掉，查賑賬簿二本，零星紅紙書札、白紙字跡等全行拿去。王伸漢被押解入京後，軍機大臣遵旨會同刑部連日熬訊。軍機大臣等親提王伸漢等嚴究李毓昌如何受毒？又因何縊斃各情。王伸漢始猶狡展，加以擰耳跪鍊，逐細究詰，直至日晡，王伸漢始供出起意謀毒原因。《上諭檔》抄錄王伸漢供詞云：

李毓昌身死一事，因李毓昌查來戶口有九千餘口，我要他添至一萬餘口，我向李毓昌的家人李祥商量，叫他勸主人通融，都可沾潤。李祥隨告訴我，他主人不肯，後來李毓昌來署，我又當面與他商量，他仍是不肯。隨後李祥通信與我說他主人要稟藩司，稿底已預備了。我說此事你主人不依，反要通稟，你且回去，我再商量。李祥走後，我就向我管門家人包祥說李委員要通稟了。包祥就說何不與李祥商量謀害他？我說此事太過，你們且打聽他到底稟不稟再說，這是初五日的話。初六日，因是節下，我請委員們來署喫飯。我因本府傳去審海州的命案，夜深回署，酒席已散，送客後我就睡了。初七日早，包祥說前日的話已與李祥說了，許他一百兩銀，薦他地方，他已應許。但一人不能辦，他又與馬連陞商量，也許他一百兩銀，薦他地方，馬連陞也應許了。昨晚李知縣回寓，李祥預備了一壺茶，內放毒藥，乘李知縣要茶時與他喫了，後因毒輕，恐不濟事，因與馬連陞商量，將李知縣吊上身死，這是李祥於初七日報他主人自縊時私向包祥說知，包祥告訴我的。我因此事業已辦成，我也不得不迴護了。當時將委員自縊如何相驗之處，稟府請示，本府吩咐說我去同你相驗，當時同到菴內。我見李毓昌口內有血跡，即吩咐仵作先將血跡洗去，以便相驗。那時本府並未留心驗看，衹就未卸吊時在房門外望了一望，後來就到公座上坐了，離得尚遠，因未看出被毒情形，仵作我只叫他洗去血跡，微示其意，並未向他明說。後來李祥、馬連陞我都照數酬謝他，每人一百兩銀子，這些情節，都可與包祥、李祥、馬連陞們質對的是實。

山陽縣已革知縣王伸漢經擰耳跪鍊後，雖然供出王伸漢因辦賑要多報戶口，李毓昌不肯，因此，起意謀毒。但軍機大臣等詰以如何謀毒情形，王伸漢並未指出確據，反覆究詰，忽認忽翻。軍機大臣即飭司員等將各犯押赴刑部，將王伸漢所供情節向馬連陞嚴切跟究。馬連陞尚復飾詞支展，經熬訊至四更以後，馬連陞始將輾轉商謀下手致死各情節逐細指供如繪。《上諭檔》抄錄馬連陸供詞全文如下：

上年冬月初六日，山陽縣請李本官，我與李祥跟去，至二更時回寓的，本官已有些醉了，就坐下要茶喝，李祥在外間屋裡倒了一鍾茶送給，本官接過喝了，李祥又倒了一鍾茶放在桌上，本官坐著吸咽，說了會閒話，又把那鍾茶喝了，我伺候脫了衣服睡下了，我也各自回房脫了衣服在被窩內坐著，聽見有人叫門，李祥出去，隨同著一人進來，在黑暗中說話。我問李祥是誰？問了幾句，李祥纔說是包祥、顧祥，隨出去了。三人又說了一回話，我說你們何不到屋裡有燈的地方坐。李祥先進來了，我問包祥這會來做甚麼？包祥說要請老爺起來，有要緊話說，包祥就與顧祥一同進來。我說有話我去告訴，何必請老爺起來。李祥說老爺吃了藥了，我說老爺沒病，為甚麼吃藥呢？李祥說老爺吃的是毒藥。我嚷說你為甚麼給老爺毒藥吃？李祥說包祥拿了毒藥來交給他，他放在茶鍾裡給老爺吃了。我就向包祥、李祥不依，問他為甚麼害我們老爺？我要喊嚷。包祥、李祥說不用嚷，毒藥已經給老爺吃了，你嚷也有你，不嚷也算有你，我就不敢聲張，包祥隨許給我一百兩銀子。包祥就叫李祥去騙老爺起來。老爺還說這會有何話說？李祥答應包祥說有要緊的話，老爺就穿好了衣服襪子起在床面前站著。李祥隨叫包祥進去，顧祥也進去了，我隨跟到門外瞄看，李祥、顧祥走到老爺挨身兩傍站著，包祥走到背後，兩手抱住當腰，李祥們拉住兩邊胳膊，老爺嚷說這是做甚麼？李祥緊拉兩胳膊。包祥乘空解下他自已的褡包，將老爺連頭帶嘴繞了幾圈，包祥向門外叫我說你還不進來嗎？他就在床上取了老爺繫腰的藍褡包撩給我，並說快拴在房樑上罷！我因被包祥們嚇唬，只得依從進屋，站在床上，將褡包在樑上繞了兩道，底下打上扣，他們三人將老爺扶上吊起，我就出來了，他們三人略遲一會也出來了。我問包祥，你們到底為甚麼將老爺害死？包祥說因我們老爺嫌他查賑礙手，還要稟上司，不但將來難領銀子，還怕鬧出事來，原是要毒死他的，因怕毒輕不能就死，裝作縊死，又好掩飾，這纔妥當了，他就走了。那時有三更多天，我同李祥、顧祥就睡了，也不知和尚元福是多早回來的。初七日早，李祥推門進去喊叫起和尚來，就叫我同他到縣裡報去。隨後王知縣同本府來相驗，寫了我們三人的口供就走了。次日，王知縣又來看著，叫人裝殮的。過未幾天，李祥回來說他去找包祥要銀子，包祥不肯給，反問李祥要甚麼銀子的話，李祥就不敢問他了，許我的一百銀，我也不敢向他要了，所供是實。

嘉慶十四年（1809）七月初六日，軍機大臣等遵旨將續行解到的李祥、顧祥等擰耳跪鍊，分別嚴審，各犯俱供出實情。同年七月初十日，《內閣奉上諭》指出，「似此慘遭奇冤，實從來未有，允宜渥沛恩施，以示褒慰，故員李毓昌前已有旨令吉綸即委妥員將其屍棺加槨送回，交伊家屬安葬，著施恩加賞知府銜，即照知府例賜卹，並著吉綸派令登州府知府前往李毓昌墳前致祭，仍俟案犯定擬後，將要犯二人解往山東，於李毓昌墳前正法，以申公憤，而慰忠魂。朕昨親製「憫忠詩」五言排律三十韻，為李毓昌闡揚幽鬱，並著吉綸採取碑碣石料，量定高寬丈尺奏明，再將御製詩章發往摹刻，俾循吏清風勒諸貞珉，用垂不朽。」李毓昌命案，確實是慘遭奇冤，御製「憫忠詩」的摹刻碑碣，旨在闡揚幽鬱，以慰忠魂。《上諭檔》抄錄「御製憫忠詩三十韻」如下：

君以民為體，宅中撫萬方；分勞資守牧，佐治倚賢良；切念同胞與，授時較歉康；罹災逢水旱，發帑布銀糧；溝壑相連續，飢寒半散亡；昨秋泛淮泗，異漲並清黃；觸目憐昏墊，含悲覽奏章；痌瘝原在抱，黎庶視如傷；救濟蘇窮姓，拯援及僻鄉；國恩未周遍，吏習益荒唐；見利即昏智，圖財豈顧殃；濁流溢鹽瀆，冤獄起山陽；施賑忍吞賑，義忘禍亦忘；隨波等瘈狗，持正犯貪狼；毒甚王伸漢，哀哉李毓昌；東萊初釋褐，京邑始觀光；筮仕臨江省，察災蒞縣莊；欲為真傑士，肯逐黷琴堂；揭帖纔書就，殺機已暗藏；善緣（庵名）遭苦業，惡僕逞兇鋩；不慮干刑典，惟知飽宦囊；造謀始一令，助逆繼三祥；義魄沉杯茗，旅魂繞屋梁；棺尸雖暫掩，衲血未能防；骨黑心終赤，誠求案盡詳；孤忠天必鑒，五賊罪難償；癉惡法應飭，旌賢善表彰；除殘警邪慝，示準作臣綱；爵錫億齡煥，詩褒百代香；何年降申甫，輔弼協明揚。

嘉慶皇帝「御製憫忠詩三十韻」，是為李毓昌而作，君以民為體，佐治倚賢良，冤獄起山陽，施賑忍吞賑，毒甚王伸漢，哀哉李毓昌，揭帖纔書就，殺機已暗藏。造謀始一令，即指知縣王伸漢。助逆繼三祥，即指家人包祥、李祥、顧祥三人。然而孤忠天必鑒，冤獄終獲平反，嘉慶皇帝含悲覽奏章，「御製憫忠詩三十韻」描繪了江蘇山陽縣慘絕人寰冒賑害命奇案，字裡行間，充滿血淚。各犯俱按律例治罪，嘉慶十四年（1809）七月十一日，奉旨，李祥、顧祥、馬連陞俱著凌遲處死，包祥著即處斬。李祥等三犯均謀其主，而李祥於其主李毓昌查出王伸漢冒賑，欲稟藩司之處，先行密告包祥，轉知王伸漢。迨包祥與王伸漢謀害其主，亦先與李祥密商。李祥首先應允，商同顧祥、馬連陞一同下手。因此，李祥一犯尤為冒賑案緊要渠魁，奉旨派刑部司官一員將李祥解赴山東，沿途飭令地方官多派兵役防範，到山東後交巡撫吉綸轉飭登州府知府押至李毓昌墳前，先刑夾一次，再行處死，然後摘心致祭，以洩憤恨。包祥首先設計，狠毒已極，奉旨先刑夾一次，再行處斬。顧祥、馬連陞二犯奉旨各重責四十板，再行處死，派刑部堂官押赴市曹，監視行刑。王伸漢一犯，因李毓昌持正不肯隨同冒賑，竟與包祥謀毒致死，奉旨立予斬決。仵作李標於王伸漢斬罪上減一等，杖一百，流三千里，雖年逾七十，不准收贖。兩江總督鐵保奉旨革職，發往烏魯木齊効力贖罪。江蘇巡撫汪日章年老無能，奉旨革職回籍。江寧布政使楊護奉旨革職，留河工効力。兼署按察使胡克家，奉旨革職，留河工効力。淮安府知府王轂知情受賄，同惡相濟，奉旨絞立決。同知林泳升是查賑總查之員，奉旨發往烏魯木齊効力贖罪，其餘查賑各委員分別杖流，以慰忠魂。王伸漢之子四人，本應全行遣戍，因皆幼穉無知，奉旨將其長子恩觀收禁，俟其及歲時，發往烏魯木齊，其餘三子加恩釋回。江蘇山陽縣冒賑案，至此告一段落。

《起居注冊》是記載皇帝言行的簿冊，類似日記，逐日記載。以康熙朝《起居注冊》為例，記載了各地許多奇風異俗，其中關於東北邊境的見聞，康熙皇帝曾經指出：

> 我國邊界甚遠，向因欲往觀其地，曾差都統、大臣、侍衛等官，皆不能遍到，地與東海最近，所差大臣於六月二十四日至彼，言仍有冰霜，其山無草，止生青苔，彼處有一種鹿最多，不食草，唯食青苔。彼處男女，睡則以木撐頷等語。

東北邊境靠近東海沿岸等地的女真人，官書稱他們為野人女真。因為當地酷寒，雖然到了夏天，地上還覆蓋冰霜，所以人們只能以木撐頷而睡。

新疆吐魯番，康熙年間，讀作「土兒番」（turfan），《起居注冊》記載康熙皇帝的一段說話：「過哈密六百里有土兒番地方甚熱，去雪山有百餘里。其人悉入夜始出耕種，若日出時耕種便熱死。其地皆石，少頃即糜爛於石上矣。」這段記載，與《西遊記》中唐三藏路阻火燄山，孫行者三調芭蕉扇的情節，有些相近。古代陽關，是在甘肅敦煌西南，與玉門關同為出塞必經之地。王維詩中「西出陽關無故人」等句，就是指敦煌西南的陽關。《起居注冊》記載康熙皇帝的一段話說：「哈薩克即古陽關地，其人性好鬥，常結隊以殺擄為事，人心亦齊。若婦女被人擄去，其擄去之婦女必手刃其人而回。此地亦熱，草極肥，馬皆汗血。所產蘋果、葡萄、梨，皆大而美。」古代北亞各民族多有搶婚的習俗，倘若擄走哈薩克婦女，其下場不言而喻。康熙三十三年（1693）六月二十八日，《起居注冊》記載康熙皇帝南巡時，曾經親眼看見舟中滿載豬毛和雞毛，康熙皇帝很好奇地詢問左右大臣。據稱：「福建地方，稻田以山泉灌溉之，泉水寒涼，用此則禾苗茂盛，亦得早熟。」後來康熙皇帝諭令將玉泉山用泉水灌溉的稻田，也倣照福建的方法，多用豬毛和雞毛撒在田裡，果然禾苗暢茂早熟。

在順治年間（1644-1661），明朝的敗亡，是一個熱門的話題。順治元年（1644）六月二十日，清朝政府頒發敕諭，其中有一段話說：「明朝之所以傾覆者，皆由內外部院官吏賄賂公行，功過不明，是非不辨。凡用官員，有財之人雖不肖，亦得進，無財之人，雖賢才亦不得見用，所以賢者皆抱恨隱淪，不賢者多寅緣倖進。夫賢既不得進，國政何由而理？不賢用賄得官，焉肯實心為國？甚至無功者，以行賄而冒功，有功者，以不行賄而功掩，亂政壞國，皆始於此。」康熙皇帝常勉勵臣工以明朝政權傾覆為殷鑑，《起居注冊》記載康熙皇帝的一段話說：

上曰：居官者，果為好官，其光榮不待言矣！即如江寧將軍博濟，調補西安將軍，起程之日，兵民泣送，豈有如此光榮者乎？屈靖美居官不善，故離任之時，地方百姓，皆為切齒，沿途追隨，掘去馬跡，豈有如此恥辱者乎？居官善否？舉朝之人，地方百姓，自有公論，焉能掩飾哉？！

居官不善，百姓切齒，康熙皇帝對貪官污吏深惡痛絕，不言而喻。康熙皇帝也以太監亂政為例，說明政治惡化的嚴重性。據《起居注冊》記載，康熙四十二年（1703）四月二十三日辰時，康熙皇帝御暢春園內澹寧居聽政，將魏忠賢的惡行告知大學士馬齊等人云：

上曰：朕自沖齡即每事好問，彼時之太監，朕皆及見之，所以彼時之事，朕知之甚悉。太監魏忠賢惡跡，史書僅書其大略，並未詳載，其最惡者，凡有拂意之人，即日夜不令休息，逼之步走而死。又併人之二大指，以繩拴而懸之於上，兩足不令著地，而施之以酷刑。

太監弄權，動輒對拂意之人，施之以酷刑，禍國殃民。大學士張玉書奏稱：「此明之所以至於敗亡也。」盛清諸帝勤政愛民，就是一種憂患意識的表現。

國立故宮博物院在外雙溪恢復建置後，即積極進行清宮檔案的整理，編製目錄，以供學術研究。蔣復璁先生在院長任內，本著學術公開，史料公開的原則，力求以最熱忱的服務態度，歡迎海內外學人利用檔案。蔣復璁院長重視現藏文獻檔案，關心工作同仁編目進度，每隔兩週，親自召集同仁開會，報告進度及工作成果，接受同仁的建議，蔣復璁院長曾經指示宮中檔御批奏摺的編目，應採取編年體，以便於查閱，不同意採取紀傳體。工作同仁分工合作，掌握進度。國立故宮博物院整理清宮檔案的經驗，確實受到海內外學人的肯定。但是，當時風氣較保守，缺乏資源共享的精神，檔案並不輕易提供學人研究。有一位來自英國的博士候選人，他要查閱錫良（1853-1917）史料。錫良是清末蒙古鑲藍旗人。八國聯軍之役，錫良曾率湘鄂軍至太原護駕，歷任山西巡撫、熱河都統、四川總督、雲貴總督、東三省總督等職，曾奏請立憲，是一位舉足輕重的歷史人物，院藏錫良檔案頗多。遺憾的是這位學人遭到圖書文獻處處長昌彼得先生、文獻股股長應強的拒絕，不准查閱，這位學人只能怏怏不悅地空手而回。

早期使用檔案，確實須通過特殊關係，始能查閱。楊啟樵教授著《雍正帝及其密摺制度研究》「引言」中有一段話說：

> 如所周知，硃批奏摺原件甚夥，付梓者不過十之三四。一九二八年起，未刊部份由北京故宮博物院編印，次第登載於《掌故叢編》、《文獻叢編》等刊物上，惜因故中輟，刊出不多。我推測這些史料多半在臺灣，於是函詢寓居臺北的業師錢穆賓四先生。從覆信中知道果眞存放於臺北外雙溪的故宮博物院倉庫中，尚未啓箱。承先生斡旋，博物院蔣復璁院長的好意，破例讓我留院鈔錄。一九六九年春我專程赴台北，前後耽擱了四閱月，約略翻閱過康、雍兩朝二萬多件奏摺，摘要鈔錄了一部份，打算利用它寫成一部書。詎料十年後的今天才竣事，實在慚愧。雖說由於教務冗忙，但自己的懶散怠惰也難辭其咎。

楊教授已指出，通過錢穆先生的斡旋，存放在檔案庫房尚未啟箱的奏摺原件，都可以翻閱抄錄，別的學人，就沒有這麼幸運了。後來雖然可以申請複印，但是都必須經處長昌彼得先生批准後，方能提件複印，然而受到以價制量的規定，複印一頁，收費新臺幣六元，十分昂貴。昌處長不允許同仁從事研究，他明白表示，要想研究，就到「中央研究院」去。在上班時間內，不准我查閱檔案，每天只能利用中午休息時間到圖書館查閱檔案。但是，申請複印，常被退件。秦孝儀先生繼任院長後，昌處長高陞副院長，繼任圖書文獻處處長的幾位長官，作風相近。在上班時間內，到圖書館查閱出版品，並不方便。圖書館館員暗中統計我每天進出圖書館的次數，作為年終考績扣分的參考，我不得已只得向已經畢業的研究生借用閱覽卡。後來被圖書館郭姓女同事查覺，當場銷毀閱覽卡。限制研究人員進入圖書館，令人啼笑皆非。在秦孝儀先生接任院長後，不僅檔案整理中斷，清史研究亦遭受打壓，我撰寫清史，或臺灣史論文，秦院長一律退稿。我撰寫民國史論文，昌副院長退稿，研究環境，十分惡劣。秦院長當面指斥我，我從事臺灣史研究，為黨外人士提供理論根據。從事清史研究，則革命先烈的血白流了，清朝已經被推翻了，有什麼好研究？秦院長的言論，似是而非，令人匪夷所思。民國七十一年（1982），撰寫《清高宗十全武功研究》出版，我在原書指出，五族共和的基礎及中華民族一家的觀念，實奠定於盛清時代。有一天晚上，夢見乾隆皇帝對著我微笑。我申請學術著作獎，果然獲得中山學術著作獎。後來國立故宮博物院管理委員會委員陳雪屏先生約我到至善園見面，鼓勵加強清史研究，不可因秦院長的打擊而放棄清史研究。秦院長是中山學術著作獎審查委員，秦院長在審查會中表示，《清高宗十全武功研究》一書，應列為禁書，所以評分不及格。但是，其他審查委員都不同意秦院長的成見，都給了高分，所以才獲獎。我當時在故宮的職位，只是一個編輯，秦孝儀先生是故宮院長，他不但不鼓勵研究，反將院內職員的著作列為禁書，確實不可思議。幾年後，我從副研究員，陞遷研究員，當時我已是國立臺灣師範大學、國立政治大學的兼任教授。我陞為故宮研究員，應該感謝中央研究院近代史研究所所長呂實強教授，他多次當面向秦院長表示，故宮博物院莊吉發才是陞任研究員較適當的人選。秦院長接受了呂所長的建議，我才順利的陞為研究員。我雖然是研究人員，但是，繼任的圖書文獻處處長對查閱檔案及研究工作，仍然限制很多。院藏《滿文原檔》，不准我翻閱。北京滿文研究所所長閻崇年教授親自告知，他把院藏原檔四十巨冊都看過了。此外，院藏銅版畫得勝圖，也不准我翻閱。這種不合理的規定，一直要等到杜正勝先生繼任故宮博物院院長時才開始放寬，複印費每頁也從六元降為三元，研究環境得到了改善。

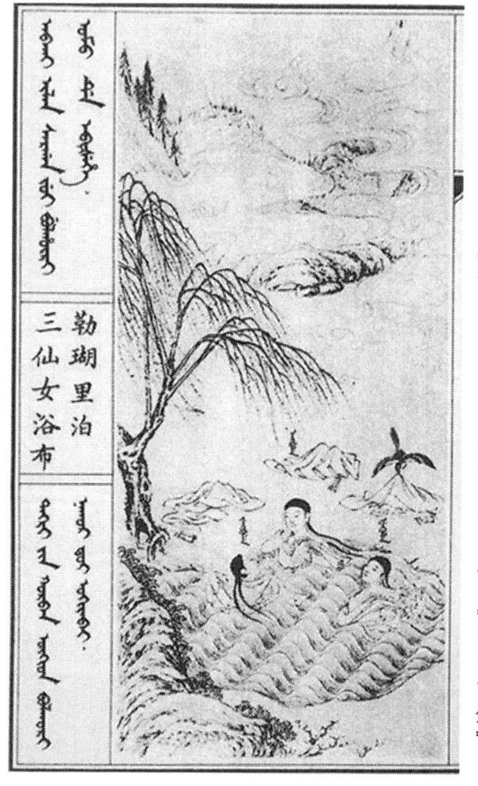

〈三仙女沐浴圖〉，《滿洲實錄》

左圖：〈仙女佛庫倫因孕未得昇天圖〉，《滿洲實錄》
右圖：〈仙女佛庫倫囑子圖〉，《滿洲實錄》

滿文薪傳

— 學習・教學・研究

我國歷代以來，就是一個多民族的國家，各兄弟民族多有自己的民族語言和文字。滿洲先世，出自女眞，蒙古滅金後，女眞遺族散居於混同江流域，開元城以北，東濱海，西接兀良哈，南鄰朝鮮。由於元朝蒙古對東北女眞的長期統治，以及地緣的便利，在滿洲崛起以前，女眞與蒙古的接觸，已極密切，蒙古文化對女眞產生了很大的影響，女眞地區除了使用漢文外，同時也使用蒙古語言文字。明代後期，滿族的經濟與文化，進入迅速發展階段，但在滿洲居住的地區，仍然沒有自己的文字，其文移往來，主要使用蒙古文字，必須「習蒙古書，譯蒙古語通之。」使用女眞語的滿族書寫蒙古文字，未習蒙古語的滿族則無從了解，這種現象實在不能適應新興滿族共同體的需要。明神宗萬曆二十七年（1599）二月，清太祖努爾哈齊命巴克什額爾德尼等人創造滿文。滿文本《清太祖武皇帝實錄》記載清太祖努爾哈齊與巴克什額爾德尼等人的對話，先將滿文影印如後，並轉寫羅馬拼音，照錄漢文內容。

《清太祖武皇帝實錄》滿文	
羅馬拼音	juwe biya de. taidzu sure beile monggo bithe be kūbulime, manju gisun i araki seci, erdeni baksi, g'ag'ai jargūci hendume, be monggoi bithe be taciha dahame sambi dere. julgeci jihe bithe be te adarame kūbulibumbi seme marame gisureci. taidzu sure beile hendume： nikan gurun i bithe be hūlaci, nikan bithe sara niyalma, sarkū niyalma gemu ulhimbi. monggo gurun i bithe be hūlaci, bithe sarkū niyalma inu gemu ulhimbi kai. musei bithe be monggorome hūlaci musei gurun i bithe sarkū niyalma ulhirakū kai. musei gurun i gisun i araci adarame mangga. encu monggo gurun i gisun adarame ja seme henduci. g'ag'ai jargūci, erdeni baksi jabume： musei gurun i gisun i araci sain mujangga. kūbulime arara be meni dolo bahanarakū ofi marambi dere. taidzu sure beile hendume, a sere hergen ara. a i fejile ma sindaci ama wakao. e sere hergen ara. e i fejile me sindaci eme wakao. mini dolo gūnime wajiha. suwe arame tuwa ombi kai seme emhun marame monggorome hūlara bithe be manju gisun i kūbulibuha. tereci taidzu sure beile manju bithe be fukjin deribufi manju gurun de selgiyehe.

譯漢內容	二月，太祖欲以蒙古字編成國語，榜識厄兒得溺、剛蓋對曰：「我等習蒙古字，始知蒙古語，若以我國語編創譯書，我等實不能。」太祖曰：「漢人念漢字，學與不學者皆知；蒙古之人念蒙古字，學與不學者亦皆知。我國之言，寫蒙古之字，則不習蒙古語者，不能知矣，何汝等以本國言語編字爲難，以習他國之言爲易耶？」剛蓋、厄兒得溺對曰：「以我國之言編成文字最善，但因翻編成句，吾等不能，故難耳。」太祖曰：「寫阿字下合一媽字，此非阿媽乎（阿媽，父也）？厄字下合一脉字，此非厄脉乎（厄脉，母也）？吾意決矣，爾等試寫可也。」于是自將蒙古字編成國語頒行，創製滿洲文字，自太祖始。

前引「國語」，即滿洲語；榜識厄兒得溺，即巴克什額爾德尼；剛蓋，即扎爾固齊噶蓋。清太祖，滿文作“taidzu sure beile”，漢字音譯可作「太祖淑勒貝勒」。清太祖努爾哈齊爲了文移往來及記注政事的需要，即命巴克什額爾德尼等仿照老蒙文創製滿文，亦即以老蒙文字母爲基礎，拼寫女真語音，聯綴成句。例如將蒙古字母的「ᠠ」（a）字下接「ᠮᠠ」（ma）字就成「ᠠᠮᠠ」（ama），意即父親。將老蒙文字母的「ᡝ」（e）字下接「ᠮᡝ」（me），就成「ᡝᠮᡝ」（eme），意即母親。這種由畏兀兒體老蒙文脫胎而來的初期滿文，在字旁未加圈點，僅稍改變老蒙文的字母形體。這種未加圈點的滿文，習稱老滿文，使用老滿文記注的檔案，稱為無圈點檔。臺北國立故宮博物院典藏無圈點檔最早的記事，始自明神宗萬曆三十五年（1607），影印二頁如下。

無圈點老滿文檔	丁未年（1607）

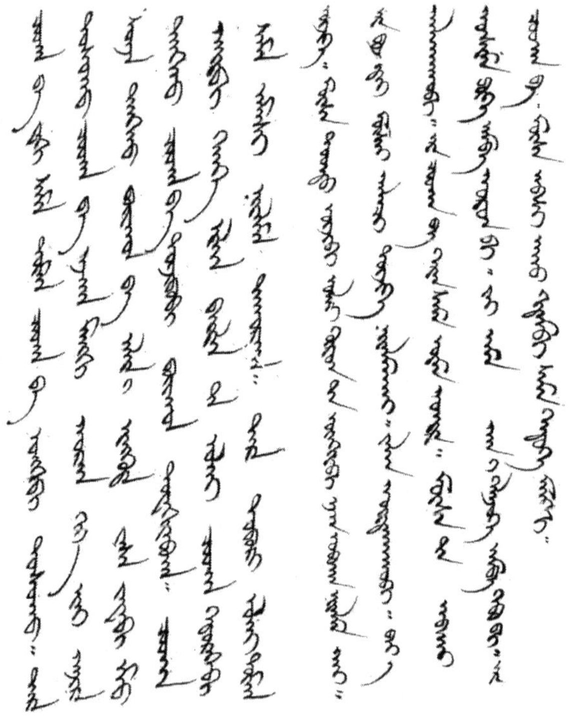

由老蒙文脫胎而來的無圈點老滿文，是一種拼音系統的文字，用來拼寫女真語音，有其實用性，學習容易。但因其未加圈點，不能充分表達女真語音，而且因滿洲和蒙古的語言，彼此不同，所借用的老蒙文字母，無從區別人名、地名的讀音，往往彼此雷同。天聰六年（1632）三月，清太宗皇太極命巴克什達海將無圈點滿文在字旁加置圈點，使其音義分明。《清太宗文皇帝實錄》記載諭旨云：

> 上諭巴克什達海曰：「國書十二頭字，向無圈點，上下字雷同無別，幼學習之，遇書中尋常語言，視其文義，易於通曉。若至人名地名，必致錯誤，爾可酌加圈點，以分析之，

則音義明曉，於字學更有裨益矣。

引文中「國書十二頭字」，即指滿文十二字頭。達海是滿洲正藍旗人，九歲即通滿、漢文義，曾奉命繙譯《大明會典》、《素書》、《三略》等書。達海遵旨將十二字頭酌加圈點於字旁，又將滿文與漢字對音，補所未備。舊有十二字頭為正字，新補為外字，其未盡協者，則以兩字合音為一字，至此滿文始大備。達海奉命改進的滿文，稱為加圈點滿文，習稱新滿文。

滿洲文字的創製，是清朝文化的重要特色。滿洲文，清朝稱爲清文，滿洲語稱爲國語。民初清史館曾經纂修《國語志稿》，共一百冊，第一冊卷首有奎善撰〈滿文源流〉一文，略謂：

> 滿洲初無文字，太祖己亥年二月，始命巴克什（師也）額爾德尼、噶蓋，以蒙古字改制國文，二人以難辭。上曰，無難也，以蒙古字合我國語音，即可因文見義焉，遂定國書，頒行傳布。其字直讀與漢文無異，但自左而右，適與漢文相反。案文字所以代結繩，無論何國文字，其糾結屈曲，無不含有結繩遺意。然體制不一，則又以地勢而殊。歐洲多水，故英法諸國文字橫行，如風浪，如水紋。滿洲故里多山林，故文字矗立高聳，如古樹，如孤峯。蓋制造文字，本乎人心，人心之靈，實根於天地自然之理，非偶然也。其字分真行二種，其字母共十二頭，每頭約百餘字，然以第一頭為主要，餘則形異音差，讀之亦簡單易學。其拼音有用二字者，有用四、五字者，極合音籟之自然，最為正確，不在四聲賅備也。至其意蘊閎深，包孕富有，不惟漢文所到之處，滿文無不能到，即漢文所不能到之處，滿文亦能曲傳而代達之，宜乎皇王制作行之數百年而流傳未艾也。又考自入關定鼎以來，執政臣工或有未曉者，歷

朝俱優容之，未嘗施以強迫。至乾隆朝雖有新科庶常均令入館學習國文之舉，因年長舌強，誦讀稍差，行之未久，而議遂寢，亦美猶有憾者爾。茲編纂清史伊始，竊以清書為一朝創製國粹，未便闕而不錄，謹首述源流大略，次述字母，次分類繙譯，庶使後世徵文者有所考焉。

滿文的創製，有其文化、地理背景，的確不是偶然的。滿文義蘊閎深，漢文所到之處，滿文無不能到，都具有「文以載道」的能力。滿洲入關後，滿洲語文一躍而成為清朝政府的清文國語，對外代表國家，對內而言，滿文的使用，更加普遍，儒家經典，歷代古籍，多譯成滿文。各種文書，或以滿文書寫，或滿漢兼書。繙譯考試，也考滿文。皇帝召見八旗人員，多使用滿語。滿洲語文在清朝的歷史舞臺上扮演了重要的角色。

語言文字是思維的工具，也是表達思想的交流媒介。康熙年間，入京供職的西洋傳教士，大都精通滿洲語文，說寫純熟流利。因此，滿洲語文在中西文化交流舞臺上也扮演了十分重要的角色。

耶穌會傳教士巴多明神父致法蘭西科學院書信中，討論滿洲語文的內容，佔了很大篇幅。他指出，滿洲文字中每個字都有一筆自字首垂直貫通至字末的主筆畫，這一畫左側是表示元音「a、e、i、o」的鋸齒狀符號，由放在這一畫右側的附點的不同位置決定其發音。如在一個鋸齒對面放一個附點，就發元音「e」；如省略附點，則發元音「a」，如在字左側鋸齒旁放一附點，這一附點就充當了字母「n」，因而要讀作「na」。此外，字右側不是附點，而是放圈，這便是發送氣音的符號。書寫漢文，人們通常用毛筆書寫。巴多明神父指出，有些滿人使用一種竹製的，削成歐洲羽毛狀的筆。巴多明神父用了不到一年時間，就像一個上了年歲的滿人熟練地使用這種竹筆寫出好字。

康熙皇帝喜愛西學，即或臨幸暢春園，或巡幸塞外，必諭令張誠等隨行。或每日，或間日講授西學。巴多明神父在信中指出，康熙皇帝學習歐洲的科學，他自己選擇了算學、幾何學與哲學等等。康熙二十八年(1689)十二月二十五日，康熙皇帝召徐日昇、張誠、白晉、安多等至內廷，諭以自後每日輪班至養心殿，以滿語講授量法等西學，並將所講授的西學，繙譯滿文成書。神父們固然以滿語講解西學，同時也將天主教的祈禱詞譯出滿文。巴多明神父在書信中指出，天主教徒中的福晉們很少認得漢字，她們希望聽得懂祈禱詞的內容，而由巴多明神父負責將祈禱詞精華部分譯出滿文。《在華耶穌會士列傳》所載巴多明遺著目錄中第八種就是巴多明神父將法文〈教會祈禱文〉所譯出的滿文本，以供蘇努家中信教婦女閱讀，在中西文化交流的過程中，滿洲語文扮演了舉足輕重的角色。

耶穌會傳教士巴多明像，見杜赫德編、鄭德弟譯《耶穌會士中國書簡集》第二卷

清太祖、太宗時期，滿洲記注政事及抄錄往來文書的檔冊，主要是以無圈點老滿文及加圈點新滿文記載的老檔，可以稱之爲《滿文原檔》。滿洲入關後，《滿文原檔》由盛京移至北京，由內閣掌管，內閣檔案中有老檔出納簿，備載閣僚借出卷冊時日，及

繳還後塗銷的圖記。

乾隆六年（1741），清高宗鑒於內閣大庫所藏無圈點檔冊，年久劃舊，所載字畫，與乾隆年間通行的新滿文不同，諭令大學士鄂爾泰等人按照新滿文，編纂《無圈點字書》，書首附有奏摺，其內容如下：

> 內閣大學士太保三等伯臣鄂爾泰等謹奏，爲遵旨事。乾隆六年七月二十一日奉上諭：「無圈點字原係滿文之本，今若不編製成書貯藏，日後失據，人將不知滿文肇端於無圈點字。著交鄂爾泰、徐元夢按照無圈點檔，依照十二字頭之順序，編製成書，繕寫一部。並令宗室覺羅學及國子監各學各鈔一部貯藏。欽此。」臣等詳閱內閣庫存無圈點檔，現今雖不用此體，而滿洲文字實肇基於是。且八旗牛彔之淵源，賞給世職之緣由，均著於斯。檔內之字，不僅無圈點，復有假借者，若不融會上下文字之意義，誠屬不易辨識。今奉聖旨編書貯藏，實爲注重滿洲文字之根本，不失其考據之至意。臣謹遵聖旨，將檔內之字，加設圈點讀之。除可認識者外，其有與今之字體不同，及難於辨識者，均行檢出，附註現今字體，依據十二字頭編製成書，謹呈御覽。俟聖裁後，除內閣貯藏一部外，並令宗室覺羅學及國子監等學各鈔一部貯存，以示後人知滿洲文字肇端於此。再查此檔因年久殘闕，既期垂之永久，似應逐頁托裱裝訂，爲此謹奏請旨。乾隆六年十一月十一日，大學士太保三等伯鄂爾泰、尚書銜太子少保徐元夢奏。本日奉旨：「將此摺錄於書首，照繕三帙呈進，餘依議。」

由鄂爾泰、徐元夢奏摺可知清高宗對《滿文原檔》的重視。內閣大庫所存《無圈點檔》就是《滿文原檔》中使用無圈點老滿文書寫的檔冊，記錄了八旗牛彔的淵源，及賞給世職的緣由等等。但因《無圈點檔》年久殘闕，所以鄂爾泰等人奏請逐頁托裱裝訂。鄂爾泰等人遵旨編纂的無圈點十二字頭，就是所謂《無圈點字書》（tongki fuka akū hergen i bithe）。

乾隆四十年（1775）二月十二日，軍機大臣具摺奏稱：「內閣大庫恭藏無圈點老檔，年久𪙬舊，所載字畫，與現行清字不同。乾隆六年奉旨照現行清字纂成無圈點十二字頭，以備稽考。但以字頭釐正字蹟，未免逐卷翻閱，且老檔止此一分，日久或致擦損，應請照現在清字，另行音出一分，同原本恭藏。」奉旨：「是，應如此辦理。」所謂《無圈點老檔》，就是內閣大庫保存的原本，亦即《滿文原檔》。軍機大臣奏准依照通行新滿文另行音出一分後，即交國史館纂修等官，加置圈點，陸續進呈。惟其重抄工作進行緩慢，同年三月二十日，大學士舒赫德等又奏稱：「查老檔原頁共計三千餘篇，今分頁繕錄，並另行音出一分；篇頁浩繁，未免稽延時日。雖老檔卷頁，前經裱托；究屬年久𪙬舊，恐日久摸擦，所關甚鉅。必須迅速趲辦，敬謹尊藏，以昭慎重。」重抄的本子有兩種：一種是依照當時通行的新滿文繕寫並加簽注的重抄本；一種是仿照無圈點老滿文的字體抄錄而刪其重複的重抄本。乾隆四十三年（1778）十月以前完成繕寫的工作，貯藏於北京大內，可稱之爲北京藏本。乾隆四十五年（1780）初，又按無圈點老滿文及加圈點新滿文各抄一分，齎送盛京崇謨閣貯藏。福康安於〈奏聞尊藏老檔等由〉一摺指出：

> 乾隆四十五年二月初四日，盛京戶部侍郎全魁自京回任，遵旨恭齎無圈點老檔前來，奴才福康安謹即出郭恭請聖安，同侍郎全魁恭齎老檔至內務府衙門，查明齎到老檔共十四包，計五十二套，三百六十本，敬謹查收。伏思老檔

> 乃紀載太祖、太宗發祥之事實，理宜遵旨敬謹尊藏，以垂久遠。奴才福康安當即恭奉天命年無圈點老檔三包，計十套，八十一本；天命年加圈點老檔三包，計十套，八十一本，於崇謨閣太祖實錄、聖訓匱内尊藏。恭奉天聰年無圈點老檔二包，計十套，六十一本；天聰年加圈點老檔二包，計十套，六十一本。崇德年無圈點老檔二包，計六套，三十八本；崇德年加圈點老檔二包，計六套，三十八本，於崇謨閣太宗實錄、聖訓匱内尊藏，並督率經管各員，以時晒晾，永遠妥協存貯。

福康安奏摺已指出崇謨閣尊藏的抄本，分爲二種：一種是《無圈點老檔》，內含天命朝、天聰朝、崇德朝，共七包，二十六套，一百八十本；一種是《加圈點老檔》，內含天命朝、天聰朝、崇德朝，共七包，二十六套，一百八十本。福康安奏摺於乾隆四十五年（1780）二月初十日具奏，同年三月十七日奉硃批。福康安奏摺中所謂《無圈點老檔》和《加圈點老檔》，都是重抄本，不是《滿文原檔》，亦未使用《滿文老檔》的名稱。貯藏盛京崇謨閣的老檔重抄本，可以稱之爲盛京藏本。乾隆年間重抄本，無論是北京藏本或盛京藏本，其書法及所用紙張，都與滿洲入關前記錄的《滿文原檔》不同。北京藏本與盛京藏本，在內容及外形上並無差別，「唯一不同的是北平藏本中有乾隆朝在文裡很多難通晦澀的詞句間所加的附註，而盛京本沒有。」為了比較無圈點檔與加圈點檔的異同，可將北京藏本太祖朝重抄本第一冊，第一、二頁節錄影印如下，並轉寫羅馬拼音，譯出漢文如後。

加圈點新滿文檔	
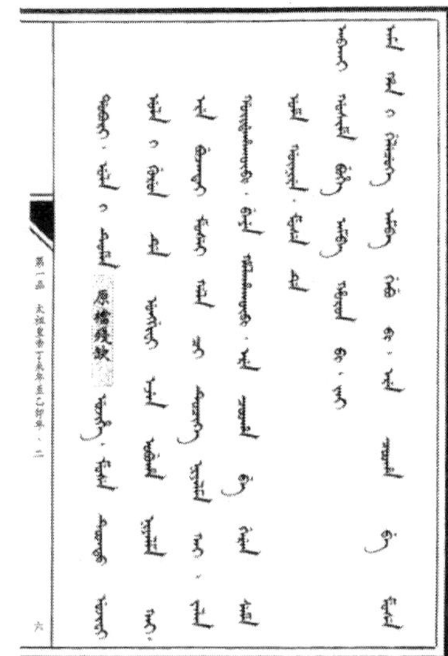 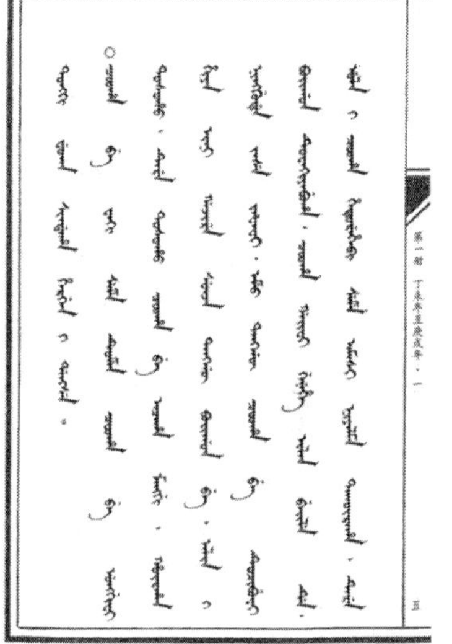	
羅馬拼音（加圈點檔）	tongki fuka sindaha hergen i dangse. cooha be waki seme tumen cooha be unggifi tosoho, tere tosoho cooha be acaha manggi, hūrhan hiya ini gajire sunja tanggū boigon be, alin i ninggude jase jafafi, emu tanggū cooha be tucibufi boigon tuwakiyabuha, cooha gaifi genehe ilan beile de, ula i cooha heturehebi seme amasi niyalma takūraha, tere dobori, ula i tumen……ujihe, muse tuttu ujifi ula i gurun de unggifi ejen obuha niyalma kai, ere bujantai musei gala ci tucike niyalma kai, jalan goidahakūbi, beye halahakūbi, ere cooha be geren seme ume gūnire, muse de abkai gosime buhe amba horon bi, jai ama han i gelecuke amba gebu bi, ere cooha be muse.
漢文繙譯	欲殺我兵，發兵一萬截於路。遇其截路之兵後，扈爾漢侍衛將其收回之五百戶眷屬，結寨於山巔，派兵百名守護，並遣人回返，將烏喇兵截路情形報告領兵三位貝勒。是夜，烏喇之萬兵〔原檔殘缺〕收養之。我等如此豢養遣歸烏喇國為君之人哉！此布占泰乃從我等手中釋放之人啊！年時未久，其身猶然未改，勿慮此兵眾多，我等荷天眷，仗天賜宏威，又有父汗英名，我等何憂不破此兵。

《滿文原檔》是使用早期滿文字體所記載的原始檔冊，對滿文由舊變新發展變化的過程，提供了珍貴的語文研究資料。乾隆年間，內閣大學士鄂爾泰等人已指出，滿文肇端於無圈點字，內閣大庫所保存的「無圈點檔」，檔內之字，不僅無圈點，復有假借者，若不融會上下文字的意義，誠屬不易辨識。因此，遵旨將檔內文字加設圈點，除可認識者外，其有難於辨識者，均行檢出，附註乾隆年間通行字體，依據十二字頭編製成書。張玉全撰〈述滿文老檔〉一文已指出，乾隆年間重抄的加圈點《滿文老檔》，將老滿字改書新體字，檔內有費解的舊滿語，則以新滿語詳加注釋，並將蒙文迻譯滿文，其功用較之鄂爾泰所編的《無圈點字書》，似覺更有價值，並非僅重抄而已。誠然，重抄本《滿文老檔》的價值，不僅是加圈點而已。《內閣藏本滿文老檔》對詮釋《滿文原檔》文字之處，確實值得重視。

錫伯族的歷史與文化，源遠流長，西遷伊犁的錫伯族對於滿洲語文的傳習作出了極大的貢獻，回溯錫伯族西遷的歷史，具有時代意義。錫伯族是東北地區的少數民族之一，清太宗崇德年間（1636-1643），錫伯族同科爾沁蒙古同時歸附於滿洲，編入蒙古八旗。康熙三十一年（1692），將科爾沁蒙古所屬錫伯族編入滿洲八旗，從此以後，錫伯族開始普遍使用滿洲語文。康熙三十八年（1699）至四十年（1701）三年中，將齊齊哈爾、伯都訥、吉林烏拉三城披甲及其家眷南遷至盛京、京師等地。乾隆年間，清軍平定天山南北路後，隨即派兵屯種，欲使駐防兵丁口食有資，並使遠竄的厄魯特無從復踞舊地。乾隆二十七年（1762），設伊犁將軍。同年十月，以明瑞為伊犁將軍，伊犁成為新疆政治、軍事中心。為加強邊防，陸續由內地調派大批八旗兵丁進駐伊犁，其中駐守伊犁的錫伯兵，主要是從東三省抽調移駐的。錫伯兵及其眷屬西遷前夕的活動，在今日察布查爾的錫伯族，仍然記憶猶新，還編成錫伯文教材，代代相傳。乾隆二十九年（1764）四月十八日，西遷錫伯族在瀋陽太平寺祭告祖先，與留在故鄉的錫伯族共同聚會餐敘，翌日便啟程，前往伊犁守邊。當時西遷的錫伯兵是從東北三省十七城抽調出來的，官兵連同眷屬總計五千餘人。陰曆四月十八日，就是錫伯族的西遷節，尤其在新疆的錫伯族，每年到了四月十八日，家家戶戶，男女老少都穿上新衣服，聚在一起就餐、演奏樂器、跳貝倫舞（beilen）、玩遊戲、射箭、摔跤、賽馬等活動，四月十八日，就成了錫伯族特別的節日。錫伯官兵從東北家鄉遠赴新疆屯墾戍邊，也把滿洲語文帶了過去。這批錫伯官兵後代子孫，在進入二十一世紀的今日新疆，仍持續使用滿洲語文，這是錫、滿文化傳承歷史上值得關注的大事，察布查爾錫伯自治縣被稱為保存滿文的「活化石」地區。

錫伯官兵到達新疆後，在伊犁河南岸一帶屯墾戍邊，乾隆三十一年（1766），編為八個牛彔，組成錫伯營。蘇德善先生撰〈錫伯族雙語教育的歷史回顧〉一文指出，錫伯營的單獨成立，對錫伯族來說，是政治地位的重大改變，從此凡涉及本族的重大事務，有了自主權，錫伯族在政治、軍事上的成就，均以本族名義被伊犁將軍奏聞朝廷記錄在案。西遷的錫伯族，借助錫伯營這個舞臺，演出了有聲有色的多幕悲喜劇，為發展民族經濟、文教、文學藝術，具備了主、客觀條件，可謂英雄有用武之地了。乾隆三十一年（1766），伊犁將軍明瑞令每旗各設清書房一所。錫伯營有一所書房，有教習二人，分司教弓箭，學滿文、四書五經、千字文、旗訓等，年終由伊犁將軍府派員考課，考上者走上仕途。嘉慶七年（1802），伊犁將軍松筠以八旗子弟能讀書者甚多，就從各旗閒散童蒙中挑選聰慧者集中在一起，選派滿、漢教師分司教讀，並宣講《聖諭廣訓》，派滿營協領等管理。這種學校稱為敬業官學，伊犁僅有一所。在錫伯營各牛彔還有若干私塾，只有少數富家子弟就讀。在本旗接受軍訓的披甲，也要教授滿文。通過這些學堂和軍營教育，有相當一部分的人學會了滿文。

嘉慶七年（1802），在伊犁察布查爾山口開鑿大渠，引進伊犁河水灌溉。嘉慶十三年（1808），大渠竣工，長達一百八十里，命名為察布查爾大渠，開墾了七萬八千多畝良田。光緒八年（1882），錫伯營總管色布喜賢呈請伊犁將軍金順撥款辦學。翌年，每個牛彔開始各設一所官辦義學。光緒十一年（1885），索倫營錫伯族成立一所義學。當時共有九所學校，小學生約九百名，實施單一的滿文教育。民國三年（1914），伊犁成立了尚學會，總部設在一、三牛彔。為紀念錫伯營總管色布喜賢，在尚學會屬下設立了色公學校，開始採用滿漢對照的課本教學。民國四年（1915），成立了興學會，為紀念曾任索倫營領隊大臣的錫吉爾渾，設立了錫公學校，採用漢文新學課本，實施雙語教學。一年級只學滿文，二年級開始實施滿、漢文教學。民國二十年（1931），在鞏留大營盤設立錫伯小學校，共三個班，教授滿漢文。民國三十三年（1944）秋，錫伯族聚居地區，計小學十三所，包括中心校五所，一般學校八所。民國三十六年（1947）十月，成立「三區錫伯索倫文化促進會」，簡稱「錫索文化促進會」，是年，召開學者大會，對滿文進行改革，並將滿文改稱錫伯文。一九五四年三月，伊犁成立自治縣，廢除寧西舊稱，改用錫伯族喜愛的察布查爾渠名作自治縣的名稱，定名為察布查爾錫伯自治縣。各小學所採用的六年制錫伯文課本，基本上就是滿文教材。

伊克津太先生撰〈錫伯教學之我見〉一文指出，錫伯語文是以滿文為基礎發展起來的，今天的錫伯文就是歷史上業已消失的滿文。五十年代在自治區人民出版社和教育出版社組建了錫伯文編輯室，大量地出版錫伯文圖書及教學課本，為民族教育和文化發展奠定了堅實的基礎。一九九一年，教育局開始在納達齊（nadaci）牛彔即第七牛彔鄉和堆依齊（duici）牛彔即第四牛彔鄉小學各指定一班實施「雙語教學實驗」。經過五年的實驗，結果表明實驗班學生的雙語能力都有大幅度的提高。為了總結實驗班的成果和促進雙語教學的進程，縣教育局於一九九五年召開了雙語教學工作會議。會議在總結實驗班教學成果的基礎上，提出了《錫伯族基礎教育整體改革方案》，並作出決議：「錫伯族雙語教學從實際出發，從幼兒教育入手，強化學前教育，低年級母語起步，集中學習錫伯語文，在學生具備一定基礎的母語思維能力後，再進入漢語學習階段，並使已經掌握的母語為漢語教學服務。」又把這個決議簡化為八字方針：「先錫後漢，以錫促漢」，使雙語教學有機地銜接，相互促進，實現雙語能力同步提高。據教育局一九九五年錫伯語文教學現狀調查顯示，烏珠（uju）牛彔即第一牛彔和齋（jai）牛彔即第二牛彔小學九個年級中有五個年級仍在使用第一冊錫伯文課本，而且在學習第一冊課本的五個年級學生中達到能讀寫的不足一半，錫伯族語文教學的情況可見一斑，並沒有起到「以錫促漢」的作用。

奇車山先生撰〈察布查爾地區錫伯族語言文字使用現狀〉一文指出，二十世紀初，察布查爾地區還是個相對封閉的小社會，旗營制度還沒有退出歷史舞臺。因制度限制，僅有的漢族不能和錫伯族混住在一起。所以，在錫伯人和漢族人的交往不可能很多的情況下，漢語對錫伯語的影響就很小。更主要的一個在於錫伯人有重視教育的好傳統，各牛彔都有私辦或官辦學校，使學齡兒童都能進校學習錫伯語文。七十年代，錫伯語文恢復學習和使用，各錫伯族小學都恢復了錫伯語文課。相應的出版機構也重新開始出版錫伯文圖書和教科書。文中列表統計察布查爾錫伯自治縣有錫伯小學八所，其中烏珠牛彔（ujui niru）即第一牛彔中心校，計十二班；寨牛彔（jai niru）即第二牛彔中心校，計六班；依拉齊牛彔（ilaci niru）即第三牛彔中心校，計十九班；堆齊牛彔（duici niru）即第四牛彔中心校，計十五班；孫扎齊牛彔（sunjaci niru）即第五牛彔中心校，計十二班；寧固齊牛彔（ningguci niru）即第六牛彔中心校，計十一班；納達齊牛彔（nadaci niru）即第七牛彔中心校，計八班；扎庫齊（jakūci niru）即第八牛彔中心校，計十八班，合計共一〇一班。單純的錫伯班只有九個，其餘九十二個都是錫漢學生混合編班。從調查的狀況看，錫伯族小學在低年級基本使用錫伯語授課，中年級以錫伯語為主，部分使用漢語，高年級則是錫漢兼半。

李樹蘭教授著《錫伯語口語語法概要》一書，是根據幾次語言調查的記錄寫成的，對錫伯語口語的語音和語法作了扼要的介紹。原書指出，錫伯語屬阿爾泰語系滿一通古斯語族滿語支。錫伯族的語言文字和滿族的語言文字很相近。錫伯文是一種拼音文字，是在滿文基礎上略加改動的。

錫伯文共有四十個字母，其中包括六個元音字母：(a)(e)(i)(o)(u)(uu)；二十四個輔音字母：(n)(k)(g)(h)(k)(g)(h)(b)(p)(s)(sh)、(t)、(d)(l)(m)(ch)(zh)(y)(r)(f)(w)(ng)；十個拼音外來的字母(kk)(gg)(hh)(c)(cy)(z)(rr)(sy)(chy)(zhy)。

字母的基本筆劃有（字）頭（uzhu）、（字）牙（arg'an）、（字）

圈（fuka）、（字）點（tong'ki）、（字）尾（unchehen）各種方向不同的撇和連接字母的豎線。書寫時，順序從上到下、行款從左到右，使用現代文字通用的標點符號。

同一個字母出現在不同的位置上大都有不同的字形，決定字形不同的位置有四種。

1.獨立。即處於不同其他字母相拼的位置，具有獨立字形的只有元音。

2.詞首。即處於詞的開頭位置。元音以及除 r、ng 以外的輔音都有詞首字形。

3.詞末。即處於詞的最末尾的位置。元音和能出現在詞末的輔音 n、k（舌根音）、k（小舌音）、b、s、t、l、m、r、ng 都有不同於出現在其他位置上的詞末字形。

4.詞中。除上述位置以外的所有位置。所有元音都有區別於獨立、詞首、詞末字形的詞中字形。

一九四七年以後，錫伯族的有關人士和語文工作者，在伊寧市成立了「錫伯索倫文化協會」（簡稱「錫索協會」）。在這期間，對個別字母的形體做了改動，增加了必要的音節拚寫形式。如：

1.滿文輔音字母 f 與元音 a、e 相拚時，是一種形體；與元音 i、o、u 相拼時，是另一種形體。錫伯文的 f 只有一種形體，即滿文 f 與元音 a、e 相拼時的那種形體。見下表：

文字 / 轉寫符號	滿 文	錫伯文
f（a、e）		
f（i、o、u）		

2.滿文輔音字母 zh 出現在詞首的寫法同出現在音節首的寫法不同，錫伯文的 zh 在上述兩種情況下，都用一種形體，即出現在詞首的那種形體。見下表：

轉寫符號	位置 文字	滿　文	錫伯文
zh	詞首 音節首	[illegible] [illegible]	[illegible]

3.滿文出現在音節末的小舌音 k 的形體是兩個字牙，左邊帶兩個點兒。錫伯文的寫法不同，只有一個字牙，左邊帶兩個點兒。見下表：

轉寫符號	位置 文字	滿　文	錫伯文
k（小舌音）	音節末	[illegible]	[illegible]

4.滿文位於音節末的小舌音 k 同舌根音 k、在形體上有區別，錫伯文則沒有區別，都寫成小舌音 k 的形體。見下表：

轉寫符號	位置 文字	滿　文	錫伯文
k（小舌音） k（小根音）	音節末	[illegible] [illegible]	[illegible]

5.增加一些必要的音節。滿文有音節 wa、we，但沒有音節 wi、wo、wu，後者在錫伯語裡"有音無字"，因此，在錫伯文裡增加了這三個音節。見下表：

轉寫符號 文字	滿　文	錫伯文
w（a、e） w（i、o、u）	[illegible] —	[illegible]

錫伯族的口語，與滿語雖然有不少差異，但其書面語，與滿語基本相同。八個牛彔各小學所採用的六年制錫伯文課本，基本上就是滿文教材。二〇〇五年六月，何文勤先生主編錫伯文識字課本，《niyamangga gisun》（母語），一年級，上冊，由新疆教育出版社出版，課本性質是屬於義務教育課程標準實驗教科書。原書出版說明指出，「本教材是根據新疆維吾爾自治區教育廳制訂的義務教育《錫伯語文課程標準》編寫的。在自治區教育廳的安排和具體指導下，由新疆教育出版社組織編寫。本教材於二〇〇五年五月經新疆維吾爾自治區中小學教材審定委員會審查通過。在編寫過程中，以《錫伯語文課程標準》為依據，突出地方特色。錫伯族學生必須學好母語為主，實行『雙語』教學，實現『錫漢兼通』的目的。本教材旨在通過教學活動，讓學生在學唱字母歌中，輕鬆愉快地接觸到錫伯文字母和一些常見的詞語，做到能聽會讀寫。教材中還編排了許多精美的插圖。」本冊教材的編者是何文勤、奇車山、孔金英、孔淑瑞、安淑英、關明書、穆德智等七位先生，封面字、正文書寫，是由何文勤先生執筆。教材內容，主要讓學生學習錫伯文字母，並接觸到一些常見的詞語。課本首頁是"a"字頭字母歌，第一課是"a"字頭字母練習。課本圖文並茂，印刷精美，可以提高學習效果。二〇〇五年十月，何文勤先生主編識字課本，《niyamangga gisun》（母語）一年級下冊。在編者說明指出，「《錫伯語文課程標準》規定，錫伯族小學生必須以學好母語為主，在學好錫伯文十二字頭的基礎上達到能聽、會讀、會寫的程度；同時實行『雙語』教學，達到『錫漢兼通』的目的。為了達到這個目的，這次重編教材，引入錫漢兩種文字對照學習的傳統教學方法，從一年級學習錫伯文單詞開始，就把對應的漢譯單詞一起附上，逐漸過渡到整篇課文的錫漢對照，使學生在小學階段就基本實現錫漢對譯的能力，達到錫漢兼通的目的。在教材編輯方面，突出地方特色，增加不少有關錫伯族歷史和傳統文化方面短文和精美插圖，讓學生在輕鬆愉快的氣氛中學好錫伯文。」編寫教材，對學習錫伯文和傳承滿文，都產生了重要的作用。康熙皇帝編纂《御製清文鑑》的目的，是使滿洲語文不至於消失。清朝政權結束後，編寫錫伯文教材，使錫伯文、滿文不至於消失，頗具時代意義。為了便於討論，以及了解錫伯文教材的重要性，可將其中一年級上冊識字課本首頁「“a”字頭之歌」（a uju i ucun），第一課「“a”字頭字母」，以及清朝通行滿文十二字頭第一字頭字母，依次影印於後。

<table>
<tr><td>一、錫伯文“a”字頭之歌</td><td>二、錫伯文“a”字頭字母</td></tr>
<tr><td>
</td><td>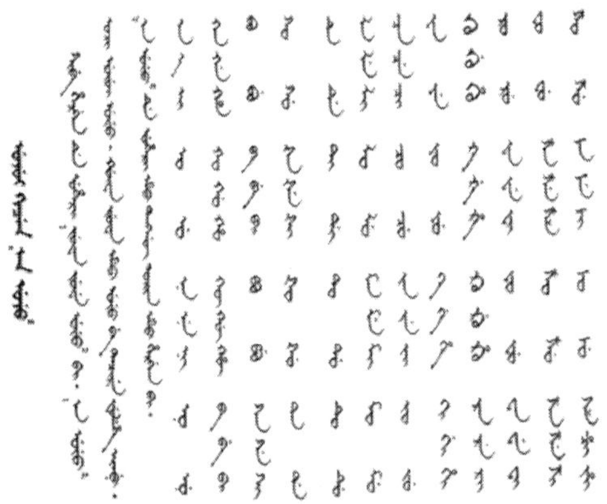</td></tr>
<tr><td colspan="2">三、清朝通行滿文第一字頭字母表</td></tr>
<tr><td colspan="2">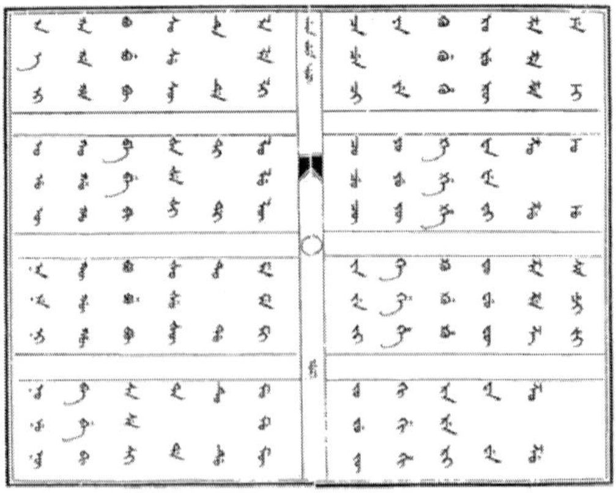</td></tr>
</table>

何文勤先生主編《niyamangga gisun》（母語），一年級上冊，第一課，“a”字頭指出，錫伯文共有十二字頭，“a”字頭是第一字頭，共有一百二十一字。查對清朝通行滿文第一字頭，共計一百三十字，兩者的出入，《niyamangga gisun》，一年級上冊，第一課“a”字頭刪除第六個元音字母“ū”及“ū”所組成音節。包括：nū、bū、pū、sū、šū、lū、mū、cū、jū、yū、rū、fū，共計十三個，另外增加“wi、wo、wu、ža”三個音節。《niyamangga gisun》，一年級上冊，錫伯文“a”字頭既刪除元音“ū”及“ū”所組成的音節，卻仍保留“ᡴᡡ（kū）、ᡤᡡ（gū）、ᡥᡡ（hū）”三個音節。戈思明撰《新疆錫伯族傳承滿文之研究》已指出，錫伯文教材所刪除的元音字母“ū”，只是位於字首的“ū”而已，在字中的“ū”以及字尾的“ū”依然活躍於錫伯文裡，無所不在。

新疆察布查爾錫伯小學基礎教材，自清末民初以來已採用滿文課本，「解放」後出版過一套小學母語教材，文革期間中斷，一九七九年至一九八三年、一九九四年至一九九六年、二〇〇四年至二〇〇六年三個時期，新疆教育出版社都曾編輯出版小學母語課本，早期出版的小學母語教材是全用錫伯文編寫的，品質較差，近年來出版的基礎教材，採取彩色版，紙質較佳，插圖生動，印刷精美，題材多元，文字流暢，可以讓學生在輕鬆愉快的氣氛中學好錫伯文。

錫伯文教材含有頗多有關錫伯族歷史和傳統文化方面的短篇故事，譬如「四月十八日」，是錫伯族的節日，將錫伯官兵及其眷屬移駐伊犁的歷史，編成錫伯文教材，可使歷史記憶代代相傳，具有重要的教育意義。錫伯文教材的編寫，同時保存了豐富的東北亞文化特色。喜里媽媽的故事（siren mama i jube），在錫伯族社會裡，耳熟能詳。一九九七年六月出版何文勤先生編六年制錫伯文小學課本第六冊收錄喜里媽媽的故事，對研究錫伯族及滿洲等民族譜牒的早期形式提供了十分珍貴的資料。節錄錫伯文教材內容一段如下，影印原文後轉寫羅馬拼音，並譯出漢文。

錫伯文教材一段

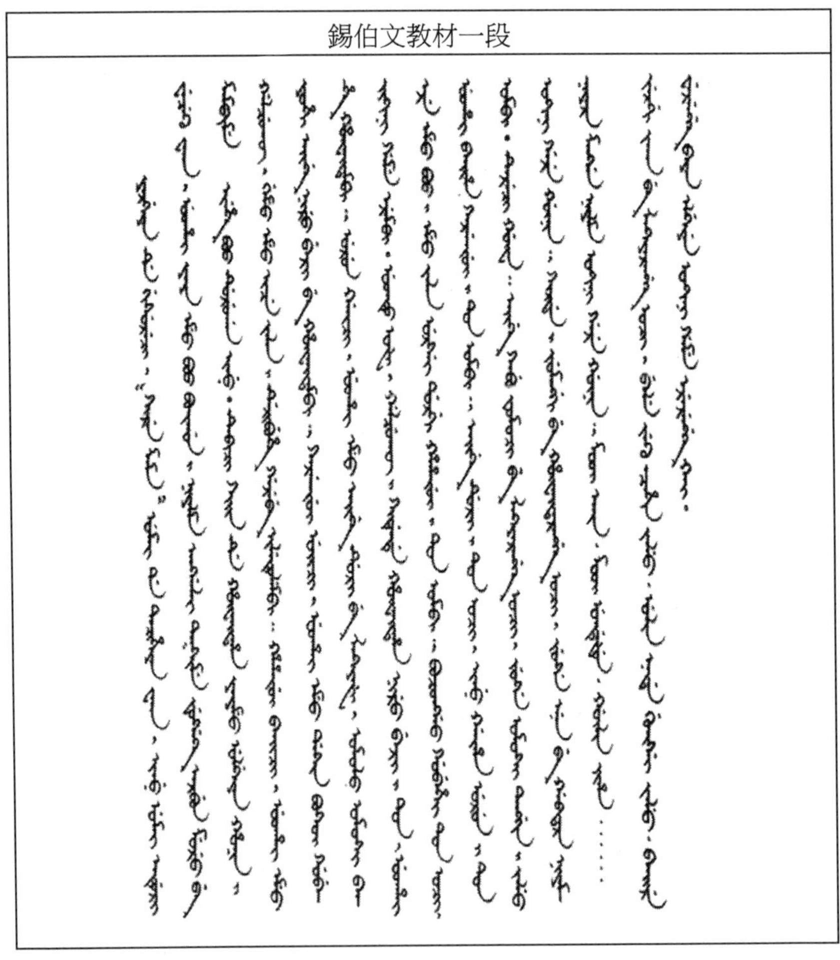

羅馬拼音	yargiyan de gisureci,"siren mama"umai da tacihiyan waka, inu umai enduri weceku waka, uthai yaya emu boo boigon i niyalma anggalai taksime fuseke arbun muru be mampime ejehe boo durugan inu. tebici sijin de hūwaitaha yayamu ulgiyan honin i galcukū, gemu emu ice jalan i deribuhe serebe iletulembi; hahajui banjici, uthai emu yohi ajige niru beri be hūwaitambi; sarganjui ujici, uthai emu dasin bosoi subehe hūwaitambi; urun gaici, uthai emu ajige duri be lakiyafi, omolo omosi banjikini seme erembi. uttu ofi, galcukū i sidende hūwaitaha niru beri i ton, uthai ere emu boo i emu jalan ursei dorgi hahajui i ton ombi; boconggo subehei ton oci, uthai banjiha sarganjui i ton ombi; ajige duri i ton oci, inu gaiha urun i ton ombi. tereci gūwa： ajige sabu fomoci be lakiyarangge oci, juse omosi tanggin i jalu okini sere gūnin; sirdan i jumanggi be hūwaitarangge oci, juse enen be gabtara niyamniyara mangga niyalma okini sere gūnin; mooi anja、mooi undefun、gūlin jiha……jergi jaka be lakiyarangge oci, bele jeku cahin jalu、ulin nadan guisei jalu、banjire werengge bayan elgiyen okini seme ererengge kai.
譯漢內容	說實話，「喜里媽媽」並非宗教，也不是神祇，只是把每一個家庭人口滋生繁衍情形打結作記號的家譜。譬如線上繫的每一個豬羊的背式骨，都是表示一個新輩的開始：若是生男孩，就繫上一副小弓箭；生女兒時，就繫上一塊布條；娶媳婦時，就掛上一個小搖籃，希望生育子孫。因此，背式骨之間所繫弓箭的數目，就是這家同輩人內男孩的數目；彩色布條的數目，就是所生女孩的數目；小搖籃的數目，就是所娶媳婦的數目。此外，所掛小鞋、襪子是希望子孫滿堂的意思；所繫撒袋是指望子嗣成為擅長馬步箭的人的意思；懸木犁、木板、銅錢……等東西，是希望米穀滿倉，貨財滿櫃，生活富裕。

喜里媽媽是錫伯文"siren mama"的音譯，"siren"，意即「絲線」，"mama"，意即「奶奶」，喜里媽媽就是錫伯族保佑家口平安的神仙奶奶，是供在正廳西北角的女神，其形狀是一條長二丈餘的細線，線上繫著小弓箭、布條、犁、鐮刀、鞋、搖籃等物。平時這條細線是捲起來裝在布袋裡面，掛在神位上。到了陰曆十二月二十三日以後，本家年老的奶奶把祂取下來，展開放在炕上，把該繫的物件加上，把祂從西北角拉到東南角，懸掛起來，點香祭拜。到二月初二日以後，才把祂收拾裝起來，掛回原處。

錫伯文教材也指出，喜里媽媽的故事，與古代家譜的起源有密切的關係。錫伯文教材對喜里媽媽故事的起源，有一段敘述，可將錫伯文節錄一段影印後轉寫羅馬拼音，並譯出漢文。

<table>
<tr><th colspan="2">錫伯文教材一段</th></tr>
<tr><td colspan="2">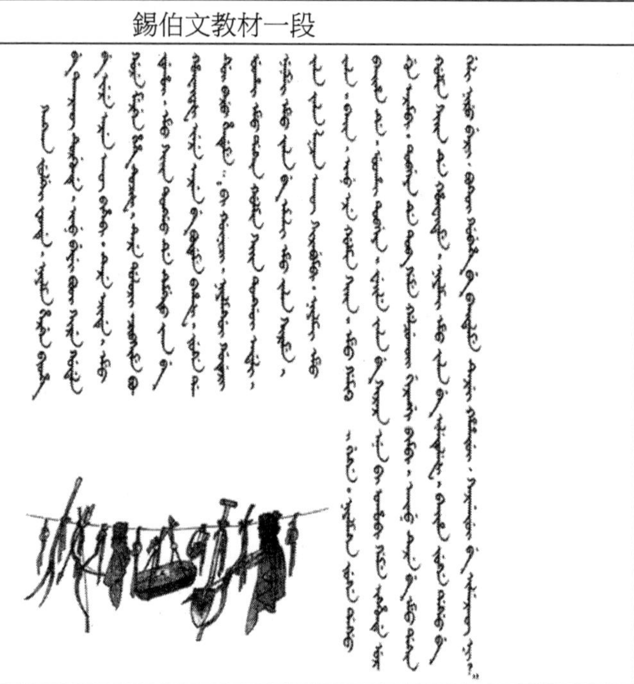</td></tr>
<tr><td>羅馬拼音</td><td>sangkan julgei fonde, niyalma hergen bithe be takarkū turgunde, inu beyei booi siren sudala be ejere arga akū turgunde, inu beyei booi siren sudala be ejere arga akū bihebi. tere erinde, emu sure mergen hehe tucifi, tere dolori, cibsime bodohoi emu sijin tonggo de temgetu jaka be hūwaitafi ejere arga be bodome bahafi, juse dasui baru hendume：“bi gūnici, niyalmasui suduri uthai emu dasin golmin sijin tonggoi adali, nenemei emu jalan be amalai emu jalan sirame, jalan jalan lakca akū sirabumbi. niyalmai emu jalan i banjin, inu ere golmin sijin i emu semiku i gese. niyalmasa juse dasu banjiha de, uthai tobgiya i fejile jalan be sirara enen bi ohobi seme ishunde urgun arambi. tobgiya de tob seme galcukūi giranggi bimbi. ainu tere be emu dasin golmin sijin de hūwaitame, niyalmai emu jalan be iletulefi, banjiha juse dasu be geli niru beri、bosoi subehe be baitalame terei hahajui、sarganjui be ilgarkū ni?</td></tr>
</table>

譯漢內容	上古時侯，因為人們不認識文字，所以也無法記錄自家的宗系。那個時候，出了一位聰明的婦人，她在心裡深思，想到了在一條細線上繫上有記號的東西，於是對子女說道：「我想，人類歷史就像一根細線一樣，後一代承襲前一代，世世代代延續不斷，人一輩子的生活也就像這長線的一個紉頭。人們生育子女時，就是因為膝下有接續的子嗣而互相祝賀。膝蓋上正好有背式骨，為什麼不把它繫在一根長線上表示人的一代，所生的子女又用弓箭、布條來區分男孩、女孩呢？」

在上古時候，因為沒有文字，無法紀錄自己家族的宗系，有一位聰明的老奶奶發明結繩記事的方法，人類歷史就像一條細線一樣，世代綿延不斷，以骨牌表示世代，長線上繫了背式骨，表示一個新生代的開始，這一代若是生男孩，就在線上繫上一副小弓箭；若是生女孩時，就繫上一塊布條；若是娶媳婦時，就掛上一小搖籃，希望生育子孫。在兩個背式骨之間所繫小弓箭的數目，就是這個家族同一輩人內所生男孩的人數；所掛小搖籃的數目，就是所娶媳婦的人數。所以，喜里媽媽就是世代綿延的世系奶奶，而把它放在神位上加以供奉。喜里媽媽故事中所描述的錫伯族家譜，就是使用文字以前早期家譜的原始形式。

何少文先生從東北、內蒙古地區搜集整理的〈喜利媽媽的傳說〉一文指出，錫伯族的祖先是活動於大興安嶺下，呼倫貝爾草原上的拓跋鮮卑。原文對喜里媽媽傳說的意義作了總結說：

> 在繩上掛上男人們的弓箭，拴上女人們的頭巾和搖孩子們的搖車，來紀念喜利姑娘。後來，許多錫伯人把它作爲家庭傳宗、生兒育女的記事方式，比如生男孩掛弓箭或皮鞋子，生女孩掛彩色布條或搖車，兩輩人相交中間則掛上一枚嘎拉哈，以表示輩數。平時用羊皮包好，供在本家的西屋西北角上，尊稱它爲「喜利媽媽」。每年臘月三十，將喜利媽媽請下來，把天地繩的另一端，拴在東南墻角上，待

> **到二月二日，就請喜利媽媽回歸原位。按年節燒香上供，拜謝這位喜利媽媽繁衍後代昌盛的女神。**

引文中的「喜利媽媽」，就是喜里媽媽（siren mama）的同音異譯，故事內容，大同小異。由於錫伯族的西遷，流傳於東北及內蒙古地區的喜里媽媽故事也傳播到伊犁。

在滿族社會裡，保存著生兒育女的一種習俗，如生男孩，即在大門的門樑上懸掛一張小弓和三支小箭。其箭射向門外，俗稱公子箭，它是生子的標誌。如果生了女孩，則在門樑上懸掛一條紅布。楊國才先生編著《少數民族生活方式》一書亦稱，滿族認爲生育是傳宗接代，後繼有人的大事。如果是男孩，就在門上掛一個木製的小弓箭；如果是女孩，就掛紅布或藍布條在門上。小孩滿月這天，長輩從家裡墻上拿下索線繩，把一頭繫在祖宗神位的支架上，另一頭拉到門外，拴在柳枝上，然後率全家族人向祖宗神位叩拜，接著就往索線繩上綁木製小弓箭，或綁紅綠布條。在古代的漢族社會裡，也有類似的習俗。《禮記・內則》記載：「子生男子，設弧於門左；女子，設帨於門右。」句中的「弧」，就是木弓，生男，懸掛木弓於門左；「帨」，就是佩巾，生女懸掛佩巾於門右。滿族社會的「懸弓掛帛」習俗，與古代漢族社會的「懸弧設帨」的習俗，其含義大致相近。從錫伯族喜里媽媽故事，可以解釋滿族「懸弓掛帛」與漢族「懸弧設帨」的古俗，就是發明文字以前，使用結繩紀錄生兒育女的方法，都是不同形式的早期家譜片斷紀錄，禮失求諸野，在錫伯族傳承的喜里媽媽故事裡，較完整的保存起來，成爲珍貴的歷史記憶。簡單地說，錫伯族的「喜里媽媽故事」與滿族「懸弓掛帛」的習俗，是屬於同源的歷史記憶。薩滿信仰是北亞文化圈的重要文化因素，滿族家譜的纂修與供奉，都和薩滿信仰有密切的關係，也是滿族家譜的一種鮮明特色。初修家譜、續修家譜，習稱辦譜，在滿族辦譜活動中，薩滿扮演著重要角色，在辦譜活動中，跳神祭祀的靈媒，就是薩滿。滿族續修家譜時，要請本族或本姓薩滿舉行祭祀，將重修家譜懸掛於西墻沿至北墻，擺列神案祭祖，薩滿響動法器，腰佩神鈴，頭戴神帽，身穿神裙，進行祭祀，族人磕頭、燒香。滿族祭祖時的神職人員是薩滿，家譜從木匣請下來擺在供桌上供奉時，也是由薩滿和穆昆達主祭，將家譜和祭祖活動結合在一起，如同神偶一樣地供奉家譜，這種習俗，與錫伯等族供奉喜里媽媽的儀式，十分相近。錫伯族供奉的喜里媽媽，其神位設在西隔間正房的西北角，一條二丈餘長細線繫上小弓箭、布條、犁、鐮刀、鞋子等物，平時這條繩線是捲著裝在布袋裡，掛在神位上保存，十二月二十三日以後取下喜里媽媽，把祂從西北角拉到東南角，懸掛起來，點香拜祭，喜里媽媽就是結繩作記號的家譜，也是將家譜和祭祖結合起來，屬於一種祖靈崇拜。

錫伯文教材的編輯，不僅突出地方特色，也重視西方文化的吸收與選擇。例如「賣火柴的小女孩」（syliyahū uncara ajige sarganjui），六年制小學課本，一九八九年六月出版錫伯文第十一冊，編在第九課，一九九七年六月出版錫伯文第六冊，編在第七課，故事內容，經過改編，譯文生動感人。對照重編教材內容，文字略有修改，為了便於比較，可將其中第一段分別影印如後，並轉寫羅馬拼音，譯出漢文。

<table>
<tr><td colspan="2">錫伯文教材一段
何文勤編《niyamangga gisun》，六年制小學課本，錫伯文第十一冊，
新疆教育出版社出版，一九八九年六月。</td></tr>
<tr><td colspan="2">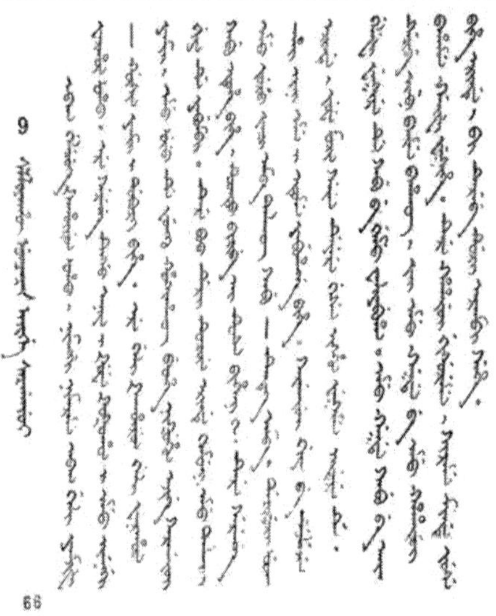</td></tr>
<tr><td>羅馬拼音</td><td>9、syliyahū uncara ajige sarganjui
abka gelecuke šahūrun oho, nimanggi nimarame abka geli yamjifi farhūn oho. ere serengge tesu aniya i šuwe šošohon i emu inenggi — gūsin yamji i dobori bihe. ere geli šahūrun geli farhūn yamji, emu uju de fungku hosihakū bethe nišuhun ajige sarganjui giya de yabumbi. tere boo deri tucire erinde kemuni emu talakū sabu etuhe bihe, tuttu bicibe ai tusa biheni？ tere serengge emu juru jaci amba talakū sabu — tenteke amba, dacideri uthai ini eme i etume yabuhangge bihe. sarganjui giya be dulere erinde, juwe morin sejen deyere gese ishun feksime jidere de, gelefi feksire de sabu be gemu waliyabuha. emu gakda sabu be aisecibe inu baime bahakū, jai emu gakda be emu hahajui bahame gaifi feksihe. tere hahajui gisureme, sirame minde juse bihe erinde, bi terebe duri arambi sehe.</td></tr>
<tr><td>譯漢內容</td><td>九、賣火柴的小女孩
天氣已經可怕地冷了，下著雪天又昏暗了。這是本年的最後一天（三十日）的夜晚。這個又冷又暗的晚上，一個頭上沒圍圍巾光著腳的小女孩走到街上。她從家裡出來時還穿著一雙拖鞋，但是有什麼好處呢？那是一雙很大的拖鞋 — 那樣大，原來就是她母親穿著走路的。女孩過街時，兩匹馬車飛也似地迎面跑過來時，嚇跑時鞋子都掉了。一隻鞋怎麼也沒找到，另一隻被一個男孩拿跑了。那個男孩說：以後我有孩子時，我要把它做搖籃。</td></tr>
</table>

<table>
<tr><td colspan="2">錫伯文教材一段
何文勤編《niyamangga gisun》，六年制小學課本，錫伯文第六冊，
新疆教育出版社出版，一九九七年六月。</td></tr>
<tr><td colspan="2">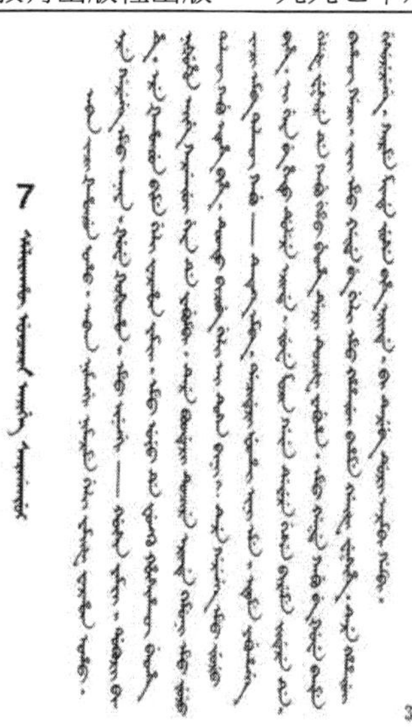</td></tr>
<tr><td>羅馬拼音</td><td>7、syliyahū uncara ajige sarganjui
abka jaci šahūrun oho, abka nimanggi nimarame geli yamjifi farhūn oho, ere serengge emu aniya i šuwe šošohon i emu inenggi—gūsin yamji i dobori bihe. ere šahūrun bime geli farhūn yamji, emu uju de fungku hūsihakū bethe nišuhun ajige sarganjui giya de yabumbi. tere booderi tucire erinde, kemuni emu juru talakū sabu etuhe bihe, tuttu bicibe, geli ai tusa bini？ tere srengge emu juru jaci amba talakū sabu, tenteke amba, dacideri uthai ini eme i etume yabuhangge bihe. i giya be hetu dulere erinde, juwe morin sejen deyere gese bireme jidere de, gelefi feksire de sabu gemu bethe deri tucifi yabuha. emu gakda sabu be šuwe baime bahakū seci, jai emu gakda be geli emu hahajui bahame gaifi feksihe. tere hahajui gisurerengge： sirame minde juse bihe erinde, bi terebe duri arambi sembi.</td></tr>
<tr><td>譯漢內容</td><td>七、賣火柴的小女孩
天氣已經很冷了，天下雪且又昏暗了。這是一年的最後一天（三十日）的夜晚。在這又冷又暗的晚上，一個頭上沒有圍圍巾光著腳的小女孩走到街上。她從家裡出來時還穿著一雙拖鞋，但是那又有什麼好處呢？那是一雙很大的拖鞋，那樣大，原來就是她母親穿著走路的。她橫跨街道時，兩匹馬車飛馳似的衝闖而來，嚇跑時鞋子都從腳上掉了出去。一隻鞋子到最後也沒找到，另一隻又被一個男孩拿跑了。那個男孩說：以後我有孩子時，我要把它拿來做搖籃。</td></tr>
</table>

〈賣火柴的小女孩〉譯文，前後大同小異。一九八九年本中“abka gelecuke šahūrun oho“，一九九七年本作“abka jaci šahūrun oho”；一九八九年本“nimanggi nimarame abka geli yamjifi farhūn oho”，一九九七年本作“abka nimanggi nimarame geli yamjifi farhūn oho”；一九八九年本“ere serengge tesu aniya i šuwe šošohon i emu inenggi”，一九九七年本作“ere serengge emu aniya i šuwe šošohon i emu inenggi”；一九八九年本“ere geli šahūrun geli farhūn yamji”，一九九七年本作“ere šahūrun bime geli farhūn yamji”；一九八九年本“tere boo deri tucire erinde kemuni emu talakū sabu etuhe bihe”，一九九七年本作“tere booderi tucire erinde kemuni emu juru talakū sabu etuhe bihe”；一九八九年本“tuttu bicibe ai tusa biheni”，句中“biheni”，一九九七年本作“bini”，一九八九年本“sarganjui giya be dulere erinde”，一九九七年本作“i giya be hetu dulere erinde”；一九八九年本“juwe morin sejen deyere gese ishun feksime jidere de”，一九九七年本作“juwe morin sejen deyere gese bireme jidere de”；一九八九年本“gelefi feksire de sabu be gemu waliyabuha”，一九九七年本作“gelefi feksire de sabu gemu bethe deri tucifi yabuha”；一九八九年本“emu gakda sabu be aisecibe inu baime bahakū”，一九九七年本作“emu gakda sabu šuwe baime bahakū seci”；一九八九年本“jai emu gakda be emu hahajui bahame gaifi feksihe”， 一九九七年本作“jai emu gakda be geli emu hahajui bahame gaifi feksihe”；一九八九年本“tere hahajui gisureme”，一九九七年本作“tere hahajui gisurerengge”；一九八九年本“bi terebe duri arambi sehe”，一九九七年本作“bi terebe duri arambi sembi”。大致而言，一九九七年本印刷精美，錫伯文書寫秀麗清晰。

西遷新疆的錫伯族重視對外部文化的選擇與改造，為適應環境及加強實用性，錫伯文新詞彙的創造，有助於錫伯文的發展。在六年制小學課本中出現頗多錫伯文創新的詞彙，譬如一九九五年六月，出版錫伯文第二冊在〈還是人有辦法〉（hasita niyalma de arga bihebi）一課指出，飛機飛的又高又快，汽車跑的比馬快，船走的比魚快，火箭飛的比鳥快，機器的力量比象的力氣更大。文中「還是」，錫伯文讀如“hasita”，《錫漢教學詞典》收錄“hasita”此新詞彙，應是由漢字「還是」音寫改造的創新詞彙。文中「飛機」，錫伯文讀如“deyetun”，是“deyembi”與“tetun”的結合詞彙。文中「汽車」，錫伯文讀如“sukdujen”，是“sukdun”與“sejen”的結合詞彙。文中「機器」，錫伯文、《錫漢教學詞典》俱讀如“šunggitun”，也是創新的詞彙。文中「上方的」、「以上的」，錫伯文讀如“ninggurgi”，《錫伯語語匯》收錄“ninggurgi”，是“ninggu”與“ergi” 的結合詞彙。一九九三年六月出版錫伯文第二冊，在〈奇車布去上學〉（kicebu tacikū de genembi）一課中敘述奇車布背了書包上學去，樹上有小鳥，唱歌唱的真好，草原上有漂亮的花。文中「書包」，錫伯文讀如“bofun”，是漢文「包袱」的音寫，《錫漢教學詞典》、《錫伯語語匯》俱查無此字。文中唱歌的「唱」，錫伯文課本讀如“cangnarangge”，《錫漢教學詞典》動詞原形作“cangnambi”。文中「漂亮」錫伯文讀如“kuwariyangga”，《錫伯語語匯》解作「漂亮」。〈狼和羔羊〉（niohe jai kurbo honin）的故事，編入一九八九年十月出版的錫伯文課本第四冊，文中描述狼來到小溪岸邊，看見一隻小羔羊正在那裡喝水，就故意挑釁說：「你把我喝的水弄髒了！」句中「小羔羊」，錫伯文讀如“kurbo”，《錫伯語語匯》未收此字，《錫漢教學詞典》釋“kurbo”為「羊羔」。文中「挑釁」，錫伯文讀如“fiktu baimbi”，《錫伯語語匯》釋作「挑釁」、「尋釁」，《錫漢教學詞典》釋作「尋釁」、「挑釁」、「求疵」。

〈母愛〉（eme i hairan）一課，編入一九九四年六月出版的錫伯文課本第三冊，敘述孩子打破了暖壺，受到母親的批評。文中「暖壺」，錫伯文音寫讀如“nuwan hū”。「批評」，錫伯文音寫讀如“pipinglere”，《錫漢教學詞典》釋作「批評」，文中是指「責罵」。〈小髒手〉（langse ajige gala）一課，編入一九九五年六月出版的錫伯文課本第二冊，文中“banjirman”，是“banjin”與“karman”的結合詞彙；《錫漢教學詞典》釋作「衛生」。文中“heniyeku”，詞首“heni”，意即「細微」，結合“yeku”，意思是「細菌」，《錫漢教學詞典》、《錫伯語語匯》俱未收此字。〈綠樹・梅花〉（niowanggiyan moo・nenden ilha）一課，編入一九九四年六月出版的錫伯文課本第三冊，課文中敘述寒冷的冬天，「你母親沒有聽到廣播嗎？昨天夜晚已經冷到零下五度了。」句中「廣播」，錫伯文音寫作“guwangbo”；「零下」，錫伯文音寫作“ling siya”，「五度」，句中「度」，據漢語音寫作“du”。〈我是一隻小蜜蜂〉（bi oci emu ajige hibsujen）一課，編入一九九四年六月出版的錫伯文課本第三冊，課文敘述「我是一隻小蜜蜂」，「把最甜的蜂蜜呈獻給祖國」。句中「蜂蜜」，錫伯文讀如“hibsu”，「蜜蜂」，錫伯文讀如“hibsujen”，《錫漢教學詞典》亦作“hibsujen”，《錫伯語語匯》、《滿漢大辭典》俱作“hibsu ejen”，由此可知錫伯文“hibsujen”，就是“hibsu”與“ejen”的結合詞彙。

〈院內的竊竊私語〉（hūwa i dorgi šušunggiyara gisun）一課，編入一九九一年六月出版的錫伯文課本第五冊，課文指出，槐樹的年輪恰好也是指南針。句中「指南針」，錫伯文讀如“julergi jorikū”。指南針，康熙年間，滿文讀如“julergi be toktobure ulme”，意即「定南針」，《錫漢教學詞典》作“julesi jorikū”。〈青蛙的眼睛〉（wakšan i yasa）一課，編入一九八七年十月出版的錫伯文課本

第六冊，課文敘述青蛙喜歡吃蒼蠅、蚊子、小蠓蟲、蚱蜢，句中「小蠓蟲」，錫伯文讀如“finjam”，《錫漢教學詞典》、《錫伯語語匯》、《滿漢大辭典》俱查無此詞，錫伯文課本保存了罕見詞彙，可以補充滿、錫辭書的疏漏。烏鴉喝水的故事，在錫伯族社會裡耳熟能詳，分別編入一九七九年十月出版的錫伯文課本一年級第二冊、二〇〇五年十月出版的錫伯文課本二年級下冊等課本，其內容詳略不同，例如一九七九年十月出版的課文標題作“gaha muke omiha”，二〇〇五年十月出版的課文標題作“gaha muke omimbi”。課文中描述烏鴉到處找水喝，看見瓶子裡有水，因為瓶口小，而且裡面的水也少，烏鴉竟然喝不著水。句中「瓶子」，錫伯文讀如“suce”，《錫漢教學詞典》、《錫伯語語匯》漢字俱作「瓶子」，可補滿文辭書的不足。〈觀看月蝕〉（biya alha jafara be tuwaha）一課，編入一九八九年十月出版的錫伯文課本第四冊，課文中記述奶奶笑著說：「現在說月蝕，我們小時候說天狗食月。」句中「月蝕」，《滿漢大辭典》作“biya be jembi”，《錫伯語語匯》作“biya alhūwa jafambi”，錫伯文課本作“biya alha jafahabi”。錫伯文“alha”，與“alhūwa”，讀音相近。〈我愛落葉〉（bi sihara abdaha be cihalambi）一課，編入一九九六年六月出版的錫伯文課本第五冊，課文中描述學童扛起書包放學回家時，看到老爺爺把落葉掃到花園裡。句中「書包」，錫伯文作“bithei fulhū”，“fulhū”，意即「布口袋」，或作「布囊」。〈春耕〉（niyengniyeri tarimbi）一課，編入一九八九年十月出版的錫伯文課本第四冊，課本描寫春天開始播種，李阿姨駕了一輛拖拉機來了。句中「拖拉機」一詞，錫伯文讀如“tolaji”，是漢字「拖拉機」的音寫。一九八五年六月出版錫伯文課本第七冊〈鯨魚〉（jing nimha）一課記述我國捕過的鯨魚八萬斤，長十七米。句中「鯨魚」，錫伯文讀如“jing nimha”，“jing”，是漢字「鯨」的音寫。長十七米，句中「米」，錫伯文讀如"miyeter"，是外來語"meter"的音寫，意思是「公尺」、「米」。

〈我家的菜園〉（mini boo i yafan）一課，編入一九九六年六月出版的錫伯文課本第五冊，課文中描繪園地裡玉米荚長得很大，西紅柿也成熟了。句中「玉米」，滿文讀如"aiha šušu"，意即「玉蜀黍」，錫伯文讀如"bolimo"；「西紅柿」，錫伯文作"pamidor"，外來語讀如"tomado"。「風箏」，滿文讀如"deyenggu"，又讀如"deyebuku"。錫伯文課本〈在春天的懷抱〉（niyengniyeri i hefeliyekui dolo）一課，課文描繪男孩子們飛著風箏比賽考驗技術，句中「風箏」，錫伯文讀如"deyenggu"。〈放風箏〉（fancal deyebumbi）一課，編入一九九一年六月出版的錫伯文課本第五冊，課文列舉老鷹風箏、鸚鵡風箏、白鶴風箏、蜈蚣風箏等名目。句中「風箏」，課文作"fancal"，"fancal deyebumbi"，意即「飛風箏」，漢語作「放風箏」。錫伯文課本中「風箏」一詞的滿文並未規範。〈富饒的西沙群島〉（bayan elgiyen siša ciyundoo tun）一課，編入一九八七年十月出版的錫伯文課本第六冊，課文中的「西沙群島」，錫伯文讀如"siša ciyundoo tun"，句中"siša ciyundoo"，是漢語的音寫。課文中描寫海龜成群地爬到沙灘上產卵。句中「沙灘」，錫伯文讀如"yonggan tan"，句中"tan"，是漢語「灘」的音寫。〈海底世界〉（mederi ferei jalan jecen）一課，編入一九八九年六月出版的錫伯文課本第七冊，文中描述海底動物常發出極小聲音。句中「動物」，錫伯文讀如"aššašu"。滿文"aššambi"，意即動靜的「動」，錫伯文"aššašu"，即由"aššambi"改造而來的新詞彙。海底有一種魚，身體像梭子，每小時能游幾十公里。句中「公里」，錫伯文讀如"gungli"，是漢語「公里」的音寫。「烏賊」，錫伯文音寫作"udzei"，「章魚」，音寫作"jang ioi"，「石油」，音寫作"šiio"。

「植物」，錫伯文讀如“mutursu”。滿文“mutumbi”，意即「生長」，“mutursu”，是由“mutumbi”改造而來的詞彙。〈酸和甜〉（jušuhun jai jancuhūn）一課，編入一九九四年六月出版的錫伯文課本第三冊，課文中描寫北山猴子所說「葡萄又酸又澀」，句中「葡萄」滿文讀如“mucu”。錫伯文讀如“puto”，是漢語「葡萄」的音寫。〈賣火柴的小女孩〉一課，編入一九八九年六月出版的錫伯文課本第十一冊及一九九七年六月出版的錫伯文課本第六冊，課文中的「火柴」，錫伯文讀如“syliyahū”，是漢語「西來火」的音寫。〈會飛的紅鈎〉（deyeme bahanara fulgiyan goho）一課，編入一九九四年六月出版的錫伯文課本第三冊，課文中的「作業」，錫伯文作“urebusu”。滿文“urebumbi”，意即「練習」，“urebusu”就是由“urebumbi”，改造而來的新詞彙。新疆錫伯族對傳承滿文、保存滿洲文化，確實作出了偉大的貢獻。

清初諸帝，重視國語清文，已有居安思危的憂患意識。滿文是一種拼音文字，相對漢語的學習而言，學習滿洲語文，確實比學習漢語漢文容易，西洋傳教士以歐洲語音學習滿洲語文，更覺容易，口音也像。巴多明神父致法蘭西科學院書信中指出，康熙年間編纂《御製清文鑑》的工作進行得極為認真，倘若出現疑問，就請教滿洲八旗的老人；如果需要進一步研究，便垂詢剛從滿洲腹地前來的人員。誰發現了某個古老詞彙或熟語，便可獲獎。康熙皇帝深信《御製清文鑑》是重要寶典，只要寶典存在，滿洲語文便不至於消失。通過巴多明神父的描述，可知《御製清文鑑》的編纂，就是康熙皇帝提倡清文國語的具體表現，具有時代的意義。康熙十二年（1673）四月十二日，《起居注冊》記載康熙皇帝對侍臣所說的一段話：「此時滿洲，朕不慮其不知滿語，但恐後生子弟漸習漢語，竟忘滿語，亦未可知。且滿漢文義，照字翻譯，可通用者甚多。今之翻譯者，尚知辭意，酌而用之，後生子弟，未必知此，不特差失大意，抑且言語欠當，關係不小。」「後生子弟漸習漢語，竟忘滿語」，就是一種憂患意識。

乾隆年間(1736-1795)，滿洲子弟多忘滿語。乾隆七年(1742)八月二十二日，乾隆皇帝降諭云:「滿洲人等，凡遇行走齊集處，俱宜清語，行在處清語，尤屬緊要。前經降旨訓諭，近日在南苑，侍衛官員兵丁，俱說漢話，殊屬非是。侍衛官員，乃兵丁之標準，而伊等轉說漢話，兵丁等何以效法。嗣後凡遇行走齊集處，大臣侍衛官員，以及兵丁，俱著清語，將此通行曉諭知之。」滿洲侍衛、官員、兵丁等在南苑或行走齊集處，不說滿語，轉說漢話，竟忘滿語，殊屬非是。乾隆十一年（1746）十月初十日，乾隆皇帝在所頒諭旨中指出，黑龍江地區是專習清語滿洲辦事地方，黑龍江將軍傅森竟不知穀葉生蟲的清語，傅森在奏摺內將穀葉生蟲清語，兩處誤寫。乾隆十二年（1747）七月初六日，諭軍機大臣等，盛京補放佐領之新滿洲人等帶領引見，清語俱屬平常。乾隆皇帝在諭旨中指出，「盛京係我滿洲根本之地，人人俱能清語，今本處人員，竟致生疎如此，皆該管大臣官員等，平日未能留心教訓所致，將軍達勒當阿著傳旨申飭。」黑龍江、盛京等處，都是滿洲根本之地，清語是母語，乾隆年間，當地滿洲人，其清語平常生疎如此，確實是一種隱憂。由於滿洲後世子孫缺乏居安思危的憂患意識，清初諸帝搶救滿洲語文的努力，確實效果不彰。

宣統三年(1911)七月十八日辰刻，宣統皇帝溥儀開始讀書。書房先是在中南海瀛臺補桐書屋，後來移到紫禁城齋宮右側的毓慶宮。滿文是基本課程，但是，溥儀連字母也沒學會，就隨著老師伊克坦的去世而結束。溥儀的學業成績最糟的要數他的滿文。學了許多年，只學了一個字，這個字就是每當滿族大臣向他請安，跪在地上用滿語說了照例一句請安的話，意思是：「奴才某某跪請主子的聖安」之後，溥儀必須回答的那個：「伊立」。滿語“ilimbi”，意思是：「起來」，「伊立」是“ili”的漢字音譯，就是“ilimbi”的命令式，意思是：「起來吧！」溥儀的「坦白」，令人鼻酸。

近年來，關於錫伯文的使用及教學問題，成了大家議論的熱門話題，有些人為錫伯語文的沒落而憂心忡忡；有些人認為應該順其自然。面對這些議論，使人不由自主地想起了早已被人遺忘的廣祿先生。永托里先生撰〈想起廣祿先生〉一文指出，「1971年12月，東亞阿爾泰學會第四屆會議在臺灣召開，一位臺灣老學者以《錫伯族由盛京遷徙新疆伊犁的歷史》為題作了專題發言，引起眾多國際滿學家的震驚。之所以震驚，主要是因為他的滿語發言令大家耳目一新。在辛亥革命六十年後，在滿族人差不多都已不會講滿語的情況下，在臺灣這樣一個小島上居然有人會講如此流利的滿語，自然令人震驚。這位學者就是廣祿先生，原籍為新疆錫伯族，他是臺灣大學教授兼滿文專家。」文中介紹了廣祿先生的簡歷，廣祿先生是察布查爾納達齊即第七牛录人，姓孔古爾，是清末錫伯營最後一位領隊大臣富勒怙倫的長子，出生於一九〇〇年。在楊增新主政新疆時期，他離開家鄉到北京俄文法政學校學習。他出任過中國駐蘇聯齋桑、阿拉木圖、塔什干的領事和總領事。一九四九年，隨同國民政府到臺灣。在臺灣的後半生裡，廣祿先生一直是立法委員。永托里先生之所以想起廣祿先生，「是因為他從少年時代起就離開家鄉，在外奔波從政大半輩子，到臺灣以後，在只有唯一一戶錫伯族的情況下，他仍然不忘記自己的民族，不忘記自己的語言文字，不但自己從事研究工作，還堅持叫自己的家人 — 夫人和兩個兒子說錫伯語、學滿文，從事滿文滿語的宣傳和傳授工作，至死不渝地堅守住了自己的精神家園，實在令人敬佩。」作者撰文的當時，察布查爾地區的錫伯文教學已停止十八年了，而在海峽這邊仍有人在教錫伯文、滿文，不為別的，只是為了自己的語言文字不至於失傳絕種。廣祿先生流利的錫伯語、滿文確實曾經感動過不少人。陳捷先教授撰〈滿文傳習的歷史與現狀〉一文也指出，民國四十五年（1956），臺灣大學歷史學系，在劉崇鋐、姚從吾、李宗侗幾位教授支持之下，邀請了新疆伊犁籍的立法委員廣祿先生來系教授滿文。廣祿先生的祖先是在乾隆二十年左右派到西疆駐防的，由於新疆境內種族複雜，言語宗教各自不同，駐防的旗人乃自成單元，因而保存了滿洲族人的語文風俗。廣祿先生在臺大開滿文課，可能是我國大學史上的創舉，當時選讀這門課的學生雖只有三數人，却給日後滿文與清史研究播下了光大的種子。廣祿先生的學生們，有的在大學裡開授滿文課程，有的在繙譯與研究滿文檔案上竭盡心力，所以近代中國對滿文與清初歷史研究的提倡與振興，臺大歷史學系與廣祿先生的功勞是不可磨滅的。

廣祿老師應聘在國立臺灣大學開設滿文課外，還成立滿文研究室。為了教授滿文，廣祿老師用毛筆書寫滿文字母講義。也從《滿洲實錄》選出滿文〈長白山〉、〈三仙女〉等內容，及滿文本《三國志通俗演義》中〈鳳儀亭貂蟬戲董卓〉等故事，編成滿文讀本，學生人手一冊。滿文字母及課文都有廣祿老師的錄音。民國五十八年（1969）八月，我從國立臺灣大學歷史研究所畢業後，經陳捷先教授推薦，進入國立故宮博物院圖書文獻處服務。當時正值院方整理出版《舊滿洲檔》十巨冊，我開始對滿文產生了興趣。我的主要工作是參與宮中檔奏摺的整理編目及錢穆先生主持《清代通鑑長編》的纂修。宮中檔含有滿文諭旨、滿文奏摺，纂修長編，滿文原檔是不可或缺的原始檔案，不懂滿文，許多史料，就無法使用，工作無法進行，於是上簽呈請求回到臺大旁聽廣祿老師的滿文課。加緊努力練習字母筆順，熟記字頭、字中、字尾的變化，多聽廣祿老師的滿文錄音，準確掌握發音。每天上班前，逐字背誦羽田亨《滿和辭典》，熟悉滿文常用詞彙。後來因日本東洋文庫清史研究室神田信夫、松村潤、岡田英弘、細谷良夫、加藤直人、中見立夫等先生為譯註天聰九年（1635）《舊滿洲檔》，專程來院提件查閱，轉寫羅馬拼音，核對院藏滿文原檔，工作地點就在我的辦公室，而有機會向他們請教滿文語法等問題，幫助很大，我的滿文學習進步很快，也頗有心得。廣祿老師往生以後，有一天夜裡，我夢見廣祿老師把他寫滿文的那枝毛筆親手交給了我，然後含笑而去。我醒來以後，相信此夢是廣祿老師深切期許我傳承滿文的徵兆，使我深深感覺到滿文教學與推廣，責任重大。從此以後，我對滿文的學習，加倍努力。經由國立政治大學哈堪楚倫教授的介紹，認識了達呼爾族胡格金台（1900-1986）老師。他是布特哈正黃旗第十八牛彔人。家裡講蒙古語，他從小就學滿語，精通滿文。廣祿老師往生後，我繼續加強滿文的學習，利用晚間，開始繙譯《清語老乞大》。據韓國延世大學發行的人文科學影印本轉寫羅馬拼音，然後譯出漢文，利用星期日前往新店中央新村請胡格金台老師逐句核對滿文，詳加審閱。因影印本滿文字跡漫漶模糊之處甚多，亦經胡格金台老師逐字辨認後，逐句重抄，於民國六十五年（1976）由文史哲出版社正式出版。

《尼山薩蠻傳》滿文本，是研究北亞民族薩滿信仰的原始文獻，稿本頗多。廣祿老師從俄羅斯帶回《尼山薩蠻傳》海參崴滿文手稿本。在此之前，此書雖有俄、英、韓等國文字譯本，獨缺漢文譯本。為提供研究薩滿信仰者的參考，我嘗試轉譯漢文。因原稿滿文潦草，字跡模糊，亦經胡格金台老師逐字辨認。漢文譯稿，俱經胡格金台老師詳加審訂。我進入國立故宮博物院服務前，曾在永和智光商職教中文打字，我利用中文打字機敲打羅馬拼音，對準單字，注釋詞義，譯出漢文，難度很高，每至午夜始收工就寢。慶幸的是，《尼山薩蠻傳》滿文譯本順利的問世，並且受到國際學術界的推崇。

廣祿老師往生後，廣師母蘇美琳女士繼續為滿文流傳而努力，在國立故宮博物院院長蔣復璁先生的熱心贊助下，蘇美琳女士受聘為本院滿文顧問，協助院內年輕員工，整理、繙譯滿文檔案。我利用空檔，請蘇美琳女士使用滿文書面語講故事，然後練習譯出漢文。其中有幾則滿文故事，曾經刊載於《滿族文化》。譬如〈聖女淑華傳〉，刊載於《滿族文化》第十期，可將滿文內容、羅馬拼音轉寫、漢文繙譯，分別照錄於後。

〈聖女淑華傳〉滿文內容

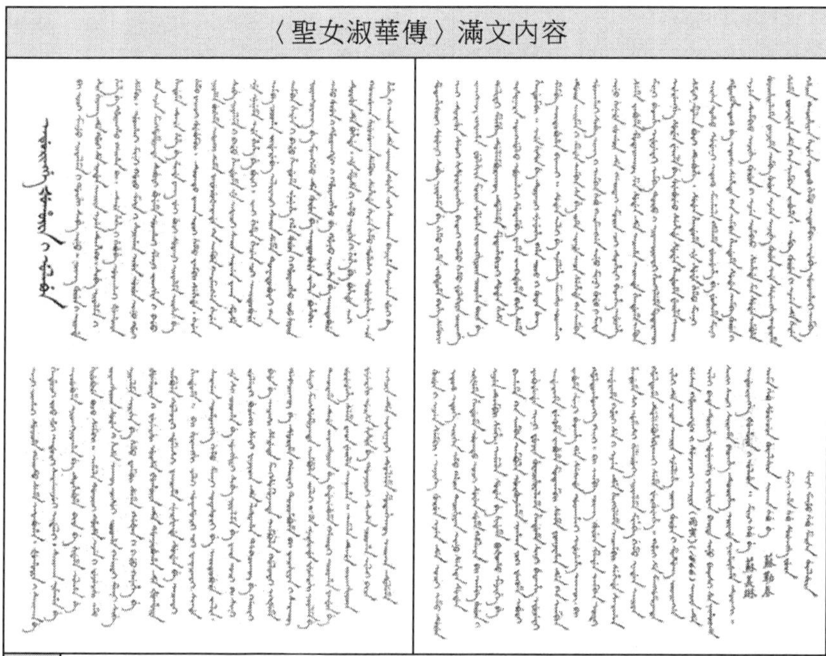

羅馬拼音

enduringge šuhūwa i ulabun

bi oci manju niyalma i dorgi sibe inu. cing gurun i erinde sin giyang de hūi se nadan aniya ejen tehebi, sibe niyalma i hehe be hūwangheo gaiha bi, tere hehe i gebube uthai šuhūwa sembi, uthai mini goro mafa i sargan ice urun inu hūi se ejen maksumujate sabufi buyeme uthai meni janggin i baru hendune: tere hehe be minde wang fei buci suweni niyalma irgen be gemu waraci guwebumbi, tuttu waka oci gemu wambi sehede, geren niyalma buceme afaki seme fafurušarade ka amban karmangga geren sibe niyalma i baru hendume: ne afaci sain arga waka muse ne neneme ere hehe be bufi, jai gemun hecen ci aitubure amba cooha jiderebe aliyaci sain seme toktobufi ka amban geren i baru hendume: nenehe han gurun i hūwangheo joo giyūn niyangniyang be monggo de gurun be aitubure jalin buhebi, emu gurun i hūwangdi i hūwangheo be hono irgen be aitubure turgun de buhede, ne muse i emu irgen i hehe be buhede ai goicuka girucuka sembi sehede geren gemu umesi urušehe, ere hehe i eigen de jakūn gūsa ci saikan banjiha sargan jui be ini cihai sonjome gaisu seme afabuha, šuhūwa i saikan be henduci yoo cy enduri sarganjui adali, saikan nimaha be irubume niongniyaha be tuhebume biya be gidame ilha be girubure boco sembi. amala donjici hūse ejen i fejergi emu jiyanggiyūn sudan i hese akū

羅馬拼音	cisui cooha gaifi meni sibe niyalma irgen be gemu wambi seme gašan i baru genehe be šuhūwa i fejergi urse šuhūwa de donjibuha de šuhūwa ambula golofi umesi fancame nerginde sudan be acafi hendume： bi giranggi yali uksuri ci fakcafi sinde sargan ohongge gemu meni oksori be aitubure jalin, ne si cooha be unggifi sibe niyalma be wara oci bi sini juleri buceki sefi fajiran de lakiyaha dabcikū be gaifi beye be araki serede maksumujate ambula golofi ekšeme dabcikū be durime gaifi torombume bi yargiyan i sarkū sefi maksumujate ambula jili dame nerginde fejergi niyalma be takūrame tere jiyanggiyūn be bederebume gaifi cooha fafun be jurecehe seme wara weile araha. amala tere jiyanggyūn fejergi urse gisun be donjici tese cooha ili bira ekcin de isinafi duleme mutehekū aika duleme mutehebici suweni sibe niyalma be gemu wame jabdume bihe sembi. ai turgun seci gisurerengge birai dolo gemu fulgiyan cirangge jangkū jafaha fulgiyan morin yaluha jiyanggiyūn cooha bira be dalifi membe dulemburakū duleme mutehebici sudan hese isinara onggolo uthai suwembe wame jabdume bihe seme hendumbi. ere gisun be tuwaci nenehe han coo i guwan gung membe aitubuha bikai. sudan ili be ejelehe manggi uthai duin aiman i meyen sa be jime inde aca sehede ka amban uthai sibe ing i amban gebu karmangga inu mini gufu i mafa inu genere jugūn de gaitai morin ci tuhefi bethe efujehe seme yabune muterakū ma sudan de acaha erinde hendume： amban mini bethe efujefi amba toro i niyakūrafi hengkileme muterakū ererengge sudan weile be guwebureo sehede sudan hendume： weile akū sefi mulan bufi tebuhe, sudan hendume： ne suwe gemu mini irgen oho suweni etuku mahala halame funiyehe be fusime mini hūise etuku be etuki sehede, ka amban hendume： sudan amba gurun i ejen tembio ajige gurun i ejen ombio sehede, ma sudan ambula guwacihiyalame fonjime amba gurun ejen ajige gurun ejen serengge adarame seme fonjiha de ka amban jabume： amba gurun i ejen de geren hacin tacihiyan etuku gemu etumbi erebe uthai amba gurun i ejen sembi, ajige gurun ejen de oci emu durun etuhe irgen emu hacin tacihiyan inu sehede, sudan ekšeme hendume： uttu oci sudan ume halara bi amba gurun i ejen tembi sehe. amala sudan be gidame bošoho mejige be bahame ka amban ambula urgunjeme nahan ci fekume ebufi yaburede ini fonjin guwacihiyalame hendume： sini bethe efujefi adarame fekume yabume mutembi seme fonjiha de ka amban jabume： mini bethe da sekinde uthai efujehe akū, bi holtohongge kai, bi amba cing gurun meyen amban ofi adarame hūi se i ejen de hengkileme acambi sehede, sargan hendume： si umesi gelecuke niyalma mimbe gemu nadan aniya holtome dulembuhebikai seme ferguwehe. hūi se maksumujate ili de nadan aniya ejelehe cing gurun i mudzung yoningga dasan hūwangdi i sunjaci aniya fulgiyan tasha aniya de ili bade tucihe unenggi yargiyan baita inu baksi sa narhūšame saki saci sirame bithe tucihe erinde narhūšame tuwaki enduringge šuhūwa i ulabun. mini gebu be su meilin, ama gebu surecun guwalgiya nikan gebu be surecun, mini eme gebu surengge fuca, mini manju gebu mergen guwalgiya.

漢文繙譯

聖女叔華傳

廣蘇美琳著
莊吉發 譯

我是滿洲人內的錫伯，清朝的時候，在新疆做了回子七年的蘇丹，娶了錫伯人的女人爲皇后，那個女人的名字就叫做叔華，就是我外祖父的新婚的媳婦，回子蘇丹馬克蘇木雜的看了喜愛，就對我們的章京說：「如果把那個女人給我作王妃，你們的人民都寬貸不殺，若不這樣，都要殺掉。」大家發憤要拚命打仗。喀大臣喀爾莽阿對衆錫伯人說：「現在打不是好辦法，我們現在先給這個女人，再等候從京師援救大兵到來才好。」定議後喀大臣對大家說：「從前爲了救國家把漢朝的皇后昭君娘娘嫁給了蒙古，一國皇帝的皇后尚且爲了救百姓的緣故而下嫁，現在我們下嫁一個百姓的女人有什麼丟臉呢？」大家都認爲很對，囑咐說，這個女人的丈夫可以從八旗自由挑娶長得漂亮的女孩子。說起叔華的美麗，眞像瑤池仙女，美如沈魚落雁，閉月羞花。後來聽說回子君主的屬下一個將軍沒有蘇丹的諭旨私自帶兵到我們屯子來要把我們錫伯人民都屠殺，叔華的下人稟告叔華時，叔華非常害怕，很生氣的時候，見了蘇丹說：「我離開骨肉族人嫁你爲妻，都是爲了解救我們的族人，現在你若發兵殺錫伯人，我要死在你的面前，說完拿了掛在墻上的劍要自殺。馬克蘇木雜的非常害怕，急忙把劍奪下安慰說：我實在不知道。馬克蘇木雜的非常生氣，派屬下召回那個將軍，以違抗軍法處以死罪。後來聽那個將軍屬下的人說他們的兵到了伊犁河岸，未能過來，倘若能過來，你們的錫伯人都會被殺掉。什麼緣故呢？據說河內都是拿了紅色刀騎着紅馬的將軍兵丁擋住河不讓我們過，若是能過，在蘇丹的諭旨到來以前，就把你們殺掉。看了這話是從前漢朝的關公救我們啊！蘇丹估據伊犁後就命四部領隊大臣來會見他，喀大臣就是錫伯僑的大臣，名字是喀爾莽阿，是我姑父的祖父，前往途中從馬上摔下來，弄壞了腿，不能行走，會見馬蘇丹的時候說：臣腿壞了不能行大禮叩拜，希望蘇丹免罪。蘇丹說：無罪，給了椅子坐。蘇丹說：現在你們都是我的人民了，換掉你們的衣帽，剃掉頭髮，穿上我們回子的衣服。喀大臣說：蘇丹要做大國的君主呢？還是小國的君主呢？馬蘇丹非常吃驚地問說：大國的君主、小國的君主怎麼一回事呢？喀大臣回答說：大國的君主接受各種教，各式衣服都穿，這個就是大國的君主，若是小國的君主，穿一樣衣服，人民信一種教。蘇丹急忙說：這樣你們不用換，我要做大國的君主。後來獲得蘇丹被打敗趕走的消息，喀大臣非常高興，從炕上跳下來行走時，他的福晉吃驚地說：你的腿壞了，怎麼能跳著走呢？喀大臣回答說：我的腿根本就沒壞，我是騙人的啊！我是大清國的領隊大臣，怎麼可以向回子的君主拜見呢？妻子乾異地說：你是很可怕的人，我們都被騙過了七年啊！回子馬克蘇木雜的佔據伊犁七年，清朝穆宗同治皇帝五年丙寅（1866），是伊犁地方所發生眞實的事情，先生們如果想要詳細地知道的話，以後出版書時詳細地看。

聖女叔華傳。我的名字蘇美琳，父親名字 sureccen guwalgiya，漢文名字蘇勒春，我母親名字蘇楞額富察，我的滿洲名字是歐爾根・瓜爾佳。

原載《滿族文化》第十期，1987 年 1 月

〈錫伯人談伊犁〉滿文內容	
羅馬拼音	sibe niyalma ili be henduki melken gūwalgiya guwang sumeilin araha manju sibe i jakūn gosa[1] be gowa[2] uksori[3] saišame ferguhe[4] gisun uju i niru funihe[5] sain, jai niru banin hatan tondo, ilaci niru alban yabume bahanambi, duici niru bilha amba, sunjaci niru gisun labdu sehebi, ainu seci sunjaci niru jibsi inu, tuttu gowa niru ci encu gisun gisurembi, ningguci niru angga faksi suru[6] bime saikan fujurungga, nadaci niru gonin sokū[7] i saisa, morin honin tuwakiyara niyalma gemu gala de bithe jafafi tuwambi, jakūn ci[8] niru asigata[9] baturu beye den amba giranggi derei fiyan gu adali giltuka[10] haha hehe gemu saikan banjihabi seme henduhebi, geli haha niyalma i adali baturu hūsun amba emu hehe niyalma gebu be agulk sembi, duin haha niyalma be juwe gala bethe i duin asigata ašašame[11] inu muterakū, ilan se i ihan i uncehen tataci ihan yabume muterakū. ili ba duin erin ilgabuhabi, turi[12] nimanggi dambi daha amala juwan biya de ili bira juhe geceme uthai juhe johūn[13] neimbi, juhe ninggu be yabumbi, mini ajige erin de ili jang pei yuwan facuhūraha de hūi yuwan hoton de tehe sibe niyalma gašan sibe ing de jailame genehe bihe, jang pei yuwan i fejergi yang jeng jung, jang pei yuwan bucehe amala funcehe cooha be gaifi hūi yuwan boton be durime tabcilame olji gaiki seme jihe de, mini ajige ama meni eyun nun[14] ilan niyalma be jai ajige uheme[15] geli jakūn jui emgi gašan de jailame genehe, mini ama i gisun tere hūlha jidere oci gu wehe ilgarakū seme gelerengge gemu sarganjui ofi tuttu jobolon ci jailame genehe bihe, sibe cooha umesi dacon[16] baturu

羅馬拼音	de hoton be tuwakiyara de be elhe taifin i dulembuhe, sibe cooha sin giyang be karmame amba hūsun tucire de gere[17] ba de baturu giranggi fayangga be werihe, uheri uksori teni bahafi elhe taifin i banjiha, sin giyang ili ba be karmame baturu gebu tucihe baturu cooha inu, sibe niyalma udu duin sunja tumen secibe juwan duin uksuri yaya uksuri gemu gidašame muterakū, ili baci aisin menggun sele gūlin[18] nicuhe juwan ši nimenggi dejire[19] mei ci tulgiyen jetere tubihe hacin labdu bime sain, duin forgon ijishūn jai na aššare alin de tuwa dekdere muke gashan gemu donjirakū hūlha holo inu komso, elhe taifin, sibe niyalma jakūn niru de oci usin tarime ulha ujime abalame honin temen funihe be orose[20] ci geren hacin sain etuku arara funihe i jodoho boso sokū i sabu golha[21] jergi jaka hūlasame gaimbi, tuttu mini ili ba umesi erde nendeme icemelehe hoton inu, terengge oci orose boo sejen oci gemu orose i darija[22] sejen, sejen tohorao[23] morin oci gemu orose morin beye den umesi saikan banjihabi.
漢文繙譯	註： (1) jakūn gosa,新滿文作 "jakūn gūsa",意即「八旗」，按故事全文應作 "jakūn niru" 意即「八牛彔」。 (2) gowa,新滿文作 "gūwa",意即「別人」，以下同。 (3) uksuri, 新滿文作 "uksura",意即「一支」，以下同。 (4) ferguhe,新滿文作 "ferguwecuke",意即「驚奇」。 (5) funihe,新滿文作 "funiyehe",意即「頭髮」、「毛」。 (6) suru,新滿文作 "sure",意即「聰明」。 (7) sokū,新滿文作 "sukū",意即「皮」。 (8) 漢文「第八」，新滿文作 "jakūci",此異。 (9) asigata,新滿文作 "asihata",意即「衆少年」。 (10) giltuka,新滿文作 "giltukan",意即「俊秀」。 (11) ašašame,新滿文作 "aššame",意即「動彈」。 (12) 漢文「冬」，新滿文作 "tuweri",此異。 (13) johūn,新滿文作 "jugūn",意即「路」。 (14) nun,新滿文作 "non",意即「妹子」。 (15) uheme,新滿文作 "uhume",意即「嬸母」。 (16) dacon,新滿文作 "dacun",意即「敏捷」。 (17) gere,似當作 "geren",意即「衆」或「諸」。 (18) 漢文「銅」，「黃銅」，新滿文作 "teišun",此作 "gūlin",異。 (19) dejire,新滿文作 "deijire",意即「燒」。 (20) orose,新滿文作 "oros",漢字作「俄羅斯」。 (21) golha,新滿文作 "gūlha",意即「皮靴」。 (22) darija,有篷的馬車。 (23) tohorao,疑形作 "tohombi",意即「套」或「備馬」。 錫伯人 談伊犁 外族稱道滿洲錫伯人八旗的話，說：頭牛彔的人頭髮美；第二牛彔的人性情忠厚樸直；第三牛彔的人很會當差；第四牛彔的人咽喉大；第五牛彔的人話多，為什麼呢？第五牛彔的人是吉布錫人，所以說的話和別的牛彔不同；第六牛彔的人嘴巧聰明而且美麗有風度；第七牛彔的人是羊皮秀才，牧放馬羊的人都是手上拿著書在看；第八牛彔的人年輕勇敢，身體高大，體格面色俊秀如玉，男女都長得好看。還有一個女巨人，和男人一樣，勇敢力大，名叫阿姑拉克，兩手兩腳挾住四個男人，四個年輕人動也不能動。拉住三歲大的牛尾巴，牛就不能走。伊犁地方，四季分明，冬天下雪後，在十月裡伊犁河結冰，就開冰路，在冰上走過去。我小時候，伊犁張培元叛亂時，住在惠遠城的錫伯人，到屯子錫伯營去躲藏了。張培元的屬下楊正仲在張培元死後率領殘兵到惠遠城來搶奪財物時，我的叔父把我們姐妹三人及嬸母，還有八個兒子一齊帶到屯子去躲藏了。家父說：那些賊匪來時，玉石不分，怕的因為都是女兒所以去躲避災難。錫伯兵非常英勇守城，我們得享太平。錫伯兵保衛新疆最為出力，在各處留下了英勇的骨魂，全族的人方得太平的過日子，是保衛新疆伊犁地方出了英名的勇士。錫伯人雖然說祇有四五萬人，但十四族中，那一族都不能欺侮。伊犁地方除了出產金銀鐵銅珍珠鑽石煤油燃煤以外，吃的果類既多又好，四季順調。再說地震、火山爆發、水災都不曾聽說過，盜賊也少，很太平。錫伯人八個牛彔，種田畜牧打獵，以羊駝毛向俄羅斯換取各種做美麗衣服的毛織布，紋皮的鞋靴等物，所以我們伊犁地方是一個很早進步文明的城市，住的是俄羅斯房子，坐的車子都是俄羅斯的篷車，拉車的馬都是俄羅斯馬，體形高大，長得很好看。

原載《滿族文化》第八期，1985 年 4 月。

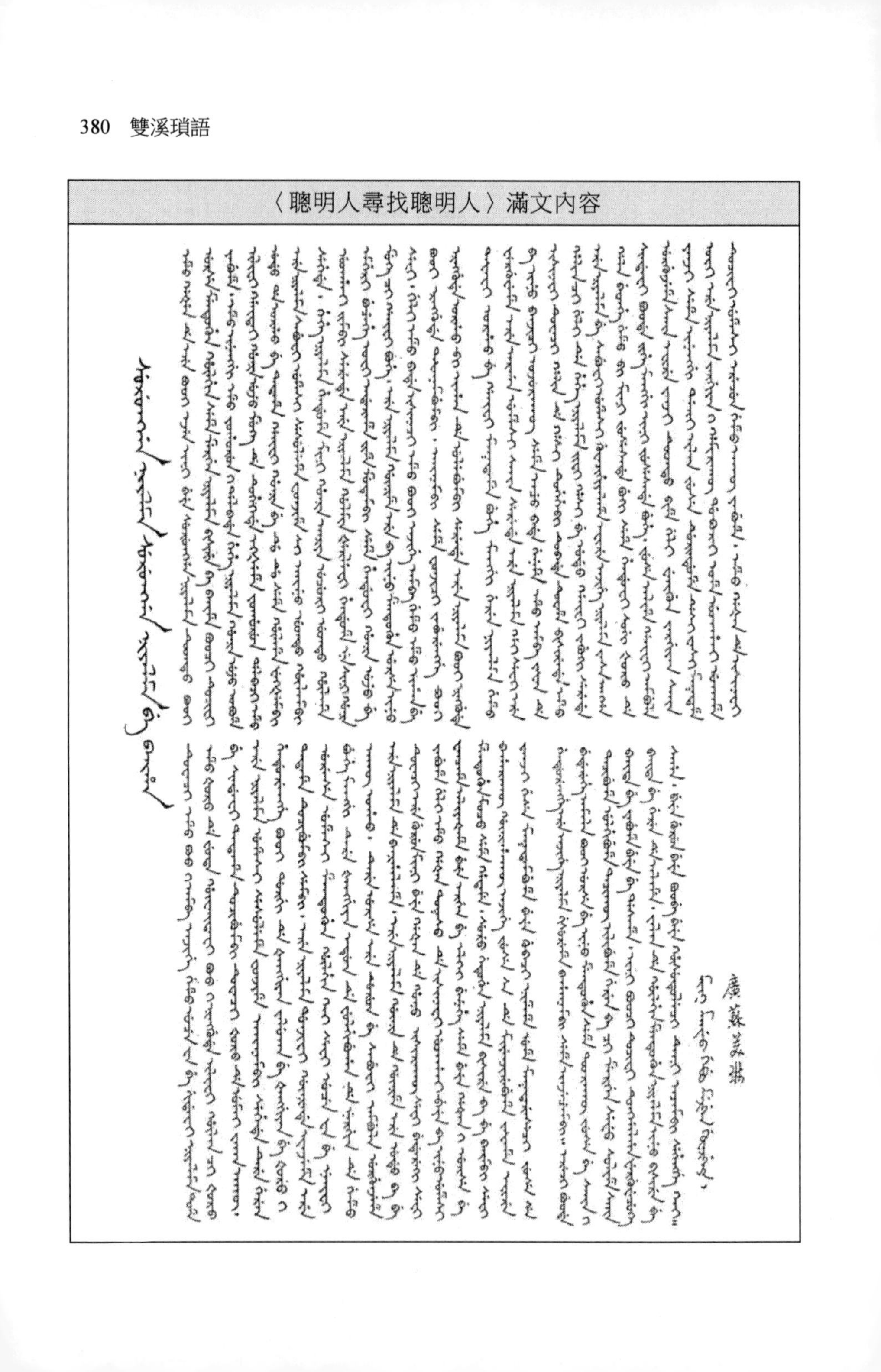

〈聰明人尋找聰明人〉滿文內容

[illegible]

羅馬拼音

surungga niyalma[1] surungga niyalma be baiha　　廣蘇美琳寫
聰明的 人 聰明的 人 把 尋找了　　莊吉發譯註

emu gašan de ere booi ejen ini beye surungga niyalma tuttu booi urse mentuhun
一 鄉村 於 此 家的 主 他的自身 聰明的 人 所以 家的衆人 愚

hūlhin[2] seme mergen niyalma bisire ba baime booci tucifi yabume, emu inenggi emu
糊塗 說 智 人 所有 地 尋找 從家 出去了 行走 一 日 一

yohorun[3] i dalbade hehe niyalma honin uju obome ilifi gaitai honin uju muke de tuhekede
渠溝 的 旁邊 女人 人 羊 頭 洗濯 正在 忽然 羊 頭 水 於 掉落時

ekšeme yohorun dalbaci emu udu da orho be tatame gaifi honin be du du seme hūlame
急忙 溝渠 從旁邊 一 連 枝 草 把 抽拉 取了 羊 把 嘟 嘟 說 呼叫

fekšembi,[4] ere niyalma sabufi umesi sesuleme[5] fonjime si ainu uttu hūlambi sehede,
跑 此 人 看見了 很 驚訝 問 你爲何 如此 呼叫 說了時

hehe niyalma hendume mini honin aniya ucuri uttu hūlame uthai jimbi serede ere niyalma
女人 人 說 我的 羊 年 一向 如此 呼叫 即 來 說了時 此 人

golmin šejilefi[6] hendume ne sini honin emgeri bucehe ofi adarame jime mutembi seme
長 嘆氣了 說 現 你的 羊 旣 死了 因 如何 來 能 說

hendufi honin uju be muke ci gaifi buhe, ere niyalma gūnime ere ba inu mentuhun urse
說了 羊 頭 把 水 從 取了 給了 此 人 想 這 地 亦 愚 衆人

inu sefi, geli emu bade isinaci emu booi ajige amba gemu emu ihan be booi ninggude
亦 說了 又 一 於地 到去時 一 家的 小 大 俱 一 牛 把 家的 上面

tafanambumbi, ainambi seme fonjici jaburengge booi ninggude orho bi ihan de ulebumbi
使上高去 做什麽 說 問時 回答的 家的 上面 草 有 牛 於 餵

serede ere niyalma booi ninggude tafafi orho be gaifi maktame buhe manggi geren niyalma
說了時 此 人 家的 上面 上高了 草 把 取了 拋 給了 後 衆 人

gemu ferguweme ere arga umesi sain serede ere niyalma hai sefi ere ba inu banjici
俱 驚奇 此 計 很 好 說了時 此 人 嗨 說了 此 地 亦 若生活

ojoraku seme encu bade geneme emu amba yafan de isinafi tuwaci halin[7] de hasi
不可 說 另 於地 去 一 大 園 於 到去了 看時 樹 於 茄子

tuhehebi tubade tuwame bisirede emu halin ci geln den hehe niyalma jifi hasi be udu gaifi
結了 於那裡 看 於所有 一 樹 從 又 高 女人 人 來了 茄子 把 幾 取了

yabuki serede ere niyalma be sabufi umesi guwacihiyalame[8] efire ajige niyalma yasa
欲行 說了時 此 人 把 看見了 很 驚奇 玩的 小 人 眼

angga gala bethe gemu bi mini jusesade buki seme hendufi sogi šoro de sindafi boode jihe
口 手 腿 俱 有 我的 於孩子們 欲給 說 說了 菜蔬 筐子 於 放了 於家 來了

manggi ini jusesade buhe, juse alime gaifi ambula urgunjeme sain efire yanji tuttu bime
後 他的 於孩子們 給了 孩子 受 取了 廣 歡喜 好 玩的 演技 然 而

geli weigun yargiyan sain yanji seme inenggi dari ilan juse durindume desi wasi maktame
又 活的 實在 好 演技 說 日 每 三 孩子 搶奪 東 西 拋

ofi ere niyalma yargiyan i hamirakū dobori ome uthai ukame tucifi umesi erecun gemu
因 此 人 實在 的 受不了 夜 爲 即 逃 出去了 很 期望 俱

akū yabume, emu gašan de isinafi tuwaci emu boo i amba ajige gemu uce fa be gidafi
無 行走 一 鄉村 於 到去了 看時 一 家 的 大 小 俱 門 窗 把 關了

niyalma tome emu šoro de futa hūwaitafi boo i ninggude ilifi hūlan ci šoro be sindafi
人 每 一 筐子 於 繩 拴了 家 的 上面 站立了 煙囪 從 筐子 把 放了

tatame tucibumbi tuwaci šoro de umai jaka akū, ere niyalma umesi sesuleme fonjime
拉 使出去 看時 筐子 於 並 物 無 此 人 很 驚訝 問

ainambi sehede tere geren hendurengge booi dorgi de šanggiyan jaluka be šanggiyan be
做什麼 說了時 那 衆 說的 家的 內 於 煙 滿 把 煙 把

šoro i tatame tucibumbi sembi, ere niyalma donjifi gūninde injeme ere urse umesi
筐子 以 拉 使出去 說 此 人 聞了 於意 笑 此 衆人 很

mentuhun hūlhin kai sefi uce fa be neifi buhe manggi tere šanggiyan edun de fulhibuha
愚 糊塗 啊 說了 門 窗 把 開了 給了 後 那 煙 風 於 被吹了

de nergin de gemu akū oho, tere urss ere durun be sabufi ambula urgunjeme ere niyalma
於 臨時 於 俱 無 了 那 衆人 此 樣子 把 看見了 廣 歡喜 此 人

de banihalame, ere niyalma gūnin de gūnime ere ndu ba be tuwaci ere gurun mini beye
於 致謝 此 人 意 於 想 此 幾 地 把 看時 此 國 我的 自身

gašan de hono isirakū sefi bedereki sefi yabume geli emu gašan tokso de isinafi uthai
鄉村 於 尚且 不及 說了 欲歸 說了 行走 又 一 鄉村 莊屯 於 到去了 即

beye ba inu umesi fancame aliyašame beye ergen be elkei benehe seme beye gašan i urse
自身 地 亦 很 生氣 後悔 自身 命 把 差一點 送了 說 自身 鄉村的衆人

be mentuhun moco seme hatame, suru getuhun niyalma bisire ba be baimbi sefi baharakū
把 愚 拙鈍 說 嫌 聰 醒 人 所有 地 把 尋求 說了 不得

gūnihakū ajige juse sa de miyenjirebume jafame efire yanji gese maktambume beye gubci
未想 小 孩子 們 於 虐待 拿 玩的 演技 似 拋 自身 全

nimeme ume maktareseci juse se hendurengge ere ajige niyalma gisureme bahanambi seme
病 勿 拋時 孩子們 說的 此 小 人 說 會 說

injecembi. ereci boode bederehe amala booi urse be inu mentuhun seme toorakū juse de
共笑 從此 於家 歸了 後 家的 衆人 把 亦 愚 說 不罵 孩子們把

sain i tacibume ulihibume taciku ilibume geren ba ci mergen sefu solime sain baita be
好 的 教 使曉得 校 使立 衆 地 從 智 師傅 請 好 事 把

yabume beye be dasame, ini booci tucifi tunggalaha ferguwecuke baita be geren de alame,
行走 自身 把 修治 他的 從家 出去了 撞見了 奇怪的 事 把 衆 於 告訴

jalen de hūlhin mentuhun niyalma inu bisire be saha, beye gurun beye boobe beye hūsutui
世界 於 糊塗 愚 人 亦 所有 把 知道了 自身 國 自身 把家 自身 用力時

teni acambi sehengge kai.
纔 應 說了的 啊

mini manjeo gebu mergen guwargiya
我的 滿洲 名 墨爾根 瓜爾佳

(1) 聰明人，新滿文讀如"susultungga"，或作"susultungga niyalma"，此作"surungga niyalma"異。

(2) 糊塗，新滿文讀如"hulhi"，此作"hulhin"異。

(3) 溝渠，新滿文讀如"yohoron"，此作"yohorun"異。

(4) 漢語「跑」，新滿文讀如"feksimbi"，此作"fekšembi"異。

(5) 驚訝，新滿文讀如"sesulambi"，原文"sesuleme"似宜作"sesulame"。

(6) 嘆氣，新滿文讀如"sejilembi"，原文"šejilefi"，似宜作"sejilefi"。

(7) 樹木，新滿文讀如"moo"，原文"halin"爲錫伯語「樹木」之通稱。

(8) 原文"guwacihiyalame"，又作"guwacihiyalme"，意即吃驚。

漢文繙譯

聰明人尋找聰明人

廣蘇美琳著
莊吉發譯

在一個村裡有一家的主人，他自以爲是聰明人，所以覺得家裡的人愚笨，爲尋找有聰明人的地方而離家外出。

有一天，看到一個女人在溝渠旁邊正在洗羊頭，忽然羊頭掉到水裡去了，她急忙從溝渠旁邊拔了幾株草，「嘟！嘟！」地跑着呼叫羊。這人看了很驚訝，問說：「你爲什麼這樣呼叫呢？」女人回答說：「我的羊平時這麼呼叫就會來。」這人長嘆了口氣說：「現在你的羊已經死了，怎麼能來呢？」說畢，把羊頭從水裡撈起來交給她。

這人心想這地方也是愚笨的人。又去到一地方，有一戶人家，大小都把一頭牛往屋頂上拉，問說：「幹什麼？」回答說：「屋頂上有草，要牛去吃。」這人爬上屋頂，把草拔下丟給牠以後，大家都稱讚說：「這個辦法很好。」這人說聲「晦」，這個地方也不能過日子，而往另一個地方，到了一個大園子，看見樹上結了茄子，在那裡正在看時，有個比樹還要高的女人來採了一些茄子，正要走的時候看到了這人，很驚奇地說：「是很好玩的小人，眼口手腿都有，要給我的孩子們」，而放到菜籃裡，帶回家來後給了她的孩子們。

當孩子們接到的時候，高興得不得了，都說：「這是個好玩的玩具，然而還是個活的呢！實在是很好的玩具。」因爲三個孩子每天把他搶過來丟過去地玩弄着，這人實在痛苦得受不了，到了晚上就逃出來了，很失望地走着，來到一個村裡，看見一家大小把門窗全都關了起來，每個人站在屋頂上，用繩子拴了一個筐子，從煙囪把筐子放下去再拉出去，看了筐子裡並沒有東西。這人很驚訝地問：「做什麼？」他們大家說：「要把滿屋子裡的煙用筐子拉出來。」這人聽了心裡頭笑着想這些人很愚蠢，便把門窗給打開了，那些煙一下子被風吹不見了，那些人看了這樣，非常高興地向這人道謝。

這人心裡想：這幾個地方看來比我自己的家鄉還不如，於是想回去，一面想着，一面走着，又來到了一個村莊，就是自己的地方。他很氣又後悔，差一點把命給送了，嫌自己鄉村的人笨拙而去尋找有聰明人的地方，不但找不到，反而被小孩子們虐待當娃娃拋來丟去，弄得全身疼痛，還得討饒說：「不要丟了」，小孩子們一齊笑着說：「這小人會說話。」

自從回到家以後，也不再罵家裡的人們笨了，想把孩子們好好地教誨，設立學堂，從各地聘請明師，行好事及修身。他把離家後所撞見的奇奇怪怪事情告訴大家，知道世界上也有愚笨的人，自己的國，自己的家，自己本身還要自己努力啊！

我的滿洲名字是愚爾根瓜爾佳。

原載《滿族文化》第九期，1986 年 5 月。

為了掌握滿文典籍，我曾先後往返韓國、日本、英國、美國查閱館藏滿文古籍，勤於逛古書店，確實頗有收穫。為了擴大視野，練習聽與說，熟練會話，曾經多次前往北京、遼寧、新疆等地請教滿文專家。有一年寒假，中央民族學院王鍾翰教授安排我住在該校招待所，冒著零度以下寒風，陪我前往拜訪滿文流利的老前輩，令我十分感動。後來我多次拜訪北京中國第一歷史檔案館吳元豐先生，請教《滿和辭典》查不到的滿文詞彙，譬如："suce"，是「玻璃杯」，又作「瓶子」；"kurbo"，是「羔羊」；"kurbu"，是「橋」等等。民國六十九年（1980）九月，我赴英國倫敦參加國際檔案會議期間，曾經把我編譯的《清代準噶爾史料初編》送給中國文物局出席會議的代表。我和吳元豐先生初次見面時，吳元豐先生告知文物局將我的書交下給了他，所以他頗為驚訝，臺灣竟然有人懂滿文。郭美蘭女士是吳元豐先生的夫人，夫婦都是新疆錫伯族，都精通滿文，我多次請郭美蘭女士念誦錫伯文教材，並錄音。每次見面，多用滿文書面語對話。我也曾經請安雙成先生等滿文專家錄音，我暫住中央民族學院招待所期間，曾經多次拜訪季永海先生，請教滿文問題，我也熟讀他編寫的《現代滿語八百句》。其他我拜訪過的滿文專家多人，收穫很多，誠摯表示謝意。

我努力學習滿文，頗有心得，先後在政治大學邊政所、民族學系、臺灣師範大學歷史學系、淡江大學歷史學系、故宮博物院滿文班、臺灣大學中文學系，開設滿文課程，培養滿文人材，協助整理滿文檔案。為了教學相長，特地編寫滿文教材，近年來出版的滿文書籍，就是在各校上課使用的輔助教材，都由臺北文史哲出版社出版，感謝老闆彭正雄先生的熱心贊助，對滿學研究，作出了重要的貢獻。這些教材依次為：《清語老乞大》(1976)、《尼山薩蠻傳》(1977)、《孫文成奏摺》(1978)、《清代準噶爾史料初編》(1983)、《滿漢異域錄校注》(1983)、《雍正朝滿漢合璧奏摺校注》(1984)、《謝遂職貢圖滿文圖說校注》(1989)、《滿文故事譯粹》(1993)、《御門聽政—滿語對話選粹》(1999)、《滿語童話故事》(2004)、《滿語歷史故事》(2005)、《滿語常用會話》(2006)、《滿漢西遊記會話》(2007)、《滿漢諺語選集》(2010)、《康熙滿文嘉言選》(2013)、《滿漢對譯文選》(2013)、《清語老乞大譯註》(2014),《佛門孝經・地藏菩薩本願經滿文譯本校註》(2015)等。附錄《國文天地》葉高樹先生、日本《朝日新聞》石田耕一郎先生、臺灣中文學會孟人玉小姐等專訪資料於後。

附錄一：《國文天地》專訪資料

久著十全贏樹績

莊吉發教授的滿文教學與研究

葉高樹・臺灣師範大學歷史學系副教授

滿洲語文為清朝的「國語」，惟隨著清朝政權的衰落與瓦解，滿洲語文遂漸遭棄置。但是當時官方留下了大量以滿文書寫的檔案、官書，為歷史研究提供了豐富的史料，而用滿文繙譯的儒家典籍，也為經學研究保存了珍貴的材料，實值得經、史研究者重視。然而，由於一般人主觀地認為滿文不易學習而不願嘗試，或有學習意願卻求學無門，以致這批寶貴的資料並未得到充分的利用。近三十年來，莊吉發教授積極推動滿文教學，使得臺灣能夠使用滿文的研究人口漸有增加，既為清史研究奠定堅實的基礎，也引領了滿文研究的新方向。

赴英出席會議，1980 年

莊吉發教授，係國際知名的清史學者，一九三六年五月生，臺灣苗栗人，幼失怙恃，求學過程坎坷艱辛，全憑公費與工讀完成學業。一九五六年畢業於省立臺北師範學校，一九六三年畢業於臺灣師範大學史地學系，一九六九年獲臺灣大學歷史研究所碩士學位，旋進入故宮博物院服務，歷任編輯、副研究員、研究員，以及臺灣師範大學歷史研究所、政治大學民族研究所、淡江大學歷史研究所等校兼任教授。二〇〇一年，自故宮博物院屆齡退休，目前仍持續研究與教學工作。

莊師的學術研究領域極廣、著述極豐，除了清史

莊吉發

之外，尚有滿文、滿族史、臺灣史、中國近代史、邊疆史、秘密社會史、宗教史、史料學、檔案學等，各個研究領域均有專著出版。舉其要者，包括：《京師大學堂》、《清代史料論述》、《清代天地會源流考》、《故宮檔案述要》、《清高宗十全武功研究》、《清代奏摺制度》、《薩滿信仰的歷史考察》、《真空家鄉：清代民間秘密宗教史研究》等史學專書十餘種；《清語老乞大》、《尼山薩滿傳》、《孫文成奏摺》、《謝遂職貢圖滿文圖說校注》、《滿語故事譯粹》、《御門聽政：滿語對話選粹》等滿文資料譯注十餘種；另發表學術論文四百多篇，正集結為《清史論集》，目前已出版至第十六集。就研究的廣度、深度的質與量而言，莊師堪稱締造了學術研究的「十全武功」，而近年對於滿文教學的投入，為其學術志業別開生面，更造福有志於學的後進。

臺灣的滿文教學，始於一九五六年的臺灣大學歷史系，當時聘請新疆伊犁錫伯族廣祿教授開設滿文課，這是臺灣的大學教育史上的創舉，為日後滿文與清史研究播下光大的種子；廣祿教授另在臺灣大學成立滿文研究室，協助學生從事更深一層的研究工作。今日，在臺灣能利用滿文進行學術研究的學者，皆出自廣祿教授門下。

一九六九年，莊師至故宮博物院任職，正值該院將珍藏的老滿文檔冊整理出版，題為《舊滿洲檔》，而開始對這個被許多人誤認為已經失傳的「死文」、「死語」產生興趣；在整理清代文獻的過程中，又陸續查閱到許多以滿文書寫的檔案與典籍，遂立志學習滿文。惟是時工作繁忙，無暇赴臺大旁聽，只能利用公餘時間求教於廣祿教授。在廣祿教授與師母廣蘇美琳女士的悉心指導下，以及莊師個人的勤奮向學，在很短的時間內，便能以滿文從事研究工作。

在學習滿文的期間，莊師每天利用上班前的時間，逐字背誦羽田亨《滿和辭典》，奠定了深厚的語文基礎；同時也發揮既有的歷史學訓練的專長，積極蒐集、整理滿文資料。一九七六年，《清語老乞大》的出版，是莊師研究滿文的第一部成果。是書原為十七世紀朝鮮人往來中國東北經商時，學習滿語會話的教材，全書六百多句，經莊師手抄滿文，加註羅馬拼音，並逐條譯為漢文，實可視之為今日漢族學習滿洲語文的基本教材。次年，復譯出滿族民間文學《尼山薩滿傳》。是書係研究北亞民族薩滿信仰的重要材料，在此之前，雖有俄、英、韓等多種外文譯本，而獨闕漢文；加以傳世的滿文原本字跡已不易辨識，譯註的難度極高，莊師猶不憚其煩，字斟句酌，完成了漢文譯本，其精確的程度，深獲外國語言學家的推崇。另一方面，莊師又以十餘年的時間，完成《孫文成奏摺》、《滿漢異域錄校注》、《清代準噶爾史料初編》、《雍正朝滿漢合璧奏摺校注》、《謝遂職貢圖滿文圖說校注》等五種有關清朝滿文史料的譯註，提供研究者使用上的便利，可知莊師雖積極投入滿文研究，仍不忘對史學專業的堅持。同時，莊師也先後在臺灣師範大學歷史系、政治大學邊政研究所（現為民族學系）教授滿文課程，迄今已近三十年之久。

自一九九一年起，莊師更前往新疆伊犁調查錫伯族的語文資料。錫伯族原居於東北滿、蒙交界處，是一支使用滿語的民族，由於夾處兩強之間，故民風強悍而善戰；十八世紀中葉，乾隆皇帝平定天山南、北路之後，將該族移至伊犁駐防，一直到現在。當移徙關內的滿族子弟母語能力漸失，留住關外的滿族耆老日趨凋零之際，伊犁的錫伯族卻因地理的隔絕，而將滿洲語文完整地保留下來；今日所謂的錫伯文，除了書寫字形、慣用詞彙與滿文稍有出入之外，其餘大體一致。莊師將攜回的錫伯族母語教材資料，轉寫、譯註成《滿語故事譯粹》、《滿語童話故事》、《滿語歷史故事》等書。值得一提的是，莊師初赴伊犁，便能用滿語與當地人溝通。滿文有「口語」與「書面語」之分，亦即「說」與「寫」有所不同，雖然其中的轉換有若干規則可循，但若非極為熟悉，絕不容易；加以莊師在臺灣除了廣祿教授及其家人之外，毫無練習滿語會話的機會，可見當年不僅用功，且能靈活運用。

當代從事滿文教學與研究的學者，幾乎都是語言學家，莊師的業績能得到跨領域學者的讚賞，實屬不易；而莊師滿文教學的深入淺出、化繁為簡的功力，讓人折服，對滿文教學的執著，更令人尊敬。莊師認為，滿文是值得研究的主題，也是解讀清代歷史的重要工具，如何使學生在最短的時間內學會、學好滿文，是教學的最大挑戰。莊師的滿文課有兩大特色：一、教材來源極為廣泛。在初學字母階段，採用清人編寫的教材，使學生習得正確的筆順與發音；繼之從《清語老乞大》等書中摘取若干例句，以熟悉滿文語法；再輔以錫伯族母語教材、章回小說、檔案等各種文體，以訓練閱讀能力。二、充分運用學生既有的語文學習經驗。選讀滿文課程的學生，知識背景以民族學、歷史學為主，並無語言學的基礎，莊師則常以學習英、日文的經驗為例，尤其滿文、日文同屬阿爾泰語系，語法、詞類變化有類似之處，彼此相互印證，學生的困惑即可迎刃而解。在莊師的教導下，只要學生按部就班，大約半年左右的時間，即可獨立進行滿文檔案的翻譯。又莊師的自我要求極高，為自己訂定的研究工作十分繁重，卻始終願意撥出時間推動滿文教學，實與一則故事有關，莊師也常在滿文課堂上以此鼓勵學生。廣祿教授去世之後不久，莊師曾夢見廣祿教授，並從廣祿教授手中接過一枝筆，莊師不諱言此夢與「江郎才盡」的典故相仿，但他認為這是象徵著學術的傳承，以及老師對他的期許，因此多年來無

莊吉發

時不以此自勉，也樂於從事滿文教學的工作。

對於長年提倡學習滿文的莊師而言，滿文文獻除了能提供豐富的語文資料、歷史線索之外，也能對清代的經學研究有所助益。早在關外時期，滿族為能瞭解漢文化，著手翻譯各類漢文書籍；入關之後，翻譯的工作仍持續進行著，並擴及儒家典籍，且《四書》、《五經》皆有多種譯本。惟當時在翻譯儒家典籍的過程中，如何選擇底本、選擇的考量，及其與漢文的契合程度等諸多問題，仍有待進一步探究。論者往往以為，凡是有滿、漢文並陳的資料，其內容必定相同，尤其翻譯的書籍更是如此，其實不然。莊師強調，只有透過大量的比較，才可以判斷滿、漢文之間的異同，進而準確地掌握滿文本身的演變趨勢，瞭解官方學術政策的走向，以及釐清學術思想的發展脈絡，並藉由〈清高宗敕譯《四書》的探討〉、〈漢文古籍滿文譯本的語文資料價值〉兩篇文章，論證譯本的重要性。例如：《四書》章句中常以「夷狄蠻貊」字樣指稱邊疆少數民族，康熙朝滿文本《起居注冊》、《日講四書解義》均按漢字讀音譯成滿文，並未避諱；乾隆年間譯出的《御製繙譯四書》則改成「外藩」或「藩部」的意譯，亦即「i di」（夷狄）改作「tulergi aiman」（外面的部落），「man me」（蠻貊）改作「julergi amargi aiman」（南北的部落），卻未必涉及纂改或出於忌諱。因為「i di」、「man me」做為專有名詞，在滿文中並不具任何意義，必須換一種方式來表達，否則難以瞭解其字義。其間的變化，只能說明滿文從音譯走向意譯的發展，而不宜用狹隘的種族意識或恐怖的高壓統治遽以論斷。

其次，清代儒學發展有漢、宋爭勝的消長，而論者以為官方的學術政策由理學轉向經學，係朝廷提倡的學風被民間自然發展的學風壓制。莊師則指出，仔細檢視順、康、乾三朝翻譯《四書》、《五經》根據的底本，不難發現始終都有漢、宋兼採的特徵，譯本實為清儒阮元「崇宋學之性道，而以漢儒經義實之」之說，提供了有力的註腳，也有待研究者繼續予以深化。又乾嘉考據學的興盛，有其「外緣因素」與「內在理路」的交互作用，從「內在理路」來看，莊師主張不應忽略乾隆朝全面重譯《四書》、《五經》的影響。以《四書》為例，康熙十六年（一六七七年）喇薩里等已譯就滿文《日講四書解義》，乾隆六年（一七四一年）鄂爾泰又奉命譯出滿文《御製繙譯四書》，迨乾隆二十年（一七五五年）乾隆皇帝再次敕譯滿漢合璧《御製繙譯四書》，究其原因，全出自乾隆皇帝為求譯本的文義準確，並能闡揚聖人意旨的堅持。是以奉敕翻譯的諸臣，勢必字字考證、句句推敲，始能符合皇帝的要求，這種研究態度實與考據學風無異。這些觀點莊師在論著中、課堂上多次提及，也鼓勵學生從事這方面的研究。近年來，偶有一、二位中文系的研究生前往旁聽滿文課，莊師也希望能將利用滿文材料進行學術研究的風氣，從歷史學、民族學推展到經學領域。

莊師自故宮博物院退休之後，除了繼續在大學擔任滿文課程之外，更利用週末時間，義務在故宮博物院開授「滿文資料研讀班」，每期選讀的人數屢有增加。在莊師的辛勤經營下，臺灣有志從事清史研究的學子，已漸漸將學習滿文視為必要，而莊師揭示儒家典籍滿文譯本的重要性，亦可供經學研究者參考。

認識莊師的學生都知道，莊師的學思歷程、學術成就各方面，充滿了傳奇與驚喜，非一篇短文所能述盡。僅就臺灣的滿文教學與研究言之，廣祿教授固為開創者，而莊師則居拓展之功。

▲莊吉發教授之著作

附錄二：日本朝日新聞記者專訪

莊吉發老師

感谢信

请看信内报纸的第 2 页。

承蒙您的帮助，在这一期的报纸上刊登了我们的报道。

朝日新闻不仅是在日本，也是在以中国为首的世界各国的诸位的帮助下制成的。除了发行日语和英语的新闻外，也在网络上发布汉语和韩国语的新闻。今后，为了能够让更多的读者看到我们的报道，尽可能快速的传递世界动向，我们将会更加努力。

此次能得到您的帮助我们十分荣幸，希望能够保持联系！

如果有认为有问题的地方或是有任何要求的话，请随时联系我们。

顺致敬意！

2013 年 12 月 17 日

朝日新闻沈阳支局　石田耕一郎
支局电话：024-23918788
手机：13904058701
邮箱：kobe950117@gmail.com

朝日新聞 DIGITAL

（消えゆく満州語：3）伝承、時間との勝負

2013年12月13日12時29分

印刷　メール　スクラップ

広禄さんの次男、広定遠さん（右）と三男の広樹誠さん。玄関には「友人が遠方から来るのは楽しいことだ」と満州語で書かれた紙が張られていた＝台北市、石田耕一郎撮影

【台北＝石田耕一郎】「遠方からの客を歓迎する」。台湾・台北市近郊にある民家の玄関に満州語が掲げられていた。台湾に満州語研究の礎を築いた新疆（しんきょう）ウイグル自治区チャプチャル出身のシボ族、故・広禄（コワンルー）氏の家族が暮らす。

広氏は第２次世界大戦中、外交官として国民党の蒋介石に仕えた。国共内戦を経て１９４９年、家族と台湾に逃れる。当時、台湾に満州語を持ち込んだのは広一家ら数家族。広氏は「民族の言語を忘れてはならない」と、子供らに家庭で満州語を使わせた。

その後、大学で教職に就き、同僚に請われて学生に満州語も教えた。現在、満州語を研究する台湾の学者のほとんどが広氏の流れをくむ。

弟子の一人、台湾の故宮博物院研究員の歴史学者、荘吉発さん（７７）も「広禄さんの遺志を継ぐ」と長く満州語を教えてきた。１１年前に故宮で満州語講座を開設。自らの教え子を講師に据えて、満州語を次の世代につなぐ。

２世紀半にわたって中国を統治した清朝が残した満州語の公文書は、当時の歴史をひもとく鍵となる。公文書は中国や台湾、日本などに計約３００万部が保存されるが、満州語の使い手が少なく、史料の整理は進んでいない。

世界最多の約２００万部の満州語公文書を保存する北京の第一歴史とう（とうは木

チャプチャルでは文化大革命の際、広氏との親族関係を問われて迫害されたシボ族が多かった。中台関係が改善した今でも、外国人と接触したチャプチャルのシボ族は公安部門から調査を受ける。

台北に住む広氏の三男、広樹誠さん（６６）は残念そうに語る。「中国政府には、少数民族は国内の『負債』ではなく、価値観を多様化させる『資産』だと気づいて欲しい」

〈清朝の満州語公文書〉　清朝（１６４４～１９１２年）時代前期の公文書は、ほぼすべて満州語で記載された。皇帝の命令や政府内の上奏文、地方からの報告など内容は多岐にわたる。中国や台湾のほか、日本の東洋文庫、欧米の大学などでも一部が保管されている。

（消えゆく満州語：3）伝承、時間との勝負

2013 年 12 月 13 日 12 時 29 分

【台北＝石田耕一郎】「遠方からの客を歓迎する」。台湾・台北市近郊にある民家の玄関に満州語が掲げられていた。台湾に満州語研究の礎を築いた新疆（しんきょう）ウイグル自治区チャプチャル出身のシボ族、故・広禄（コワンルー）氏の家族が暮らす。

広氏は第２次世界大戦中、外交官として国民党の蒋介石に仕えた。国共内戦を経て１９４９年、家族と台湾に逃れる。当時、台湾に満州語を持ち込んだのは広一家ら数家族。広氏は「民族の言語を忘れてはならない」と、子供らに家庭で満州語を使わせた。

その後、大学で教職に就き、同僚に請われて学生に満州語も教えた。現在、満州語を研究する台湾の学者のほとんどが広氏の流れをくむ。

弟子の一人、台湾の故宮博物院研究員の歴史学者、荘吉発さん（７７）も「広禄さんの遺志を継ぐ」と長く満州語を教えてきた。１１年前に故宮で満州語講座を開設。自らの教え子を講師に据えて、満州語を次の世代につなぐ。

２世紀半にわたって中国を統治した清朝が残した満州語の公文書は、当時の歴史をひもとく鍵となる。公文書は中国や台湾、日本などに計約３００万部が保存されるが、満州語の使い手が少なく、史料の整理は進んでいない。

世界最多の約２００万部の満州語公文書を保存する北京の第一歴史とう（とうは木へんに當）案館。漢語への翻訳は先送りし、当面は約５０万部の要約を編集中だ。来年中にはうち３０万部を館内のコンピューターで検索できるようにするという。

同館で満州語チームを率いるチャプチャル出身のシボ族、呉元豊さん（５７）は「満州族の文化は一民族のものではなく、世界の文化だ。文書の重要性を社会に訴えたい」と狙いを語る。

話者の高齢化が進み、各地の専門家が「時間との勝負」と考える満州語の伝承。だが、中国政府の対応は少数民族問題が絡むためか、いまだに慎重だ。

へんに當）案館。漢語への翻訳は先送りし、当面は約５０万部の要約を編集中だ。来年中にはうち３０万部を館内のコンピューターで検索できるようにするという。

同館で満州語チームを率いるチャプチャル出身のシボ族、呉元豊さん（５７）は「満州族の文化は一民族のものではなく、世界の文化だ。文書の重要性を社会に訴えたい」と狙いを語る。

話者の高齢化が進み、各地の専門家が「時間との勝負」と考える満州語の伝承。だが、中国政府の対応は少数民族問題が絡むためか、いまだに慎重だ。

チャプチャルでは文化大革命の際、広氏との親族関係を問われて迫害されたシボ族が多かった。中台関係が改善した今でも、外国人と接触したチャプチャルのシボ族は公安部門から調査を受ける。

台北に住む広氏の三男、広樹誠さん（６６）は残念そうに語る。「中国政府には、少数民族は国内の『負債』ではなく、価値観を多様化させる『資産』だと気づいて欲しい」

〈清朝の満州語公文書〉　清朝（１６４４～１９１２年）時代前期の公文書は、ほぼすべて満州語で記載された。皇帝の命令や政府内の上奏文、地方からの報告など内容は多岐にわたる。中国や台湾のほか、日本の東洋文庫、欧米の大学などでも一部が保管されている。

消逝的满语① 文革时 中断的传统

没有铺柏油的道路两侧，散布着由土墙和茅草屋顶组成的满族传统房屋。

中国东北黑龙江省齐齐哈尔市往北约 40 公里，被广袤的玉米地环绕的三家子村（约 300 户）是人口超千万满族地区中日常生活还有少数人使用满语的贫寒乡村。

村里的满族人孟淑静（88 岁）说“虽然不能丢弃本民族语言，但现在能够用满语对话的人在村中也只有 60 岁以上的 20 几个老人而已。”。

到在东北建立满洲国的日本战败为止，这个村子都没有汉族，村中人可以自由使用满语。但是，1949 年新中国成立之后情况完全改变了。满族帮助日本的这种过去被指责并遭到了冷遇。60 年代的文化大革命更是被猛烈抨击。

孟淑静回忆说“文革时期如果说满语的话会被派来管理村子的汉族人申斥。为了不被怀疑满族同伴之间都用汉语说话”。

日常生活当中避免使用满语，用汉语说话的这种习惯延续了下来。孟淑静与同是满族的丈夫育有 5 个孩子，但是都不会说满语。

在中国普遍的观点是，清朝迁都北京之后满族被人口众多的汉族同化导致了满语的衰退。但关于新中国成立后满族所受到的冷遇，在官方场合几乎都没有被提起过。

今年 9 月在辽宁沈阳的一个研究人士的聚会中，一位曾经长期从事有关少数民族政策工作的原中国共产党干部披露了这样的逸闻。“50 年代到 80 年代初期曾经两度讨论过在辽宁省丹东等地设立满族自治区域，但是最终都没有实现”。

构想搁置的原因被这位原干部指责为“不信任少数民族的意识太强”等。他也承认在历史上对于满族的歧视。

中国政府从 1985 年以后以东北地区为中心设立了满族自治县，批准成立满族学校，在小学可以教授满语。但是据多位教满语的满族人士说“即使刚开始是因为兴趣学习满语，但是孩子们数年之后还是会忘记的。对升学和就业能有帮助语言是必需的。

消逝的满语② 汹涌而至的汉语化浪潮

距中国东北以西约 3500 公里，俯瞰丝绸之路的天山山脉北侧有一个满语仍然存在的地方。清朝乾隆皇帝在 250 年以前，将东北地区居住的锡伯族约 4000 人作为屯垦戍边的军人迁至新疆维吾尔自治区的察布查尔。

当地高中教师锡伯族男性富尔和春说“正因为同一民族聚在一起，限制与外部接触才得以使满语得以保存”。

察布查尔的锡伯族到 30 年代一直都是以军民一体的方式生活，禁止其他民族进入居住区。没有被人口众多的汉族所同化，在他乡异地把从东北带来的满语传承了下来。

富尔和春作为乡土史学家被人所熟知，国内外来访问的研究人员和学者一直络绎不绝。他现在仍在做将诺贝尔文学奖作家莫言的作品翻译成满语的工作。但是他在心底里仍有一种焦躁感。“改变不了大的潮流，满语最终还是要消逝的”。

富尔和春说的“大的潮流”是指中国政府在 2001 年开始实施的汉语普及教育。把各民族用本民族语言来教授理科和数学等学科，改为从小学开始全都用汉语指导。

新疆维吾尔自治区政府的干部在今年 9 月时说“这也是民族团结和社会安定的举措”。由此可以看出彻底实行汉语教育，促进汉化的意图。

“这里只有锡伯族，大家可以安心畅饮”，10 月下旬察布查尔的县高中毕业生们举办了聚餐。出席宴会的经营者和家庭主妇约 10 人，围着锡伯族的传统料理互相说着自己的近况。

与汉族男性结婚的 40 岁女性讲了自己的大学生女儿的事情。最近女儿责怪她说“蒙古族的同班同学指责她不会说满语。为什么当时不让她学呢？”。另一位母亲带来的上小学的女儿在聚餐期间没有使用满语，一直都用汉语与周围人说话。

在中国与父母不能用本民族语言交流的孩子正在增加。在考试和就业的时候使用的基本都是汉语。在西域艰难生存下来的满语现在也面临着汹涌而至的同化浪潮。

消逝的满语③　　传承 与时间决胜负

“欢迎远方来的客人”，台湾台北市近郊的一处民宅门口处悬挂着这样的满语。这里生活着的是台湾满语研究奠基人，新疆维吾尔自治区察布查尔出身的锡伯族广禄的（故）家人。

广禄在第二次世界大战中作为外交官为国民党蒋介石服务，国共内战后 1949 年与家人逃到台湾。当时把满语带入台湾的就是广禄一家人。广禄说“不能忘了民族语言”，他要求在家庭内部都要使用满语。

之后广禄到大学任职，受同事邀请他也教学生们满语。现在台湾研究满语的学者基本都是源于广禄。

莊吉发是弟子当中的一个、历史学者、现在是台湾故宫博物院研究员，他也“继承了广禄的遗志”，长期从事满语教育工作。11 年前还在故宫开设了满语讲座。自己的学生也成为了讲师，将满语传承到了下一代。

统治中国两个半世纪的清朝遗留下来的满语公文成为解开当时历史的钥匙。这些公文在中国、台湾和日本共计保存 300 余万部。因为满语使用者很少，史料的整理很难进展。

世界上存量最多的 200 万部满语公文保存在北京的第一历史档案馆。把它们翻译成汉语的工作推后，目前的工作是将 50 万部做内容提要并进行编辑。来年这其中的 30 万部就能够在馆内的电脑中检索了。

该馆率领满语队伍的是察布查尔出身的锡伯族人吴元丰，他说“满族文化不仅仅是一个民族的事情，也是世界的文化。要让全社会都知道这些公文的重要性”。

随着会说满语人的高龄化，各地的专家都在考虑 “与时间决胜负”的满语的传承。但是中国政府方面的应对是凡涉及到民族问题到现在还是非常慎重。

在察布查尔文化大革命时期，因为是广禄的亲戚而被指责或被迫害的锡伯族人有很多。就算是中台关系改善的今天，与外国人接触的察布查尔锡伯族人也要接受公安部门的调查。

住在台北的广禄三儿子广树成遗憾的说。“对于中国政府来说应该意识到，少数民族不应该是国内的‘负债’，而应该是价值观多样化的‘财产’。”

消逝的满语④　歧视虽消失 但对于进步需再评价

今年夏天，在沈阳的距离清朝皇宫“故宫”不算太远的某大厦地下，爱新觉罗家族的一位男性亲手设计的茶文化汇馆开业了。作为努尔哈赤的子孙，与清朝“最后的皇帝”溥仪有着亲属关系的爱新觉罗德崇说“重建自己的王府是我的梦想”。

汇馆投资大约 1 亿人民币，占地 2500 平方米，内部装饰了手工雕刻的家具，并且配置了 10 多个茶室。汇馆的室内还悬挂了很多皇族亲戚及政府高官赠予的书画。

德崇的父亲是地方抗日运动的领导者，母亲是教师。他本人也在新中国成立之后担任政府职员。60-70 年代的文革时期也曾因为皇族身份而遭到批判，70 年代末改革开放政策开始实施时，他被聘请为国有企业干部。

1992 年创办了以“海东青”为名的公司，因为选对了民族品牌为发展战略，生意蒸蒸日上。

1985 年以后，满族终于成立了长期不被许可的自治区域。

满族人口从清朝末期的 500 万人减少到了 1953 年的 242 万人。文革之后人口又突然增加，到了 90 年人口增加到 980 万。专家认为人口的增加是因为对满族的歧视消失，户口登记的人增多的原因。

但是满语衰退的速度并没有停止。德崇非常冷静的看待这种现象，他说“使用起来不方便的满语被汉语所取代是历史的必然，政府不出资金的话，满语就没办法保护”。

近几年在中国以满族文化和历史为题目的研究会很盛行，全国各地为了吸引顾客也建了很多民俗村。在北海道大学学习满语的吉林满族女性也是在这股热潮当中知道了满语的存在。

她在网上查到了当地的语言教室，在那学习的时候知道了这个教室曾在公安局的监视下授课而很受打击。她说“满族现在也在受历史的影响”。

她在学习满语的同时还学习了有利于就业的日语，并且选择了有满语专家的北大作为留学对象。指导教授津曲敏郎对于满语的复活悲观的表示：明知“亲子之间的传承正在中断”，但是这种情况却还在持续。他说“虽然少数民族感觉不到本民族文化的价值，但是如果对外表现出对本民族文化的热爱，重拾信心也是有可能的”。

少数民族的优惠政策：中国政府认可人口在一千万以下的少数民族地区可以不实施“独生子女政策”。在大学考试和报考公务员时也可以享受到加分的优惠。并且对于雇佣一定比例的少数民族的企业，有些地方也有免税的优惠政策。

满语：与蒙古语和土耳其语同属为阿尔泰语系语言。16世纪末改良后的蒙古语文字被中国东北部的满族等使用，是清朝时代的公用语。现在被联合国家教科文组织定为“面临消失危机的语言”。

锡伯族：中国的少数民之一，人口约19万（2010年调查）。约70%生活在东北地区的辽宁省，约20%生活在新疆维吾尔自治区。与东北地区不断被汉族同化的锡伯不同，新疆的锡伯族现在也在使用满语。

清朝的满语公文：清朝前期的公文基本上都是用满语记载的。包括皇帝的命令、政府部门呈上来的奏折、地方机关的报告等涉及很多方面。除中国和台湾以外，日本的东洋文库和欧美的大学也保存了一部分。

注：因助理日语水平有限或有翻译不准确的地方，故以上翻译内容仅供参考。

附錄三：《臺灣中文學會會訊》專訪資料

2014 臺灣中文學會會訊・第十期　　滿/蒙/藏文課程教師專訪　　指導者：黃啟書老師

滿文：莊吉發教授訪談紀錄

◎ 劉慧凝、孟人玉

時間：2014 年 6 月 25 日 14:30-16:30
地點：國立故宮博物院圖書文獻處
採訪：黃啟書、孟人玉
撰稿：孟人玉

本期會訊很榮幸採訪到國際知名清史暨滿文學者莊吉發教授，分享滿文之於史學、經學、文學、檔案學乃至於社會文化現象研究的重要性，期盼提供讀者關於滿文學習、研究的新觀點。

受訪教授簡介

莊吉發教授長年致力於滿文教學與推廣，在淡江、師大、政大、故宮、臺大等都曾開設滿文或滿文檔案翻譯、故宮檔案等課程，同時積極參與清史或滿文相關的國際學術會議，是臺灣少數精通滿文的學者。

▲莊吉發教授風顏，攝於採訪之時。

1936 年生於苗栗，幼孤，憑公費與工讀完成學業。1956 年自省立臺北師範學校（今國立臺北教育大學）畢業，1963 年畢業於臺灣師範大學史地學系，1969 年取得國立臺灣大學歷史研究所碩士學位，旋即進入故宮博物院服務，於 2001 年屆齡退休，至今研究、教學不輟。

◀《故宮檔案述要》書影，封面隸書係由知名敦煌書家蘇瑩輝先生題字。

教授的學術研究領域極廣，著述甚豐。在史學方面有《京師大學堂》、《清代天地會源流考》、《清代奏摺制度》、《清代秘密會黨史研究》、《清代臺灣會黨史研究》、《真空家鄉：清代民間祕密宗教史研究》、《薩滿信仰的歷史考察》等十餘種專著。在滿文文獻與檔案學方面則有《故宮檔案述要》、《雍正朝滿漢合璧奏摺校注》、《謝遂職貢圖滿文圖說校注》、《御門聽政—滿語對話選譯》、《康熙滿文嘉言選：都俞吁咈》等滿文資料翻譯與注解。已發表的上百篇學術論文，則陸續集結成《清史論集》，2013 年出版了第二十三集。

此外，因教學之故，教授尚編有許多滿文學習的教材，如《清語老乞大》、《尼山薩滿傳》、《滿語故事譯粹》、《滿漢西遊記會話》、《滿漢對譯文選》等等，在滿文原文之後尚標有羅馬拼音，與繁、簡體漢文翻譯相互參照，以供讀者自修。

自 98 學年度第 2 學期起，教授在臺灣大學中國文學系開授滿文，修課者多為文史相關背景，也吸引有興趣者前往旁聽。教授總是提早至教室準備，學生可以先拿講義預習，或與教授討論問題，教授也成為學生心目中學人的典範，廣受愛戴與尊敬。

與滿文結緣

教授開始接觸滿文，是在臺大主修「清史」的時候發現，如果不能閱讀滿文，許多材料便無法使用，而成局部或純漢文材料的研究，不論是資料的完整性或是準確性都將大打折扣。而促使教授下定決心學習滿文，係因到故宮就職之後，參與自 1978 年起，由錢穆先生等提倡的《清代通鑑長編》[1]纂修工作，其時有大量滿文檔案需要編目及翻譯，若是不懂滿文，許多工作都無法進行，便回到臺大旁聽廣祿老師[2]的滿文課。

憑著勤學在短時間內掌握了滿文發音、字母辨識，教授亦利用每日上班前的空檔，逐字背誦羽田亨《滿和辭典》，並且與蒙族國大代表胡格金台[3]練習對話，自己翻譯的文稿均請其過目、修正，是以學習滿文不到三年即能翻譯《清語老乞大》並且出版。

老乞大原是朝鮮人學習漢語的課本，到了清朝因與中國東北往來經商，而有以商業會話為主的滿文本老乞大，即以韓文加注於滿文字句旁邊，包含讀音和語意。由於當年是在一份巴黎刊物上看到該書，教授便手抄滿文，以羅馬拼音標明讀音，並逐條譯為漢文而成今日所見之《清語老乞大》，出版三十餘年仍是華人學習滿文的基本教材。

儘管研究工作繁重，教授仍堅持投注許多心力、時間在滿文的教學與推廣，係深受一事之啟發：

> 「廣祿老師年紀大，往生以後，有一天晚上，我就夢見廣祿老師親自把他寫滿文的毛筆，親手交給我，所以我醒來以後，深深感覺到責任很重大……」

夢醒後，身心為之撼動，自此更加努力地學習同屬阿爾泰語系日文。以文法、讀音原理相近之故，日文成為精進滿文翻譯的基礎，兩語文同時學習，相得益彰。教授認為，此夢係恩師深切期許之象徵，並且代表著學術、語言、文化之傳承，既負此重責大任，

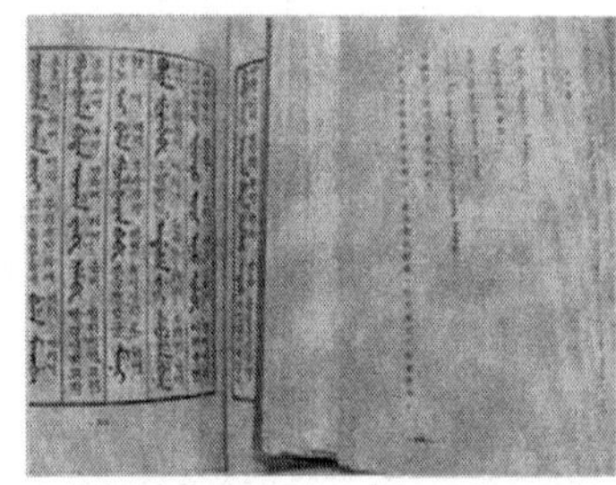

▲本書為鄭光教授編著之《清語老乞大新釋》內頁，可看出滿文與韓文相互對應的關係，右書即莊吉發教授翻譯的《清語老乞大》，是滿、羅、漢三文的對照。

---

[1] 「長編」係指在撰寫編年史書之前資料的彙整、排序，宋・司馬光《資治通鑑》成書之前，即先有《資治通鑑長編》，再依此刪定成書。早在 1928 年時任故宮院長的易培基便曾組建「清史長編籌備會」，準備於《清史稿》之外，另寫一部《清史長編》，因戰亂而未果。此處則就國史館、故宮博物院所藏之各種清代史料，分年列月來編輯清代通鑑長編，兩館並簽訂「執行清史稿校註纂修計畫合約」，為日後重新編修《清史》做準備。

[2] 廣祿（1900-1973），號季高，孔古爾氏，新疆察布查爾錫伯營正藍旗人，國立故宮博物院資深研究員、立法院資深委員。臺灣的滿文教學便始於 1956 年，臺大歷史系聘請廣祿教授開設滿文課，另在該校成立滿文研究室，協助學生更進一步的相關研究工作。

[3] 胡格金台（1900-1986），蒙古族，布特哈正黃旗第十八牛彔人，滿文相當流利。早年中央廣播電台對中國大陸的廣播，便是由胡格金台先生看著總統文告、中央日報刊文直接用滿文對東北廣播。因先生成長於今稱達斡爾自治旗之處，該地雖使用蒙語方言交談，但自幼即讀滿文，以滿文作為通行的書面語。1977 年曾經出版《達呼爾故事滿文手稿》（文史哲），將原以漢文寫就的民族故事翻譯成滿文，其過程亦得莊吉發教授的協助。又教授在師大開課時，仍在學習滿文，因此本課程僅為掛名，實由胡格金台先生授課。

實不敢稍有懈怠，終身致力於研究與教學，從而造福了許多有志於滿文、清史及相關研究的後進，得以享有如此豐碩的學習資源。也期許這些知識能夠透過教與學、寫作與閱讀而繼續流傳下去。

滿文的創造

滿文是由老蒙文脫胎而來，書寫方式由上而下，從左而右。明神宗萬曆二十七年(1599)，清太祖努爾哈齊為了文移往來及記注政事的需要，命巴克什額爾德尼等人以老蒙文字母拼寫女真語，聯綴成句，而發明了拼音系統的初期滿文，稱為無圈點滿文，習稱老滿文。然而許多同字異音的情形致使老滿文閱讀不易，當時有許多熟悉古書的漢人投降，這些人提議：何不用漢人古書的句讀來加在旁邊？於是清太宗天聰六年（1632 年），皇太極命巴克什達海將初創滿文加置圈點，使滿文的語音、形體更臻完善，稱為加圈點滿文，習稱新滿文。順治元年（1644 年），清朝勢力進入關內，滿文成為代表清朝政府的國家文字，稱為清文，滿語稱為國語。

海峽兩岸現藏之清代滿文檔案，如滿文諭旨、滿文硃批奏摺、老滿文原檔、滿文起居注冊、六科史書……不勝枚舉。整理這些檔案，必須熟諳滿文；利用滿文檔案從事清史研究，則可以擴大視野，諸如清代文化史、中西文化交流，從天文、曆算至書畫器物等。此外，清代大量翻譯佛經，滿文成為保存佛教思想教義的重要文字。而傳統古籍、儒家經典或經、史、子、集的滿文譯本，可謂汗牛充棟；四書五經的欽定滿文本，更是探討乾嘉考據學不能忽視的重要材料。滿文代表了滿漢文化的融合，從文化交流的角度來透視，它將不同符號的文字、意涵融合在一起，了解這一層，才能真正掌握清代文化的特色與共同點。

▲上圖為元順帝至正八年（1348 年）所立的莫高窟六字箴言碑，出自張大千畫集，由他拓碑。本照片則翻拍自莊吉發《滿漢對譯文選》。居中最右側為漢文「唵嘛呢八𠺗吽」（om mani padme hūm），往左依序為西夏文、八思巴文和蒙文，上頭橫排依序則是梵文、藏文。本碑蒙文乃由上而下、直行書寫的老維吾爾體蒙文，滿文便是由此改造而來。

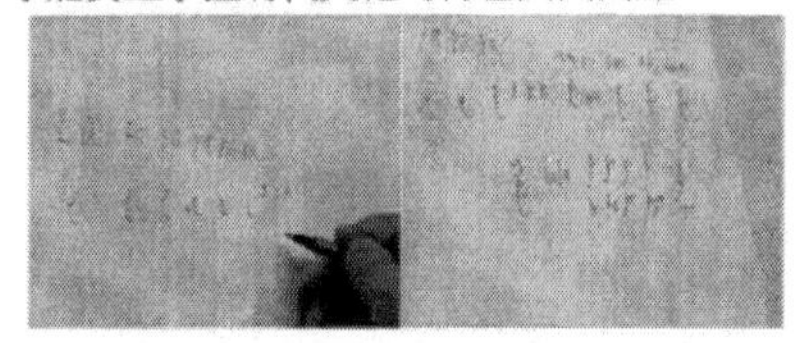

▲莊吉發教授解釋、示範滿文字母的變化。教授破解了滿文的書寫符號，強調認識符號容易，其變化才是教學重點。滿文共 25 個字母，聲母、子音與英文相通，只是北亞民族看東西相反，故字母書寫方式自上往下、由左而右。

學會了滿文就如同多了一雙眼睛

教授認為：滿文學得好，將能擴大我們的視野。根據教授多年研讀清代奏摺[4]的經驗發現，許多官書的記載與實際情況不符，需要透過實際閱讀以檔案為主的第一手史料來加以對照，而這些檔案如前所述，有許多是滿文寫成的。此外，為避免滿、蒙文漸漸失傳，相繼舉行了清、蒙文繙譯科考試[5]，鼓勵八旗子弟重視國語，即指滿文。朝廷也規定，

[4] 清代奏摺係由臣工書寫後直接進呈皇帝的公文，不須經過其他機構、官員的檢視。由通政使司轉遞的文件則分為「公題私奏」，公事用題本，私事採奏本。莊吉發著，《清代奏摺制度》。臺北：國立故宮博物院，1979。

[5] 可參閱葉高樹，〈清朝的繙譯科考制度〉。收錄於《臺灣師大歷史學報》第 49 期，2013 年 6 月，頁 47-136。

武將須以滿文書寫呈給皇帝的奏摺。然而，漢文終究較為強勢，致使滿文逐漸衰落。宣統皇帝於自傳《我的前半生》中寫道，他的滿文老師程度非常好，但是他自己只學會如何說：「伊立」兩字，意思是「站起來」。事實上，朝廷辦公文的官吏都必須會滿文，才能使整個公文系統順利運作。上述史事相關材料俱與滿文有關，教授接著介紹了各種文獻與滿文間的連結。

（一）檔案的整理、編目與解讀：一切學問的基礎

◀圖為莊吉發教授與黃啟書老師翻閱《宮中檔康熙朝奏摺》。

由於故宮收藏大量的滿文檔案，包含許多硃批奏摺，若是不懂滿文，便不知其日期、內容，則無從編目。而故宮所編印之《宮中檔康熙朝奏摺》等檔案目錄，除了附上漢文翻譯的標題目錄之外，全書均以滿文寫成，不熟諳滿文既無法解讀，也無法與其他史料相互比較、印證。

舉例而言：康熙三十六年四月初九日，有撫遠大將軍費揚古的滿文奏報，說明噶爾丹死亡經過：「噶爾丹在三月十三日早晨生病，晚上就死了，是什麼病不知道。」然而《實錄》[6]在纂修時候，除了將死亡日期由三月十三日改成閏三月十三日，晚了一個月來配合康熙皇帝御駕親征準噶爾的時間，也將死亡原因由病死改為服毒自殺——因為御駕親征，所以嚇得噶爾丹服毒自殺，《實錄》為彰顯天威而將康熙皇帝神化了。

由此可知，研究清史如果不懂滿文，只看漢文，便無從比較，依據許多經過竄改的紀錄導致歷史真相的失實。教授上課時也特別提到，之所以特別強調清史的研究，實因過去我們對清朝皇帝多有否定，開口便稱「腐敗的滿清政府」，又或者傳聞中雍正皇帝是尖酸刻薄的君主等，有很多負面批評。但是，當教授——不論是為規劃展覽或是撰寫學術文章——仔細閱讀雍正皇帝的硃批後發現，其批文既詳細兼富人情味，是一位很負責任的皇帝。這樣一位用心治理國家的皇帝，民國以後卻在文宣裡完全被否定，與事實確有很大的出入。

而研究清朝的皇帝，了解他們之所以被尊稱為盛清皇帝，他們開創盛世，多項經營都相當成功，除了漢文材料外，絕對不能忽略滿文。體認到這一點後，鑒於滿文檔案的材料、數量相當多，教授一方面加強故宮檔案的整理與研究，也出版專門介紹故宮檔案的書，即《故宮檔案述要》。由前述事例可知，滿文檔案的整理、編目工作，必須由熟悉滿文、能解讀且翻譯的人來做；也

▲上圖為一件康熙六十年五月初八日，由閩浙總督覺羅滿保以滿文書寫，上呈給康熙皇帝的奏摺，內容奏明臺灣朱一貴造反的時間、地點與經過，最後有康熙親筆的批示，稱為「硃批」。此類硃批奏摺均由純滿文寫成，如若不懂滿文，便不清楚內容，也無法進行編目。

6 《清實錄》全稱《大清歷朝實錄》，從《太祖高皇帝實錄》到《宣統政紀》，由官方編修，紀載各位皇帝之事蹟。而清人入關前的種種，自滿族起源至清太祖逝世期間，則記錄於《滿洲實錄》。

必須親自閱讀滿文檔案，才能從中發覺不合理、被誤解或是竄改的紀錄，也才能愈趨近於歷史的真相。

（二）佛經：多種翻譯的對照而得其義

整理檔案，要懂滿文；研究清史，要懂滿文；其次，不要忘記，就是研究佛經也要懂滿文。有佛教經典總集之稱的《大藏經》，先被翻譯成漢文，而後有藏、蒙文譯本，到了乾隆年間又翻譯成滿文，並將之合稱為《全藏經》，以示大藏之全。在佛經研究中有大量的詞彙歧義問題，即因滿文的翻譯而有了更多可能的解釋。

以「三昧」一詞為例，其在漢文的語境中意義難辨，若將其與「禪定」對照即可發現——兩者的滿文翻譯均為「samadi（羅馬拼音）」，滿文發音又是根據梵文「samādhi」音譯而來，亦即，「三昧」與「禪定」實為同一詞彙的不同翻譯呈現，前者是音譯，後者則是意譯。又例如《地藏菩薩本願經》有純滿文、純漢文的本子，也有如右圖滿漢合璧的版本，一行滿文、一行漢文，相互對照。漢文「胡跪合掌」之「胡跪」一詞意義不明。直接閱讀滿文發現，該詞乃滿文中的「腳、腿」與「折、彎曲」二詞合成，即「胡跪」係指「彎曲一條腿跪下」，亦即《紅樓夢》中所說的「打千」，都是請安時單腿跪的動作。

上述例子可以得知，懂得滿文再來閱讀、校注佛經，並以滿文佛經來對照漢文佛經，則許多漢文不易了解之處，透過滿文翻譯將清楚許多。佛經如此，通俗文學亦然。

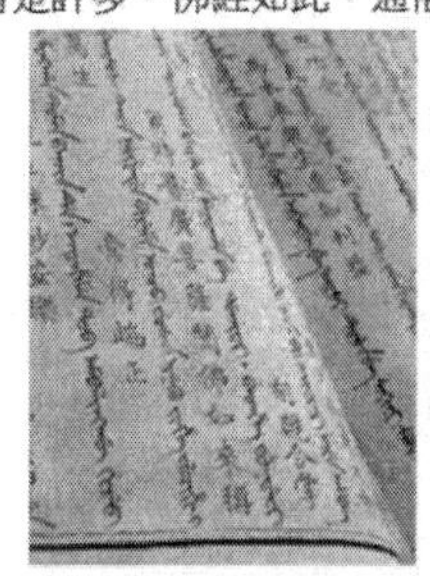

◀左圖為《地藏菩薩本願經》書影，漢文「胡跪」一詞之意義，滿文翻譯係指「彎曲一條腿跪下」。

（三）通俗文學：協助理解古今漢文

對於學習滿文，歷史和語言學界目前已有相當的肯定，中文領域的研究者實應重新檢視滿文之於通俗文學、邊疆語系、古今漢語詞彙演變等研究，重視其所扮演的角色。

古代漢語可能保留在官話、方言，到了明清，有的便漸漸消失於漢文中，但滿文有時候仍保留了這些詞彙的意思，如前述佛經中「胡跪」、「打千」之例。佛經固然如此，通俗文學如小說、戲曲、子弟書等等，也有很多滿漢合璧的版本，因應滿文之書寫，由上而下、從左到右來閱讀，若是不懂滿文，很多詞彙便無法理解。子弟書係指流傳於滿人之間的曲藝形式，民國後唱腔失傳，僅有唱本存世。對北方戲曲產生很大影響。例如這本《螃蟹段兒子弟書》，其標題僅以滿文書寫，未附漢文。能讀滿文的人即知，其意為

▲上圖為滿文本《紅樓夢》與《西遊記》書影。

「吃螃蟹的子弟書」。其餘如「跌婆」對照滿文知其意為「瘋子」，意即罵妻子為「瘋婆子」；「衛涼」即指「帽子」；「烏雲」即為「頭髮」。是以研究子弟書，懂得滿文實為一重要助益。

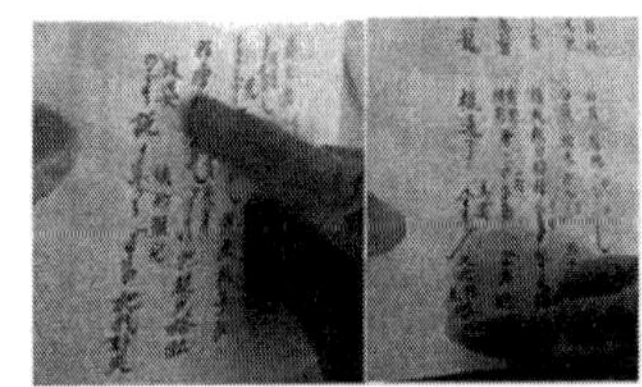

▲右圖為《螃蟹段兒子弟書》內文書影。

明清章回小說的研究，如《西遊記》、《紅樓夢》等，也必須熟悉滿文，進而參考滿文譯本。較之漢文譯本，前者辭意相當準確。以「我們」、「咱們」為例，漢文中二者意思相近，似乎並無分別，但是在滿文本《紅樓夢》中，其區分是非常清楚的——當《紅樓夢》人物用「我們」時，讀成「be」，具有排他性，亦即「我們兩個人講話」，並不包含其他的第三者。若要表達「我們國家」、「我國」等多數對象的「我們」，則使用「muse」，在滿文中實為「咱們」。[7]

又《紅樓夢》人物常常提到「出去一下」，「出去」究竟意思為何？根據滿文譯本，意指「如廁」，而茅廁確是在正屋之外，兩相對照，其義自現。滿文翻譯得很清楚，反倒是漢文時常模稜兩可，若不仔細辨別，很容易就忽略了它的涵義。是以研究紅學、通俗文學均不應忽視滿文材料的價值。

（四）語言生命：滿文的語彙對應

在前述佛經、文學作品中之滿、漢語彙對應舉例外，教授另介紹了一些滿洲話至今仍保留在日常生活中語言的例子。

1.阿哥和格格：

阿哥本來是哥哥的意思，到了皇宮中便專指皇子。格格（應讀為「哥哥」，第二字輕聲）本意是姊姊，清人入關後專指貝勒爺、王爺所生的女兒。阿哥、格格原本只是民間日常的稱呼，卻因政權、身分的改變而有了新的意涵。辭意逐漸演變的過程，也是頗值得探究的課題。

2.元肯：

江寧織造曹寅得病，康熙皇帝曾在奏本上批道：「曹寅，元肯吃人參」。「元肯」雖為漢字卻不知辭意，轉換為滿文後讀為「kemuni」，係北京話「常常」之意，惟如今已少有使用。此例可知，北京用語中保有許多滿文、蒙文等詞彙，然因後人不再使用，而致漸漸消失。

3.薩其馬：

查閱《滿漢大辭典》「sacima」發現，漢字寫成薩其馬，是一種東北甜點，作名詞用。再查其動詞形態「sacimbi」，知其為「切、砍」之意，便能合理推測，「sacima」類似臺灣的「磅米芳」，會在食用之前先切成方形或長方形，薩其馬這種甜點也因此得名。義美沙其瑪廣告的發想，即由教授所提供。

4.味噌：

滿文中即為「醬」的意思，發音為「misun」，把「un」去掉後可以加別的字詞或做變化，在日文便稱作「味噌汁／みそしる／miso shiru」。是東北亞多文化相互影響的成果，以下「哈巴」與「喀爾喀」二例，更可見滿、蒙文音讀之間的特定對應。

5.哈巴：

《紅樓夢》中曾提及哈巴狗，但哈巴狗究竟是哪裡出產的？哈巴，簡單來說是蒙古

[7] 實際閱讀《紅樓夢》，漢文的「我們」、「咱們」使用並無明確區分，甚至語意、用法和滿文中的「我們」、「咱們」相反。

一地名，那裡所產的狗即為後世慣稱之北京狗或獅子狗，當年慈禧太后便曾送一對哈巴狗給英國。哈巴，查蒙文字典發現，口語雖說「haba」，但文讀的時候變成「kaba」。則哈巴、喀巴都是音譯而來，再查滿文字典，哈巴狗滿文讀為「kabari」。所以今稱哈巴狗，乃承襲自蒙文的口語讀音。又如知名畫家郎世寧所畫〈十駿犬圖〉中，有駐藏副都統傅清進貢的「蒼猊」，滿文讀作「kara arsalan」，意思是「黑獅子」，即今所熟知的獒犬，蒙文讀音亦相近。

6.喀爾喀：

延續哈巴、喀巴的音譯問題，教授解釋漢字本身也常有讀音相異的例子，如「喀爾喀」常被誤讀為「克爾克」，實應讀作「卡爾卡」。整個清代，各民族、地區發音或有相異之情形，故清人如何讀漢字這一課題顯得格外重要，若按照現今讀音就很可能便讀錯音了。「喀爾喀」這個詞，《滿漢大辭典》中標作「kalka」，是舊蒙古之一部，像盾牌一樣，遇有外患時，首當其衝保衛部落。然在蒙文中，讀音雖為「kalka」，平常交談時卻說「halha」，同哈巴例，由此可知蒙、滿文對讀時有固定的音變關係。學習語文的重要性，其中之一便在於釐清古文發音上的問題，並進行更進一步的查詢、解讀與學術探究。

（五）乾嘉考據學：清代對儒家經典的理解

研究文學，應知道準確的發音；滿文對於研究通俗文學固然重要，更不應該忘記——儒家經典大都有滿文譯本。四書五經自清初以來陸陸續續開始翻譯成滿文，雖然這個文字的形成與使用時間不是很長，但是這些翻譯均能文以載道。透過滿、漢文本的比較研究，將令吾人重新思考一些傳統的講法是否正確。

乾隆皇帝重新翻譯四書時，避諱使用「夷狄」字樣。在漢人觀念中，滿人就是夷狄，而四書內容數度出現夷狄字樣，自當改譯以免民族摩擦失和。早先「夷狄」的翻譯採音譯「i di」，卻令不懂漢文的讀者困惑，因滿文中並無「夷狄」一詞。乾隆年間改譯四書時，便將音譯改為意譯「tulergi aiman」，即「藩部」、「外面的部落」，相當於明朝的「外藩」。

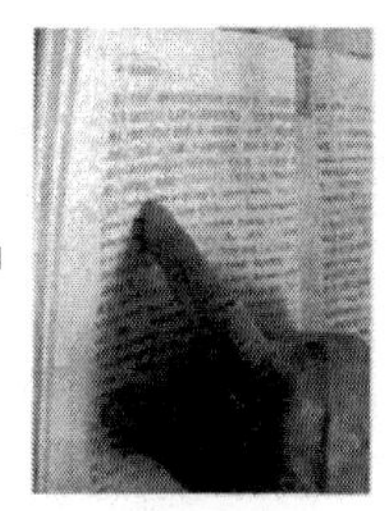

▲上圖為《清史論集（四）》，教授正解釋夷狄音譯、意譯之差別。

研究儒家經典，除了上述詞彙方面的問題外，讀音也是很重要的。而漢字在乾隆年間究竟是如何發音的？對照滿文的讀音即可知矣。例如康熙年間的理學家熊賜履，「履」字在清代不讀「呂」，讀「里」；又如康熙皇太子胤礽，「礽」字不論影視戲劇或日常交談，多讀「仍」音，但正確來說，滿文中應該讀「承」，是長期以來錯讀的例子；文學家納蘭成德，據說就是避諱皇太子胤礽的讀音，才改名為納蘭性德。所以只要會讀古音或者是古字，就能知道清朝的語音。 知曉確切讀音之後，對於文義的理解或許將有不同的理解。

尤其，康熙年間以來，對於四書五經的評點、漢文的翻譯均有規範。過去對於四書五經的注釋，僅是一家之言，導致傳統儒家學說諸說紛紜。哪一家的解讀、學說能為清代皇帝所接受並且翻成滿文，即為清代頒布的欽定本。翻譯成滿文的過程相當困難，也動員許多滿漢文專家，仔細去理解儒家經典。而滿文考證帶動了漢文的考證。從這個角度切入，或許更能理解為何乾嘉以降至清末這段期間，會轟轟烈烈地進行經典考證的工作，而研究考據學，也不應忽略滿文考據的部分。

（六）漢學：中西文化交流

研究漢學與中西文化，也要懂滿文。過去似乎認為西方漢學家均十分優秀，教授認為，可能是因為西方傳教士、漢學家幾乎都懂滿文，如康熙年間的白晉、張誠等人，尤其是南懷仁。應康熙皇帝要求，他們在宮中、養心殿講西學、幾何、醫學……時，是以滿文講述的，並編有滿文講義，因為使用滿文能令康熙皇帝聽得更明白。因此，懂滿文對於研究漢學非常重要。

（七）萬里尋親

在眾多學術研究課題之外，教授也分享了一則透過滿文書信協助尋親的故事：

廣祿老師是新疆錫伯族人，曾任立法委員，並在臺灣大學教授滿文。老師往生之後，長子孔九善自美國得到消息，其弟孔十善當時就住在臺灣，因擔心沒有親人照應，便與妻子商量，委託岳父寫信到日本，請日本的教授協助找尋孔十善，然經過長久探訪查問，竟無知曉此人者。

直到那位日本學者來臺灣時，曾親自拜訪教授，提起這封滿文信並請教授過目，這才知道事情原委。教授說：

▲莊吉發教授侃侃而談。

「但是到底孔十善是誰呢？因為他不姓廣，姓孔。孔姓是在大陸使用的姓名，十善是排行，結果沒有人知道在臺灣有姓孔的滿人。我又一想，廣祿的兒子叫廣定遠，綏遠、寧遠、定遠，一定是指西北，因此我就打電話問廣定遠，問他孔十善究竟是誰？他就說了，那是他小時候的名字。然後我就告訴他說他哥哥找他，有一封滿文信，他就從家裡坐計程車到故宮來，才知道，原來是他哥哥寫信要找他。所以後來廣定遠就想盡辦法返鄉去見孔九善。」

若非教授精通滿文，又怎能憑藉一紙書信，最終促使闊別多年的兄弟重逢呢？

滿文的教與學

了解以上事例後，滿文之重要性可見一斑。如前文所述，一旦掌握其符號變化原則，滿文學習並不困難。只可惜臺灣滿文課程開課的時間稍少[8]，滿文一的課程從認識滿文元音字母、輔音字母開始，須在一個學期之內熟悉字頭、字中、字尾的寫法，如何查閱滿文辭典，並練習滿語會話、閱讀課文、翻譯短文。滿文二、三注重滿文史料翻譯，閱讀經、史、子、集經典古籍，分析討論。期中、期末考都考課堂上沒有教過的例句篇章，係因教授十分強調自我學習的重要，希望學生在課後能自動自發地用功，多方閱讀、練習。而《滿和辭典》及《滿漢大辭典》則是學習滿文的重要工具書，只要學會獨立查閱字典，便能自行閱讀滿文文獻了。

為教學之故，教授編有許多滿文學習的教材，如《清語老乞大》、《尼山薩滿傳》、《滿語故事譯粹》、《滿語童話故事》、《滿語常用會話》、《滿漢對譯文選》等等，取

[8] 此指臺灣大學中文系所開設的滿文課，自 100 學年度後，從原本的 3 學分改為 2 學分。

材自中國民間故事或日常對話，也有國外童話的翻譯作品。也因為材料如此豐富，每年所用教材幾乎都不同。又《滿漢西遊記會話》、《滿漢紅樓夢會話》節錄滿文本小說之會話、諺語，而《康熙滿文嘉言選》則來自故宮所藏之起居注冊，不僅摘錄康熙皇帝講述的故事內容，也讓讀者能親自接觸清朝的標準滿文。上述書籍在滿文原文後尚標有羅馬拼音，與繁、簡體漢文翻譯相互參照，以供讀者自修。

▲右圖中均為莊吉發教授的著作。

就學習而言，滿文較蒙文容易的原因在於，蒙文依然在外蒙等地區被使用著、變化著，且文讀音和口語之間是有差別的。而滿文的狀況是，文字方面的語料尚豐富，用滿文交談的地區、民族卻幾乎沒有，僅少數地方保有滿文的教學，例如在新疆伊犁察布查爾錫伯自治縣，一所以錫伯族人為主的小學，一到六年級的課本，全以滿文寫成，此課程至今依然存在。課本上的滿文為書面語，錫伯族人交談另有方言。事實上滿文有一定的發音，故使用書面語仍然可以交談，教授訪問該地時，即以書面語同當地人溝通。蒙文不然，讀書、寫字、講話各自有變化，此差異使得學習蒙文較為辛苦，最好能去使用蒙文的地方學習。因為就算書念得再好，若聽不習慣實際口語的講法，依舊無法溝通。而滿文只要發音正確便都能溝通，且不易失傳。

▲◀此即為新疆錫伯族人所使用的小學課本，由校長贈送給莊吉發教授。

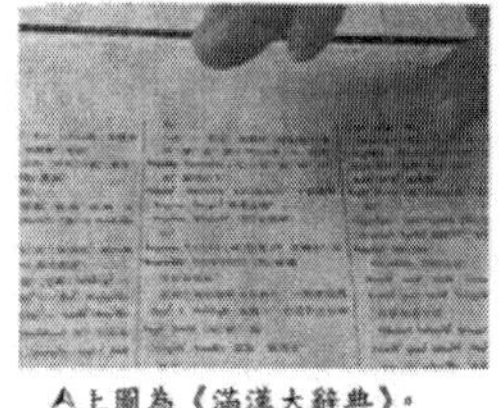

▲上圖為《滿漢大辭典》。

目前新疆察布查爾人口聚集處多以滿文交談，而在黑龍江哈爾濱、北京等地，有許多學過、研究滿文的人，可知當今能使用滿文的人才仍然不少。

林語堂：我的英文好，是因為我中文還不錯；中文好，也是因為英文不錯。

教授認為自己之所以能在短時間內學成滿文，源自於多種語言相互學習、參照，終於破解了滿文的符號原則，得以熟練聽說讀寫，期透過滿文教學將這些經驗、知識傳承下去。

語言是研究的工具，能擴展我們的視野。以研究元代而言，若不懂蒙文將有大量碑刻材料無法使用。整個清代有一半以上的史料以滿文寫成，藉由加強語文訓練，又滿文其實不難學，檔案多兼之教材豐富，有了字典就可以自修。它同時也是中國邊疆語文的基礎，之後再學蒙文或其他邊疆語文，均能快速上手。

海峽兩岸在整理檔案的過程中發現大量滿文檔案，故宮現藏《滿文原檔》與北京中國第一歷史檔案館所藏之《內閣藏本滿文老檔》係出同源，教授將兩者並列參照，深入討論清朝前史的研究[9]。檔案需要有人整理、翻譯、利用，儒家經典及大藏經也需要透過滿文更容易解讀；培養滿文的人才，實有其必要。對學生而言，懂滿文能提升自己的競爭力，在進修、交換留學、就業時等同於多了一個條件。中研院、故宮因為有大批檔案待整理，滿文變成為應試項目之一，海峽兩岸均如此。

至此，教授提醒我們應重新思考中文系所謂的「中文」，應當包含漢文以外，在中國使用的其他重要文字，如：人民幣上頭便印有漢、蒙、藏文，也有維吾爾文及廣西壯文。在清代來說，所謂國語是指滿文，或稱清語，是清代中國的文字，而非漢文。國父說「漢、滿、蒙、回、藏」五族共和，如果中文不包含這些語言，也就間接排除了這些少數民族。因此，過去以漢文即等同於中文的觀念，實不足以面對這個嶄新的時代，漢文只是中文的一部分，整個中國的歷史、文化、藝術……，還需透過「中文」的教、學，繼續流傳。

▲莊吉發教授與黃啟書老師，攝於故宮博物院圖書文獻處。

[9] 請參閱莊吉發，〈《滿文原檔》、《內閣藏本滿文老檔》與清朝前史的研究〉。收錄於《覆案的歷史・第四屆國際漢學會議論文集》。臺北：中研院，2013。

延伸閱讀

莊吉發，《清代奏摺制度》。臺北：國立故宮博物院，1979。

莊吉發，〈《滿文原檔》、《內閣藏本滿文老檔》與清朝前史的研究〉。收錄於《覆案的歷史・第四屆國際漢學會議論文集》。臺北：中研院，2013。

莊吉發編譯，《滿漢對譯文選・出版說明》。臺北：文史哲，2013，頁 5-10。

葉高樹，〈久著十全贏樹績〉。刊載於《國文天地》，22 卷 7 期，2006 年 12 月，頁 107-111。

滿文原檔

— 典藏・整理・出版

我國歷代以來，就是一個多民族的國家，各兄弟民族多有自己的民族語言和文字。滿文是由蒙古文字脫胎而來，成吉思汗征伐乃蠻時，曾俘獲乃蠻太陽汗的掌印官塔塔統阿。成吉思汗見他為人忠誠，就派他繼續掌管印信。塔塔統阿是維吾爾人，於是令塔塔統阿以老維吾爾文拼寫蒙古語音，這是蒙古族正式使用自己新文字的開始。後世出土的碑銘，有所謂《成吉思汗石碑文書》，是宋理宗寶慶元年（1225）成吉思汗次弟合撒兒之子也孫格所豎立的紀功碑。碑文由上而下，從左至右，直行書寫，與老維吾爾文的字體相似，後世遂稱這種老維吾爾體的蒙古文字為舊蒙文或老蒙文，其字母較容易書寫，流傳較久，而成為蒙古通行文字，許多精通老維吾爾文的維吾爾人開始大量登用，或任必闍赤即秘書等職，或教諸皇子讀書。蒙古文字的創製，更加促進了蒙古文化的發展。

女真族是滿族的主體民族，蒙古滅金後，女真遺族散居於混同江流域，開元城以北，東濱海，西接兀良哈，南鄰朝鮮。由於元朝蒙古對東北女真的統治以及地緣的便利，在滿族崛起以前，女真與蒙古的接觸，已極密切，蒙古文化對女真產生了很大的影響，女真地區除了使用漢文外，同時也使用蒙古語言文字。明朝後期，滿族的經濟與文化，進入迅速發展的階段，但在滿族居住的地區，仍然沒有滿族自己的文字，其文移往來，主要使用蒙古文字，必須「習蒙古書，譯蒙古語通之。」使用女真語的民族書寫蒙古文字，未習蒙古語的女真族則無從了解，這種現象實在不能適應新興滿族共同體的需要。明神宗萬曆二十七年（1599）二月，清太祖努爾哈齊為了文移往來及記注政事的需要，即命巴克什額爾德尼、扎爾固齊噶蓋仿照老蒙文創製滿文，亦即以老蒙文字母為基礎，拼寫女真語，聯綴成句，而發明了拼音文字，例如將蒙古字母的「ᠠ」(a)字下接「ᠮᠠ」(ma)字，就成「ᠠᠮᠠ」(ama)，意即父親。這種由老維吾爾體老蒙文脫胎而來的初期滿文，在字旁未加圈點，未能充分表達女真語言，無從區別人名、地名的讀音。清太宗天聰六年(1632)，皇太極命巴克什達海將初創滿文在字旁加置圈點，使音義分明，同時增添一些新字母，使滿文的語音、形體更臻完善，區別了原來容易混淆的語音。清太祖時期的初創滿文，習稱老滿文，又稱無圈點滿文。天聰年間，巴克什達海奉命改進的滿文，習稱新滿文，又稱加圈點滿文，滿文的創製，就是滿族承襲北亞文化的具體表現。

臺北國立故宮博物院典藏清史館纂修《國語志》稿本，其卷首有奎善撰〈滿文源流〉一文。原文有一段敘述說：「文字所以代結繩，無論何國文字，其糾結屈曲，無不含有結繩遺意。然體制不一，則又以地勢而殊。歐洲多水，故英、法國文字橫行，如風浪，如水紋。滿洲故里多山林，故文字矗立高聳，如古樹，如孤峰。蓋造文字，本乎人心，人心之靈，實根於天地自然之理，非偶然也。」滿文是一種拼音文字，由上而下，由左而右，直行書寫，字形矗立高聳，滿文的創造，有其文化、地理背景，的確不是偶然的。從此，滿洲已有能準確表達自己語言的新文字，由於滿文的創造及改進，更加促進了滿洲文化的發展。

滿洲入關以後，滿洲語文一躍而成為國家重要的重要語文，滿文稱為清文，滿語稱為國語。政府文書，有的用滿文繕寫，有的是滿漢兼書，滿文檔案成為研究清朝歷史不可或缺的重要史料。自清初以來，由於滿漢同化結果，在日常生活中有不少滿語詞彙，已為漢人所習用，譬如點心類的「沙其瑪」，是出自滿文「」(sacima)的音譯，原來是滿族用胡麻、麵粉和砂糖做成的「糖纏」。它的動詞原形是「」(sacimbi)，意思是「砍」，沙其瑪就是砍切成塊狀的點心而得名。古代契丹人的生活方式是遊牧以外，兼事捕鵝打魚，叫做捺鉢文化，春夏秋冬，行在不同，射鹿是捺鉢的主要活動，他們射鹿的方法為舐鹻和呼鹿兩種。鹿性嗜鹻，灑鹻於地以誘鹿，集而射之。女真族是滿族的主體民族，呼鹿是女真人的絕技，用樺皮製作號角，學母鹿叫聲，吹出呦呦的聲音，公鹿既集而射之，叫做呼鹿，又稱為哨鹿，就是以哨鹿聲仿效鹿鳴以引來雄鹿的一種獵法。滿洲人也擅長哨鹿，滿文作「」(muran)，漢字音譯作「木蘭」。秋獮木蘭一詞就是由滿文的哨鹿 "muran"音譯而來，使用日廣後，凡是哨鹿的哨子，哨鹿時打的圍，熱河等地的圍場，都叫做「木蘭」。

滿文中有一些習慣片語，與漢文不同，譬如漢文中的指南針，滿文作「」(julergi be toktobure ulme)，意思是定南針。漢文中的大膽，滿文作「」(fahūn amba)，意思是肝大，肝膽不同。腳底下長的硬粒，漢語叫做雞眼，滿文作「」(nimaha yasa)，意思是魚目。滿文中有一些習慣語，頗為含蓄，譬如漢語出恭，滿文作「」(edun tuwambi)，意思是看風。大便，滿文作「」(muwa edun tuwambi)，意思是看粗風。小便，滿文作「」

（narhūn edun tuwambi），意思是看細風。滿洲人把上洗手間說成看風，又分看粗風和看細風，確實富於草原氣息，可以體會出邊疆風味。

在漢人傳統社會裡，向來非常重視新生嬰兒的命名，相信姓名的好壞會影響一個人的命運，左右一生的成敗禍福，正是所謂「命好名不好運壞最難保，名好命不好一生能溫飽。」命名的基本要求是簡明悅耳，清秀文雅，端正大方，字意貫通，不可疊及輩分，既要引經據典，又須兼顧筆畫音義，命名遂成為專門的學問。在草原社會裡，以祖父或父親的年齡為新生嬰兒命名是司空見慣的習俗，含有紀念的性質，這和漢人社會命名「念祖」的意思相同，都是孝道觀念的具體表現。在滿族社會裡常見「那丹珠」的名字，滿文寫作「ᠨᠠᡩᠠᠨᠵᡠ」（nadanju），意思是七十。那丹珠出生的時候，祖父正是古稀之年，以祖父的年齡為愛孫命名，深具意義。

清初諸帝的滿文，造詣很高，文字流暢，到了清朝末年，皇子們都不肯學滿文。宣統皇帝六歲那年，隆裕太后為他選好了教書的師傅，欽天監為他選好了開學的吉日良辰。宣統二年（1911），舊曆七月十八日辰刻，宣統皇帝開始讀書。書房先是在中南海瀛臺補桐書屋，後來移到紫禁城齋宮右側的毓慶宮，這是一座工字形的宮殿。原先是嘉慶皇帝當皇子時候的寢宮，後來是光緒皇帝小時念書的地方。宣統皇帝念書的時候是上午八點至十一點。滿文是基本課程，但他念書最不用功，動輒命太監傳諭老師，放假一天。學業成績最糟的是他的滿文，連字母也沒學會，就隨老師伊克坦的去世而結束。宣統皇帝著《我的前半生》指出：「我的學業成績最糟的，要數我的滿文。學了許多年，只學了一個字，這就是每當滿族大臣向我請安，跪在地上用滿族語說了照例一句請安的話（意思是：奴才某某跪請主子的聖安）之後，我必須回答的那個：伊立（起來）！」句中「伊立」，滿文作「ᡳᠯᡳ」，是不及物動詞「ᡳᠯᡳᠮᠪᡳ」（ilimbi）的命令式。

臺北國立故宮博物院現藏清代檔案中含有頗多滿文檔案，對研究清朝歷史提供重要的參考價值。我開始學習滿文，起步很晚。我從國立臺灣大學研究所畢業後進入國立故宮博物院服務，參與檔案整理工作。為了能認識滿文，我曾經回到國立臺灣大學旁聽廣祿老師滿文課，認真學習滿文字母，勤練滿文筆順的書寫。認識滿文，是整理滿文檔案的基本條件，令人不解的是當時圖書文獻處處長昌彼得先生並不允許我碰觸滿文史料，不鼓勵我學習滿文，甚至想要處分我。圖書文獻處增設滿蒙藏文股後，院藏滿文檔案不准我查閱，不允許複印。阻撓學習滿文是不智之舉，我並未因此心灰意冷，我對滿文的學習，更加勤奮不懈。

清太祖、太宗時期，滿洲記注政事及抄錄往來文書的檔冊，主要是以無圈點老滿文及加圈點新滿文記載的老檔，可以稱之為《滿文原檔》。滿洲入關後，《滿文原檔》由盛京移至北京，由內閣掌管，內閣檔案中有老檔出納簿，備載閣僚借出卷冊時日，及繳還後塗銷的圖記。八旗為查牛彔根由，及解決承襲爭執問題，亦常查閱實錄及《滿文原檔》。例如雍正十三年（1735）十月十八日，和碩莊親王允祿具摺指出滿洲八旗皆有收貯抄寫的實錄，八旗承襲官員發生爭執及查明牛彔根由時，俱以實錄為依據。惟因各旗查閱實錄時，旗上人員眾多，不免洩漏，甚至有無知之輩，每乘查閱檔冊之便，見有與其祖先名字雷同者，即行記下，橫生枝節，爭索互控，堅持不讓。因旗上無法決斷，仍須行文內閣查閱實錄及無圈點檔冊。因此，允祿奏請將八旗所收貯的實錄俱送交內閣，嗣後八旗若有應查事件，即循例行文內閣查閱實錄及無圈點檔冊。莊親王允祿所指無圈點檔冊，就是指《滿文原檔》。乾隆六年(1741),清高宗鑒於內閣大庫所藏無圈點檔冊,年久[illegible]舊,所載字畫,與乾隆年間通行的新滿文不同,諭令大學士鄂爾泰等人按照新滿文,編纂《無圈點字書》,書首附有奏摺,其內容如下:

> 內閣大學士太保三等伯臣鄂爾泰等謹奏,為遵旨事。乾隆六年七月二十一日奉上諭:「無圈點字原係滿文之本,今若不編製成書貯藏,日後失據,人將不知滿文肇端於無圈點字。著交鄂爾泰、徐元夢按照無圈點檔,依照十二字頭之順序,編製成書,繕寫一部。並令宗室覺羅學及國子監各學各鈔一部貯藏,欽此。」臣等詳閱內閣庫存無圈點檔,現今雖不用此體,而滿洲文字實肇基於是。且八旗牛彔之淵源,賞給世職之緣由,均著於斯。檔內之字,不僅無圈點,復有假借者,若不融會上下文字之意義,誠屬不易辨識。今奉聖旨編書貯藏,實為注重滿洲文字之根本,不失其考據之至意。臣謹遵聖旨,將檔內之字,加設圈點讀之。除可認識者外,其有與今之字體不同,及難於辨識者,均行檢出,附註現今字體,依據十二字頭編製成書,謹呈御覽。俟聖裁後,除內閣貯藏一部外,並令宗室覺羅學及國子監等學各鈔一部貯存,以示後人知滿洲文字肇端於此。再查此檔因年久殘闕,既期垂之永久,似應逐頁托裱裝訂,為此謹奏請旨。乾隆六年十一月十一日,大學士太保三等伯鄂爾泰、尚書銜太子少保徐元夢奏。本日奉旨:「將此摺錄於書首,照繕三帙呈進,餘依議。」

由鄂爾泰、徐元夢奏摺可知清高宗對《滿文原檔》的重視。內閣大庫所存《無圈點檔》就是《滿文原檔》中使用無圈點老滿文書寫的檔冊,記錄了八旗牛彔的淵源,及賞給世職的緣由等等。但因《無圈點檔》年久殘闕,所以鄂爾泰等人奏請逐頁托裱裝訂。

鄂爾泰等人遵旨編纂的無圈點十二字頭，就是所謂無圈點字書（tongki fuka akū hergen i bithe）。

乾隆四十年（1775）二月十二日，軍機大臣具摺奏稱：「內閣大庫恭藏無圈點老檔，年久䵝舊，所載字畫，與現行清字不同。乾隆六年奉旨照現行清字纂成無圈點十二字頭，以備稽考。但以字頭釐正字蹟，未免逐卷翻閱，且老檔止此一分，日久或致擦損，應請照現在清字，另行音出一分，同原本恭藏。」奉旨：「是，應如此辦理。」所謂《無圈點老檔》，就是內閣大庫保存的原本，亦即《滿文原檔》。軍機大臣奏准依照通行新滿文另行音出一分後，即交國史館纂修等官，加置圈點，陸續進呈。惟其重抄工作進行緩慢，同年三月二十日，大學士舒赫德等又奏稱：「查老檔原頁共計三千餘篇，今分頁繕錄，並另行音出一分；篇頁浩繁，未免稽延時日。雖老檔卷頁，前經裱托；究屬年久䵝舊，恐日久摸擦，所關甚鉅。必須迅速趲辦，敬謹尊藏，以昭慎重。」重抄的本子有兩種：一種是依照當時通行的新滿文繕寫並加簽注的重抄本；一種是仿照無圈點老滿文的字體抄錄而刪其重複的重抄本。乾隆四十三年（1778）十月以前完成繕寫的工作，貯藏於北京大內，可稱之為北京藏本。乾隆四十五年（1780）初，又按無圈點老滿文及加圈點新滿文各抄一分，齎送盛京崇謨閣貯藏。福康安於〈奏聞尊藏老檔等由〉一摺指出：

> 乾隆四十五年二月初四日，盛京户部侍郎全魁自京回任，遵旨恭齎無圈點老檔前來，奴才福康安謹即出郭恭請聖安，同侍郎全魁恭齎老檔至內務府衙門，查明齎到老檔共十四包，計五十二套，三百六十本，敬謹查收。伏思老檔乃紀載太祖、太宗發祥之事實，理宜遵旨敬謹尊藏，以垂久遠。奴才福康安當即恭奉天命年無圈點老檔三包，計十

> 套，八十一本；天命年加圈點老檔三包，計十套，八十一本，於崇謨閣太祖實錄、聖訓匱內尊藏。恭奉天聰年無圈點老檔二包，計十套，六十一本；天聰年加圈點老檔二包，計十套，六十一本。崇德年無圈點老檔二包，計六套，三十八本；崇德年加圈點老檔二包，計六套，三十八本，於崇謨閣太宗實錄、聖訓匱內尊藏，並督率經管各員，以時晒晾，永遠妥協存貯。

福康安奏摺已指出崇謨閣尊藏的抄本，分為二種：一種是《無圈點老檔》，內含天命朝、天聰朝、崇德朝，共七包，二十六套，一百八十本；一種是《加圈點老檔》，內含天命朝、天聰朝、崇德朝，共七包，二十六套，一百八十本。福康安奏摺於乾隆四十五年（1780）二月初十日具奏，同年三月十七日奉硃批。福康安奏摺中所謂《無圈點老檔》和《加圈點老檔》，都是重抄本，不是《滿文原檔》，亦未使用《滿文老檔》的名稱。貯藏盛京崇謨閣的老檔重抄本，可以稱之為盛京藏本。乾隆年間重抄本，無論是北京藏本或盛京藏本，其書法及所用紙張，都與滿洲入關前記錄的《滿文原檔》不同。北京藏本與盛京藏本，在內容及外形上並無差別，「唯一不同的是北平藏本中有乾隆朝在文裡很多難通晦澀的詞句間所加的附註，而盛京本沒有。」

自從乾隆年間整理《滿文原檔》，托裱裝訂，重抄貯藏，編纂字書以後，此類珍貴的滿文檔冊，始終藏於秘府，直到二十世紀初期，始被人再度發現。內閣大庫檔案的被發現，是近世以來新出四種重要史料之一，其中又以清太祖、清太宗兩朝的《滿文原檔》及其重抄本最為珍貴。近世以來首先發現的是盛京藏本，清德宗光緒三十一年（1905），日本學者內藤虎次郎訪問瀋陽，看到崇謨閣貯藏的《無圈點老檔》和《加圈點老檔》重抄本。宣統三年（1911），內藤虎次郎第二次往訪瀋陽時，用曬藍的方法，將盛京藏本複印一套，計四千多張，返國後撰寫〈清朝開國期的史料〉一文，刊載於《藝文雜誌》第十一、二號，公開介紹這批檔案，並開列每套每冊的記事年月。為了方便，內藤虎次郎稱這批滿文檔冊為《滿文老檔》，從此以後，《滿文老檔》就成了清太祖、清太宗兩朝各種滿文檔冊的通稱。其實，《滿文老檔》這個名稱只是指乾隆年間盛京崇謨閣貯藏的重抄本。民國七年（1918），金梁節譯乾隆年間重抄本部分史事，刊印《滿洲老檔秘錄》，簡稱《滿洲秘檔》。民國二十年（1931〉三月，北平故宮博物院文獻館整理內閣東庫檔案時發現一批滿文檔冊，原檔長短厚薄不一，長者 61 公分，短者 41 公分，厚者五百餘頁，薄者僅九頁。《文獻叢編》有一段說明文字稱：「滿文老檔，舊藏內閣大庫，為清未入關時舊檔。民國二十年三月，本館整理內閣東庫檔案，發現是檔三十二冊，原按千字文編號，與今所存者次序不連，似非全數。原檔多用明代舊公文或高麗箋書寫，字為無圈點之滿文，且時參以蒙字。」說明中指出，「此檔無圈點，時參以蒙字，故知為天命、天聰時物也。」內閣東庫所藏這批滿文參以蒙字的舊檔，就是《滿文原檔》，說明文字稱之為《滿文老檔》，容易與乾隆年間重抄本混淆。民國二十三年（1934），方甦生撰〈內閣舊檔輯刊敍錄〉一文中指出貯存於文獻館的老檔，計三十七冊。其記事年代始自萬曆三十五年（1607），迄崇德元年（1636）。此三十七冊，形式極不一致，最厚者達五百餘頁，最薄者二頁；最寬者為 47 公分，最窄者為 24 公分；最長者為 60.6 公分，最短者為 36 公分。民國二十四年（1935），文獻館整理內閣大庫殘檔時，又發現《滿文原檔》三冊：一為清太祖天命九年（1624）及十一年（1626）合訂的記事檔；一為清太宗天聰六年（1632）的記事檔；一為天聰九年（1635）

全年分的記事檔。以上三冊，均未裝裱，而其字體及記事體裁，與已裝裱者，頗為相近，當為乾隆六年（1741）托裱裝訂時所未見者。文獻館前後所發現的四十冊《滿文原檔》於文物南遷時，俱疏遷於後方，臺北國立故宮博物院現藏者，即此四十冊《滿文原檔》。民國二十五年（1936）三月，文獻館又在內閣大庫裡發現崇德三年（1638）全年分的《滿文原檔》一冊，因發現較晚，未能隨其他文物同時南遷。此外，中央研究院歷史語言研究所現藏明清檔案中含有《滿文原檔》部分殘檔，為散遺於內閣大庫者，包括天命四年（1619）七月攻克遼陽、瀋陽後文武官員的宣誓書，天聰五年（1631），初設六部的記事原檔等等，都是無圈點老滿文檔冊的散頁，《明清檔案存眞選輯》第二輯曾選件介紹。昭和三十三年（1958）、三十八年（1963），日本東洋文庫譯註出版清太祖、太宗兩朝老檔，題為《滿文老檔》，共七冊。民國五十八年（1969），臺北國立故宮博物院影印出版《滿文原檔》，精裝十冊，題為《舊滿洲檔》，「主要的相信這個名稱既可以分別舊檔與乾隆重鈔本在時間上的有先後，同時也可以包含早期滿洲人在關外用老滿文和新滿文兩種文體所記的檔案。」昭和四十七年（1972），東洋文庫清代史研究室譯註出版天聰九年（1635）分原檔，題為《舊滿洲檔》，共二冊。一九七九年十二月，遼寧大學歷史系據日譯本《舊滿洲檔》天聰九年分二冊，譯出漢文，題為《滿文舊檔》。民國五十四年（1965）六月，《中國東亞學術研究計劃委員會年報》，第四期，刊載廣祿等撰〈老滿文原檔與滿文老檔之比較研究〉一文。民國五十九年（1970）三月，廣祿等譯註出版《清太祖老滿文原檔》。所謂《老滿文原檔》即臺北國立故宮博物院現藏《滿文原檔》，內含無圈點老滿文和加圈點新滿文檔冊。廣祿等指出，「由於中外學者習慣上稱乾隆重鈔本為《滿文老檔》，所以我們把乾隆重鈔本所根據的三十七冊老滿文檔冊，叫做《老滿文原檔》。」乾隆年間重抄本所根據的三十七冊滿文檔冊，除老滿文外，還有新滿文，使用《老滿文原檔》的名稱，並不周延，容易使人誤解。一九八八年十月，季永海等譯註出版崇德三年（1638）分滿文檔冊，題為《崇德三年檔》。一九九〇年三月，中華書局出版《滿文老檔》，共二冊。原書前言中有一段說明：「《滿文老檔》是用初創的無圈點老滿文與改進後的半圈點的過渡階段的滿文書寫，文字古老，記述多用口語，句型簡短，結構不嚴謹，語法不規範，夾書蒙語與漢語借詞，其中許多語詞在清入關後已被淘汰，它也是研究我國滿族語言文字發展變化史及其文書制度的珍貴文獻。」原書凡例中指出該書的命名，係根據國內外史學界的慣稱而謂之《滿文老檔》。《滿文老檔》作為篇名，始自內藤虎次郎，為了方便使用，可將乾隆年間重抄本稱之為《滿文老檔》，原書前言的一段說明，是指《滿文老檔》重抄本所根據的三十七冊原檔而言。每一種不同的名稱，多少含有不同的意義，為使名實相符，使用方便，取諸家異說之長，可將臺北國立故宮博物院現藏四十冊的無圈點老滿文檔冊和加圈點新滿文檔冊，正名為《滿文原檔》。神田信夫撰〈滿洲國號考〉一文已指出「向來我們研究清初歷史時可以利用的重要文獻是《滿文老檔》。前人指出這本書雖是乾隆朝時寫的，但把原本即清初的所謂《滿文原檔》忠實地抄錄下來。一九三一年在北平故宮內閣大庫發現了《滿文原檔》三十七冊。」《滿文原檔》就是《滿文老檔》重抄時所根據的滿洲入關前滿文舊檔，彼此不致混淆。

《滿文原檔》的記事，固然有重複，其次序尤其混亂。民國五十八年（1969），臺北國立故宮博物院為影印出版《舊滿洲檔》，曾經新編了一個目錄。現藏《滿文原檔》四十冊中，清太祖朝與清太宗朝各佔二十冊，原按千字文編號。

第一冊，原編荒字，故宮編號第七冊，內編荒 1 至荒 146 號，其中荒 132 兩葉編號重複，冊縱 57 公分，橫 22.5 公分。相當《舊滿洲檔》第一冊，頁 1 至 294，扣除空白頁，計 210 頁。高麗箋紙，以無圈點老滿文書寫，記事始自明神宗萬曆三十五年（1607）三月，迄清太祖天命四年（1619）三月止。其中荒 22 號末行上方粘貼朱簽標明「三四字是愛新覺羅始見於此，最有關係，可攝影」等字樣，《舊滿洲檔》第一冊，頁 43 將朱簽文字刪略未刊。

第二冊，原編昃字，故宮編號第十一冊，內編昃 139 號，冊縱 49.6 公分，橫 32 公分。相當《舊滿洲檔》第一冊，頁 296 至 572，計 277 頁。高麗箋紙，無圈點老滿文，記事始自萬曆四十三年（1615）六月，迄天命五年（1620）九月止。

第三冊，原編張字，故宮編號第十五冊，內編張 555 號，冊縱 43.9 公分，橫 40 公分。相當《舊滿洲檔》第二冊，頁 573 至 1132，計 560 頁。明代舊公文紙，無圈點老滿文，記事始自天命六年（1621）二月，迄天命七年（1622）四月止。

第四冊，原編來字，故宮編號第十七冊，內編來 52 號，冊縱 46.8 公分，橫 34 公分。相當《舊滿洲檔》第三冊，頁 1133 至 1234，計 102 頁。明代舊公文紙，無圈點老滿文，記事始自天命六年（1621）七月，迄同年十一月止。

第五冊，原編辰字，故宮編號第十二冊，內編辰 54 號，冊縱 50 公分，橫 27.1 公分。相當《舊滿洲檔》第三冊，頁 1235 至 1292，計 58 頁。明代舊公文紙，無圈點老滿文，記事始自天命七年（1622）三月，迄同年六月止。

第六冊，原編列字，故宮編號第十四冊，內編列 219 號，冊縱 43.8 公分，橫 39.8 公分。相當《舊滿洲檔》第三冊，頁 1293

至 1511，計 219 頁。明代舊公文紙，無圈點老滿文，記事始自天命八年（1623）正月，迄同年五月止。

第七冊，原編冬字，故宮編號第二十冊，內編冬 44 號，冊縱 42 公分，橫 36.8 公分。相當《舊滿洲檔》第三冊，頁 1512 至 1596，計 85 頁。高麗箋紙，部分老滿文帶有圈點，記事始自天命八年（1623）正月，迄同年五月止。

第八冊，原編盈字，故宮編號第十冊，內編盈 98 號，冊縱 45.4 公分，橫 39.4 公分。相當《舊滿洲檔》第四冊，頁 1597 至 1694，計 98 頁。明代舊公文紙，無圈點老滿文，內含部分蒙文，記事始自天命八年（1623）六月，迄同年七月止。

第九冊，原編寒字，故宮編號第十六冊，內編寒 99 號，冊縱 47 公分，橫 36.6 公分。相當《舊滿洲檔》第四冊，頁 1695 至 1838，計 144 頁。明代舊公文紙及高麗箋紙，無圈點老滿文，記事含天命九年（1624）正月、六月分，部分記事旁有滿文繙譯。現存寒字檔，缺寒 99 號，計 2 頁，經清點查明於民國五十八年（1969）拆線照相時，因人為疏忽遺失。

第十冊，原編收字，故宮編號第三十四冊，內編收 56 號，冊縱 47.7 公分，橫 34.8 公分。相當《舊滿洲檔》第四冊，頁 1839 至 1952，計 114 頁，高麗箋紙，字形近似新滿文，記事始自天命十年（1625）正月，迄同年十一月止，內缺九月分。

第十一冊，原編黃字，故宮編號第三冊，內編黃 42 號，冊縱 49.8 公分，橫 35.7 公分。相當《舊滿洲檔》第四冊，頁 1953 至 2036，計 84 頁，高麗箋紙，無圈點老滿文，內為天命十一年（1626）五月分記事。

第十二冊，原編宙字，故宮編號第五冊，內編宙 88 號，冊縱 49 公分，橫 40.8 公分。相當《舊滿洲檔》第五冊，頁 2037 至 2130，計 94 頁，明代舊公文紙，無圈點老滿文，內含天命七年（1622）正月，八年（1623）五、六、八、九月，九年（1624）正、二、四、六，十年（1625）正、二、八月，十一年（1626）三、五、六、閏六、七、八等月分記事。

第十三冊，原無編號，故宮編號滿附第一冊，內編 28 號，冊縱 35.1 公分，橫 26.2 公分。相當《舊滿洲檔》第五冊，頁 2131 至 2162，計 32 頁，高麗箋紙，無圈點老滿文，內含天命九年（1624）正、二月，十一年（1626）七、八月分記事。

第十四冊，原編洪字，故宮編號第六冊，內編洪 113 號，冊縱 49.6 公分，橫 32 公分。相當《舊滿洲檔》第五冊，頁 2163 至 2280，計 118 頁。明代舊公文紙及高麗箋紙，字形不一，內含無圈點老滿文，半加圈點的過渡期滿文，完全加圈點的新滿文，包括清太祖、太宗兩朝無年月檔，及萬曆三十八年分記事。

第十五冊，原編藏字，故宮編號第二十一冊，內編藏 28 號，冊縱 48.2 公分，橫 30.4 公分。相當《舊滿洲檔》第五冊，頁 2281 至 2336，計 56 頁。明代舊公文紙及高麗箋紙，無圈點老滿文，係天命八年（1623）頒給投降漢官的敕書檔。

第十六冊，原編往字，故宮編號第十九冊，內編往 53 號，冊縱 39.8 公分，橫 24.2 公分。相當《舊滿洲檔》第五冊，頁 2337 至 2396，計 60 頁，明代舊公文紙，無圈點老滿文，係清太祖朝無年月檔，記載有關八旗官員的誓文與敕書。

第十七冊，原編宿字，故宮編號第十三冊，內編宿 42 號，冊縱 43 公分，橫 28.3 公分。相當《舊滿洲檔》第五冊，頁 2397 至 2480，計 84 頁。明代舊公文紙，無圈點老滿文刻本，係清太祖朝無年月敕書檔。

第十八冊，原編露字，故宮編號第三十三冊，內編露 10 號，冊縱 55.2 公分，橫 29.6 公分。相當《舊滿洲檔》第五冊，頁 2481 至 2490，計 10 頁，高麗箋紙，無圈點老滿文，係清太祖朝無年月檔。

第十九冊，原編致字，故宮編號第三十六冊，內編致 35 號，冊縱 42.5 公分，橫 30.5 公分。相當《舊滿洲檔》第五冊，頁 2491 至 2525，計 35 頁。明代舊公文紙，無圈點老滿文，係清太祖朝無年月檔。

第二十冊，原無編號，故宮編號第三十五冊，內編 16 號，冊縱 47.3 公分，橫 31.1 公分。相當《舊滿洲檔》第五冊，頁 2527 至 2558，計 32 頁，係清太祖朝殘破檔。

第二十一冊，原編天字，故宮編號第一冊，內編天 83 號，冊縱 54.5 公分，橫 42.7 公分。相當《舊滿洲檔》第六冊，頁 2559 至 2722，計 164 頁，高麗箋紙，無圈點老滿文，內含後來增改的新滿文，記事始自天聰元年（1627）正月，迄同年十二月止。

第二十二冊，原編歲字，故宮編號第二十五冊，內編歲 33 號，冊縱 41.5 公分，橫 24 公分。相當《舊滿洲檔》第六冊，頁 2723 至 2788，計 66 頁，高麗箋紙，無圈點老滿文，內含後來增改的新滿文，記事始自天聰二年（1628）正月，迄同年四月止。

第二十三冊，原編閏字，故宮編號第二十二冊，內編閏 38 號，冊縱 47.3 公分，橫 39.2 公分。相當《舊滿洲檔》第六冊，頁 2789 至 2864，計 76 頁，高麗箋紙，無圈點老滿文，內含後來增改的新滿文，記事始自天聰二年（1628），迄同年十二月止。

第二十四冊，原編陽字，故宮編號第二十九冊，內編陽 3 號，冊縱 36.1 公分，橫 24.1 公分。相當《舊滿洲檔》第六冊，頁 2865 至 2868，計 4 頁，高麗箋紙，無圈點老滿文，係天聰三年（1629）正月、二月、閏四月分記事檔。

第二十五冊，原編秋字，故宮編號第三十七冊，內編秋 44 號，冊縱 42 公分，橫 29 公分。相當《舊滿洲檔》第六冊，頁 2869 至 2954，計 86 頁，高麗箋紙，無圈點老滿文，記事始自天聰三年（1629）十月，迄同年十二月止。

第二十六冊，原編調字，故宮編號第二十八冊，內編調 55 號，冊縱 42.8 公分，橫 27.2 公分。相當《舊滿洲檔》第六冊，頁 2955 至 3054，計 100 頁，高麗箋紙，無圈點老滿文，係天聰四年（1630）正月至三月分記事檔。

第二十七冊，原編月字，故宮編號第九冊，內編月 68 號，冊縱 42.3 公分，橫 29.7 公分。相當《舊滿洲檔》第七冊，頁 3055 至 3184，計 130 頁，高麗箋紙，無圈點老滿文，內含部分蒙文，記事始自天聰四年（1630）正月，迄同年五月止。

第二十八冊，原編雨字，故宮編號第三十二冊，內編雨 16 號，冊縱 41.3 公分，橫 27.4 公分。相當《舊滿洲檔》第七冊，頁 3185 至 3216，計 32 頁，高麗箋紙，無圈點老滿文，記事始自天聰四年（1630）二月，迄同年五月止。

第二十九冊，原編雲字，故宮編號第三十冊，內編雲 4 號，冊縱 44 公分，橫 28 公分。相當《舊滿洲檔》第七冊，頁 3217 至 3224，計 8 頁，高麗箋紙，無圈點老滿文及蒙文，係天聰四年（1630）三月、四月分記事檔。

第三十冊，原編騰字，故宮編號第三十一冊，內編騰 9 號，冊縱 46.7 公分，橫 28.3 公分。相當《舊滿洲檔》第七冊，頁 3225 至 3240，計 16 頁，高麗箋紙，無圈點老滿文，係天聰四年（1630）三月至五月分記事檔。

第三十一冊，原編呂字，故宮編號第二十七冊，內編呂 66 號，冊縱 38.2 公分，橫 24.7 公分。相當《舊滿洲檔》第七冊，頁 3241 至 3372，計 132 頁，高麗箋紙，無圈點老滿文，係天聰四年（1630）四月至六月分記事檔。

第三十二冊，原編暑字，故宮編號第十八冊，內編暑 50 號，冊縱 48.9 公分，橫 34.6 公分。相當《舊滿洲檔》第七冊，頁 3373 至 3470，計 98 頁，高麗箋紙，無圈點老滿文，記事始自天聰五年（1631）正月，迄同年十二月止，內缺八、九、十月分。

第三十三冊，原編餘字，故宮編號第二十三冊，內編餘 45 號，冊縱 46.4 公分，橫 38.3 公分。相當《舊滿洲檔》第七冊，頁 3471 至 3562，計 92 頁，高麗箋紙，無圈點老滿文，係天聰五年（1631）七月、八月、九月分記事檔。

第三十四冊，原編律字，故宮編號第二十六冊，內編律 17 號，冊縱 48.7 公分，橫 40.5 公分。相當《舊滿洲檔》第七冊，頁 3563 至 3596，計 34 頁，高麗箋紙，無圈點老滿文，係天聰五年（1631）十月分記事檔。

第三十五冊，原編成字，故宮編號第二十四冊，內編成 26 號，冊縱 59 公分，橫 42.2 公分。相當《舊滿洲檔》第八冊，頁 3597 至 3648，計 52 頁，高麗箋紙，無圈點老滿文，內含天聰三年（1629）正月、二月、四月、六月、七月，天聰四年（1630）五月、七月、八月、九月、十月、十二月，天聰五年（1631）正月、二月、閏十一月分記事。

第三十六冊，原編地字，故宮編號第二冊，內編地 129 號，冊縱 57.2 公分，橫 43.3 公分。相當《舊滿洲檔》第八冊，頁 3649 至 3904，計 256 頁，高麗箋紙，無圈點老滿文，係天聰六年（1632）正月至十二月分記事。

第三十七冊，原無編號，故宮編號滿附第二冊，內編 83 號，冊縱 42.8 公分，橫 37.5 公分。相當《舊滿洲檔》第八冊，頁 3905

至 4066，計 162 頁，高麗箋紙，內含加圈點新滿文及蒙文，係天聰六年（1632）正月至十二月分記事檔。

第三十八冊，原無編號，故宮編號滿附第三冊，內編 270 號，冊縱 45 公分，橫 40.2 公分。相當《舊滿洲檔》第九冊，頁 4067 至 4602，計 536 頁，高麗箋紙，加圈點新滿文，記事始自天聰九年（1635）正月，迄同年十二月止。

第三十九冊，原編日字，故宮編號第八冊，內編日 221 號，冊縱 49.4 公分，橫 42.6 公分。相當《舊滿洲檔》第十冊，頁 4603 至 5040，計 438 頁，高麗箋紙，加圈點新滿文，內含天聰十年（1636）正月至四月，崇德元年（1636）四月至八月分記事檔。

第四十冊，原編宇字，故宮編號第四冊，內編宇 170 號，冊縱 48.8 公分，橫 36.6 公分。相當《舊滿洲檔》第十冊，頁 5041 至 5378，計 338 頁，高麗箋紙，加圈點新滿文，係崇德元年（1636）九月至十二月分記事檔。現藏四十冊《滿文原檔》，共計 5292 頁，其中按千字文編號自天字起至露字止，因避清聖祖玄燁御名諱，缺玄字外，共三十七冊，計 4562 頁，就是乾隆六年〈1741〉托裱裝訂的所謂《無圈點老檔》，或稱《無圈點檔》。日本東洋文庫松村潤等另編有《滿文老檔・舊滿洲檔對照表》，將臺北國立故宮博物院影印出版的《舊滿洲檔》與東洋文庫出版的《滿文老檔》開列頁碼對照表，並標明年月分，頗便於查閱。

《舊滿洲檔》雖據《滿文原檔》照相製版，精裝出版，但並未減低《滿文原檔》原稿的價值。《滿文原檔》四十冊，長短寬窄，並不一致，所用紙張，或明代舊公文紙，或高麗箋紙，紙質頗佳，字跡清晰，筆畫粗大。《舊滿洲檔》濃縮為十六開本，共計十冊，印刷粗糙，頗多疏漏，字裡行間增添部分，因版面縮小而字跡模糊，部分滿文圈點又因修版而被去除。舊公文紙上多鈐有印信或關防，鈐印處滿文，原檔清晰可辨，影印出版後轉成墨色，印信或關防上面滿文，均已無從辨識，上述情形，均須查閱原檔，妥善保存《滿文原檔》，並重印出版，是滿學研究學術界共同的期待。

二〇〇九年十二月，北京中國歷史第一檔案館整理編譯《內閣藏本滿文老檔》，由瀋陽遼寧民族出版社出版。吳元豐先生於「前言」中指出，此次編譯出版的版本，是選用北京中國第一歷史檔案館保存的乾隆年間重抄並藏於內閣的《加圈點檔》，共計二十六函一八〇冊。採用滿文原文、羅馬字母轉寫及漢文譯文合集的編輯體例，在保持原分編函冊的特點和聯繫的前提下，按一定厚度重新分冊，以滿文原文、羅馬字母轉寫、漢文譯文為序排列，合編成二十冊，其中第一冊至第十六冊為滿文原文、第十七冊至十八冊為羅馬字母轉寫，第十九冊至二十冊為漢文譯文。為了存真起見，滿文原文部分逐頁掃描，仿真製版，按原本顏色，以紅黃黑三色套印，也最大限度保持原版特徵。據統計，內閣所藏《加圈點老檔》簽注共有 410 條，其中太祖朝 236 條，太宗朝 174 條，俱逐條繙譯出版。為體現選用版本的庋藏處所，即內閣大庫；為考慮選用漢文譯文先前出版所取之名，即《滿文老檔》；為考慮到清代公文檔案中比較專門使用之名，即老檔；為體現書寫之文字，即滿文，最終取漢文名為《內閣藏本滿文老檔》，滿文名為“dorgi yamun asaraha manju hergen i fe dangse”。《內閣藏本滿文老檔》雖非最原始的檔案，但與清代官修史籍相比，也屬第一手資料，具有十分珍貴的歷史研究價值。同時，《內閣藏本滿文老檔》作為乾隆年間《滿文老檔》諸多抄本內首部內府精寫本，而且有其他抄本沒有的簽注。《內閣藏本滿文老檔》首次以滿文、羅馬字母轉寫和漢文譯文合集方式出版，確實對清朝開國史、民族史、東北地方史、滿學、八旗制度、滿文古籍版本等領域的研究，提供比較原始的、系統的、基礎的第一手資料，其次也有助於準確解讀用老滿文書寫《滿文老檔》原本，以及深入系統地研究滿文的創製與改革、滿語的發展變化。

臺北國立故宮博物院重新出版的《滿文原檔》是《內閣藏本滿文老檔》的原本，海峽兩岸將原本及其抄本整理出版，確實是史學界的盛事，《滿文原檔》與《內閣藏本滿文老檔》是同源史料，有其共同性，亦有其差異性，都是探討清朝前史的珍貴史料。清朝勢力進入關內後的歷史，稱為清代史，滿洲入關前清太祖、清太宗時期的歷史，可以稱為清朝前史。以《滿文原檔》與《內閣藏本滿文老檔》為基礎檔案，進行比較，就其記事年分、滿洲語言的發展、三仙女神話傳說的起源、傳國玉璽的失傳與發現經過、崇德五宮后妃的冊立為探討主題，有助於了解《滿文原檔》與《內閣藏本滿文老檔》的史料價值。

臺北國立故宮博物院現藏《滿文原檔》，共計四十冊，清太祖朝、清太宗朝各二十冊，按千字文編號，自「天」字起至「露」字止，其中缺「玄」字，應是避清聖祖玄燁御名諱。原檔大部分採用編年體，少部分採用紀事本末體。民國九十五年（2006）一月，整理出版《滿文原檔》十冊，於各冊目次中詳列現藏內容的年分，可將《滿文原檔》、《內閣藏本滿文老檔》各冊目次併列年月於下：

<table>
<tr><th colspan="2">《滿文原檔》目次</th><th colspan="2">《內閣藏本滿文老檔》目次</th></tr>
<tr><td rowspan="8">第一冊</td><td>萬曆三十五年（丁未年、1607）三月、九月
萬曆三十六年（戊申年、1608）三月、六月、九月
萬曆三十七年（己酉年、1609）二月、三月
萬曆三十八年（庚戌年、1610）二月、十一月</td><td>第一冊　丁未年至庚戌年</td><td rowspan="5">清太祖朝第一函</td></tr>
<tr><td rowspan="2">萬曆三十九年（辛亥年、1611）二月、七月、十二月
萬曆四十年（壬子年、1612）四月、九月
萬曆四十一年（癸丑年、1613）正月、十二月、六月、三月、九月、十二月</td><td>第二冊　辛亥年至癸丑年</td></tr>
<tr><td rowspan="2">第三冊　癸丑年至甲寅年</td></tr>
<tr><td>萬曆四十二年（甲寅年、1614）四月、六月、十一月、十二月</td></tr>
<tr><td>萬曆四十三年（乙卯年、1615）正月、三月、四月、六月、九月、十月、十二月</td><td>第四冊　乙卯年</td></tr>
<tr><td>天命元年（丙辰年、1616）七月、八月、十一月、十二月
天命二年（丁巳年、1617）正月
萬曆四十三年（乙卯年、1615）十二月
天命二年（丁巳年、1617）正月、二月、四月、三月、六月、七月、十月</td><td>第五冊　天命元年至二年</td><td rowspan="3">清太祖朝第二函</td></tr>
<tr><td>天命三年（戊午年、1618）正月、二月、三月、四月、閏四月</td><td>第六冊　天命三年正月至閏四月</td></tr>
<tr><td>天命三年（戊午年、1618）五月、六月、七月、八月、九月
天命元年（丙辰年、1616）七月
天命三年（戊午年、1618）十月、十一月、十二月</td><td>第七冊　天命三年五月至十二月</td></tr>
</table>

	天命四年（己未年、1619）正月、二月、三月 **萬曆四十三年（乙卯年、1615）六月、九月、十月、十一月** **天命元年（丙辰年、1616）正月、五月、六月、七月、八月、十月、十一月、十二月** **天命二年（丁巳年、1617）正月、二月、三月、四月、六月、七月、十月** **天命三年（戊午年、1618）正月、二月、三月、四月、閏四月、五月、六月、七月、八月、九月、十月、十一月、十二月** 天命四年（己未年、1619）正月、二月	第八冊　天命四年正月至三月	
	天命四年（己未年、1619）三月、四月、五月、六月	第九冊　天命四年三月至五月	
		第十冊　天命四年五月至六月	
	天命四年（己未年、1619）七月	第十一冊　天命四年七月	
	天命四年（己未年、1619）八月	第十二冊　天命四年八月	
	天命四年（己未年、1619）九月、十月、十一月、十二月	第十三冊　天命四年八月至十二月	
	天命五年（庚申年、1620）正月、二月、三月	第十四冊　天命五年正月至三月	清太祖朝第三函
	天命五年（庚申年、1620）四月、五月、六月	第十五冊　天命五年四月至六月	
	天命五年（庚申年、1620）七月、八月、九月 **天命四年（己未年、1619）七月、八月、七月**	第十六冊　天命五年七月至九月	
第二冊	天命六年（辛酉年、1621）二月、閏二月	第十七冊　天命五年九月至六年閏二月	
		第十八冊　天命六年閏二月至三月	
	天命六年（辛酉年、1621）三月、四月、五月	第十九冊　天命六年三月	
		第二十冊　天命六年三月至四月	
		第二十一冊　天命六年四月至五月	
		第二十二冊　天命六年五月	

<table>
<tr><td rowspan="18"></td><td>天命六年（辛酉年、1621）六月</td><td>第二十三冊　天命六年六月</td><td rowspan="9">清太祖朝第四函</td></tr>
<tr><td>天命六年（辛酉年、1621）七月</td><td>第二十四冊　天命六年七月</td></tr>
<tr><td>天命六年（辛酉年、1621）八月</td><td>第二十五冊　天命六年八月</td></tr>
<tr><td rowspan="2">天命六年（辛酉年、1621）九月、十月</td><td>第二十六冊　天命六年九月</td></tr>
<tr><td>第二十七冊　天命六年九月至十月</td></tr>
<tr><td rowspan="2">天命六年（辛酉年、1621 十一月</td><td>第二十八冊　天命六年十一月</td></tr>
<tr><td>第二十九冊　天命六年十一月</td></tr>
<tr><td rowspan="2"></td><td>第三十冊　天命六年十二月</td></tr>
<tr><td>第三十一冊　天命六年十二月</td></tr>
<tr><td rowspan="6">天命七年（壬戌年、1621）正月、二月</td><td>第三十二冊　天命七年正月</td><td rowspan="11">清太祖朝第五函</td></tr>
<tr><td>第三十三冊　天命七年正月</td></tr>
<tr><td>第三十四冊　天命七年正月至二月</td></tr>
<tr><td>第三十五冊　天命七年二月</td></tr>
<tr><td>第三十六冊　天命七年二月</td></tr>
<tr><td>第三十七冊　天命七年二月</td></tr>
<tr><td rowspan="3">天命七年（壬戌年、1621）三月、四月</td><td>第三十八冊　天命七年三月</td></tr>
<tr><td>第三十九冊　天命七年三月</td></tr>
<tr><td>第四十冊　天命七年三月至四月</td></tr>
<tr><td rowspan="10">第三冊</td><td rowspan="2">天命六年（辛酉年、1621）七月、八月、九月、十月、十一月
天命七年（壬戌年、1621）六月
天命七年（壬戌年、1621）三月
天命七年（壬戌年、1621）六月</td><td>第四十一冊　天命七年四月至六月</td></tr>
<tr><td>第四十二冊　天命七年六月</td></tr>
<tr><td rowspan="8">天命八年（癸亥年、1623）正月、二月、三月、四月、五月
天命八年（癸亥年、1623）正月、二月、三月、四月、五月</td><td>第四十三冊　天命八年正月</td><td rowspan="8">清太祖朝第六函</td></tr>
<tr><td>第四十四冊　天命八年正月至二月</td></tr>
<tr><td>第四十五冊　天命八年二月</td></tr>
<tr><td>第四十六冊　天命八年二月至三月</td></tr>
<tr><td>第四十七冊　天命八年三月</td></tr>
<tr><td>第四十八冊　天命八年三月至四月</td></tr>
<tr><td>第四十九冊　天命八年四月</td></tr>
<tr><td>第五十冊　天命八年四月至五月</td></tr>
</table>

<table>
<tr><td rowspan="2"></td><td rowspan="2"></td><td>第五十一冊　天命八年五月</td><td rowspan="9">清太祖朝第七函</td></tr>
<tr><td>第五十二冊　天命八年五月</td></tr>
<tr><td rowspan="14">第四冊</td><td rowspan="5">天命八年（癸亥年、1623）六月、七月</td><td>第五十三冊　天命八年五月至六月</td></tr>
<tr><td>第五十四冊　天命八年六月</td></tr>
<tr><td>第五十五冊　天命八年六月</td></tr>
<tr><td>第五十六冊　天命八年六月至七月</td></tr>
<tr><td>第五十七冊　天命八年七月</td></tr>
<tr><td rowspan="2"></td><td>第五十八冊　天命八年七月至八月</td></tr>
<tr><td>第五十九冊　天命八年九月</td></tr>
<tr><td rowspan="2">天命九年（甲子年、1624）六月、正月</td><td>第六十冊　天命九年正月</td><td rowspan="7">清太祖朝第八函</td></tr>
<tr><td>第六十一冊　天命九年正月至六月</td></tr>
<tr><td rowspan="2"></td><td>第六十二冊　天命九年</td></tr>
<tr><td>第六十三冊　天命九年</td></tr>
<tr><td>天命十年（乙丑年、1625）正月、二月、三月</td><td>第六十四冊　天命十年正月至三月</td></tr>
<tr><td>天命十年（乙丑年、1625）四月、五月、六月、七月、八月</td><td>第六十五冊　天命十年四月至八月</td></tr>
<tr><td>天命十年（乙丑年、1625）十月、十一月、八月
天命十一年（丙寅年、1626）五月</td><td>第六十六冊　天命十年八月至十一月</td></tr>
<tr><td rowspan="6">第五冊</td><td rowspan="4">天命八年（癸亥年、1623）五月、六月、八月
天命九年（甲子年、1624）正月、四月、六月
天命十年（乙丑年、1625）正月、二月、八月</td><td>第六十七冊　天命十年</td><td rowspan="6">清太祖朝第九函</td></tr>
<tr><td>第六十八冊　天命十年</td></tr>
<tr><td>第六十九冊　天命十年</td></tr>
<tr><td>第七十冊　天命十年</td></tr>
<tr><td rowspan="2">天命十一年（丙寅年、1626）三月、五月、六月、閏六月、七月、八月</td><td>第七十一冊　天命十一年三月至六月</td></tr>
<tr><td>第七十二冊　天命十一年六月至八月</td></tr>
</table>

<table>
<tr><td></td><td>天命七年（壬戌年、1622）正月
天命八年（癸亥年、1623）九月
無年月
天命九年（甲子年、1624）三月
天命十一年（丙寅年、1626）七月、八月
萬曆四十二年（甲寅年、1614）
無年月
萬曆四十一年（癸丑年、1613）正月
天聰三年（己巳年、1629）十月
天聰六年（壬申年、1632）正月
無年月
萬曆四十一年（癸丑年、1613）正月
無年月
天聰四年（庚午年、1630）四月
無年月
天命六年（辛酉年、1621）二月
無年月
天命六年（辛酉年、1621）二月
無年月
萬曆四十三年（乙卯年、1615）六月
天命三年（戊午年、1618）八月
萬曆四十三年（乙卯年、1615）六月
萬曆三十八年（庚戌年、1610）
天聰二年（戊辰年、1628）
無年月</td><td>第七十三冊　天命朝記事十三件　僅記月日　未記年分
第七十四冊　天命朝記事十二件　年月俱未記
第七十五冊　衆臣發誓書　年月未記
第七十六冊　衆臣發誓書　年月未記
第七十七冊　衆臣發誓書　年月未記
第七十八冊　衆臣發誓書　年月未記
第七十九冊　族籍檔　年月未記
第八十冊　族籍檔　年月未記
第八十一冊　族籍檔　年月未記</td><td>清太祖朝第十函</td></tr>
<tr><td rowspan="10">第六冊</td><td>天聰元年（丁卯年、1627）正月、二月</td><td>第一冊　天聰元年正月至二月</td><td rowspan="8">清太宗朝第一函</td></tr>
<tr><td>天聰元年（丁卯年、1627）三月、四月</td><td>第二冊　天聰元年三月至四月</td></tr>
<tr><td rowspan="2">天聰元年（丁卯年、1627）三月、四月、正月、二月、三月、四月</td><td>第三冊　天聰元年四月</td></tr>
<tr><td>第四冊　天聰元年四月</td></tr>
<tr><td rowspan="2">天聰元年（丁卯年、1627）五月、六月</td><td>第五冊　天聰元年四月至五月</td></tr>
<tr><td>第六冊　天聰元年五月至六月</td></tr>
<tr><td>天聰元年（丁卯年、1627）七月、八月</td><td>第七冊　天聰元年七月至八月</td></tr>
<tr><td>天聰元年（丁卯年、1627）九月、十一月、十二月</td><td>第八冊　天聰元年九月至十二月</td></tr>
<tr><td>天聰二年（戊辰年、1628）正月、二月、三月</td><td>第九冊　天聰二年正月至三月</td><td rowspan="2">清太宗朝第二函</td></tr>
<tr><td>天聰二年（戊辰年、1628）四月、正月、二月、三月、四月、五月、六月、七月、八月</td><td>第十冊天聽二年三月至八月</td></tr>
</table>

<table>
<tr><td rowspan="12"></td><td rowspan="2"></td><td>第十一冊　天聰二年毛文龍等處來文六件</td><td rowspan="5"></td></tr>
<tr><td>第十二冊　天聰二年毛文龍等處來文六件</td></tr>
<tr><td>天聰二年（戊辰年、1628）九月、十月</td><td>第十三冊　天聰二年八月至十月</td></tr>
<tr><td>天聰二年（戊辰年、1628）十二月</td><td>第十四冊　天聰二年十二月</td></tr>
<tr><td></td><td>第十五冊　天聰朝頒漢大臣官員敕書。</td></tr>
<tr><td>天聰三年（己巳年、1629）正月、二月、閏四月</td><td>第十六冊　天聰三年正月至七月</td><td rowspan="5">清太宗朝第三函</td></tr>
<tr><td rowspan="3">天聰三年（己巳年、1629）十月、十一月</td><td>第十七冊　天聰三年七月至十月</td></tr>
<tr><td>第十八冊　天聰三年十月至十一月</td></tr>
<tr><td>第十九冊　天聰三年十一月</td></tr>
<tr><td>天聰三年（己巳年、1629）十二月</td><td>第二十冊　天聰三年十二月</td></tr>
<tr><td rowspan="2">天聰四年（庚午年、1630）二月、三月、正月、二月</td><td>第二十一冊　天聰四年正月</td><td rowspan="7">清太宗朝第四函</td></tr>
<tr><td>第二十二冊　天聰四年正月至二月</td></tr>
<tr><td rowspan="14">第七冊</td><td rowspan="3">天聰四年（庚午年、1630）正月、二月、三月</td><td>第二十三冊　天聰四年二月</td></tr>
<tr><td>第二十四冊　天聰四年二月</td></tr>
<tr><td>第二十五冊　天聰四年三月</td></tr>
<tr><td rowspan="2">天聰四年（庚午年、1630）四月</td><td>第二十六冊　天聰四年三月至四月</td></tr>
<tr><td>第二十七冊　天聰四年四月</td></tr>
<tr><td rowspan="2">天聰四年（庚午年、1630）五月、四月、五月、二月、三月、四月、五月、三月、四月、三月、五月、三月、四月、五月、四月、五月、六月</td><td>第二十八冊　天聰四年五月</td><td rowspan="6">清太宗朝第五函</td></tr>
<tr><td>第二十九冊　天聰四年五月至六月</td></tr>
<tr><td rowspan="4"></td><td>第三十冊　天聰四年六月</td></tr>
<tr><td>第三十一冊　天聰四年六月至七月</td></tr>
<tr><td>第三十二冊　天聰四年八月至十二月</td></tr>
<tr><td>第三十三冊　天聰四年頒滿漢官員敕書并致蒙古台吉文</td></tr>
<tr><td>天聰五年（辛未年、1631）正月</td><td>第三十四冊　天聰五年正月</td><td rowspan="3">清太宗朝第六函</td></tr>
<tr><td rowspan="2">天聰五年（辛未年、1631）二月、三月、四月、五月、六月、七月</td><td>第三十五冊　天聰五年二月至三月</td></tr>
<tr><td>第三十六冊　天聰五年三月至四月</td></tr>
</table>

		第三十七冊　天聰五年四月	
		第三十八冊　天聰五年四月至七月	
		第三十九冊　天聰五年七月至八月	
		第四十冊　天聰五年九月	清太宗朝第七函
		第四十一冊　天聰五年九月	
		第四十二冊　天聰五年十月	
	天聰五年（辛未年、1631）閏十一月	第四十三冊　天聰五年十月至閏十一月	
	天聰五年（辛未年、1631）十二月 **天聰五年（辛未年、1631）七月、八月、九月、十月**	第四十四冊　天聰五年十二月	
第八冊	**天聰三年（己巳年、1629）正月、二月、閏四月、六月、七月** **天聰四年（庚午年、1630）七月、八月、九月、十月、十二月** **天聰五年（辛未年、1631）正月、二月、閏十一月** 天聰六年（壬申年、1632）正月	第四十五冊　天聰六年正月	清太宗朝第八函
		第四十六冊　天聰六年正月	
		第四十七冊　天聰六年正月	
		第四十八冊　天聰六年正月	
	天聰六年（壬申年、1632）二月	第四十九冊　天聰六年二月	
		第五十冊　天聰六年二月	
	天聰六年（壬申年、1632）三月、四月	第五十一冊　天聰六年三月至四月	清太宗朝第九函
		第五十二冊　天聰六年四月	
	天聰六年（壬申年、1632）五月	第五十三冊　天聰六年五月	
	天聰六年（壬申年、1632）六月	第五十四冊　天聰六年六月	
		第五十五冊　天聰六年六月	
		第五十六冊　天聰六年六月	
	天聰六年（壬申年、1632）七月、八月、九月	第五十七冊　天聰六年七月至八月	清太宗朝第十函
		第五十八冊　天聰六年八月至九月	
	天聰六年（壬申年、1632）十月	第五十九冊　天聰六年十月	
	天聰六年（壬申年、1632）十一月、十二月 **天聰六年（壬申年、1632）正月、二月、三月、九月、十月、十一月、十二月、正月、二月、三月、四月、五月、六月**	第六十冊　天聰六年十一月至十二月	
		第六十一冊　天聰朝記事六件年月未記	

第九冊	天聰九年（乙亥年、1635）正月、二月、三月、四月、五月、六月、七月、八月、九月、十月、十一月、十二月		
第十冊	天聰十年（丙子年、1636）正月	第一冊　崇德元年正月	清太宗朝第十一函
	天聰十年（丙子年、1636）二月	第二冊　崇德元年二月	
		第三冊　崇德元年二月	
		第四冊　崇德元年二月	
	天聰十年（丙子年、1636）三月	第五冊　崇德元年三月	
		第六冊　崇德元年三月	
	天聰十年（丙子年、1636）四月 崇德元年（丙子年、1636）四月	第七冊　崇德元年四月	清太宗朝第十二函
		第八冊　崇德元年四月	
		第九冊　崇德元年四月	
	崇德元年（丙子年、1636）五月	第十冊　崇德元年五月	
		第十一冊　崇德元年五月	
		第十二冊　崇德元年五月	
		第十三冊　崇德元年五月	清太宗朝第十三函
		第十四冊　崇德元年五月	
	崇德元年（丙子年、1636）六月	第十五冊　崇德元年六月	
		第十六冊　崇德元年六月	
		第十七冊　崇德元年六月	
		第十八冊　崇德元年六月	
第十冊	崇德元年（丙子年、1636）七月 **崇德元年（丙子年、1636）四月、七月**	第十九冊　崇德元年七月	清太宗朝第十四函
		第二十冊　崇德元年七月	
		第二十一冊　崇德元年七月	
		第二十二冊　崇德元年七月	
		第二十三冊　崇德元年七月	
	崇德元年（丙子年、1636）八月	第二十四冊　崇德元年八月	
		第二十五冊　崇德元年八月	
	崇德元年（丙子年、1636）九月	第二十六冊　崇德元年九月	清太宗朝第十五函
		第二十七冊　崇德元年九月	
		第二十八冊　崇德元年九月	
	崇德元年（丙子年、1636）十月	第二十九冊　崇德元年十月	
		第三十冊　崇德元年十月	
		第三十一冊　崇德元年十月	
		第三十二冊　崇德元年十月	

	崇德元年（丙子年、1636）十一月	第三十三冊　崇德元年十一月	清太宗朝第十六函
		第三十四冊　崇德元年十一月	
		第三十五冊　崇德元年十一月	
		第三十六冊　崇德元年十一月	
		第三十七冊　崇德元年十一月	
	崇德元年（丙子年、1636）十二月	第三十八冊　崇德元年十二月	

資料來源：《滿文原檔》，臺北，國立故宮博物院；《內閣藏本滿文老檔》，北京，第一歷史檔案館。

由前列目次可知現藏《滿文原檔》最早的記事，是始自明神宗萬曆三十五年（1607），迄崇德元年（1636）十二月止。包含萬曆三十五年（1607）、萬曆三十六年（1608）、萬曆三十七年（1609）、萬曆三十八年（1610）、萬曆三十九年（1611）、萬曆四十年（1612）、萬曆四十一年（1613）、萬曆四十二年（1614）、萬曆四十三年（1615）、天命元年（1616）、天命二年（1617）、天命三年（1618）、天命四年（1619）、天命五年（1620）、天命六年（1621）、天命七年（1622）、天命八年（1623）、天命九年（1624）、天命十年（1625）、天命十一年（1626）、天聰元年（1627）、天聰二年（1628）、天聰三年（1629）、天聰四年（1630）、天聰五年（1631）、天聰六年（1632）、天聰九年（1635）、天聰十年（1636）正月至四月，崇德元年（1636）四月至同年十二月。《滿文原檔》的記事，大致按照編年體排列，所缺年分為天聰七年（1633）、天聰八年（1634）。

加圈點《內閣藏本滿文老檔》的重抄，亦以時間為序編排，按一定的厚度分冊分函裝訂，計二十六函一八〇冊，其中太祖朝十函八十一冊，函冊序號均統一編寫；太宗朝十六函九十九冊，因太宗有天聰、崇德兩個年號，故其函冊序號的編設與太祖朝不同，太宗朝各函的序號是統一的，而各冊的序號是按照天聰、崇德年號分成兩個部分，每個部分內再分編各自統一的序號，天聰朝十函六十一冊，崇德朝六函三十八冊。在函冊衣上，各貼書名簽和副簽。書名簽上分別用新滿文、老滿文書寫“tongki fuka sindaha hergen i dangse”和“tongki fuka akū hergen i dangse”，漢譯為《加圈點檔》和《無圈點檔》。在副簽上，分別用新滿文、老滿文書寫函次、冊次及其起止時間。

《內閣藏本滿文老檔》大部分採用編年體編排，少部分採用紀事本末體，譬如清太祖朝第十函第七十五、七十六、七十七、七十八等冊為「衆臣發誓書」；七十九、八十、八十一等冊為「族籍檔」。大致而言，可以稱之為編年體滿文史料長編。其中清太祖朝第一冊包含丁未年萬曆三十五年（1607）、戊申年萬曆三十六年（1608）、己酉年萬曆三十七年（1609）、庚戌年萬曆三十八年（1610）等年分。第二冊包含辛亥年萬曆三十九年（1611）、壬子年萬曆四十年（1612）、癸丑年萬曆四十一年（1613）等年分。第三冊包含癸丑年萬曆四十一年（1613）、甲寅年萬曆四十二年（1614）等年分。第四冊包含乙卯年萬曆四十三年（1615）、丙辰年萬曆四十四年（1616），因努爾哈齊建元天命，清朝官書記事作天命元年（1616）。第二函所含年分，包括天命元年（1616）、天命二年（1617）、天命三年（1618）、天命四年（1619）等年分。第三函包含天命五年（1620）、天命六年（1621）等年分。第四函包含天命六年（1621）六月至十二月分。第五函包含天命七年（1622）正月至六月分。第六函包含天命八年（1623）正月至五月分。第七函包含天命八年（1623）五月至九月分。第八函包含天命九年（1624）、天命十年（1625）等年分。第九函包含天命十年（1625）、十一年（1626）等年分，大致與《滿文原檔》相合。清太宗朝各函現藏年分，第一函包含天聰元年（1627）各月分。第二函包含天聰二年（1628）各月分。第三函包含天聰三年（1629）

各月分。第四、五函包含天聰四年（1630）各月分。第六、七函包含天聰五年（1631）各月分。第八、九、十函包含天聰六年（1632）各月分。缺天聰七年、八年、九年等年分。第十一、十二、十三、十四、十五、十六函包含崇德元年（1636）各月分。《滿文原檔》缺天聰七年、八年等年分。惟天聰九年（1635）正月至十二月分完整無缺，可補《內閣藏本滿文老檔》的不足。天聰十年（1636）四月，改年號為崇德，天聰十年（1636）四月為天聰、崇德交叉月分，清實錄自是年五月改書崇德年號。《滿文原檔》載是年正月、二月、三月分俱書天聰十年（1636），是年四月改書崇德年號。《內閣藏本滿文老檔》第十一函封套及函內所裝六冊正月、二月、三月分，封面所書「崇德元年」字樣有誤，應作「天聰十年」。

無圈點老滿文是由維吾爾體的老蒙文脫胎而來，字體簡古，聲韻不全，字母雷同。其後在字形與發音方面加以改進，加置圈點，淘汰蒙文，統一寫法，發展成為新滿文，不但字跡清楚，寫法亦一致，較老滿文容易識別。乾隆年間，大學士鄂爾泰等人已指出，「滿文肇端於無圈點字」，內閣大庫所保存的《無圈點檔》，「檔內之字，不僅無圈點，復有假借」，若不融會上下文字的意義，誠屬不易辨識。《滿文原檔》就是使用初創滿文字體所記錄的檔冊，有蒙古文字、無圈點老滿文、過渡期滿文、加圈點新滿文等字體。因此，《滿文原檔》對滿文由舊變新的過程，提供了珍貴的研究資料。《無圈點檔》老滿文與後來通行的新滿文，不僅在字形上有加圈點與不加圈點的區別，同時在字母與發音方面，也有顯著的差異。例如陞遷降調的「陞」字，新滿文讀如“wesimbi”，「降」字讀如“wasimbi”，兩個滿文單字的寫法，僅在字頭右旁有無一點的差異，如不加點，就很難區別。但在無圈點老滿文中，卻不致混淆，「陞」字，老滿文作“uwesimbi”，而「降」字則作“wasimbi”。

在“we”音前加“u”的老滿文單字，頗為常見，例如新滿文“wesihun”（高、貴、往東），老滿文作“uwesihun”；新滿文“weihun”（活的），老滿文作“uweihun”；新滿文“wehe”（石），老滿文作“uwehe”；新滿文“we”（誰），老滿文作“uwe”。新滿文中的捲舌音頗多，例如“šu”音，老滿文作“siu”，寫法不同，譬如新滿文“šusihalame”（鞭打），老滿文作“siusihalame”；新滿文“šun”（太陽），老滿文作“šiyun”；新滿文“šongkoro”（海東青），老滿文作“siongkoro”。在新舊滿文中，其字形往往有簡化的情形，例如老滿文“batta”（敵人），新滿文作“bata”；老滿文“tuttala”（那些），新滿文作“tutala”，新滿文省略“t”音。老滿文“tuu”（纛），新滿文作“tu”；老滿文“buu”（給），新滿文作“bu”，新滿文都省略一個“u”音。老滿文“oose”（倭子），新滿文作“ose”；老滿文“doosorakū”（不堪），新滿文作“dosorakū”，新滿文省略一個“o”。老滿文“sorin”（帝王座位），新滿文作“soorin”；老滿文“yoni”（全），新滿文作“yooni”，新滿文增加一個“o”音。老滿文“galka”（晴了），新滿文作“galaka”，增加一個“a”音。老滿文“sikden”（中間），新滿文作“siden”省略一個“k”音。老滿文“abga”（雨），新滿文作“aga”，省略一個“b”音。老滿文“naon”（妹子），新滿文作“non”，省略一個“a”音。老滿文“emgeli”（一次），新滿文作“emgeri”。老滿文“uciri”（機會），新滿文作“ucuri”。不但字形不同，發音亦有差異，類似例子甚多，不勝枚舉，《滿文原檔》對滿文由舊變新的發展過程，確實提供了重要的研究資料。

滿洲入關前的歷史，明朝、朝鮮官書著作，頗多記述，但因立場不同，所載多欠客觀；清代官書如《滿洲實錄》、《清太祖高皇帝實錄》、《清太宗文皇帝實錄》、《開國方略》等，記載較詳，惟其隱諱增飾之處屢見不鮮，其史料價值，俱不及《滿文原檔》。

陳捷先教授撰〈舊滿洲檔述略〉一文中已指出《舊滿洲檔》的價值，除了可以鈎考滿文由舊變新的過程外，更可以發明、補足清初的史事；可以解釋若干滿洲專門名詞；可以給重抄的《滿文老檔》證誤；可以幫助看出重抄本《滿文老檔》殘缺的眞相；可以反映部分明末遼東地方的實況。神田信夫教授撰〈滿洲國號考〉一文亦指出，從前有人認為《滿文老檔》是將《滿文原檔》省略其重複部分而抄寫下來的，但是，實際上並不那麼簡單。《滿文原檔》本來不是由同一形式修成的。有些是記述歷史，也有些只不過是日錄而已，有些則是書簡或任免官吏的檔冊。將這些資料重新編纂整理，其記事按年月日順序加以排列，這就是《滿文老檔》。《滿文原檔》中到處有塗抹修改，《滿文老檔》卻忠實地抄寫已修正過的記事。所以看《滿文原檔》，大概知道修改以前的文字。從前根據《滿文老檔》來討論「滿洲」一詞的例子，現在應該使用更原始的《滿文原檔》而加以探討了。早在明治末期，市村瓚次郎根據當時在奉天宮殿新發現的《滿文老檔》及明朝或朝鮮的文獻，證實天命、天聰年間的人用「後金」或「金」為國號的事實，而斷定「滿洲」的名稱是清太宗所僞造的。但在《無圈點老檔》的荒字檔萬曆四十一年（1613）九月的記事，可以看到「滿洲」字樣，「滿洲國」字樣，最初就有了，無論如何，「滿洲」的名稱，並不是清太宗所僞造的。《滿文原檔》的確是探討清初史事不可或缺的第一手史料，舉凡滿洲先世發祥、八旗制度、行政組織、律例規章、戰績紀錄、部族紛爭、社會習俗、經濟生活及其與明朝、朝鮮、蒙古等關係的發展變化，記載翔實，可補官書實錄的疏漏。

長白山三仙女的傳說，確實是滿族社會裡膾炙人口的開國神話，《滿洲實錄》、《清太祖武皇帝實錄》，都詳細記載滿族先世的發祥神話。據《清太祖武皇帝實錄》記載云：

長白山高約二百里，週圍約千里。此山之上有一潭，名他們，週圍約八十里，鴨綠、混同、愛滹三江，俱從此山流出。鴨綠江自山南瀉出，向西流，直入遼東之南海；混同江自山北瀉出，向北流，直入北海；愛滹江向東流，直入東海。此三江中每出珠寶。長白山，山高地寒，風勁不休，夏日環山之獸，俱投憩此山中，此山盡是浮石，乃東北一名山也。滿洲源流，滿洲原起于長白山之東北布庫里山下一泊名布兒湖里。初天降三仙女，浴於泊，長名恩古倫，次名正古倫，三名佛古倫，浴畢上岸。有神鵲啣一朱果，置佛古倫衣上，色甚鮮妍。佛古倫愛之不忍釋手，遂啣口中，甫着衣，其果入腹中，即感而成孕，告二姊曰：吾覺腹重，不能同昇奈何！二姊曰：吾等曾服丹藥，諒無死理，此乃天意，俟爾身輕上昇未晚，遂別去。佛古倫後生一男，生而能言，倏爾長成。母告子曰：天生汝，實令汝為夷國主，可往彼處，將所生緣由，一一詳說，乃與一舟，順水去，即其地也。言訖，忽不見。其子乘舟順流而下，至於人居之處，登岸，折柳條為坐具，似椅形，獨踞其上。彼時長白山東南鰲莫惠（地名）鰲朵里（城名）內有三姓夷酋爭長，終日互相殺傷。適一人來取水，見其子舉止奇異，相貌非常，回至爭鬥之處，告衆曰：汝等無爭，我於取水處，遇一奇男子，非凡人也，想天不虛生此人，盍往觀之？三酋長聞言，罷戰，同衆往觀。及見，果非常人，異而詰之。答曰：我乃天女佛古倫所生，姓愛新（華言，金也）覺落（姓也），名布庫里英雄，天降我定汝等之亂。因將母所囑之言詳告之。衆皆驚異曰：此人不可使之徒行，遂相插手為輿，擁捧而回。三酋長息爭，共奉布庫里英雄為主，以百里女妻之，其國定號滿洲，乃其始祖也（南朝誤名建州）。歷數世後，其子孫暴虐，部屬遂叛。於六月間將鰲朵里攻破，盡殺其闔族。子孫內有一幼兒名范嗏，脫身走至曠野，後兵追之，會有一神鵲棲兒頭上，追兵謂人首無鵲棲之理，疑為枯木樁，遂回。於是范嗏得出，遂隱其身以終焉。滿洲後世子孫，俱以鵲為祖，故不加害。

引文中「布庫里英雄」，《清太祖高皇帝實錄》作「布庫里雍順」；「以鵲為祖」，改為「德鵲」。神鵲是靈禽，也是圖騰，以鵲為祖，就是鵲圖騰崇拜的遺痕。清太宗天聰年間（1627-1636），黑龍江上游部族多未歸順滿洲，包括索倫、虎爾哈等部。天聰八年（1634）十二月，皇太極命梅勒章京霸奇蘭（bakiran）等率兵征討虎爾哈部。國立故宮博物院典藏《滿文原檔》天聰九年（1635）五月初六日記載黑龍江虎爾哈部降將穆克什克（muksike）向皇太極等人述說了三仙女的傳說，可將滿文影印於下，並轉寫羅馬拼音，譯出漢文於後。

《滿文原檔》，天聰九年五月初六日

（1）羅馬拼音：

ice ninggun de. sahaliyan ulai ergi hūrga gurun de cooha genehe ambasa ceni dahabufi gajiha ambasa. sain niyalma be kan de acabure doroi: emu tanggū jakūn honin, juwan juwe ihan wafi sarin sarilara de kan amba yamun de tucifi uyun muduri noho aisin i isede tehe manggi. cooha genehe ambasa niyakūrame hengkileme acara de. kan ambasa coohalame suilaha ujulaha juwe amban bakiran, samsika be tebeliyeme acaki seme hendufi kan i hesei bakiran, samsika jergici tucifi kan de niyakūrame hengkileme tebeliyeme acara de kan inu ishun tebeliyehe. acame wajiha manggi. amba beile de kan i songkoi acaha. terei sirame hošoi degelei beile, ajige taiji, hošoi erhe cohur beile de tebeliyeme acaha. cooha genehe ambasa gemu hengkileme acame wajiha manggi. dahabufi gajiha juwe minggan niyalma niyakūrame hengkileme acaha. terei sirame sekei alban benjime hengkileme jihe solon gurun i baldaci sei jergi ambasa acaha. acame wajiha manggi. ice dahabufi gajiha coohai niyalma be gemu gabtabufi. amba sarin sarilara de kan bakiran, samsika juwe amban be hūlafi kan i galai aisin i hūntahan i arki omibuha. terei sirame emu gūsa de emte ejen arafi unggihe ambasa de omibuha. terei sirame fejergi geren ambasa. dahabufi gajiha ujulaha ambasa de omibuha sarin wajiha manggi. kan gung de dosika, tere mudan i cooha de dahabufi gajiha muksike gebungge niyalma alame. mini mafa ama jalan halame bukūri alin i dade bulhori omode banjiha. meni bade bithe dangse akū. julgei banjiha be ulan ulan i gisureme jihengge tere bulhori omode abkai ilan sargan jui enggülen, jenggülen, fekülen ebišeme jifi enduri saksaha benjihe fulgiyan tubihe be fiyanggū sargan jui fekülen bahafi anggade ašufi bilgade dosifi beye de ofi bokori yongšon be banjiha. terei hūncihin manju gurun inu. tere bulhori omo šurdeme tanggū ba, helung giyang ci emu tanggū orin gūsin ba bi. minde juwe jui banjiha manggi. tere bulhori omoci gurime genefi sahaliyan ula narhūn gebungge bade tehe bihe seme alaha.

（2）**滿文漢譯：**

初六日，領兵往征黑龍江虎爾哈部諸臣，以其所招降諸臣、良民行朝見汗之禮，宰殺羊一百八隻、牛十二頭，設酒宴。汗御大殿，坐九龍金椅。出征諸臣拜見時，汗念出兵勞苦，命主將二大臣霸奇蘭、薩穆什喀欲行抱見禮。霸奇蘭、薩穆什喀遵旨出班，向汗跪叩行抱見禮，汗亦相互抱見，朝見畢，照朝見汗之禮向大貝勒行抱見禮。其次向和碩德格類、阿濟格台吉、和碩厄爾克出虎爾貝勒行抱見禮。出兵諸臣俱行拜見禮畢，次招降二千人叩見。次齎送貢貂來朝索倫部巴爾達齊等諸臣叩見，叩見畢，命招降兵丁俱射箭。在大宴上，汗呼霸奇蘭、薩穆什喀二大臣，汗親手以金盃酌酒賜飲。次賜各旗出征署旗務大臣酒各一盃，次賜以下各大臣，並招降頭目酒各一盃，宴畢，汗回宮。此次為兵丁招降名叫穆克什克之人告訴說：「我父祖世代在布庫里山下布爾瑚里湖過日子。我處無書籍檔子，古時生活，代代相傳，傳說此布爾瑚里湖有三位天女恩古倫、正古倫、佛庫倫來沐浴。神鵲啣來朱果，么女佛庫倫獲得後含於口中，吞進喉裡，遂有身孕，生布庫里雍順，其同族即滿洲國。此布爾瑚里湖周圍百里，離黑龍江一百二、三十里，我生下二子後，即由此布爾瑚里湖遷往黑龍江納爾渾地方居住矣。」

虎爾哈部分佈於璦琿以南的黑龍江岸地方。《滿文原檔》忠實地記錄了虎爾哈部降將穆克什克所述三仙女的故事。其內容與清朝實錄等官書所載滿洲先世發祥傳說，情節相合。《清太宗文皇帝實錄》雖然記載出征虎爾哈部諸臣等朝見皇太極經過，但刪略三仙女故事的內容。《清太宗文皇帝實錄》初纂本所載內容云：

初六日，領兵往征查哈量兀喇虎兒哈部諸臣，以所招降諸臣朝見。上御殿，出征諸臣拜見時，上念其出兵勞苦，命霸奇蘭、沙木什哈二將進前抱見。二臣出班叩頭抱見畢，次新附二千人叩見，次瑣倫國入貢大臣巴兒打戚等叩見畢，命新附兵丁射箭。宰牛十二頭、羊一百零八隻，設大宴。上呼霸奇蘭、沙木什哈以金盃酌酒，親賜之。又賜每固山大臣酒各一盃，復賜以下衆大臣及新附頭目酒各一盃。宴畢，上回宮。

《清太宗文皇帝實錄》重修本，「沙木什哈」作「薩穆什喀」：「巴兒打戚」作「巴爾達齊」，俱係同音異譯。實錄初纂本、重修本所載黑龍江虎爾哈部諸臣及所招降頭目人等朝見皇太極的內容，情節相近，但三仙女的傳說，俱刪略不載。虎爾哈部降將穆克什克所講的三仙女故事是黑龍江地區的古來傳說，表明神話最早起源於黑龍江流域，黑龍江兩岸才是建州女真的真正故鄉。天聰九年（1635）八月，畫工張儉、張應魁奉命合繪清太祖實錄戰圖。崇德元年（1636）十一月，內國史院大學士希福、剛林等奉命以滿蒙漢三體文字改編清太祖實錄纂輯告成，凡四卷，即所稱《清太祖武皇帝實錄》，是清太祖實錄的初纂本。三仙女的神話，黑龍江虎爾哈部流傳的是古來傳說，長白山流傳的滿洲先世發祥神話是晚出的，是女真人由北而南逐漸遷徙的結果，把原在黑龍江地區女真人流傳的三仙女神話，作為起源於長白山一帶的歷史。

清初纂修清太祖、清太宗實錄，主要取材於《滿文原檔》的記載，但因實錄的纂修，受到體例或篇幅的限制，原檔記載，多經刪略。天聰九年（1635）八月二十六日，《滿文原檔》記載出兵征討察哈爾的和碩墨爾根戴青多爾袞等獲得傳國玉璽經過甚詳。《清入關前內國史院滿文檔案》有關獲得傳國玉璽一節，原檔殘缺。《內閣藏本滿文老檔》，缺天聰九年檔。《清太宗文皇帝實錄》重修本不載傳國玉璽失傳及發現經過。《滿文原檔》記載「制誥之寶」失傳及發現經過頗詳，是探討崇德改元不可忽視的原始史料，可將《滿文原檔》影印於下，並轉寫羅馬拼音，譯出漢文。

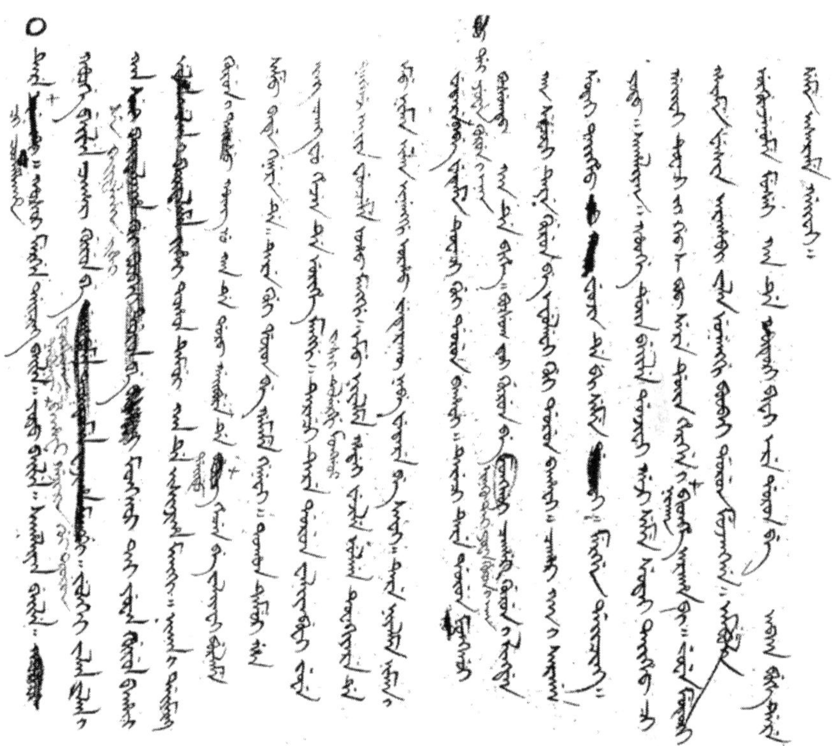

《滿文原檔》，天聰九年八月二十六日

（1）羅馬拼音：

tere ci coohalaha. hošoi mergen daicing beile. yoto beile. sahaliyan beile. hooge beile cahar gurun be dailafi bahafi gajire gui doron. julgei jalan jalan i han se baitalame jihei be monggoi dai yuwan gurun bahafi tohon temur han de isinjiha manggi. nikan i daiming gurun i hūng u han de doro gaibure de daidu hecen be waliyafi burlame samu bade genere de. tere gui doron be gamame genefi. tohon temur han ing cang fu hecen de urihe manggi. tereci tere doron waliyabufi juwe tanggū aniya funceme oho manggi. jasei tulergi monggoi emu niyalma hadai fejile ulga tuwakiyara de emu niman ilan inenggi orho jeterakū nabe fetere be safi. tere niyalma niman i fetere babe feteme tuwaci gui doron bahafi. tereci tere doron monggoi inu dai yuwan gurun i enen bošoktu han de bihe. bošoktui gurun be ineku dai yuwan gurun i enen cahar gurun i lingdan han sucufi tere gurun be efulefi gui doron bahafi. cahar han i sargan sutai taiheo fujin de bi seme. mergen daicing. yoto. sahaliyan. hooge duin beile donjifi gaji seme sutai taiheo ci gaifi tuwaci jy g'ao dz boo sere duin hergen i nikan bithe araha bi. juwe muduri hayame fesin arahabi yala unenggi boobai doron mujangga. ambula urgunjenume musei han de hūturi bifi ere doron be abka buhe dere seme asarame gaifi.

（2）**滿文漢譯：**

是日，出兵和碩墨爾根戴青貝勒、岳托貝勒、薩哈廉貝勒、豪格貝勒，往征察哈爾國齎來所獲玉璽，原係從前歷代帝王使用相傳下來之寶，為蒙古大元國所得，至妥懽貼睦爾汗時，被漢人大明國洪武皇帝奪取政權，棄大都城，逃走沙漠時，攜去此玉璽。妥懽貼睦爾汗崩於應昌府城後，其玉璽遂失，二百餘年後，口外蒙古有一人於山崗下牧放牲口時，見一山羊，三日不食草而掘地，其人於山羊掘地之處掘得玉璽。其後玉璽亦歸於蒙古大元國後裔博碩克圖汗。博碩克圖之國後被同為大元國後裔察哈爾國林丹汗所侵，國破，獲玉璽。墨爾根戴青、岳托、薩哈廉、豪格四貝勒聞此玉璽在察哈爾汗之妻淑泰太后福金處，索之，遂從淑泰太后處取來。視其文，乃漢篆「制誥之寶」四字，紐用雙龍盤繞，果係至寶，喜甚曰：「吾汗有福，故天賜此寶」，遂收藏之。

《清太宗文皇帝實錄》初纂本所載出征察哈爾諸將領獲得傳國玉璽的經過，即取材於《滿文原檔》，“ tohon temur han ”，實錄初纂本作「大元順帝」;「見一山羊，三日不食草而掘地」，實錄初纂本作「見一山羊，三日不食，每以蹄踏地。」原檔中指出皇太極有福，所以天賜制誥之寶。因有德者始能得到歷代傳國玉璽，所以建國號大清，改元崇德。

《內閣藏本滿文老檔》與《滿文原檔》的差異，不僅僅是圈點的問題，乾隆年間以加圈點重抄的《滿文老檔》，其滿文的字形筆順，整齊畫一，是規範滿文。「郡王」，《滿文原檔》讀如“jiyūn wang”，《滿文老檔》讀如“giyūnwang”。「冊文」，《滿文原檔》讀如“se”，《滿文老檔》讀如“ce”。「聖汗等」，《滿文原檔》讀如“enduringge han sei”，《滿文老檔》讀如“enduringge han sai”。「仁孝」，《滿文原檔》讀如“gosin hiošon”，《滿文老檔》讀如“gosin hiyoošun”。「福金一一跪受」，句中「一一」，《滿文原檔》讀如“emke emke ni”，《滿文老檔》讀如“emke emken i”。「滿蒙漢三體」，《滿文原檔》、《滿文老檔》俱讀如“manju monggo nikan ilan gurun i gisun"，意即「滿洲、蒙古、明朝三國語言」。

天聰十年（1636）四月，制定盛京宮殿名稱，其中正殿為崇政殿，中宮為清寧宮，東宮為關雎宮，西宮為麟趾宮，次東宮為衍慶宮，次西宮為永福宮。《滿文原檔》、《滿文老檔》中含有頗多盛京宮殿名稱，對盛京宮廷史的研究，提供了珍貴的滿文資料。可將盛京各宮殿名稱列出簡表如下。

盛京宮殿名稱對照表

宮殿名	崇政殿	清寧宮	關雎宮	麟趾宮	衍慶宮	永福宮
滿文原檔	[illegible]	[illegible]	[illegible]	[illegible]	[illegible]	[illegible]
滿文老檔	[illegible]	[illegible]	[illegible]	[illegible]	[illegible]	[illegible]

太宗實錄	[illegible]	[illegible]	[illegible]	[illegible]	[illegible]	[illegible]
滿漢大辭典	[illegible]	[illegible]	[illegible]	[illegible]	[illegible]	[illegible]

資料來源：《滿文原檔》、《滿文老檔》、《清太宗實錄》、《滿漢大辭典》。

前列簡表中，正殿崇政殿是大清門內的大殿，《滿文原檔》作“wesihün dasan i yamun”，《滿文老檔》作“wesihun dasan i yamun”，《清太宗文皇帝實錄》滿文本作“wesihun dasan i diyan”，《滿漢大辭典》作“wesihun dasan i deyen”。宮殿的「殿」，《五體清文鑑》作“deyen”，是漢字「殿」的規範音譯。《滿文原檔》、《滿文老檔》作“yamun”，意即「衙門」。《清史圖典》所載滿漢文「崇政殿匾額」，面對匾額，滿文在左，讀如“wesihun dasan i diyan”，是後來修建的，不是天聰、崇德年間修建的。清寧宮，《滿漢大辭典》作“genggiyen elhe gurung”，《清太宗文皇帝實錄》滿文本作“genggiyen elhe gung”，《滿文原檔》、《滿文老檔》作“genggiyen elhe boo”。關雎宮，《滿漢大辭典》作“hūwaliyasun doronggo gurung”，

《清太宗文皇帝實錄》滿文本作"hūwaliyasun doronggo gung",《滿文原檔》、《滿文老檔》作"hūwaliyasun doronggo boo"。麟趾宮,《滿漢大辭典》作"da gosin i gurung",《清太宗文皇帝實錄》滿文本作"da gosin i gung",《滿文原檔》、《滿文老檔》作"da gosin i boo"。衍慶宮,《滿漢大辭典》作"hūturi badaraka gurung",《清太宗文皇帝實錄》滿文本作"urgun i gung",《滿文原檔》作"ürgün i boo",《滿文老檔》作"urgun i boo"。永福宮,《滿漢大辭典》作"enteheme hūturingga gurung",《清太宗文皇帝實錄》滿文本作"hūturingga gung",《滿文原檔》、《滿文老檔》作"hūturingga boo"。各宮殿的「宮」,《五體清文鑑》作"gurung",《滿漢大辭典》統一作"gurung",也是規範音譯。《清太宗文皇帝實錄》滿文本作"gung",是漢字「宮」的音譯,較易與「公」或「功」混淆。房屋的「房」,滿文讀如"boo"。清寧宮等各宮的「宮」,《滿文原檔》、《滿文老檔》俱作"boo",清寧宮即清寧房,滿文較質樸。永福宮,《滿漢大辭典》對應漢字,譯作"enteheme hūturingga gurung",滿漢文義相合,但它不是滿文原來的名稱。《清太宗文皇帝實錄》滿文本作"hūturingga gung",意即福宮,並無「永」字。《滿文原檔》、《滿文老檔》作"hūturingga boo",意即福房,簡單質樸。

崇德元年(1636)七月初十日,皇太極在盛京崇政殿舉行冊立五宮福金大典,《滿文原檔》中原編「日字檔」,詳細記載了五宮福金的名字及冊立經過。乾隆年間重抄的《滿文老檔》,雖然詳細的記載冊立福金的經過,但是,五宮福金的本名都被刪改。可列對照表如下。

清太宗崇德五宮后妃簡表

蒙古部別	位號	滿文原檔名字	滿文老檔姓氏	
[illegible]	[illegible]	[illegible]	ᠪᠣᠷᠵᡳᡤᡳᡨ ᡥᠠᠯᠠ	[illegible]
[illegible]	[illegible]	[illegible]	ᠪᠣᠷᠵᡳᡤᡳᡨ ᡥᠠᠯᠠ	[illegible]
[illegible]	[illegible]	[illegible]	ᠪᠣᠷᠵᡳᡤᡳᡨ ᡥᠠᠯᠠ	[illegible]

[illegible]	[illegible]	[illegible]	[illegible]		[illegible]
[illegible]	[illegible]	[illegible]	[illegible]	[illegible]	[illegible]

資料來源：《滿文原檔》，臺北，國立故宮博物院。《內閣藏本滿文老檔》，北京，中國第一歷史檔案館。

由簡表所列可知中宮清寧宮國君福金是蒙古科爾沁部的哲哲（jeje），《內閣藏本滿文老檔》改為博爾濟吉特氏（borjigit hala），在當頁眉批處加貼黃簽注明"hese be dahame sarkiyame arara de, da ejehe gurun i ejen fujin i gebu be gaifi, damu hala be arahabi."，意即「遵旨抄寫時，刪去原載國君福金之名，僅書寫姓氏。」東宮關雎宮大福金宸妃是蒙古科爾沁部的海蘭珠（hairanju），《內閣藏本滿文老檔》改為博爾濟吉特氏（borjigit hala），並貼黃簽，注明

“hese be dahame sarkiyame arara de, da ejehe hanciki amba fujin i gebu be gaifi, damu hala be arahabi.”，意即「遵旨抄寫時，刪去原載大福金宸妃之名，僅書寫姓氏。」西宮麟趾宮大福金貴妃是蒙古阿魯大土門部的娜木鐘（nam jung），《內閣藏本滿文老檔》改為博爾濟吉特氏（borjigit hala），並貼黃簽，注明“hese be dahame sarkiyame arara de, da ejehe wesihun amba fujin i gebu be gaifi, damu hala be arahabi.”，意即「遵旨抄寫時，刪去原載大福金貴妃之名，僅書寫姓氏。」東宮衍慶宮側福金淑妃是蒙古阿魯大土門部的巴特瑪璪（batma dzoo），所貼黃簽，注明“hese be dahame sarkiyame arara de, da ejehe ijishūn fujin i gebu be gaifi, damu bodisai cūhur tabunang ni sargan jui seme arahabi.”，意即「遵旨抄錄時，刪去原載福金淑妃之名，僅書寫博第賽楚虎爾塔布囊之女。」西宮永福宮側福晉莊妃是蒙古科爾沁部的本布泰（bumbutai），《內閣藏本滿文老檔》改為博爾濟吉特氏（borjigit hala），並貼黃簽，注明“hese be dahame sarkiyame arara de, da ejehe jingji fujin i gebu be gaifi, damu hala be arahabi.”，意即「遵旨抄錄時，刪去原載福金莊妃之名，僅書寫姓氏。」乾隆年間，重抄原檔時，俱刪去五宮福金之名，其芳名遂被湮沒不傳。因此，探討崇德五宮后妃的冊立，《滿文原檔》確實是不可忽視的原始檔案。

國立故宮博物院為彌補《舊滿洲檔》製作出版過程中出現的失真問題，重新整理出版《滿文原檔》分訂十巨冊，印刷精緻，裝幀典雅。圖書文獻處處長馮明珠女士撰〈多少龍興事，盡藏原檔中—院藏《滿文原檔》的命名、整理與出版經過〉一文中指出：

> 本書能夠順利出版，要特別感謝多位師友與工作同仁。
>
> 三十多年前，本院出版《舊滿洲檔》時，陳捷先教授便撰寫〈「舊滿洲檔」述略〉一文，論介了院藏的這部滿文原檔；

這次出版，陳教授除為本書作序外，並應筆者之請，於百忙中撥冗修訂舊文，為本書增加了研究篇章。老同事莊吉發教授，是圖書文獻處永遠的工作伙伴，退休雖已屆五年，仍每日到院，在圖書館中孜孜不倦的從事研究，並不厭其煩地指導後學，近四年來更應聘為本院滿文老師，每周六在圖書館中教授滿文，作育英才無數，沒有他堅持於滿文教學，是無法覓得《滿文原檔》的編目與校對者的；莊教授對筆者個人而言，亦師、亦友、亦同事，二十多年共事，獲益良多；他極關心本書的出版，除審定編目，撰寫〈文獻足徵 —《滿文原檔》的由來及其史料價值〉一文外，並經常指導編務，沒有莊教授的支持，《滿文原檔》是無法順利出版的。當然，我更要感謝執行編務的工作團隊：執行編輯陳龍貴與鄭永昌，他們負責撰寫凡例、督導編目、攝製影像、研究版面及與出版廠商交涉，沒有他們二位的認真負責，本書是無法依時出版的；張起玉小姐總管提件之責，半年多來提件原檔編目、校對、掃瞄無數次，特別是進行掃瞄時，還要勞動本院善本古籍修裱裝訂室賴清忠先生進行拆裝作業；張小姐與研究助理林士鉉、溫浩堅、吳玉婷負責編目與校對，他們認真編目、嚴格把關、仔細校對，確保了本書的品質；攝影師崔學國先生雖已榮退，但仍回院為滿文原檔攝影；助理蔡奇材則負責掃瞄後接圖。總之，沒有這支負責的工作團隊，是無法完成任務的；編輯期間的辛勞與愉悅，也只有執行任務者方能體會。滿學（Manchuology）是近年來國際新興的一門學科，強調以滿文從事滿族研究，範圍包括歷史、語言、文化、 社會和八旗制度等，這也是新清史的研究趨勢。國立故宮博物院圖書文獻處自民國五十七年（1968）成立以來，即努力整理、出版與研究所藏的清代檔案，近年來更推動檔案數位化與滿、藏文教學，冀對清史研究略盡綿薄之力：在國際滿學日益昌盛之際，出版《滿文原檔》，無疑是為這門學科挹注了一股動力。正是：

多少龍興事，盡藏原檔中；

其中的蘊涵，仍待讀者努力發掘。

民國九十六年（2007）三月二十九日，《中國時報》以「故宮重寶閃失，再添一樁：滿文原檔掉頁，『女屍圖』不見了」為題報導了國立故宮博物院典藏《滿文原檔》中遺失「女屍圖」的信息。記者李維菁撰〈臺北報導〉指出，「知名翠玉白菜上的小蟲鬚原來是斷的這回事，引起大眾對於故宮文物保存狀態的討論與好奇，國家重寶要是有所閃失可是滔天大罪，故宮更是國際級的文物保護者。不過，故宮保存重寶還真不是不曾出事，院藏重要文獻『滿文原檔』中的一頁『女屍圖』就曾遺失，至今下落不明。這是民國五十八年的事情，正因為這個失竊事件讓故宮院方下令：此後所有故宮文物大大小小一律不得離開院內。『滿文原檔』是重要的歷史文獻，一共厚厚重重的四十鉅冊，是世界上研究滿州史以及滿文發展最重要的學術文獻。沒想到這滿州檔案歷史鉅冊會在臺灣發生離奇的失竊案件。故宮圖書文獻處處長馮明珠表示，由於『滿文原檔』的重要性，國內外學者一直要求故宮將它出版發行，造福學界。民國五十八年，也就是故宮在臺北復院四年之後，決定將『滿文原檔』發行成書，因此在那個沒有數位掃描，拍照與影印都極不普遍也不方便的年代，故宮自然是將文獻原件送到外面去照相以便印製。也因為『滿文原檔』厚重又多冊，只好將它拆解成小冊外送照相，每天送去一部分，送回來之後檢查驗收。〈58

年外送照相，一頁神秘失蹤〉，有一天，故宮圖書文獻處檢查送回院裡的文獻時，赫然發現送出去的文獻有一頁消失了，怎麼追也找不到。當年文獻處處長昌彼得，後來曾任故宮副院長的文化界大老，當時立刻上了正式公文向行政院報告這個事件，並且自請處分。這遺失的一頁就是『女屍圖』。上頭畫有裸體的女性屍體，在這麼多頁文獻中獨獨就是少了這神秘的一頁。馮明珠說，當時故宮同仁感嘆可能是因為當年社會風氣十分保守，女性裸體被視為破壞善良風俗，社會上一般根本見不到裸女圖。因此畫有裸體女屍這一頁引起了好奇，就被偷走了。所幸是在送出去拍照前故宮就留下這頁『女屍圖』的影本，因此發行出書以及研究都可以繼續進行，不至於空了一頁。她也說，其實這遺失的一頁其實本來根本沒有名字，是故宮人員為了稱呼這遺失的一頁，自己把它取名叫做『女屍圖』。故宮從來沒有隱滿〔瞞〕過任何關於『女屍圖』事件，在『滿文原檔』重新發行的幾個版本，以及去年故宮慶祝八十周年慶再度發行的『滿文原檔』最新版本中都談到這個事件。」報導內容，與事實頗有出入。發現外送照相一頁消失，並非故宮圖書文獻處檢查送回院裡的文獻時發現的，所謂女屍圖影本也不是在文獻送出去拍照前故宮就留下的。民國六十年（1971）十月，中央研究院歷史語言研究所李學智著《老滿文原檔論輯》一書由臺北文友印刷紙業公司出版。原書指出，「最特出的是所謂『舊滿洲檔』第四冊『寒字檔』。在此一檔冊中，原有明代『檢屍圖』兩頁，我們曾在《東亞學報》第四期特別提出討論過，而陳捷先先生在『述略』中俯拾我們研究的牙慧也曾提到，可是遍檢第四冊中，確未能找出這兩頁『檢屍圖』來。不知是負責校閱者的疏忽未印呢？或是其他原因而將此兩頁寶貴的史料中飽私囊呢？實叫人墮入五里霧中，莫明其天主堂了！而最令人涕笑皆非的，是在舊滿洲檔出版而經筆者將此缺失指出後，國立故宮博物院的負責人曾詳檢了原檔，始發現此頁原檔由於不慎而竟遭遺失，並曾要求拿去我的原檔照片兩張補印後再分送與已購此書之中外人士。果如是也，我們以中華民國人民一份子之立場，要請問國立故宮博物院當局，對這種情形，是否為『盜寶案』之重演，請公開的向全國作一明白的交待。除此以外，尚有歲字檔的葉底，寫有漢文『天聰二年』的一頁，餘字檔頁首的一頁，秋字檔頁首的一頁，均印失不見了。其他印失之處，尚有很多，在此不再一一詳指，以免又來借閱我的照片複印補遺。」檢屍圖又稱驗屍圖，故宮同仁並未另行取名「女屍圖」。驗屍圖的影本，確實是向李學智借來照片翻拍的。

民國六十一年（1972）十月二十八日由《新聞天地》刊載，原文稱，「國立故宮博物院出版的『清朝開國檔案』印失了許多頁，這失去的國寶下落如何？不能不問不聞，負責方面應該迅速追查，向國人有個交代。日前於臺北偶覯一冊奇特的，書名『老滿文原檔論輯』，全書共計三百六十七頁，正文附圖一四六頁，附錄文兩篇共計二二一頁。乃攜回閱讀，費一日之力而閱畢，始知如此大書竟然是一本不折不扣的『書評』。雖然在歐美僅是書評印成專書的事，並不稀奇，可是在我國僅是書評而印成專書的似不多見。這一冊書評中，大部份是與國立故宮博物院的滿文專家們討論學術的，書中並列舉了不止數十條，是指責國立故宮博物院的滿文專家在『影印出版的舊滿洲檔』一書的『述略』中，剽竊了中日學人研究的成果，以作自己的研究所得。而國立故宮博物院雖然不被教育部承認是一個學術研究機構，僅認為是一社會教育機構，但從世界上學術研究之慣例看，亦不能對自己所屬剽竊別人研究成果以裝飾國立故宮博物院的門面一事，不問不聞吧，因為這是世界學術界公認的道德行為。可是說也奇怪，被指責的這位國立故宮博物院的『滿文專家』，據說是國立臺灣大學文學院某系因涉嫌貪污丟官的系主任。本來嘛，在我國的文化界裡，文鈔公之流風可以說是司空見慣的事，並不怎麼稀奇，可是這種剽竊別人研究成果的事，發生在國立臺灣大學，似乎就不太平常了。例如許多年前國立臺灣大學法學院某系的系主任，因為剽竊了別人研究的成果，而被當時的法學院院長來一個解聘。不過後來這位被解聘的系主任，曾千方百計的搜到了當時法學院院長偽造博士證書的證據，又反告了法學院長偽造證件。一時傳為『儒林奇譚』，結果是兩敗俱傷，院長和系主任也都去職。所以現在的這位也是國立臺灣大學文學院的系主任，而國立臺灣大學當局竟對此事來個不聞不問，似乎有點欠缺公平。此一系主任之會與國立故宮博物院拉上關係，據說是因為與國立故宮博物院的某人私交甚厚，因此以國立臺灣大學系主任的身份，兼任了國立故宮博物院的研究員，因此國立故宮博物院似乎尚可解釋是『此公乃是兼職，玩票而已』，用以掩飾出版『舊滿洲檔』的許多過失。可是在這本書評的『老滿文原檔論輯』的第二章裡，曾明白的指責國立故宮博物院影印出版的『舊滿洲檔』一書裡，將原有的『清朝開國檔案』印失了許多頁。而國立故宮博物院竟對『丟失國寶』的事實，也不問不聞，似乎有虧職守。更何況既由某滿文專家負責影印，而致有『丟失國寶』的事件發生，究竟是不小心而遺失？或是這位滿文專家欺騙國立故宮博物院的負責人不認識滿文，而有意侵吞國寶呢？似乎不能不令人惑疑。我們要特別提醒國立故宮博物院當局，對此一事實應作明白公開的交待，以釋愛護國立故宮博物院的全國人民之疑慮。負責監督國立故宮博物院的『行政院國立故宮、中央博物院文物保管委員會』更應起而澈查，千萬不要裝聾作啞！」所謂滿文專家有意侵吞國寶云云，純屬猜測。

民國九十六年（2007）三月二十九日，《中國時報》報導稱，民國五十八年（1969）外送照相的文獻送回院裡發現消失一頁後，當年的圖書文獻處昌彼得，當時立刻上了正式公文向行政院報告這個事件，並且自請處分云云，與事實頗有出入，因為昌彼得對驗屍圖毫無所悉，故宮博物院當局因李學智撰文指出後始知遺失驗屍圖兩頁，處長昌彼得果真立刻上了公文給行政院，為何行政院從未下令追究責任？其實，處長昌彼得上簽呈自請處分是在民國七十七年（1988）秦孝儀院長任內的事。報導中指出，女屍圖因引起了好奇，就被偷走了，究竟是被誰偷去的，確實令人好奇，其真相如何？民國九十六年（2007）四月二日，國民黨立委李慶安及郭素春與中華民國滿族協會理事長佟光英、廣定遠等人前往故宮了解破損的翠玉白菜及《滿文原檔》中遺失的一葉「女屍圖」，意外扯出三十多年一段「盜寶」疑雲。四月三日，《中國時報》刊載曾薏蘋、李維菁撰〈臺北報導〉指出，三十多年前，國立故宮博物院典藏重要文獻《滿文原檔》中的「女屍圖」有如人間蒸發，突然消失，已故滿文專家李學智曾為文批評故宮「侵吞國寶」，讓故宮相關人士憤恨不平。報導中說：「滿族協會秘書長廣定遠昨天直指：『女屍圖』是李學智偷的！故宮圖書文獻處處長馮明珠也附和：這也是昌公（已故故宮圖書文獻處處長昌彼得）的懷疑，只是不敢說出來！廣定遠表示，臺灣懂滿文的不多，除了他父親廣祿，李學智是其一。父親當時是立委，要進故宮協助研究不難，但那時李學智常假借他父親名義，進出故宮臺中霧峰北溝倉庫，李學智可能因此從裡面帶出不少國寶，政府應查清楚。看得懂滿文的人不多，李學智很清楚「女屍圖」的內容及價值。」報導中又指出，民國五十八年（1969），故宮影印《舊滿洲檔》時，因為識滿文者很少,為防止印刷廠製版出錯,拆線及攝影前打上葉碼,還派專人監護,每天提取及歸庫,由司庫人員逐葉驗收,都有紀錄可查。「今天檢查葉碼,發現並無缺號,顯然影印時還沒有遺失。」報導中指出,故宮〈關於舊滿洲檔事件報告〉記載,六十年十月二十八日出版的《新聞天地》刊有李學智化名「羅孝琦」發表的〈追查清開國檔案下落〉一文,指故宮影印《舊滿洲檔》遺失一葉,是「侵吞國寶」。報導中又說,〈關於舊滿州檔事件報告〉指明,不懂滿文的人根本看不出「女屍圖」的重要性,沒有必要侵占,李學智的指控顯然是污衊,只是當時報告沒有點名,李學智就是他們懷疑的對象,直到立委拜訪故宮,廣定遠問馮明珠:「誰第一個告訴你們女屍圖不見的?」馮答:「李學智」。廣定遠即斬釘截鐵:「是李學智偷的!」。李維菁撰〈臺北報導〉,以〈李學智盜寶?無從查證〉為標題指出,故宮博物院藏「滿文原檔」中一葉「女屍圖」失竊,究竟是否為已逝滿文學者李學智所拿走的,目前看來只怕是傳言推測的性質較高,因為現今根本無從查證調查起。故宮圖書文獻處處長馮明珠說,由於這場論戰的當事人不是過世就是年事已高,真相釐清的機會很小。李學智九十二年過世,秦孝儀也過世,目前仍然在世的昌彼得已高齡八十六歲,早已退休,但身體健康不佳,處於休養狀態。她說《滿文原檔》歷來只出過故宮兩次,一次是民國五十一年,一次是民國五十八年,推測只會在這兩個時間點遺失。馮明珠說:『大家今天最大質疑在於,如果是故宮疏失,就該懲處送去拍照的圖書文獻處行政人員,要是認為是李學智的話,怎麼不請人調查?』她說,昌彼得與相關學者認為根本就是李學智拿的,卻找不到證據,但行政上程序偏偏又是自己管轄的圖書文獻處的疏失。『昌公如果認為是自己的部下的疏失,當然會立刻辦人。但他心裡認為是李學智,要他辦自己的屬下，他不願意，因此自己攬下責任。』『這就成永遠的羅生門！』。報導中一方面指出，「女屍圖」失竊，究竟是否為李學智所拿走的，「目前看來只怕是傳言推測的性質較高」，一方面又說，「昌彼得與相關學者認為根本就是李學智拿的。」

民國六十三年（1974）五月，《幼獅月刊》第三十九卷，第五期刊載昌彼得撰〈總答李學智先生對國立故宮博物院的批評〉一文指出，「從五十九年本院影印所藏舊滿洲檔出版以後，李先生陸續地寫了好幾篇抨擊本院的文章，登載於各書刊。」「李先生既要本院將他所指責遺失檔案的真相，向社會公開作一交待，筆者自不應再有所猶疑顧慮，謹將李先生迭次大作中指摘本院的事項，作一總的答覆，讓社會人士明瞭全盤事實的真相，俾作為公正評判的參考。」「在五十七年本院增設圖書文獻處以前，工作同仁中從無認識滿洲文字者，誰又知道滿洲檔中缺少之葉，竟像李先生中所說具有那麼重大的學術價值而成了『國寶』？五十九年本院著手影印此檔冊開始攝照工作時，粗識滿文者僅有一人，為了防止印刷廠製版併版印刷發生錯誤，即便於重行裝訂，故負責保管人員於拆線交付攝照之前，預先在該檔冊書腦的部位，逐葉順序打上葉碼而後完全拆除訂線。每次派員工一人赴印刷廠監督攝照，均由保管人員登記交攜往攝照的原檔葉數，由監照職員簽收領取，工作完畢後即交還，由保管人員查驗無訛再歸庫，一冊照畢，隨即裝訂還原。每日提件歸庫葉數號數，均有記錄可稽。本院所有出版圖書文獻影印的程序，均依此辦理。今檢舊滿洲原檔所打葉碼，其間並無缺號，足覘本院影印時並無遺失的情事。」「再檢舊檔案，查得在五十年，本院尚在國立故宮中央博物院聯合管理處時期，亦由當時常務理事李濟先生介紹李學智先生赴臺中霧峰北溝，閱覽此檔，曾開箱提件，但未拆訂線。翌年，聯管處曾應允中國東亞學術研究計劃委員會（以下簡稱東亞學會）的請求，由該會派李學智、張秋濤二先生攜運顯微攝影機前往北溝倉庫工作室，將此舊滿洲檔四十大冊攝製了顯微影片底片一份。攝照時曾將檔冊拆除了訂線，而後重裝復原。此次攝照的監護工作，係由聯管處故博組庫房管理員梁廷煒及職員俞國基二位先生負責。今梁先生早已退休並亡故，俞君亦離職多年。此次攝照的提件程序如何，因未留有記錄，無可稽查。這一次有無遺失，或曾否被人動過手腳，我們也不知道，因為斯時除李先生外，無一人懂得滿洲文的。」「本院既查悉此項檔冊有此較早的記錄顯微底片，乃呈准王主任委員於六十年十二月十八日致函東亞學會，請將所保管的舊滿洲檔顯微底片借用，以資核對現藏，究竟有無如李學智先生文中所指遺失的所謂『驗屍圖』一葉事。」「據告該項底片一直為李學智先生所據為己有，堅不肯交出，致該會無法作覆。」「自本院出版舊滿洲檔冊後不久，李先生一面撰文抨擊本院，一面又堅拒將該檔顯微底片交出，以阻礙本院的核對調查工作，把這種種跡象串連在一起，相信任何人都不由得不發生下列兩點懷疑：一、此檔冊的顯微底片，現在是不是還在李先生的手中；二、五十一年所攝的底片中，是否有如李先生所指本院缺少的所謂『驗屍圖』一葉。假如是前者，則李先生不惟侵佔了公物，而且弄丟了公物，這底片流失到什麼地方去了，我們需要追究。假如是後者，李先生不僅負有誹謗的罪嫌，則所持有所謂『驗屍圖』的照片從何而來？」驗屍圖是民國五十八年（1969）遺失的，可是昌彼得到民國六十三年（1974）仍然懷疑國立故宮博物院是否有驗屍圖，其遺失會被人動過手腳，合理的懷疑是民國五十一年（1962）拆線攝製顯微影片懂得滿洲文的人。國立故宮博物院負責保管人員預先在舊滿洲檔冊書腦的部位，逐葉順序打上葉碼而後拆除訂線，提件攝照，監照職員簽收，查驗歸庫葉數，均有記錄可稽。其記錄有助於了解《舊滿洲檔》影印出版的程序。國立故宮博物院典藏《滿文原檔》，是按千字文編號自天字起至露字止，因避清聖祖玄燁御名諱，缺玄字。民國五十五年（1966）八月二十七日，編有簡目，分別影印如後。

故宮博物院藏　滿文原檔簡目

民國五十五年八月二十七日

No.	檔名	葉數	紙質	朝代	時間及內容
No.1	天字檔	八十三葉	高麗紙	太宗朝	天聰元年（丁卯）正月－十二月
No.2	地字檔	一百二十九葉	高麗紙	太宗朝	天聰六年（壬申）正月－十二月
No.3	黃字檔	四十二葉	高麗紙	太祖朝	天命十年（乙丑）八月二十五日 勅書檔
No.4	宇字檔	一百七十葉	高麗紙	太宗朝	崇德元年（丙子）九月－十二月（第一百四十三葉冬至祭天圖）
No.5	宙字檔	八十八葉	明代公文紙（自六十七葉至七十三葉部份書于天命朝漢文奏摺故紙上）	太祖朝	天命七年（壬戌）－天命十一年（丙寅）秘事檔

No: 2
No: 16
附No: 3

No.6
洪字檔　一百十三葉　明代公文紙（編號排列[illegible]逆也）
太祖朝　[illegible]無年月檔案件（自第八十一葉至第一葉萬曆三十八年族籍表）（第一百一葉　十二字頭　木版印刷）

No.7
荒字檔　一百四十六葉　高麗紙
太祖朝　萬曆三十五年（丁未）三月－天命四年（己未）三月　第五十一葉以降　昃字檔的底稿

No.8
日字檔　二百二十一葉　高麗紙
太宗朝　天聰十年（丙子）正月－崇德元年（丙子）八月

No.9
昃字檔中
太宗朝　[illegible]

No.10
盈字檔　九十八葉　明代公文紙
太祖朝　天命八年（癸亥）五月－七月　第六十八、六十九葉　蒙文

No.11 昃字檔 一百三十九葉 高麗紙

太祖朝 萬曆四十三年(乙卯)六月—天命五年(庚申)九月

No.12 辰字檔 五十四葉 明代公文紙

太祖朝天命七年(壬戌)三月、六月

No.13 宿字檔 四十二葉 明代公文紙

太祖朝 天命年間 八旗武將誓書(木版印刷)

No.14 列字檔 二百十九葉 明代公文紙

太祖朝天命八年(癸亥)正月—五月(冬字檔的底稿)

No.15 張字檔 五百五十五葉 明代公文紙

太祖朝 天命六年(辛酉)二月—天命七年(壬戌)四月

No.16 寒字檔 九十九葉 明代公文紙

○ 太祖朝 天命九年(甲子)正月—六月
第二葉—第二十八葉 滿漢文勅書
第二十九葉以降 滿文勅書

No.17 來字檔 五十二葉 明代公文紙

太祖朝天命六年(辛酉)七月—十一月

No.18 暑字檔 五十葉 高麗紙

太宗朝 天聰五年(辛未)正月—十二月 蒙古關係記事

No.19 往字檔 五十三葉 明代公文紙

太祖朝 天命年間 八旗官員誓書

No.20 冬字檔 四十四葉 高麗紙

太祖朝 天命八年(癸亥)正月—五月 (太祖實錄稿本?)

孔雀牌

No.21 藏字檔 二十八葉 明代公文紙

太祖朝 天命八年(癸亥) 漢官勅書檔

No.22 閏字檔 三十八葉 高麗紙

太宗朝 天聰二年(戊辰)正月－十二月

No.23 餘字檔 四十五葉 高麗紙 (水漬汙損甚)

太宗朝 天聰五年(辛未)七月－九月

No.24 成字檔 二十六葉 高麗紙

太宗朝 天聰三年(己巳)四年(庚午)・五年(辛未) 明國往來文書

No.25 歲字檔 三十三葉 高麗紙

太宗朝 天聰二年(戊辰)正月－四月 (皮島關係)文書

No.26 律字檔 十七葉 高麗紙（水漬汙損甚）

太宗朝天聰五年（辛未）十月

No.27 呂字檔 二十六葉 高麗紙

太宗朝天聰四年（庚午）四月、六月

No.28

太宗朝 天聰四年（庚午）

No.29 陽字檔 三葉 高麗紙

太宗朝天聰三年（己巳）正月、二月、閏四月

No.30 雲字檔 四葉 高麗紙

太宗朝天聰四年（庚午）三月、四月 蒙古關係記事（有蒙文）

No.31 騰字檔 九葉 高麗紙

太宗朝 天聰四年（庚午）三月十五日 阿敏永平占領記事

No.32 雨字檔 十六葉 高麗紙

太宗朝 天聰四年（庚午）二月十五日 致於明及皮島的文書

No.33 露字檔 十葉 高麗紙

太祖朝 萬曆年間 致於明朝書信

No.34 收字檔 五十六葉 高麗紙

太祖朝 天命十年（乙丑）正月—十日

No.35 十六葉 高麗紙

斷片

No.36 致字檔 三十五葉 明代公文紙

太祖朝 天命年間 八旗武將誓書

No.37 秋字檔 四十四葉 高麗紙

太宗朝天聰三年（己巳）十月～十二月 征明記事

附No.1 [illegible]二十八葉 高麗紙

太祖朝天命九年（甲子）正月、天命十一年（丙寅）七月、八月 蒙古關係記事 刻份蒙文

附No.2 八十三葉 高麗紙

前半（二十六葉）太宗朝天聰六年（壬申）正月～十二月（蒙古關係記事） 後半（五十一葉）太宗朝天聰六年正月～六月（日錄） 天聰六年分記事

附No.3 二百七十葉 高麗紙

○ 太宗朝天聰九年（乙亥）正月～十二月（乾隆改字檔未收）

孔雀牌

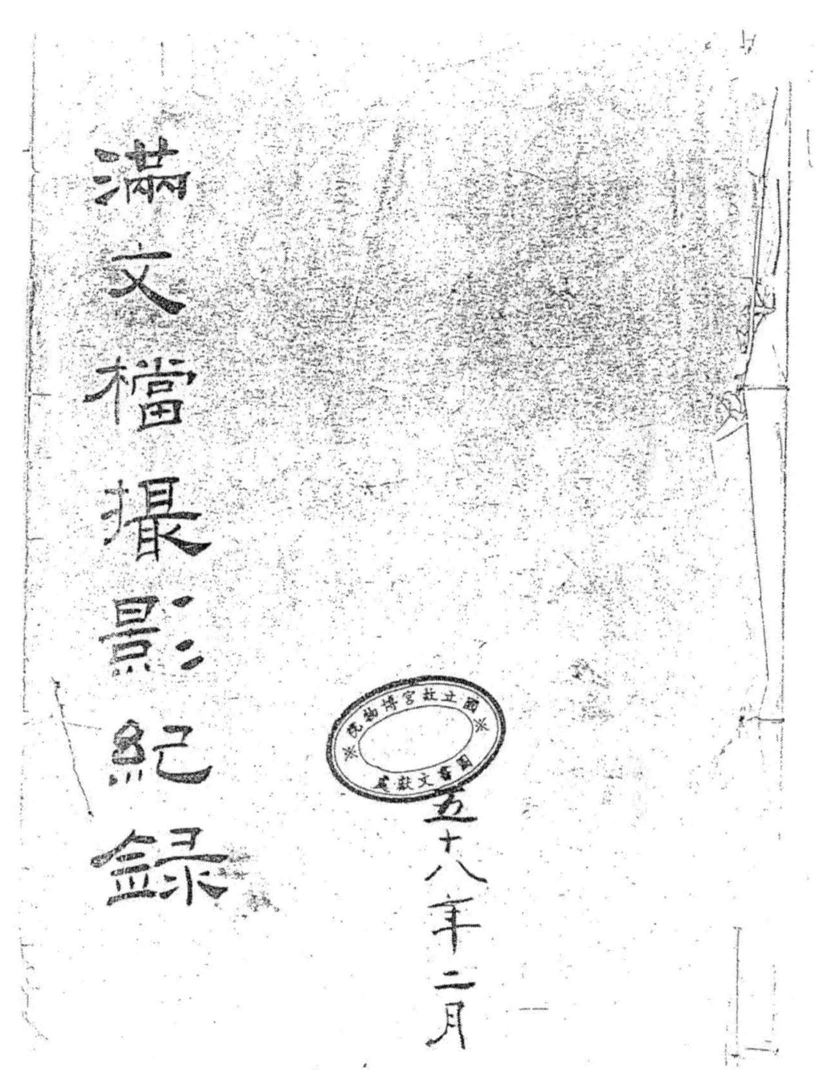
滿文檔攝影紀錄

五十八年二月

老滿文原檔攝影紀錄

日期	原編字號及故宮編第冊	面數	經手人	備攷
二月廿五日	①原編荒字 故宮編第七冊	二九四面	吳哲夫 趙鐵銘	因攝影框架重做未照成
二月廿六日	〃	一二八面	王福壽 林炳陽	1—128面 王福壽
二月廿八日	〃 ②吳字 第二冊	二二四面	林信美 王世華	129—294 295—352 林信美
三月三日	〃	一九二面	吳哲夫 梁明道	353—544 吳哲夫
三月五日	〃 ③張字第十五冊	二五二面	趙鐵銘 王振楷	545—572 573—796 趙鐵銘
三月七日	〃	二五七面	王福壽 林炳陽	797—1053 王福壽
三月十日	④來字第十七冊 ⑤辰字第十二冊 ⑥列字第十四冊	一九〇面	林信美 王世華	1054—1133 1133—1234 1235—1244 林信美

日期	冊	面數	人員	編號	簽名
三月十二日	⑤辰字十二冊 ⑥列字十四冊	一七六面	吳哲夫 梁明道	1245–1292	吳哲夫
三月十四日	⑦冬字二十冊	二〇八面	曹鐵銘 王振楷	1293–1420 1421–1511	曹鐵銘
三月十七日	⑧盈字十冊 ⑨寒字十六冊	一九二面	吳哲夫 梁明道	1512–[illegible] 16[illegible]–16[illegible]	吳哲夫
三月十九日	⑩收字三十四冊 ⑪藏字三冊	底板未照	王福壽 王振楷	[illegible]–1752 1753–1821	王福壽
四月二十一日	全十九日	二一六面	曹鐵銘 梁明道	1953–2036	曹鐵銘
四月二十三日	⑬宙字五 ⑬附宙一 ⑭洪字六	一六一面	王福壽 王振楷	2037–2130 2131–2162 2163–2197	王福壽
四月二十五日	⑫洪字六 ⑮藏字廿 ⑯往字十九	一六八	曹鐵銘 王興權	2198–2250 2281–2336 2337–2386	曹

星期	日期	冊	數	經手人	簽收
	三月三十日	⑮藏字廿一冊 ⑯往字十九冊 ⑰宿字十三冊 ⑱[illegible]三十三冊 ⑲[illegible]三十六冊	二四五	吳哲夫 梁明道	2281–2336 2337–2396 2397–2480 2481–2490 2491–2526 吳[illegible]
星期五	五月二日	⑳[illegible]三[illegible] ㉑[illegible]大字一冊	一九五	潘[illegible] 王[illegible]	2527–2558 2559–2722 潘[illegible]
〃一	五月五日	㉒歲字十五冊 ㉓閏字三十三冊 ㉔陽字三十九冊 ㉕秋字五十七冊	[illegible]	黃[illegible] 王振[illegible]	2723–2788 2789–2864 [illegible]
星期一	五月十二日	㉖ ㉗ ㉘ ㉙	一〇〇	王福壽 梁明道	王福壽

五月十四日	五月十六日	五月十九日	五月廿一日
㉓ 二十二 ㉔ 二十九 ㉕ 三十七 ㉖ 二十八	㉗ 四十八 ㉘ 九 ㉙ [illegible]	㉚ 三十二 ㉛ 三十一 ㉜ 二十七	㉝ 十八 ㉞ 三十三
一七八	一八六	一八八	一三〇
[illegible] 王宗耀	[illegible] 王振權	吳官夫 [illegible]	[illegible] 王宗耀
2323–2864 2865–2868 2861–2954 2855–2899	2999–3056 3055–3184	3225–3226 3231–3240 3241–3372	3373–3470 3471–3502

五		一	三	五	一
五月廿三日		五月廿六日	五月廿八日	五月卅日	六月一日
㉓ 二十三 ㉔ 二十六	㉕ 二十四	㉖ 二十[illegible] [illegible]	㉖ [illegible]	㉗	㉘
一四六		一三九	一一七	一六二	一九二
[illegible] 王德楷		[illegible] 梁[illegible]	王[illegible] 王德楷	趙[illegible] 王[illegible]	吳[illegible]夫 梁[illegible]
3502—3562 3563—3576	3577—3648	3649—3730	3738—3904	3705—4066	4067—4258

日期	冊	數	人員	號碼	簽名
六月四日	(38)	一九二	王致華 王指楷	4259—4450	王致華
六月六日	(38)(39)	一八四	趙鉄銘 王光耀	4451—4602 6603—6634	趙
六月九日	(39)	一六一	吳哲夫 梁尚道	4635—4794	吳哲夫
六月十日	(39)	一九二	趙鉄銘 王指楷	4795—4986	趙
六月十三日	(40)(39)	二二四	趙鉄銘 王光耀	5021—5210 4987—5040	趙
六月十六日	(40)	一六八	吳哲夫 梁尚道	5211—5378	吳哲夫 定

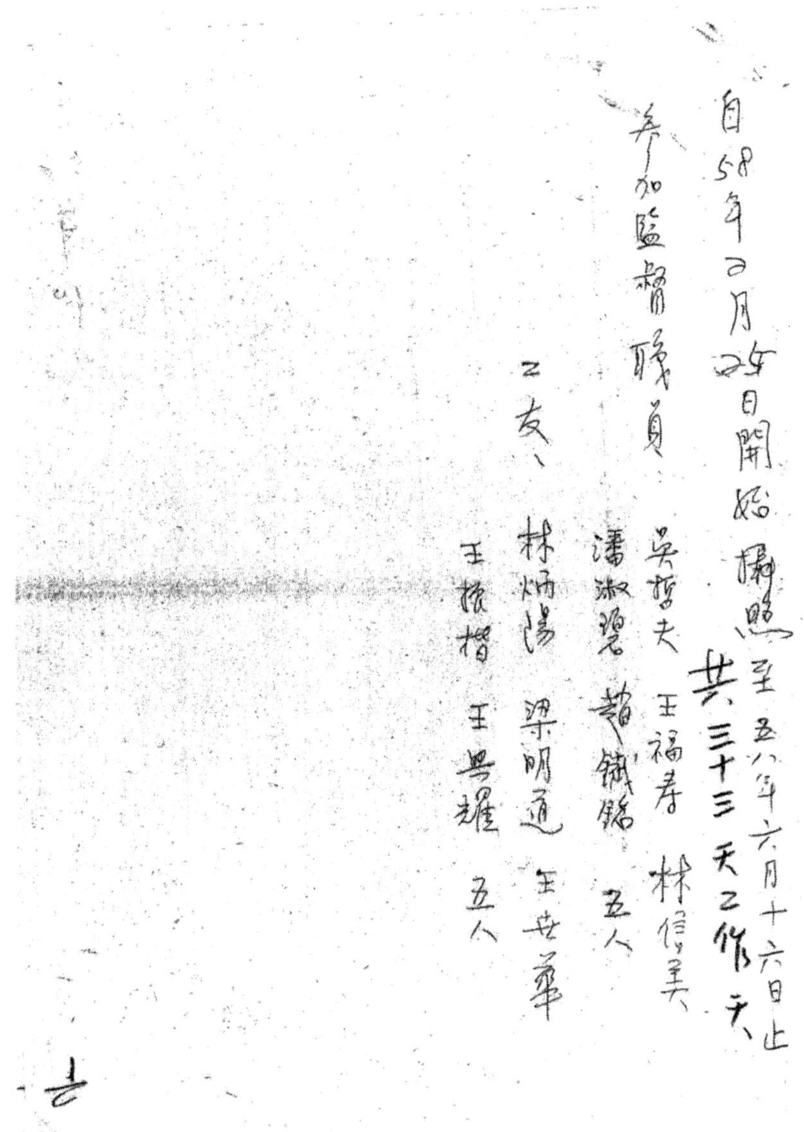
自58年2月25日開始攝照至五八年六月十六日止
共三十三天工作天、
參加監督職員　吳哲夫　王福壽　林佳美
潘淑碧　趙鐵銘　五人
工友、　林炳陽　梁明道　王安華
王振楷　王興耀　五人

國立故宮博物院出版《舊滿洲檔》拆線提件攝照工作是從民國五十八年（1969）二月二十五日開始，至同年六月十六日結束，工作天共三十三天。據《故宮博物院藏滿文原檔簡目》計載，其中「寒字檔」共九十九葉，明代公文紙。其中「寒九十九」，是最後一頁，繪有驗屍圖的正面和背面，公文紙背面書寫無圈點老滿文。國立故宮博物院慶祝八十周年慶再度發行的《滿文原檔》十巨冊，其中第四冊「寒九十九」，因遺失原檔，曾據李學智保存的照片翻拍。可將《滿文原檔》、寒九十九滿文，影印並轉寫羅馬拼音，譯出漢文如下。

236

【寒字檔】

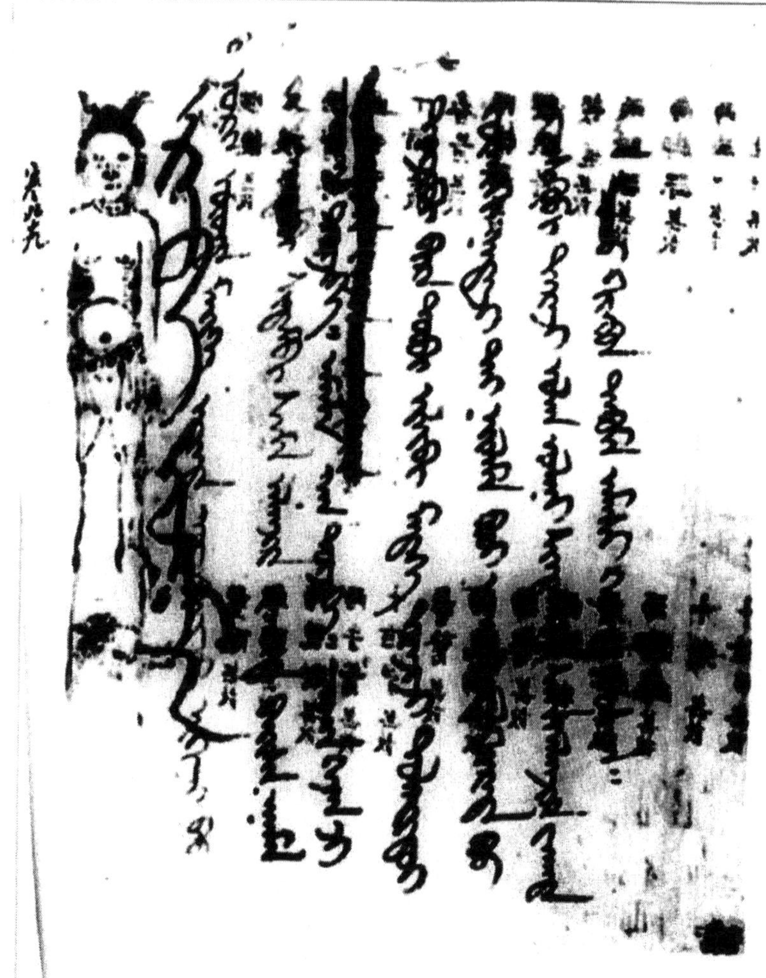

237

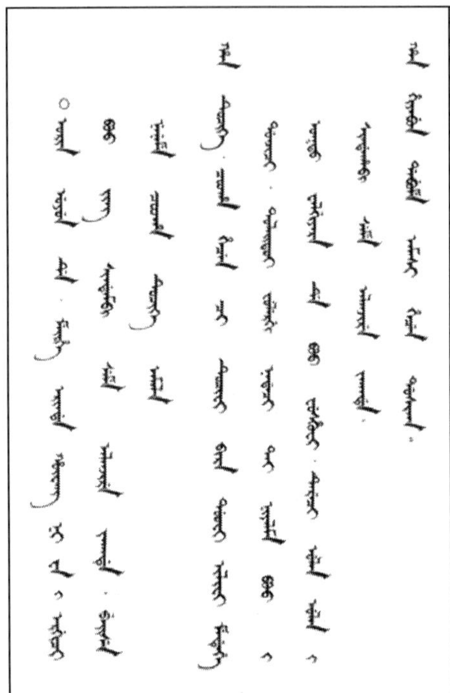

寒九十九加圈點新滿文羅馬拼音
orin uyun de, meihe erinde hūwang ni wa i ergici poo jing sindambi seme alanjire jakade, beise neneme cooha tucike. amala han tucike, cooha hecen ci tucifi bira doofi ilifi medege donjici, tolaitoi julergi nadaci tai niyalma poo i okto walgiyara de poo fushufi, tereci ulan ulan i sindahabi seme alanjire jakade, han hiyabun dabume amasi hecen dosika.

寒九十九加圈點新滿文漢譯
二十九日，巳時來告稱：因黃泥窪方向正放礮，故諸貝勒率先出兵。後汗出兵，兵丁出城渡河立營聽取信息。據告稱：係因託賴推之南第七臺人烘曬礮藥時礮爆炸，故輾轉傳說是放礮。汗於點燈時分返回入城。

在明代驗屍圖公文紙上書寫無圈點老滿文，這就是國立故宮博物院被人偷走的引起好奇神秘的一葉。民國九十六年（2007）三月二十九日，《中國時報》報導中稱，「所幸是在送出去拍照前故宮就留下這頁『女屍圖』的影本，因此發行出書以及研究都可以繼續進行，不至於空了一頁。」此則報導似是而非。查閱國立故宮博物院為慶祝八十周年慶再度發行的《滿文原檔》第四冊，頁 236 是「寒九十八」，左下角「4-1837」是民國五十八年（1969）拆線前打上的順序葉碼。頁 237、238 是「寒九十九」一葉兩面，在左下角俱無順序葉碼。頁 239 是收字檔「收一」，在左下角的順序葉碼是「4-1839」，缺了「4-1838」，這一葉驗屍圖及無圈點老滿文的珍貴檔案是民國五十一年（1962）李學智、張秋濤二人在臺中北溝倉庫工作室拍攝顯微影片沖洗出來的照片，因此在該葉

左下角尚未打上順序葉碼。民國六十三年（1974），國立故宮博物院曾派沈景鴻等人前往臺北南港中央研究院歷史語言研究所傅斯年圖書館查對照片。民國五十二年（1963），李學智因微捲底片不便於閱讀，而將滿文原檔底片沖印放大照片二套，以便繙譯之用，其中一套在中央研究院傅斯年圖書館，一套在李學智手上，國立故宮博物院同仁曾向李學智借來翻拍，所以驗屍圖這葉原檔未編順序號碼。民國五十八年（1969），國立故宮博物院預先在電腦打上「4-838」有驗屍圖的老滿文原檔已被人偷走了。究竟是誰偷走了？保管不慎，是誰的責任？遺失「國寶」，當局如何處理？追查「盜寶」案如何進行？當時圖書文獻處處長昌彼得先生如何自請處分，可將其簽呈影印如後。

No. 1

照查覆

查有關遺失舊滿洲檔第十六冊寒字檔第九十九葉一葉事，係在職兼任圖書文獻處處長時發生，職謹將此事始末陳述，敬請院長裁奪。案故宮於民國五十四年遷台北時，組織規程所訂業務單位僅設古物、書畫兩組，運台善本舊籍及文獻之典管置於書畫組下。蔣前院長以故宮運台文物中，圖書文獻類籍件最多，若無獨立單位，業務殊難推展，乃於五十七年秋呈准行政院修訂組織規程，由兩組增設三處，將圖書文獻自書畫中分出，成立圖書文獻處。九月派職為首任處長。時職尚任國立中央圖書館特藏組主任，辭職未獲准允。故當時僅能兼任（至五十九年春包遵彭館長去世，始辭中館職），於五月到任本院，每週抽時來院兩天。奉蔣前院長指示

(12×25)

No. 2

、除編印善籍書目外，首先影印院藏舊滿洲檔四十大冊，以供海內外阿尔泰語系學者研究。時處中同仁僅雇員潘淑碧一小姐方從廣祿教授學習滿文，故約聘台大陳捷先教授為兼任研究員襄助其事。職以院中同仁既乏通曉滿文者，為免裝訂錯亂倒置，乃囑同典藏同仁，於開拆訂線後，即在書腦處打印頁碼編號，俾使裝訂復原。自五十八年二月廿六日始，至六月十六日止，每次派職員工友各一人攜書葉前往印刷廠攝照，所攝檔冊葉數及編號，均有記錄，照畢歸還，由典藏同仁驗收。當時圖書文獻處下設典藏、文獻、圖書三股，分由詹冠南、劉家駒、蘇篤仁任股長。惟其時本院第三期擴建伊始，文獻庫房尚未完成，圖書文獻箱件仍放置於原書畫組時代之庫房，由典藏股負責典守。閑於舊滿洲檔冊之編打印葉碼以及提件裝訂復原工作，均由該股雇員現任職技工之趙鐵鎔君經手。

五十九年舊滿洲檔影印裝訂十大冊陸續出版後，即有中央研究院歷史語言研究所副研究員李學智君先後在各刊物撰文抨擊，並指出其中有遺失之葉，認為本院有盜竊之嫌，並於六十年十月不惜花費將所撰攻擊本院之文輯印成老滿文原檔論輯一冊，大量向外界寄發，復於當年十二月八日上書本院管理委員會王故主任委員雲五先生控告本院盜竊，並附寄該論輯十冊，奉主任委員批交圖書文獻處查復。經查此檔冊巨大厚重，倘有脫葉，必係拆線之後，設若被人撕去，必在書腦留有殘紙。復查此檔冊在五十八年影印出版攝照之前，曾於五十年本院在台中霧峯北溝聯管處

No. 4

時代，曾應允中國東亞學術研究計劃委員會之請求，由該会派李學智、張秋濤兩君携帶顯微攝影器材，來北溝庫房，將此四十大冊舊滿洲檔拆線攝照顯微影片一套，當年協議办法五條，載明該顯微影片之主權仍歸聯管處，由東亞學會借用並負保管之責，可提供學者研究，但不得作出版之用。因知東亞學會曾攝有該檔冊微片，本院為求明瞭現藏究竟有無如李君所指缺葉，因於十二月八日致函東亞學会商調該項微片，以供本院查核。廿七日接獲覆函，謂底片現在李學智君處，已去函告知借用之意，此後即無下文。本院既無以核查檢，爰將經過情形陳報管理委員會，奉主主委之批示，先後於六十一年二月十日、十一月十二日、十二月十九日三度致函催索，直到六十二年元月始獲該会

(12×25)

No. 5

覆函，謂李君不允交出，已將本院來函複印副本轉寄李君兹云。未幾，東亞學会因乏美國基金会提供支持而告結束。本院既無法取得往年所攝照之微捲以憑核查，因將此事擱置，未作進一步之處理。

近年，本院籌劃文物總清點，滿蒙藏文股莊吉發股長為明晰此寒字檔為九十九葉原冊移來台北究竟有無？或何時遺失，以明責任攸歸，報主處長再細作覆查，經查得五十五年八月曾有日本東洋文庫神田、岡田、松村三教授曾來書畫組借閱此檔冊，留有記錄一份，載明寒字檔九十九葉、明代公文紙，由此推定，此檔冊在五十五年還來台北後，應是九十九葉，可無疑義。現存九十八葉，所缺之第九十九葉一葉，應是五十八年影印攝照時所遺失。乃於七十

No. 6

七年十一月廿四日由職會同王處長、莊股長入庫，抽取該檔冊訂線檢視，實僅存九十八葉，所缺之第九十九葉葉碼係打印於護葉之上，故葉碼不缺。然細察護葉之碼印色與原打色者不類，且所打部位與方式與原指示編號亦不符，顯係後來所打印補入者，至此始可確定此第九十九葉係於五十八年影印攝照過程中不慎所遺失。經檢查當年攝照記錄，此冊之攜出攝照，係在五十八年三月十九日初由王福壽先生、技工王振楷前往，因印刷廠啟準備不及，未予攝照攜回，繼於三月二十一日再由趙鐵銘先生、梁明道工友攜往攝照。第一次既未攝照，遺失之可能性小，則遺失此葉當係二十一日攝照過程之中。經手之人固無法辭其失職之責，職斯時忝兼處長，亦不能辭失察之咎，至於典藏股長

No. 7

詹冠南早已退休，現寓美國，不予追究可也。職謹將當年經過情形陳明，敬候處分，以減罪戾。至於李學智君一再撰文攻訐誣衊本院之處，職曾於民國六十三年五月撰文作答，刊載幼獅月刊，謹附呈以供參考。

職

昌彼得謹簽　六月十六日

12 / 25

民國五十四年（1965），國立故宮博物院在臺北外雙溪恢復建置之初，專業單位僅有古物、書畫兩組，為適應工作需要，臨時設立登記、展覽兩室，分負文物登錄、展出服務之責。民國五十七年（1968）七月，奉准增編為器物、書畫、圖書文獻三處，及展覽、出版、登記三組。圖書文獻處分設三股一館，因滿蒙藏文股原任股長離職，本人曾奉命代理滿蒙藏文股股長，對院藏驗屍圖遺失經過，知其一、二，僅就所知，撰寫此文，期盼被盜走的「國寶」能早日回歸國立故宮博物。圖書文獻處處長昌彼得先生上簽呈自請處分，但迄今未有任何人員受到處分，果如該簽呈所云，監守自盜，而未受追究，逍遙法外，確實令人好奇，匪夷所思。

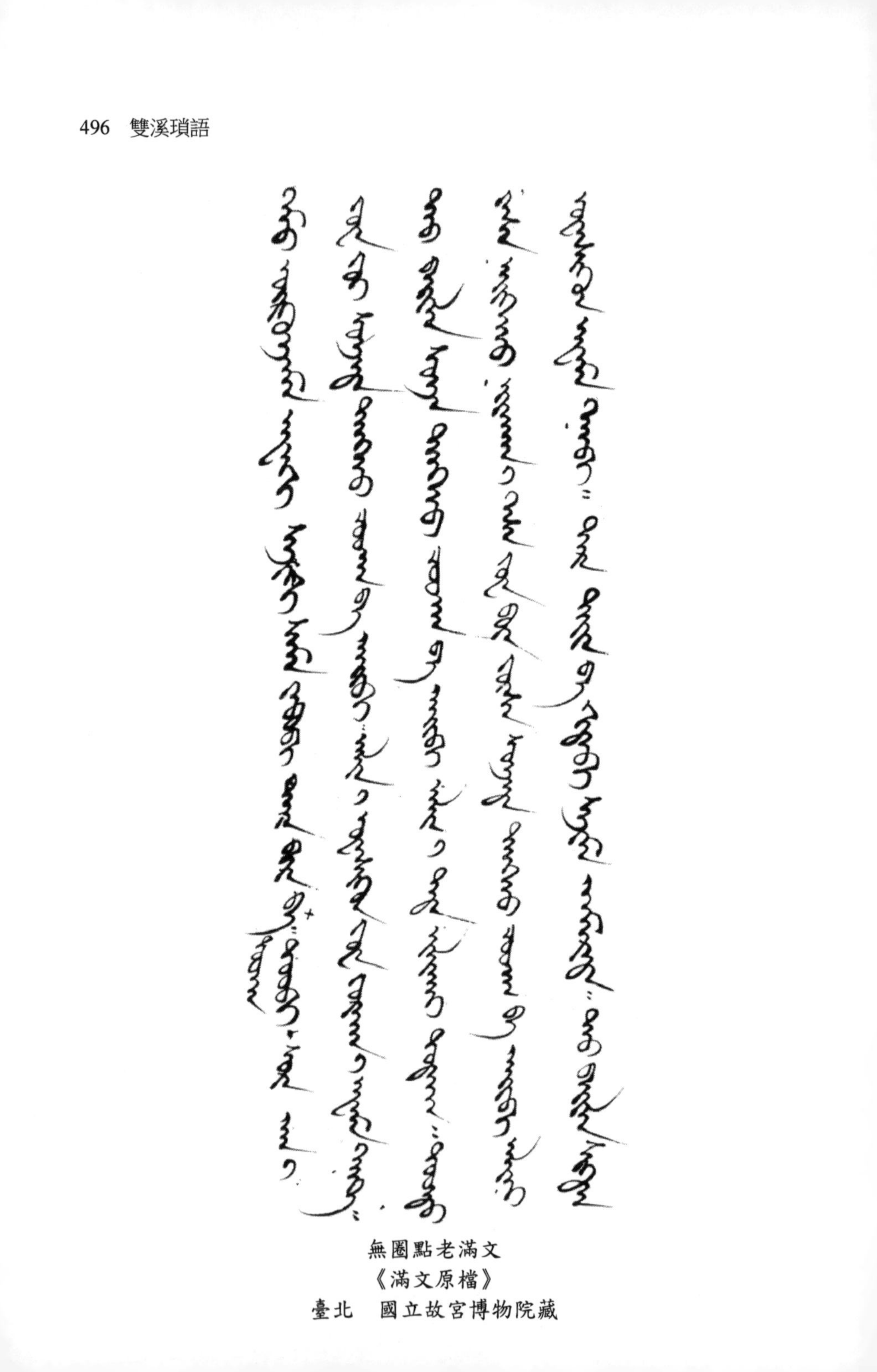

無圈點老滿文

《滿文原檔》

臺北　國立故宮博物院藏

論文指導
— 歷史・宗教・文化

我國歷代以來，就是一個多民族的國家，各民族的社會、經濟及文化等方面，雖然存在著多樣性及差異性的特徵，但各兄弟民族對我國歷史文化的締造，多有直接或間接的貢獻。滿族以邊疆部族入主中原，建立清朝，一方面接受儒家傳統的政治理念，一方面又具有滿族特有的統治方式，在多民族統一國家發展過程中有其重要地位。在清朝長期的統治下，文治武功之盛，不僅堪與漢唐相比，同時在我國傳統社會、政治、經濟、文化的發展過程中也處於承先啓後的發展階段。

歷史學並非單純史料的堆砌，也不僅是史事的整理。史學研究者和檔案工作者，都應當儘可能重視理論研究，但不能以論代史，無視原始檔案資料的存在，不尊重客觀的歷史事實。治古史之難，難於在會通，主要原因就是由於文獻不足；治清史之難，難於在審辨，主要原因就是由於史料氾濫。有清一代，史料浩如烟海，私家收藏，固不待論，即官方歷史檔案，可謂汗牛充棟。論文寫作的基本要求是保存史料，解決問題，體例嚴謹，具原創性。長期以來，我鼓勵學生利用海峽兩岸現存檔案撰寫論文，同學們態度認真，所撰論文，質量並重，頗具參考價值。國立臺灣師範大學歷史研究所博士班莊德仁所撰《顯靈：清代靈異文化之研究 — 以檔案資料為中心》，經我指導，榮獲郭廷以先生獎學金補助，於民國九十三年（2004）六月，由國立臺灣師範大學歷史研究所出版，列為專刊第三十二本。閱讀莊德仁自序，可以了解他撰寫論文的心路歷程。照錄該書自序如下：

自　序

呂祖忽困倦枕案假寐。夢以舉子赴京進士及第。始自州縣。而擢郎署。臺諫給舍。翰苑秘閣。及諸清要無不備歷。升而復黜。黜而復升。前後兩妻。富貴家女。婚嫁早畢孫甥振振。簪笏滿門幾四十年。又獨相十年。權勢薰炙。忽被重罪籍沒。家資分散。妻孥流於嶺表。一身孑然。窮苦憔悴。立馬風雪中。方興浩歎。恍然夢覺。鍾祖在旁炊尚未熟。笑曰。黃粱猶未熟。一夢到華胥。──摘自《呂祖本傳》上面引文是著名的呂洞賓遇鍾離權，因黃粱夢而悟道修仙的故事，不知何故，在著手寫博士論文獲得出版的序文時，面對學術此課題，腦中最早浮現的竟是一種滄涼如黃梁一夢的感受，回想自己甫知考上大學的那個暑假，懷抱著浸淫於中國文化的理想，每天過著苦行僧般的生活，要求自己過午不食，整日在圖書館中，將全副精神泡在中國文史哲世界裡，在就讀市立師院時，仍持續對哲學抱持著濃厚興趣，尤其親近於新儒家與佛學典籍，大三的社會學理論課程，倒讓我警覺到關心現實世界的重要，又意外地擔任歷史研究社社長職務，原本只是好奇地跟著學長到臺大歷史系旁聽，但意外地就這樣走進了歷史研究的世界。或許本身非科班出身的背景吧！自己在歷史學術圈一直有種邊緣的感受，當聽到別人對你「基礎訓練不夠」、「文筆不好」等之類「血統不良」的批評時，更容易產生一種疏離感，加上又因博士班考試推薦函事件，捲入學派人事的糾紛，讓考上博士班的喜訊，添加了許多陰影，不知是因為自己運途不順，還是產生了迫害妄想症，往後的求學路程一直在恐懼中度過。從考博士班口試時遭考官當場喫蛋糕羞辱，到考取後高中校長不准在職進修，後百般請託轉以請事假方式進修，書寫論文時竟沒有人敢當指導教授，到跨領域進入從未接觸的清史檔案研究，後申請赴北京找資料的獎助學金又槓龜，自費至北京又巧遇因興辦工程而故宮休館，加上高中教務工作又一直擔任導師與最繁重的高三升學課程，在「敬老尊賢」的教育界普遍心態下，身為「菜鳥」的我，只能一直擔任高三導師。

好不容易論文通過，頻頻應徵教職但幾乎都遭退件、原因從：經本委員會多方思索到不適合等種種理由，甚至連原本收到兼任的教職，亦忽然又要經過考核認可。面對轉任高等教育教職的重重挫折，另一方面，在高中教職方面又忽然間「成果卓著」，短短一年間，我已出了四本參考書，寫作方式主要將一綱多本下多種版本的三年歷史科教科書將以統整，通過此過程，可謂已相當熟悉現今高中歷史教材，亦得到一點額外的收入；且很幸運地，成為北市高中歷史科輔導團團員，又受某家知名高中教科書出版社網羅為雜誌編輯，自己身處於兩種截然不同情境下，在我週遭友朋甚至自己內心，都曾出現「待在高中教書也不錯」的想法，指導教授亦有「當高中老師也可做研究」的建議，如此種種都讓我心思從「為什麼我不能到大學教書」到「當個博士級的高中歷史老師吧」之間，不斷地起伏擺盪。尤其當求職若又遇到一些「否定」性的挫折時，加上求神問卜的答案，又是些自己不滿意的預告，所以在產生種種負面的賭氣情緒下，不只一次地問自己：這是我當初堅持學術研究所要的結果嗎？且曾嘗試將自己學術作品加以投稿，但結果幾乎都是石沉大海，因沒有學術資源奧援，也無從打聽究竟自己作品的問題何在，屢次受阻於學術研究窄門外的我，新的人生又要何去何從呢？此時心中不禁想到：當年呂洞賓因黃梁一夢警悟人生無常，但若無鍾離權接引，恐怕亦難脫世務繁情，若以上種種皆是我莊德仁今生必經的現實「黃梁一夢」，且請鍾離大仙早日點醒，快快救我脫離苦海吧！

此次論文竟經由師大歷史研究所青睞得以出版，最應該感激的是：指導教授莊吉發先生，在師大歷史研究所期間，對莊老師都僅止於耳聞，未曾親身受教，對檔案研究亦有錯誤的成見，但在博士班課程修畢，卻找不到指導教授情境下，很感謝莊老師肯收留我，故博士論文寫作就意外地投入從未接觸的檔案研究，若沒有實地去翻檢檔案，根本不知道從中找到可用資料的艱難，且面對浩瀚檔案公文從何下手？在官方制式文告下又如何找到可用史料？若沒有莊老師指導根本不得其門而入，通過這種艱難的訓練，很容易就可相對理解當年傅斯年所提「史學就是史料學」其背後對第一手史料的堅持，故面對時尚的後現代理論，就沒那麼容易被「唬倒」了，在漸漸地對史學研究有另一層認識下，更加深對莊老師的敬意。

莊老師不僅著作等身且亦教學不輟，所教授課程眾多且都成一家之言，在其嚴格要求下，對一個從未接觸此領域的學生，實是另一沉重的負擔；這種壓力不僅一直顯性或隱性地籠罩著我，亦旁及我的家人；很感謝我的妻子：

邱昭雅，新婚不久，一同去北京故宮找資料，聰明慧心的她面對共產制度下的檔案管理員，常幫我巧妙地打點人事問題，讓我能有效率且大量地取得閱讀資料的機會；她亦是我整理龐大資料以形成論點的最重要討論對象，更是論文的第一位讀者。尤其兩人白天皆有課務在身，加上寫作論文時她又身懷六甲，她不僅要處理自己的課務和自己生理與精神的不適，又要在深夜強打精神針對論文內容與我討論，甚至安撫我面臨寫作瓶頸或現實人事不順的情緒；她的默默付出，不僅催生了這本博士論文，亦讓我們小家庭多了一個新生命；很幸運地，在新生命出生的「鞭策」下，在這段期間，人生第一筆房地產隨著論文即將完工而誕生了，在兩人奔波、殺價、採購、裝潢、設計下，我警覺我的人生似乎正在轉變中；很奇妙地，通過這一連串接二連三且未曾經驗的磨練，讓我對愛情、人生更有另一種新體會，在此要感謝岳父邱進雄先生與岳母葉瓔珍女士願意將他們的寶貝女兒冒險地付托給我。

研究有關超自然現象的我，面對這段刻苦銘心的轉變過程，很難無視「祂」的存在，因為高中時期的宗教因緣，讓我接觸了一貫道，尤其對其中法會仙佛顯化過程非常好奇，在論文寫作期間，常受仙佛「顯靈」指點啓發，其亦安頓我易受影響、面對挫折屢屢瀕臨放棄的心靈；尤其，在道場中又受到陳鴻珍前人的錯愛，不斷地鼓勵成全，讓我深入地了解宗教的心靈世界；這種宗教經驗一開始常與我內心持續浮現的所謂「理性」批判精神相抗衡，尤其處理到：鴉片戰爭時出現觀世音顯靈的史料時，在此時有兩件事情扮演著關鍵的腳色，有一次莊老師在課堂上竟意外地提到他一生中與超自然力量接觸的奇特經驗，莊老師出身貧苦，但能出人頭地，除了意志過人外，神祇顯靈點化撥轉，亦有相當幫助，尤其莊老師要我發願，以「為神宣言」的奉獻心態來從事研究，更是持續支持我處理此超自然現象的重要指導力量；另外是在一次法會中，竟有八位仙佛在沒有明顯目的下「顯靈」，目睹此神蹟的我，更有勇氣來挑戰此艱難的研究課題。因為我有長期與一直被視作「邪教」一貫道的相處經驗，在閱讀明清秘密宗教教徒史料時，更易有同情的理解；因有目睹、接觸不可思議「神蹟」的確切經驗，也更了解民眾在層層禮制規範下希求與超自然接觸的渴望。然這個接觸「顯靈」的奇遇，隨著我博士論文「顯靈」專題的完成，尤其心中好想問問仙佛究竟我寫的對不對時，竟不在臺灣出現了，加上隨之而來求職的挫折，人生的苦悶徬徨可想而知！神靈透過我因研究超自然的契機，引導我通過另一種人生的經歷，亦形塑我另一種對人生的看法，當任務完成後，或許就像電影《魔戒》一樣，神靈終告退位，新的人生應靠我自己來開創吧！是嗎？

最後要感謝的是我的父母：莊道源先生與林由喜父母，真的很感謝您給我能夠真實地感受這個奇妙世界的生命，默許我辭掉小學教職投入研究所就讀，一直支持、從未否定我從事學術研究的「妄想」；我知道你們常透過我的「臭臉」，分享到我的壓力與情緒，身為人子且一直希望能做個好孩子的我，心中一直希望能讓您感受到我努力後的喜悅，神奇的 SARS 讓您無緣參加我的博士畢業典禮，且讓這本書的出版，表達我對您發自內心但又不會表達的心意，謝謝！真的很謝謝您！

最後還要感謝口試委員魏秀梅教授、朱鴻教授、查時傑教授、鄭瑞明教授的細心審閱、批評指導，還有就讀師大歷史研究所時親身受教的王仲孚教授、林麗月教授等諸位教授，因您的指正讓我能在學術研究不致沒有方向，更感謝郭廷以獎學金的設置，讓像我這沒沒無聞的後生晚輩，能透過他的艱苦努力，在學術出版此神聖國度的某個角落，說了「許多」他很想說的話！

莊德仁

從序文中可以感受到莊德仁同學具有研究潛力，勤於蒐集兩岸現藏檔案，論文質量並重，見解創新，具有學術貢獻。莊德仁同學自述找我指導的經過，值得重視，附錄原文如下。

1.為什麼找莊老師指導？

會跟莊吉發老師結這段師生緣，說起來，實在很不可思議。最主要是因為在碩士論文口試前，準備博士班考試的推薦函，我陰錯陽差地報名碩士論文指導教授所不喜歡的學校，又找指導教授所不喜歡的人寫推薦函，且筆試成績頗高，順利進入口試，推薦函一事在口試中也被提出檢討，最後僅考取師大博士班；又要面對碩士班指導教授，且很可能校內老師沒有人敢收我為徒，別人考上博士班，是歡欣慶祝，我則形同喪家之犬，且對於未來更是無所適從。發生這樣的事，一般人應該讀博士班時如坐針氈，我卻神經大條到課程修完，要寫博士論文時，才意識到這個嚴重的問題。對一位大學就讀師範院校，不熟悉歷史圈恩怨的我，只好去請教大學期間比較喜歡我且可信任的老師求救，大學老師勸我最好的方式，是換研究領域，自然就順理成章地換指導教授，他推薦他的同學莊吉發老師，也勞煩他撥電話，請莊老師給一個面試機會，看是否能收留我?我記得這場面試是在故宮，我也是在此第一次認識莊老師的。莊老師沒問有關碩士班指導教授的相關問題，僅是問我未來要寫什麼題目？有修過明清史嗎?找過檔案資料嗎?很慚愧的，我在師大歷史研究所碩士班念了三年，博士班念了兩年，從來沒修過莊老師的課，當時史學風潮流行新文化史，我在選修林麗月老師的明史專題研究課程時，曾以筆記小說為材料，寫了篇有關明代文人筆下的鬼怪形象之類的學期報告；想說這個題目算蠻符合潮流的，就以此題目來回答莊老師的問題，我記得莊老師很嚴肅的跟我說:「這個題目可以作,檔案有資料,但很零散需花點工夫。」還要求我要選修他在研究所所開的四門課，並要學滿文。當時已修完博士班課程學分的我，當下心裏想到還要上課喔！是覺得有點「麻煩」耶！心不甘情不願地開始長達一年的晚上修課生涯。

2.為什麼博士論文寫這個題目？〈如何找到題目以及選題的過程……〉

我的博士論文主要是以靈異事件作為主題，會跟這題目有緣，現在想想或許真是「命中注定」。我選修莊老師三門課，分別是:清史專題研究、中國近代史邊疆研究、中國秘密社會史專題研究，還旁聽清代檔案資料（明確課程名稱忘記了）一門課，當時我白天須負責高中教職課務，課餘時間常到臺北故宮翻閱檔案，也嘗試以靈異現象作為學期報告的內容。莊老師上課都是在晚上，白天要工作的我，晚上精神常常不濟，但莊老師常以他自己艱困的求學歷程，鼓舞著我們，上課又以他的專書論文作為題材，面對這位著作等身的老師，「抱怨」是很難作為一個偷懶的理由。莊老師的歷史教學非常獨到，他常一邊給有趣的檔案資料，要我們談談發現什麼？還一邊穿插他的人生經驗、養生心得，尤其是靈異故事最是精彩。不知不覺，我發現對莊老師而言，史學研究就是種自我心性的成長與修為。在莊老師循循善誘下，我也開始思索靈異對我人生的意義何在？

我從高中開始，就接觸一貫道信仰，會讓我一直在道場上學習，很重要的原因是法會上仙佛借竅的開示，這些是我建構自我人生價值的基石，但我卻刻意地把祂隱藏，忽略祂在我人生的重要意義；沒想到，竟會以靈異現象作為博士論文跟現在長相對照，簡直判若兩人，其間的甘苦，外人實難體會，能夠平安地渡過，或許真有超自然力量背後相助。這時自己才驚覺：「難道，這十多年來，或者這一生，早就注定我會寫這樣的論文，會經歷這樣的人生體驗！」

3.論文寫作的過程〈遇到什麼困難、資料如何蒐集……〉

作莊老師的學生，常要到故宮找檔案，讓老師點名，這似乎是同儕間的「家訓」。在故宮文獻館內，莊老師會突然地出現在你面前，詢問你有什麼困難？建議你現在該讀哪一類檔案？翻閱哪些套出版品？我很順利在莊老師「神奇」地指導下，盡其可能地翻遍臺北故宮跟我論文相關的史料。有一天，莊老師又嚴肅地跟我聊天：「你這篇論文，將來很可能會得獎出版，為要盡其所能的找到相關檔案史料，你應該要到北京故宮去找資料！」我好像被莊老師的話所催眠一樣，暑假期間，就帶著懷孕三個多月的太太，去北京故宮找資料。

當時大陸北京第一歷史檔案館正逢整修，我一到那裏，館內人員就以此搪塞我，告訴我無法找資料，就在萬念俱灰之際，竟看到一位外國人在檔案館內進出，我眼尖的老婆，機靈的問館員：「為什麼他可以進去啊?」館員只好很不耐煩地要我填一些相關證明文件，才准我入館找資料。當時館員頗重生活品質，希望我早上不要太早到，快到中午因為要午餐了，不可調閱資料，下午兩點才開館，四點準時閉館。我大約花費一個月時間，「神奇」地帶著辛苦抄錄的檔案資料，欣喜地完成任務返國。

4.在書寫論文的過程中莊老師如何協助？

這時的我，擁有著一大堆有關靈異事件的檔案資料，卻不知如何構思我的論文章節架構。莊老師似乎發現我的問題，他自己先以臺灣史上的靈異事件為題材，發表論文，有一天拿他的作品，要我提出一些建議。「白目」的我，錯解老師的善意，竟很認真洋洋灑灑地提出許多批評，莊老師聽完我的「忠告」後，只見他臉一沉，說：「那你就依你的意見，來寫博士論文吧！」目睹老師的背影，當時的我尚未能體會老師教導的苦心。曾冒昧向別人訴苦論文不知如何下筆，這時，莊老師又出現了，建議這時資料太多的我，應該分為政治、社會、戰爭等幾類面向，來論述分析檔案資料中的靈異現象，老師的建議，令我茅塞頓開，此後論文寫作，以每個月一章的進度，順利的交給老師批閱。寫作期間，莊老師都尊重我的意見，直到我在系上論文口頭發表後，正式地給我些建議，也肯定我的論文寫作方向與論點，本論文真的如同莊老師之前所預告，果然得獎且出版了。

博士拿到了，但謀求大學教職卻很不順遂，多次請莊老師幫忙寫推薦函，但都沒有好消息。有一次莊老師曾舉一位學長的個案為例，告誡我說，這樣的懷才不遇窘境，不僅會消磨一個人的志氣，還會讓人性情改變，甚至嚴重地會妻離子散。老師的話好像在預告我這十多年的心情變化:容易暴怒、陰晴不定、喜愛批評、自暴自棄等等。我這樣的無趣、無奈，甚至無法無天的生活態度，一直到家中發生嚴重的變故，才逼迫我停下仇恨的眼光。在為父兄守喪期間，應一貫道總會邀請，以民間祕密宗教為題，含著眼淚重新提筆發表學術論文，後來這篇文章〈有情有義:清代民間祕密宗教情感史初探〉，竟在數年後，經過修改發表在《東吳歷史學報》上，我也陸續開始發表民間宗教的相關論文，人生的腳步方才比較穩定。現在想想，之前莊老師的話不就是在「警告」我嗎！但就算我當下能理解老師的用意，我也是看不破，放不下啊！因為根本沒有人生的修為啊！這時更能體會歷經人生許多風浪打擊的莊老師，他的寫作不輟、豁達修養與誨人不倦，是多麼不簡單的修為啊！

指導學生撰寫論文，確實辛苦，既須熟悉史料，有問必答，更須兼具宏觀，視野廣闊、掌握進度，指導教授與研究生要有共鳴，師生互動良好。國立臺灣師範大學歷史研究所博士班吳美鳳撰寫《盛清時期家具之形制與流變之研究》，由中央研究院近代史研究所王爾敏教授和我聯合指導。王教授是我恩師，當我就讀國立臺灣大學歷史研究所期間，因撰寫論文，時常向王教授請教問題，借閱史料。我在國立臺灣師範大學歷史學系從兼任講師到兼任教授，主要是在大學部講授中國通史，經由王教授的推薦，開始在研究所講授清史專題研究、故宮檔案專題研究、中國秘密社會史研究、中國邊疆史研究等課程。我有機會和王教授共同指導吳美鳳的論文，確實是我的榮幸。二〇〇七年十二月，北京紫禁城出版社出版吳美鳳著《盛清家具形制流變研究》一書，受到兩岸學術界的肯定。書中有王教授和我寫的序，照錄於後。

王　序

門人吳美鳳博士，勤敏好學,以藝術史為專業。原為藝術史名家莊申教授的入室弟子，問道從習有年。莊兄固吾同窗至好，竊喜其將有繼承。不幸莊教授數年前病故，美鳳正攻研博士班，學業未竟，吾得與清史名家莊吉發教授合任其論文指導。於 2003 年秋，得以完成學業取得博士學位。亦足慰莊申教授在天之靈。

美鳳列吾門牆，選修《中國古代典籍》、《掌故學》、《歷史地理》、《方志學》等課，並旁聽《中國近代思想史》，是博士生中選吾之課最多者。于其勤學好問，深思明辨，久契於心。

去歲冬令之季，美鳳電告，其大著博士論文《盛清時期家具之形制與流變》，承北京紫禁城出版社的鑒賞，允予出版，並簽訂合約。至足為之稱幸。當表現其學問進境與學術建樹。

中國家具形制，由於歷史悠久，歷代有多重變化，各代有各代特色。上古可回溯至商周，眼前可及於今代，是中國古今生活中所必備，亦正代表文化創造與物質生活內涵，其在工技發明與藝術表現言，更能見出中國民族智慧、心性、趣好與品味，最值得考索探討。

吳博士原來喜愛鑒賞明式家具，多受王世襄先生影響，有不少論文用心於明清兩代家具款式之蛻變沿革，甚受學界肯定，嗣向清代進而深入研考，備見盛清百餘年間，因皇家帝后日常生活器用品物之講究，而提升一代家具制工之精益求精，乃形成高格品味、繁複雕鏤之精緻藝術造詣。這一盛況自康雍直延至清末光宣之間。

家具鑒賞品味提高，自是由帝王之家做起，如果只是驕奢豪侈，揮霍無度，像是隋煬帝，這種淫逸荒唐，在當時後世，俱是被人斥罵。民間亦無從追隨，難於形成風氣。吳博士入手研治盛清家具，上溯自努爾哈赤時代，原是一步一步吸收明人日用家具，由購買而仿製，並無誇示豪貴之跡。清人入關後，大受江南世家家具風格之影響，遂至逐漸精緻藝術境界，意在高雅脫俗，而非以追逐豪華為目的。此是吳博士的精要識斷，並就實質門類申解盛清康雍乾三朝家具之特色。

中國自古以來官私常用家具，多取硬木質材，是為最基本要求。惟自清前期起，皇家品味提升，一般多用花梨木、檜木以至於紫檀木。而形制雕鏤則更加講究。由康熙朝起，宮廷家具漸歸皇家自造，內務府乃有造辦處之設。備為符合皇家需要而特製日常器用，遂帶使官紳士庶競趨於精緻典雅之風氣，藝術境界更加提高，以如此家具品質，正足以代表中國精緻文化之一面。此吳博士書中已據各款家具圖版，展示有力論證。

吳博士大作之中，有諸多方面論述，分析各樣家具形制，可自原來滿人宗教崇祀之供案，大小高低滿洲杌子，帷帳炕几，以至最簡單的陳列交聘貢品大案，最簡單的聚會餐桌，進而交代入關後踵事增華。而詳敘大案、條几、炕几、立櫃、衣箱、帷床、拖床、輿轎、交椅、太師椅、複屏、單屏、插屏、圍屏、多寶格、假書格，種種創制改制之過程以及徵引各式圖版。表現質材之厚重，雕鏤之精細，形制之高雅，品類之繁夥，自是代表清代精緻文化之造就。

本書固顧全面，涉論盛清時代多樣家具形制款式，花紋篆刻，鑲嵌圖意，總體表現藝術進境，形成精緻文化之表徵。是作者用心紬繹出這一識斷，令人折服而有深刻印象。全書精彩之論甚多，在此略舉數點淺見，以請教於海內方家。

其一，雍正帝「假書格」之巧思。雍正帝非僅勵精圖治，終日忙於政務，另亦耽注於日常生活怡情愉悅之享受。故於居室家具品質佈置，均甚講究，而慧思奇想，終創出一種「假書格」陳設。他命郎世寧用西洋寫實畫法，特畫一幅書格圖樣，格架如真而陳設物品亦如真物，擺不同格位，使人一眼望去，室中有書格擺設，實在只是虛構之畫圖。因其大小俱同真品，由是最能欺人眼目。

其二，乾隆帝慣用「多寶格」。乾隆文治武功，誇飾百代，惟其亦重閒暇安逸享受，尤其傾心於文人雅趣，其重視書畫，舉世聞名，而在日常生活起居，亦大表現文人雅興。故於房中放設多寶格，用為安置各樣大小不同珍玩之物。但凡多寶格，因藏器而定格式，故絕無雷同，具見器具之多彩多姿。

其三，關於皇家家具，介紹屏風為最詳細最具系統。屏風並非皇家專用，巨宦豪紳，庭堂多擺設屏風，不在其有何實用性，而自具尊貴嚴肅象徵。其起始早自古代，有文字記載於《逸周書•明堂解》。所謂：「天子之位，負斧扆南面立。」所指是周武王朝代。惟創始之源，或早自夏商。這裡的「斧扆」就是武王身後有一座畫有雙斧交叉的屏風。盛清屏風形制多樣，雕鏤、鑲嵌，用料極精，乃具名貴價值。形制上有單屏、複屏、圍屏、插屏,樣式不一。據我所親見故宮博物院到香港中文大學展覽之乾隆朝名貴大屏，有紫檀嵌琺瑯五扇大屏，又有紫檀點翠竹插屏豪貴十足。最值得引重表彰的是乾隆朝一架紫檀嵌寶石象牙的廣東十三行全景插屏。我建議吳博士能引列此器圖片。吳博士原引述乾隆嘉慶朝王爾烈時人百壽題字壽屏亦甚具時代代表性。蓋盛清以降，名公巨卿交往，祝壽行為最普遍，而相贈壽屏最為繁夥而常見。願學者參考吳博士之書。

吾雖為吳博士授業師，惟頗短於藝術史學問，而專門之家具歷史則更觖乏真知，承吳博士所盛意，聊以閱讀心得，稍抒淺見，勉為揄揚，猶恐蒙昧寡識，言不中肯，反致有玷鴻著，不免惶惑自咎。特盼學界名家，推轂而助成之，則鄙衷至為馨祝。

古陳周家口 王爾敏

2005 年 3 月 21 日

莊 序

中國歷代以來，就是一個多民族的國家。多民族反映的是文化的多元性。探討滿族文化的發展，不能忽視外部文化對滿族的影響，同時也不能忽視滿族對外部文化的選擇與改造。在滿漢文化的融合過程中，滿族吸收了漢文化的許多因素，然而它是經過選擇與改造而成為適合滿族社會需要的規範或準則，滿族漢化的討論，應是複雜而多層次的對話。

雍親王在圓明園懸掛的「十二美人圖」，只見婀娜女子漫步在層層堆疊的家具中間。即位後的雍正皇帝，在萬幾餘暇間，興致勃勃地創制了「番花獨挺圓面桌」，自己頭戴西洋式的金黃鬈髮，一身西洋裝扮之餘，又令西洋畫家郎世寧畫一些假書格、假書、假古玩等，將其錯落散置在真家具、真書畫、真古玩的陳設之間。就寢的床具，只見床邊三面的欄杆上:「多配做衣架、帽架，甚或抽筒、痰盂托、瓶托、書燈、閒餘書架等，甚為熱鬧。」也就是說，除了貼身所用的衣架、帽架，雍正皇帝上床後還可看些書，清清喉嚨，欣賞一下瓶托內的蒔花，然後熄燈就寢。身為大清國的皇帝,其創意直追今日廣告界的高手，而真假家具間的旨趣，以及床邊琳琅滿目的托掛，也反映了草原民族面對日常生活所展現的務實又帶著浪漫之性格。這是本書對盛清家具之形成與特徵的詮釋。

康熙中後期引入宮中的西洋奇器—玻璃，在十餘年的雍正時期，除了「穿衣大鏡」外，又增加了貼牆而立的「半出腿插屏鏡」，有些底座還安裝了滾輪，可以隨意移動；也有的加設「機括」，成了可以轉動開合的活板，就像大觀園的劉姥姥一頭栽進了怡紅院所見的驚愕。玻璃家具在進入乾隆朝後，一枝獨秀的使用在廚櫃、格架與屏風間，並且持續了二十年。將進入第二個十年之際，乾隆皇帝對紫檀木逐漸地另眼相看，在往後的十年間，宮中大部分的鑲嵌玻璃家具都陸續拆了下來，改用紫檀，連一個掛屏或橫額都經過更換。終其一生，鍾愛不渝，也因此成就了紫檀在清代家具中獨樹一幟的地位。

乾隆一朝的家具，以直省封疆大吏所進者最為洋洋大觀。單以乾隆四十五年九月間，粵海關監督圖明阿為這「古稀天子」的「七十大壽」所跪進的家具，清一色的紫檀用材，有寶座、五屏風、十二扇圍屏、大插屏鏡、香几、宮椅、大案、條案、書案、琴案、書桌、圓桌、寫字桌、半月桌等等，共 15 個項目，計 47 件之多，且都是龐然大物，倘若放入今日臺灣一家普通的家具店，可能排到騎樓也擠不下。如此的排場，令人瞠目結舌，從而想見當時社會的富庶景象，盛世王朝的璀璨。

本書也挖出了一些家具學者專家從未聽聞過的「簡妝」與「梳妝」。前者在雍正的活計檔中出現，觀其器內所收什物，功能有如現代上班族的公事包。後者則與前者一同出現於臺北故宮博物院典藏的手抄本《內務府現行則例》，固倫公主的陪嫁清單中，除箱櫃等物外，還有「花梨木簡妝一個、黑漆描金簡妝一個、花梨木梳妝一個、黑漆描金梳妝一個」。清楚的表示兩者的存在而各自有別。然而，要證明「簡妝」在民間的流通，竟只能在東北地區，類似「蓮花落」的滿漢子弟書中找到。皇族用物，流落民間若此，器用之形成與流變，似已非「禮失求諸野」可以形容。

在清式家具的流變過程中，京城九門之一的崇文門扮演了令人驚訝的角色。清初以來，崇文門被定為入城唯一的關卡，成為五方輻輳的貨物集散地，舉凡大內舊物、官員抄家物品、西洋新奇工藝與各地方物，多在崇文門變價或貿易，間接地形成了宮廷與民間家具匯聚交流的中心，對整個清式家具的形制與流變，產生出人意料的影響。

假若家具可以用目前流行的“DNA”測試來驗明正身的話，那麼明代與清代家具最大的差異,在於基因之迥異。純粹漢族立國的朱明「王朝」，在與奔馳九邊外的女真族混血以後，生下了一位曼妙女子，她有漢人的骨架（形制）、膚色有些差異（用料），一張女真人的面貌以及渾身上下草原民族華麗的裝扮（家具外部之紋飾圖案與金銀寶石彩繪鑲嵌），明顯的是流著中國人的血液，朗朗上口的不是漢語，卻是流通於歐亞大陸的語言。這是本書對於清代家具發展到乾隆朝時期所提出的看法。

本書以歷史研究的角度切入，兼及藝術史層次的探討，利用豐富的可信史料，多元而全面地呈現清代十九世紀以前家具的貌相，還原歷史，探賾發微，迥異於目前坊間諸多清代家具研究的出版品，相當難能可貴，本書的問世，必將獲得廣大讀者的推崇與肯定。

莊吉發

2005 年 5 月 24 日

王教授在序文中已指出，吳美鳳勤學好問，深思明辨，選課最多，除清史專題研究、故宮檔案專題研究外，還在國立政治大學民族系旁聽滿文課。我在序文中進一步指出《盛清家具形制流變研究》一書是以歷史研究的角度切入，兼及藝術史層次的探討，利用豐富的可信史料，多元而全面地還原歷史。該書的問世，確實已經獲得學術界的推崇與肯定。

康熙、雍正、乾隆三朝（1662-1795），國力強盛，政局穩定，為中西文化交流活動提供了非常有利的條件。來華的西洋人，凡有一技之長者，多奉召入京，供職於內廷，或佐理曆政，或進講西學，或測繪地圖，或從事美術工藝的創作，國立故宮博物院典藏頗多中西文化交流的史料。中國文化大學史學研究所博士班覃瑞南同學撰寫《清高宗御製工藝之研究》，侯皓之同學撰寫《傳統與創新：盛清時期在華西洋工藝研究》等論文，都是利用現存工藝資料撰寫完成。中國文化大學史學研究所有良好的傳統，論文初審後，研究生須將審查委員意見分別表列「論文初審修正說明」。該生按照修正說明表，逐條修改。半年後正式申請論文口試時，「論文初審修正說明」，須先請指導教授檢查簽名，連同初審修正通過評核表送交所上，否則無法申請正式論文口試。「論文初審修正說明表」，包括：審查意見與修正說明，都須逐條詳列。審查委員對論文初審修正說明，亦須逐條核對，並表示意見，研究生修正說明符合審查委員之要求，即勾選同意。倘若尚須依照再修正意見修改時，即勾選不同意。然後經審查委員、指導教授、所長簽章。提要與尋章摘句的摘要不同，唐韓愈《昌黎集・十二・進學解》謂，「記事者必提其要，纂言者必鉤其玄。」清朝康熙年間（1662-1722），修《佩文韻府》，以此語標立提要一目。乾隆中開四庫全書館，館臣於經史子集各書，每一種都將書中卷冊要點及其得失，加以評論，撰成《四庫全書提要》。研究生撰寫學位論文提要，首須摘要簡介論文主旨，依次標列各章節標題名稱，並作扼要說明，最後作總結。可將中國文化大學史學研究所博士班論文初審修正說明表格及博士班侯皓之同學所撰論文提要依次附錄於後。

中國文化大學　　學年度第　學期博士班研究生論文初審修正說明暨審核表

所　　別		學號		研究生姓名	
論文題目				指導教授	

審查意見	修正說明

審查委員 對論文初審修正說明

☐同意(修正說明符合審查委員之要求)

☐不同意(尚須依再修正意見修改)再修正意見

審查委員：　　　　　　　　（簽章）　　年　　月　　日

指導教授：　　　　　　　　（簽章）　　年　　月　　日

所　　長：　　　　　　　　（簽章）　　年　　月　　日

傳統與創新：盛清時期在華西洋工藝研究

提 要

明末至盛清，傳教士東來，在工藝層面，引進了新的類型、審美、觀念、材料與技術，例如鐘表、玩具、玻璃、油畫、銅版畫、洋彩器皿、西洋樂器、歐式噴泉與西洋雕刻等，這些均非我國工匠所擅長。洋玩意傳入，為傳統工藝的觀念、類型、技術提供新的刺激，進而產生新的創作題材和內容。本文從西洋藝術傳入的背景、來源，宮廷、權貴的需求與使用，進而研究盛清諸帝的個人興趣、美學修養、到西洋工藝美術之形制與特色、探討促使西洋工藝在華發展的內外在因素，及其所反映的時代特色、社會風尚和對民生手工藝的影響；並從藝術史的角度，分析盛清諸帝的藝術創意與審美標準，並論及清朝的對外與貿易關係，深入探討中西文化交流與政局，以及對外關係之間的變化，從史學與藝術的角度，作一系統之整理，分析西洋工藝的形成、組織、特色與成就。

本論文共七章，第一章緒論和第七章結論外，本篇論文共計五章，章節安排說明如下：

第一章，緒論。

中國工藝的製作，具有極高的天賦與創造力。傳教士東來，在工藝層面，引進了新的類型、審美、觀念、材料與技術，這些均非我國工匠所擅長。洋玩意傳入，為傳統工藝的觀念、類型、技術提供新的刺激，進而產生新的創作題材和內容。本章共分五節：第一節，研究動機與目的。說明撰寫本文的動機與目的。第二節，研究範圍與方法。界定研究的時間、空間、對象與範圍。第三節，章節架構。

說明各章節架構安排的理由。第四節，文獻利用與研究回顧。本節從檔案、西洋傳教士與使節史料和官書典籍等，介紹與西洋工藝相關的史料。第五節，研究環境與歷程。對研究者而言，如何尋找適當環境進行研究，是在何種情況下研究，相當重要，本節特別說明研究環境與歷程，作為有志作相關研究的參考。

第二章，盛清時期西洋工藝傳入的背景。

西洋工藝與傳教士關係密不可分，自從利瑪竇進入中國後，促使西洋近代天文、曆法、數學、物理、醫學、哲學、地理、水利、建築、音樂、繪畫等學科藝術輸入中國，耶穌會士在十六世紀末至十七世紀，發揮文化交流的重要作用。本章從明清之際傳教士與西學東漸作為背景探討，進而論述明末西洋工藝美術的傳入過程，乃至明末清初西洋工藝的製作。本章共分三節：第一節，明清之際傳教士與西學東漸。利瑪竇等早期來華傳教士，訂定學術傳教的模式，藉由西學打動知識分子的心。本節旨在探討明末清初西學東漸與影響，以及知識分子對西學的態度。第二節，明末西洋工藝美術的傳入。西洋工藝是西學的一環，利瑪竇等傳教士，經常利用西洋工藝吸引士庶注意，再進而傳遞學術進而傳教。本節據《利瑪竇中國劄記》等相關記錄，探討傳教士為何以洋玩意作為傳教利器，析論其魅力，以及利瑪竇成功原因與貢獻。第三節，明末清初西洋工藝的製作。此時期來華的傳教士，不但學問豐富，且具備工藝製作的能力，他們以豐沛的學養及精湛的技藝，或為傳教，或為求自保，製作的洋玩意。本節據傳教士書信與《在華耶穌會士列傳及書目》，析論明末清初，西洋傳教士製作的洋玩意。

第三章，盛清時期西洋工藝的來源。

本章分別從西方使節與教士的贈禮、造辦處的製作、外任官員的督造與進貢、廣東粵海關的採購辦理、廣東行商與西方的貿易等五個角度，探討盛清時期西洋工藝的來源。本章共分五節：第一節、西方使節與教士的贈禮。當時西方傳教士與使節來華，攜帶精巧的西洋工藝品作為敬獻的禮品，例如教皇本篤十三世（Benedict XIII）給雍正帝的賀禮，馬戛爾尼給乾隆帝的禮品中，就有大量的西洋工藝。第二節、造辦處的製作。盛清諸帝喜愛西洋工藝，在他們主導下，造辦處有選擇性的吸收西方的新材料、技術和經驗，結合我國的藝術思維，再加以提昇，賦予新的創作理念和風格，製做出融合中西，獨具特色的藝術作品。第三節、外任官員的督造與進貢。蘇州、杭州、江寧三織造、閩浙總督、粵海關等外任官員，因接觸西方較多，為投皇帝所好，採買舶來品，或督造仿製洋貨，再貢入宮廷。第四節、廣東粵海關的採購辦理。粵海關是協助宮廷採辦洋貨的重要官方單位，本節分別論述盛清時期粵海關的發展、粵海關的辦貢項目以及粵海關進口的西方貨物。第五節、廣東行商與西方的貿易。從透過廣東行商採買、行外散商走私貿易以及私人買賣洋貨等三類，探討盛清時期廣東行商與西方的貿易。

第四章，盛清時期西洋工藝的製作。

本章旨在探討宮廷作坊與民間製作西洋工藝美術的情況：第一節，盛清諸帝對西洋活計的主導，以傳教士書信、《內務府造辦處各作成做活計清檔》、宮中檔奏摺等檔案為根據，探討盛清諸帝主導活計製作的方式。第二節，盛清諸帝的西洋藝術創意，盛清諸帝熱愛工藝美術，主導造辦處成作活計，具有積極的創造力。本節藉由活計檔等記錄，探究盛清諸帝的藝術創意，呈現盛清諸帝經由諭旨傳喚的過程，提供製作西洋工藝的創意思維，以及指導和參與的程度，進而析論窺見盛清諸帝對於西洋工藝的認識與創造。引證《內務府造辦處各作成做活計清檔》記錄。第三節，清宮西洋工藝的品質控管，盛清諸帝不但主導造辦處製作西洋工藝，並提高活計成作的品質和效率。然而盛清諸帝藝術思維、愛好不同，各有一套管理模式，本節據傳教士書信與活計檔等記錄，析論盛清諸帝控管活計成作及品質的方式。第四節，民間西洋工藝的研究製作，來華傳教士與使節在書信中，對於中國人在藝術創造的智慧與天賦，多有稱譽。盛清時期，國內仿製的洋玩意，以玻璃、鐘表、眼鏡、廣彩洋瓷、洋畫技法融入版畫等已具規模，且有特色，本節分別論述國內仿製洋玩意的產地、匠役、技術與藝術特色，並析論盛清時期西洋工藝的技藝水準與成就。

第五章，西洋工藝的技術傳承與發展。

傳教士東來，在工藝層面，引進新的類型、審美、觀念、材料與技術，例如鐘表、玩具、玻璃、油畫、銅版畫、洋彩器皿、西洋樂器、歐式噴泉與西洋雕刻等。洋玩意傳入，為傳統工藝的觀念、類型、技術提供新的刺激，進而產生新的創作題材和內容。第一節，盛清宮廷西洋活計的類型與成就。西洋器物傳入，對我國各式工藝美術，提供新的製作技術和創作視野，本節分別論述銅版畫、器物、裝飾技藝與設計等的製作與影響。第二節，供職宮廷的西洋傳教士與技藝專長。析論西洋傳教士參與製作的各種西洋藝術品，並進一步論述盛清諸帝與傳教士間的各種藝術活動和記錄。第三節，盛清宮廷西洋活計的技術發展與傳承。探討西洋傳教士如何傳承西洋工藝美術之技藝，包含指導、授徒等，進而分析傳教士與清朝宮廷的交流和影響。第四節，西洋傳教士與中西藝術交流和影響。明清之際，西洋傳教士來華，帶來了西方先進的科學技術、人文觀念和文化藝術；傳教的同時，傳教士透過書信大量介紹我國國情，促使歐洲引起中國熱（Chinoiserie）。本節先論述十七、十八世紀流行歐洲的中國風，進而析論盛清時期中西方工藝的交流。

第六章，盛清西洋工藝的使用與功能。

本章從相關檔案清人文集的記錄，分別探討宮廷和權貴使用洋貨情況，以及它的政治功用，進而探討清人對西洋工藝的觀感和態度。第一節，盛清宮廷的西洋活計用途。根據相關檔案，從皇家使用、宮內陳設、品評賞玩三個層面探討，盛清宮廷西洋活計的用途。第二節、西洋工藝美術的政治功用。盛清時期，西洋工藝也有積極的政治作用，盛清諸帝以它賞賜臣工，以視眷寵；或護持供養，除對藏傳佛教的虔敬，亦有籠絡西藏的用心；或作為安定屬國的政治饋贈，以示帝王恩澤之心，鞏固邦誼。第三節、盛清權貴的西洋工藝用途。皇帝喜好洋玩意，流風所及，權貴官員自然趨之若鶩，利用各種機會，蒐集各式西洋物品，形成風尚，甚至成為生活中不可或缺之物。本節從進獻高層、公務使用、家宅陳設、收藏賞玩四個層面，析論盛清權貴的西洋工藝用途。第四節、清人對於西洋工藝的態度。盛清時期權貴官員與百姓，透過洋行或國產等管道，蒐集使用西洋工藝品，顯見國人對西方文化已有相當的接受度，使得他們在生活物質享受上，參雜著洋風洋味。本節即是探討盛清諸帝、官員以及民間專家對西洋工藝的態度和觀感，進而析論清人對西洋工藝美術的態度。

第七章，結論。

盛清時期在華西洋工藝，作品風格融合東西藝術的精華，表現出富饒時代的華麗與多元性，為發展至極的中國傳統工藝，提供多方面的刺激和轉變，促使傳統工藝產生新的風貌與製器。本章除綜合前述，敘述明末至盛清的兩百多年間，西洋工藝在華流傳與發展，並從人物、物品與技術、思維等層面論述盛清時期在華西洋工藝的創新之處。

以上各章節，在歷史文獻的運用上，彙整康雍乾三朝的史料資源，綜合社會經濟、工藝美術、內務府檔案等資料，採用觀察、分析、排比、歸納等法；而在藝術美學的判斷上，選刊盛清時期具代表性的西洋工藝品，從盛清諸帝審美觀點出發，論及其主導御製工場之組織、官制、形態與技術等層面，印證盛清時期西洋工藝美術品的藝術風貌之形成過程與變數，及其對中國藝術史的貢獻。

學術研究，講求嚴謹。在我求學的過程中，都能認真聆聽老師講課，抄寫筆記。我在國立臺灣師範大學史地學系四年期間所選修的課程，都認真抄成筆記。我最佩服的是郭廷以教授，他講授近代中國史，是按照事前寫好的講稿，逐句清晰的念出來，學生們都來得及逐句抄錄下來。張貴永教授講授十九、二十世紀歐洲史等課程，也是按照講稿逐句念出來，容易抄寫筆記。在國立臺灣大學史研所就讀期間，曾經選修李宗侗教授所開清史、中國上古史等課程，他出口成章，只要認真記錄下來，一學年就是一本「簡明清史」，或「中國上古史綱要」。扣緊主題，清晰講解，學生獲益良多。每見研究生在論文口試時，事前不寫講稿，東拉西扯，或就各章節要點重複說明，言不及義。接受我指導的學生，必須遵守我的要求，論文口試，需就論文作補充說明，口頭報告須撰寫講稿，經指導教授修改後照稿講述，不可脫稿演出，以便把握時間，也可避免語無倫次，民國九十七年（2008）六月二十三日，中國文化大學史學研究所博士班侯皓之同學舉行論文口試，論文題目：《傳統與創新：盛清時期在華西洋工藝研究》。民國一〇〇年（2011）十二月二十四日，逢甲大學歷史與文物管理所碩士班彭悅柔同學舉行論文口試，論文題目：〈明珠塵盡光生，照破山河萬朵：盛清時期宮廷佛經工藝文化研究〉。論文修改完成後，曾將論文口試講稿附錄於後。可將侯皓之「博士論文口試講稿」，彭悅柔同學「碩士論文口試講稿」附錄於下。

附錄八：侯皓之博士論文口試講稿

民國九十七年六月二十三日星期一

中國文化大學大新館 201 室

各位老師，午安：

非常感謝老師們在百忙之中前來，學生必以最誠懇、認真的態度，細聽老師們的指正，以進行論文的修正。以下，學生利用十幾分鐘的時間，對論文做補充說明。

過去對於盛清時期的研究，多注重在外朝，尤其是盛清諸帝的文治武功。近年來，隨著內朝檔案的公布，例如：《內務府各作成做活計清檔》（以下簡稱《活計檔》）、《乾隆朝內務府奏銷檔》（以下簡稱《奏銷檔》）、《宗人府檔案》等，受到中外學者的重視，經常徵引使用，以研究盛清時期的宮廷生活與文化。本論文就其中西洋工藝的部分進行研究，下面分為五點說明。

第一，關於論文題目。

莊老師經常教育學生：「不要輸在起跑點上，尤其學位論文應該早點決定題目，早點動筆，最好要有創意性、叛逆性，不要落於俗套，或是拾人牙慧式的整理報告。」因此，學生在博一的時候，就跟莊老師討論，擬定以盛清時期西洋工藝作為研究主題，探究盛清時期在華西洋工藝形成的原因、形制和風格。選擇這個題目，一方面是藝術研究所畢業的經歷，加上對於文化史的濃厚興趣；另一方面，也是主要因素，在博士班就讀期間，跨校選修莊老師在師大歷史所的幾門課程。老師在上課時，經常談到檔案的重要性，如果能夠善加利用，一則，才能對清史研究，提出不同的切入觀點；二則，如果能以原始史料為基礎，研究藝術史，才能夠更深入的探討藝術文物的創作思維、過程和特色。課堂上，老師提到國立故宮博物院（以下簡稱故宮）有豐富的檔案，是研究清朝藝術史相當重要的史料依據，還有很大的發展空間；此外，老師也曾經探討外部文化對清朝的影響，引起學生很大的興趣，所以選擇這個題目，作為研究主題。

第二，關於論文撰寫。

博二起，因為工作的關係，每週必需往返臺北和屏東，只能運用在博士班修課的空檔，在週五和週六到故宮看檔案，查找資料。為了要找部分罕見出版品，則利用週日到國家圖書館與臺灣大學圖書館查找補齊。撰寫論文期間的週日，往往是上午在臺大圖書館，下午就到國圖，傍晚再到車站搭車。

莊老師經常教育學生，語言對於歷史研究的重要性。因此，學生除了在故宮跟莊老師學滿文外，也到師大歷史系旁聽莊老師的滿文課。莊老師經常提醒學生，學過滿文，就應該用滿文資料進行研究，或者是在閱讀相關檔案時，看到不是常用的漢字詞彙，就應該聯想到滿文或者是少數民族的詞語漢譯，才能夠在研究上有所突破，本文的附錄一，〈活計檔中的滿語漢譯〉，就是撰寫本論文時的一項成果。為了讓自己保持警覺性，並且持續學習的動力，修滿學分後，學生仍然持續到師大旁聽莊老師的課。本論文許多寫作方式還有觀點，都是莊老師平常細心的指導，給學生各種觀念的啟發，提供各種訊息，例如新刊出的相關論文，還有研究動態等。

在研究環境方面，學生主要利用故宮的圖書文獻館撰寫論文，故宮繼承北平故宮博物院器物與文獻不分家的優良傳統，一方面，可以隨時申請調閱原始檔案，另一方面，故宮收藏豐富的文物，匯集中國歷代書畫和器物的精華，其中有許多是盛清宮廷的工藝品，在這裡進行研究，可以兼顧器物和文獻，是非常理想的研究環境。

第三，關於撰寫本論文使用的資料。

首先，學生大量徵引《活計檔》，它是內務府造辦處的工務記錄簿，紀錄時間從雍正元年到宣統三年。內容包括有皇帝下諭的時間、製做的物品、原料的種類、物品的形制、由誰製做、完成的日期、放在哪裡、怎麼安放等，是研究清代宮廷工藝的重要史料。但是目前兩岸關於《活計檔》的格式與書寫方式的研究，總共才四篇，各大學史學、藝術相關研究所，很少有針對《活計檔》的使用方式進行導讀。莊老師在師大歷史所的故宮檔案專題課程中，曾經花了很多時間探討。學生要特別強調的是，故宮雖然把《活計檔》的膠卷列印，裝訂成冊，但是可能因為原檔案或是人為的因素，內容有點片斷，必須花很多的時間和功夫，才能夠把它整理成有連貫性，而且有意義的內容。

其次，本論文使用的資料不是只限於《活計檔》，也利用各種類型的資料，大致有四大類：一是檔案，故宮收藏豐富的清代檔案，本論文為遷就史料，利用《宮中檔奏摺》、《軍機處檔》等進行研究；另外，運用到的相關檔案資源，還有《奏銷檔》、《乾隆朝懲辦貪污檔案選編》等。二是傳教士書信與外國使節記錄，有《利瑪竇中國劄記》、《大中國志》、《清廷十三年 —— 馬國賢在華回憶錄》、《中國新史》、《中國近事報道》、《耶穌會士中國書簡集》、《在華耶穌會士列傳及書目補編》、《張誠日記》、《魯日滿常熟賬本及靈修筆記》、《英使謁見乾隆紀實》等。三是清人文集，清代士人留有大量而豐富的文集，記錄他們的所見所聞，本論文有很多地方論述他們對西洋工藝的觀點還有使用經驗。四是前輩學者的研究，研究在華西洋工藝的學者很多，其中，方豪的《中西交通史》、《方豪六十自定稿》提出許多創見以及罕見史料最為重要，本論文也多有徵引。

第四，關於本論文的發現。

盛清諸帝隨著時代變遷、經濟能力、物質條件、個人愛好和特質的不同，對於西洋工藝有不同的觀念以及對應手法：康熙帝著重研究應用，雍正帝加以創造發展，乾隆帝則致力於消費賞玩。盛清諸帝對於西洋工藝的興趣、投入和態度，正是從傳統到創新的發展過程。關於這部分，本論文有一些新的發現，如下：

一、盛清諸帝高居帝王之尊，在中華為主體文化的觀念下，他們卻對洋玩意關注甚多，反映他們對藝術有強烈的主觀性、主導性以及跨文化性的特質。盛清諸帝喜愛西洋工藝，透過輸入、採購、仿製、進貢等方式蒐集洋玩意。流風所及，影響了權貴和百姓，他們以蒐藏西洋工藝作為誇耀財富的手段之一，可見當時使用洋貨已經成為一種風潮。這可以從幾點看出，例如：盛清諸帝採辦洋貨「務要西洋製」的、被抄家官員家裡查出的大批洋貨、權貴百姓對特定洋貨的喜好和觀感等。換句話說，盛清時期西洋工藝等同於奢華的觀念逐漸形成。

二、過去關於明清之際在華傳教士的研究，較少討論到他們製做的洋玩意。實際上，利瑪竇等傳教士進獻的西洋奇器或儀器，部分是他們親自打造的。可見，利瑪竇等傳教士，不但學問豐富，而且具備工藝製做的能力，才能夠製做各式儀器與計時器物。本論文從宣教、饋贈、修曆、研究、改良軍備等角度，析論明清之際在華傳教士製做的洋玩意，並且分別製做成簡表，見表 2-2（〈明末傳教士洋玩意製做簡表〉）和表 2-3（〈清初傳教士洋玩意製做簡表〉）。此外，盛清時期，郎世寧、王致誠、艾啟蒙、安德義等在華傳教士，為乾隆帝繪製《得勝圖》原稿，後來送到法國雕版。此後，造辦處也掌握了雕製銅版的工藝技術，製做《平定兩金川圖》、《平定安南圖》、《平定臺灣圖》等銅版戰圖，凸顯造辦處善於仿製洋玩意，能夠很快的掌握要領，本論文在第三章跟結論中，都有引用傳教士和西方使節的記錄，論證這個觀點。

三、在《活計檔》與相關記錄中，經常可以看到「自行」器物，過去很少討論。本論文發現，從康熙朝到乾隆朝，自行玩意的種類變得豐富而多樣，康熙朝只有自行人，雍正朝只有自行虎，到了乾隆朝，則出現了自行轉動風扇、自行陳設、自行車、自行鶩、浮水娃娃、自行船等，不僅種類翻新，操作空間也從陸地到水上，由此可見，盛清宮廷對於自行玩意有積極的發展和創造力。在本論文第五章中有討論這個部分，並且製做成簡表，見表 5-2（〈盛清傳教士與華籍匠役自行活計製做表〉）。

四、在盛清諸帝的指導下，宮廷作坊主動，而且有選擇性的吸收西方的新材料、技術和經驗，結合我國的藝術思維，再加以提昇，賦予新的創作理念和風格，製做出融合中西，獨具特色的藝術作品。這就是本論文提出「參洋酌華」的論點，換句話說，它是在盛清諸帝的主導下，造辦處為了迎合皇帝的品味，努力調和中西、巧思成做，而產生的特殊風格和成就。

五、過去多以為雍正朝的藝術表現有限，但是根據本論文的研究，發現雍正帝其實是藝術的愛好者，他有豐富的藝術涵養，獨特的審美標準以及高雅的鑑賞品味。他對活計的品質要求很高，經常提出修改的意見，推敲原因，一方面是藉由宮廷豐富的資源，滿足生活上的享受；另一方面，是藉由藝術品來調劑繁忙的公務生活。

第五，本論文解釋一些前人未克服的問題。

一、過去難以解釋雍正帝喜歡戴眼鏡的原因，例如：

楊啟樵教授研究雍正帝，未能解釋雍正帝指示製做「十二個時辰近視眼鏡」的意義，而本論文認為，雍正帝在位期間一直為近視所苦，並且進一步提出四個新觀點：

其一、大陸學者孫無痕研究指出：「明末清初蘇州人孫雲球已編制出「隨目對鏡」的驗光技術」(〈專諸巷的眼鏡—兼記古代光學專家孫雲球〉)，本文根據清人文集《在園雜志》的記載，清代的眼鏡「製時能按其年歲，以十二時相配合」；另外，《鄉言解頤》也談到清代眼鏡「以十二時辰編號，從亥逆數，由淺入深。」根據以上記錄，本論文提出解釋，雍正帝指示製作「十二時辰近視眼鏡」，就是要以「隨目對鏡」的方式驗光，再依照結果，多做六付眼鏡。

其二、根據《活計檔》的記錄，可知造辦處有「眼鏡制子」，可以作為檢測度數的工具；

其三、雍正六年，雍正帝五十一歲，此時老花症狀並不明顯；

其四、雍正十一年，雍正帝五十六歲，他指示：「做辰時近視眼鏡一副。」可知，這個時候，他的近視度數是「辰時」。本論文還將雍正朝活計檔中，關於眼鏡的收拾記錄，製做成簡表，見表 6-1（〈雍正朝活計檔收拾眼鏡記錄簡表〉）。

二、有關於清人對西洋工藝的觀感和態度，前輩學者的研究成果比較片面。本論文根據相關檔案的記錄，以及清人文集中的看法，分別探討盛清諸帝對西洋工藝的態度、盛清官員對西洋工藝的觀感、民間專家對西洋工藝的觀點，並且進一步分析清人對西洋工藝的態度。

三、盛清諸帝都喜歡藝術，在活計方面都有開創，他們主導活計成作，是活計的積極管理者，各有一套品質控管的機制，不斷落實稽核制度，使得造辦處製做的西洋活計，不但創新，也明顯的提高作品的品質和製做效率。本論文從檔案、傳教士日記與書信等資料，探討盛清諸帝對西洋活計的主導、品質控管的方式和他們的藝術創意。另外，民間也有自行研究而專精西洋工藝的專家，本論文從清代民間專家的研究成果和文集記錄，論述他們的作品和技術成就。

四、盛清時期，我國在政治、軍事、經濟、文化各方面都有相當的成就，當時的國家競爭力未必輸給歐洲。康熙帝能夠吸收「歐洲各國和其它民族的知識」，並且確信，「文明的、擅長科學藝術的人才，不是只有中國才有」，充分展現他的求知慾，以及對於不同文化的包容力。到了乾隆朝，我國仍然是當時世界上最富強的國家之一，在工業革命之前，西方國家的經濟實力和生產能力未必優於我國。因此，過去有許多對於盛清諸帝的批評，認為他們不能接受近代西方文明，造成後來國家的衰弱，其實是一種誤解。實際上，他們對洋玩意的接受度很高，只是當時沒有充分的環境和條件，讓他們評估未來的世界趨勢。

以上大致是學生撰寫論文的歷程與補充說明，因為時間的關係，論文中還有許多應該修正和改進的地方。學生在交出口試本後，仍然持續修改論文，例如：核對引文、修改字句、錯別字等，還有圖片應該再加以補充，盡可能達成豐富的圖文對照。此外，根據學校的規定，博士論文有初審和複審，這次的口試本是就初審時，評審老師的意見，詳加修改後的結果，特別要說明的是，口試本的第二章和結論重寫，第一章、第五章、第六章大幅修改，並且附上附錄。因此，口試本比初審本厚了許多。考試後，將會依照老師們的意見仔細修改，並依本校規定，附上完整的論文提要。希望老師們給予指正，學生必定虛心接受和改正，謝謝各位老師。

附錄九：彭悅柔同學碩士論文口試講稿

明珠塵盡光生，照破山河萬朵：

盛清時期宮廷佛經工藝文化研究

碩士論文口試講稿民國一〇〇年十二月二十四日星期六下午兩點

國立故宮博物院三樓善本室會議室

各位老師，午安：

十二萬分感謝老師們犧牲假期，百忙之中抽空前來，學生必以最誠懇、認真的態度，細聽老師們的指正，以進行日後論文修正。以下利用十五分鐘的時間，對論文做簡要的補充說明。

一、關於本論文的研究動機

宋朝茶陵郁禪師騎驢過橋時，不慎墜落而頓悟出：「我有明珠一顆，久被塵勞關鎖。今朝塵盡光生，照破山河萬朵」的道理，終於頓開煩惱鎖鏈，明白真正的安樂來自內心寧靜。可見佛教思維是門高難度的邏輯訓練，研究佛學更是一門講究緣分和領悟力的領域。學生自知慧根不足，不敢逾越本分涉足上者，卻對於佛經製作工藝極有興趣，嘗試從材料技術方面，解讀榮耀宗教莊嚴境界的心理。大學畢業後，學生認真投入工作，對日復一日的空洞生活，始終缺少一份心靈的充實感。直到五年前家中長輩生病的打擊，才體會到「無常」的強大破壞力。在同事引介下，參加佛教團體舉辦的《菩提道次第廣論》讀書會，才知道原來人間也有這樣的思考方法，讓你明白「苦」的生發，學習轉念讓它從「寂」到「滅」，最終使心獲得自由，自此冥冥中有股力量牽引學生與佛教論題結下緣分。碩一時經由弟弟介紹，到故宮請莊老師評估論題的可行性，老師深具慧眼讚許這個題目，認為佛經工藝史目前研究成果不多，如果能從《活計檔》史料切入，這本論文將會有獨創性的優勢與宗教功德，學生以此為使命在莊老師的指導下研究。果然四年後國立故宮博物院因為《龍藏經》的策展，激盪兩岸故宮再次重視佛經文物，印證莊老師當時選題的高瞻眼界。

二、關於論文撰寫

莊老師曾經要學生思考一個問題，「寫論文要追求什麼？」其實就是保存史料、思考體例、分析歸納、認同超越與原創性的重要。廣泛蒐集一手史料，是身為研究生不可逃避的責任，其代表著保存史料的使命感與重要意義。所以從碩一下開始，學生利用週末到故宮蒐集《活計檔》，利用上下班空檔，逐字打成文字檔。剛開始翻閱檔案時，因為對編排沒有概念，僅只挑選部分成作單位閱讀，後來才明白佛經製作材料零件，都是集合內務府各單位力量才能完成，於是重新設定關鍵字，擴大範圍蒐集主體檔案，以求蒐羅詳盡，雖然過程辛苦但是看活計檔是件快樂滿足的事。碩三開始動筆寫論文，以一學期二十週完成一章為目標，每週六固定到故宮蒐集資料，與莊老師討論研究盲點，更利用星期一的公假，到離家最近的清大補充貨源，在兩處圖書館的協助下，翻閱史料速度加快，清大圖書館還編列預算購買五十五本的《清宮內務府造辦處檔案總匯》，學生在人社圖書館充分運用這項資源。

回顧就讀碩士班這些年，深刻的感悟到「學習環境的重要」。對學生而言，天資的高低已是無法改變的條件，唯一還能透過後天努力而改變的就是選擇正確環境的輔助，研究環境的良窳就是決定論文高度的關鍵因素。故宮博物院圖書文獻館館藏資料豐富，提供優質研究環境，另外還有潛藏的人文教化，那就是莊老師的指導與研究精神的默化，這些都是支持學生戰勝週末早上起床時的放棄念頭，也因此才能成就這本論文的廣度、深度。

撰寫論文過程，學生遇到最大的難關首先是如何整理片段而瑣碎的檔案？面對沒有故事性的《活計檔》，如何還原製作背景，著實使學生茫然不已，幸由莊老師與侯皓之學長的教導，並閱讀揣摩學長姊與林士鉉老師、余佩瑾老師精湛的博士論文，才掌握方法慢慢突破困局。此外，寫作論文時常哀嘆自己文筆不好，無法準確表述，私下曾採用土法煉鋼法來鍛鍊。剛開始時，以侯皓之學長的博士論文為範本，每天手抄一頁來臨摹論文表達方法，等到熟悉語法表達後，由於詞窮的困擾，發現奏摺文辭優美，可以借鑑，到第五章開始，動筆前必須先閱讀學長姊的論文以及莊老師的文章，等自己進入狀況後，立刻動筆一氣呵成將資料連綴，再進行修改，做結論時還閱讀勵志書與療癒類小說，將自己對論題的感動盡全力詮釋清楚。

第二個研究困境是如何維持源源不斷的研究力量，研究過程遇到無動力狀態是稀鬆平常的事，學生夢中永遠都是出現找不到目的地的情節，這時就必須依靠神界與俗界兩方面的幫助，宗教力量的補給，透過祈求往往有奇妙的力量開解，再經過莊老師指點方法後，那一分安定人心的力量就更強，也是說強者的義務不是幫助服務弱者而已，還包括想出讓弱者相信自己可以變強的方法。因而指導我的兩位老師，在訓練學生的過程是非常辛苦的，必須有很大的包容和耐心，衷心感謝兩位指導教授用世界最高等的武術指導學生，讓學生相信自己是有可以完成這本論文的努力空間。

第三個困境是使用《滿文硃批奏摺》等翻譯本時，無法判定滿文翻譯是否準確，其中音譯佛經名稱常令學生摸不著頭緒。另外《清宮內務府造辦處檔案總匯》收錄的雜錄檔與貢檔，對於滿文禮單更是陷入無法解讀的困境，莊老師早就耳提面命學生要學滿文，一再強調研究清史不會滿文是無法切入核心。然而學生對於學習語言始終有深沉的恐懼，只能忍痛割捨滿文禮單，直至論文主體完成後，於今年九月在老師與學弟妹的鼓勵下，毅然決然報名故宮林士鉉老師教授的滿文班，從基礎開始學起，老師教學活潑，常用不同教材刺激我們的學習動機，希望有朝一日能學到解讀滿文禮單的能力。

三、關於論文使用史料

寫論文要追求的另一個目標是原創性。為避免落入研究窘境，新史料的補入成為可以努力的突破點。莊老師常強調論文並非要與人爭論什麼，要從論文的實用性出發，去想自己的論文能提供用哪些內容給研究者使用？因此學生充分運用《活計檔》作為本論文主體史料，從分析檔案內容著手。《活計檔》是內務府造辦處的工作紀錄簿，起迄時間自雍正元年到宣統三年，內容專記工藝美術品的製作過程，是一套獨立作業系統，與一般記錄軍國大事的檔案截然不同。

為了解決《活計檔》片斷零星的缺點，學生從四方面蒐集補充資料：第一種是檔案，運用《總管內務府檔案》補足康熙朝佛經製作的闕漏紀錄，其他還有《清代雍和宮檔案史料》,《清宮熱河檔》,《宮中檔》,《滿文漢文硃批奏摺》,《乾隆南巡御檔》,《乾隆朝上諭檔》,《清宮珍藏歷世班禪檔案》，以及《故宮物品點查報告》。第二種是官書。雍正朝、乾隆朝《起居注冊》,《秘殿珠林》、《國朝宮史》、《御製詩文》等。第三類是佛教類叢著,《卍續藏經》、《中國貝葉經全集》等。第四類是學界前輩的研究，本論文徵引範圍以專書、期刊、博士論文、研討會論文集居多，另外還有圖錄的幫助也很大。

四、關於本論文的發現與問題解決

（一）關於本論文的發現

關於本論文的發現，以下以三點簡述：

1.從製作佛經的材料與工藝技術而言，對材料、裝潢樣式、包裝裝飾各方面，盛清諸帝多方嘗試將異質材料進行調和性組合，除了有傳承歷代的製作基礎外，還包括自己的創新意念，顯示盛清時期物流聯繫網的關係密切，而佛經製作材料也正反映出盛清國力曲線圖的寫照，創造出滿漢蒙藏、中西交流等多文化合璧的莊嚴佛境。

2.本論文藉由《活計檔》等證據支持，發現清帝製作佛經的用途，其實就是一種多重身分變換機制。清帝接納轉世觀念，強調自己是天佛選定的優秀分子，藉由佛經做為「教材」，從各層面進行善化的教育工作，皇帝身分從「學習者」轉成「代言者」再轉成「教化者」，最後成為「關懷者」，爾後回歸「統治者」。這種變換將佛教代言者與君權天授的意義重疊起來，產生關懷與控制兼備的柔性教化。

3.從佛經製作目的，窺探隱藏於清帝心中對親人依戀與孺慕孝思：康熙皇帝用藏文《甘珠爾經》（龍藏經）孝順太皇太后，抄寫《心經》為孝惠章皇太后祝壽，雍正皇帝鐫製玉片《金剛經》傳達對怡親王手足追思，乾隆皇帝在內務府設立造經處，大規模製作《大寶積經》等為崇慶皇太后慶賀八旬大壽，佛經儼然成為傳遞吉祥功德的平臺，使人神無隔閡，以佛經為吉祥祈求的共同語言。

（二）本論文解決前人未克服的問題

關於本論文解決了哪些問題，以下三點簡述：

1.盛清諸帝的《心經》抄寫定例的形成過程與《心經》整體面貌。過去研究者多採用《秘殿珠林》紀錄來討論盛清諸帝的《心經》，但是均未能有系統的呈現製作過程與成品風貌。本論文運用《秘殿珠林》紀錄；有系統的整理出康熙皇帝抄寫《心經》日期與成為定例的演進過程，以此為比較基礎，再利用《活計檔》新史料的補充，將乾隆皇帝的《心經》製作紀錄補入《秘殿珠林》中，從型態、裝潢、數量、藝術表現等，完整呈現乾隆皇帝超越康熙皇帝的《心經》特色。

2.利用《活計檔》解決磁青紙壓羊腦子的製作。磁青紙上必須壓羊腦才有防蠹功能，據《活計檔》紀錄可知，借重江南織造染色技術染成磁青色調，紙中央塗布上混合羊腦子、墨作為防蠹用的塗布劑。臺北林業試驗所王國財先生在仿製磁青羊腦箋時曾質疑：「蛋黃也有溼潤助劑效果，但蛋黃會影響色調，所以在這裡不適用」，然而據《活計檔》中羊腦箋製作紀錄：每二尺六寸用鷄子一個，每九尺用羊腦子一個，靠番經匠技術在磁青紙上塗布雞蛋與羊腦，以尺寸比例而言，雞蛋用量大於羊腦，對色澤而言並無影響，也就是說當時是將羊腦與雞蛋並用。

3.雍正朝活計檔玉片《金剛經》的製作紀錄，解決愛爾蘭 Batty Library 藏品的製作歷程。雍正八年，怡親王驟逝，雍正九年到十年完成這部玉片《金剛經》，從燙樣呈覽，選定字體，碧玉為材，砣工計價，解玉砂與琢字，最後完成這部玉片《金剛經》。對照 Batty Library 藏品，經文片數 52 片與藏品相吻合，《活計檔》再度提供使用訊息，玉片《金剛經》指定供於道觀昌運宮，佛道混供情形其實在康熙皇帝時已相當普遍，年羹堯奏摺中的雍正皇帝談到怡親王是道士轉世而自己是和尚轉世觀念，恰好能解決上述不合理狀況。

4.從工藝角度討論佛經製作這方面的研究成果較為零星，多半分散在圖書史或其他工藝史，本論文嘗試從工藝美術史角度切入論題，徵引《活計檔》各作中相關史料，有系統的分類呈現，依主題將工藝技術附上說明，著重於材料部分的整合，並從各種用途與供奉地點，將活計檔對照起居注冊，去探討佛經供奉背後可能的歷史原因，資料整合較一般研究完整且有系統，能提供工藝美術史、文化史上的參考價值，成為本論文的獨創性所在。

（三）開發新的研究方向

關於本論題的後續研究，還可以延伸出哪些值得研究的方向？本論文運用《活計檔》史料為基礎，從抄寫本、刻本、佛像、織鏽本四方面著手，有系統的整理出清宮各類佛經的製作過程。然而在本論題的基礎上，將來若能充分運用《活計檔》，還可以從兩個方向再研究，第一是從廣度著手，研究從雍正朝到宣統朝全清皇帝的佛經製作；第二是從深度下手，舉凡《活計檔》內各類佛經製作材料和佛教文物陳設品，佛經陳設地點等相關紀錄，搭配《上諭檔》、《陳設檔》、《奏銷檔》、《點查報告》等，延伸討論：從佛經製作用材去看皇帝還將他使用在哪些方面？用以對應回殘料、舊存、新收、實用、下存等清單。再者從供奉空間的陳設品討論如何營造吉祥氛圍？如何反映出紫禁城是人間的小宇宙，與天庭觀念有哪些融通處？希望透過這些努力可以拼出盛清諸帝心中對莊嚴佛境的具體意象。

以上大致是學生撰寫論文的歷程與補充說明，本論文觀點不成熟處很多，各方面都尚待改進，希望老師們給予指正與啓發，作為本論文修正的珍貴建議，謝謝老師。

我任職於國立故宮博物院期間，曾經先後在臺灣師範大學歷史學系、政治大學邊政所、民族學系、圖資所、淡江大學歷史學系、東吳大學歷史學系、臺北大學國學文獻研究所等校兼課任教，並指導過與清史、中國邊政史、滿洲語文有關的論文。因為我對清史及清代檔案下過功夫，而且檔案保管單位對年輕學生利用檔案也應盡力協助，所以有部分未曾選修過我講授課程的學生，也要求我幫忙指導時，我也盡量抽空指導。譬如東海大學、文化大學、逢甲大學、中央大學、清華大學、香港珠海大學等校，也有同學找我指導。民國九十七年（2008）六月，東海大學歷史學系碩士生魯珊同學撰寫〈清代西南地區瘴氣問題研究—以雲貴為中心〉，民國一〇二年（2013）五月，中央大學歷史學系碩士生齊汝萱同學撰寫〈清代民間秘密宗教人物研究〉，舉行論文口試，論文謝辭及口試講稿中都提到如何通過同學的介紹到故宮博物院利用檔案，並要我指導，可將謝辭及講稿內容照錄於下。

魯珊〈清代西南地區瘴氣問題研究 — 以雲貴爲中心〉

謝　辭

西南地區的瘴氣問題是學生一直想深入研究的議題，但如果沒有同班的林承誌、彭偉皓同學引領學生認識指導教授莊吉發老師，這篇論文是無法完成的。因此，在這裡除了感謝同學的協助，更要感謝莊老師的指導。莊老師憑著對檔案的熟悉以及教學的熱忱，很有耐心地指導學生如何查閱清代檔案，並且反覆與學生討論煙瘴史料的應用，才使學生初步的想法得以文字具體呈現出來，在此特別謝謝莊老師。

另一方面，要感謝魏秀梅老師與葉高樹老師，在論文口試中，針對學生的論文內容、章節安排等等，都給予詳細的指正，並提供了寶貴的意見，使學生的論文有了修正的方向，在此要特別感謝。另外也要謝謝東海大學的呂士朋老師，在評論學生的論文研究計畫與論文初稿的過程中，所給予的寶貴意見，以及親身經歷的描述，在此也要謹致謝意。

此外，要感謝臺北國立故宮博物院圖書文獻館善本室的王瑾小姐、呂玉女小姐、杜祿榮先生、張媽殷金枝小姐、段莉敏小姐、田兆炎先生等人，不僅協助學生調閱各類清代檔案史料，而且服務態度親切，使學生能充分運用史料。

另外，也要謝謝東海大學歷史學系碩士班辦公室的賴淙誠助教，常不厭其煩提醒學生修業時的注意事項；也要感謝國立臺灣師範大學歷史學系王美芳助教，提供學生論文口試的場地與細節的叮嚀。

最後，更要謝謝家人的鼓勵與支持，學生才能無後顧之憂的完成這篇論文，在此特別感謝。

論文口試講稿

2008/06/25

魏老師、葉老師、莊老師：

各位老師好，感謝老師們百忙中，在大熱天抽空為學生舉行口試。首先要先向老師們致歉，因為學生跟所上的聯絡出了狀況，星期一才收到口試通知單和老師們的聘書，所以來不及提早送出，只好請莊老師以電話跟兩位老師解釋，真的非常抱歉，請老師們原諒。接下來，學生就利用十幾分鐘時間，對自己的論文作一些補充說明。

學生目前已經是碩士班的最後一年，之前因為不確定自己的研究方向，另一方面又在工讀，所以遲遲沒有決定論文的主題。一直到去年，同班的林承誌、彭偉皓同學鼓勵學生到故宮找資料，並且在那裡認識了莊老師，才有重新開始寫作論文的機會；老師憑著對檔案的熟悉以及教學的熱忱，很快地了解學生在研究過程中遇到的瓶頸，所以很有耐心地一步步指導學生如何使用檔案、如何應用史料，經過一番討論後，學生終於決定以清代西南地區的瘴氣問題作為研究主題。但由於起步太晚，所以在篇幅上略顯不足，這是比較可惜的地方；另外，在口試本的裝訂上，因為電腦排版出了一些問題，導致有幾章的開頭是從偶數頁開始，不符合規定，在此也向老師們致歉。

學生會注意到「瘴氣」這個問題，主要是因為大多數人提到雲南、貴州，都覺得這裡是風光明媚的旅遊勝地，而學生的祖籍也是在這個地區；但在一些古籍或詩文中，卻常常描述這裡充滿了瘴癘之氣，白居易、王陽明等人被貶到西南地區做官時，就曾經相當擔心無法活著回家鄉。這種對雲貴地區的不同描述與態度，雖然使學生對「瘴氣」這個議題產生了興趣，但一直要到和莊老師討論後，才有了更明確的方向，知道可以利用哪些史料、從哪些角度，來深入探討西南地區的瘴氣問題；也因為有老師的鼓勵，這一年多來學生才能堅持下去完成這篇論文，在各方面的知識上也獲益匪淺。因此，在這裡要特別感謝莊老師。

由於目前是個科技整合的時代，講求各學科間的整合分析，所以學生的論文中，除了歷史學的領域外，也涉及了一些其他學科的討論，希望不僅能探討歷史上的瘴氣問題，也能作為日後各學科在瘴氣問題研究上的參考。

學生論文中所要討論的主題，大致可以分為幾個部分。首先是地理環境的部分，因為瘴氣的形成與分布需要特殊的地理環境，例如：緯度低、地勢低、地形封閉、氣候濕熱、適於病菌繁衍等等，特別是兩山間悶濕的河谷地區、或是潮濕封閉的山林之中，最容易產生瘴氣。針對瘴氣的特性與雲貴地區的地理環境來作分析，不僅可以解釋清代雲貴地區仍有瘴氣分布的原因，對於地理學者研究瘴氣的形成與地理環境間的關係，也有很大幫助。

在軍事史方面，清初在西南地區的幾場戰役中，往往因為瘴氣的影響而損失慘重；因此，學生對此也有所探討。例如：乾隆年間的中緬邊界戰爭中，傅恒率領了水陸軍三萬一千人進攻，撤軍時卻僅存一萬三千人，而傅恒自己也染瘴，回北京時甚至臉部變形到無法辨認；乾嘉年間的進勦苗疆之役，苗人藉著對地形的熟悉躲入山林中，不僅使清軍久攻不下，福康安、和琳等大將也因長期在潮溼悶熱的山林中作戰而不幸染瘴。因此，藉由描述戰役如何在潮溼悶熱、瘴氣瀰漫的山林間進行，不僅可以了解當地瘴氣的嚴重性，也可以藉此分析瘴區行軍的侷限與作戰策略的因應方法，提供軍事史學作為研究叢林戰的參考。

在開發史方面，學生在論文中，一方面藉由清廷對於煙瘴缺的選任、罪犯的發配煙瘴等例子，來從中了解當時人們對於瘴氣與瘴區的態度，也可以藉此探討清代的法制史；另一方面，也針對清代人民在西南地區的各種活動，例如：農業的開墾活動、礦產的採集冶煉等等，檢視人們在瘴區的活動情形。這不僅可以探討人類活動與瘴氣消長間的互動關係，另一方面也可以解釋在這個過程中對於生態環境產生的影響，期望能對日後清代西南地區開發史的研究有所幫助。

此外，探討人類對於瘴氣的態度與因應之道，也是很重要的部分；例如：人類對於瘴氣的預防與治療方法、人為因素對瘴區環境的改變、古今人們對瘴氣觀念的變化等等。這些討論，不僅在醫療史方面，對於瘴氣所引起的疾病提供了歷代不同的解釋，藉以了解疾病與環境間的關係；在民俗史方面，學生論文中所輯錄的各種預防或治療瘴氣的方法，如儺文化的迎神驅鬼活動、以特殊食物治病等等，對於了解當地少數民族的風土民情也具有重要意義。

因此，綜合而言，學生的論文不僅希望能探討雲貴地區的瘴氣到了清代逐漸消失的原因，更希望能藉由在地理學、軍事史、法制史、開發史、醫療史、民俗史等各方面的探討，引起其他學科對於瘴氣問題的重視，並且提供各學科作為瘴氣研究的參考。

至於論文中使用的史料，學生主要是以臺北國立故宮博物院所藏的清代檔案文書為主，以大陸地區出版的史料為輔。例如：《宮中檔》是清代外任官員向皇帝報告地方事務的硃批奏摺，由於是各地官員的第一手資料記載，所以可以了解清代雲貴地區的各項政務施行以及風土民情。《緬檔》與《苗匪檔》是軍機處的專案檔，是戰爭中將領與朝廷間往來的各類文書，由於中緬戰爭與苗疆之役的戰場在雲貴地區，因此檔案中記載了許多當地瘴氣對於軍事行動造成影響的資料。《外紀檔》則是內閣所抄錄的各省官員奏摺，所記的事項多與地方事務有關，例如官員的調派、罪犯的判刑等，可了解雲貴瘴區官員的派任、以及分析發配到煙瘴地區的犯罪類型。此外，國立故宮博物院還藏有相當多雲貴地區的地方志，記載了當地的地形、氣候、物產、風俗民情、社會經濟、以及人文活動等，不但可以了解瘴氣的分布區域、瘴病的輕重程度，更可以了解到當地居民在面對環境挑戰時的因應方式。

由於在臺中所能使用的學術資源有限，學生家裡又住在花蓮，在史料的蒐集上都較為不便；所以，學生選擇在臺北租屋，一方面就近利用故宮的檔案文書寫作，一方面也能適時與老師討論。相較其他同學，學生的起跑點已經晚了一大步，這一年中卻又有些突發狀況；先是家裡外公生病、過世，所以時常往來臺北、花蓮；又因為從前史語所的同事乳癌住院開刀，回去幫忙代班了三個月。論文寫作過程的斷斷續續，一度讓學生想要放棄，幸好有指導教授莊老師的鼓勵，才讓學生能夠堅持下去。

因此，學生的論文能夠完成，首先要感謝指導教授莊老師，不僅指導學生如何使用故宮所藏的文獻檔案，也解決很多學生在寫作中遇到的困難；而東海的呂士朋老師在評論學生的論文初稿時，曾引用自己得過瘧疾的親身經驗，更加深了學生認為瘴氣問題值得研究的想法。另外，還要感謝臺北國立故宮博物院，裡面的圖書文獻館資料豐富，不僅有開架式的圖書，善本室還提供了各類清代檔案史料的調閱，也有數位影像檔可利用電腦查詢，對於研究上相當方便，可免去往返大陸查閱史料的時間；而在善本室服務的王瑾小姐、呂玉女小姐、杜祿榮先生、張媽殷金枝小姐、段莉敏小姐、田兆炎先生等人，不僅服務態度親切，對於各類檔案也有相當程度的了解，也是學生能有效運用史料的原因之一。

整體而言，學生不僅希望在論文中能探討清代雲貴地區的瘴氣問題，也希望這篇論文所涉及的史料與討論，可以作為其他學科在類似問題上的參考。雖然這篇論文的完成較為匆促，不僅在內容上有些疏漏，篇幅也過於薄弱、分量不夠，但在整個研究過程中，學生對於地理、醫療、民俗等各方面的涉獵，以及在解決問題中所得到的經驗，對自己而言卻是無價的知識。最後，要再次感謝各位老師參與學生的論文口試，也要感謝師大歷史系提供學生口試的場所。在口試之後，學生會充分利用時間加強增補論文內容，以上做了簡單的補充說明，希望三位口試委員能給學生一些寶貴的意見，謝謝！

齊汝萱〈清代民間秘密宗教人物研究〉

謝　辭

隨著仲夏步入尾聲，這本碩士論文也即將完成，歷時三年的碩士班生涯終於抵達終點。一路走來有苦有樂，但在碩士論文畫下最後一個句點時，所有艱辛的歷程似乎已變得相當模糊，清晰的是過程中愉快與歡笑的點點滴滴，以及身邊的師長、朋友與家人的幫助和鼓勵。

這本論文能夠順利完成，首先要感謝我的兩位指導教授—莊吉發老師以及賴澤涵老師。自大學二年級便開始跟著莊吉發老師學習，從政大的教室一路旁聽到臺大的教室，在下課後總是和老師一起搭乘公車、捷運，沿途中和老師討論研究方向與架構，有時老師也不吝於分享他的人生閱歷，這短暫的交通路程是我視為最珍貴時光。不知不覺中已從大學生成為了研究生，並在老師的帶領之下，跨進了清史的研究領域，並以「學徒」的方式在故宮圖書文獻館內蒐集資料、書寫論文，跟著老師學習如何做好研究；我的另一位指導教授賴澤涵老師總是有著爽朗的笑聲，平易近人，在就讀研究所的期間對我關懷與照顧，他的儒者風範以及做學問的態度使我受益良多。

此外，碩士論文在資料蒐集的過程中相當順利，這都歸功於國立故宮博物院圖書文獻館內的工作人員親切與熱心的協助，感謝呂玉女女士、鄒信勝先生、管理檔案文獻的田先生以及所有協助與鼓勵我的工作人員與研究員，謝謝你們的幫助。

另外，謝謝我的同門學長姊——吳美鳳學姊、彭悅柔學姊以及侯皓之學長等人對我的鼓勵與支持令我感動，而師大博士班的曾雨萍學姊是我永遠的救星，每當我遇到困難時，總是第一個想到她，而雨萍學姊對我寄出的求救信，總是回以洋洋灑灑的一大篇，針對我所遇到的困難與糾結處細細分析，在我迷惘時為我解惑，並幫助我度過所有的難關，至於清大碩士班的簡湛竹不僅同門更是「同窗」，在故宮文獻圖書館靠窗位置共用同一個窗戶向外發呆，也一同和莊老師學習，我的滿文程度也是在這時候開始突飛猛進，但你永遠是略勝一籌，當然，除了那個被你偷偷擦掉的圈點；……除此之外，莊老師開課課程中的一大特點即是旁聽生總比選課生多，自大學時期起旁聽莊老師的課程中，也認識了一同學習滿文的研究所學長姊，師大的劉世珣學姊、陳焯欣學姊以及趙冠中學長，記得初入政大教室旁聽滿文時，尚未跟上進度，坐在旁邊的焯欣學姊細心協助我；另外李惠敏學姊、王一樵學長以及哈佛大學東方語言研究所博士班的克禮（Macabe Keliher）等都一同旁聽莊老師課程，並相互砥礪，受益良多。特別是與克禮合寫的研討會論文，在合作過程中，自選題到完成，在克禮的帶領下學到不少，亦從中獲得許多寶貴的學習機會。

附錄——口試講稿

2013.5.7（二）10：00～12：00

國立臺灣師範大學歷史系會議室

各位老師早安，感謝各位老師在百忙之中，答應擔任學生論文的口試委員，在進入正題之前，先由學生在以下的十五分鐘內，對論文做一些簡要的補充說明。

在進入中央大學攻讀歷史研究所之前，因緣際會之下，在大學二年級時，便開始和莊老師學習滿文，並在老師的帶領之下，跨進了清史的研究領域。由於學生畢業於臺中教育大學的社會科教育學系，兼修歷史組與社會組的課程，因此學生自認為在歷史學的專門訓練上，比起歷史系本科出身的研究生來說，略遜一籌，但在運用社會學、政治學、人類學乃至於心理學等相關社會科學的理論上，略占有優勢。為了彌補學生在歷史學專門訓練上的不足，在莊老師不嫌棄之下，學生以「學徒」的方式，在故宮跟著莊老師從頭學起。

在這個接近完成的階段中，學生越來越常回想起剛升上碩一時的情景。起初，在選題之時，抱持著「保存人類的事蹟與生活方式,使之不至於因年深日久而被人們遺忘」的初衷，在莊老師的建議之下，以清代秘密社會做為切入點，探討清代底層百姓的生活，即是隱文化的研究。在早期的歷史研究者大多將目光集中於統治階層，而確實，在統治階層的研究上，得利於大量的史料記載；反觀底層百姓的生活，因缺乏史料記載，因此無從下手。而臺北故宮所藏的檔案留有官府取締秘密社會的大批口供，不僅解決了史料的問題，亦使得這本論文得以擁有獨創性。在透過和莊老師多次的討論，加上閱讀量的增加，學生論文的主軸與方向慢慢的從無到有，從想像慢慢的越來越具體，最後將題目限縮至民間秘密宗教的人物研究，並將時間斷限大膽的拉至全清。這對學生而言，是個相當陌生且具有極大挑戰的題目。

有清一代，民間秘密宗教盛行於地方社會，民間秘密宗教的研究即成為了研究清代地方社會相當重要的一環，在此一題材上，過去一二十年來的研究不算少數，有以民間秘密宗教總論、各教門專述、宗教教義與思想信仰、寶卷研究、官方查禁與教派起事，以及各類專門主題研究等，研究成果豐碩。但是在研究的議題上，較少以人物研究做為視角進行深入探討，關注仍稍嫌不足。而少數注意人物的研究中，仍集中於群體的探討，對於個體研究的認知仍停留在單一特殊個體的分析或介紹上。因此，學生即試圖以蒐集並且分析探討「個體」的方式，將這些個體歸納分類，進而拼湊成「群體」，再透過對這些群體的分析，試圖從人物研究中勾勒出清代地方社會的樣貌。

學生在整本論文的史料蒐集與鋪陳上，檔案資料的部分占了最多的比例，約占整本論文所使用史料的六成左右，其他四成則為官書以及少部分的文集和筆記小說。因此可以說，學生這本論文所使用的材料以檔案為中心，因此蒐集檔案、閱讀檔案以及分析檔案成為學生最主要的工作，亦是關係整本論文優劣的關鍵。而清代遺留的檔案資料主要分藏於海峽兩岸。由於地理因素以及其他諸多條件上的限制，在中國大陸上的原始資料取得不易，這方面的解決之道，主要以北京第一歷史檔案出版的《清廷查辦秘密社會案》中收錄的中國大陸地區史料與秘密社會相關的原始材料為主。在臺灣地區有中央研究院出版的《明清史料》等皆為本篇研究重要的參考資料，以及臺北國立故宮博物院編印的檔案史料，以及院內所藏尚未整理出版的檔案等。

很幸運的，因為題目確定的過程順利，因此學生開始蒐集資料的時間相當早，但也歷經不少跌跌撞撞的過程，以及書寫論文所遇到的重重難關。在蒐集資料上，雖然開始的時間早，但蒐集資料的期間也拉得很長，不只是因為對此議題的熟悉度不足，亦因為論文內容的時間斷限範圍太大。在初期時，曾一度不知道自己到底在找些甚麼，幸好莊老師隨時都在故宮，而且隨時能夠立即解答並包容學生所有不成熟疑難雜症。

好不容易度過糢糊摸索的階段後，在蒐集資料上雖然漸漸步上軌道，但隨之而來的新難題又出現了。在學生蒐集資料時，顯得有些「神經質」。一方面在理智上，清楚知道無法真的將民間秘密宗教人物，從所有的資料中，一個不漏地找出來；另一方面在情感上，又很不願意有所遺漏任何一個「人物」，而最掙扎的部分在於即使學生能夠找到將所有人物，且在完全不遺漏的狀況下，仍須考量論文篇幅的問題。這個問題使得學生相當掙扎，一直到旁聽葉高樹老師在師大的課程時，老師提及了一個重要概念，才徹底的令學生頓悟，那就是歷史解釋的重要性。當蒐集的資料夠多時，即使有所缺漏，仍不影響歷史解釋，這才是學生該著重思考的方向，而非執著於例子的數量。因此，學生在論文最後的修改階段上，大刀闊斧地將辛苦蒐集並編輯成文字檔的資料進行大淘汰，刪除重複性質高的部分，並將全篇論文長度限縮至合理的篇幅。

另外，人物一個個從史料中挖出來之後，究竟應該如何呈現出這些人物的面孔，亦是相當大的難題，這些難題在開始書寫之後，學生慢慢地找到了答案。「民間秘密宗教」本身是個統稱，不同教門，其屬性不同，乃至於信仰的群眾在屬性與身分上亦有所差異，因此，無法將人物逐一抽離其所屬教門進行分析，學生所思考到的辦法是將教門與群眾合起來進行分析探討，而案件過程學生亦選擇保留並以敘事的方式呈現，更能讓人物的行為與心理更鮮明地表現出來，再輔助以表格清楚呈現人物的所有資訊，因此，從第二章至第六章的書寫方式較為統一，多依照時間排列，首先以個別案件為中心進行敘事，再以表格呈現人物資訊與關連，最後以分析案件中的人物做為該案件結尾。

當然檔案與史料的蒐集相當重要，但最重要以及最困難的部分，其實是將檔案與官書等史料放入論文中的過程。檔案中有地方官員陳述的部分以及教眾的審訊口供，還有一些官書上，皇帝與中央官員的看法。因學生在書寫論文上，大量採用敘事的方法呈現，而單一案件中，學生參考的檔案多半不僅一種或一項，特別是在敘述較大規模的案件時，往往檔案數量多的嚇人，一個教犯的口供甚至不僅審訊一次，每次所供的內容又不一定一致，說錯他人的籍貫或自己的籍貫都不在少數，但這些都是小問題，往往經由多方比較後，便可獲得正確的資訊。比較麻煩的是將這些看似有連貫但又不完全連貫的檔案內容，諸如跨省的教案中，不同地方的官員分別做的陳述，以及教眾零碎又不一定完全正確的口供裡，試圖拼湊出一個完整的歷史敘事，並以流暢的筆法進行書寫是困難的部分，不僅考驗學生的邏輯思考，亦考驗著學生的寫作文筆。

雖然這份論文還不算是完成，且學生自身能力有限，以及經驗上的不足，因此在論文中有許多未注意的部分，或是觀點不成熟的地方尚待改進，希望老師們給予指正與啟發，作為本論文修正的珍貴建議，謝謝老師，以上大致是學生撰寫論文的歷程與補充說明。

由謝辭內容可知魯珊同學是經同學林承誌、彭偉皓引領認識我，找我指導的。論文口試講稿中指出，魯珊同學在碩士班的最後一年才來找我，又因家住花蓮，照顧外公，幫同事代班三個月，實際可用的時間不到半年，倘若我不答應指導，論文是不可能完成的。魯珊同學感謝故宮檔案借閱方便，也感謝故宮同事的熱心協助。魯珊同學發自內心的熱忱，令人感動。魯珊同學在謝辭中所提到的彭偉皓同學撰寫〈清代宣統年間東三省鼠疫防治研究〉，充分利用國立故宮博物院典藏《收發電擋》等史料，論文中保存了許多珍貴史料。彭偉皓同學也是透過陳鈺祥、林承誌兩位同學的推薦，而來找我指導的。彭偉皓同學曾撰文敘述尋找指導教授及討論研究主題的過程。侯皓之同學撰寫〈繼承傳統，開創新題：莊吉發教授指導博士生點滴〉一文也提到尋找指導教授的經過。可將彭偉皓同學及侯皓之同學所撰文字附錄於下。

彭偉皓同學尋找指導教授的經過

我原本並非歷史科系出身，是從五專電子科插大考取逢甲大學中文系，由理工轉文學院，這樣大的轉換，是項嚴峻的挑戰，如果不是興趣支持，很難順利完成學業，其後研究所嘗試報考東海大學歷史所，雖然順利考取，但師長常說的"文史不分家"卻不是那麼一回事，頭一年吃足了不少苦頭，主要是歷史學求真的嚴格基礎訓練，在中文系所學並不足以能迅速融入，唯一可以同步的，就是國學導讀所培養評點古籍，以及版本目錄學的基礎。在碩士班期間，等於是從基礎開始重頭學習，加上同學友善的提點，讓自己能夠慢慢趕上進度，也在這個期間認識後來同門的陳鈺祥、林承誌、高文楓以及魯珊等同學。

陳鈺祥跟我一樣，並非科班出身，畢業於醒吾商專，但鈺祥很認真學習，也很勤於請教師長和同學，而且早早就確定論文主軸是海盜史，同時，因為有機會到故宮博物院工作的關係，認識了莊吉發老師，也在莊老師的啓蒙下，認真研讀故宮檔案，其後寫出論文《清代粵洋與越南的海盜問題研究（1810-1885）》，竟不輸歷史科班，也是班上第一個畢業，鈺祥在寫論文時，也協助同學林承誌到故宮找莊吉發老師，承誌在淡江大學歷史系求學期間，修過莊吉發老師的清史課，因此在東海就讀時，就立志以清史作為研究方向，其後修完學分後在故宮與中研院工作，在能夠就近請莊吉發老師指導，並妥善利用檔案，完成論文《分鎮巖疆·駐衛內裏：清朝駐防八旗問題研究》，碩士論文就為兩岸學者所關注，惜未能繼續深造。

承蒙鈺祥與承誌兩位同窗無私的幫忙，在我遍尋不著論文指導老師，四處碰壁之際伸出援手，向我推薦莊吉發老師，在找莊老師的前夕，問過承誌，這樣會不會有衝突，他很大器的說研究方向不同，並不會有所影響，結束我在臺中宿舍坐困愁城的時間，兩位同學一起帶我進故宮，當時忐忑不安地帶著不成熟的研究計畫前去，原本最早的構想是要做明清南洋香藥貿易，後來經過一番轉折，想以明清時期瘟疫作為探討。不可否認在尚未見到莊老師之前，總是會怕自己的研究計畫會被否定，之前在中研院踢過一次鐵板，心裡總有疙瘩，不過當天經過兩位同學的引介，親自見到莊老師後，那種不安的感覺才消失。應該說出乎意料之外，莊老師很親切且詳細的看過我的研究計畫後，然後建議我要盡量把範圍縮小，主題也要盡量集中，並帶我進善本室去看檔案，這應該是我第一次接觸故宮檔案，莊老師說如果要做瘟疫的議題，不如鎖定清末東三省鼠疫作為探討主題，並以《收發電檔》作為一手資料的來源，更能點出事件的根本。當時不作二想，因為莊老師的建議彷彿讓我抓到浮木一般，因此下定決心要把《收發電檔》一字不漏地看完，記得第一次在善本室調檔案，著實慌亂，幸好故宮的館員相當客氣，總能給予協助，每本調出來的檔案，都要格外慎重地翻閱，深怕太用力紙張會破損，剛開始規定只能用鉛筆抄閱，怕汙損檔案，列印也只能列印三分之一，當時所列印的資料至今還保存著，格外珍貴。記得當時每個禮拜都有三到四天會到臺北抄檔案，幸好位於臺中東海大學旁統聯有轉運站可以直達臺北，都是搭早上四五點早班車，疲憊一定是會疲憊，但精神力支持了我持續，鉛筆謄寫一段時間後，莊老師建議我們帶筆記型電腦進善本室打字，這樣紀錄會比較快，當時同學承誌也正好同時期一起努力，當筆記型電腦能夠使用時，對於研究生來說，無異可以省下一筆影印費和手抄的辛苦，用了兩部電腦完成《收發電檔》的電子檔，第一部是姊姊使用過的舊筆電，不過壽命較短，另一部是哥哥留學美國，買回臺灣送給我，這一部陪伴我到博士班後才淘汰。在抄錄檔案的過程相當投入，也由於我坐得住，很多時候差點忘記吃中餐，在讀檔案的過程中，發現自己也在慢慢的進步中，當《收發電檔》完成電子檔後，莊老師給我的試煉，算是完成第一步驟。接下來是要將檔案融入論文中，當進行時才發覺，抄寫檔案的過程中，已然將所有脈絡整理好，碩士班所要求的研究計畫，可以很順暢地寫出大綱，即便研究計畫進行中，莊老師也不忘要學生繼續寫下去，論文每到一個部分會遇到瓶頸，莊老師總能提供新的觀點，讓進度能夠持續下去。如果說人生總是會遇到一些不如意的事，在最關鍵的時刻發生，就是我父親得了早發性失智症，使得我不得不暫時停頓論文回鄉照顧，一度有萌生休學的念頭，一來父親精神狀況相當不穩，二來我本身又沒有照顧的經驗，那三四個月只有感到絕望而已，直到我決心要將父親送往安養院，讓他能夠獲得專業的照護，雖然遭到親戚的責難，但我覺得這樣才能讓幾近破碎的家人心靈，獲得最好的喘息，唯有親身經歷，才能體會箇中滋味。我至今仍然感謝莊老師的體諒和關心，也感謝同學承誌居間的幫忙，當我能回到故宮繼續寫論文，給了我平靜和動力，不得不說，原本可以寫得更好，但後半段的論文章節，還是有些遺憾在。不過努力是可以獲得回報，終於完成十萬字，一百六十餘頁的論文《清代宣統年間東三省鼠疫研究》，由一個非歷史系科班出身的研究生完成，這不是我個人的成就，而是找對了指導老師，用對了故宮所典藏的檔案，以及同學間鼓勵之下，所集結而成的果實。

繼承傳統，開創新題：莊吉發教授指導博士生點滴

中國文化大學數位媒體學士學位學程

侯皓之

民國 92 年我考進中國文化大學史學研究所，在構思博士論文的研究方向時，考量碩士論文撰寫《安平傳統剪黏藝師流派及其作品研究》，因此擬定以清代工藝美術為題，才能延伸發展此一研究脈絡。由於我非本科系所畢業，對學術行情不甚了解，因而請示當時史學所所長王吉林教授（以下簡稱王院長），應該跟哪位教授讀書學習較為合適，王院長非常愛護學生，指出我非歷史背景出身，基礎不夠，應跟隨紮實認真的老師學習，既然我想研究清史，可到國立故宮博物院圖書文獻館（以下簡稱圖書館）請教莊吉發教授（以下簡稱莊老師）是否願意指導，並回來報告結果。王院長特別跟我說：「莊先生很認真，很會照顧學生，如果莊先生同意，他叫你做什麼，你就做什麼。」交代我若能獲得莊老師同意，一定好好跟著莊老師讀書學習。現在回想，王院長教育學生真的很用心，根據學生的背景條件，給予正向積極的建議，並提醒跟隨老師學習應有的態度和方法。

到故宮圖書館後，莊老師知道我的來意，沒有答應任何事，要求我先回去擬定三個論文題目和大綱，但不要炒冷飯，要想出有點開創性的題目再來討論，之後往返三次，才決定以盛清時期在華西洋工藝為研究題目。當時莊老師又問我懂不懂檔案，學過滿文沒有，我回答我非本科系所畢業，對檔案沒有概念，也沒學過滿文。莊老師沒有因我什麼都不懂而嫌棄，不僅要求我要常到圖書館看檔案，而且逐項教育我檔案的分類與查找、調閱檔案的方法，並要求修習莊老師每週二在師大歷史系、週六在故宮開設的滿文課，做好基本功。我從博士班一年級下學期起，每週在故宮二至四天，跟著莊老師讀書看檔案，直到畢業後。雖然跟老師若干時間，但有趣的是，在我通過資格考以前，莊老師從不承認是我的指導教授。博二時因工作太忙，有半年沒到故宮看檔案，還因此遭到莊老師訓斥，指責不應該以工作忙碌為由而怠惰。現在回想，老師嚴格考核學生的學習態度，透過這些考驗，確定學生真的具備做研究條件，才願意接受，同意指導。

莊老師教育學生不只在課業方面，無論大小事務，均不厭其煩，耐心教導，例如各種字典的版本，漢字的正寫體和俗寫體，老師都仔細教過我，其中印象最深刻的是老師長年使用東方出版社的國語辭典都翻爛了，老師說當年一出新版，就買來從頭翻到尾，曾經檢查出錯誤，告知出版社，還獲贈全新一本，但後來不太好買，因此沒有新辭典。為此，我還到重慶南路書店找，好不容易在三民書局買到兩本，一本送老師，另一本自用至今。又例如，老師對於論文格式非常重視，經常拿各種論文要我找問題，諸如題目與副標的訂定、論文目次的寫法與用詞、論文提要與摘要的分別與撰寫方式、論文排版與格式等等，透過不斷的累積，慢慢提昇論文寫作的敏感度與思維的深度。莊老師教育學生相當細心，一再強調圖書館是讀書場所，不是睡覺的地方，隨時觀察學生的動靜，我因為視力不好，有次在座位上將眼鏡摘下，查看檔案，遠遠看來很像在打瞌睡，莊老師還要臺灣師大的同學來叫我，看看我是不是睡著了，可見莊老師一直注意學生是否用功讀書。

莊老師指導學生撰寫論文要求很多，提出很多創見，非常有意義，例如老師說：「撰寫論文的意義就是為了保存史料」，老師認為許多史料可能逐漸被遺忘，因此寫論文徵引文獻除了藉以論證觀點，更重要的就是保存史料。老師說：「論文必須要有啟發性、創意性、話題性」，撰寫論文要有原創性，要學習從不同角度解讀史料，提出新的見解，論文研究才能有所突破。莊老師指導我寫博士論文時，要求我在緒論寫入「研究環境」一節，這並非傳統緒論的內容，但老師說：「透過研究環境的介紹，後人看過你的論文，才知道你在哪裡利用檔案、文獻、資源進行研究，尤其要記得感謝在這些空間環境幫助過你的人。」老師教育我要用感恩的心認真研究，因為有許多人的奉獻和幫忙，我們才能使用這麼好的環境和資源進行研究。我認為老師的觀點很有啟發，至今為止，我認為故宮圖書館是最棒的研究環境，擁有豐沛的清代檔案文獻，大量的套書藏書，極為乾淨衛生的空間，尤其是圖書館館員，耐心細心的幫助引領我們調閱檔案，給予各方面的協助，每次在故宮圖書館，不只倍感溫暖，而且充實舒適。

莊老師非常景仰本校中國文化大學創辦人張其昀教授，高度讚揚創辦人的學者風範和教育理念，當年學校非常艱難的時候，創辦人仍努力聘請許多名師講學，說明創辦人辦學的用心和苦心。在考試制度方面，莊老師高度推崇本校博士論文考試的嚴謹，本校博士論文考試採兩階段制，分為初審和正式口試。博士生在取得候選人資格後，得提出博士論文初審，初審本視同正式本，必須撰寫完成八成以上，初審口試教授針對內容嚴格審核，候選人對此進行答辯，通過後，規定必須製做初審修正說明暨審核表，依據初審口試教授的提問逐條修正，提交初審修正本與表格，請初審口試教授檢核，是否同意。初審通過後，提交校博士資格審議委員會審查，審查通過，半年後才得提出正式考試。正式考試要提出論文完整本，通過答辯後，要在時限內修正繳交正式本，換句話說，本校完成一本博士學位論文，要歷經初審口試本、初審修正本、正式口試本、博士論文正式本等幾個階段。我曾向王院長請教本校考試制度的由來，王院長表示，早期臺灣的博士要經過教育部兩階段考試，通過後才能取得國家博士，後來開放大學自辦博士考試後，本校一直延續當年國家博士兩階段考試的制度。莊老師認為，這樣的制度可以有效檢核博士論文的品質，也讓博士候選人一次次地檢討論文，是培養年輕學者做研究最好的方法。

莊老師對於研究生口試非常嚴格，認為考試報告時間通常只有十五至三十分鐘，不應該隨興唸論文，以形式化方式浪費時間，應該事先準備好論文報告講稿，而且要區分初審和正式口考版本，並要特別感謝口試教授耐心審閱給予剖析建議，才是對論文的負責態度。口試之前，莊老師會先審閱檢核學生擬定講稿內容，針對論文的貢獻進行總結報告，進行適度補充，要求仔細讀過，進行演練，不得脫稿演出，而且要放在學位論文的附錄中，讓看論文的人知道這本論文是經過嚴謹的制度和多位教授的審查下通過，這些細節充分反映莊老師指導學生的用心和細心，以及對於推展學術研究的遠見。

畢業後，老師仍持續關心學生是否依然努力寫作，進行研究，經常詢問最近做什麼題目，提醒利用哪類檔案，要求我不但要繼續努力，而且要莊諧並重。莊是指要撰研

> 經嚴格審查的學術論文，諧是指在大學教書也要推廣研究成果，不僅在課堂講述，也要透過通俗平易的文字，發表文章，讓社會大眾也能接觸到清史研究的成果。在莊老師的教育下，每次構思新題目都會向老師報告，老師博古通今，會立即告知學術行情，判斷是否值得研究，並提醒突破的關鍵：文章完成後，也固定向老師報告，將投稿哪篇期刊，而事後老師也會大致記得我的研究動態，討論時再提出反思，提醒如何精進。想想，老師桃李滿天下，指導的碩博士生超過百位，交往互動的學者遍布世界，還能記住一個學生的狀況，真的非常了不起。就我的程度而言，一年能發表幾篇學術論文和一般文章就算有產出了，而老師一年撰寫論文無數，編寫專書數本，最厲害的是一個暑假產出一本專書，同時又審查各方論文、指導學生論文，實在非常驚人。莊老師以身作則，耄耋之年依然創作不輟，每次討論論文都精神熠熠，只是我實在過於駑鈍，還要學習的事情太多，唯有持續努力，以報答莊老師的教育之恩。

表中所列研究生共一〇五人，其中博士生計十八人，碩士生計八十七人。學校分布包括，國立臺灣師範大學計四十九人，國立政治大學計二十五人，東海大學計七人，中國文化大學計七人，淡江大學計五人，東吳大學計五人，國立中央大學計二人，其餘國立臺北大學、國立清華大學、國立中興大學、逢甲大學、香港珠海大學等校，計各一人。論文範疇涉及政治、經濟、社會、宗教、文化、藝術、法律、語文等，不乏佳作。

順序	研究生	論文名稱	學位	院校名稱	指導教授	系所名稱	畢業學年
1	簡復振	清末新式教育經費的籌措及其來源	碩士	中國文化大學	莊吉發	史學研究所	1981
2	徐安琨	哥老會的起源及其發展	碩士	國立政治大學	莊吉發	歷史研究所	1987
3	陳清敏	清季自強運動時期「清議」之研究	碩士	東海大學	莊吉發	歷史研究所	1988
4	李淑芬	慈禧太后之得權方式及其統治特質	碩士	東海大學	莊吉發；古鴻廷	歷史研究所	1989
5	邱麗娟	清代雲南銅礦的經營	碩士	國立臺灣師範大學	莊吉發	歷史研究所	1990
6	陳殷宜	清代乾嘉時期新疆貢玉制度之研究	碩士	國立政治大學	莊吉發	民族研究所	1991
7	吳佳玲	清代乾嘉時期遣犯發配新疆之研究	碩士	國立政治大學	莊吉發	民族研究所	1991
8	洪美華	清代民間祕密宗教中的婦女	碩士	國立臺灣師範大學	莊吉發	歷史研究所	1991
9	歐陽增梁	準噶爾與清朝之關係	碩士	國立政治大學	莊吉發	邊政學系	1992
10	溫順德	清代乾嘉時期關內漢人流移東北之研究	碩士	國立政治大學	莊吉發	邊政學系	1992
11	黃美秀	清康雍乾三朝八旗生計問題之研究	碩士	國立政治大學	陳捷先；莊吉發	邊政學系	1993
12	周愛文	明清時期海南島黎漢關係之研究	碩士	國立臺灣師範大學	莊吉發	歷史研究所	1993
13	謝宏武	清代臺灣義民之研究	碩士	國立臺灣師範大學	莊吉發	歷史研究所	1993

順序	研究生	論文名稱	學位	院校名稱	指導教授	系所名稱	畢業學年
14	陳肇璧	雍正皇帝與清代佛教	碩士	國立臺灣師範大學	莊吉發	歷史研究所	1994
15	李麗芳	明清時期永寧納西族的母系社會	碩士	國立臺灣師範大學	莊吉發	歷史研究所	1994
16	劉曉瑩	清代科爾沁部與滿洲關係之研究	碩士	國立政治大學	莊吉發	民族研究所	1995
17	鄞秋華	清代索倫部之研究	碩士	國立政治大學	莊吉發	民族研究所	1995
18	徐安琨	清代大運河鹽梟研究	博士	國立政治大學	莊吉發	歷史研究所	1996
19	鄧德濂	清代天地會之研究	碩士	香港珠海大學	莊吉發	歷史研究所	1996
20	胡煒崟	清代閩粵鄉族性衝突之研究	碩士	國立臺灣師範大學	莊吉發	歷史研究所	1997
21	黃旭慶	清末滿族子弟的新式教育	碩士	國立政治大學	莊吉發	民族研究所	1997
22	王永一	建州女真的形成時期（1403-1467）	碩士	國立政治大學	莊吉發	民族研究所	1997
23	鄧琪瑛	清代「路、佐」制度下的鄂倫春人	碩士	國立政治大學	莊吉發	民族研究所	1997
24	王嗣芬	清代中期川陝楚流動人口與社會案件分析（1736-1820）	碩士	國立臺灣師範大學	莊吉發	歷史研究所	1997
25	王信貴	清代後期官方對民間秘密宗教之政策	碩士	國立臺灣師範大學	莊吉發	歷史研究所	1997
26	蔡秀娟	清代閩粵臺偷渡人口問題之研究	碩士	國立臺灣師範大學	莊吉發	歷史研究所	1997

順序	研究生	論文名稱	學位	院校名稱	指導教授	系所名稱	畢業學年
27	陳又新	清朝前期經營西藏之研究	博士	國立臺灣師範大學	莊吉發	歷史研究所	1997
28	許倩倫	清代東北封禁政策之研究	碩士	國立臺灣師範大學	莊吉發	歷史研究所	1998
29	林士鉉	清季東北移民實邊政策之研究	碩士	國立政治大學	莊吉發	歷史研究所	1998
30	黃怡瑗	清代棚民之研究	碩士	國立政治大學	莊吉發	歷史研究所	1998
31	閆嬰華	清代前期的后妃制度	碩士	國立政治大學	莊吉發	民族研究所	1998
32	李昭賓	清代中期川陝楚地區流動人口與川陝楚教亂（1736~1820）	碩士	國立臺灣師範大學	莊吉發	歷史研究所	1999
33	邱麗娟	設教興財：清乾嘉道時期民間秘密宗教經費之研究	博士	國立臺灣師範大學	莊吉發	歷史研究所	1999
34	陳莉婷	從容教到禁教：清朝政府對天主教政策的轉變（1644-1820）	碩士	國立臺灣師範大學	莊吉發	歷史研究所	1999
35	林秋燕	盛清諸帝治蒙宗教政策之研究	碩士	國立臺灣師範大學	莊吉發	歷史研究所	1999
36	彭嘉楨	清代熱河地區之巡幸活動與區域發展關係之研究	碩士	國立臺灣師範大學	莊吉發	歷史研究所	1999
37	葉高樹	清朝前期的文化政策	博士	國立臺灣師範大學	莊吉發	歷史研究所	2000
38	李順民	清代漕運「制度變遷」研究	博士	國立臺灣師範大學	莊吉發	歷史研究所	2000
39	馮國華	清代宗室婚姻政策研究	碩士	國立臺灣師範大學	莊吉發	歷史研究所	2000

順序	研究生	論文名稱	學位	院校名稱	指導教授	系所名稱	畢業學年
40	王聲嵐	清朝東南沿海商船活動之研究（1644-1840）	碩士	國立臺灣師範大學	莊吉發	歷史研究所	2000
41	劉芸芳	清代糧船水手行幫發展之研究	碩士	國立臺灣師範大學	莊吉發	歷史研究所	2000
42	林堃輝	征戰與納降 — 論明洪武時期的蒙古政策	博士	中國文化大學	莊吉發	史學研究所	2001
43	覃瑞南	清高宗御製工藝之研究	博士	中國文化大學	莊吉發	史學研究所	2001
44	朱憶湘	從華文報紙論 1874 年日軍滋擾臺地事件 — 以國家安全與新聞自由為中心	碩士	淡江大學	莊吉發	歷史研究所	2001
45	蔡宗佑	清末散兵游勇與會黨關係之研究	碩士	淡江大學	莊吉發	歷史研究所	2001
46	王淑芬	治山與治水：清代環境保護思想之研究 — 以江浙、湖廣地區為中心	博士	國立臺灣師範大學	莊吉發	歷史研究所	2002
47	梁志源	清代中期苗漢關係之研究 — 以川楚雲貴地區為例（1723-1850）	碩士	國立臺灣師範大學	莊吉發	歷史研究所	2002
48	莊德仁	顯靈：清代靈異文化之研究 — 以檔案資料為中心	博士	國立臺灣師範大學	莊吉發	歷史研究所	2002
49	林岳儁	清代科舉旅費之研究 — 以賓興組織為探討主軸	碩士	淡江大學	莊吉發	歷史研究所	2002
50	林宜靜	清朝前期天然災害賑濟政策研究（1644-1795）	碩士	國立臺灣師範大學	莊吉發	歷史研究所	2003
51	吳美鳳	盛清時期家具之形制與流變之研究	博士	國立臺灣師範大學	王爾敏；莊吉發	歷史研究所	2003

順序	研究生	論文名稱	學位	院校名稱	指導教授	系所名稱	畢業學年
52	賴宗誠	清越關係研究 —— 以貿易與邊務為探討中心（1644-1885）	博士	國立臺灣師範大學	莊吉發	歷史研究所	2003
53	林榮澤	持齋戒殺：清代民間宗教的齋戒信仰研究	博士	國立臺灣師範大學	莊吉發	歷史研究所	2003
54	董至善	清朝社會控制之研究 —— 以秘密社會判例為中心	碩士	國立臺灣師範大學	莊吉發	歷史研究所	2003
55	侯淇晨	福音與滅鬼歌：從庶民文化分析民教衝突	碩士	東吳大學	莊吉發	歷史研究所	2003
56	鐘千琪	清朝苗疆例之研究	碩士	東吳大學	莊吉發	歷史研究所	2003
57	林文超	清朝咸豐時期團練制度之研究	碩士	淡江大學	莊吉發	歷史研究所	2003
58	蔡偉傑	論清朝前期的滿洲文化復興運動	碩士	國立政治大學	莊吉發；藍美華	民族研究所	2004
59	楊文耀	清代民間異姓結拜之研究	碩士	國立臺灣師範大學	莊吉發	歷史研究所	2004
60	張允芸	畫裏春秋 —— 從乾隆的繪畫看乾隆	碩士	中國文化大學	莊吉發	史學研究所	2004
61	周文惠	清朝前期織造初探 —— 以蘇州織造為中心	碩士	東吳大學	莊吉發	歷史研究所	2004
62	林士鉉	清朝前期的滿洲政治文化與蒙古	博士	國立政治大學	莊吉發	歷史研究所	2005
63	陳連域	盛清時期的布政使研究	碩士	國立政治大學	莊吉發	歷史研究所	2005
64	吳玉婷	清代宮廷薩滿的職能與轉變	碩士	國立政治大學	莊吉發	宗教研究所	2005

順序	研究生	論文名稱	學位	院校名稱	指導教授	系所名稱	畢業學年
65	劉耀仁	清代民間祕密宗教末劫思想之研究	碩士	國立臺灣師範大學	莊吉發	歷史研究所	2005
66	王雅祺	清末民初時期的會黨與革命運動	碩士	國立臺灣師範大學	莊吉發	歷史研究所	2005
67	王美芳	文教遐宣 — 清朝西南地區文教措施研究	碩士	國立臺灣師範大學	莊吉發	歷史研究所	2005
68	曾雨萍	清朝民間秘密宗教女宗教師研究	碩士	國立臺灣師範大學	莊吉發	歷史研究所	2005
69	陳鈺祥	清代粵洋與越南的海盜問題研究（1810-1885）	碩士	東海大學	莊吉發	歷史研究所	2005
70	洪藝珊	參漢酌金清太宗嗣統及其統治政策的形成	碩士	淡江大學	莊吉發	歷史研究所	2005
71	林淑鈴	福音與謠言：清代官民對基督教活動的看法	碩士	國立臺灣師範大學	莊吉發	歷史研究所	2006
72	陳羿芬	清代民間秘密宗教之民俗醫療研究	碩士	國立臺灣師範大學	莊吉發	歷史研究所	2006
73	黃巧蘭	清廷查禁天主教期間（1717-1840）傳教活動之探究	碩士	國立臺灣師範大學	莊吉發	歷史研究所	2006
74	高雯楓	清代臺灣海難事件之研究	碩士	東海大學	莊吉發	歷史研究所	2006
75	林承誌	分鎮巖疆・駐衛內裏—清朝駐防八旗問題研究	碩士	東海大學	莊吉發	歷史研究所	2006
76	彭偉皓	清代宣統年間東三省鼠疫防治研究	碩士	東海大學	莊吉發	歷史研究所	2006
77	簡意娟	清代子弟書四種研究	碩士	中國文化大學	陳妙如；莊吉發	中國文學研究所	2006

順序	研究生	論文名稱	學位	院校名稱	指導教授	系所名稱	畢業學年
78	王嘉斌	清代天花防治研究	碩士	東吳大學	莊吉發	歷史研究所	2006
79	邱怡靜	從奏摺硃批看清前期君臣一體之關係	碩士	東吳大學	莊吉發	歷史研究所	2006
80	王偲宇	清代華南地區土客衝突之研究	碩士	國立政治大學	莊吉發	歷史研究所	2007
81	黃立儀	嘉慶初年川陝楚白蓮教之役（1796-1804）：以天時、地利、人和為中心的再檢討	碩士	國立臺灣師範大學	莊吉發	歷史研究所	2007
82	邱玟慧	清代閩臺地區保甲制度之研究（1708-1895）	碩士	國立臺灣師範大學	莊吉發	歷史研究所	2007
83	葉信亨	清朝初期監察制度的運作與奏摺文書的形成	碩士	國立臺灣師範大學	莊吉發	歷史研究所	2008
84	蘇俊隆	清代秘密會黨的盟誓文化	碩士	國立臺灣師範大學	莊吉發	歷史研究所	2008
85	杜映臻	他山之石：清末政治考察與憲政考察	碩士	國立臺灣師範大學	莊吉發	歷史研究所	2008
86	陳怡欣	滿語構詞法比較研究	碩士	國立政治大學	莊吉發	民族研究所	2008
87	徐美文	錢謙益著述與藏書之研究	碩士	國立臺北大學	莊吉發	古典文獻學研究所	2008
88	魯　珊	清代西南地區瘴氣問題研究 — 以雲、貴為中心	碩士	東海大學	莊吉發	歷史研究所	2008
89	張仙武	清代陰騭文化研究 — 以《文昌帝君陰騭文》相關文獻為討論中心	博士	國立臺灣師範大學	莊吉發	歷史研究所	2008

順序	研究生	論文名稱	學位	院校名稱	指導教授	系所名稱	畢業學年
90	侯皓之	傳統與創新：盛清時期在華西洋工藝研究	博士	中國文化大學	莊吉發；王吉林	史學研究所	2008
91	呂柏良	清末民初旗人生計問題之研究（1875-1949）	碩士	國立政治大學	莊吉發	民族研究所	2009
92	陳曉菁	從旗人家譜看清代滿族的宗族制度	碩士	國立政治大學	莊吉發	民族研究所	2009
93	游佳瑞	清嘉道時期西陲邊臣疆吏之研究	碩士	國立臺灣師範大學	莊吉發	歷史研究所	2010
94	鄭仲烜	清朝皇子教育研究	碩士	國立中央大學	莊吉發；賴澤涵	歷史研究所	2010
95	詹恩勝	元明至清初雲南地區貝幣與銅錢文化之變遷	博士	國立臺灣師範大學	莊吉發	歷史研究所	2010
96	鹿智鈞	清朝旗人的法律地位	碩士	國立臺灣師範大學	莊吉發	歷史研究所	2010
97	蔡松穎	皇太極時期的漢官（1627-643）	碩士	國立臺灣師範大學	莊吉發	歷史研究所	2010
98	彭悅柔	明珠塵盡光生，照破山河萬朵：盛清時期宮廷佛經工藝文化研究	碩士	逢甲大學	莊吉發；胡志佳	歷史與文物管理所	2011
99	劉世珣	清中期以後的旗務政策（1780-1911）	碩士	國立臺灣師範大學	莊吉發	歷史研究所	2011
100	齊汝萱	清代民間秘密宗教人物研究	碩士	國立中央大學	莊吉發；賴澤涵	歷史研究所	2013
101	簡湛竹	雍正朝邊臣疆吏之比較分析研究─以年羹堯及鄂爾泰為核心	碩士	國立清華大學	李卓穎；莊吉發	歷史研究所	2013
102	戈思明	新疆錫伯族傳承滿文之研究	博士	中國文化大學	莊吉發；林冠群	史學研究所	2013

順序	研究生	論文名稱	學位	院校名稱	指導教授	系所名稱	畢業學年
103	蔡仲岳	新疆民族關係脈絡下的錫伯文化變遷（1864-1884）——一個察布查爾的民族史研究	碩士	國立政治大學	莊吉發；趙竹成	民族研究所	2013
104	葉劉怡芳	清代旗人孀婦撫卹制度研究	碩士	國立政治大學	莊吉發	民族研究所	2014
105	彭偉皓	清朝驛文書的創新與運作	博士	國立中興大學	莊吉發	歷史研究所	2015

著作目錄

我國歷代以來，就是一個多民族的國家，各民族的社會、經濟及文化，雖然存在著多元性和差異性的特徵，但是，各兄弟民族對我國歷史文化的締造，都有直接或間接的貢獻。滿族是以女真族為主體的民族，同時，結合遼東蒙古、漢族及朝鮮等族所形成的民族共同體，清朝是滿洲民族共同體所建立的政權。清朝政府一方面接受儒家傳統的政治理念；一方面保持女真族特有的統治方式，在多民族統一國家發展過程中有其重要地位。

在清朝政府長期統治下，邊疆與內地逐漸打成一片，其文治武功之盛，不僅遠邁漢唐，而且，有清一代，在我國傳統政治、社會、經濟及文化的發展過程中，亦處於承先啟後的重要階段。現存清朝檔案資料，浩如煙海，漢文檔案固不待論，即滿、蒙、藏語文資料，亦可謂汗牛充棟。

清朝政權被推翻以後，政治上的禁忌，已經解除，國人對清朝政府的功過及是非論斷，雖然人言嘖嘖，然而一朝掌故，文獻足徵，可為後世殷鑒。筆則筆，削則削，不可從闕，亦即孔子作《春秋》之意。數年以來，個人在工作之餘，先後寫了幾本專書及幾篇論文，也在報章雜誌上發表了一些通俗性短文，在敘述上力求淺顯易懂；在史料來源方面，充分利用原始資料，尊重客觀的歷史事實，不作空論。所愧的是學養不足，研究不夠深入，錯謬疏漏，在所難免，為查閱方便，特將著作目錄，附錄於後。

一、專　書

1.《京師大學堂》，臺北，國立臺灣大學文學院，1970 年，201 頁。
2.《清代奏摺制度》，臺北，國立故宮博物院，1979 年，112 頁。
3.《清代史料論述（一）》，臺北，文史哲出版社，1979 年，268 頁。
4.《清代史料論述（二）》，臺北，文史哲出版社，1980 年，218 頁。
5.《清代天地會源流考》，臺北，國立故宮博物院，1981 年，226 頁。
6.《清高宗十全武功研究》，臺北，國立故宮博物院，1982 年，646 頁。
7.《故宮檔案述要》，臺北，國立故宮博物院，1983 年，546 頁。
8.《清世宗與賦役制度的改革》，臺北，臺灣學生書局，1985 年，281 頁。
9.《清史拾遺》，臺北，臺灣學生書局，1992 年，360 頁。
10.《清代秘密會黨史研究》，臺北，文史哲出版社，1994 年，398 頁。
11.《清史隨筆》，臺北，博揚文化公司，1996 年，319 頁。
12.《薩滿信仰的歷史考察》，臺北，文史哲出版社，1996 年，300 頁。
13.《清史論集（一）》，臺北，文史哲出版社，1997 年，276 頁。
14.《清史論集（二）》，臺北，文史哲出版社，1997 年，289 頁。
15.《清史論集（三）》，臺北，文史哲出版社，1998 年，325 頁。
16.《清代臺灣會黨史研究》，臺北，南天書局，1999 年，311 頁。
17.《清史論集（四）》，臺北，文史哲出版社，2000 年，336 頁。
18.《清史論集（五）》，臺北，文史哲出版社，2000 年，326 頁。
19.《清史論集（六）》，臺北，文史哲出版社，2000 年，336 頁。

20.《清史論集（七）》，臺北，文史哲出版社，2000 年，314 頁。
21.《清史論集（八）》，臺北，文史哲出版社，2000 年，335 頁。
22.《清史論集（九）》，臺北，文史哲出版社，2002 年，312 頁。
23.《清史論集（十）》，臺北，文史哲出版社，2002 年，312 頁。
24.《清史講義》，臺北，實學社，2002 年，頁 335。
25.《真空家鄉：清代民間秘密宗教史研究》，臺北，文史哲出版社，2002 年，556 頁。
26.《清史論集（十一）》，臺北，文史哲出版社，2003 年，355 頁。
27.《清史論集（十二）》，臺北，文史哲出版社，2003 年，347 頁。
28.《清史論集（十三）》，臺北，文史哲出版社，2004 年，309 頁。
29.《清史論集（十四）》，臺北，文史哲出版社，2004 年，329 頁。
30.《清世宗雍正事典》，臺北，遠流出版公司，2005 年，200 頁。
31.《清史論集（十五）》，臺北，文史哲出版社，2005 年，365 頁。
32.《清史論集（十六）》，臺北，文史哲出版社，2006 年，377 頁。
33.《清史論集（十七）》，臺北，文史哲出版社，2006 年，357 頁。
34.《清史論集（十八）》，臺北，文史哲出版社，2008 年，318 頁。
35.《清史論集（十九）》，臺北，文史哲出版社，2008 年，317 頁。
36.《清文宗咸豐事典》，臺北，遠流出版公司，2008 年，263 頁。
37.《清史論集（二十）》，臺北，文史哲出版社，2010 年，366 頁。
38.《清史論集（二十一）》，臺北，文史哲出版社，2011 年，382 頁。
39.《清史論集（二十二）》，臺北，文史哲出版社，2012 年，406 頁。
40.《清史論集（二十三）》，臺北，文史哲出版社，2013 年，438 頁。
41.《清史論集（二十四）》，臺北，文史哲出版社，2015 年，

438 頁。

二、滿語叢刊暨譯註

1.《清語老乞大》，臺北，文史哲出版社，1976 年，293 頁。
2.《尼山薩蠻傳》，臺北，文史哲出版社，1977 年，188 頁。
3.《孫文成奏摺》，臺北，文史哲出版社，1978 年，120 頁。
4.《清代準噶爾史料初編》，臺北，文史哲出版社，1983 年，212 頁。
5.《滿漢異域錄校註》，臺北，文史哲出版社，1983 年，212 頁。
6.《雍正朝滿漢合璧奏摺校註》，臺北，文史哲出版社，1984 年，214 頁。
7.《謝遂《職貢圖》滿文圖說校注》，臺北，國立故宮博物院，1989 年，642 頁。
8.《滿語故事譯粹》，臺北，文史哲出版社，1993 年，255 頁。
9.《御門聽政 — 滿語對話選粹》，臺北，文史哲出版社，1999 年，301 頁。
10.《滿語童話故事》，臺北，文史哲出版社，2004 年，238 頁。
11.《滿語歷史故事》，臺北，文史哲出版社，2005 年，383 頁。
12.《滿語常用會話》（紅樓夢），臺北，文史哲出版社，2006 年，499 頁。
13.《滿漢西遊記會話》，臺北，文史哲出版社，2007 年，472 頁。
14.《滿漢諺語選集》，臺北，文史哲出版社，2010 年，327 頁。
15.《康熙滿文嘉言選：都俞吁咈》，臺北，文史哲出版社，2013 年，425 頁。
16.《滿漢對譯文選》，臺北，文史哲出版社，2013 年，414 頁。
17.《清語老乞大譯註》，臺北，文史哲出版社，2014 年，294 頁。
18.《佛門孝經：《地藏菩薩本願經》滿文譯本校註》，臺北，文史哲出版社，2015 年，490 頁。

19.《創製與薪傳：新疆察布察爾錫伯族與滿洲語文的傳承 — 以錫伯文教材為中心》，臺北，文史哲出版社，2015 年，492 頁。

三、文獻彙編暨主編

1.《先正曾國藩文獻彙編》（共八冊），臺北，國立故宮博物院，1993 年。

2.《故宮臺灣史料概述》，臺北，國立故宮博物院，1995 年，290 頁。

3.《臺灣史檔案•文書目錄（四）月摺檔上》（與許雪姬同主編），臺北，國立臺灣大學，1997 年，1-480 頁。

4.《臺灣史檔案•文書目錄（五）月摺檔下》（與許雪姬同主編），臺北，國立臺灣大學，1997 年，481-984 頁。

5.《清國時代官署印影集》，臺北，國立中央圖書館臺灣分館，2010 年，186 頁。

四、期刊論文

1.〈Albert Feuerwerker 著《中國早期工業化（China's Early Industrialization）》試評〉，《史繹》，第 5 期，1968 年 6 月，頁 78-86。

2.〈京師大學堂開辦日期考〉，《東方雜誌》第 3 卷第 5 期，1969 年 11 月，頁 89-90。

3.〈清季上海機器織布局的沿革〉，《大陸雜誌》，第 40 卷第 4 期，1970 年 2 月，頁 23-27。

4.〈從故宮博物院現藏宮中檔案談清代的奏摺〉，《故宮文獻》，第 1 卷第 2 期，1970 年 3 月，頁 43-54。

5.〈中日馬關條約與上海日本棉紡織業的發展〉，《大陸雜誌》，

第 40 卷第 10 期，1970 年 5 月，頁 16-21。

6.〈《清太祖武皇帝實錄》敍錄〉，《故宮圖書季刊》，第 1 卷第 1 期，1970 年 7 月，頁 55-135。

7.〈清末京師大學堂的沿革〉，《大陸雜誌》，第 41 卷第 2 期，1970 年 7 月，頁 24-34。

8.〈庚子惠州革命運動始末〉，《大陸雜誌》第 41 卷第 4 期，1970 年 8 月，頁 24-31。

9.〈清季改題為奏略考〉，《故宮文獻》，第 1 卷第 4 期，1970 年 9 月，頁 13-20。

10.〈評介吳秀良著《清初奏摺制度之發展》〉，《大陸雜誌》，第 41 卷第 8 期，1970 年 10 月，頁 21-28。

11.〈清初天地會與林爽文之役〉，《大陸雜誌》，第 41 卷第 12 期，1970 年 12 月，頁 11-32。

12.〈清高宗冊封安南國王阮光平始末（上）〉，《故宮文獻》，第 2 卷第 3 期，1971 年 6 月，頁 15-27。

13.〈清高宗降服廓爾喀始末〉，《大陸雜誌》，第 43 卷第 2 期，1971 年 8 月，頁 1-25。

14.〈清高宗冊封安南國王阮光平始末（下）〉，《故宮文獻》，第 2 卷第 4 期，1971 年 9 月，頁 63-79。

15.〈本院典藏清代檔案目錄（二）隨手登記檔、密記檔、寄信檔〉，《故宮文獻》，第 2 卷第 4 期，1971 年 9 月，頁 81-87。

16.〈本院典藏清代檔案目錄（三）外紀檔、本紀、月摺檔〉，《故宮文獻》，第 3 卷第 1 期，1971 年 12 月，頁 59-70。

17.〈本院典藏清代檔案目錄（四）上諭檔〉，《故宮文獻》，第 3 卷第 2 期，1972 年 3 月，頁 67-82。

18.〈本院典藏清代檔案目錄（五）長編檔〉，《故宮文獻》，第

3 卷第 3 期，1972 年 6 月，頁 61-83。

19.〈國立故宮博物院典藏清代檔案簡介〉，《故宮季刊》，第 6 卷第 4 期，1972 年夏季，頁 57-66。

20.〈清高宗時代的中緬關係〉，《大陸雜誌》，第 45 卷第 2 期，1972 年 8 月，頁 11-37。

21.〈清太宗漢文實錄初纂本與重修本的比較〉，《故宮文獻》第 4 卷第 1 期，1972 年 12 月，頁 57-68。

22.〈清高宗兩定金川始末〉，《大陸雜誌》，第 46 卷第 1 期，1973 年 1 月，頁 1-30。

23.〈清高宗兩定準噶爾始末（上）〉，《故宮文獻》，第 4 卷第 2 期，1973 年 3 月，頁 37-54。

24.〈清高宗兩定準噶爾始末（下）〉，《故宮文獻》，第 4 卷第 3 期，1973 年 6 月，頁 27-44。

25.〈滿文史料譯註：康熙朝孫文成滿文奏摺十六件〉，《故宮文獻》，第 4 卷第 4 期，1973 年 9 月，頁 61-98。

26.〈王錫侯字貫案初探〉，《史原》，第 4 期，1973 年 10 月，頁 137-156。

27.〈清高宗禁燬錢謙益著述考〉，《大陸雜誌》，第 47 卷第 5 期，1973 年 11 月，頁 22-30。

28.〈清初錢貴原因管窺〉，《故宮文獻》，第 5 卷第 1 期，1973 年 12 月，頁 5-22。

29.〈清高宗禁教考（上）〉，《國立中央圖書館館刊》，第 7 卷第 1 期，1974 年 3 月，頁 105-114。

30.〈宮中檔光緒朝奏摺簡介〉，《中國書目季刊》，第 7 卷第 4 期，1974 年 3 月，頁 89-92。

31.〈清初奏摺制度起源考〉，《食貨月刊》，復刊第 4 卷第 1-2

期合刊，1974 年 5 月，頁 13-22。
32.〈清世宗拘禁十四阿哥胤禵始末〉，《大陸雜誌》，第 49 卷第 2 期，1974 年 8 月，頁 24-38。
33.〈清高宗禁教考（下）〉，《國立中央圖書館館刊》，第 7 卷第 2 期，1974 年 9 月，頁 137-147。
34.〈臺灣小刀會源流考〉，《食貨月刊》，復刊第 4 卷第 7 期，1974 年 10 月，頁 293-303。
35.〈赴韓日搜集清代通鑑長編資料〉（與張葳合撰），《故宮季刊》，第 9 卷第 3 期，1975 年春季，頁 49-54。
36.〈清代廷寄制度沿革考〉，《幼獅月刊》，第 41 卷第 7 期，1975 年 7 月，頁 67-72。
37.〈滿鮮通市考〉，《食貨月刊》，復刊第 5 卷第 6 期，1975 年 9 月，頁 273-290。
38.〈暹邏王鄭昭入貢清廷考〉，《大陸雜誌》，第 51 卷第 3 期，1975 年 9 月，頁 24-45。
39.〈評介黃培著《雍正時代的獨裁政治》〉，《食貨月刊》，復刊第 5 卷第 8 期，1975 年 11 月，頁 396-404。
40.〈從鄂爾泰已錄奏摺談《硃批諭旨》的刪改〉，《故宮季刊》，第 10 卷第 2 期，1975 年冬季，頁 21-44。
41.〈國立故宮博物院典藏清代檔案述略〉，《史學會刊》，第 15 期，1976 年 2 月，頁 15-19。
42.〈清世宗與耗羨歸公〉，《東吳文史學報》，第 1 期，1976 年 3 月，頁 102-118。
43.〈清世宗與奏摺制度的發展〉，《歷史學報》，第 4 期，1976 年 4 月，頁 197-220。
44.〈清高宗乾隆時代的鄉試〉，《大陸雜誌》，第 52 卷第 4 期，

1976 年 4 月，頁 21-35。

45.〈清世宗與丁隨地起〉，《食貨月刊》，復刊第 6 卷第 5 期，1976 年 8 月，頁 190-199。

46.〈越南國王阮福映遣使入貢清廷考〉，《大陸雜誌》，第 54 卷第 2 期，1977 年 2 月，頁 26-36。

47.〈清高宗乾隆朝軍機處月摺包的史料價值〉，《故宮季刊》第 11 卷第 3 期， 1977 年春季，頁 19-39。

48.〈清世宗與辦理軍機處的設立〉，《食貨月刊》，復刊第 6 卷第 12 期，1977 年 3 月，頁 666-671。

49.〈清季出使經費的籌措〉，《大陸雜誌》，第 55 卷第 2 期，1977 年 8 月，頁 25-33。

50.〈從國立故宮博物院典藏宮中檔談清代臺灣史料〉，《幼獅月刊》，第 46 卷第 4 期，頁 39-41。

51.〈談《尼山薩蠻傳》的滿文手稿本〉，《食貨月刊》，復刊第 7 卷第 7 期，1977 年 10 月，頁 348-355。

52.〈清季南北洋海防經費的籌措〉，《大陸雜誌》，第 55 卷第 5 期，1977 年 12 月，頁 28-40。

53.〈清代教案史料的搜集與編纂〉，《幼獅月刊》，第 47 卷第 2 期，1978 年 2 月，頁 31-35。

54.〈清代上諭檔的史料價值〉，《故宮季刊》，第 12 卷第 3 期，1978 年春季，頁 51-76。

55.〈清世宗與錢糧虧空之彌補〉，《食貨月刊》，復刊第 7 卷第 12 期，1978 年 3 月，頁 587-601。

56.〈清季鐵路經費的籌措〉，《大陸雜誌》，第 56 卷第 6 期，1978 年 6 月，頁 6-17。

57.〈清季東北邊防經費的籌措〉，《東吳文史學報》，第 3 期，

1978 年 6 月，頁 93-102。

58.〈清季學堂經費的來源〉，《大陸雜誌》，第 57 卷第 2 期，1978 年 8 月，頁 9-23。

59.〈清代嘉慶年間的天地會〉，《食貨月刊》，復刊第 8 卷第 6 期，1978 年 9 月，頁 264-273。

60.〈清季釐金與新政經費的來源〉，《大陸雜誌》，第 57 卷第 6 期，1978 年 12 月，頁 14-26。

61.〈清代專案檔的史料價值（上）〉，《故宮季刊》，第 13 卷第 2 期，1978 年冬季，頁 65-77。

62.〈清代添弟（天地）會源流考〉，《幼獅月刊》，第 49 卷第 1 期，1979 年 1 月，頁 65-69。

63.〈太平天國起事前的天地會〉，《食貨月刊》，復刊第 8 卷第 12 期，1979 年 3 月，頁 569-581。

64.〈清代專案檔的史料價值（下）〉，《故宮季刊》，第 13 卷第 3 期，1979 年春季，頁 39-53。

65.〈清代起居注冊的編纂及其史料價值〉，《歷史學報》，第 7 期，1979 年 5 月，頁 189-209。

66.〈清末天地會與太平天國之役〉，《大陸雜誌》，第 59 卷第 1 期，1979 年 7 月，頁 15-26。

67.〈于式枚與清季憲政考察〉，《中華文化復興月刊》，第 12 卷第 9 期，1979 年 9 月，頁 51-54。

68.〈清代哥老會源流考〉，《食貨月刊》，復刊第 9 卷第 9 期，1979 年 12 月，頁 330-338。

69.〈清初閩粵人口壓迫與偷渡臺灣〉，《大陸雜誌》，第 60 卷第 1 期，1980 年 1 月，頁 25-33。

70.〈清世宗與養廉制度的確立〉，《大陸雜誌》，第 60 卷第 3

期，1980 年 3 月，頁 14-24。

71.〈清代天地會起源考〉，《食貨月刊》，復刊第 9 卷第 12 期，1980 年 3 月，頁 483-494。

72.〈清代嘉慶年間的白蓮教及其支派〉，《歷史學報》，第 8 期，1980 年 5 月，頁 161-179。

73.〈清史稿校注〉，《故宮簡訊》，第 1 卷第 2 期，1980 年 5 月，頁 9。

74.〈清代國史館的傳記資料及列傳的編纂〉，《幼獅學誌》，第 16 卷第 1 期，1980 年 6 月，頁 153-182。

75.〈從國立故宮博物院典藏清代檔案談天地會的源流〉，《故宮季刊》，第 14 卷第 4 期，1980 年夏季，頁 63-91。

76.〈宮中檔之整理與出版〉，《故宮簡訊》，第 1 卷第 3 期，1980 年 5 月，頁 7。

77.〈軍機處檔案之整理與開放〉，《故宮簡訊》，第 1 卷第 4 期，1980 年 7 月，頁 5。

78.〈清代起居注冊的纂修及其史料價值〉，《故宮簡訊》，第 1 卷第 6 期，1980 年 9 月，頁 5-6。

79.〈清史館明遺臣傳稿的史料價值〉，《故宮簡訊》，第 1 卷第 8 期，1980 年 11 月，頁 4-5。

80.〈清代國史館的傳記資料〉，《故宮簡訊》，第 1 卷第 11 期，1981 年 2 月，頁 5-6。

81.〈故宮博物院典藏清代臺灣史料略述〉，《臺灣風物》，第 31 卷第 1 期，1981 年 3 月，頁 35-54。

82.〈英國現藏清代史料簡介（上）〉，《故宮季刊》，第 15 卷第 3 期，1981 年春季，頁 105-116。

83.〈清代臺灣開港史料舉隅〉，《故宮簡訊》，第 1 卷第 12 期，

1981 年 3 月，頁 2,4-5。

84.〈廓爾喀的崛起及其入侵西藏的原因〉，《中國歷史學會史學集刊》，第 13 期，1981 年 5 月，頁 67-90。

85.〈清世宗禁教考〉，《大陸雜誌》，第 62 卷第 6 期，1981 年 6 月，頁 26-36。

86.〈英國現藏清代史料簡介（下）〉，《故宮季刊》，第 15 卷第 4 期，1981 年夏季，頁 87-112。

87.〈談清史稿本紀的校註〉，《故宮簡訊》，第 2 卷第 5 期，1981 年 8 月，頁 6。

88.〈清高宗查禁羅教的經過〉，《大陸雜誌》，第 63 卷第 3 期，1981 年 9 月，頁 35-43。

89.〈清高宗查禁大乘教的原因及其經過〉，《食貨月刊》，復刊第 11 卷第 6 期，1981 年 9 月，頁 286-293。

90.〈談清史稿江南大俠甘鳳池列傳的纂修〉，《故宮簡訊》，第 2 卷第 6 期，1981 年 9 月，頁 4-5。

91.〈清代乾隆年間的收元教及其支派〉，《大陸雜誌》，第 63 卷第 4 期，1981 年 10 月，頁 40-50。

92.〈談滿洲人以數字命名的習俗〉，《故宮簡訊》，第 2 卷第 7 期，1981 年 10 月，頁 3-4。

93.〈清代三陽教的起源及其思想信仰〉，《大陸雜誌》，第 63 卷第 5 期，1981 年 11 月，頁 30-39。

94.〈清代軍機處及其現存檔案〉，《中華文化復興月刊》，第 15 卷第 2 期，1982 年 2 月，頁 43-53。

95.〈清代乾隆年間的銅版得勝圖〉，《大陸雜誌》，第 64 卷第 3 期，1982 年 3 月，頁 32-39。

96.〈談滿洲人以數目命名的習俗〉，《滿族文化》，第 2 期，1982

年 4 月，頁 13-19。

97.〈邵友濂與臺灣經營〉，《中華文化復興月刊》，第 15 卷第 7 期，1982 年 7 月，頁 49-53。

98.〈清代道光年間的秘密宗教〉，《大陸雜誌》，第 65 卷第 2 期，1982 年 8 月，頁 35-50。

99.〈清高宗與十全武功〉，《故宮簡訊》，第 3 卷第 5 期，1982 年 8 月，頁 3-4。

100.〈國立故宮博物院典藏的滿漢合璧奏摺〉，《滿族文化》，第 3 期，1982 年 9 月，頁 27-31。

101.〈國立故宮博物院現藏清代檔案的整理與研究出版〉，《漢學研究通訊》，第 1 卷第 4 期，1982 年 10 月，頁 150-155。

102.〈清代義和拳源流考〉，《大陸雜誌》，第 65 卷第 6 期，1982 年 12 月，頁 16-25。

103.〈清代康熙雍正兩朝滿文奏摺的史料價值〉，《中國書目季刊》，第 16 卷第 4 期，1983 年 3 月，頁 15-34。

104.〈皇帝言行的紀錄簿 — 起居注冊〉，《故宮文物月刊》，第 1 期，1983 年 4 月，頁 96-98。

105.〈獃迂．厚顏．糊塗．頑蠢：雍正硃批諭旨常用的詞彙〉，《故宮文物月刊》，第 2 期，1983 年 5 月，頁 55-58。

106.〈清代紅幫源流考〉，《漢學研究》，第 1 卷第 1 期，1983 年 6 月，頁 91-110。

107.〈三仙女的故事：滿文的起源〉，《故宮文物月刊》，第 4 期，1983 年 7 月，頁 98-102。

108.〈圖理琛著《異域錄》滿文本與漢文本的比較〉《滿族文化》，第 5 期，1983 年 9 月，頁 1-8。

109.〈從院藏檔案談清代秘密宗教盛行的原因〉，《故宮學術季刊》，第 1 卷第 1 期，1983 年秋季，頁 97-115。

110.〈清世宗禁止偷渡臺灣的原因〉，《食貨月刊》，復刊第 13 卷第 7-8 期合刊，1983 年 11 月，頁 293-301。

111.〈慈禧與光緒〉，《故宮文物月刊》，第 8 期，1983 年 11 月，頁 121-125。

112.〈清世宗入承大統與皇十四子更名考釋〉，《大陸雜誌》，第 67 卷第 6 期，1983 年 12 月，頁 16-24。

113.〈宮中的年俗〉，《故宮文物月刊》，第 11 期，1984 年 2 月，頁 30-37。

114.〈國立故宮博物院典藏清季革命史料述略〉，《中華文化復興月刊》，第 17 卷第 3 期，1984 年 3 月，頁 40-50。

115.〈天地會文件的發現及其史料價值〉，《大陸雜誌》，第 68 卷第 4 期，1984 年 4 月，頁 36-45。

116.〈清代清茶門教的傳佈及其思想信仰〉，《大陸雜誌》，第 68 卷第 6 期，1984 年 6 月，頁 36-47。

117.〈得勝圖：清代的銅版畫〉，《故宮文物月刊》，第 15 期，1984 年 6 月，頁 102-109。

118.〈清代秘密會黨的探討〉，《中國歷史學會史學集刊》，第 16 期，1984 年 7 月，頁 153-183。

119.〈清宮秘方〉，《故宮文物月刊》，第 17 期，1984 年 8 月，頁 130-133。

120.〈清代滿漢文起居注冊的史料價值〉，《滿族文化》，第 7 期，1984 年 9 月，頁 1-8。

121.〈甜酸甘苦色味俱全 — 清宮傳用的果品〉，《故宮文物月刊》，第 18 期，1984 年 9 月，頁 51-53。

122.〈Svetlana Rimsky-Korsakoff Dyer, Grammatical Analysis of the

Lao ch'i-ta〉（書評），《漢學研究》，第 2 卷第 2 期，1984 年 12 月，頁 693-698。

123.〈鼻煙壺的妙用〉，《故宮文物月刊》，第 21 期，1984 年 12 月，頁 118-125。

124.〈清代秘密社會的研究資料和研究方法〉，《史記》3（1），淡江大學歷史系，1984 年。

125.〈慈禧的服飾〉，《故宮文物月刊》，第 22 期，1985 年 1 月，頁 78-83。

126.〈國立故宮博物院典藏清季革命史料述略〉，《近代中國》，第 45 期，1985 年 2 月，頁 174-187。

127.〈歲次乙丑話春牛 — 簡介院藏春牛芒神圖〉，《故宮文物月刊》，第 23 期，1985 年 2 月，頁 49-54。

128.〈如意呈祥〉，《故宮文物月刊》，第 24 期，1985 年 3 月，頁 56-61。

129.〈《老乞大》漢文本與滿文本的比較〉，《滿族文化》，第 8 期，1985 年 4 月，頁 14-18。

130.〈清代八卦教的組織及信仰〉，《中國歷史學會史學集刊》，第 17 期，1985 年 5 月，頁 145-164。

131.〈清初火耗歸公的探討〉，《大陸雜誌》，第 70 卷第 5 期，1985 年 5 月，頁 27-45。

132.〈百官服飾〉，《故宮文物月刊》，第 28 期，1985 年 7 月，頁 38-45。

133.〈清人別名字號索引〉（參考工具書選介），《漢學研究通訊》，第 4 卷第 3 期，1985 年 9 月，頁 187-188。

134.〈清代青蓮教的發展〉，《大陸雜誌》，第 71 卷第 5 期，1985 年 11 月，頁 25-36。

135.〈清代民間宗教信仰的社會功能〉,《國立中央圖書館館刊》,第 18 卷第 2 期,1985 年 12 月,頁 131-149。
136.〈從朝鮮君臣談話看清代康熙時代的政局〉,《韓國學報》,第 5 期,1985 年 12 月,頁 237-251。
137.〈戶慶豐年〉,《故宮文物月刊》,第 33 期,1985 年 12 月,頁 132-136。
138.〈清代臺灣秘密會黨的探討〉,《臺灣風物》,第 36 卷第 1 期,1986 年 3 月,頁 19-38。
139.〈滿蒙藏文獻足徵〉,《故宮文物月刊》,第 36 期,1986 年 3 月,頁 42-49。
140.〈清高宗敕譯《四書》的探討〉,《滿族文化》,第 9 期,1986 年 5 月,頁 1-8。
141.〈清代漕運糧船幫與青幫的起源〉,《中國歷史學會史學集刊》,第 18 期,1986 年 7 月,頁 219-240。
142.〈清代民間宗教的寶卷及無生老母信仰(上)〉,《大陸雜誌》,第 74 卷第 4 期,1987 年 4 月,頁 23-32。
143.〈清代民間宗教的寶卷及無生老母信仰(下)〉,《大陸雜誌》,第 74 卷第 5 期,1987 年 5 月,頁 22-32。
144.〈薩滿信仰的社會功能〉,《滿族文化》,第 10 期,1987 年 5 月,頁 1-15。
145.〈郎世寧「十駿犬」命名由來〉,《故宮文物月刊》,第 51 期,1987 年 6 月,頁 40-49。
146.〈從故宮博物院典藏專案檔談西藏史料〉,《西藏研究會訊》,第 4 期,1987 年 9 月,頁 9-13。
147.〈滿洲命名考:數字命名的由來〉,《故宮文物月刊》,第 57 期,1987 年 12 月,頁 124-127。

148.〈清代江西人口流動與秘密會黨的發展〉，《大陸雜誌》，第 76 卷第 1 期，1988 年 1 月，頁 1-20。

149.〈從故宮檔案看國民革命運動的發展〉，《近代中國》，第 63 期，1988 年 2 月，頁 270-285。

150.〈藏文及滿文佛經簡介〉，《滿族文化》，第 11 期，1988 年 2 月，頁 21-24。

151.〈清代名畫中的滿、蒙、回文圖說〉，《滿族文化》，第 11 期，1988 年 2 月，頁 25-30。

152.〈雍正硃批諭旨〉，《歷史月刊》，第 2 期，1988 年 3 月，頁 24-27。

153.〈香格里拉　人間仙境：謝遂職貢圖卷完成的年代〉，《故宮文物月刊》，第 61 期，1988 年 4 月，頁 70-77。

154.〈薩滿信仰的故事〉，《歷史月刊》，第 4 期，1988 年 5 月，頁 132-137。

155.〈民國七十六年清史研究概況〉，《中國歷史學會史學集刊》，第 20 期，1988 年 5 月，頁 411-417。

156.〈從謝遂的職貢圖談金川民俗〉，《故宮文物月刊》，第 63 期，1988 年 6 月，頁 50-53。

157.〈清代臺灣移墾社會的形成與秘密會黨的起源及發展〉，《東海大學歷史學報》，第 9 期，1988 年 7 月，頁 19-39。

158.〈關於雍正皇帝繼位的傳說〉，《歷史月刊》，第 6 期，1988 年 7 月，頁 13-19。

159.〈從故宮舊檔看清實錄的竄改〉，《歷史月刊》，第 8 期，1988 年 9 月，頁 19-25。

160.〈康熙皇帝的作息時間〉，《歷史月刊》，第 15 期，1989 年 4 月，頁 34-42。

161.〈清初人口流動與乾隆年間（1736-1795）禁止偷渡臺灣政策的探討〉，《淡江史學》，第 1 期，1989 年 6 月，頁 67-98。
162.〈漢文古籍滿文譯本的語文資料價值〉，《滿族文化》，第 12 期，1989 年 6 月，頁 22-24。
163.〈民國七十七年清代史研究概況〉，《中國歷史學會史學集刊》，第 21 期，1989 年 7 月，頁 389-399。
164.〈故宮檔案與清代秘密社會史研究〉，《漢學研究》，第 7 卷第 2 期，1989 年 12 月，頁 151-167。
165.〈策馬長城外 — 蒙古滿洲的馬政〉，《故宮文物月刊》，第 82 期，1990 年 1 月，頁 46-53。
166.〈滿漢全席 — 宮中的新年菜單〉，《故宮文物月刊》，第 83 期，1990 年 2 月，頁 118-123。
167.〈《佛說四十二章經》滿文譯本研究〉，《滿族文化》，第 13 期，1990 年 2 月，末起頁 3-13。
168.〈純嘏天錫 — 康熙皇帝談養生之道〉，《故宮文物月刊》，第 86 期，1990 年 5 月，頁 58-67。
169.〈從劍俠談起 — 中國古代名劍的面面觀〉，《國文天地》，第 60 期，1990 年 5 月，頁 39-42。
170.〈從清代律例的修訂看秘密會黨的起源及其發展〉，《歷史學報》，第 18 期，1990 年 6 月，頁 107-168。
171.〈清代湖廣地區的人口流動與秘密會黨的發展〉，《淡江史學》，第 2 期，1990 年 6 月，頁 149-176。
172.〈為國求賢 — 從檔案看清代的科舉考試〉，《故宮文物月刊》，第 88 期，1990 年 7 月，頁 34-47。
173.〈清代民間宗教的源流及其社會功能〉，《大陸雜誌》，第 82 卷第 2 期，1991 年 2 月，頁 1-16。

174.〈一朝選在君王側，從此宮闈繫君德 — 介紹清代皇后的冊立制度〉，《國文天地》，第 69 期，1991 年 2 月，頁 15-20。
175.〈從朝鮮史籍的記載看清初滿洲文書的繙譯〉，《韓國學報》，第 10 期，1991 年 5 月，頁 7-27。
176.〈服制鼎成，東珠生輝 — 以東珠為飾看清代冠服制度的特點〉，《故宮文物月刊》，第 98 期，1991 年 5 月，頁 4-23。
177.〈清代人口流動與秘密會黨的發展〉，《中等教育》，第 42 卷第 3 期，1991 年 6 月，頁 36-38。
178.〈從取締秘密會黨律例的修訂看清代臺灣的社會控制〉，《淡江史學》，第 3 期，1991 年 6 月，頁 115-135。
179.〈國立故宮博物院典藏《大藏經》滿文譯本研究〉，《東方宗教研究》，第 2 期，1991 年 10 月，頁 253-319。
180.〈隔里不同風，千里不同俗 — 故宮檔案與清代民俗史研究〉，《故宮文物月刊》，第 106 期，1992 年 1 月，頁 90-97。
181.〈猴族猴街 — 雲南少數民族的猴圖騰崇拜〉，《故宮文物月刊》，第 107 期，1992 年 2 月，頁 42-49。
182.〈入境問俗入門問名 — 雲南少數民族的命名習慣〉，《故宮文物月刊》，第 109 期，1992 年 4 月，頁 64-71。
183.〈龍章鳳藻鐵書銀鈎 — 康熙皇帝論書法〉，《故宮文物月刊》，第 111 期，1992 年 6 月，頁 112-127。
184.〈一葦渡江 法輪常轉 — 歷代佛經圖像特展〉，《故宮文物月刊》，第 112 期，1992 年 7 月，頁 16-25。
185.〈一代皇后布木布泰〉，《故宮文物月刊》，第 113 期，1992 年 8 月，頁 86-95。
186.〈清代臺灣祕密會黨的發展與社會控制〉，《人文及社會科學集刊》，第 5 卷第 1 期，1992 年 11 月，頁 1-29。

187.〈雞族雞街 — 雲貴少數民族的雞圖騰崇拜〉，《故宮文物月刊》，第 118 期，1993 年 1 月，頁 20-27。

188.〈商人報國吳尚賢與緬甸納貢〉，《歷史月刊》，第 62 期，1993 年 3 月，頁 53-56。

189.〈一代皇后布木布泰〉，《滿族文化》，第 18 期，1993 年 6 月，頁 4-8。

190.〈整修清史芻議 — 以清史本紀為例〉，《國史館館刊》，復刊第 14 期，1993 年 6 月，頁 225-240。

191.〈錐拱雕鏤·賦物有象 — 唐英督陶文獻〉，《故宮文物月刊》，第 129 期，1993 年 12 月，頁 62-71。

192.評楊建新著《中國西北少數民族史》，《國史館館刊》，復刊第 15 期，1993 年 12 月，頁 259-268。

193.〈雍正皇帝與清代養廉制度的確立〉，《歷史月刊》，第 72 期，1994 年 1 月，頁 49-56。

194.〈從數目名字的演變看清代滿族的漢化〉，《故宮文物月刊》，第 131 期，1994 年 2 月，頁 42-53。

195.〈義結金蘭 — 清代臺灣祕密會黨的發展〉，《歷史月刊》，第 74 期，1994 年 3 月，頁 41-47。

196.〈圍魏救趙，出奇制勝 — 甲午時御史們的攻日論〉，《歷史月刊》，第 77 期，1994 年 6 月，頁 77-82。

197.〈清代前期（1644-1795）閩粵地區的異姓結拜與秘密會黨的活動〉，《歷史學報》，第 22 期，1994 年 6 月，頁 119-169。

198.〈薩滿與跳神驅祟〉，《民俗曲藝》，第 91 期，1994 年 9 月，頁 355-394。

199.〈臺灣歷史文獻足徵 — 院藏清宮臺灣史料特展〉，《故宮文物月刊》，第 140 期，1994 年 11 月，頁 102-109。

200.〈「真空家鄉無生父母」── 民間秘密宗教的社會功能〉，《歷史月刊》，第86期，1995年3月，頁50-55。
201.〈故宮博物院典藏清宮臺灣史料特展導覽〉，《歷史月刊》，第87期，1995年4月，頁84-93。
202.〈故宮文獻檔案與清代臺灣史研究〉，《臺灣史研究》，第2卷第1期，1995年6月，頁161-175。
203.〈閏八月 ── 民間秘密宗教的末劫預言〉，《歷史月刊》，第92期，1995年9月，頁61-64。
204.〈從故宮檔案論劉銘傳在臺灣的建樹〉，《歷史月刊》，第96期，1996年1月，頁38-43。
205.〈鼠場鼠街 ── 鼠圖騰崇拜的文化意義〉，《故宮文物月刊》，第155期，1996年2月，頁70-78。
206.〈天象示警・禳之以德 ── 從朝鮮君臣談話分析天人感應的政治預言〉，《歷史月刊》，第100期，1996年5月，頁118-123。
207.〈院藏清代公文書特展簡介〉，《故宮文物月刊》，第160期，1996年7月，頁4-13。
208.〈評秦寶琦著《中國地下社會》〉，《國史館館刊》，復刊第21期，1996年12月，頁265-281。
209.〈《尼山薩滿傳》與滿族民間文學〉，《歷史月刊》，第116期，1997年9月，頁130-136。
210.〈故宮檔案與清代臺灣史研究 ── 宮中檔滿文奏摺的史料價值〉，《臺灣文獻》，第48卷第3期，1997年9月，頁149-162。
211.〈故宮檔案與清代臺灣史研究 ── 諭旨檔臺灣史料的價值〉，《臺灣文獻》，第48卷第4期，1997年12月，頁49-57。
212.〈院藏清代檔案特展〉，《故宮文物月刊》，第178期，1998年1月，頁112-123。

213.〈故宮檔案與清代臺灣史研究 — 清代臺灣築城檔案簡介〉，《臺灣文獻》，第 49 卷第 1 期，1998 年 3 月，頁 105-116。

214.〈激濁揚清·為國得人 — 清代的官箴制度〉，《歷史月刊》，第 124 期，1998 年 5 月，頁 59-67。

215.〈禍不妄至 福不徒來 — 占卜與國事〉，《歷史月刊》，第 126 期，1998 年 7 月，頁 50-56。

216.〈故宮檔案與清代臺灣史研究 — 清代臺灣耕地開發史料概述〉，《臺灣文獻》，第 49 卷第 3 期，1998 年 9 月，頁 235-248。

217.〈從故宮檔案看清代臺灣行政區域的調整〉，《臺灣文獻》，第 49 卷第 4 期，1998 年 12 月，頁 127-147。

218.〈故宮檔案與清代史研究 — 從故宮檔案看臺灣原住民圖像的繪製經過〉，《臺灣文獻》，第 50 卷第 1 期，1999 年 3 月，頁 129-150。

219.〈故宮檔案與清代臺灣史研究 — 從現藏檔案看臺灣民間金蘭結義的活動〉，《臺灣文獻》，第 50 卷第 3 期，1999 年 9 月，頁 27-41。

220.〈民俗圖像 — 諸羅縣簫壠等社原住民圖像〉，《故宮文物月刊》，第 200 期，1999 年 11 月，頁 17。

221.〈輿圖 — 臺灣圖附澎湖群島圖〉，《故宮文物月刊》，第 200 期，1999 年 11 月，頁 18-19。

222.〈詔書 — 多爾衮母子撤出廟享詔〉，《故宮文物月刊》，第 200 期，1999 年 11 月，頁 20。

223.〈國書 — 清廷致法國國書〉，《故宮文物月刊》，第 200 期，1999 年 11 月，頁 21。

224.〈軍機處檔 — 得勝圖銅版畫〉，《故宮文物月刊》，第 200 期，1999 年 11 月，頁 22-23。

225.〈故宮檔案與清代臺灣史研究 —— 清朝政府禁止偷渡臺灣的史料〉，《臺灣文獻》，第 50 卷第 4 期，1999 年 12 月，頁 149-164。

226.〈清代臺灣自然災害及賑災措施〉，《臺灣文獻》，第 51 卷第 1 期，2000 年 3 月，頁 23-44。

227.〈清代臺灣土地開發與族群衝突〉，《臺灣史蹟》，第 36 期，2000 年 6 月，頁 3-31。

228.〈盛清時期臺灣秘密會黨的起源及其性質〉，《淡江史學》，第 11 期，2000 年 6 月，頁 177-194。

229.〈信仰與生活 —— 從現藏檔案資料看清代臺灣的民間信仰〉，《臺灣文獻》，第 51 卷第 3 期，2000 年 9 月，頁 123-137。

230.〈臺北故宮博物院現藏清代檔案 —— 以社會史檔案為例〉，《近代中國》，第 139 期，2000 年 10 月，頁 6-18。

231.〈身穿清朝衣頭戴明朝帽 —— 鴨母王朱一貴事變的性質〉，《歷史月刊》，第 153 期，2000 年 10 月，頁 64-70。

232.〈從現藏檔案資料看清代臺灣的文教措施〉，《臺灣文獻》，第 51 卷第 4 期，2000 年 12 月，頁 15-31。

233.〈故宮博物院典藏清代臺灣司法檔案〉，《法制史研究》，第 1 期，2000 年 12 月，頁 53-76。

234.〈評孟慧英著《薩滿英雄之歌--伊瑪堪研究》〉，《國史館館刊》，復刊第 29 期，2000 年 12 月，頁 217-228。

235.〈歷史與地理：從故宮檔案看清代臺灣港口的滄桑〉，《臺灣文獻》，第 52 卷第 1 期，2001 年 3 月，頁 181-198。

236.〈以古鑑今，痛下針砭 —— 評陳捷先《不剃頭與兩國論》〉，《歷史月刊》，第 160 期，2001 年 5 月，頁 82-84。

237.〈世治聽人，世亂聽神 —— 清代臺灣民變與民間信仰〉，《臺灣文獻》，第 52 卷第 2 期，2001 年 6 月，頁 221-234。
238.〈鄉土情・義民心 — 清代臺灣義民的社會地位與作用〉，《故宮學術季刊》，第 19 卷第 1 期，2001 年秋季，頁 263-293。
239.〈清代臺灣基督教的教堂分佈及其活動〉，《臺灣文獻》，第 52 卷第 4 期，2001 年 12 月，頁 41-63。
240.〈運際郅隆：乾隆皇帝及其時代〉，《滿族文化》，第 28 期，2003 年 2 月，頁 11-21。
241.〈故宮檔案與清朝法制史研究〉，《法制史研究》，第 4 期，2003 年 12 月，頁 245-280。
242.〈從現存史館檔看清史的纂修〉，《滿族文化》，第 29 期，2004 年 2 月，頁 16-36。
243.〈知道了 — 清朝皇帝的硃批〉，《故宮文物月刊》，第 251 期，2004 年 2 月，頁 86-91。
244.〈皇太子 — 二阿哥胤礽再立再廢的秘史〉，《故宮文物月刊》，第 253 期，2004 年 4 月，頁 106-113。
245.〈穿越歷史 — 追蹤清太宗皇太極繼承汗位的內幕〉，《歷史月刊》，第 199 期，2004 年 8 月，頁 110-116。
246.〈溯源追遠 — 從院藏滿文家譜看清代滿族文化的變遷〉，《故宮文物月刊》，第 262 期，2005 年 1 月，頁 72-78。
247.〈甜酸甘苦 — 從滿文奏摺看清代臺灣水果的進貢〉，《故宮文物月刊》，第 272 期，2005 年 11 月，頁 48-57。
248.〈清史館與清史稿 — 清史館未刊紀志表傳的纂修及其史料價值〉，《故宮學術季刊》，第 23 卷第 2 期，2005 年冬季，頁 161-199。
249.〈狗街狗族 — 雲貴少數民族的狗圖騰崇拜〉，《故宮文物月刊》，第 275 期，2006 年 2 月，頁 4-9。

250.〈民俗畫像 — 滿漢文奏摺中的清代臺灣原住民〉，《故宮文物月刊》，第 278 期，2006 年 5 月，頁 22-29。

251.〈豬場豬街 — 雲貴少數民族的豬圖騰崇拜〉，《故宮文物月刊》，第 287 期，2007 年 2 月，頁 4-9。

252.〈戊子吉祥 — 鼠生肖文化的歷史考察〉，《故宮文物月刊》，第 299 期，2008 年 2 月，頁 6-13。

253.〈傳統與創新 — 清朝國史館暨民初清史館纂修列傳體例初探〉，《故宮學術季刊》，第 25 卷第 3 期，2008 年春季，頁 69-124。

254.〈地闢於丑 — 牛圖騰崇拜的文化意義〉，《故宮文物月刊》，第 310 期，2009 年 1 月，頁 44-51。

255.〈明慎用刑 — 從故宮檔案論清朝政府的恤刑思想〉，《法制史研究》，第 15 期，2009 年 6 月，頁 143-184。

256.〈虎虎 — 吉祥如意迎虎年〉，《故宮文物月刊》，第 323 期，2010 年 2 月，頁 64-73。

257.〈中體西用 — 以盛清時期中西藝術交流為中心〉，《史學彙刊》，第 26 期，2010 年 12 月，頁 125-178。

258.〈白山黑水 — 滿洲三仙女神話的歷史考察〉，《國立歷史博物館館刊》，第 211 期，2011 年 2 月，頁 6-13。

259.〈瑞兔呈祥迎辛卯 — 兔圖騰崇拜的文化意義〉，《故宮文物月刊》，第 335 期，2011 年 2 月，頁 68-77。

260.〈建國百年 百折不撓 — 院藏辛亥革命檔案簡介〉，《故宮文物月刊》，第 339 期，2011 年 6 月，頁 100-107。

261.〈康熙盛世 — 滿洲語文與中西文化交流〉，《故宮文物月刊》，第 343 期，2011 年 10 月，頁 80-89。

262.〈祥龍獻瑞迎壬辰 — 龍圖騰崇拜的文化意義〉，《故宮文物月刊》，第 347 期，2012 年 2 月，頁 4-13。
263.〈靈蛇呈祥迎癸巳 — 蛇圖騰崇拜的文化意義〉，《故宮文物月刊》，第 359 期，2013 年 2 月，頁 4-11。
264.〈文獻足徵 — 以康熙朝滿文本《起居注冊》爲中心的比較研究〉，黑龍江省滿語研究所，《滿語研究》，哈爾濱市，2013 年第 1 期，2013 年 6 月，頁 5-21。
265.〈馬到成功迎甲午 — 馬圖騰崇拜的文化意義〉，《故宮文物月刊》，第 371 期，2014 年 2 月，頁 4-11。
266.〈三羊開泰 — 羊圖騰崇拜的文化意義〉，《故宮文物月刊》，第 383 期，2015 年 2 月，頁 4-13。

五、專書論文

1.〈清太宗嗣統與朝鮮丁卯之役〉，《趙鐵寒先生紀念論文集》，臺北，文海出版社，1978 年 4 月，頁 655-677。
2.〈四海之內皆兄弟 — 歷代的祕密社會〉，收入杜正勝主編，《中國文化新論社會篇：吾土吾民》，臺北，聯經出版事業有限公司，1982 年 11 月，頁 283-334。
3.〈輕徭薄賦 — 財政與稅務〉，收入劉石吉主編，《中國文化新論經濟篇：民生的開拓》，臺北，聯經出版事業有限公司，1982 年 11 月，頁 525-569。
4.〈中國秘密社會史的研究與出版〉，《六十年來的中國近代史研究（上冊）》，臺北，中央研究院近代史研究所，1988 年 6 月，頁 255-292。
5.〈中國史研究指南Ⅳ・清史（一）〉，高明士主編，《中國史研究指南Ⅳ：明史・清史》，臺北，聯經出版公司，1990 年 5 月，頁 191-223。

6.〈評宋恩常著《雲南少數民族社會調查研究》〉，《中國現代史書評選輯》，第7輯，國史館，1991年6月，頁240-255。

7.〈故宮檔案與清代民俗史研究〉，陳捷先主編，《陳奇祿院士七秩榮慶論文集》，臺北，聯經出版事業公司，1992年5月，頁33-39。

8.〈臺灣的滿學研究〉，閻崇年主編，《滿學研究》，第一輯，吉林，吉林文史出版社，1992年5月，頁322-337。

9.〈評蔡少卿著《中國近代會黨研究》〉，《中國現代史書評選輯》，第8輯，國史館，1992年6月。

10.〈從史學的觀點談研究中國邊疆的理論與方法〉，林恩顯主編，《中國邊疆研究理論與方法》，渤海堂文化公司，1992年8月，頁383-401。

11.〈《清文全藏經》與滿文研究〉，《慶祝王鍾翰先生八十壽辰學術論文集》，瀋陽，遼寧大學出版社，1993 年 6 月，頁223-228。

12.〈評馬西沙著《清代八卦教》〉，《中國現代史書評選輯》，第10輯，國史館，1993年6月，頁1-12。

13.〈評楊建新著《中國西北少數民族史》〉，《中國現代史書評選輯》，第10輯，國史館，1993年6月，頁393-409。

14.〈評馬西沙、韓秉方著《中國民間宗教史》〉，《中國現代史書評選輯》，第13輯，國史館，1994年12月，頁25-61。

15.〈從數目名字的演變看清代滿族的漢化〉，閻崇年主編，《滿學研究》，第二輯，北京，民族出版社，1994 年 12 月，頁169-201。

16.〈通古斯族系〉，《中華民國史民族志（初稿）》，國史館，1995年3月，頁67-98。

17.〈清代海南治黎政策的調整〉，《慶祝建館八十週年論文集》，國立中央圖書館臺灣分館，1995 年 10 月，頁 717-744。
18.〈評富育光、孟慧英著《漢族薩滿教研究》〉，《中國現代史書評選輯》，第 15 輯，國史館，1995 年 12 月，頁 307-322。
19.〈國立故宮博物院現藏清代臺灣檔案舉隅〉，國學文獻館主編，《臺灣地區開闢史料學術論文集》，聯經出版事業有限公司，1996 年 6 月，頁 1-36。
20.〈評秦寶琦著《中國地下社會》〉，《中國現代史書評選輯》，第 16 輯，國史館，1996 年 6 月，頁 1-31。
21.〈評赫治清著《天地會起源研究》〉，《中國現代史書評選輯》，第 19 輯，國史館，1997 年 12 月，頁 1-24。
22.〈評秦寶琦著《洪門真史》〉，《中國現代史書評選輯》，第 21 輯，國史館，1998 年 12 月，頁 1-19。
23.〈評烏丙安著《中國民間信仰》〉，《中國現代史書評選輯》，第 21 輯，國史館，1998 年 12 月。
24.〈文獻足徵 — 滿文原檔與清史研究〉，閻崇年主編，《滿學研究》，第四輯，北京，民族出版社，1998 年 12 月，頁 85-115。
25.〈評宋和平著《尼山薩滿研究》〉，《中國現代史書評選輯》，第 23 輯，國史館，1999 年 12 月，頁 1-20。
26.〈評胡珠生著《清代洪門史》〉，《中國現代史書評選輯》，第 23 輯，國史館，1999 年 12 月，頁 21-43。
27.〈評孟慧英著《薩滿英雄之歌 — 伊瑪堪研究》〉，《中國現代史書評選輯》，第 24 輯，國史館，2000 年 12 月，頁 97-118。
28.〈評金鐸著《中國民間信仰》〉，《中國現代史書評選輯》，第 25 輯，國史館，2000 年 12 月，頁 259-284。
29.〈清代起居注冊與滿學研究〉，閻崇年主編，《滿學研究》，第六輯，北京，民族出版社，2000 年 12 月，頁 138-168。

30.〈義民與會黨 — 新竹義民與林爽文之役〉，李鎮邦編輯，《義民心鄉土情：褒忠義民廟文史專輯》，新竹縣文化局，2001 年 9 月，頁 126-135。

31.〈《雍正寫真・推薦人的話》 — 雍正寫真˙正大光明〉，陳捷先著，《雍正寫真》，臺北，遠流出版公司，2001 年 11 月，頁 1-6。

32.〈評路遙著《山東民間秘密教門》〉，《中國現代史書評選輯》，第 26 輯，國史館，2001 年 12 月，頁 1-24。

33.〈評于本源著《清王朝的宗教政策》〉，《中國現代史書評選輯》，第 26 輯，國史館，2001 年 12 月，頁 25-46。

34.〈知道了 — 奏摺硃批諭旨常見的詞彙〉，馮明珠主編，《文獻與史學：恭賀陳捷先教授七十嵩壽論文集》，臺北，遠流出版公司，2002 年 7 月，頁 178-198。

35.〈文獻足徵：陳捷先教授與故宮檔案的整理出版〉，馮明珠主編，《文獻與史學：恭賀陳捷先教授七十嵩壽論文集》，臺北，遠流出版公司，2002 年 7 月，頁 492-495。

36.〈永不閉館的皇家書室 — 向斯先生著《書香故宮》導讀〉，向斯著，《書香故宮：皇家圖書館導覽手冊》，實學社，2004 年 1 月。

37.〈他山之石 — 朝鮮君臣論盛清諸帝〉，李國祁編，《郭廷以先生百歲冥誕紀念史學論文集》，臺北，臺灣商務印書館，2005 年 1 月，頁 75-106。

38.〈從檔案資料看清代臺灣的客家移民與客家義民〉，賴澤涵、傅寶玉主編，《義民信仰與客家社會》，臺北，南天書局，2006 年 1 月，頁 13-38。

39.〈文獻足徵 — 《滿文原檔》的由來及其史料價值〉，馮明珠主編，《滿文原檔》（共十冊），臺北，沉香亭企業社，2006 年 1 月。

40.〈從現存史館檔看清史的纂修〉，陳捷先、成崇德、李紀祥主編，《清史論集（下冊）》，北京：人民出版社，2006 年 9 月，頁 1057-1081。

41.〈清史館未刊紀志表傳稿本敘錄〉，馮明珠主編，《清史館未刊紀志表傳稿本專輯：表》，臺北市，沉香亭企業社，2006 年 10 月。

42.〈天高皇帝遠 — 清朝西陲的邊臣疆吏〉，《邊臣與疆吏》論文集，北京，中華書局，2007 年 12 月。

43.〈傳承與創新 — 從民間宗教寶卷的流傳分析通俗文化的社會適應中國文化〉，王成勉編，《中華文化的傳承與創新 — 紀念牟復禮教授論文集》，香港中文大學出版社，2009 年 3 月。

44.〈《雍正：勤政的皇帝・傳奇的一生》導讀〉，陳捷先著，《雍正：勤政的皇帝・傳奇的一生》，臺北，國立故宮博物院，2009 年 9 月，頁 viii-xiii。

45.〈《清國時代官署印影集》導讀〉，《清國時代官署印影集》，國立中央圖書館臺灣分館編，2010 年 4 月。

46.〈《慈禧寫真・推薦人的話》 — 探賾索微 發人深省〉，陳捷先著，《慈禧寫真》，臺北，遠流出版公司，2010 年 5 月。

47.〈臺北故宮博物院現藏檔案與清朝宮廷史研究〉，故宮博物院編，《明清宮廷史學術研討會論文集（第一輯）》，北京，紫禁城出版社，2011 年 4 月。

48.〈翠華南幸・揚州寫真 — 盛清君臣眼中的揚州〉，馮明珠主編，《盛清社會與揚州研究》，遠流出版事業股份有限公司，

2011年12月，頁177-226。

49.〈滿洲語文在清朝歷史舞臺上所扮演的角色〉，《紀念王鍾翰先生百年誕辰學術文集》，北京，中央民族大學出版社，2013年8月。

50.〈《滿文原檔》·《內閣藏本滿文老檔》與清朝前史的研究〉，陳熙遠主編，《中央研究院第四屆國際漢學會議論文集 — 覆案的歷史：檔案考掘與清史研究（上）》，臺北，中央研究院，2013年12月，頁59-144。

51.〈實用滿語 —《清語老乞大譯註》導讀〉，《清語老乞大譯註》，文史哲出版社，2014年9月，頁3-33。

52.〈承先啟後 —《雍正傳》導讀〉，馮爾康著，《雍正傳》，臺灣商務印書館，2014年11月。

53.〈開創盛運 —《康熙傳》導讀〉，蔣兆成、王日根著，《康熙傳》，臺灣商務印書館，2015年1月。

54.〈運際郅隆 —《乾隆傳》導讀〉，唐文基、羅慶泗著，《乾隆傳》，臺灣商務印書館，2015年2月。

55.〈佛門孝經 —《地藏菩薩本願經》滿文譯本校註導讀〉，《佛門孝經 — 地藏菩薩本願經滿文譯本校註》，文史哲出版社，2015年5月，頁3-35。

56.〈《滿文原檔》與清入關前往來朝鮮滿文國書的比較研究〉，白文煜主編，《清前歷史與盛京文化：清前史研究中心成立暨紀念盛京定名380週年學術研討會》，遼寧民族出版社，2015年7月。

57.〈創制與薪傳：新疆察布察爾錫伯族與滿洲語文的傳承 — 以錫伯文教材為中心導讀〉，《創制與薪傳：新疆察布察爾錫伯族與滿洲語文的傳承 — 以錫伯文教材為中心》，文史哲出版社，2015 年 7 月，頁 5-88。

58.〈要區專閫 —— 清代金門鎮總兵署總兵官考略敘錄〉，張孟剛、市川勘著，《要區專閫 —— 清代金門鎮總兵署總兵官考略》，臺北：張孟剛，2015 年 8 月，頁 10-11。

六、學術研討會論文

1.〈建州三衛的設置及其與朝鮮的關係〉，中韓關係史國際研討會，中華民國韓國研究學會主辦，1981 年 12 月 12 日至 15 日；收入《中韓關係史國際研討會論文集（960-1949）》，臺北，中華民國韓國研究學會，1983 年 3 月，頁 163-180。

2.〈談滿洲人以數目命名的習俗（A Discussion of the Manchu Custom of Giving Name After Numbers）〉，第六屆東亞阿爾泰學會議，臺灣大學、國立故宮博物院、臺北市政府、太平洋文化基金會聯合主辦，1981 年 12 月 18 日至 23 日。

3.〈從國立故宮博物院現存檔案談清代的秘密社會〉，第一屆歷史與中國社會變遷（中國社會史）研討會，中央研究院三民主義研究所主辦，1981 年 12 月 28 日至 30 日；收入《歷史與中國社會變遷（中國社會史）研討會論文集（下冊）》，臺北，中央研究院三民主義研究所，1982 年 8 月，頁 315-332。

4.〈清代青幫與紅幫的起源〉，中國歷史學會第十八屆大會，臺北，1982 年 5 月 30 日。

5.〈薩滿信仰的社會功能〉，國際中國邊疆學術會議，國立政治大學邊政研究所主辦，1984 年 4 月 23 日至 27 日；收入林恩顯主編，《國際中國邊疆學術會議論文集》，臺北：國立政治大學，1985 年 4 月，頁 223-259。

6.〈從朝鮮君臣談話看清代康熙時代的政局〉，中韓文化關係學術研討會，中華民國韓國研究學會主辦，1985 年 5 月 19 日至 23 日；收入《韓國學報》，第 5 期，1985 年 12 月，頁 237-251。※原題：〈從朝鮮君臣談話看清代康熙朝政〉

7.〈故宮博物院現藏臺灣開闢檔案簡介〉，臺灣地區開闢史料學術座談會，聯合報文化基金會國學文獻館主辦，1985 年 9 月 14 日至 15 日。

8.〈從社會經濟變遷看清代臺灣秘密會黨的發展〉，明清史國際學術研討會，香港大學主辦，1985 年 12 月 12 日至 15 日；收入香港大學編，《國際明清史研討會論文》，1985 年 12 月。

9.〈清代社會經濟變遷與秘密會黨的發展：臺灣、廣西、雲貴地區的比較研究〉，近代中國區域史討論會，中央研究院近代史研究所，1986 年 8 月 22 日至 24 日；收入《近代中國區域史研討會論文集》，臺北，1986 年 12 月，頁 335-386。

10.〈清朝秘密宗教的政治意識〉，第一屆中國政教關係國際學術研討會，淡江大學歷史系主辦，1986 年 12 月 18 日至 20 日；收入李齊芳主編，《中國近代政教關係國際學術研討會論文集》，1987 年，頁 159-177。

11.〈故宮檔案與臺灣史研究〉，臺灣歷史國際學術會議 — 近代臺灣的社會發展與民族意識，香港大學主辦，1986 年 12 月 22 日至 23 日；收入黃顯康主編，《近代臺灣的社會發展與民族意識》，香港大學，1987 年。

12.〈清代閩粵地區的社會經濟變遷與秘密會黨的發展〉，中央研究院第二屆國際漢學會議，1986 年 12 月 29 日至 31 日；收入《中央研究院第二屆國際漢學會議論文集 — 明清與近代史組（上冊）》，臺北，1989 年 6 月，頁 409-445。

13.〈國立故宮博物院收藏滿蒙藏回文資料之整理及研究〉，第

24 屆日本阿爾泰學會會議（野尻湖クリルタイ），日本長野，1987 年 7 月 19 日至 22 日。

14.〈同光年間的地方財政與自強經費的來源〉，清季自強運動研討會，中央研究院近代史研究所主辦，1987 年 8 月 21 日至 23 日；收入《清季自強運動研討會論文集》，臺北，中央研究院近代史研究所，1988 年 6 月，頁 1069-1111。

15.〈南懷仁與清初曆法的改革〉，南懷仁逝世三百週年國際學術討論會，輔仁大學主辦，1987 年 12 月 17 日至 18 日；《南懷仁逝世三百週年國際學術討論會論文集》，臺北新莊，輔仁大學，1987 年 12 月，頁 125-149。

16.〈從《大東野乘》所載明清史事看儒家思想對朝鮮因應變局的影響〉，第二屆中國域外漢籍國際學術會議 — 儒家思想與亞洲文化，聯合報文化基金會國學文獻館，1987 年 12 月；收入聯合報文化基金會國學文獻館主編，《第二屆中國域外漢籍國際學術會議論文集》，1989 年 2 月，頁 343-374。

17.〈清代臺灣移墾社會的形成與秘密會黨的起源及發展〉，第二屆臺灣開發史研討會，東海大學歷史學系主辦，1988 年 1 月 14 日至 15 日；收入《東海大學歷史學報》，第 9 期，1988 年 7 月，頁 19-39。※原題：〈清代臺灣移墾社會與秘密會黨〉

18.〈從清代人口流動看秘密會黨的發展〉，羅香林教授逝世十周年紀念學術研討會，香港珠海書院中國文史研究所學會主辦，1988 年 7 月 16 日至 17 日；收入《羅香林教授紀念論文集》，臺北，新文豐出版股份有限公司，1992 年 12 月，頁 1157-1186。

19.〈清代閩粵地區的人口流動與秘密會黨的發展〉，近代中國初期歷史研討會，中央研究院近代史研究所主辦，1988 年 8 月

25 日至 27 日；收入中央研究院近代史研究所編，《近代中國初期歷史研討會論文集（下冊》，頁 737-773。

20. 〈故宮檔案與清初中琉關係史研究〉，第二屆琉中歷史關係國際學術會議，中琉文化經濟協會主辦，那霸，1988 年 10 月 13 日至 14 日；收入《第二屆琉中歷史關係國際學術會議論文集》（中文版），臺北，1990 年 10 月，頁 15-46。※原題：〈從故宮檔案看清初中琉關係〉

21. 〈故宮檔案與清代秘密社會史研究〉，漢學研究資源國際研討會，國立中央圖書館、漢學研究中心舉辦，1988 年 11 月 30 日至 12 月 3 日；收入《漢學研究》第 7 卷第 2 期，1989 年 12 月，頁 151-167。

22. 〈故宮檔案與清初天主教史研究〉，郎世寧之藝術 — 宗教與藝術學術研討會，輔仁大學主辦，1988 年 12 月 15 日至 16 日；收入輔仁大學主編，《郎世寧之藝術 — 宗教與藝術學術研討會論文集》，臺北，幼獅文化公司，1991 年。

23. 〈清代乾嘉年間（1736-1820）官紳對天主教的反應〉，中外關係史國際學術研討會 — 思想與文物交流研討會議，淡江大學歷史學系，1989 年 6 月 23 日至 25 日；收入鄭樑生主編，《中外關係史國際學術研討會論文集 — 思想與文物交流》，臺北，1989 年 6 月，頁 167-198。

24. 〈《佛說四十二章經》滿文譯本研究〉，第九屆國際佛學會議，國際佛學研究會、華梵佛學研究所共同主辦，1989 年 7 月 26 日至 28 日。

25. 〈民國以來中國秘密社會史的研究評估與展望〉，民國以來國史研究的回顧與展望研討會，文化建設委員會、聯合報文化基金會、太平洋文化基金會、臺灣大學歷史學系、臺灣大學歷史學研究所、臺灣大學藝術史研究所共同舉辦，1989 年 8 月 1 日至 3 日；收入國立臺灣大學歷史學系編，《民國以來國史研究的回顧與展望研討會論文集》，1992 年 6 月，頁 1667-1694。

26.〈清代民間宗教的源流及其社會功能〉，中華民族宗教國際學術會議，淡江大學歷史學系所、中華倫理教育學會共同主辦，1989 年 9 月 7 日至 13 日。

27.〈清代閩粵地區的人口流動與臺灣秘密會黨的發展〉，臺灣史研究暨史蹟維護研討會，國立成功大學歷史學系、臺南市政府合辦，1989 年 11 月 17 日至 18 日；收入國立成功大學歷史學系編，《臺灣史研究暨史蹟維護研討會論文集》，1990 年 6 月，頁 1-29。

28.〈民變的擴大與清代律例的修訂〉，美國歷史學會年會，美國舊金山，1989 年 12 月 27 日至 30 日。

29.〈清代臺灣秘密會黨的發展與社會控制〉，近代臺灣歷史與文化學術研習會，中央研究院中山人文社會科學研究所主辦，1990 年 6 月 12 日至 13 日。

30.〈從朝鮮史籍的記載探討清初滿洲文書的翻譯〉，第六屆中韓歷史文化關係國際研討會，國立政治大學歷史研究所、中華民國韓國研究學會共同主辦，1990 年 6 月 24 日至 25 日；收入《韓國學報》，第 10 期，1991 年 5 月，頁 7-27。※原題：〈從朝鮮史籍的記載看清初滿洲文書的翻譯問題〉

31.〈從故宮博物院現藏檔案看《歷代寶案》的史料價值〉，第三屆中琉歷史文化關係國際學術會議，臺北，1990 年 11 月 15 日至 20 日；收入《第三屆中琉歷史文化關係國際學術會議論文集》，臺北：中琉文化經濟協會，1991 年 6 月，頁 179-234。

32.〈從清代封貢關係看中琉文物的交流〉，第四屆中琉歷史關係國際學術會議，那霸，1990 年 11 月 21 日至 22 日；收入《第四屆中琉歷史關係國際學術會議論文集》（中文版），臺北，中琉文化經濟協會，1994 年 8 月，頁 55-71。

33.〈從取締民間秘密宗教律例的修訂看清代的政教關係〉，第二屆中國政教關係國際學術研討會，淡江大學歷史學系主辦，1990 年 12 月 21 日至 23 日；收入《第二屆中國政教關係國際學術研討會論文集》，淡江大學，1991 年 6 月，頁 253-293。

34.〈國立故宮博物院典藏《大藏經》滿文譯本研究〉，第 28 屆日本阿爾泰學會會議（野尻湖クリルタイ），日本長野，1991 年 7 月 14 日至 17 日；收入《東方宗教研究》，第 2 期，1991 年 10 月，頁 253-319。

35.〈謝遂職貢圖研究〉，中華民國建國八十年中國藝術文物討論會，國立故宮博物院主辦，1991 年 7 月 21 日至 24 日；收入國立故宮博物院編輯委員會編，《中國藝術文物討論會論文集/書畫（下）》，臺北，國立故宮博物院，1992 年 6 月，頁 767-819。

36.〈「清語老乞大」與「漢語老乞大」比較研究〉，第六屆中國域外漢籍國際學術會議，聯合報文化基金會國學文獻館主辦，臺北，1991 年 8 月 29 日至 9 月 2 日；收入《第六屆中國域外漢籍國際學術會議論文集》，聯合報文化基金會國學文獻館，1993 年，頁 131-165。

37.〈清代滿文族譜的史料價值 — 以托雲保、李佳氏興墾達爾哈族譜為例〉，第六屆亞洲族譜學術研討會，聯合報文化基金會國學文獻館主辦，臺北，1991 年 10 月 4 日至 5 日；《第六屆亞洲族譜學術研討會會議紀錄》，臺北，聯合報文化基

金會國學文獻館，1993 年 5 月，頁 157-181。※原題：〈清代滿文族譜研究 — 以滿通阿等族譜為例〉

38.〈從故宮檔案史料看清代地方行政 — 以幕友胥役為例〉，清朝的統治行政機構與檔案研究討論會，日本東京外國語大學亞非語言文化研究所主辦，日本東京，1991 年 11 月 15 日至 16 日。※原題：〈從故宮檔案史料看清代地方行政 — 以胥役為例〉

39.〈清史教材與教法〉，歷史學系課程教學研討會，國立政治大學歷史系，1992 年 2 月 15 日至 17 日；收入張哲郎主編，《歷史學系課程教學研討會論文集（下）：《中國史》》，1993 年 6 月，頁 536-554。

40.〈從《朝鮮王朝實錄》看朝鮮君臣心目中的中國帝王〉，第七屆中國域外漢籍國際學術會議，聯合報文化基金會國學文獻館、日本早稻田大學共同主辦，日本東京，1992 年 5 月 7 日至 9 日；收入《第七、八屆中國域外漢籍國際學術會議論文集合刊》，聯合報文化基金會國學文獻館，臺北，1995 年 10 月，頁 211-229。※原題：〈從《李朝實錄》看朝鮮君臣心目中的清朝皇帝〉

41.〈從得勝圖銅版畫的繪製看清初中西文化的交流〉，第二屆中外關係史國際學術研討會，淡江大學歷史學系主辦，1992 年 6 月 26 日至 27 日；收入鄭樑生主編，《第二屆中外關係史國際學術研討會論文集》，臺北，淡江大學歷史學系，1992 年 9 月，頁 187-210。原題：〈從清初中西文化的交流看得勝圖的繪製〉

42.〈從數目名字的演變看清代滿族的漢化〉，第一屆國際滿學研討會，北京社會科學院滿學研究所主辦，1992 年 8 月 15 日至 17 日；收入閻崇年主編，《滿學研究》，第二輯，北京，民族出版社，1994 年 12 月，頁 169-201。

43.〈大藏經滿文譯本研究（A Study on the Manchu Version of the Tripitaka of the Ching Dynasty）〉，第三十五屆世界阿爾泰學會議，國立臺灣大學文學院與聯合報文化基金會國學文獻館共同主辦，臺北，1992 年 9 月 12 日至 17 日；收入陳捷先主編，《第三十五屆世界阿爾泰學會議記錄》，聯合報文化基金會國學文獻館，臺北，1994 年。

44.〈清代前期對天主教從容教政策到禁教政策的轉變〉，歷史與宗教 — 紀念湯若望四百週年誕辰暨天主教傳華史學國際研討會，輔仁大學主辦，1992 年 10 月 22 日至 24 日；收入《歷史與宗教 — 紀念湯若望四百週年誕辰暨天主教傳華史學國際研討會論文集》，新莊，輔仁大學，1992 年 12 月，頁 308-331。

45.〈于式枚與德國憲政考察〉，近代中國歷史人物學術研討會，中央研究院近代史研究所主辦，1993 年 2 月 4 日至 6 日；收入《近代中國歷史人物論文集》，臺北，中央研究院近代史研究所，1993 年 6 月，頁 199-224。

46.〈從北亞草原族群薩滿信仰的變遷看儒釋道思想的普及化〉，民間信仰與中國文化國際研討會，1993 年 4 月 26 日至 28 日；收入《民間信仰與中國文化國際研討會論文集（上冊）》，臺北，漢學研究中心，1994 年，頁 353-371。改題：〈從北亞草原族群薩滿信仰的演變看佛道思想的普及化〉

47.〈滿洲族譜的整理概況及其史料價值〉，第七屆亞洲族譜學術研討會，聯合報文化基金會國學文獻館主辦，1993 年 5 月 22 至 25 日；收入《第七屆亞洲族譜學術研討會會議紀錄》，臺

北，聯合報文化基金會國學文獻館，1996 年 7 月，頁 21-51。原題：〈滿洲族譜的現存概況及其史料價值〉

48.〈從《李朝實錄》看朝鮮君臣心目中的皇太極〉，第八屆中國域外漢籍國際學術會議，聯合報文化基金會國學文獻館主辦，臺北，1993 年 5 月 22 日至 25 日；收入《第七、八屆中國域外漢籍國際學術會議論文集合刊》，聯合報文化基金會國學文獻館，臺北，1995 年 10 月，頁 541-561。

49.〈興滅繼絕・字小存亡 — 清高宗用兵於安南的政治理念〉，淡江大學歷史學系主辦，中國與亞洲國家關係史學術研討會，1993 年 7 月 1 日；收入鄭樑生主編，《中國與亞洲國家關係史學術研討會論文集》，臺北，淡江大學歷史學系，1993 年 10 月，頁 51-71。※原題：〈興滅繼絕・濟弱扶傾 — 清高宗用兵於安南的政治理念〉

50.〈故宮檔案與清代臺灣史研究〉，國立臺灣大學歷史系主辦，臺灣史料國際學術研討會，1993 年 9 月 10 日至 11 日；收入《臺灣史料國際學術研討會論文集》，臺北，國立臺灣大學歷史系，1994 年 6 月，頁 263-303。

51.〈清代政治與民間信仰〉，中國政治宗教與文化關係國際學術研討會，淡江大學歷史學系主辦，1994 年 6 月 3 日至 4 日；收入《中國政治宗教與文化關係國際學術研討會論文集》，淡江大學歷史學系，1994 年 6 月，頁 111-134。※原題：〈從薩滿信仰及秘密會黨的盛行分析清代關帝崇拜的普及清代政治與民間信仰〉

52.〈中日甲午戰爭期間翰詹科道的反應〉，甲午戰爭一百週年紀念學術研討會，國立臺灣師範大學歷史學系主辦，1994 年 6 月 25 日至 27 日；收入《甲午戰爭一百週年紀念學術研討會論文集》，國立臺灣師範大學歷史學系，1995 年 3 月，頁 167-190。

53.〈清代國史館八旗族譜資料分析〉，第八屆亞洲族譜學術研討會，香港大學中文系、聯合報文化基金會國學文獻館共同主辦，香港，1994 年 12 月 12 日至 13 日。

54.〈兩廣會黨與辛亥革命〉，國父建黨革命一百週年學術討論會，中國國民黨中央黨史委員會主辦，1994 年 11 月 19 日至 23 日；收入《國父建黨革命一百週年學術討論會論文集 — 革命開國史》，臺北，近代中國出版社，1995 年 3 月，頁 274-305。

55.〈避暑山莊與清代前期的政治活動〉，《山莊研究：紀念承德避暑山莊建立 290 週年論文集》，中國人民大學清史所等編著，北京，紫禁城出版社，1994 年 8 月，頁 42-70。

56.〈清代前期西藏與尼泊爾的歷史關係〉，兩岸蒙古學藏學學術研討會，中國文化大學國立政治大學共同舉辦，1995 年 1 月 16 日至 18 日；收入《兩岸蒙古學藏學學術研討會論文集》，臺北，蒙藏委員會，1995 年 5 月，頁 315-343。

57.〈清代閩粵地區的人口流動與臺灣的社會衝突〉，臺灣史國際學術研討會：社會、經濟與墾拓，淡江大學歷史學系主辦，1995 年 5 月 12 日至 13 日；收入周宗賢主編《臺灣史國際學術研討會：社會、經濟與墾拓論文集》，國史館，1995 年 8 月，頁 1-31。※原題：〈清代閩粵地區的人口流動與秘密會黨的發展〉

58.〈清初諸帝的北巡及其政治活動〉，中國邊疆史學術研討會，蒙藏委員會、國立臺灣師範大學歷史系共同主辦，1995 年 5 月 27 日；收入蒙藏委員會、國立臺灣師範大學歷史系編，《中國邊疆史學術研討會論文集》，臺北，蒙藏委員會，1995 年

6月，頁 105-142。

59.〈從薩滿信仰及秘密會黨的盛行分析清代關帝崇拜的普及〉，遺跡崇拜與聖者崇拜：中國聖者傳記與地域史的材料研討會，法國遠東學院主辦，法國巴黎，1995 年 5 月 29 日至 6 月 1 日；收入傅飛嵐、林富士主編，《遺跡崇拜與聖者崇拜》，臺北，允晨文化實業股份有限公司，2000 年 1 月，頁 205-231。

60.〈朝鮮與清朝天人感應思想的比較〉，第十屆中國域外漢籍國際學術會議，韓國大邱，1995 年 10 月 24 日至 26 日；收入《第十屆中國域外漢籍國際學術會議論文集》，聯合報文化基金會，1999 年 8 月，頁 295-329。

61.〈文獻足徵 — 國立故宮博物院現藏清代臺灣檔案舉隅〉，聯合報文化基金會國學文獻館主編，《臺灣地區開闢史料學術論文集》，聯經出版事業有限公司，1996 年 6 月，頁 1-36。

62.〈清代的文化政策與薩滿信仰〉，第二屆中國邊疆史學術研討會，蒙藏委員會、國立臺灣師範大學歷史系共同主辦，1996 年 4 月 27 日；收入蒙藏委員會、國立臺灣師範大學歷史系編，《第二屆中國邊疆史學術研討會論文集》，臺北，蒙藏委員會，1996 年 5 月，頁 43-72。

63.〈故宮檔案的整理開放與清史研究〉，第一屆史學與文獻學學術研討會，東吳大學歷史學系主辦，1997 年 6 月 7 日；收入《史學與文獻》，東吳大學歷史學系主編，臺北，臺灣學生書局，1998 年 3 月，頁 57-108。

64.〈他山之石 — 清初君臣口述明史〉，第七屆明史國際學術討論會，中國明史學會、東北師範大學等單位共同主辦，1997 年 8 月 12 日至 16 日；收入《第七屆明史國際學術討論會論文集》，東北師範大學出版社，吉林長春，1997 年 8 月。

65.〈清太祖太宗時期滿蒙聯姻的過程及其意義〉，海峽兩岸清史文學研討會，歷史文學學會、佛光大學與歷史月刊合辦，宜蘭，1997 年 11 月 21 日至 23 日；收入陳捷先等編輯，《海峽兩岸清史文學研討會論文集》，文津出版社，1998 年 3 月。

66.〈《清代全史》與清史研究〉，中華民國史專題第四屆討論會 — 民國以來的史料與史學，1997 年 12 月 18 日至 20 日；收入《中華民國史專題論文集：第四屆討論會》，臺北，國史館，1998 年 12 月，頁 891-922。

67.〈故宮檔案與清代社會史研究〉，檔案利用與歷史研究學術研討會，臺北，國立中央大學文學院、中華檔案暨資訊微縮管理學會共同主辦，1997 年 12 月 21 日。

68.〈清代秘密社會的財政體系〉，財政與近代歷史學術研討會，中央研究院近代史研究所主辦，1998 年 11 月 27 日至 28 日；收入《財政與近代歷史論文集（上冊）》，臺北，中央研究院近代史研究所，1999 年 6 月，頁 199-234。※原題：〈清代秘密社會的財源〉

69.〈從故宮檔案看清代的淡水〉，第一屆淡水學學術研討會，淡江大學歷史學系主辦，1998 年 12 月 12 日至 13 日；收入《淡水學學術研討會：過去・現在・未來論文集》，臺北，國史館，1999 年 4 月，頁 49-74。

70.〈從民族主義論孫中山先生講述會黨歷史的時代意義〉，第二屆孫中山與現代中國學術研討會，1999 年 1 月 5 日至 7 日；收入《第二屆孫中山與現代中國學術研討會論文集》，臺北，國父紀念館，1999 年 5 月，頁 1-21。

71.〈清朝宗教政策的探討〉，明清文化國際學術研討會，歷史文學學會、佛光大學南華管理學院、美國亞利桑納大學東亞研究系聯合主辦，1999 年 4 月 30 日至 5 月 1 日；收入王成勉主編，《明清文化新論》，臺北，文津出版社，2000 年 9 月，頁 31-89。

72.〈從故宮檔案看清代的連江縣及馬祖列島 — 以《宮中檔》奏摺及《軍機處檔》奏摺錄副爲例〉，第一屆馬祖列島發展史國際學術研討會，連江縣社會教育館主辦，1999 年 7 月 3 日至 4 日；收入邱金寶主編，《第一屆馬祖列島發展史國際學術研討會論文集》，劉立群出版，2000 年，頁 211-226。※原題：〈從臺北故宮檔案看連江縣史料〉

73.〈清代起居注冊與滿學研究〉，第二屆國際滿學研討會，北京社會科學院滿學研究所主辦，1999 年 8 月 10 日至 12 日；收入閻崇年主編，《滿學研究》，第六輯，北京，民族出版社，2000 年 12 月，頁 138-168。

74.〈諾們罕阿旺札木巴勒楚勒齊木被控案件檔案資料與藏學研究〉，海峽兩岸藏學研討會，國立政治大學民族學系、中國社會科學院民族研究所共同主辦，陝西西安，1999 年 8 月 17 日至 19 日。

75.〈從奏摺制度的沿革論清代前期中央與地方的關係〉，中華民國史專題第五屆討論會 — 國史上中央與地方的關係，1999 年 12 月 16 日至 18 日；收入《中華民國史專題論文集：第五屆討論會》，臺北，國史館，2000 年 12 月，頁 977-1027。

76.〈故宮檔案與清代民間宗教信仰研究〉，第三屆史學與文獻學學術研討會，東吳大學歷史系主辦，2000 年 5 月 26 日；收入《第三屆史學與文獻學學術研討會論文集》，臺北，東吳大學歷史系，2000 年，頁 237-280。

77.〈清朝政府的文化政策與民間教門的取締〉，第九屆國際清史研討會暨故宮博物院建院七十五週年紀念，北京故宮博物院、中國社會科學院歷史研究所、中國第一歷史檔案館、北京大學歷史系及中國人民大學清史研究所聯合舉辦，北京，2000 年 8 月 22 日至 25 日。

78.〈戰爭與地理 — 以清朝嘉慶初年川陝楚白蓮教之役為例〉，中國史地關係學術研討會 — 紀念張其昀先生百歲誕辰，臺北，2000 年 11 月 7 日至 8 日，中國文化大學史學研究所主辦。

79.〈《清代中琉關係檔案選編》的史料價值〉，《第六屆中琉歷史關係學術會議論文集》，北京，中國第一歷史檔案館，2000 年。

80.〈德治・法治・文治 — 從奏折制度的沿革論盛清諸帝的治術〉，明清史國際研討會：明清兩代帝王及其輔臣之治術，香港大學中文系主辦，香港，2001 年 4 月 27 日至 29 日。※原題：〈從奏摺制度的沿革論盛清諸帝的治道〉

81.〈鄉土情・義民心 — 清代臺灣義民的社會地位與作用〉，清代檔案與臺灣史研究 — 第一屆清代檔案國際學術研討會，臺北，國立故宮博物院主辦，2001 年 6 月 15 日至 16 日；收入《故宮學術季刊》，第 19 卷第 1 期，臺北，2001 年 9 月，頁 263-293。

82.〈從檔案資料看清代臺灣的客家移民與客家義民〉，兩岸三地義民信仰與客家社會學術研討會，中央大學客家研究中心主辦，中壢，2001 年 12 月 3 日至 4 日；收入，賴澤涵、傅寶玉主編，《義民信仰與客家社會》，臺北，南天書局，2006 年 1 月，頁 13-38。※原題：〈從檔案資料看清朝君臣心目中的臺灣客家移民與義民〉

83.〈歷史與地理：清代淡水海域的自然生態與經濟活動〉，第二屆淡水學學術研討會，淡江大學歷史學系主辦，2001 年 12

月 7 日至 8 日；收入淡江大學歷史學系主編，《二〇〇一年淡水學學術研討會－歷史、生態、人文論文集》，臺北，國史館，2003 年 4 月，頁 191-216。

84.〈篳路藍縷：從檔案資料看清代臺灣粵籍客民的拓墾過程與社區發展〉，客家文化學術研討會 —— 語文、婦女、拓墾與社區發展，行政院客家委員會主辦，中壢，2002 年 10 月 30 日至 31 日；收入賴澤涵主編，《客家文化學術研討會論文集》，臺北市，行政院客家委員會，2002 年 12 月，頁 263-286。

85.〈正統與異端：清朝的文化政策與民間宗教信仰（1736-1795）〉，18 世紀的中國與世界學術研討會，國立故宮博物院主辦，2002 年 12 月 13 日至 14 日。

86.〈傳統與創新：從現存史館檔看清史的纂修〉，第一屆清史學術研討會，宜蘭佛光大學舉辦，宜蘭，2003 年 10 月 27 至 29 日；收入陳捷先、成崇德、李紀祥主編，《清史論集（下冊）》，北京：人民出版社，2006 年，頁 1057-1081。

87.〈參漢酌金 —— 從家譜的纂修論清代滿族文化的變遷與適應〉，中國大陸少數民族社會文化的變遷與適應學術研討會，中華發展基金會主辦、國立政治大學民族學系承辦，2004 年 11 月 25 日至 26 日；收入《中國大陸少數民族社會文化的變遷與適應學術研討會論文集》，國立政治大學民族學系，2004 年 12 月。

88.〈清史館與清史稿 —— 清史館未刊紀志表傳的纂修及其史料價值〉，文獻足徵：第二屆清代檔案國際學術研討會，臺北，國立故宮博物院主辦，2005 年 11 月 3 日至 5 日；收入《故宮學術季刊》，第 23 卷第 2 期，臺北，2005 年 12 月，頁 161-199。

89.〈他山之石 —— 清代琉球貢使入京活動的歷史考察〉，第十屆中琉歷史關係國際學術研討會，中琉文化經濟協會、中央研究院人文社會科學研究中心及曹永和文教基金會聯合主辦，2005 年 12 月 9 日至 10 日。※原題：〈琉球貢使在清朝北京的活動〉

90.〈從清代秘密社會的活動論下層社會通俗文化的特質〉，近世中國（960-1800）的社會與文化國際學術研討會，臺灣師範大學歷史學系主辦，2005 年 12 月 16 日至 17 日；收入《近世中國的社會與文化（960-1800）國際學術研討會論文集》，唐山出版社，2007 年 5 月。

91.〈天高皇帝遠 — 清朝西陲的邊臣疆吏〉，中國歷代邊臣疆吏國際學術研討會，法國遠東學院、中央研究院歷史語言研究所合辦，臺北，2006 年 10 月 2 日至 4 日；收入《邊臣與疆吏》論文集，北京，中華書局，2007 年。

92.〈回顧與前瞻 — 清宮檔案的整理出版與檔案術語的規範〉，清代檔案整理與館際合作：第三屆清代檔案國際學術研討會，國立故宮博物院、中央研究院歷史語言研究所、數位典藏國家型科技計畫內容發展分項計畫共同主辦，臺北，2006 年 11 月 2 日至 3 日；收入《第三屆清代檔案國際學術研討會會議論文》，2006 年 11 月，頁 359-393。

93.〈傳承與創新 — 從民間宗教寶卷的流傳分析通俗文化的社會適應中國文化研究〉，傳承與創新 — 紀念牟復禮教授國際學術研討會，耶魯大學東亞語言與文學學系、普林斯頓大學東亞研究所、中央大學歷史研究所主辦，桃園中壢，2006 年 11 月 20 日至 21 日；收入王成勉編，《中華文化的傳承與創新 — 紀念牟復禮教授論文集》，香港中文大學出版社，2009 年 3 月。

94.〈傳統與創新 — 清朝國史館暨民初清史館纂修列傳體例初探〉，再造與衍義 — 文獻學國際學術研討會，國立故宮博物院，中央研究院中國文哲所、淡江大學漢語文化暨文獻資源研究所主辦，臺北，2007 年 11 月 15 日至 16 日；收入《故宮學術季刊》，第 25 卷第 3 期，臺北，2008 年 3 月，頁 69-124。

95.〈隱語暗號 — 清代秘密社會通俗文化的特色〉，近世中國的社會與文化（960-1800）國際學術研討會，國立臺灣師範大學歷史學系主辦，2005 年 12 月；收入《近世中國的社會與文化（960-1800）論文集》，臺北：臺灣師範大學歷史學系，2007 年 5 月，頁 217-246。※原題：〈隱文化 — 清代秘密社會通俗文化的特色〉

96.〈宗教與巫術 — 以北亞薩滿信仰的文化特質為中心〉，匯聚：交流中所形塑的亞洲國際學術研討會，國立故宮博物院、中央研究院文哲研究所合辦，2009 年 5 月 20 日至 22 日。

97.〈臺北故宮博物院現藏檔案與清朝宮廷史研究〉，第一屆明清宮廷史國際學術研討會，故宮博物院明清宮廷史研究中心主辦，2009 年 10 月；收入故宮博物院編，《明清宮廷史學術研討會論文集（第一輯）》，北京，紫禁城出版社，2011 年 4 月。

98.〈滿文史料與雍正朝的歷史研究〉，兩岸故宮第一屆學術研討會：為君難－雍正其人其事及其時代，國立故宮博物院、北京故宮博物院合辦，2009 年 11 月 4 日至 6 日；收入國立故宮博物院編，《兩岸故宮第一屆學術研討會：為君難－雍正其人其事及其時代論文集》，2010 年 8 月，頁 219-281

99.〈中體西用 — 以盛清時期中西藝術交流為中心〉，第六屆文化交流史暨方豪教授百年誕辰紀念：先驅、探索與創新國際學術研討會，輔仁大學歷史學系主辦，2010 年 5 月 14 日至 15 日；收入《史學彙刊》，第 26 期，2010 年 12 月，頁 125-178。

100.〈翠華南幸・揚州寫真 — 盛清君臣眼中的揚州〉，盛清社會與揚州高端學術研討會，揚州市政府主辦，2010 年 10 月

23 日至 24 日；收入馮明珠主編，《盛清社會與揚州研究》，遠流出版事業股份有限公司，2011 年 12 月，頁 177-226。

101.〈異性結拜與會黨的發展〉，洪門學與洪門天地會發展學術研討會，洪門青蓮堂主辦，2011 年 3 月 27 日。

102.〈互動與對話 — 從康熙年間的滿文史料探討中西文化交流〉，兩岸故宮第三屆學術研討會—十七、十八世紀（1662-1722）中西文化交流，臺北，國立故宮博物院、北京故宮博物院合辦，2011 年 11 月 15 日至 17 日；收入《兩岸故宮第三屆學術研討會 — 十七、十八世紀（1662-1722）中西文化交流會議論文》，2011 年 11 月，頁 153-223。

103.〈《滿文原檔》《內閣藏本滿文老檔》與清朝前史的研究〉，中央研究院第四屆國際漢學會議，中央研究院歷史語言研究所主辦，「檔案考掘與清史研究：新材料與新視野」，2012 年 6 月 20 日至 22 日；收入陳熙遠主編，《中央研究院第四屆國際漢學會議論文集 — 覆案的歷史：檔案考掘與清史研究（上）》，臺北，中央研究院，2013 年 12 月，頁 59-144。

104.〈文獻足徵 — 以康熙朝滿文本《起居注冊》爲中心的比較研究〉，國際滿通古斯學學術研討會，黑龍江大學滿族語言文化研究中心主辦，2013 年 6 月 15 日至 16 日；收入黑龍江省滿語研究所，《滿語研究》，哈爾濱市，2013 年第 1 期，2013 年 6 月，頁 5-21。

105.〈文獻足徵 — 以《大清太祖武皇帝實錄》滿文本爲中心的比較研究〉，首屆國際滿文文獻學術研討會，中國人民大學清史研究所滿文文獻研究中心主辦，2013 年 7 月 13 日至 14 日。

106.〈滿洲語文在清朝歷史舞臺上所扮演的角色〉，紀念王鍾翰先生百年誕辰暨清史民族史國際學術研討會，中央民族大學歷史學院主辦，2013 年 8 月 26 日至 28 日；收入《紀念王鍾翰先生百年誕辰學術文集》，北京，中央民族大學出版社，2013 年 8 月。

107.〈《滿文原檔》與清入關前往來朝鮮滿文國書的比較研究〉，清前史研究中心成立暨紀念盛京定名 380 週年學術研討會，瀋陽故宮博物院主辦，2014 年 9 月 11 日至 12 日；收入白文煜主編，《清前歷史與盛京文化：清前史研究中心成立暨紀念盛京定名 380 週年學術研討會》，遼寧民族出版社，2015 年 7 月。

七、雜 著

1.〈清代宮中檔所藏庚子惠州之役得革命史料〉，《中央日報》，11 版（文史），1979 年 7 月 3 日。

2.〈抗日遺址 — 芝山岩〉，《中央日報》，11 版（文史），1979 年 8 月 28 日。

3.〈秀才作弊 — 科舉制度下的醜態〉，《聯合報》，8 版，1983 年 7 月 9 日。

4.〈秀才作弊 — 科舉制度下的醜態〉，《聯合報》，8 版，1983 年 7 月 10 日。

5.〈幫會祕笈：不是丐幫‧是丐會〉，《聯合報》，22 版（繽紛），1988 年 1 月 3 日。

6.〈幫會祕笈：紅幫的由來〉，《聯合報》，22 版（繽紛），1988 年 1 月 10 日。

7.〈五十八聯姻四十九〉，《聯合報》，22 版（繽紛），1988 年 1 月 12 日。

8.〈幫會祕笈：紅蓮白藕清荷葉〉，《聯合報》，22 版（繽紛），

1988 年 1 月 17 日。

9.〈清宮菜單〉，《聯合報》，22 版（繽紛），1988 年 1 月 21 日。

10.〈幫會祕笈：誰燒了少林寺?〉，《聯合報》，22 版（繽紛），1988 年 1 月 24 日。

11.〈幫會祕笈：開口不離本舉手不離三〉，《聯合報》，22 版（繽紛），1988 年 2 月 7 日。

12.〈幫會祕笈：結義互助父母會拜把磕頭歃血瀝酒〉，《聯合報》，22 版（繽紛），1988 年 2 月 14 日。

13.〈幫會祕笈：鄭成功創立天地會〉，《聯合報》，22 版（繽紛），1988 年 3 月 2 日。

14.〈幫會祕笈：出米一斗入父母會〉，《聯合報》，22 版（繽紛），1988 年 3 月 6 日。

15.〈幫會祕笈：懸刀三把入老人會〉，《聯合報》，22 版（繽紛），1988 年 3 月 13 日。

16.〈幫會祕笈：折草為誓認異會〉，《聯合報》，22 版（繽紛），1988 年 3 月 20 日。

17.〈幫會祕笈：木立斗世知天下〉，《聯合報》，22 版（繽紛），1988 年 3 月 27 日。

18.〈幫會祕笈：三八二十一合來共一宗〉，《聯合報》，22 版（繽紛），1988 年 4 月 3 日。

19.〈幫會祕笈：一結紅門二結兄〉，《聯合報》，22 版（繽紛），1988 年 4 月 10 日。

20.〈幫會祕笈：人我洪門莫通風〉，《聯合報》，22 版（繽紛），1988 年 4 月 17 日。

21.〈幫會祕笈：羅漢腳和小刀會〉，《聯合報》，22 版（繽紛），

1988 年 5 月 1 日。

22.〈幫會祕笈：三合河水萬年流〉，《聯合報》，22 版（繽紛），1988 年 5 月 9 日。

23.〈幫會祕笈：五房分派盡姓洪〉，《聯合報》，22 版（繽紛），1988 年 5 月 15 日。

24.〈幫會祕笈：星辰為弟兄天地作父母〉，《聯合報》，16 版（繽紛），1988 年 5 月 22 日。

25.〈幫會祕笈：三十六天‧七十二地〉，《聯合報》，16 版（繽紛），1988 年 5 月 29 日。

26.〈幫會祕笈：忠義堂前兄弟坐〉，《聯合報》，16 版（繽紛），1988 年 6 月 12 日。

27.〈幫會祕笈：大指為天小指為地〉，《聯合報》，16 版（繽紛），1988 年 6 月 26 日。

28.〈幫會祕笈：洪門機密父不傳子〉，《聯合報》，16 版（繽紛），1988 年 7 月 3 日。

29.〈幫會祕笈：洪家棍，棒打不仁不義人〉，《聯合報》，16 版（繽紛），1988 年 7 月 10 日。

30.〈幫會祕笈：天下英雄誰第一〉，《聯合報》，16 版（繽紛），1988 年 7 月 17 日。

31.〈幫會祕笈：清人無主滿人無頭〉，《聯合報》，16 版（繽紛），1988 年 8 月 7 日。

32.〈幫會祕笈：八仙過海到洪門〉，《聯合報》，16 版（繽紛），1988 年 8 月 14 日。

33.〈幫會祕笈：劉伯溫錦囊拆字〉，《聯合報》，16 版（繽紛），1988 年 8 月 21 日。

34.〈幫會祕笈：剪辮解衣入洪門〉，《聯合報》，16 版（繽紛），

1988年8月28日。

35.〈幫會祕笈：白扇鐵板・盡是洪門〉，《聯合報》，16版（繽紛），1988年9月4日。

36.〈幫會祕笈：洪門茶陣〉，《聯合報》，16版（繽紛），1988年9月18日。

37.〈幫會祕笈：共洪和合・結萬為記〉，《聯合報》，16版（繽紛），1988年9月25日。

38.〈幫會祕笈：青氣為天黑氣為地〉，《聯合報》，16版（繽紛），1988年10月2日。

39.〈幫會祕笈：脫了清衣換明衣〉，《聯合報》，16版（繽紛），1988年10月9日。

40.〈幫會祕笈：五湖四海英雄將〉，《聯合報》，16版（繽紛），1988年10月23日。

41.〈中國乞丐縱橫談〉，《中國時報》，30版（開卷評論），1991年6月28日。

42.〈大玉兒何許人撥開歷史迷霧〉，《聯合晚報》，16版（影視），1992年6月29日。

43.〈幫會政治　載舟覆舟〉，《聯合報》，11版（民意論壇），1993年6月26日。

44.〈閏八月末世情懷面面觀〉，《聯合報》，39版（探索），1995年8月31日。

莊吉發教授著《清史論集》目錄（一～廿四）附出處

清史論集（一）1997 年 12 月

出版說明

1.**他山之石 — 清初君臣口述明史**

第七屆明史國際學術討論會，中國明史學會、東北師範大學等單位共同主辦，1997 年 8 月 12 日至 16 日；收入《第七屆明史國際學術討論會論文集》，吉林長春，東北師範大學出版社，1997 年 8 月。

2.**文獻足徵 — 《滿文原檔》與清史研究**

閻崇年主編，《滿學研究》第四輯，民族出版社，北京，1998 年 12 月，頁 85-115。

3.**《清語老乞大》與漢語《老乞大》的比較研究**

第六屆中國域外漢籍國際學術會議，聯合報文化基金會國學文獻館主辦，臺北，1991 年 8 月 29 日至 9 月 2 日；收入《第六屆中國域外漢籍國際學術會議論文集》，聯合報文化基金會國學文獻館，1993 年，頁 131-165。

4.**薩滿信仰與滿族民間文學**

5.**從薩滿信仰及秘密會黨的盛行分析清代關帝崇拜的普及清代政治與民間信仰**

中國政治宗教與文化關係國際學術研討會，淡江大學歷史學系主辦，1994 年 6 月 3 日至 4 日；收入《中國政治宗教與文化關係國際學術研討會論文集》，淡江大學歷史學系，1994 年 6 月，頁 111-134。

6.**朝鮮與清朝天人感應思想的比較**

第十屆中國域外漢籍國際學術會議，韓國大邱，1995 年 10 月 20 日至 24 日；收入《第十屆中國域外漢籍國際學術會議論文集》，聯合報文化基金會，1999 年 8 月，頁 295-329。

7.**清初諸帝的北巡及其政治活動**

中國邊疆史學術研討會，蒙藏委員會、國立臺灣師範大學歷史系共同主辦，1995 年 5 月 27 日；收入蒙藏委員會、國立臺灣師範大學歷史系編，《中國邊疆史學術研討會論文集》，臺北，蒙藏委員會，1995 年 6 月，頁 105-142。

清史論集（二）1997 年 12 月

出版說明

1.**清太祖太宗時期滿蒙聯姻的過程及其意義**

海峽兩岸清史文學研討會，歷史文學學會、佛光大學與歷史月刊合辦，宜蘭，1997 年 11 月 21 日至 23 日；收入陳捷先等編輯，《海峽兩岸清史文學研討會論文集》，文津出版社，1998 年 3 月。

2.**廓爾喀之役與藏傳佛教的改革**

3.**清代海南治黎政策的調整**

《慶祝建館八十週年論文集》，國立中央圖書館臺灣分館，1995 年 10 月，頁 717-744。

4.**清代閩粵地區的人口流動與臺灣的社會衝突**

臺灣史國際學術研討會：社會、經濟與墾拓，淡江大學歷史學系主辦，1995 年 5 月 12 日至 13 日；收入周宗賢主編《臺灣史國際學術研討會：社會、經濟與墾拓論文集》，國史館，1995 年 8 月，頁 1-31。※原題：〈清代閩粵地區的人口流動與秘密會黨的發展〉

5.謝遂《職貢圖》研究

中華民國建國八十年中國藝術文物討論會，國立故宮博物院主辦，1991 年 7 月 21 日至 24 日；收入國立故宮博物院編輯委員會編，《中國藝術文物討論會論文集/書畫（下）》，臺北，國立故宮博物院，1992 年 6 月，頁 767-819。

6.故宮檔案與清代地方行政研究 — 以幕友胥役為例

清朝的統治行政機構與檔案研究討論會，日本東京外國語大學亞非語言文化研究所主辦，日本東京，1991 年 11 月 15 日至 16 日。※原題：〈從故宮檔案史料看清代地方行政 — 以胥役為例〉

7.中日甲午戰爭期間翰詹科道的反應

甲午戰爭一百週年紀念學術研討會，國立臺灣師範大學歷史學系主辦，1994 年 6 月 25 日至 27 日；收入《甲午戰爭一百週年紀念學術研討會論文集》，國立臺灣師範大學歷史學系，1995 年 3 月，頁 167-190。

8.整修清史芻議 — 以清史本紀為例

《國史館館刊》，第 14 期，1993 年 6 月，頁 225-240。

清史論集（三）1998 年 10 月

出版說明

1.從朝鮮史籍的記載探討清初滿洲文書的翻譯

第六屆中韓歷史文化關係國際研討會，國立政治大學歷史研究所、中華民國韓國研究學會共同主辦，1990 年 6 月 24 日至 25 日；收入《韓國學報》，第 10 期，1991 年 5 月，頁 7-27。※原題：〈從朝鮮史籍的記載看清初滿洲文書的翻譯問題〉

2.國立故宮博物院典藏《大藏經》滿文譯本研究

第28屆日本阿爾泰學會會議（野尻湖クリルタイ），日本長野，1991年7月14日至17日；收入《東方宗教研究》，第2期，1991年10月，頁253-319。

3.**薩滿信仰與滿族家譜研究**

4.**清代紅幫源流考**

《漢學研究》，第1卷第1期，1983年6月，頁91-110。

5.**清世宗拘禁十四阿哥胤禵的經過**

《大陸雜誌》，第49卷第2 期，1974年8月，頁24-38。

6.**清高宗禁燬錢謙益著述考**

《大陸雜誌》，第47卷第5期，1973年11月，頁22-30。

7.**清高宗乾隆時代的鄉試**

《大陸雜誌》，第52卷第4期，1976年4月，頁21-35。

8.**越南國王阮福映遣使入貢清廷考**

《大陸雜誌》，第54卷第2期，1977年2月，頁26-36。

9.**邵友濂與臺灣經營**

《中華文化復興月刊》，第15卷第7期，1982年7月，頁49-53。

10.**清代閩粵地區的人口流動與秘密會黨的發展**

臺灣史國際學術研討會：社會、經濟與墾拓，淡江大學歷史學系主辦，1995年5月12日至13日；收入周宗賢主編《臺灣史國際學術研討會：社會、經濟與墾拓論文集》，國史館，1995年8月，頁1-31。

清史論集（四）2000年3月

出版說明

1.《清代全史》與清史研究

中華民國史專題第四屆討論會 — 民國以來的史料與史學，1997 年 12 月 18 日至 20 日；收入《中華民國史專題論文集：第四屆討論會》，臺北，國史館，1998 年 12 月，頁 891-922。

2.清太宗嗣統與朝鮮丁卯之役

《趙鐵寒先生紀念論文集》，臺北：文海出版社，1978 年 4 月，頁 655-677。

3.清高宗敕譯《四書》的探討

《滿族文化》，第 9 期，1986 年 5 月，頁 1-8。

4.清代民間秘密宗教的寶卷與無生老母信仰

〈清代民間宗教的寶卷及無生老母信仰〉（上），《大陸雜誌》第 74 卷第 4 期，1987 年 5 月，頁 23-32。〈清代民間宗教的寶卷及無生老母信仰（下）〉，《大陸雜誌》，第 74 卷第 5 期，1987 年 5 月，頁 22-32。

5.清初閩粵人口壓迫與偷渡臺灣

《大陸雜誌》，第 60 卷第 1 期，1980 年 1 月，頁 25-33。

6.清代前期對天主教從容教政策到禁教政策的轉變

歷史與宗教 — 紀念湯若望四百週年誕辰暨天主教傳華史學國際研討會，輔仁大學主辦，1992 年 10 月 22 日；收入《歷史與宗教 — 紀念湯若望四百週年誕辰暨天主教傳華史學國際研討會論文集》，臺北：輔仁大學，1992 年 12 月，頁 308-331。

7.從取締民間秘密宗教律例的修訂看清代的政教關係

第二屆中國政教關係國際學術研討會，淡江大學歷史學系主辦，1990 年 12 月 21 日至 23 日；收入《第二屆中國政教關係國際學術研討會論文集》，淡江大學，1991 年 6 月，頁

253-293。

8.諾們罕阿旺札木巴勒楚勒齊木被控案件檔案資料與藏學研究

海峽兩岸藏學研討會，國立政治大學民族學系、中國社會科學院民族研究所共同主辦，陝西西安，1999 年 8 月 17 日至 19 日。

9.暹羅國王鄭昭入貢清廷考

《大陸雜誌》，第 51 卷第 3 期，1975 年 9 月，頁 24-39。

10.從民族主義論孫中山先生講述會黨歷史的時代意義

第二屆孫中山與現代中國學術研討會，1999 年 1 月 5 日至 7 日；收入《第二屆孫中山與現代中國學術研討會論文集》，國父紀念館，1999 年 5 月，頁 1-21。

清史論集（五）2000 年 3 月

出版說明

1.建州三衛的設置及其與朝鮮的關係

中韓關係史國際研討會，中華民國韓國研究學會主辦，1981 年 12 月 12 日至 15 日；收入《中韓關係史國際研討會論文集（960-1949）》，臺北，中華民國韓國研究學會，1983 年 3 月，頁 163-180。

2.清世宗與奏摺制度的發展

《歷史學報》，第 4 期，1976 年 4 月，頁 197-220。

3.清代廷寄制度沿革考

《幼獅月刊》第 41 卷 7 期，1975 年 7 月，頁 67-72。

4.清世宗禁止偷渡臺灣的原因

《食貨月刊》，復刊第 13 卷，第 7-8 期合刊，1983 年 11 月，頁 293-301。

5.從故宮檔案看清代的淡水

第一屆淡水學學術研討會，淡江大學歷史學系主辦，1998 年 12 月 12 日至 13 日；收入《淡水學學術研討會：過去・現在・未來論文集》，臺北，國史館，1999 年 4 月，頁 49-74。

6.清代民間秘密宗教的源流及其社會功能

《大陸雜誌》，第 82 卷第 2 期，1991 年 2 月，頁 1-16。

7.清朝宗教政策的探討

明清文化國際學術研討會，歷史文學學會、佛光大學南華管理學院、美國亞利桑納大學東亞研究系聯合主辦，1999 年 4 月 30 日至 5 月 1 日；收入王成勉主編，《明清文化新論》，臺北，文津出版社有限公司，2000 年 9 月，頁 31-89。

8.清代秘密社會的財源

財政與近代歷史學術研討會，中央研究院近代史研究所主辦，1998 年 11 月 27 日至 28 日；收入《財政與近代歷史論文集（上冊）》，臺北，中央研究院近代史研究所，1999 年 6 月，頁 199-234。※原題：〈清代秘密社會的財政體系〉

9.于式枚與德國憲政考察

近代中國歷史人物學術研討會，中央研究院近代史研究所主辦，1993 年 2 月 4 日至 6 日；收入《近代中國歷史人物論文集》，臺北，中央研究院近代史研究所，1993 年 6 月，頁 199-224。

10.兩廣會黨與辛亥革命

國父建黨革命一百週年學術討論會，中國國民黨中央黨史委員會主辦，1994 年 11 月 19 日至 23 日；收入《國父建黨革命一百週年學術討論會論文集 — 革命開國史》，臺北，近代中國出版社，1995 年 3 月，頁 274-305。

清史論集（六）2000 年 10 月

出版說明

1.南懷仁與清初曆法的改革

南懷仁逝世三百週年國際學術討論會，輔仁大學主辦，1987 年 12 月 17 日至 18 日；《南懷仁逝世三百週年國際學術討論會論文集》，新莊，輔仁大學，1987 年 12 月，頁 125-149。

2.從數目名字的演變看清代滿族的漢化

第一屆國際滿學研討會，北京社會科學院滿學研究所主辦，1992 年 8 月 15 日至 17 日；收入閻崇年主編，《滿學研究》，第二輯，北京，民族出版社，1994 年 12 月，頁 169-201。

3.從北亞草原族群薩滿信仰的演變看佛道思想的普及化

民間信仰與中國文化國際研討會，1993 年 4 月 26 日至 28 日；收入《民間信仰與中國文化國際研討會論文集（上冊）》，臺北，漢學研究中心，1994 年，頁 353-371。※原題：〈從北亞草原族群薩滿信仰的變遷看儒釋道思想的普及化〉

4.清代乾隆年間的收元教及其支派

《大陸雜誌》，第 63 卷第 4 期，1981 年 10 月，頁 40-50。

5.王錫侯字貫案初探

《史原》，第 4 期，1973 年 10 月，頁 137-156。

6.從清代封貢關係看中琉文物的交流

第四屆中琉歷史關係國際學術會議，那霸，1990 年 11 月 21 日至 22 日；收入《第四屆中琉歷史關係國際學術會議論文集》（中文版），臺北，中琉文化經濟協會，1994 年 8 月，頁 55-71。

7.興滅繼絕・字小存亡 — 清高宗用兵於安南的政治理念

中國與亞洲國家關係史學術研討會，1993 年 7 月 1 日；收入鄭樑生主編，《中國與亞洲國家關係史學術研討會論文集》，臺北，淡江大學歷史學系，1993 年 10 月，頁 51-71。※原題：〈興滅繼絕・濟弱扶傾 — 清高宗用兵於安南的政治理念〉

8.清代滿文族譜的史料價值 — 以托雲保、李佳氏興墾達爾哈族譜為例

第六屆亞洲族譜學術研討會，聯合報文化基金會國學文獻館主辦，臺北，1991 年 10 月 4 日至 5 日；《第六屆亞洲族譜學術研討會會議紀錄》，臺北，聯合報文化基金會國學文獻館，1993 年 5 月，頁 157-181。※原題：〈清代滿文族譜研究 — 以滿通阿等族譜為例〉

9.清初人口流動與乾隆年間（1736-1795）禁止偷渡臺灣政策的探討

《淡江史學》，第 1 期，1989 年 6 月，頁 67-98。

10.清代臺灣自然災害及賑災措施

《臺灣文獻》第 51 卷 1 期，2000 年 3 月，頁 23-44。

11.從史學的觀點談研究中國邊疆的理論與方法

林恩顯主編，《中國邊疆研究理論與方法》，渤海堂文化公司，1992 年 8 月，頁 383-401。

12.滿洲族譜的整理概況及其史料價值

第七屆亞洲族譜學術研討會，聯合報文化基金會國學文獻館主辦，1996 年 5 月 22 至 25 日；收入《第七屆亞洲族譜學術研討會會議紀錄》，臺北，聯合報文化基金會國學文獻館，1996 年 7 月，頁 21-51。※原題：〈滿洲族譜的現存概況及其史料價值〉

清史論集（七）2000 年 10 月

出版說明

1.滿鮮通市考

《食貨月刊》，復刊第5卷6期，1975年9月，頁273-290。

2.從奏摺制度的沿革論清代前期中央與地方的關係

中華民國史專題第五屆討論會 —— 國史上中央與地方的關係，1999年12月16日至18日；收入《中華民國史專題論文集：第五屆討論會》，臺北，國史館，2000年12月，頁977-1027。

3.清代前期西藏與尼泊爾的歷史關係

兩岸蒙古學藏學學術研討會，1995年1月16日至18日；收入《兩岸蒙古學藏學學術研討會論文集》，臺北，蒙藏委員會，1995年1月，頁541-569。

4.薩滿與跳神驅祟

《民俗曲藝》，第91期，1994年9 月，頁355-394。

5.清代的文化政策與薩滿信仰

第二屆中國邊疆史學術研討會，蒙藏委員會、國立臺灣師範大學歷史系共同主辦，1996年4月27日；收入蒙藏委員會、國立臺灣師範大學歷史系編，《第二屆中國邊疆史學術研討會論文集》，臺北，蒙藏委員會，1996年5月，頁43-72。

6.清代三陽教的起源及其思想信仰

《大陸雜誌》第63卷第5期，1981年11月，頁30-39。

7.清季南北洋海防經費的籌措

《大陸雜誌》，第55卷第5期，1977年12月，頁28-40。

8.盛清時期臺灣秘密會黨的起源及其性質

《淡江史學》，第11期，2000年6月，頁177-194。

9.故宮滿文檔案的史料價值

《臺灣文獻》，第48卷第3期，1997年9月，頁149-161。

※原題：〈故宮檔案與清代臺灣史研究 — 宮中檔滿文奏摺的史料價值〉

清史論集（八）2000年11月

出版說明

1.從得勝圖銅版畫的繪製看清初中西文化的交流

第二屆中外關係史國際學術研討會，淡江大學歷史學系主辦，1992年6月26日至27日；收入鄭樑生主編，《第二屆中外關係史國際學術研討會論文集》，臺北，淡江大學歷史學系，1992年9月，頁187-210。※原題：〈從清初中西文化的交流看得勝圖的繪製〉

2.清高宗禁教考

〈清高宗禁教考（上）〉，《國立中央圖書館館刊》，第7卷第1期，1974年3月，頁105-114。〈清高宗禁教考（下）〉，《國立中央圖書館館刊》，第7卷第2期，1974年9月，頁137-147。

3.清代義和拳源流考

《大陸雜誌》，第65卷第6期，1982年12月，頁16-25。

4.清代臺灣土地開發與族群衝突

《臺灣史蹟》，第36期，2000年6月，頁3-31。

5.信仰與生活 — 從現藏檔案資料看清代臺灣的民間信仰

《臺灣文獻》，第51卷第3期，2000年9月，頁123-137。

6.同光年間的地方財政與自強經費的來源

清季自強運動研討會，中央研究院近代史研究所主辦，1987年8月21日至23日；收入《清季自強運動研討會論文集》，臺北，中央研究院近代史研究所，1988年6月，頁1069-1111。

清史論集（九）2002 年 5 月

出版說明

1.**清初錢貴原因管窺**

《故宮文獻》，第 5 卷第 1 期，1973 年，頁 5-21。

2.**故宮檔案與清代臺灣法制史研究**

《法制史研究》，第 4 期，2003 年 12 月，頁 245-280。

3.**《清代中琉關係檔案選編》的史料價值**

《第六屆中琉歷史關係學術會議論文集》，北京，中國第一歷史檔案館，2000 年。

4.**故宮檔案與清代民間宗教信仰研究**

第三屆史學與文獻學學術研討會，東吳大學歷史系主辦，2000 年 5 月 26 日；收入《第三屆史學與文獻學學術研討會論文集》，臺北，東吳大學歷史系，2000 年，頁 237-280。

5.**天地會文件的發現及其史料價值**

《大陸雜誌》，第 68 卷第 4 期，1984 年 4 月，頁 36-45。

6.**臺灣小刀會源流考**

《食貨月刊》，復刊第 4 卷第 7 期，1974 年 10 月，頁 293-303。

7.**清高宗查禁羅教的經過**

《大陸雜誌》，第 63 卷 3 期，1981 年 9 月，頁 35-43。

8.**清代青蓮教的發展**

《大陸雜誌》，第 71 卷第 5 期，1985 年 11 月，頁 25-36。

9.**京師大學堂開辦日期考**

《東方雜誌》，第 3 卷第 5 期，1969 年 11 月，頁 89-90。

10.**清季上海機器織布局的沿革**

《大陸雜誌》，第 40 卷第 4 期，1970 年 2 月，頁 23-27。

11.清季鐵路經費的籌措

《大陸雜誌》，第 56 卷第 6 期，1978 年 6 月，頁 6-17。

12.鄉土情・義民心 — 清代臺灣義民的社會地位與作用

清代檔案與臺灣史研究 — 第一屆清代檔案國際學術研討會，臺北，國立故宮博物院主辦，2001 年 6 月 15 日至 16 日；收入《故宮學術季刊》，第 19 卷第 1 期，臺北，2001 年 9 月，頁 263-293。

清史論集（十）2002 年 5 月

出版說明

1.德治・法治・文治 — 從奏折制度的沿革論盛清諸帝的治術

明清史國際研討會：明清兩代帝王及其輔臣之治術，香港大學中文系主辦，香港，2001 年 4 月 27 日至 29 日。※原題：〈從奏摺制度的沿革論盛清諸帝的治道〉

2.圖理琛著《異域錄》滿文本與漢文本的比較

《滿族文化》第 5 期，1983 年 9 月，頁 1-8。

3.從《朝鮮王朝實錄》看朝鮮君臣心目中的中國帝王

第七屆中國域外漢籍國際學術會議，聯合報文化基金會國學文獻館、日本早稻田大學共同主辦，日本東京，1992 年 5 月 7 日至 9 日；收入《第七、八屆中國域外漢籍國際學術會議論文集合刊》，聯合報文化基金會國學文獻館，臺北，1995 年 10 月，頁 211-229。原題：〈從《李朝實錄》看朝鮮君臣心目中的清朝皇帝〉

4.清代起居注冊與滿學研究

第二屆國際滿學研討會，北京社會科學院滿學研究所主辦，1999 年 8 月 10 日至 12 日；收入閻崇年主編，《滿學研究》，第六輯，北京，民族出版社，2000 年 12 月，頁 138-168。

5.戰爭與地理 — 以清朝嘉慶初年川陝楚白蓮教之役為例

中國史地關係學術研討會 — 紀念張其昀先生百歲誕辰，中國文化大學史學研究所主辦，臺北，2000 年 11 月 7 日至 8 日。

6.清代道光年間的民間秘密宗教

《大陸雜誌》第 65 卷第 2 期，1982 年 8 月，頁 35-50。

7.清代漕運糧船幫與青幫的起源

《中國歷史學會史學集刊》，第 18 期，1986 年 7 月，頁 219-240。

8.清宮檔案中口供史料之評估與運用

9.清代檔案的典藏整理與軍事史研究

10.清季出使經費的籌措

《大陸雜誌》，第 55 卷第 2 期，1977 年 8 月，頁 25-33。

11.清季釐金與新政經費的來源

《大陸雜誌》，第 57 卷第 6 期，1978 年 12 月，頁 14-26。

清史論集（十一）2003 年 7 月

出版說明

1.鄭成功與天地會的創立傳說

2.清代哥老會源流考

《食貨月刊》，復刊第 9 卷第 9 期，1979 年 12 月，頁 330-338。

3.清代閩粵地區的社會經濟變遷與秘密會黨的發展

中央研究院第二屆國際漢學會議，1986 年 12 月 29 日至 31 日；收入《中央研究院第二屆國際漢學會議論文集 — 明清與近代史組（上冊）》，臺北，1989 年 6 月，頁 409-445。

4.英國現藏清代檔案資料簡介

〈英國現藏清代史料簡介（上）〉，《故宮季刊》，第 15 卷第 3 期，1981 年春季，頁 105-116。〈英國現藏清代史料簡介（下）〉，《故宮季刊》，第 15 卷第 4 期，1981 年夏季，頁 87-112。

5.故宮檔案與清代社會史研究

檔案利用與歷史研究學術研討會，臺北，國立中央大學文學院、中華檔案暨資訊微縮管理學會共同主辦，1997 年 12 月 21 日。

6.從故宮檔案看清初中琉關係

第二屆琉中歷史關係國際學術會議，中琉文化經濟協會主辦，那霸，1988 年 10 月 13 日至 14 日；收入《第二屆琉中歷史關係國際學術會議論文集》（中文版），臺北，1990 年 10 月，頁 15-46。

7.從故宮檔案看清代臺灣港口的滄桑

《臺灣文獻》，第 52 卷第 1 期，2001 年 3 月，頁 181-198。

※原題：〈歷史與地理：從故宮檔案看清代臺灣港口的滄桑〉

8.篳路藍縷：從檔案資料看清代臺灣粵籍客民的拓墾過程與社區發展

客家文化學術研討會 — 語文、婦女、拓墾與社區發展，行政院客家委員會主辦，中壢，2002 年 10 月 30 日至 31 日；收入賴澤涵主編，《客家文化學術研討會論文集》，臺北市，行政院客家委員會，2002 年 12 月，頁 263-286。

9.從故宮檔案看國民革命運動的發展

《近代中國》，第 63 期，1988 年 2 月，頁 270-285。

10.清季學堂經費的來源

《大陸雜誌》，第 57 卷第 2 期，1978 年 8 月，頁 9-23。

11.**評介路遙著《山東民間秘密教門》**

《中國現代史書評選輯》，第26輯，國史館，2001年12月，頁25-46。

清史論集（十二）2003年7月

出版說明

1.saha・**知道了 — 奏摺硃批諭旨常見的詞彙**

馮明珠主編，《文獻與史學：恭賀陳捷先教授七十嵩壽論文集》，臺北，遠流出版公司，2002年7月，頁178-198。

2.**清世宗入承大統與皇十四子更名考釋**

《大陸雜誌》，第67卷第6期，1983年12月，頁16-24。

3.**故宮檔案與清初天主教史研究**

郎世寧之藝術 — 宗教與藝術學術研討會，輔仁大學主辦，新莊，1988年12月15日至16日；收入輔仁大學主編，《郎世寧之藝術 — 宗教與藝術學術研討會論文集》，臺北，幼獅文化公司，1991年。

4.**從鄂爾泰已錄奏摺談《硃批諭旨》的刪改**

《故宮季刊》，第10卷第2期，1975年冬季，頁21-44。

5.**清高宗時代的中緬關係**

《大陸雜誌》，第45卷第2期，1972年8月，頁11-37。

6.**清代淡水海域的自然生態與經濟活動**

第二屆淡水學學術研討會，淡江大學歷史學系主辦，2001年12月7日至8日；收入淡江大學歷史學系主編，《二〇〇一年淡水學學術研討會 — 歷史、生態、人文論文集》，臺北，國史館，2003年4月，頁191-216。※原題：〈歷史與地理：清代淡水海域的自然生態與經濟活動〉

7.從現藏檔案資料看清代臺灣的文教措施

《臺灣文獻》，第 51 卷第 4 期，2000 年 12 月，頁 5-31。

8.從檔案資料看清代臺灣的客家移民與客家義民

兩岸三地義民信仰與客家社會學術研討會，中央大學客家研究中心主辦，中壢，2001 年 12 月 3 日至 4 日；收入，賴澤涵、傅寶玉主編，《義民信仰與客家社會》，臺北，南天書局，2006 年 1 月，頁 13-38。※原題：〈從檔案資料看清朝君臣心目中的臺灣客家移民與義民〉

9.從故宮檔案看清代的連江縣及馬祖列島 — 以《宮中檔》奏摺及《軍機處檔》奏摺錄副爲例

第一屆馬祖列島發展史國際學術研討會，連江縣社會教育館主辦，1999 年 7 月 3 日至 4 日；收入邱金寶主編，《第一屆馬祖列島發展史國際學術研討會論文集》，劉立群出版，2000 年，頁 211-226。※原題：〈從臺北故宮檔案看連江縣史料〉

10.庚子惠州革命運動始末

《大陸雜誌》，第 41 卷第 4 期，1970 年 8 月，頁 24-31。

11.評介蔡少卿著《中國近代會黨史研究》

《中國現代史書評選輯》，第 8 輯，國史館，1992 年 6 月，頁 1-16。

清史論集（十三）2004 年 4 月

出版說明

1.正統與異端：盛清時期活躍於民間的宗教信仰

2.法古與仿古：從文獻資料看清初君臣對古代書畫器物的興趣

故宮古色專題演講系列，2003 年 12 月 1 日。※原題：〈法古與仿古：從檔案資料看清初君臣對歷代書畫器物的收藏與鑑賞〉

3.運際郅隆：乾隆皇帝及其時代

《滿族文化》，第 28 期，2003 年 2 月，頁 11-21。

4.信仰與生活：薩滿信仰的社會功能

《滿族文化》，第 10 期，1987 年 5 月，頁 1-15。

5.傳統與創新：從現存史館檔看清史的纂修

第一屆清史學術研討會，宜蘭佛光大學舉辦，宜蘭，2003 年 10 月 27 至 29 日；收入陳捷先、成崇德、李紀祥主編，《清史論集(下冊)》，北京：人民出版社，2006 年，頁 1057-1081。

6.文獻足徵：故宮檔案與清朝法制史研究

《法制史研究》，第 4 期，2003 年 12 月，頁 245-280。

7.財政與邊政：清季東北邊防經費的籌措

《東吳文史學報》，第 3 期，1978 年 6 月，頁 93-102。

8.評介金澤著《中國民間信仰》

《中國現代史書評選輯》，第 25 輯，國史館，2000 年 12 月，頁 259-284。

9.評介赫治清著《天地會起源研究》

《中國現代史書評選輯》，第 19 輯，國史館，1997 年 12 月，頁 1-24。

清史論集（十四）2004 年 10 月

出版說明

1.四海之內皆兄弟：歷代的秘密社會

杜正勝主編，《中國文化新論社會篇：吾土吾民》，臺北，聯經出版事業有限公司，1982 年 11 月，頁 283-334。

2.輕徭薄賦：歷代的財政與稅務

劉石吉主編，《中國文化新論經濟篇：民生的開拓》，臺北，聯經出版事業有限公司，1982 年 11 月，頁 525-569。

3.清高宗兩定準噶爾始末

〈清高宗兩定準噶爾始末（上）〉，《故宮文獻》，第 4 卷第 2 期，1973 年 3 月，頁 37-54。〈清高宗兩定準噶爾始末（下）〉，《故宮文獻》，第 4 卷第 3 期，1973 年 6 月，頁 27-44。

4.三教應劫：清代彌勒信仰與劫變思想的盛行

5.清太宗漢文實錄初纂本與重修本的比較

《故宮文獻》，第 4 卷第 1 期，1972 年 12 月，頁 57-68。

6.清代國史館的傳記資料及列傳的編纂

《幼獅學誌》，第 16 卷第 1 期，1980 年 6 月，頁 153-182

7.清季改題為奏略考

《故宮文獻》，第 1 卷第 4 期，1970 年 9 月，頁 13-20。

8.從故宮檔案看清代臺灣行政區域的調整

《臺灣文獻》，第 49 卷第 4 期，1998 年 12 月，頁 127-147。

9.清代臺灣基督教的教堂分佈及其活動

《臺灣文獻》，第 52 卷第 4 期，2001 年 12 月，頁 41-63。

10.評介秦寶琦著《中國地下社會》

《國史館館刊》第 21 期，1996 年 12 月，頁 265-281。又《中國現代史書評選輯》，第 16 輯，臺北：國史館，1996 年 6 月，頁 1-31。

清史論集（十五）2005 年 6 月

出版說明

1.參漢酌金 — 從家譜的纂修論清代滿族文化的變遷與適應

中國大陸少數民族社會文化的變遷與適應學術研討會，中華發展基金會主辦、國立政治大學民族學系承辦，2004 年 11 月 25 日至 26 日；收入《中國大陸少數民族社會文化的變遷與適應學術研討會論文集》，國立政治大學民族學系，2004 年 12 月。

2.他山之石 — 朝鮮君臣論盛清諸帝

李國祁編，《郭廷以先生百歲冥誕紀念史學論文集》，臺北，臺灣商務印書館，2005 年 1 月，頁 75-106。

3.新年大喜 — 清朝皇帝過新年

故宮冬令文物研習會演講，2005 年 1 月 28 日。※原題：〈清代皇帝如何過年〉

4.文獻考察 — 薩滿文本與薩滿信仰研究

5.官逼民反 — 臺灣天地會的發展與林爽文之役

《大陸雜誌》，第 41 卷第 12 期，1970 年 12 月，頁 11-32。※原題：〈清初天地會與林爽文之役〉

6.文獻足徵 — 國立故宮博物院現藏清代臺灣檔案舉隅

國學文獻館主編，《臺灣地區開闢史料學術論文集》，聯經出版事業有限公司，1996 年 6 月，頁 1-36。

7.鞏固屏障 — 清代臺灣築城檔案簡介

《臺灣文獻》，第 49 卷第 1 期，1998 年 3 月，頁 105-116。

8.世治聽人，世亂聽神 — 清代臺灣民變與民間信仰

《臺灣文獻》，第 52 卷第 2 期，2001 年 6 月，頁 221-234。

9.評介宋和平著《尼山薩滿研究》

《中國現代史書評選輯》，第 23 輯，國史館，1999 年 12 月，頁 1-20。

10.評介胡珠生著《清代洪門史》

《中國現代史書評選輯》，第 23 輯，國史館，1999 年 12 月，頁 21-43。

清史論集（十六）2006 年 7 月

出版說明

1.**文獻足徵 — 《滿文原檔》的由來及其史料價值**

馮明珠主編，《滿文原檔》，臺北，沉香亭企業社，2006 年。

2.**清史館與清史稿 — 清史館未刊紀志表傳的纂修及其史料價值**

文獻足徵：第二屆清代檔案國際學術研討會，臺北，國立故宮博物院主辦，2005 年 11 月 3 日至 5 日；收入《故宮學術季刊》，第 23 卷第 2 期，臺北，2005 年 12 月，頁 161-199。

3.**宵旰勤政 — 清世宗雍正皇帝的歷史地位**

4.**他山之石 — 清代琉球貢使入京活動的歷史考察**

中琉文化經濟協會、中央研究院人文社會科學研究中心及曹永和文教基金會聯合主辦，第 10 屆中琉歷史關係國際學術研討會，2005 年 12 月 9 日至 10 日。※原題：〈琉球貢使在清朝北京的活動〉

5.**十全武功 — 清高宗兩定金川之役**

《大陸雜誌》，第 46 卷第 1 期，1973 年 1 月，頁 1-30。

6.**十全武功 — 清高宗降服廓爾喀之役**

《大陸雜誌》，第 43 卷第 2 期，1971 年 8 月，頁 1-25。

7.**從故宮現藏檔案談清代民間秘密宗教盛行的原因**

《故宮學術季刊》，第 1 卷 1 期，1983 年秋季，頁 97-115。

※原題：〈從院藏檔案談清代秘密宗教盛行的原因〉

8.**清代臺灣移墾社會的形成與秘密會黨的起源及發展**

第二屆臺灣開發史研討會，東海大學歷史學系主辦，1988 年 1 月 14 日至 15 日；收入《東海大學歷史學報》，第 9 期，1988 年 7 月，頁 19-39。※原題：〈清代臺灣移墾社會與秘

密會黨〉

9.**隱語暗號 —— 清代秘密社會通俗文化的特色**

近世中國的社會與文化（960-1800）國際學術研討會，國立臺灣師範大學歷史學系主辦，2005 年 12 月；收入《近世中國的社會與文化（960-1800）論文集》，臺北：臺灣師範大學歷史學系，2007 年 5 月，頁 217-246。※原題：〈隱文化 —— 清代秘密社會通俗文化的特色〉

10.**評介孟慧英著《薩滿英雄之歌 —— 伊瑪堪研究》**

《國史館館刊》，第 29 期，國史館，2000 年 12 月，頁 217-228。

清史論集（十七）2006 年 7 月

出版說明

1.**傳承與創新 —— 從民間宗教寶卷的流傳分析通俗文化的社會適應中國文化**

傳承與創新 —— 紀念牟復禮教授國際學術研討會，耶魯大學東亞語言與文學學系、普林斯頓大學東亞研究所、中央大學歷史研究所主辦，桃園中壢，2006 年 11 月 20 日至 21 日；收入王成勉編，《中華文化的傳承與創新 —— 紀念牟復禮教授論文集》，香港中文大學出版社，2009 年 3 月。

2.**從現存史館檔看清史的纂修**

第一屆清史學術研討會，宜蘭佛光大學舉辦，宜蘭，2003 年 10 月 27 至 29 日；收入陳捷先、成崇德、李紀祥主編，《清史論集（下冊）》，北京：人民出版社，2006 年，頁 1057-1081。

3.**回顧與前瞻 —— 清宮檔案的整理出版與檔案術語的規範**

清代檔案整理與館際合作：第三屆清代檔案國際學術研討會，國立故宮博物院、中央研究院歷史語言研究所、數位典藏國家型科技計畫內容發展分項計畫共同主辦，臺北，2006年11月2日至3日；收入《第三屆清代檔案國際學術研討會會議論文》，2006年11月，頁359-393。

4.臺灣的滿學研究

閻崇年主編，《滿學研究》，第一輯，吉林，吉林文史出版社，1992年5月，頁322-337。

5.清史研究的前景 — 新史料的發現與新清史研究

6.激濁揚清為國得人 — 清朝的官箴制度

《歷史月刊》，第124期，1998年5月，頁59-67。

7.源遠流長 — 通古斯民族的源流及其分布

8.結盟拜會 — 從社會經濟變遷看清代臺灣秘密會黨的發展

明清史國際學術研討會，香港大學主辦，1985年12月12日至15日；收入香港大學編，《國際明清史研討會論文》，1985年12月。

9.評介宋恩常著《雲南少數民族社會調查研究》

《中國現代史書評選輯》，第7輯，國史館，1991年6月，頁240-255。

10.評介烏丙安著《中國民間信仰》

《中國現代史書評選輯》，第21輯，國史館，1998年12月，頁179-198。

清史論集（十八）2008年4月

出版說明

1.傳統與創新 — 清朝國史館暨民初清史館纂修列傳體例初探

再造與衍義 — 文獻學國際學術研討會，國立故宮博物院，中央研究院中國文哲所、淡江大學漢語文化暨文獻資源研究所主辦，臺北，2007 年 11 月 15 日至 16 日；收入《故宮學術季刊》，第 25 卷第 3 期，臺北，2008 年 3 月，頁 69-124。

2.從故宮檔案看臺灣原住民圖像的繪製經過

《臺灣文獻》，第 50 卷第 1 期，1999 年 3 月，頁 129-150。※原題:〈故宮檔案與清代史研究 — 從故宮檔案看臺灣原住民圖像的繪製經過〉

3.從故宮博物院現藏檔案看《歷代寶案》的史料價值

第三屆中琉歷史文化關係國際學術會議，臺北，1990 年 11 月 15 日至 20 日；收入《第三屆中琉歷史文化關係國際學術會議論文集》，臺北：中琉文化經濟協會，1991 年 6 月，頁 179-234。

4.清代專案檔的史料價值

〈清代專案檔的史料價值（上）〉，《故宮季刊》，第 13 卷第 2 期，1978 年冬季，頁 65-77。〈清代專案檔的史料價值（下）〉，《故宮季刊》，第 13 卷第 3 期，1979 年春季，頁 39-53。

5.天象示警・禳之以德 — 從朝鮮君臣談話分析天人感應的政治預言

《歷史月刊》，100 期，1996 年 5 月，頁 118-123。

6.清高宗冊封安南國王阮光平始末

〈清高宗冊封安南國王阮光平始末（上）〉，《故宮文獻》，第 2 卷第 3 期，1971 年 6 月，頁 15-27。〈清高宗冊封安南國王阮光平始末（下）〉，《故宮文獻》，第 2 卷第 4 期，1971 年 9 月，頁 63-79。

7.清代清茶門教的傳佈及其思想信仰

《大陸雜誌》，第 68 卷第 6 期，1984 年 6 月，頁 36-47。

8.清史館未刊紀志表傳稿本敘錄

馮明珠主編，《清史館未刊紀志表傳稿本專輯：表》，臺北市，沉香亭企業，2006 年 10 月。

9.評介于本源著《清王朝的宗教政策》

《中國現代史書評選輯》，第 26 輯，國史館，2001 年 12 月，頁 25-46。

清史論集（十九）2008 年 5 月

出版說明

1.天高皇帝遠 — 清朝西陲的邊臣疆吏

中國歷代邊臣疆吏國際學術研討會，法國遠東學院、中央研究院歷史語言研究所合辦，臺北，2006 年 10 月 2 日至 4 日；收入於《邊臣與疆吏》論文集，北京，中華書局，2007 年 12 月。

2.清太祖武皇帝實錄敘錄

《故宮圖書季刊》，第 1 卷第 1 期，1970 年 7 月，頁 55-135。

3.史料歷劫 — 從故宮舊檔看清實錄的竄改

《歷史月刊》，第 8 期，1988 年 9 月，頁 19-25。

4.清初火耗歸公的探討

《大陸雜誌》，第 70 卷第 5 期，1985 年 5 月，頁 27-45。

5.雍正皇帝與清朝養廉制度的確立

《大陸雜誌》，第 60 卷第 3 期，1980 年 3 月，頁 14-24。※原題：〈清世宗與養廉制度的確立〉

6.錐拱雕鏤・賦物有象 — 唐英督陶文獻

《故宮文物月刊》，第 129 期，1993 年 12 月，頁 62-71。

7.清代教案史料的蒐集與編纂

《幼獅月刊》，第 47 卷第 2 期，1978 年 2 月，頁 31-35。

8.清朝起居注冊的纂修及其史料價值

《歷史學報》第 7 期，1979 年 5 月，頁 189-209。※原題：〈清代起居注冊的編纂及其史料價值〉

9.清代秘密社會史的研究與出版

10.清代江西人口流動與秘密會黨的發展

《大陸雜誌》，第 76 卷第 1 期，1988 年 1 月，頁 1-20。

11.從現藏故宮檔案看臺灣民間金蘭結義的活動

《臺灣文獻》，第 50 卷第 3 期，1999 年 9 月，頁 27-41。※原題:〈故宮檔案與清代臺灣史研究 — 從現藏檔案看臺灣民間金蘭結義的活動〉

12.從故宮檔案論劉銘傳在臺灣的建樹

《歷史月刊》，第 96 期，1996 年 1 月，頁 38-43。

13.文獻足徵：陳捷先教授與故宮檔案的整理出版

《文獻與史學：恭賀陳捷先教授七十嵩壽論文集》附錄一，臺北：遠流出版公司，2002 年 7 月，頁 492-495。

14.評介楊建新著《中國西北少數民族史》

《國史館館刊》，第 15 期，國史館，1993 年 12 月，頁 259-268。

清史論集（廿）2010 年 7 月

出版說明

1.宗教與巫術 — 以北亞薩滿信仰的文化特質為中心

匯聚：交流中所形塑的亞洲國際學術研討會，國立故宮博物院、中央研究院文哲研究所合辦，2009 年 5 月 20 日至 22 日。

2.明慎用刑 — 從故宮檔案論清朝政府的恤刑思想

《法制史研究》，第 15 期，2009 年 6 月，頁 143-184。

3.承先啓後 — 雍正皇帝及其時代

4.清文國語 — 滿文史料與雍正朝的歷史研究

兩岸故宮第一屆學術研討會：為君難 — 雍正其人其事及其時代，國立故宮博物院、北京故宮博物院合辦，2009 年 11 月 4 日至 6 日；收入國立故宮博物院編，《兩岸故宮第一屆學術研討會：為君難 — 雍正其人其事及其時代論文集》，2010 年 8 月，頁 219-281。

5.奏摺錄副 — 清高宗乾隆朝《軍機處檔・月摺包》的史料價值

《故宮季刊》，第 11 卷第 3 期，1977 年春季，頁 19-39。

6.列事作傳 — 清朝歷史人物的點滴

7.師巫邪術 — 清代術士的活動

8.地闢於丑・土牛迎春 — 牛圖騰崇拜的文化意義

《故宮文物月刊》，第 310 期，2009 年 1 月，頁 44-51。

9.陳捷先教授著《雍正：勤政的皇帝・傳奇的一生》導讀

陳捷先著，《雍正：勤政的皇帝・傳奇的一生》，臺北，國立故宮博物院，2009 年 9 月，頁 viii-xiii。

10.評介馬西沙・韓秉方著《中國民間宗教》

《中國現代史書評選輯》，第 13 輯，國史館，1994 年 12 月，頁 25-61。

清史論集（廿一）2011 年 6 月

出版說明

1.臺北故宮博物院現藏檔案與清朝宮廷史研究

第一屆明清宮廷史國際學術研討會，故宮博物院明清宮廷史研究中心主辦， 2009 年 10 月；收入故宮博物院編，《明清宮廷史學術研討會論文集（第一輯）》，北京，紫禁城出版社，2011 年 4 月。

2.中體西用 — 以盛清時期中西藝術交流為中心

第六屆文化交流史暨方豪教授百年誕辰紀念：先驅、探索與創新國際學術研討會，輔仁大學歷史學系主辦，2010 年 5 月 14 日至 15 日；收入《史學彙刊》，第 26 期，2010 年 12 月，頁 125-178。

3.他山之石 — 朝鮮君臣對話中的大清盛世皇帝

李國祁編，《郭廷以先生百歲冥誕紀念史學論文集》，臺北，臺灣商務印書館，2005 年 1 月，頁 75-106。※原題：〈他山之石 — 朝鮮君臣論盛清諸帝〉

4.翠華南幸．揚州寫真 — 盛清君臣眼中的揚州

盛清社會與揚州高端學術研討會，揚州市政府主辦，2010 年 10 月 23 日至 24 日；收入馮明珠主編，《盛清社會與揚州研究》，遠流出版事業股份有限公司，2011 年 12 月，頁 177-226。

5.白山黑水 — 滿洲三仙女神話的歷史考察

《國立歷史博物館館刊》，第 211 期，2011 年 2 月，頁 6-13。

6.瑞兔呈祥迎辛卯 — 兔圖騰崇拜的文化意義

《故宮文物月刊》，第 335 期，2011 年 2 月，頁 68-77。

7.純嘏天錫 — 康熙皇帝談養生之道

《故宮文物月刊》，第 86 期，1990 年 5 月，頁 58-67。

8.政治與宗教 — 清代嘉慶年間民間秘密宗教的活動

9.對症下藥 — 清代康熙年間京城八旗人員的疾病醫療

10.在家如春 — 《滿漢諺語選集》導讀

11.《清國時代官署印影集》導讀

《清國時代官署印影集》，國立中央圖書館臺灣分館編，2010 年 4 月。

12.陳捷先教授著《慈禧寫真．推薦人的話》 — 探賾索微．發人

深省

陳捷先著，《慈禧寫真》，遠流出版事業股份有限公司，2010 年 5 月。

清史論集（廿二）2012 年 6 月

出版說明

1.**互動與對話 —— 從康熙年間的滿文史料探討中西文化交流**

兩岸故宮第三屆學術研討會 —— 十七、十八世紀(1662-1722)中西文化交流，臺北，國立故宮博物院、北京故宮博物院合辦，2011 年 11 月 15 日至 17 日；收入《兩岸故宮第三屆學術研討會 —— 十七、十八世紀(1662-1722)中西文化交流會議論文》，2011 年 11 月，頁 153-223。

2.**康熙盛世 —— 滿洲語文與中西文化交流**

《故宮文物月刊》，第 343 期，2011 年 10 月，頁 80-89。

3.**他山之石 —— 耶穌會士眼中的康熙皇帝**

4.**普天同慶 —— 康熙皇帝六十壽慶的文化意義**

5.**起居注冊 —— 皇帝言行的紀錄簿**

《故宮文物月刊》，第 1 期，1983 年 4 月，頁 96-101。

6.**宵旰勤政 —— 從起居注官後記論康熙皇帝的歷史地位**

7.**望聞問切 —— 清代康熙年間宮中婦女的疾病醫療**

8.**勤求治理 —— 雍正皇帝其人其事**

9.**象形會意 —— 滿文與清代藝術史研究**

10.**王言如綸 —— 清代上諭檔的史料價值**

《故宮季刊》，第 12 卷第 3 期，1978 年春季，頁 51-76。

※原題：〈清代上諭檔的史料價值〉

11.**任賢擢材 —— 咸豐皇帝其人其事**

12.**百折不撓 — 故宮典藏辛亥革命檔案簡介**

《故宮文物月刊》，第 339 期，2011 年 6 月，頁 100-107。

13.**祥龍獻瑞 — 龍圖騰崇拜的文化意義**

《故宮文物月刊》第 347 期，2012 年 2 月，頁 4-13。

14.**以古鑑今 — 評陳捷先教授著《不剃頭與兩國論》**

《歷史月刊》，第 160 期，2001 年 5 月，頁 82-84。

15.**永不閉館的皇家書室 — 向斯先生著《書香故宮》導讀**

向斯著，《書香故宮：皇家圖書館導覽手冊》，實學社，2004 年 1 月。

清史論集（廿三）2013 年 8 月

出版說明

1.**《滿文原檔》《內閣藏本滿文老檔》與清朝前史的研究**

中央研究院第四屆國際漢學會議，中央研究院歷史語言研究所主辦，「檔案考掘與清史研究：新材料與新視野」，2012 年 6 月 20 日至 22 日；收入陳熙遠主編，《中央研究院第四屆國際漢學會議論文集 — 覆案的歷史：檔案考掘與清史研究（上）》，臺北，中央研究院，2013 年 12 月，頁 59-144。

2.**文獻足徵 — 以《大清太祖武皇帝實錄》滿文本為中心的比較研究**

首屆國際滿文文獻學術研討會，中國人民大學清史研究所滿文文獻研究中心主辦，2013 年 7 月 13 日至 14 日。

3.**文獻足徵 — 以康熙朝滿文本《起居注冊》為中心的比較研究**

《滿語研究》，哈爾濱市，黑龍江省滿語研究所，2013 年第 1 期，頁 5-21。

4.manju hergen:manju gisun **— 滿洲語文在清朝歷史舞臺上所扮**

演的角色

紀念王鍾翰先生百年誕辰暨清史民族史國際學術研討會，中央民族大學歷史學院主辦，2013 年 8 月 26 日至 28 日；收入《紀念王鍾翰先生百年誕辰學術文集》，北京，中央民族大學出版社，2013 年 8 月。

5.**望聞問切 — 清代康熙年間太醫院御醫的疾病醫療活動**

6.**左道邪術 — 以道士賈士芳入宮療病為中心**

7.**乾隆皇帝**

8.**轉經佩符 — 以《轉天圖經》子丑末劫思想爲中心**

9.**紅陽末劫 — 以丙午丁未末劫思想爲中心**

10.**洗冤別錄 — 以江蘇山陽縣亡魂附身案爲中心**

11.**扶鸞禱聖 — 以清代扶乩文化爲中心**

清史論集（廿四）2015 年 5 月

出版說明

1.**穿越歷史 — 追蹤清太宗皇太極繼承汗位的內幕**

《歷史月刊》，第 199 期，2004 年 8 月，頁 110-116。

2.**日理萬幾 — 康熙皇帝的作息時間**

《歷史月刊》，第 15 期，1989 年 4 月，頁 34-42。

3.**歷史傳說 — 關於雍正皇帝繼位的傳說**

《歷史月刊》，第 6 期，1988 年 7 月，頁 13-19。

4.**君臣一體 — 雍正硃批諭旨**

《歷史月刊》，第 2 期，1988 年 3 月，頁 24-27。

5.jedz:bukdari **— 清朝滿文奏摺制度的沿革**

6.**學以致用 — 康熙年間耶穌會士與滿洲語文的傳承**

7.**整理財政 — 清世宗與錢糧虧空之彌補**

《食貨月刊》，第 7 卷第 12 期，1978 年 3 月，頁 587-601。

8.**禍不妄至 福不徒來 — 占卜與國事**

《歷史月刊》，第 126 期，1998 年 7 月，頁 50-56。

9.**真空家鄉 — 清代八卦教的組織及信仰**

《中國歷史學會史學集刊》，第 17 期，1985 年 5 月，145-164。

10.**呼畢勒罕 — 從故宮博物院典藏專案檔談西藏史料**

《西藏研究會訊》，第 4 期，1987 年 9 月，頁 9-13。

11.**故宮檔案與清代臺灣史研究 — 諭旨檔臺灣史料的價值**

《臺灣文獻》，第 48 卷第 4 期，1997 年 12 月，頁 49-57。

12.**社會衝突 — 故宮檔案與清代秘密社會史研究**

《漢學研究》，第 14 期，1989 年 12 月，頁 151-167。

13.**異性結拜 — 清代添弟會源流考**

《幼獅月刊》，第 49 卷第 1 期，1979 年 1 月，頁 65-69。

14.**開創盛運 — 《康熙傳》導讀**

蔣兆成、王日根著，《康熙傳》，臺灣商務印書館，2015 年 1 月。

15.**承先啓後 — 《雍正傳》導讀**

馮爾康著，《雍正傳》，臺灣商務印書館，2014 年 11 月。

16.**運際郅隆 — 《乾隆傳》導讀**

唐文基、羅慶泗著，《乾隆傳》，臺灣商務印書館，2015 年 2 月。

17.**實用滿語 — 《清語老乞大譯註》導讀**

《清語老乞大譯註》，文史哲出版社，2014 年 9 月，頁 3-33。

18.**佛門孝經 — 《地藏菩薩本願經》滿文譯本校註導讀**

《佛門孝經 — 地藏菩薩本願經滿文譯本校註》，文史哲出版社，2015 年 5 月，頁 3-35。

19.創制與薪傳：新疆察布察爾錫伯族與滿洲語文的傳承 — 以錫伯文教材為中心導讀

《創制與薪傳：新疆察布察爾錫伯族與滿洲語文的傳承 — 以錫伯文教材為中心》，文史哲出版社，2015 年 7 月，頁 5-88。

錫伯文教材
新疆教育出版社

後　記

本書包括十四個子題，分篇撰寫。筆者幼失怙恃，孤苦無依。第一篇「成長過程」，身世坎坷，險入歧途。第二篇「致命毒蛇」，窮鄉僻野，環境惡劣，與蛇為伍，險象環生。第三篇「求學歷程」，步入正途，勤修精進，恩師再造，銘諸肺腑。第四篇「領袖事件」，神化領袖，頂禮膜拜，片語不敬，羅織入罪，白色恐怖，如影隨形。第五篇「清宮奏摺」，御批奏摺，史料珍貴，整理編目，影印出版，帶動研究，擴大視野。第六篇「清史長編」，掌握史料，通鑑長編，重修清史，知易行難。第七篇「以稿校稿」，校註史稿，修正訛誤，整修清史。第八篇「臺灣史料」，清領臺灣，開發建設，閩粵先民，飄洋過海，安居樂業。第九篇「會議與參訪」，赴英參訪，出席會議，查閱檔案，吸取經驗。第十篇「資源共享」，國家檔案，資源共享，學術公開。第十一篇「滿文薪傳」，滿文入門，師承有自，教學相長，培養人材。第十二篇「滿文原檔」，滿洲發祥，盛京龍興，由小變大，由弱轉強，制誥之寶，天命所歸，保存史料，文獻足徵。第十三篇「論文指導」，薪盡火傳，承先啟後，教學輔導，撰寫論文，不乏佳作，後生可畏。第十四篇「著作目錄」，清朝檔案，品類繁多，整理工作，辛苦繁忙。筆者在工作餘暇，陸續撰寫專書論文，為查閱方便，特將著作目錄，附錄本書之末。惟因筆者學養不足，研究不夠深入，所附目錄，不免貽笑大方。本書分篇撰寫，重覆之處，在所難免。為維持各篇內容的獨立性及完整性，其重覆文字，並未刪略。本書滿、漢文由國立中正大學博士班林加豐同學、中國文化大學博士班簡意娟同學打字編排，由駐臺北韓國代表部連寬志先生細心校正，並承文史哲出版社發行人彭正雄先生熱心贊助，在此一併致謝。

莊吉發 謹識

2015 年 12 月